بسم الله الرحمن الرحيم

التقرير الاستراتيجي الفلسطيني
لسنة 2010

مركز الزيتونة
للدراسات والاستشارات
بيروت – لبنان

The Palestinian Strategic Report 2010

Editor:
Dr. Mohsen Moh'd Saleh

بيروت – لبنان

ISBN 978-9953-500-90-4

(الآراء الواردة في الكتاب لا تُعبّر بالضرورة عن وجهة نظر مركز الزيتونة للدراسات والاستشارات)

مركز الزيتونة للدراسات والاستشارات
تلفون: 44 36 80 1 961 +
تلفاكس: 43 36 80 1 961 +
ص.ب.: 14-5034 بيروت – لبنان
بريد إلكتروني: info@alzaytouna.net
الموقع: www.alzaytouna.net

تصميم وإخراج
مروة غلاييني

طباعة
53 dots Dar El Kotob s.a.l +961 1 853753

التقرير الاستراتيجي الفلسطيني
لسنة 2010

تحرير

د. محسن محمد صالح

مستشارو التقرير

أ. أحمد خليفة

د. حسين أبو النمل

أ.د. مجدي حمّاد

أ. منير شفيق

المشاركون

د. جاد إسحق

د. جوني منصور

أ. زياد ابحيص

أ. سهيل خليلية

أ.د. طلال عتريسي

أ. عبد الحميد الكيالي

أ. عبد الله عبد العزيز نجّار

أ. ماجد أبو دياك

أ. محمد جمعة

د. محمد نور الدين

أ. د. معين محمد عطا رجب

أ. هاني "محمد عدنان" المصري

أ. وائل أحمد سعد

أ.د. وليد عبد الحي

مساعدو التحرير

إقبال عميش

تالا الرشيدي

غنى جمال الدين

فاطمة عيتاني

ليلى الحاج

التقرير الاستراتيجي الفلسطيني لسنة 2010

فهرس المحتويات

فهرس المحتويات

فهرس المحتويات 5

فهرس الجداول 12

المشاركون في كتابة التقرير 15

مقدمة التقرير 21

الفصل الأول: الوضع الفلسطيني الداخلي

مقدمة 25

أولاً: حكومة تسيير الأعمال في رام الله: 25

1. تأجيل الانتخابات البلدية 26
2. خطوات على طريق الاستقلال 26
3. الدولة واللاجئون 28
4. الحكومة والمنظمة وفتح 29
5. الحكومة والمقاومة 29
6. إجراءات ضدّ مظاهر التديّن 31

ثانياً: الحكومة المقالة في قطاع غزة 32

ثالثاً: الحوار وإعادة ترتيب البيت الفلسطيني 35

رابعاً: منظمة التحرير الفلسطينية ورئاسة السلطة: 39

1. هيكل وبرنامج لم يتغير 39
2. أزمة مع الجبهة الشعبية 40
3. تلويح بالاستقالة 41
4. فضيحة الفساد 41

خامساً: الفصائل والقوى الفلسطينية 43

سادساً: التنسيق الأمني 45

سابعاً: المقاومة... ملاحقة وإنجازات 48

خاتمة 49

5

الفصل الثاني: المشهد الإسرائيلي الفلسطيني

مقدمة 57
أولاً: المشهد الإسرائيلي السياسي الداخلي: 57
1. هشاشة الائتلاف الحكومي في "إسرائيل" 57
2. ملفات الفساد والجريمة والتحرش الجنسي 63
3. تأثير الجمود في المفاوضات مع الفلسطينيين على السياسة الإسرائيلية 64
4. العدوان الإسرائيلي على قافلة الحرية وتداعياته 65
5. مظاهر عنصرية إسرائيلية 66
6. حريق الكرمل وانعكاساته 69
7. مقاطعة المستعمرات 70
8. تسريبات وثائق عسكرية سرية 71
ثانياً: أبرز المؤشرات السكانية والاقتصادية والعسكرية: 71
1. المؤشرات السكانية 71
2. المؤشرات الاقتصادية 75
3. المؤشرات العسكرية 83
ثالثاً: العدوان والمقاومة: 90
1. شهداء وجرحى 90
2. أسرى ومعتقلون 92
رابعاً: الموقف الإسرائيلي من الوضع الفلسطيني الداخلي 94
خامساً: مسار مشروع التسوية السياسية 96
خاتمة 110

الفصل الثالث: القضية الفلسطينية والعالم العربي

مقدمة 123
أولاً: مواقف جامعة الدول العربية والقمة العربية 124
ثانياً: مواقف عدد من الدول الرئيسية وأدوارها: 131
1. مصر 131
2. الأردن 138
3. سورية 143
4. لبنان 147
5. السعودية 152
6. موقف دول الخليج 153

6

155 .... ثالثاً: التطورات في مجال التطبيع
161 .... خاتمة

الفصل الرابع: القضية الفلسطينية والعالم الإسلامي

169 .... مقدمة
169 .... أولاً: منظمة المؤتمر الإسلامي
172 .... ثانياً: تركيا
185 .... ثالثاً: إيران
194 .... رابعاً: ماليزيا
195 .... خامساً: إندونيسيا
197 .... سادساً: باكستان
198 .... سابعاً: التبادل التجاري
201 .... خاتمة

الفصل الخامس: القضية الفلسطينية والوضع الدولي

207 .... مقدمة
208 .... أولاً: اللجنة الرباعية
210 .... ثانياً: الولايات المتحدة
218 .... ثالثاً: الاتحاد الأوروبي
225 .... رابعاً: روسيا
227 .... خامساً: الصين
229 .... سادساً: اليابان
229 .... سابعاً: منظمات دولية:
229 .... 1. الأمم المتحدة
235 .... 2. المنظمات الحكومية وغير الحكومية
236 .... ثامناً: الرأي العام الدولي
240 .... خاتمة

الفصل السادس: الأرض والمقدسات

251 .... مقدمة
251 .... أولاً: المقدسات الإسلامية والمسيحية:
252 .... 1. المسجد الأقصى المبارك

258 .... 2. المقدسات الإسلامية في القدس

258 .... 3. المقدسات المسيحية في القدس

259 **4. المقدسات الإسلامية والمسيحية في بقية أنحاء فلسطين التاريخية**

261 **ثانياً: السكان في ظلّ الاحتلال:** ....

261 .... 1. واقع المعركة السكانية

264 .... 2. محاولات طرد السكان الفلسطينيين

266 .... 3. محاولة الترويج للقدس كمركز سكني يهودي

267 **ثالثاً: الاستيطان والتهويد في القدس:** ....

267 .... 1. الاستيلاء على الأحياء الفلسطينية

269 .... 2. التوسع الاستيطاني في القدس

273 **رابعاً: الصراع على الهوية الثقافية:** ....

273 .... 1. تهويد الأسماء والمعالم

273 .... 2. لائحة التراث اليهودي

273 .... 3. مشروع تأهيل أسوار وبوابات البلدة القديمة

274 **خامساً: التوسع الاستيطاني الإسرائيلي** ....

283 **سادساً: هدم المنازل الفلسطينية** ....

283 **سابعاً: مصادرة وتدمير الأراضي الزراعية الفلسطينية**

284 **ثامناً: اقتلاع الأشجار الفلسطينية** ....

285 **تاسعاً: الجدار الفاصل** ....

285 **عاشراً: الوضع المائي** ....

287 **خاتمة** ....

الفصل السابع: المؤشرات السكانية الفلسطينية

297 **مقدمة** ....

297 **أولاً: تعداد الفلسطينيين في العالم** ....

299 **ثانياً: الخصائص الديموغرافية للفلسطينيين:** ....

299 .... 1. الضفة الغربية وقطاع غزة

307 .... 2. فلسطين المحتلة سنة 1948 "إسرائيل"

308 .... 3. الأردن

309 .... 4. سورية

5. لبنان 310
6. مقارنات عامة بين الفلسطينيين 312
ثالثاً: اللاجئون الفلسطينيون 314
رابعاً: اتجاهات النمو السكاني 318
خامساً: الإجراءات الإسرائيلية للتأثير على الحالة الديموغرافية 319
سادساً: هجرة الفلسطينيين إلى الخارج ونزيف الأدمغة والكفاءات الفلسطينية: 321
1. الهجرة للخارج 321
2. الهجرة العائدة من الخارج 322
سابعاً: فلسطينيو الخارج وحق العودة 323
خاتمة 325

الفصل الثامن: الوضع الاقتصادي في الضفة الغربية وقطاع غزة

مقدمة 331
أولاً: مؤشرات النمو الاقتصادي: 331
1. نمو الناتج المحلي الإجمالي 331
2. نمو نصيب الفرد من الناتج المحلي الإجمالي 338
3. مؤشرات الاستهلاك والادخار والاستثمار 342
4. الدين العام 344
ثانياً: الموازنة العامة للسلطة الفلسطينية (رام الله): 344
1. جانب النفقات العامة 345
2. جانب الإيرادات العامة 347
3. الفائض أو العجز في الموازنة العامة 350
ثالثاً: موازنة الحكومة المقالة في قطاع غزة 351
رابعاً: العمل والبطالة: 354
1. أهمية العنصر البشري 354
2. القوة البشرية والقوى العاملة والعاملون 354
3. البطالة 356
4. عمالة الأطفال كظاهرة اجتماعية سلبية في المجتمع الفلسطيني 357
5. الارتباط الوثيق بين نمو الاستثمارات وفرص التشغيل 358
خامساً: النشاط الصناعي والزراعي: 358
1. النشاط الصناعي 358

9

2. النشاط الزراعي 361

3. القطاع الخاص ودوره في تفعيل النشاطين الصناعي والزراعي 363

سادساً: الارتباط الاقتصادي بالدولة العبرية: 365

1. إعلان المبادئ الفلسطيني الإسرائيلي في 1993/9/13 365

2. اتفاق باريس الاقتصادي 366

3. خضوع المعابر الحدودية للنفوذ الإسرائيلي 367

4. تركز العلاقات التجارية الخارجية مع "إسرائيل" 367

سابعاً: المساعدات الأجنبية وتوجهاتها: 371

1. أموال الدول المانحة 371

2. المساعدات المقدمة من المنظمات الدولية 375

3. الأعمال الإغاثية وقوافل الدعم الخارجي 376

4. مؤسسات المجتمع المدني 377

ثامناً: إدارة السلطة والحكومة للوضع الاقتصادي: 377

1. الانقسام الفلسطيني 377

2. مزاولة المهام المالية والإدارية في إطار الموازنات العامة السنوية

وخطط الإصلاح 378

3. الرقابة على جودة السلع وأسعارها في الأسواق 378

4. عدم إيجاد بديل للفلسطينيين العاملين داخل "إسرائيل" والمستعمرات 378

5. تشكيل هيئة مكافحة الفساد وبدء مزاولة أعمالها 379

تاسعاً: الحصار وانعكاسات الصراع الفلسطيني الإسرائيلي

على الوضع الاقتصادي: 380

1. القيود المشددة على الحركتين التجارية والاقتصادية في الخليل 380

2. استمرار الحصار الاقتصادي على قطاع غزة على الرغم

من تخفيفه جزئياً 380

3. الاتجاه نحو حصر معابر قطاع غزة في معبر وحيد 381

4. الشريط الحدودي العازل على امتداد حدود قطاع غزة مع "إسرائيل" 381

5. استمرار تدهور الأوضاع المعيشية كنتيجة للحصار الاقتصادي 381

6. انقطاع وعدم انتظام خدمات الكهرباء 383

خاتمة 383

فهرست 389

فهرس الجداول

جدول 2/1: أعداد السكان في "إسرائيل" 2004-2010 72

جدول 2/2: أعداد المهاجرين اليهود إلى "إسرائيل" 1990-2010 73

جدول 2/3: أعداد اليهود في العالم حسب البلد في مطلع سنة 2010 75

جدول 2/4: إجمالي الناتج المحلي الإسرائيلي 2003-2010 76

جدول 2/5: معدل دخل الفرد الإسرائيلي 2003-2010 76

جدول 2/6: إجمالي الصادرات والواردات الإسرائيلية 2007-2010 78

جدول 2/7: الصادرات الإسرائيلية حسب المجموعة السلعية 2009-2010 79

جدول 2/8: الواردات الإسرائيلية حسب المجموعة السلعية 2009-2010 79

جدول 2/9: الصادرات والواردات الإسرائيلية مع دول مختارة 2007-2010 ... 80

جدول 2/10: المساعدات الأمريكية لـ"إسرائيل" 1949-2010 82

جدول 2/11: الموازنة العسكرية الإسرائيلية 2003-2010 88

جدول 2/12: القتلى والجرحى الفلسطينيون والإسرائيليون 2006-2010 ... 91

جدول 2/13: الأسرى والمعتقلون في سجون الاحتلال سنة 2010 93

جدول 2/14: الأسرى والمعتقلون في سجون الاحتلال حسب التوزيع الجغرافي
في نهاية سنة 2010 93

جدول 3/1: حجم التبادل التجاري بين الأردن و"إسرائيل" 2009-2010 ... 155

جدول 3/2: الصادرات والواردات الإسرائيلية مع بعض الدول العربية 2007-2010 ... 158

جدول 4/1: حجم التبادل التجاري بين تركيا و"إسرائيل" 2009-2010 ... 179

جدول 4/2: حجم التجارة الإسرائيلية مع عدد من البلدان الإسلامية 2007-2010 ... 199

جدول 6/1: تطور أعداد الحفريات تحت المسجد الأقصى وفي محيطه حسب نوعها
في الفترة 21/8/2009-21/8/2010 253

جدول 6/2: تطور أعداد الحفريات تحت المسجد الأقصى وفي محيطه حسب جهتها
في الفترة 21/8/2009-21/8/2010 253

جدول 6/3: أبرز الاعتداءات على المقدسات في الأراضي المحتلة سنة 1948 ... 260

جدول 6/4: أبرز الاعتداءات على المقدسات في الضفة الغربية خلال سنة 2010 ... 260

جدول 6/5: عدد السكان في القدس 2008-2009 261

جدول 6/6: عدد السكان في البلدة القديمة 2005-2008 263

جدول 6/7: المنازل والمنشآت المهدومة في القدس خلال سنة 2010 265

جدول 6/8: التوسعات المخططة بعد انتهاء فترة "تجميد الاستيطان"
التي أعلنتها الحكومة الإسرائيلية 272

جدول 6/9: عدد البنايات التي تمّت إضافتها للمستوطنات الإسرائيلية
في الضفة الغربية خلال سنة 2010 276

جدول 6/10: التوسع الاستيطاني في المستوطنات الإسرائيلية الواقعة
شرق جدار الفصل العنصري وغربه سنة 2010 279

جدول 6/11: مجموعة من أعضاء الكنيست وأسماء المستعمرات التي يقيمون فيها 281

جدول 6/12: الانتهاكات الإسرائيلية في الضفة الغربية بما فيها القدس
خلال سنة 2010 284

جدول 7/1: عدد الفلسطينيين في العالم حسب الإقامة نهاية سنة 2010 297

جدول 7/2: أعداد اللاجئين الفلسطينيين في العالم حسب تقديرات سنة 2010 299

جدول 7/3: مقارنة بين مجموع السكان واللاجئين الفلسطينيين
في الضفة الغربية وقطاع غزة 2010 300

جدول 7/4: عدد السكان المقدر حسب المحافظة لسنتي 2007 و2010 304

جدول 7/5: ملخص لبعض المؤشرات الديموغرافية للفلسطينيين حسب مكان الإقامة 312

جدول 7/6: عدد الفلسطينيين المسجلين في سجلات الأونروا لسنتي 2000 و2010 315

جدول 7/7: عدد اللاجئين الفلسطينيين من الأفراد والمواليد والعائلات
المسجلين في الأونروا حسب المنطقة حتى 2010/6/30 316

جدول 7/8: العدد المقدر للفلسطينيين واليهود في فلسطين التاريخية 2010-2020 318

جدول 8/1: تطور الناتج المحلي الإجمالي الربعي والسنوي في الضفة والقطاع 2009-2010 332

جدول 8/2: الناتج المحلي الإجمالي في الضفة والقطاع 1999-2010 333

جدول 8/3: مقارنة بين إجمالي الناتج المحلي الإسرائيلي والفلسطيني 2006-2010 334

جدول 8/4: تطور نمو الناتج المحلي الإجمالي في الضفة والقطاع خلال سنة 2010 335

جدول 8/5: الدخل القومي الإجمالي والدخل القومي المتاح الإجمالي 2008-2010 337

جدول 8/6: تطور نصيب الفرد من الناتج المحلي الإجمالي في الضفة والقطاع 2009-2010 338

جدول 8/7: تطور نصيب الفرد من الناتج المحلي الإجمالي في الضفة
والقطاع خلال سنة 2010 340

جدول 8/8: نصيب الفرد من الناتج المحلي الإجمالي في الضفة والقطاع 1999-2010 341

جدول 8/9: مقارنة بين معدل دخل الفرد الإسرائيلي والفلسطيني 2006-2010 342

جدول 8/10: الإنفاق الاستهلاكي والتكوين الاستثماري والادخار في الضفة والقطاع 2008-2010 343

جدول 8/11: تطور إجمالي الدين العام 2000-2010 344

جدول 8/12: تطور حجم النفقات العامة للسلطة الفلسطينية 2008-2013 346

جدول 8/13: تطور حجم الإيرادات العامة للسلطة الفلسطينية 2008-2013 348

جدول 8/14: تطور حجم الفائض أو العجز في الموازنة العامة للسلطة الفلسطينية 2008-2013 350

جدول 8/15: تقرير العمليات المالية للحكومة الفلسطينية المقالة في قطاع غزة خلال سنة 2010 352

جدول 8/16: النفقات الفعلية لعدد من قطاعات الحكومة الفلسطينية المقالة خلال سنة 2010 353

جدول 8/17: القوة البشرية والقوى العاملة الفلسطينية وعدد العاملين في الضفة والقطاع 2009-2010 355

جدول 8/18: تطور أعداد المتعطلين في الضفة والقطاع 2008-2010 356

جدول 8/19: تطور نمو الناتج المحلي الإجمالي للنشاط الصناعي في الضفة والقطاع 2009-2010 359

جدول 8/20: تطور الناتج المحلي الإجمالي للنشاط الصناعي في الضفة والقطاع لسنوات مختارة 360

جدول 8/21: تطور الناتج المحلي الإجمالي للنشاط الزراعي في الضفة والقطاع 2009-2010 361

جدول 8/22: حجم الناتج الزراعي ونسبة إسهامه في الناتج المحلي الإجمالي في الضفة والقطاع 1999-2010 362

جدول 8/23: حجم التسهيلات الائتمانية المصرفية 2010 364

جدول 8/24: حجم التجارة الخارجية للسلطة الفلسطينية لسنوات مختارة 368

جدول 8/25: الصادرات والواردات وحجم التبادل التجاري للضفة والقطاع مع دول مختارة 2008-2009 369

جدول 8/26: تطور حجم التمويل الخارجي الذي تقدمه الدول المانحة للنفقات الجارية والنفقات التطويرية للسلطة الفلسطينية 2008-2013 372

جدول 8/27: مصادر تمويل الدعم الخارجي للسلطة الفلسطينية 2009-2010 374

المشاركون في كتابة التقرير

الفصل الأول: الوضع الفلسطيني الداخلي

أ. ماجد أبو دياك:

كاتب وصحفي، يعمل حالياً كصحفي أول بإدارة التحرير والأخبار في موقع الجزيرة.نت في قطر. قام بإعداد أبحاث وأوراق عمل قُدّمت في ندوات ومؤتمرات عن الصراع العربي الإسرائيلي. كما شارك في كتاب قراءات نقدية في تجربة حماس وحكومتها 2006-2007، من إصدار مركز الزيتونة للدراسات والاستشارات. يكتب في عدة صحف ومجلات عربية أبرزها: الحياة، والدستور، والسبيل، والعودة، وفلسطين المسلمة.

الفصل الثاني: المشهد الإسرائيلي الفلسطيني

د. جوني منصور:

مؤرخ ومحاضر في قسم الدراسات التاريخية في الكلية الأكاديمية في بيت بيرل، ونائب مدير كلية مار الياس في الجليل. تتمحور أبحاثه حول التاريخ الإسلامي والعربي وشؤون الشرق الأوسط. صدر له عدد من الأبحاث والكتب، من بينها: مسافة بين دولتين، والاستيطان الإسرائيلي، والمؤسسة العسكرية في إسرائيل، والمدينة الفلسطينية في فترة الانتداب البريطاني، ومعجم الأعلام والمصطلحات الصهيونية والإسرائيلية. وتولى تحرير تقريرين استراتيجيين للمركز الفلسطيني للدراسات الإسرائيلية "مدار" في رام الله، لعامي 2006 و2007. ونشرت له الكثير من الدراسات والبحوث المحكمة في العديد من المجلات العلمية. وشارك في العديد من المؤتمرات المحلية والدولية. وهو عضو ناشط في العديد من الجمعيات والمؤسسات الأهلية والأكاديمية.

أ. عبد الحميد الكيالي:

حاصل على شهادة الماجستير من معهد البحوث والدراسات حول العالم العربي والإسلامي في جامعة بروفنس الفرنسية، ويحضر لنيل شهادة الدكتوراه من المعهد نفسه. وحاصل أيضاً على شهادة ماجستير في الدراسات اليهودية من الجامعة الأردنية. باحث متخصص في الدراسات اليهودية والإسرائيلية. عمل في مركز الزيتونة

للدراسات والاستشارات في بيروت، ويعمل حالياً مديراً لوحدة الدراسات الإسرائيلية في مركز دراسات الشرق الأوسط في عمّان. نشر العديد من الأبحاث والمقالات العلمية في عدد من المجلات والدوريات المحكمة، كما حرر عدداً من الأعمال الأكاديمية في مجال اختصاصه، ومن أبرزها دراسات في العدوان الإسرائيلي على قطاع غزة.

أ. هاني "محمد عدنان" المصري:

كاتب وصحفي، وعضو في الاتحاد العام للصحفيين العالميين منذ سنة 1980، ومدير عام مركز بدائل للإعلام والأبحاث والدراسات منذ سنة 2005 وحتى الآن. درس في كلية التجارة بجامعة عين شمس في القاهرة. شغل منصب مدير عام الإدارة العامة للمطبوعات والنشر وشؤون المؤسسات الإعلامية في وزارة الإعلام في السلطة الفلسطينية في الفترة 1995-2005. وهو كاتب عمود في جريدة الأيام وفي عدد من الصحف والمجلات الفلسطينية والعربية. كتب ونشر مئات المقالات والدراسات والأبحاث، وهو محلل سياسي شارك في الكثير من المقابلات مع وسائل الإعلام المختلفة، كما شارك في العديد من المؤتمرات العربية والدولية. وهو عضو مجلس أمناء في مؤسسة ياسر عرفات، وعضو لجنة جائزة ياسر عرفات، وعضو لجنة الحكومة في حوار القاهرة، وهو عضو في العديد من المؤسسات والجمعيات الأهلية.

أ. محمد جمعة:

باحث في مركز الأهرام للدراسات السياسية والاستراتيجية. عمل من قبل خبيراً في مركز بحوث ودراسات الشرق الأوسط في وكالة أنباء الشرق الأوسط في القاهرة. صدرت له مؤلفات منها "أزمة الأجهزة الأمنية الفلسطينية" سنة 2010. وهو الباحث الرئيسي المعد للبرنامج الوثائقي "حرب غزة" من إنتاج شبكة الجزيرة سنة 2009. وقد أسهم الباحث في كتابة الورقة الفلسطينية في عدد من التقارير السنوية العربية. وله العديد من المقالات والدراسات المنشورة في عدد من الصحف والدوريات المصرية والعربية. كما شارك في عدة مؤتمرات وندوات حول القضية الفلسطينية.

**الفصل الثالث:
القضية الفلسطينية والعالم العربي**

الفصل الرابع: القضية الفلسطينية والعالم الإسلامي

* تركيا

د. محمد نور الدين:

أستاذ التاريخ واللغة التركية في كلية الآداب والعلوم الإنسانية في الجامعة اللبنانية، وباحث متخصص في الشؤون التركية. نُشرت له عدة دراسات وكتب وخصوصاً حول تركيا، ومنها: تركيا في الزمن المتحول، وقبعة وعمامة: مدخل إلى الحركات الإسلامية في تركيا، وتركيا الجمهورية الحائرة، وحجاب وحراب: الكمالية وأزمات الهوية في تركيا، وتركيا: الصيغة والدور. وهو مدير تحرير مجلة "شؤون الأوسط".

* إيران

أ. د. طلال عتريسي:

أستاذ علم الاجتماع التربوي وعلم النفس الاجتماعي في الجامعة اللبنانية، وعضو المجلس العلمي للمعهد العالي للدكتوراه في الآداب والعلوم الإنسانية والاجتماعية في الجامعة ذاتها. حاصل على الدكتوراه في الاجتماع من جامعة السوربون بباريس، مدير سابق لمعهد العلوم الاجتماعية في الجامعة اللبنانية، مدير عام مركز الدراسات الاستراتيجية والبحوث والتوثيق في بيروت سابقاً. من المتخصصين في الشأن الإيراني. صدرت له الكثير من الكتب والدراسات والمقالات. ومن كتبه: البعثات اليسوعية ومهمة إعداد النخبة السياسية في لبنان، والحركات الإسلامية في مواجهة التسوية (مع آخرين)، ودولة بلا رجال: جدل السيادة والإصلاح في الشرق الأوسط، والجمهورية الصعبة: إيران في تحولاتها الداخلية وسياساتها الإقليمية.

* منظمة المؤتمر الإسلامي

أ. وائل أحمد سعد:

باحث متخصص في الدراسات الفلسطينية، يعمل حالياً باحثاً ومساعداً للمدير العام في مركز الزيتونة للدراسات والاستشارات في بيروت. ألّف كتاباً بعنوان الحصار، وشارك في إعداد وتحرير عدد من الدراسات والمؤلفات المنشورة أهمهما: الوثائق الفلسطينية، الذي يصدر سنوياً عن مركز الزيتونة، وصراع الإرادات: السلوك الأمني لفتح وحماس والأطراف المعنية، والتطورات الأمنية في السلطة الفلسطينية، وقراءات نقدية في تجربة حماس وحكومتها 2006-2007. شارك في العديد من المؤتمرات والندوات المحلية والدولية.

الفصل الخامس: القضية الفلسطينية والوضع الدولي

أ.د. وليد عبد الحي:

أستاذ في قسم العلوم السياسية بجامعة اليرموك في الأردن، حاصل على درجة الدكتوراه في العلوم السياسية من جامعة القاهرة، وهو عضو مجلس أمناء جامعة الزيتونة في الأردن. عمل في عدد من الجامعات العربية، وشغل منصب رئيس قسم العلوم السياسية في جامعة اليرموك بالأردن، كما عمل مستشاراً للمجلس الأعلى للإعلام في الأردن، ومستشاراً لدى ديوان المظالم الأردني. ألَّف 22 كتاباً، يتركز معظمها في الدراسات المستقبلية من الناحيتين النظرية والتطبيقية، ومن أبرزها: الدراسات المستقبلية في العلاقات الدولية، والدراسات المستقبلية في العلوم السياسية، وتحول المسلّمات في نظريات العلاقات الدولية: دراسة مستقبلية، ومناهج الدراسات المستقبلية وتطبيقاتها في الوطن العربي، والمكانة المستقبلية للصين على سلم القوى الدولي 1978-2010، وإيران: مستقبل المكانة الإقليمية 2020. كما قام بترجمة عدد من الكتب والدراسات من اللغة الإنجليزية، ونشر أكثر من 60 بحثاً في المجلات العلمية المحكمة.

الفصل السادس: الأرض والمقدسات

د. جاد إسحق:

المدير العام لمعهد الأبحاث التطبيقية – القدس (أريج). حصل على شهادة البكالوريوس من جامعة القاهرة وشهادة الماجستير من جامعة رتجرز وشهادة الدكتوراه من جامعة شرق انجليا في المملكة المتحدة. وهو العميد السابق لكلية العلوم في جامعة بيت لحم.

أ. زياد ابحيص:

باحث متخصص في شؤون القدس، عمل رئيساً لقسم الإعلام والأبحاث في مؤسسة القدس الدولية في الفترة 2004-2007، وشغل موقع المدير التنفيذي فيها في الفترة 2008-2010. قام بتحرير عدد من الكتب بينها كتاب عين على القدس 2005-2006، وتقرير عين على الأقصى للسنوات 2006 حتى 2008. وله عدة أبحاث حول اللاجئين

الفلسطينيين في لبنان، بينها فصل في كتاب اللاجئون الفلسطينيون في لبنان، كما أسهم في الدراسة الميدانية للاجئين الفلسطينيين في لبنان التي أجراها مركز الزيتونة للدراسات والاستشارات خلال سنتي 2005 و2006.

أ. سهيل خليلية:

محلل سياسي، ومختص في الاستيطان الإسرائيلي والسياسات الإسرائيلية في فلسطين المحتلة. يشغل منصب مدير وحدة مراقبة الاستيطان في معهد الأبحاث التطبيقية – القدس (أريج)، وهو أحد أفراد فريق المعهد منذ سنة 2003. شغل عدة مواقع، منها: منسق منطقة الجنوب في مركز حقوق المواطن التابع للملتقى الفكري العربي في القدس، وشغل منصب مسؤول الاتصالات والمنشورات في مركز التجارة الفلسطيني في رام الله، وبعد ذلك مدير اتحاد صناعة الحجر والرخام. وقد أسهم في العديد من الإصدارات خلال عمله.

الفصل السابع: المؤشرات السكانية الفلسطينية

أ. عبد الله عبد العزيز نجّار:

قائم بأعمال مدير عام الإدارة العامة للتعدادات في الجهاز المركزي للإحصاء الفلسطيني في رام الله بفلسطين، وهو يعمل في هذا الجهاز منذ سنة 1995. عمل مديراً فنياً ونائباً للمدير التنفيذي للتعداد العام للسكان والمساكن والمنشآت سنة 1997. حاصل على شهادتي ماجستير، إحداها في الدراسات السكانية والأخرى في الاقتصاد والإحصاء من الجامعة الأردنية. عمل سابقاً محاضراً متفرغاً في كلية الأندلس بعمّان، ومحاضراً غير متفرغ في جامعة بيرزيت. شارك في إعداد العديد من المواد التعليمية والتدريبية، كما شارك في العديد من المؤتمرات الإقليمية والدولية.

الفصـل الثامـن:
الــوضــع الاقتصادي في الضفـة الغـربيـة وقطـاع غـزة

أ. د. معين محمد عطا رجب:

بروفيسور في الاقتصاد "غير متفرغ" بجامعة الأزهر بغزة، حاصل على درجة الدكتوراه في الاقتصاد من كلية التجارة بجامعة الإسكندرية في جمهورية مصر العربية. شارك في تأسيس كلية التجارة بالجامعة الإسلامية بغزة، وعمل فيها مدرساً للاقتصاد. انتقل إلى جامعة الأزهر بغزة، وشارك في تأسيس كلية التجارة (كلية الاقتصاد والعلوم الإدارية لاحقاً). شغل منصب عميد كلية الاقتصاد والعلوم الإدارية، وعمل عضواً في هيئة التدريس بالكلية نفسها. وهو عضو في عدة جمعيات علمية اقتصادية، وله العديد من الأبحاث العلمية وأوراق العمل المنشورة في الدوريات العلمية.

مقدمة التقرير

يصدر هذا التقرير الاستراتيجي الفلسطيني للعام السادس على التوالي، وهو تقرير نحمد الله أنه قد أخذ موقعه المتميز كمرجع أساسي من مراجع الدراسات الفلسطينية، لا يستغني عنه الباحثون والمتخصصون والمهتمون؛ لما يقدمه من تغطية موضوعية تحليلية شاملة للجوانب المختلفة للشأن الفلسطيني، على مدار سنة كاملة، ولما يحويه من معلومات وإحصائيات وجداول دقيقة ومحدثة.

وإذا كانت سنة 2010 قد اتسمت بنوع من الجمود سواء على مسار المصالحة الوطنية الفلسطينية، أم على مسار التسوية السلمية، ولم تشهد تغيراً ذا قيمة كبرى عربياً وإسلامياً ودولياً؛ فإن التغيرات الهائلة التي حدثت وتحدث في العالم العربي، منذ مطلع سنة 2011، لها انعكاساتها المهمة على القضية الفلسطينية، وعلى طريقة تعامل مختلف الأطراف معها. وقد بدا ذلك واضحاً في تحولات الموقف المصري، وفي توقيع اتفاق المصالحة بين فتح وحماس وباقي الأطراف الفلسطينية، كما بدا في حالة الارتباك والقلق الإسرائيلي والأمريكي. وفي الوقت الذي نصدر فيه هذا التقرير فإننا ما زلنا نجد أنفسنا وسط موجة تغيير لم تكتمل بعد، ومع ذلك فقد حاولنا إدخال المعلومات والمعطيات الجديدة التي وقعت في الأشهر الأولى من سنة 2011 في تقريرنا، وخصوصاً في الفصل المتعلق بالعالم العربي.

وكالعادة، فقد شارك في إعداد هذا التقرير نخبة من 14 خبيراً متخصصاً في الشأن الفلسطيني، وكان للأساتذة مستشاري التقرير دورهم المهم في التقييم والتحكيم وتطوير التقرير ومحتواه. ولا بدّ من التنويه بفريق عمل الزيتونة، وخصوصاً مساعدي التحرير وموظفي قسم الأرشيف، لدورهم الحيوي في إعداد وتجهيز هذا التقرير ليصدر بالشكل اللائق.

وأخيراً، فإننا نحمد الله سبحانه على النجاح المتميز والمتزايد الذي يلقاه هذا التقرير، كما نحمده تعالى على الاهتمام والتشجيع الذي تأخذه النسخة الإنجليزية من التقرير، والتي تولت إحدى دور النشر البريطانية الكبيرة مهمة توزيعه عالمياً. ونحن إذ نشكر كل من دعم هذا التقرير، وشجعنا على استمراره؛ فإننا نرحب بكل نقد أو نُصح أو توجيه.

والحمد لله رب العالمين

المحرر

د. محسن محمد صالح

الفصل الأول

الوضع الفلسطيني الداخلي

الوضع الفلسطيني الداخلي

مقدمة مرت سنة 2010 دون أي تغيير على تركيبة الوضع الداخلي الفلسطيني، الذي استمر وفق رؤيتين سياسيتين مختلفتين، يتحكم كل منهما برقعة جغرافية محددة. ولم تنجح حماس وفتح في الاتفاق على الترتيبات الأمنية مما أدى إلى تعطيل عملية المصالحة الوطنية، وتعطلت الانتخابات البلدية والتشريعية والرئاسية، ولم تجر جهود لإعادة تشكيل منظمة التحرير الفلسطينية، واستمرت السلطة في برنامج التنسيق الأمني مع "إسرائيل" الذي وصل إلى مستويات قياسية.

وكان المشروع الوطني الموحد هو الغائب الأكبر عن الساحة، التي استمر التجاذب والانقسام السياسي والجغرافي في إعاقة قدرتها على مواجهة مشاريع الاحتلال ومخططاته، في الاستيطان ومحاولات شطب حق العودة، فضلاً عن استهداف المقاومة ومنعها من تحقيق إنجازات وطنية.

ويبدو أن التغيرات، التي نشهدها منذ مطلع سنة 2011، في العالم العربي، قد انعكست على الواقع الفلسطيني، فتمّ التوقيع على اتفاق المصالحة بين فتح وحماس في 2011/5/3 قبيل إرسال هذا التقرير للطباعة. ونحن نأمل أن يتمّ تنفيذ ه بشكل صادق وأمين على الأرض؛ وهو ما قد يكون موضع تركيزنا في السنة القادمة.

أولاً: حكومة تسيير الأعمال في رام الله

استمرت حكومة سلام فياض في أداء مهامها، بالرغم من استمرار وصمها باللاشرعية من فصائل المقاومة، والجدل حول تركيبتها في أوساط حركة فتح. وكان وما يزال أبرز "إنجازاتها" أنها تمكنت من إضعاف المقاومة الفلسطينية على الصعيد الأمني، متبنية ما أسمته المقاومة الشعبية للاحتلال على طريق تحقيق الاستقلال عن الاحتلال بنهاية سنة 2011 حسبما يروّج رئيسها.

ولم يحدث أي تغيير على تركيبة الحكومة ولا برنامجها، ذلك أن حركة فتح التي تريد تمثيلاً أكبر لها في الحكومة لم تتمكن من إنفاذ مطالبها من خلال الرئيس الفلسطيني، في ظلّ تعطل المجلس التشريعي، كما أن فشل جهود المصالحة أدى بالنتيجة إلى عدم الاتفاق على تشكيل حكومة وحدة تكون قادرة على تغيير أجندة الحكومة التي تركزت على التعاون الأمني مع "إسرائيل" ونبذ المقاومة المسلحة، والسعي للبناء التدريجي لمؤسسات الدولة القادمة، وإحداث انتعاش اقتصادي يعتمد بالأساس على المنح والمساعدات الخارجية.

1. تأجيل الانتخابات البلدية:

في 7 شباط/ فبراير أعلنت حكومة فياض الشروع في إجراء الترتيبات اللازمة لإجراء الانتخابات البلدية في 2010/7/17. لكن حماس والجهاد قالتا إن أي انتخابات في ظلّ عدم توافق فلسطيني إنما هو تكريس للانقسام[1]. كما أعلنت حماس أنها لن تسمح بإجراء الانتخابات في قطاع غزة، ولن تشارك في إجرائها في الضفة، وقال وزير الحكم المحلي في الحكومة المقالة زياد الظاظا إن أي قرار يصدر عن حكومة رام الله يعدّ غير شرعي، مضيفاً إن "حماس لا يمكنها أن تشارك في انتخابات محلية في الضفة، في ظلّ الاجتياحات والاعتقالات، وفي ظلّ تنحية أعضاء المجالس المنتخبين"[2]. وفي 25 نيسان/ أبريل تراجعت الحكومة عن إجراء الانتخابات في قطاع غزة إثر توصية من لجنة الانتخابات الفلسطينية بذلك، بسبب رفض الحكومة المقالة إجراء هذه الانتخابات في غزة[3]. وفي 10 حزيران/ يونيو أعلن وزير الحكم المحلي خالد القواسمي عن تأجيل هذه الانتخابات في مناطق السلطة دون تحديد موعد جديد لها، وقال إن "سبب تأجيل الانتخابات استند إلى نصائح عربية وإقليمية ودولية بتأجيلها كون هناك فسحة للمصالحة الداخلية ورفع الحصار عن غزة"[4]. ودانت العديد من فصائل منظمة التحرير بما فيها الجبهتان الشعبية والديموقراطية وحزب الشعب والأمين العام للمبادرة الوطنية هذا القرار[5].

2. خطوات على طريق الاستقلال:

وقد واصلت حكومة سلام فياض ما أسمته مشروع تحقيق دولة فلسطينية بنهاية سنة 2011 والذي سبق وأن أعلن عنه في سنة 2009، وقال فياض إن "المشروع يجري في ثلاث مسارات: الأول هو الجهد السياسي لمنظمة التحرير وبناء المؤسسات الذي تقوم به الحكومة، وتعزيز المقاومة الشعبية السلمية للاحتلال تحقيقاً لهدف إنهاء الاحتلال، وإقامة دولة فلسطينية عاصمتها القدس الشرقية، على حدود عام 1967"[6].

وفي هذا السياق أمكن رصد هذه المسارات التالية على الأرض، كالتالي:

أ. البناء التدريجي لمؤسسات الدولة في الضفة الغربية:

وقد أعلن رئيس الوزراء الفلسطيني سلام فياض الجزء الثاني من خطة بناء الدولة أطلق عليها اسم "موعد مع الحرية" وتتضمن الإجراءات وأولويات العمل في العام الثاني من أجل "استكمال بناء مؤسسات الدولة، وإرساء قيم النزاهة والشفافية، والفصل بين السلطات، وتوفير الأمن والأمان بما يحمي المشروع الوطني ويكفل سيادة القانون، ويرسخ قيم الحرية والعدالة والمساواة، في ظلّ نظام ديموقراطي يقوم على التعددية، والفصل بين السلطات، والتداول السلمي للسلطة، واحترام حقوق الإنسان". كما أكد أن الخطة تشمل مشروعات حيوية طموحة، كمشروع لإقامة بنك مركزي وإصدار عملة وسندات حكومية[7].

وأضاف فياض أن حكومته ستواصل "العمل من أجل إعداد قانون الخدمة المدنية الإلزامية للشباب تمهيداً لإقراره، وكذلك مراجعة التشريعات والقوانين الناظمة للعمل الشبابي والرياضي للنهوض بالمؤسسات الشبابية والرياضية، وكذلك رسم السياسات الوطنية للعمل والتشغيل التي تضمن تكافؤ الفرص"[8].

ب. تشجيع ما يسمى بالمقاومة السلمية بالمسيرات السلمية:

وقد تركزت المسيرات السلمية ضدّ مصادرة بعض الأراضي الفلسطينية في الضفة الغربية. وقد أكد فياض في افتتاح المؤتمر الخامس للمقاومة الشعبية السلمية في بلعين في رام الله بحضور ممثل الأمين العام للأمم المتحدة United Nations روبرت سري Robert Serry، وسفراء وقناصل الدول العربية والأجنبية، على ضرورة تكامل مختلف المسارات، وعلى رأسها المقاومة الشعبية السلمية، لاستكمال عملية بناء الدولة، على حدود 1967/6/4[9].

ج. مقاطعة منتجات المستعمرات الإسرائيلية:

نشرت السلطة الفلسطينية في 2010/2/14 قائمة سوداء تضم أكثر من 200 سلعة منتجة في المستعمرات الإسرائيلية المقامة على الأراضي الفلسطينية داعية المواطنين إلى مقاطعتها[10]. كما شارك سلام فياض بنفسه في توزيع منشورات تحث الفلسطينيين على مقاطعة منتجات المستعمرات اليهودية في الأراضي المحتلة بالضفة الغربية، مختتماً حملة استمرت أسبوعاً "لتنظيف" السوق الفلسطينية من بضائع المستوطنين، التي يقول إنها تقوض الاقتصاد الفلسطيني. وفي أواخر أيار/ مايو 2010 وزع فياض منشورات تحمل أسماء وصور 500 سلعة على القائمة السوداء للسلطة الفلسطينية تراوحت بين الفول السوداني وإطارات الأبواب.

وزار حوالي ثلاثة آلاف متطوع أكثر من 255 ألف منزل فلسطيني في كل أنحاء الضفة الغربية لمساعدة العائلات على التمييز بين منتجات المستعمرات والمنتجات المصنعة في "إسرائيل" التي لا تستهدفها الحملة[11]. وبعد ذلك أعلن فياض عن إطلاق حملة جديدة لمقاطعة منتجات المستعمرات الإسرائيلية في أسواق الضفة الغربية، تحت عنوان "وسام الكرامة من محل لمحل". وتقضي الحملة بقيام متطوعين من طلبة الجامعات والمعاهد بزيارات إلى أكثر من 66 ألف محل تجاري في مدن الضفة الغربية، للتأكد من خلوها من منتجات المستعمرات[12].

وشارك فياض الفلسطنيين في موسم قطف الزيتون لسنة 2010، مركزاً على قريتي عراق بورين جنوبي نابلس، ودير الغصون شمال طولكرم وهما من القرى التي تتعرض بشكل مستمر لاعتداءات المستوطنين. وأكد فياض على هامش مشاركته أن شجرة الزيتون رمز تمسك شعبنا بأرضه وستظل أصغر زيتونة أكثر تجذراً من الاستيطان والجدران[13].

ومن يدقق في كل سياسات حكومة فياض، بما فيها تلك التي تسميها مقاومة سلمية للاحتلال، يجدها لا تتجاوز سقف الاحتلال نفسه. فحكومة فياض تؤمن للاحتلال حالة أمنية مثالية، وتقوم بكل الخدمات والمسؤوليات المدنية التي تفرضها عليها بروتوكولات جنيف. وهو ما سمح للبعض أن يصف الاحتلال بأنه "احتلال خمس نجوم".

3. الدولة واللاجئون:

وفي سياق تسويقه للدولة الفلسطينية وقيامها في سنة 2011، قال فياض لجريدة هآرتس Haaretz الإسرائيلية في مقابلة نشرت في 2010/4/2 "نحن نعد البنية التحتية لاستيعابهم، فلديهم الحق بالعيش في داخل الدولة الفلسطينية". كما قال إن الدولة الفلسطينية يمكن أن تعرض الجنسية الفلسطينية على اليهود في إشارة إلى نحو نصف مليون مستوطن يهودي في الضفة الغربية بما فيها القدس[14].

وقد دانت الفصائل الفلسطينية هذه التصريحات، وقال عضو المكتب السياسي لحركة حماس عزت الرشق، إن تصريحات فياض تتناغم مع مشروع بنيامين نتنياهو Benjamin Netanyahu، الذي يهدف إلى إنهاء المقاومة عن طريق السلطة، وإغداق المال على الشعب الفلسطيني، مضيفاً أن الشعب لا يباع ولا يشترى. واستنكر الرشق تهنئة رئيس حكومة رام الله للشعب الإسرائيلي بأعيادهم (عيد الفصح)، متهماً إياه بأنه "لا ينتمي للشعب الفلسطيني، ويبيع الوهم له". واختتم كلامه بأن الشعب الفلسطيني سيلفظ فياض ولن يقبل ما وصفه بـ"الانحطاط الوطني"، داعياً حركة فتح للتبرؤ من سلام فياض[15].

من جهتها، رأت الجبهة الشعبية لتحرير فلسطين أن تصريحات فياض "تجاهلت الحقائق التاريخية ومست الثوابت الوطنية، وفي مقدمتها عودة اللاجئين الفلسطينيين إلى ديارهم المغتصبة طبقاً للقرار الأممي 194، وإطلاق سراح كافة الأسيرات والأسرى دون قيد أو شرط أو تمييز، باعتبارهم أسرى حرب ومناضلين من أجل الحرية". ورأت أن هذه التصريحات تسهم في كل الأحوال في "إشاعة الأوهام الوردية لواقع يتصف بالجريمة والمرارة والألم، والفظائع المتصاعدة بحق الأرض والوطن والإنسان الفلسطيني"[16].

واعتبر خالد البطش، أحد قادة حركة الجهاد، أن فياض "لا يمتلك التوكيل عن الشعب الفلسطيني ليتحدث عن حق العودة"، مشدداً على أن حقّ العودة غير قابل للنقاش والتفاوض. وشدد البطش على أن أي حلّ لا يضمن عودة اللاجئين إلى داخل "إسرائيل" التي أقيمت على أنقاض قراهم ومدنهم "حلّ لا يمثل الشعب الفلسطيني وحلّ باطل ومرفوض"[17].

4. الحكومة والمنظمة وفتح:

وقد واجهت علاقة رئيس حكومة تصريف الأعمال في رام الله بمنظمة التحرير الفلسطينية انتقادات تعلقت بتغول هذه الحكومة على صلاحيات منظمة التحرير، وقد دفع هذا الأمر سلام فياض إلى التأكيد على أن "مهمة الإعلان عن الدولة هي من صلاحيات منظمة التحرير الفلسطينية الممثل الشرعي والوحيد لشعبنا، بالتعاون والتنسيق مع كافة أطراف الأسرة الدولية"[18]. كما أكد أن منظمة التحرير هي "صاحبة الولاية" على كل ما يتعلق بالشأن الفلسطيني، وليس فقط الشأن السياسي[19].

ولكن الخلاف الأعمق والأكبر كان مع حركة فتح التي لم تحصل على حصة مناسبة لها في الحكومة، وسعت لمطالبة رئيس السلطة الفلسطينية بإدخال تغييرات في تركيبة الحكومة. وأبدت كتلة حركة فتح في المجلس التشريعي المعطل ملاحظات على أداء هذه الحكومة، التي تشغل فيها الحركة 11 من أصل 22 عضواً بمن فيهم رئيس الحكومة سلام فياض، وطالبت فياض بعقد جلسة خاصة لمناقشتها.

وقالت الكتلة إنها "وضعت تصوراً لآلية تفعيل عمل النواب ودورهم الرقابي، في ظلّ تعطل عمل المجلس التشريعي، بما في ذلك تعزيز وتكثيف نشاط مجموعات العمل البرلمانية وهيئة الكتل البرلمانية من أجل تعزيز دورهم الرقابي"[20].

كما أوصى البيان الختامي الصادر عن اجتماعات الدورة الثالثة للمجلس الثوري لحركة فتح الرئيس بإجراء تغيير وزاري وفق صلاحياته الدستورية، بدون تحديد هذه المقاعد، ولكن مسؤولين في الحركة قالوا إن المجلس الثوري يريد أن تؤول الحقائب الوزارية الرئيسية مثل وزارة الداخلية والمالية والخارجية لأعضاء من فتح، بدلاً من الموالين لفياض فيما نسب إلى مقربين من فياض إنه لن يمانع في تولي فتح أي منصب إلا حقيبة وزارة المالية التي يشغلها بنفسه، ولا يمكن لأحد الوصول إليها[21].

ولم يعلن من مطالبات فتح سوى سعيها للحصول على وزارات سيادية في الحكومة. ولم يتحقق هذا المطلب حتى مطلع 2011، إلا أن مصادر أكدت على توافق محمود عباس مع فياض على إجراء تعديل حكومي يشمل سبع وزارات فقط، دون تحديد السقف الزمني لإجراء هذا التعديل[22].

5. الحكومة والمقاومة:

وكجزء من التزام السلطة الفلسطينية بالاتفاقات الموقعة مع "إسرائيل"، واظبت الحكومة في الضفة على تعاونها الأمني مع الاحتلال، معتبرة أن المقاومة المسلحة تضر بالمشروع الوطني الفلسطيني.

وفي هذا الإطار، دان فياض العملية التي أدت إلى مقتل شرطي إسرائيلي وإصابة ثلاثة آخرين جنوب الخليل، محذراً مما وصفه بـ"مخاطر الانجرار إلى دائرة العنف التي أثبتت التجربة أنها أضرت بالمصالح الوطنية، وخدمت المشروع الاستيطاني الإسرائيلي". ودعا إلى حماية مسار المقاومة الشعبية السلمية ضدّ الاستيطان وممارسات الاحتلال، الذي يشكل إلى جانب الانخراط في عملية بناء مؤسسات الدولة، الرافعة الأساسية لدعم النضال السياسي الذي تقوده منظمة التحرير الفلسطينية[23]. غير أن فياض لم يربط بين تصاعد الاستيطان والتعاون الأمني الذي سمح بالتوسع الاستيطاني وتهويد القدس أكثر من أية مرحلة سابقة. فقد كانت المقاومة تعرقل الاستيطان، وهو ما تؤكده الوقائع والأرقام.

وفي إدانته لعملية الخليل الثانية التي وقعت في نهاية آب/ أغسطس، وأدت إلى مقتل أربعة مستوطنين، كرر فياض المبررات نفسها رافضاً ما أسماه "الاستمرار في استغلال معاناة الشعب الفلسطيني في خدمة أجندات فئوية وإقليمية، تتعارض مع المصالح العليا لشعبنا، وتحت شعارات فارغة المضمون"[24].

وفي تصريحات أخرى له، قال فياض إنه لا توجد مشكلة أمنية على الإطلاق، إزاء قيام حركة حماس في الضفة الغربية بممارسة معارضتها وفق القانون، مهما كان هناك من "تجريح أو شطط"، إلا أنه أشار إلى أن "تهاون السلطة الفلسطينية في مواجهة من يحاول أن ينفذ كما يشاء، ووقت ما يشاء، وكيفما يشاء سيكون له عواقب جسيمة جداً"[25].

وأوضح رئيس حكومة تصريف الأعمال رؤيته في التعامل مع ما أسماه العنف والتحريض في لقاء مع ممثلين عن 65 شركة يهودية وزعماء دينيين واجتماعيين في "منزل خاص" بمانهاتن بنيويورك. وقد قال فياض فيه "يجب معالجة العنف بغض النظر عن وضع عملية السلام، مشيراً إلى أن الأمن مصلحة حيوية للجانبين الإسرائيلي والفلسطيني، ومن يستخدمون العنف لدعم أجندتهم يجب أن يحاكموا ويعاقبوا".

ورداً على سؤال عن استمرار التحريض ضدّ "إسرائيل" واليهود في الكتب المدرسية ووسائل الإعلام بالضفة الغربية، قال إن حكومته التزمت بتحقيق "بيئة خالية من التحريض". وأضاف "لا أعتقد أننا فعلنا كل شيء ممكن ولكننا نحاول. التحريض مشكلة ونحن نعترف بذلك"، مشدداً على أن استخدام أماكن العبادة لنشر الكراهية مرفوض[26].

وقد وصف تقرير أمريكي رئيس حكومة تصريف الأعمال بأنه رجل الولايات المتحدة في فلسطين، وبأنه يترأس حكومة غير منتخبة تحتل المرتبة السادسة إلى جانب الحكومة العراقية في قائمة الحكومات الأكثر فساداً في العالم[27].

كما كشف وزير شؤون الاستخبارات الإسرائيلي دان مريدور Dan Meridor أن زعيماً واحداً في القيادة الفلسطينية يحظى بتقدير القيادة السياسية في "إسرائيل" وهو "بن جوريون الفلسطينيين"، أي "سلام فياض"، مرتئياً أن "من المهم التعاون مع فياض بالذات لمنع وضعٍ تُفرض فيه دولة فلسطينية على إسرائيل"[28].

6. إجراءات ضدّ مظاهر التديّن:

وفي إطار الحملة على المقاومة والبنى التحتية لها، منعت وزارة الأوقاف بحكومة تصريف الأعمال عدداً من الخطباء من الخطابة في المساجد، وأمرت بخفض صوت الآذان وخفض صوت تلاوة القرآن من مكبرات المساجد. وقد رفضت حماس وفصائل أخرى هذه الإجراءات وعدّتها حرباً على الدين والتدين.

وحمل المتحدث باسم حركة حماس فوزي برهوم في مؤتمر صحفي في غزة، حركة فتح مسؤولية "الحملة ضدّ المساجد وضدّ المتدينين في الضفة الغربية"، وحذر من تداعيات هذه الحرب الخطيرة وانعكاساتها.

واستنكر برهوم "هذه الحرب الشرسة على ديننا ومقدساتنا وقيمنا الدينية"، والتي قال إنه "يراد من ورائها تدمير أخلاق شعبنا، وإحلال ثقافة الخنوع والمجون، لتسهيل التطبيع مع الاحتلال تمهيداً لتصفية القضية الفلسطينية".

واستعرض نماذج من الاعتداءات التي يتعرض لها خطباء وأئمة المساجد في الضفة الغربية، وما أسماه "مخطط فتح ضدّ القيم والأخلاق والدين في الضفة الغربية". وقال المتحدث "في الوقت الذي تشن فيه سلطة فتح هذه الحرب بحق المساجد وأهلها وبحق التيار الديني والملتزمين بصورة عامة، تُنفذ الشق الآخر من هذا المخطط الخبيث فتفتح الأبواب مشرعة أمام تيار الفساد المبرمج، فتمنح التراخيص لإقامة الخمارات والبارات والملاهي الليلية ودور الفساد، ويستعيد كازينو أريحا نشاطه وعافيته..."[29].

كما اتهمت فصائل المقاومة الفلسطينية، في مؤتمر صحفي مشترك بغزة الحكومة الفلسطينية في رام الله "بشن حرب على العقيدة الإسلامية، وحرباً موازية ضدّ أبناء الشعب الفلسطيني الشرفاء"، على حدّ تعبيرها. وقالت "هذه الحرب تأتي مباشرة لصالح المستوطنين الباحثين عن عدم الانزعاج، في محاولة يائسة لدفع الشباب الفلسطيني من المساجد إلى دور اللهو والمجون"[30].

وردّ الناطق باسم فتح أسامة القواسمي في بيان صدر عن مفوضية الإعلام والثقافة في الحركة قائلاً إن "الأنا الحزبية التي تسيطر على عقلية حماس تسعى إلى دفع الشعب الفلسطيني إلى أتون

الصراعات، وإحراقه بنار الفتنة الدينية، وهي محاولات ودعوات يائسة وفاشلة". ورأى أن حماس تستغل "قرارات إدارية تنظيمية" اتخذها وزير الأوقاف الذي كان لسنوات خلت محسوباً على الحركة "لتجعل منها قضية صراع وعملية فرز تفرق وتميز بين المسلمين في المجتمع الفلسطيني المؤمن". ورأى أن من حق الوزير "اتخاذ ما يلزم من قرارات لإبعاد شبح الهيمنة والسيطرة الحزبية عن المساجد، فهي بيوت الله للعبادة وليست حكراً لتنظيم أو فصيل"[31]. يدل هذا التصريح، إن كان يُعبر فعلاً عن رأي فتح، على ارتباكٍ بين تهميشها من خلال حكومة سلام فياض من جهة، وبين تبنيها الدفاع عن سياساتها من جهة أخرى.

ثانياً: الحكومة المقالة في قطاع غزة

واصلت الحكومة في غزة أعمالها متمسكة بشرعيتها المستمدة من الانتخابات معتبرة أنها حكومة تسيير الأعمال وفقاً للقانون الفلسطيني، ولكن هذه الحكومة انشغلت أساساً بمعالجة ذيول الحرب الإسرائيلية على غزة ومحاولة فكّ الحصار المستمر على القطاع، والذي زاد استحكام حلقاته بالدور الذي تمارسه الحكومة المصرية في هذا الإطار، واستمر تعثر جهود المصالحة، الأمر الذي حال دون تدفق المساعدات لإعادة بناء ما دمرته الحرب على القطاع.

واستمر الفلسطينيون في الصمود بالرغم من قساوة الحصار، وعدم إمكان إعادة بناء ما دمرته آلة الحرب الإسرائيلية في عدوان 2008-2009، وشهدت غزة محاولات متواضعة لإعادة بناء عشرات من المنازل المهدمة من بينها مبادرات من جمعيات خيرية إماراتية، وهناك حديث عن مبادرة من جمعيات قطرية. ولكن كل ذلك كان دون طموح بناء آلاف المنازل والمؤسسات المهدمة.

كما بقيت الحكومة الفلسطينية برئاسة إسماعيل هنية منشغلة بهم فكّ الحصار، وتأمين رواتب موظفيها من المدنيين والعسكريين، وإدارة المعابر وتأمين حرية الحركة للفلسطينيين من القطاع وإليه، وهذا أدى لاستهلاك الكثير من جهود قيادة حماس في إدارة القطاع.

ومن المهم الإشارة إلى أن ثمة جانب متعلق بقطاع غزة، كثيراً ما يهمل، بالرغم من أولويته وأهميته الفائقة، ألا وهو استمرار تدفق السلاح على قطاع غزة، واستمرار تطويره من الداخل، إلى جانب حفر الأنفاق الدفاعية الداخلية، والاستعدادات لمواجهة أي عدوان؛ الأمر الذي يكون قد انتقل بالوضع المقاوم لقطاع غزة، بالرغم من الهدنة غير المكتوبة، وعدم إطلاق الصواريخ، وعدم القيام بعمليات، إلى مستويات غير مسبوقة. فهو انتقال بالمقاومة إلى مستوى المواجهة في حالة التعرض للعدوان. ومن ثمّ فإن أهم أسباب عدم شنّ حرب جديدة على قطاع غزة ولبنان، هو الخوف من النتائج بسبب ما وصلته المقاومتان من مستوى في الإعداد للمواجهة.

أما من جهة أخرى فقد نجح الفلسطينيون في استقطاب تحرك دولي شعبي بل وحتى رسمي ضدّ الحصار تمثل بقوافل فكّ الحصار التي جاءت من أوروبا والعالم العربي والإسلامي. وكانت أولى القوافل التي نجحت في الوصول لغزة في سنة 2010 قافلة شريان الحياة بقيادة جورج جالاوي George Galloway إضافة إلى ناشطين من 17 دولة، حيث وصلت في 6 كانون الثاني/ يناير، بعد 31 يوماً من انطلاقها من لندن، وذلك على الرغم مما واجهته من صعاب وعقبات في مصر، من ضمنها أحداث عنف بين منظمي القافلة وقوات الشرطة المصرية في ميناء العريش أدت إلى إصابة العشرات من منظمي القافلة والأمن المصري، الذي اتخذ قراراً في وقت لاحق بمنع جالاوي من دخول الأراضي المصرية مرة ثانية. كما أدى تعطيل القافلة داخل مصر إلى موجة غضب فلسطينية في غزة أسفرت عن وقوع اشتبكات بين فلسطينيين غاضبين على الحدود مع قوات مصرية أدت لجرحى في الطرفين إضافة لمقتل شرطي مصري. واتهمت السلطات المصرية حركة حماس بالمسؤولية عن مقتله. ولكن حكومة إسماعيل هنية قالت إن الجندي المصري قتل برصاص زملائه من الخلف[32].

وقام وفدان برلمانيان عربيان بزيارة غزة؛ الأول في 15 شباط/ فبراير ويتكون من 22 برلمانياً، والثاني في 6 حزيران/ يونيو ويتكون من 47 برلمانياً[33].

وفي 31 أيار/ مايو تصدت "إسرائيل" بالقوة لأسطول الحرية الذي كان يحمل مساعدات لقطاع غزة، واقتحمت قوات خاصة تابعة للبحرية الإسرائيلية الإثنين سفينة مافي مرمرة Mavi Marmara التي تحمل 581 متضامناً، معظمهم من الأتراك، داخل المياه الدولية، مخلفة 9 قتلى و26 جريحاً معظمهم من الأتراك. واعتقلت قوات الاحتلال المتضامنين وأعادتهم فيما بعد لبلادهم. وقد جَرَّت هذه العملية ردود فعل دولية واسعة مستنكرة لحكومة نتنياهو[34]؛ مما حوّل أسطول الحرية إلى رمز لكسر الحصار، وإلى هزيمة سياسية وإعلامية مدوِّية للعدوان الإسرائيلي، وضعت دولة الاحتلال في مأزق، واستعدَتْ دول العالم وشعوبه عليها.

في 13 حزيران/ يونيو أعلن رئيس الحكومة الفلسطينية المقالة إسماعيل هنية خلال استقباله الأمين العام لجامعة الدول العربية عمرو موسى، أن زيارة الأخير خطوة عملية على طريق كسر الحصار. من جانبه، دعا الأمين العام للجامعة العربية عمرو موسى، إلى ضرورة كسر الحصار المفروض على غزة، في أول زيارة له إلى القطاع منذ انتهاء الحرب على القطاع سنة 2009، مشدداً على أن العرب كلهم والعالم يقفون إلى جانب الشعب الفلسطيني ويرفضون الحصار، كما طالب بمصالحة فلسطينية، ودعا أهل غزة إلى الضغط على قادتهم من أجل تنفيذ المصالحة[35].

ورحبت الحكومة الفلسطينية المقالة بزيارة الممثلة العليا للسياسة الخارجية الأوروبية، كاثرين آشتون Catherine Ashton إلى قطاع غزة، وعدّتها بالإضافة إلى زيارات وزراء الدول الأوروبية

المرتقبة بمثابة اعتراف غير مباشر بحكومة حماس[36]؛ غير أن ذلك الاعتراف لم يترجم واقعياً وفعلياً من جانب الاتحاد الأوروبي.

كما استقبل هنيه وفداً من لجنة الحكماء الدولية، برئاسة ماري روبنسون Mary Robinson رئيسة جمهورية إيرلندا السابقة، وعضوية الأخضر الإبراهيمي المبعوث السابق للأمم المتحدة في أفغانستان والعراق؛ وإيلا بهات Ela Bhatt الناشطة الهندية لحقوق النساء. وأشاد هنية بجهود لجنة الحكماء الدولية وزيارتهم الى قطاع غزة؛ في ظلّ الحصار المفروض عليه، آملاً في أن تشكل هذه الزيارة تقدماً إيجابياً لصالح الشعب الفلسطيني[37].

وفي 8 تشرين الثاني/ نوفمبر، قام وزير الخارجية الألماني جيدو فيسترفيله Guido Westerwelle بزيارة لقطاع غزة ودعا لإنهاء الحصار المفروض عليه. وتبعه في 24 تشرين الثاني/ نوفمبر، وزير الخارجية الإيطالي فرانكو فراتيني Franco Frattini بزيارة مماثلة. وكذلك قام وزير خارجية مالطا طونيو بورج Tonio Borg في 17 كانون الأول/ ديسمبر بزيارة قطاع غزة، قال خلالها إن الاتحاد الأوروبي يدعو إلى رفع الحصار عن غزة[38].

وفي محاولة لتخفيف وطأة الحصار وإشراك بقية القوى الفلسطينية في إدارة قطاع غزة المحاصر، سعت حكومة غزة إلى تعديل تشكيلتها الوزارية بالعرض على بعض الفصائل الاشتراك فيها، وهو مسعى ظلّ قائماً حتى أوائل سنة 2011 بالرغم من إعلان حركة الجهاد الإسلامي اعتذارها عن المشاركة في الحكومة، التي عدّتها امتداداً لاتفاقات أوسلو Oslo Accords التي ترفضها، وإعلان الجبهة الشعبية رفضها التعديل معتبرة إياه تكريساً لواقع الانقسام في الساحة الفلسطينية.

وشنت حكومة غزة حملة كبيرة على جيش من العملاء زرعتهم "إسرائيل" على مدى سنين احتلالها لغزة. فقد أعلنت وزارة الداخلية أنها تمكنت من كشف شبكات تجسس تستخدم مواقع على شبكة الإنترنت، وتستغل حاجة المواطنين تحت الحصار، وتعمل لتجنيد عملاء للاحتلال في قطاع غزة، مشيرة إلى أنها تقوم بحملة توعية كبيرة للسكان لمواجهة ذلك[39].

وأفاد المتحدث باسم وزارة الداخلية إيهاب الغصين أن قوات الاحتلال تجهز معلومات لبنك أهداف تحضيراً لعدوان جديد عل قطاع غزة، مشيراً إلى أن ذلك يتم من خلال تحديد المؤسسات والسيارات والمنازل لقادة حركة حماس والمقاومة الفلسطينية، موضحاً أنه تمّ اعتقال عملاء استطاعوا اختراق الفصائل وذلك من خلال انضمامهم لصفوف المقاومة. وأوضح أن العملاء كان لهم دور واضح في الحرب الإسرائيلية على غزة. وعرضت الداخلية عدداً من الأجهزة الإلكترونية التي يستخدمها العملاء في عملية بثّ واستقبال المعلومات من ضباط المخابرات الإسرائيلية[40].

وقال وزير الداخلية في الحكومة المقالة في قطاع غزة فتحي حماد إن جهاز الأمن الداخلي التابع للوزارة اكتشف فلسطينياً يتعاون مع أجهزة الأمن الاسرائيلية منذ سنة 1972. وأضاف أن جهاز

الأمن الداخلي اكتشف "طرقاً وأساليب جديدة للاحتلال الصهيوني في الاختراق، إلى جانب النجاح في مكافحة العملاء"[41].

ونفذت الحكومة المقالة بالفعل حكم الإعدام بحق اثنين من المتهمين بالعمالة والتخابر مع الاحتلال، والتسبب في قتل الكثير من المقاومين، وإصابة عدد آخر خلال سنوات تعاونهما مع الاحتلال. وقال رئيس القضاء العسكري العقيد أحمد عطا الله أن تنفيذ الحكم جاء بعد استنفاد هذه الأحكام كافة طرق الطعن فيها وأصبحت واجبة التنفيذ[42].

وقد استهجنت بعض المنظمات الحقوقية والمجتمعية تنفيذ أحكام الإعدام، على اعتبار أن التنفيذ تمّ "من دون احترام الأصول القانونية التي تحظر تنفيذ عقوبة الإعدام من دون مصادقة رئيس الدولة"[43].

وفي إطار تسليط الضوء على الأسرى الفلسطينيين في سجون الاحتلال، أعلن إسماعيل هنية أن سنة 2010 هي سنة الأسرى الفلسطينيين في سجون "إسرائيل"، وطالب بتفعيل قضيتهم في كافة المحافل العربية والدولية. وقال هنية خلال حفل إطلاق الحملة الوطنية للدفاع عن الأسرى، أنه تمّ تشكيل "اللجنة الوطنية العليا لنصرة الأسرى"، وبدء انطلاق فعاليات التضامن معهم لدعم صمودهم. ودعا هنية إلى إنشاء "صندوق الأسرى الفلسطينيين" لدعم الأسرى وذويهم، مشيراً إلى ضرورة أن يكون هذا الصندوق "عربياً إسلامياً بالكامل لضخ الأموال لدعم القضية التي تحتاج لدعم مالي، لتتمكن وزارة الأسرى من رفع قضايا ضدّ إسرائيل أمام المحاكم الدولية"[44].

ثالثاً: الحوار وإعادة ترتيب البيت الفلسطيني

بقيت المصالحة بين فتح وحماس تراوح في مكانها على الرغم من التقدم الظاهري الذي حدث فيها بعد قبول مصر إلحاق ورقة تتفق عليها الفصائل بورقتها للمصالحة والتي كانت تصر في السابق على توقيعها دون أي شروط أو إضافات أو تعديلات.

وقد تمسكت فتح في البداية بمطلبها من حماس توقيع الورقة المصرية، وقد رفض الرئيس الفلسطيني عقد أي لقاءات مع رئيس المكتب السياسي لحركة حماس خالد مشعل قبل توقيع هذه الورقة. وقال إنه "في حال توقيع حماس، وبعد ساعة أو نصف ساعة أو ربع ساعة، سيكون هناك لقاء معهم ولكن قبل ذلك لا"، مشدداً على ضرورة أن يتم توقيع المصالحة الفلسطينية في مصر[45].

وقد بذل نبيل شعث عضو اللجنة المركزية لحركة فتح جهداً في إطار المصالحة وقام بزيارة قطاع غزة، ولكنه لم يتمكن من حلحلة الخلافات بين الطرفين. وفي هذا السياق، علق رئيس السلطة

الفلسطينية محمود عباس على هذه الزيارة، وقال إن ذهاب عضو اللجنة المركزية لحركة فتح نبيل شعث إلى غزة ليس اجتهاداً شخصياً بل بقرار من الحركة، لكنه نفى صلتها بالمصالحة وأضاف أن "زيارة شعث لغزة تحت هذا العنوان فقط وذهابه إلى بيت إسماعيل هنية والجلوس معه تجاوز غير موافقين عليه"[46].

كما بذلت الشخصيات المستقلة برئاسة ياسر الوادية جهوداً لدعم زيارة شعث، وفي ملف المصالحة بشكل عام، ولكن الخلافات بقيت على حالها[47].

وفيما ارتبطت جهود المصالحة بالقمة العربية التي انعقدت في ليبيا في 2010/3/27، فقد أبلغ رئيس السلطة محمود عباس ليبيا ومصر والسعودية والأردن أنه لن يحضر القمة العربية المقررة في ليبيا إذا حضرها رئيس المكتب السياسي لحركة حماس خالد مشعل[48]. من جانبه، أعلن رئيس المكتب السياسي لحماس خالد مشعل، أن الحركة على استعداد لتوقيع اتفاق المصالحة الفلسطينية قبل القمة العربية في ليبيا أو خلالها، رافضاً الخوض في الرد على تصريحات الرئيس الفلسطيني محمود عباس بشأن عدم حضوره للقمة، إذا حضرها مشعل[49].

وأعادت مصر تأكيد موقفها من المصالحة، على لسان وزير الخارجية أحمد أبو الغيط الذي أكد أن الورقة المصرية للمصالحة الفلسطينية مطروحة للتوقيع فقط، وقال إن أية ملاحظات عليها ستؤخذ في الاعتبار عند التنفيذ[50].

وكررت حماس اتهاماتها لواشنطن بإعاقة عملية المصالحة، واتهم مشعل الولايات المتحدة بوضع حقّ النقض "الفيتو" Veto على مصالحة حركته مع حركة فتح[51].

وبالرغم من الجمود الظاهر في المفاوضات، فقد ظهرت معلومات تشير إلى أن حماس بصدد تقديم مرونة بهدف توقيع الاتفاق، تقوم على خفض تحفظاتها شريطة الالتزام ببعض الملاحظات، وهي: أن تتضمن التعديلات أن تكون القيادة المؤقتة، المزمع تشكيلها إلى حين إعادة انتخاب مؤسسات منظمة التحرير "غير قابلة للتعطيل"، وأن يتم تشكيل لجنة الانتخابات من جانب الرئيس محمود عباس بـ"التوافق" مع حماس، وهو مبدأ يسري أيضاً على تشكيل لجنة أمنية عليا لتنفيذ اتفاق المصالحة، إضافة إلى إعادة بناء وهيكلة الأجهزة الأمنية في الضفة الغربية وقطاع غزة.

وقد ظهر أن التأخر الذي حصل في إنجاز المصالحة يتطلب تأخير إجراء الانتخابات الذي كان مقترحاً في 2010/6/28 في مسودة الورقة المصرية "ما يتطلب الاتفاق على موعد جديد". وظهرت طروحات تؤكد ضرورة أن تكون ورقة الملاحظات "ملحقة بالورقة المصرية وجزءاً لا يتجزأ منها"، وأن يتم التوقيع عليها من الأطراف المعنية والراعية والضامنة لاتفاق المصالحة[52].

وبعد تبادل الاتهامات بين الطرفين بتعطيل المصالحة، وفشل وساطات عديدة من بينها وساطات سعودية وقطرية وتركية، شهد هذا الملف اختراقاً جديداً بعد لقاء مشعل في مكة مع رئيس المخابرات المصرية عمر سليمان، الذي قال إنه لا يمانع أن تتفق حركتا فتح وحماس على تفاهمات تراعي تحفظات حماس على الورقة المصرية قبل التوقيع على هذه الأخيرة.[53]

وقد ترافق هذا الاختراق مع استئناف المفاوضات المباشرة مع "إسرائيل" والتعنت الذي أبدته الحكومة الإسرائيلية في موضوع تجميد الاستيطان، وقد ربطت تقديرات بين مؤشرات الفشل في هذه المفاوضات، وتوجه السلطة مدعومة من مصر لإعادة تفعيل ملف المصالحة، لاستخدامه كورقة ضغط في المفاوضات.

وانعقدت أولى جلسات الحوار في دمشق في 2010/9/24، حيث تمّ خلالها الاتفاق على تشكيل لجنة الانتخابات بالتوافق الفلسطيني، وتشكيل محكمة للانتخابات بالتوافق، وتعيين موعد جديد للانتخابات، بالإضافة إلى تشكيل إطار قيادي مؤقت إلى حين إعادة بناء منظمة التحرير الفلسطينية وفقاً لما جاء في الورقة المصرية للمصالحة. وقال عزام الأحمد، عضو اللجنة المركزية لحركة فتح ورئيس كتلتها البرلمانية، إن اجتماع حركتي فتح وحماس حلّ ثلاث قضايا هي: الانتخابات ومحكمة الانتخابات ومنظمة التحرير الفلسطينية، منوهاً إلى أنه بقيت قضية الأمن التي سيصار إلى حلها بمشاركة المختصين في هذا الموضوع.[54]

وقال القيادي في حركة حماس في لبنان علي بركة إن الحركة ستبحث مع حركة فتح في دمشق استكمال الحوار الفلسطيني والبحث في تشكيل اللجنة الأمنية المشتركة العليا التي ستشرف على إعادة وهيكلة الأجهزة الأمنية تحت رعاية مصرية. وأوضح أن "الحركتين اتفقتا في اجتماعهما السابق في دمشق على إعادة بناء وهيكلة الأجهزة الأمنية في الضفة الغربية وقطاع غزة بالتزامن وليس في غزة فقط". بينما جرى تأجيل بحث الشق المتعلق بتشكيل اللجنة الأمنية المشتركة التي ستشرف على عملية البناء والهيكلة إلى الاجتماع المقبل.[55]

وقال القيادي في حماس محمود الزهار إن حركة فتح وافقت على رؤية حركة حماس فيما يتعلق بنقاط، لجنة الانتخابات المركزية، واللجنة القضائية الخاصة بالانتخابات، وموضوع القيادة المؤقتة لمنظمة التحرير الفلسطينية، والتي كانت فتح ترفض طرح حماس حولها سابقاً.[56]

وفي محاولة لإنجاز النقطة الأخيرة والأهم في المصالحة، التقى وفدان من الحركتين في دمشق مرة أخرى في 2010/11/9، إلا أن اللقاء انتهى بتبادل الاتهامات بين الطرفين بإفشال جهود المصالحة، حيث قالت فتح إن حماس لم تحدد مطالبها، فيما أكدت حماس أن فتح لا تريد أي مشاركة لها في اللجنة العليا التي تشرف على الأجهزة الأمنية بالضفة وغزة. وأن إعادة بناء الأجهزة الأمنية ستقتصر على الضفة دون غزة. وقالت حماس إن هناك فيتو أمريكي – إسرائيلي بعد الجولة

الأولى على موضوع "الملف الأمني". وقالت مصادر فلسطينية إن عدم التوصل لشيء في هذا اللقاء جاء نتيجة إصرار حركة فتح وتحديداً مدير جهاز المخابرات في السلطة ماجد فرج على اقتصار التعديلات الأمنية على الأجهزة الأمنية الموجود في قطاع غزة فقط، وعدم استعداده لقبول أي تعديل على الوضع الأمني في الضفة الغربية المحتلة[57].

وكشفت مصادر فلسطينية لجريدة الحياة، أن الطرفين أعادا صياغة التفاهمات السابقة بعد أن توصلا لحل وسط بشأنها، وهي أن تقوم الحركتان بتسمية أعضاء لجنة الانتخابات وتجاهل ما إذا كان هذا بـ"التشاور أم بالتوافق" كما ورد في تفاهمات أيلول/ سبتمبر. وعندما حاول وفد حماس سحب هذا الحل الوسطي على محكمة الانتخابات، رفض وفد فتح بدعوى أن القضاء "مستقل ويجب عدم تدخل المنظمات به". وتفاهم الطرفان على إضافة عبارة "ألا يكون قضاة المحكمة مختلفاً عليهم" بين الفصائل.

وفي موضوع القيادة المؤقتة المزمع تشكيلها إلى حين إحياء مؤسسات المنظمة، طلب وفد فتح إضافة عبارة "بما لا يتناقض مع صلاحيات اللجنة التنفيذية في المنظمة" إلى العبارة السابقة التي كان جرى التوافق على إضافتها في الجلسة الأولى، وهي أن "تكون مهمات القيادة المؤقتة المزمع تشكيلها غير خاضعة للتعطيل". ولدى مراجعة النقطة الرابعة المتعلقة بموعد الانتخابات المقبلة، اتفق الطرفان على أن تجري في فترة تتراوح بين ثمانية أشهر وسنة، من توقيع الورقة المصرية، كي يتاح للطرفين التحضير لإجرائها في "أجواء عادلة ومنصفة لهما في الضفة وغزة".

غير أن المشكلة بدأت في العمق لدى الوصول إلى النقطة الخامسة المتعلقة بملف الأمن، إذ إن الطرفين اتفقا سابقاً على "إعادة بناء وهيكلة أجهزة الأمن في الضفة وقطاع غزة"، وبقيت النقطة الثانية المتعلقة بتشكيل لجنة أمنية عليا من الطرفين. وأوضحت المصادر أن "المفاجأة كانت أن مدير الاستخبارات في السلطة ماجد فرج قال في الاجتماع إن كل ما يتعلق بالأمن لن يكون فيه أي شراكة. الشراكة بالسياسة والانتخابات ممكنة، أما في الأمن فهذا غير ممكن. وأن أجهزة الأمن مبنية على أسس وطنية من دون مشاركة أو محاصصة"، الأمر الذي عدّته حماس تراجعاً عن الاتفاقات السابقة وأجوائها الإيجابية[58].

تجدر الإشارة هنا إلى أن تكليف ماجد فرج بمناقشة الموضوع الأمني، بدا وكأنه شهادة بأن فتح لا سلطة لها على الأجهزة الأمنية والسياسة الأمنية في الضفة الغربية؛ وهذا معنى إصرار فرج على اعتبار الوضع الأمني في الضفة خارجاً عن كل حوار.

وقد ظلّت المصالحة مجالاً للتجاذب بين فتح وحماس، إلا أنه حدث بعض الانفراج مع التغيرات التي أخذت تحدث في العالم العربي منذ مطلع سنة 2011، وبعد دعوة هنية لعباس لزيارة القطاع،

وموافقة عباس على ذلك ... ثم التوقيع في القاهرة في 2011/5/3 على اتفاق المصالحة، بعد موافقة فتح على تحفظات حماس، وتجاوز العقدة الأمنية. وربما ما زال هناك الكثير أمام فتح وحماس لعمله لإنجاح الاتفاق، وتجاوز العديد من المعيقات الداخلية والخارجية، والتي تمكنت سابقاً وللأسف من إفشال وتعطيل اتفاقات سابقة بين الطرفين.

رابعاً: منظمة التحرير الفلسطينية ورئاسة السلطة:

1. هيكل وبرنامج لم يتغير:

على الرغم من الشرعيات المنقوصة لمؤسسات منظمة التحرير الفلسطينية، بعد أن انتهت مدة المجلس الوطني واللجنة التنفيذية والمجلس المركزي، إلا أن استخدامها استمر من قبل حركة فتح، التي واصلت السيطرة على مفاصل القرار فيها، وكرست اجتماعات اللجنة التنفيذية للمنظمة لأخذ قرارات تشرعن عملية المفاوضات. انعكس الخلاف بين فتح وحكومة فياض على علاقة هذه الحكومة والمنظمة.

وقد بدا أن هناك صراعاً بين المنظمة والحكومة على خطوات ما يسمى ببناء الدولة الفلسطينية، إلى الدرجة التي دفعت فياض إلى التأكيد مراراً أن مرجعية هذه القضية هي منظمة التحرير مع استمراره في قيادة خطوات كهذه على الأرض وبمعزل عن المنظمة والرئاسة الفلسطينية.

وقد فشلت جهود إعادة تشكيل منظمة التحرير كبند من بنود المصالحة الذي اتفقت عليه الفصائل الفلسطينية في السابق، وذلك أن المصالحة لم تتم بسبب استمرار الخلاف على الملف الأمني فيها. وأسفر الحوار بين فتح وحماس في دمشق في 24 أيلول/ سبتمبر عن الاتفاق على إعادة العبارة التي تمّ التوافق عليها خلال جلسات الحوار وحذفت في الورقة المصرية. وتعالج العبارة "الإطار القيادي المؤقت" الذي سيتم تشكيله إلى حين إجراء انتخابات المجلس الوطني الفلسطيني، ويكون من أبرز مهماته معالجة القضايا المصيرية، التي تتعلق بالشأن الفلسطيني واتخاذ القرارات فيها بالتوافق. وتنص هذه العبارة على "أن مهمات هذا الإطار القيادي المؤقت غير قابلة للتعطيل، باعتبارها إجماعاً وطنياً تمّ التوافق عليه"[59]. إلا أن حركة فتح طلبت لاحقاً ألا يتناقض ذلك مع صلاحيات اللجنة التنفيذية في المنظمة[60].

تجدر الإشارة هنا إلى أن سبباً رئيسياً في استمرار الانقسام وفشل محاولات المصالحة، يرجع إلى الخلاف السياسي حول الموقف من التسوية والمفاوضات، وكذلك الموقف من مقاومة الاحتلال. لذلك فإن كل الأوراق التي سعت إلى المصالحة دون الاقتراب من هذا السبب كانت محاولات للقفز عن هذه الحقيقة.

2. أزمة مع الجبهة الشعبية:

وبالرغم من عدم إحراز عملية التسوية أي تقدم، فقد صادقت اللجنة التنفيذية لمنظمة التحرير الفلسطينية في 2010/5/8 على قرار العودة للمفاوضات غير المباشرة؛ التي سبق ووافقت عليها لجنة المتابعة العربية لمبادرة السلام، التابعة للجامعة العربية خلال اجتماعها في القاهرة.

وانتقدت حركتا حماس والجهاد الإسلامي هذه المفاوضات ورأت فيهما رضوخاً لسياسة فرض الأمر الواقع التي يمارسها الاحتلال الإسرائيلي. وصوتت كل من الجبهة الشعبية وحزب الشعب الفلسطيني ضدّ هذا القرار في اللجنة التنفيذية، فيما تحفظت عليه الجبهة الديموقراطية لتحرير فلسطين[61].

وتزامناً مع عودة السلطة الفلسطينية إلى المفاوضات المباشرة، على الرغم من فشل المفاوضات غير المباشرة في تحقيق أي تقدم، واجهت اللجنة التنفيذية للمنظمة أزمة جديدة بإعلان الجبهة الشعبية لتحرير فلسطين في مؤتمر صحفي في 2010/9/26 تعليق مشاركتها في اجتماعاتها، احتجاجاً على تفرد القيادة في القرارات المصيرية، وعلى الأخص العودة للمفاوضات مع "إسرائيل". وحذرت الجبهة، وهي ثاني أكبر فصيل في منظمة التحرير، من التداعيات والنتائج "الخطيرة لسياسة التنازلات والعودة إلى المفاوضات، في ظلّ الشروط الأميركية الإسرائيلية". وشدد بيان للجبهة تلته عضوة مكتبها السياسي خالدة جرار في رام الله على أن المفاوضات بهذه الطريقة "تُغيب رعاية الأمم المتحدة ومرجعية قراراتها، وتفرض رعاية أميركية وتجعل خيار المفاوضات بلا بديل". وأوضح بيان الجبهة أن قرارها يأتي لعامل تنظيمي متعلق بآلية اتخاذ القرار في أطر منظمة التحرير، وقيادتها، مشيرة إلى ما سمته "نهج التفرد والاستهتار بصيغ العمل المشترك". وحذرت الجبهة مما وصفته "بالنهج المستكين للقيادة المتنفذة داخل منظمة التحرير، ونتائجه الكارثية على القضية الفلسطينية وعلى المنظمة وبرنامجها وميثاقها ومشروعها الوطني"[62].

في الوقت نفسه، قال مسؤول الخارج في الجبهة الشعبية ماهر الطاهر في تصريح من دمشق، أن ذلك لا يعني الانخراط بأية "صيغ بديلة" للمنظمة[63]. ولكن عضو اللجنة المركزية للجبهة الشعبية جميل مزهر ذكر أن قرار تعليق الجبهة للمشاركة في جلسات اللجنة التنفيذية لمنظمة التحرير، هو قرار تكتيكي واعتراضي، للتعبير عن رفض العودة للمفاوضات التي أثبتت فشلها طيلة الأعوام الماضية، مبيناً أن هذا القرار لا يعني الانسحاب من منظمة التحرير الفلسطينية "الممثل الشرعي والوحيد للشعب الفلسطيني".

وأوضح مزهر أن قرار الشعبية بتعليق المشاركة سيكون ورقة قوة في يد الرئيس أبو مازن، يستطيع من خلالها تحدي أي جهة تحاول الضغط عليه، من أجل الاستمرار في المفاوضات في ظلّ التعنت الإسرائيلي[64].

3. تلويح بالاستقالة:

وفي ظلّ فشل الولايات المتحدة بإقناع "إسرائيل" في وقف الاستيطان، أعاد عباس التلويح بخيار الاستقالة من السلطة، وقال إنه إذا لم توقف "إسرائيل" بناء المستعمرات، وإذا تداعى دعم الولايات المتحدة للمفاوضات، فسيسعى لإنهاء الحكم الذاتي الفلسطيني المحدود في الأراضي المحتلة، وإنه لا يمكنه قبول أن يبقى رئيساً لسلطة غير موجودة[65]. ولكن عباس عاد وتراجع عن ذلك، وقال في تصريح نشرته جريدة الرأي الأردنية في 2010/12/19 إنه لن يتنحى عن رئاسة السلطة الفلسطينية لأنه "صاحب مشروع وطني"، وأوضح أن "أن حلّ السلطة والمغادرة سيؤديان إلى فوضى"، لكنه شدد على ضرورة "التفكير في شيء لنضع إسرائيل في الزاوية". ووصف عباس الاحتلال الإسرائيلي بأنه أرخص احتلال في التاريخ، وقال "إن إسرائيل تحتل وليس عليها أي مسؤوليات، لها الواقع ولنا الاسم، هذه المعادلة السخيفة يجب أن تُحَل"[66].

كما أعلن الرئيس الفلسطيني أنه سيقود تحركاً لإعادة القضية إلى مجلس الأمن الدولي United Nations Security Council، بدلاً من الاستمرار في مفاوضات لم تنجح في الحدّ من الاستيطان. ولكنه اكتفى بالتمهيد لعرض مشروع قرار يعدّ الاستيطان غير شرعي، وأكد أنه لن يتخذ خطوات أحادية، مثل إعلان الدولة المستقلة من جانب واحد، الأمر الذي قالت "إسرائيل" إنها ستواجهه بشدة. كما لم تلجأ قيادة المنظمة لخيار حلّ السلطة الذي عدّته آخر الخيارات المطروحة.

وقد اعترفت خلال سنة 2010 خمس دول بالدولة الفلسطينية، وهذه الدول هي البرازيل، والأرجنتين، والأوروغواي، وبوليفيا، والإكوادور.

ومع ذلك فقد استمر مسلسل الفساد في السلطة، والذي فجره ضابط الاستخبارات السابق فهمي شبانة، ليضع علامات استفهام كبيرة حول جدوى مشروع بناء مؤسسات الدولة في ضوء الفساد المستشري، فضلاً عن تشكيك الكثيرين في نجاح هكذا مشروع بمعزل عن التحرر من الاحتلال بتفكيك مستعمراته، التي تقطع أوصال الضفة، واستعادة القدس التي تمثل روح الدولة وأساس وجودها، فضلاً عن استمرار الوجود الاحتلالي الإسرائيلي في نواحي الضفة الغربية.

إن التدقيق في مواقف محمود عباس بعد ارتطام المفاوضات بالفشل، بالرغم مما قُدِّم من تنازلات يؤكد أنه أصبح فاقداً لأي بديل حقيقي. فكل ما يُلوِّح باتخاذه يفتقر إلى الجدية العملية، أو يُعدُّ هروباً للأمام.

4. فضيحة الفساد:

وفي معمعة فشل المفاوضات مع "إسرائيل" والضغوط الأمريكية على قيادة السلطة والمنظمة للاستمرار فيها، برزت أزمة جديدة تمثلت باتهامات الفساد التي أطلقها ضابط كبير في جهاز الأمن الوقائي الفلسطيني.

فقد بثت القناة العاشرة للتلفزيون الإسرائيلي في 2010/2/9 تقريراً عن الفساد في مكتب عباس استند إلى وثائق قالت إن المسؤول السابق في الأمن الوقائي الفلسطيني فهمي شبانة التميمي جمعها على مدار الأعوام الستة الماضية. واستعرض الضابط مستندات وصور تتهم مدير مكتب الرئيس الفلسطيني رفيق الحسيني بالفساد والتحرش الجنسي... واتهم شبانةُ رئيسَ ديوان الرئاسة الفلسطينية رفيق الحسيني باستدراج نساء تقدمن للحصول على وظائف في مقر الرئاسة لإقامة علاقة غير شرعية معهن، وكشف عن شريط فاضح يظهر الحسيني مع امرأة. كما اتهم الضابط الفلسطيني أيضاً محامي منظمة التحرير الفلسطينية في الأردن علام الأحمد، شقيق عضو اللجنة المركزية لحركة فتح عزام الأحمد، بتلقي مبلغ مليون و950 ألف دولار في صفقة وهمية لشراء قطعة أرض في الأردن. وتحدث أيضاً عن وثائق تثبت اختفاء مبلغ 700 مليون دولار من أموال السلطة الفلسطينية، في قضايا فساد سبق للنائب العام الفلسطيني أن فتح تحقيقاً بشأنها[67].

وبعد أن أثار هذا الملف الكثير من اللغط في الساحة الفلسطينية، فاجأ شبانة أولئك الذين كانوا ينتظرون الحصول على مزيد من المعلومات عن هذه القضية بإعلانه إلغاء المؤتمر الصحفي، الذي كان يعتزم عقده في 2010/2/22 لكشف الوثائق التي تتعلق بالفساد بين كبار رجالات السلطة الفلسطينية. وبرر شبانة تراجعه بأن الرئيس عباس ينظر إلى المؤتمر الصحفي بأنه "يضر بمصلحة الشعب"، وبأن الرئيس أكد له أنه سيدرس الوثائق بنفسه وسيمضي قدماً في التحقيق في قضايا الفساد[68].

وشكل عباس لجنة تحقيق في هذه المزاعم برئاسة أمين سر اللجنة المركزية لحركة فتح أبو ماهر غنيم، وعضو اللجنة المركزية للحركة عزام الأحمد، ورئيس المحكمة الحركية العليا رفيق النتشة[69].

وأغلق عباس هذا الملف بإعفائه رئيس ديوانه رفيق الحسيني من منصبه، وجاء قرار عباس بعد انتهاء عمل لجنة التحقيق التي شكلها. وذكرت مصادر فلسطينية أن عباس أبلغ الحسيني بالقرار في رسالة وجهها إليه، قال فيها إن اللجنة "توصلت باعترافكم إلى أنكم ارتكبتم أخطاء شخصية خارج العمل، كان يتوجب عليكم أن تحذروا منها ولا تقدموا عليها". وجاء في الرسالة "إنني إذ أعفيكم من مهمتكم كرئيس للديوان تنفيذاً لتوجهات لجنة التحقيق، فإنني أؤكد لكم أنني لم أجد في تقرير اللجنة ما يشير إلى استغلال موقعكم في الوظيفة العامة لتحقيق منافع شخصية أو ابتزازات من أي نوع كان"[70].

كما أمر عباس بحرق كافة التسجيلات والأقراص المدمجة المصورة لشخصيات وقيادات في السلطة والحركة وخاصة الجنسية منها. وأكد مصدر أمني أن عباس كان حازماً في القرار، وشكل لجنة للإشراف على حرق كافة التسجيلات والتأكد من إتلافها بشكل نهائي. مع العلم أن جهازي

المخابرات العامة والأمن الوقائي يملكان العديد من التسجيلات لشخصيات من فتح لها وزنها السياسي ومعظمها مخلة بالآداب العامة[71]. وهكذا تمّ تجاوز القضية دون أن يُحاسب كثير من المتورطين في ملفات الفساد.

خامساً: الفصائل والقوى الفلسطينية

وضعت حركة فتح ثقلها خلف المسار السياسي للمنظمة والسلطة وشكلت عمادهما الأساسي في الساحة الفلسطينية. بالرغم من أن عباس نجح في حشد الدعم له في المؤتمر السادس لفتح سنة 2009، إلا أنه واجه تحديات مهمة داخل الحركة أبرزها تلك المتعلقة بمحاولات محمد دحلان تشويه صورته داخل فتح تمهيداً لتسلم زمام الأمور فيها.

وفضلاً عن الخلاف بين فتح ورئيس وزراء حكومة تصريف الأعمال حول الحقائب الوزارية، فقد عانت فتح من أزمة الخلاف بين عباس ومحمد دحلان عضو اللجنة المركزية لفتح ومفوض الإعلام فيها والرجل القوي في الحركة. فقد أعلنت قيادة فتح تجميد عضويته في اللجنة المركزية إلى حين الانتهاء من التحقيق معه في قضايا التحريض على قيادة السلطة والحركة، عباس تحديداً، وفي قضايا فساد وتعدي على صلاحيات الأجهزة الأمنية. كما قررت اللجنة المركزية للحركة إيقاف إشرافه على مفوضية الثقافة والإعلام بحركة فتح، وتكليف عضوها نبيل أبو ردينة المتحدث الرسمي باسم الرئيس الفلسطيني ناطقاً رسمياً باسم حركة فتح.

وحسب مصادر فلسطينية، فإن أبرز أسباب الخلاف تعود إلى قيام جهات بتقديم تسجيلات ووثائق مسجلة ومصورة، تظهر دحلان وهو في حالة استرسال في انتقاد الرئيس عباس، مطلقاً عبارات تتحدث عن ضعف عباس الشديد واهتمامه فقط برعاية مصالح أولاده الاقتصادية، وعدم وجود أي خيارات أمامه سوى التنحي مع إطلاق تعبيرات "غير لائقة" تماماً بحق الرئيس[72].

وتعود هذه الاتهامات إلى شهر أيلول/ سبتمبر 2010، وتتعلق باتهام مساعدي عباس لدحلان بأنه وراء تحريض قيادات في فتح وخاصة ناصر القدوة على أنهم أحق من عباس ورئيس حكومته سلام فياض بالحكم، وتسلم زمام الأمور بالسلطة. هذا إضافة لسعي دحلان لتعزيز نفوذه في الأجهزة الأمنية والوزارات في الضفة، وهو ما أغضب تلك القيادات التي تتهم دحلان بأنه المسؤول المباشر عن سقوط غزة في يد حماس[73].

ووفق مصادر فلسطينية، فإن بعض الشخصيات الفتحاوية "الكبيرة" والعناصر الأمنية، المرتبطة بدحلان، دلت الشرطة على مخزن للأسلحة في مخيم بلاطة شمال الضفة، كانت تخبئه إضافة إلى العديد من بنادق كلاشينكوف[74].

ولم يكن هذا الخلاف ببعيد عن مسار عملية التسوية التي وصلت إلى طريق مسدود، حيث تشير تقديرات إلى أن "إسرائيل" تريد ضرب الوضع الداخلي للحركة، التي تقود المفاوضات، في محاولة لدفعها إلى العودة للمفاوضات بالشروط الإسرائيلية المجحفة.

وفي هذا السياق أيضاً، صادق المجلس الثوري في تشرين الثاني/ نوفمبر 2010 على تشكيل مجلس عام يتكون من 451 عضواً يقوم مقام المؤتمر العام للحركة، وهي خطوة بدا فيها أن عباس يحاول تعزيز موقفه داخل الحركة، في مواجهة نفوذ دحلان في اللجنة المركزية. ويسود أوساط حركة فتح اعتقاد بأن تشكيل المجلس العام للحركة يعني بأنه لن يعقد مؤتمر عام للحركة مرة أخرى، وأن المؤتمر العام السادس الذي عقد في شهر آب/ أغسطس 2009 سيكون المؤتمر العام الأخير، وأن المجلس العام سيقوم بمقام المؤتمر العام في كل شيء.[75]

وواجه رئيس حركة فتح تحدياً آخر، ولكنه أقل خطورة على سلطاته، وتمثل بتحرك الرجل الثاني والقطب البارز في حركة فتح ورئيس الدائرة السياسية لمنظمة التحرير فاروق القدومي لعقد مؤتمر حركي بديل خارج فلسطين بهدف "إنقاذ الحركة"[76]؛ ولكن البوادر تشير إلى افتقار هذه المبادرة لعناصر الجدية والنجاح.

وبالرغم من دخول حركة حماس في الحكم عبر تجربة قطاع غزة، إلا أنها أصرت على تمسكها ببرنامج المقاومة، وقامت بتنفيذ عمليات مسلحة ضدّ الاحتلال في الضفة الغربية، ولكنها في الوقت ذاته حاولت الجمع بين هذا البرنامج وبين متطلبات الحكم في غزة، وما يستدعيه ذلك من توازنات أمنية مع "إسرائيل"، وقد أسفر ذلك عن هدنة غير معلنة مع "إسرائيل" في قطاع غزة.

وعلى صعيد بقية الفصائل، فقد واصلت عمليات إطلاق الصواريخ، رداً على الاعتداءات الإسرائيلية على غزة، ولكنها تعاونت في المجمل مع مطلب كتائب القسام بغزة في إيجاد هدنة واقعية على الأرض مع الاحتلال.

وقامت قيادة حماس بتحركات على مستوى العالمين العربي والإسلامي لفك الحصار عن غزة، وكان لها دور كبير من خلال تحفيز مؤسسات إسلامية في الغرب وتركيا لتسيير قوافل فكّ الحصار التي أسهمت إلى حدّ ما في تخفيف حدة الحصار، وجلب الانتباه الدولي للمحاصرين ومعاناتهم التي انتقلت من كونها همّاً فلسطينياً وعربياً فقط إلى هم إسلامي ودولي شعبي.

وفي الوقت ذاته، لم تتمكن الحركة من تحقيق انتعاش كبير لبرنامج المقاومة، باستثناء عمليات الخليل ورام الله، وذلك بسبب التنسيق الأمني الكبير بين أجهزة أمن السلطة و"إسرائيل" وأمريكا، وعدم توفر غطاء عربي قوي لدعم هذا البرنامج وتخفيف القبضة الأمنية للسلطة. كما راوح ملف مبادلة الجندي الأسير جلعاد شاليط Gilad Shalit بمئات من الأسرى الفلسطينيين في سجون الاحتلال مكانه، بسبب رفض "إسرائيل" إطلاق أسرى نفذوا عمليات مقاومة ضدّ "إسرائيل".

ولم يحدث تغيير كبير في معادلة القوى والفصائل في الساحة التي تتنازعها فتح وحماس من حيث قوة التأثير والفاعلية، كما لم يحدث تغيير في مواقف الفصائل من كلا التنظيمين وتحالفاتهما معهما.

وتمكنت حركة الجهاد الإسلامي من الاحتفاظ بمسافة بينها وبين حركة حماس في الموقف من الحكومة، والمبادرة بعمليات مقاومة في غزة، ولكن الحركة أصابها ما أصاب حماس في الضفة بسبب الوضع الأمني الضاغط على المقاومة. إلا أن العلاقة بين الحركتين أصبحت أفضل وأمتن من الفترة التي سبقتها.

وعلى الصعيد ذاته، تمكن عدد وازن من الشخصيات المستقلة من تشكيل "الهيئة الوطنية لحماية الحقوق الثابتة للشعب الفلسطيني" ومن هؤلاء منير شفيق، وبلال الحسن، ومحمد الرفاعي، وحلمي البلبيسي، ومعين الطاهر، وميرفيت أبو خليل، ونافذ أبو حسنة، وماجد الزير، ومحمد أبو ميزر، وصلاح الدباغ. كما أعلن عزمي بشارة تأييده لها من دون أن ينتظم فيها. وقالت الهيئة عن نفسها إنه لا صفة مسلحة لها، ولكنها تبارك المقاومة المسلحة، وقد حظيت بدعم الفصائل المقاومة والمسلحة. كما أكدت أنها ليست بديلاً لمنظمة التحرير، ولكنها تسعى على نحو جدي وحثيث لإعادة بناء منظمة التحرير ومؤسساتها على أسس ديموقراطية استناداً إلى الانتخابات. وكانت هذه من أهم الخطوات، إن لم يكن أهمها، منذ اتفاق أوسلو في اتجاه تأسيس دور فاعل للشخصيات المستقلة في الساحة الفلسطينية. ويبقى تقييم فاعلية هذه الهيئة في قدرتها على تحشيد الرأي العام فلسطينياً وعربياً في الحفاظ على الثوابت الفلسطينية.[77]

سادساً: التنسيق الأمني

بالرغم من الخلاف السياسي والفكري بين حركتي فتح وحماس، إلا أن أكثر ما أذكى هذا الخلاف بين الطرفين خلال السنوات الماضية هو التنسيق الأمني بين السلطة الفلسطينية والاحتلال.

وكان الجدل بشأن هذا الملف كبيراً خلال السنوات الماضية لأنه أفضى إلى اعتقالات متواصلة في صفوف المقاومة، وطرح أسئلة مهمة بشأن جدوى الاتفاقات ومغزاها طالما أنها لا تتقدم سياسياً على الأرض، في ظلّ استمرار النزيف الداخلي الفلسطيني، ما بين اعتقالات السلطة ذاتها للمقاومين أو اعتقالات واغتيالات "إسرائيل" لهم كثمرة للتنسيق الأمني.

إلا أن نتائج هذا التنسيق ازدادت خطورة برعاية الرئيس محمود عباس، وعلى الأخص في عهد حكومة سلام فياض التي شهدت وجود منسق أمني أمريكي وهو كيث دايتون Keith Dayton

ومن بعده مايكل مولر Michael Muller في رام الله لتنسيق العمليات ضدّ المقاومة وملاحقتها، وهذا ما زاد إلى حدّ بعيد من فعالية أجهزة الأمن الفلسطينية في ملاحقة عناصر المقاومة وإحباط عملياتها ضدّ "إسرائيل".

وقد وصل مستوى هذا التنسيق في سنة 2010 إلى مراحل متقدمة وغير مسبوقة منذ توقيع اتفاق أوسلو سنة 2003، إلى درجة جعلت جهاز الأمن العام الإسرائيلي (الشاباك) Israel Security Agency-ISA (Shabak) يتحدث لأول مرة منذ ما يزيد عن عشرين عاماً عن خلو قائمته ممن يسميهم المطلوبين في الضفة. وقد امتدح رئيس الشاباك يوفال ديسكين Yuval Diskin فعالية الأجهزة الأمنية للسلطة ضدّ حماس في الضفة، مشيراً إلى أن تلك العمليات وصلت إلى أعلى درجة لها منذ 16 عاماً. وقال إن رئيس الوزراء الفلسطيني فياض والرئيس عباس يساندون الأجهزة الأمنية للسلطة بكل قوة. وأضاف "التحسن يأتي أيضاً من المساعدات التي تقدمها بعض الدول لتحسين قدرة تلك الأجهزة"[78].

وعلى صعيد عمليات التنسيق وكثافتها، كشفت حكومة الاحتلال ضمن تقريرها الذي قدمته أمام "لجنة ارتباط الدول المانحة" في بروكسل، أن أجهزة الاحتلال قامت بـ 2,968 عملية مشتركة مع قوات الأمن الفلسطينية في الضفة الغربية سنة 2010 مقارنة مع 1,297 عملية سنة 2009، أي زيادة بنسبة 129%. كما عقدت 686 اجتماعاً مشتركاً معها سنة 2010، مقارنة بـ 544 اجتماعاً سنة 2009، أي زيادة بنسبة 26%؛ بالإضافة إلى إسهام القوات الفلسطينية بتسليم 623 إسرائيلياً بعد أن دخلوا عن طريق الخطأ إلى مناطق تابعة للسلطة في الضفة الغربية. ومن الجدير بالذكر أنه بالرغم من كل الإجراءات الأمنية، فقد نفذت المقاومة الفلسطينية في الضفة الغربية 463 هجوماً ضدّ أهداف إسرائيلية[79].

وقد اتهم تقريرٌ أصدره "مركز المعلومات ودَعْم اتخاذ القرار" في وزارة التخطيط الفلسطينية في قطاع غزة السلطةَ في رام الله بتنفيذ أكثر من 3,000 حالة اختطاف على خلفية سياسية خلال سنة 2010، وذكر أن حوالي 1,404 حالة من حالات الاعتقال كانت لأسرى محررين، ونحو 49 لأئمة المساجد، ونحو 24 من أساتذة الجامعات، ونحو 36 صحفياً، ونحو 32 من أعضاء مجالس بلدية، وما يقارب 417 طالباً جامعياً، ونحو 9 مدرسين[80].

وكان تقرير أمريكي، أعده ناثان ثرال Nathan Thrall بعنوان "رجلنا في فلسطين"، قد كشف قبل ذلك عن أن قوات أمن سلطة رام الله قامت بمشاركة الجيش الإسرائيلي في سنة 2009 بـ 1,297 عملية مشتركة ضدّ مجموعات المقاومة الفلسطينية المسلحة، استهدفت فيها حركة حماس وجهازها العسكري، ومؤسساتها المدنية والاجتماعية بزيادة 72% عن عمليات سنة 2008. ونقل ناثان ثرال عن التقرير السنوي لجهاز الشاباك أن العمليات الأمنية المشتركة لقوات

أمن السلطة و"إسرائيل" قد "خفضت الهجمات الفلسطينية ضدّ الإسرائيليين في الضفة الغربية والقدس الشرقية إلى أقل مستوى منذ عام 2000"[81].

وقال مايك هرتسوغ Mike Herzog، الذي شغل منصب رئيس هيئة موظفي إيهود باراك Ehud Barak عندما كان رئيساً للحكومة الإسرائيلية إن مستوى التعاون الحالي بين الجانبين هو "أفضل حتى مما كان عليه الوضع قبل الانتفاضة الثانية إنه ممتاز". أما عضو المجلس التشريعي منى منصور، وهي زوجة أحد الشهداء الفلسطينيين الذين اغتالتهم قوات الاحتلال الإسرائيلي فقالت "لقد نجحت السلطة الفلسطينية أكثر من الإسرائيليين في سحق حماس في الضفة الغربية"[82].

وكان للولايات المتحدة دورٌ فاعلٌ في تنمية هذا الدور وتعزيزه من خلال تقديم المساعدات المالية للسلطة الفلسطينية، والإنفاق بسخاء على مهمة المنسقين الأمنيين لديها في الضفة. وقد أنفقت واشنطن منذ سنة 2007 على مهمة دايتون 392 مليون دولار، فيما رصدت 150 مليون دولار للسنة المالية 2011. ويضم المقر الرئيسي لبعثة دايتون في غربي القدس 45 موظفاً يشكلون الجزء الأساسي للبعثة، معظمهم من الضباط الأمريكيين والكنديين، إلى جانب ضباط بريطانيين وأتراك[83].

وكنتيجة للتنسيق، اعتقلت الأجهزة الأمنية الفلسطينية والإسرائيلية عدداً من أبرز قيادات المقاومة في الضفة، ولوحظ أن عدداً من المعتقلين الذين كان يفرج عنهم من سجون السلطة يعاد اعتقالهم من "إسرائيل" أو تتم تصفيتهم.

ولم يقف هذا التنسيق عند ملاحقة المقاومة، وإنما وصل لحدّ غضّ السلطة الطرف عن العدوان الإسرائيلي على قطاع غزة سنة 2008 وذلك حسبما كشفت عنه تسريبات موقع ويكيليكس Wikileaks سنة 2010 التي قالت إن الحكومة الإسرائيلية بزعامة إيهود أولمرت Ehud Olmert حاولت تنسيق الحرب على غزة مع السلطة الفلسطينية.

وكتبت هآرتس أن وزير الدفاع الإسرائيلي، إيهود باراك، وفي لقائه مع عدد من أعضاء مجلس الشيوخ والكونجرس في أيار/ مايو 2009، كشف عن أن "إسرائيل" حاولت تنسيق الحرب العدوانية على قطاع غزة 2008-2009 مع مصر ومع رئيس السلطة الفلسطينية محمود عباس. جاء ذلك استناداً إلى برقيات السفارة الأمريكية في تل أبيب، والتي تمّ الكشف عنها من قبل موقع ويكيليكس. واستناداً إلى برقية كتبها نائب السفير الأمريكي في "إسرائيل" في تلك الفترة، فإن باراك قد صرح بأن السلطة الفلسطينية ضعيفة وينقصها الثقة بالنفس. كما كتب في البرقية أن باراك قد قال إن الحكومة الإسرائيلية تشاورت مع مصر ومع حركة فتح في "حملة الرصاص المصبوب"، وسألت إذا ما كانتا على استعداد لتولي السلطة على

قطاع غزة بعد أن تهزم "إسرائيل" حركة حماس. وكتب في البرقية أيضاً أن باراك أشار إلى أنه حصل على "رد سلبي"[84].

سابعاً: المقاومة...
ملاحقة وإنجازات

بعد انتهاء العدوان الإسرائيلي على غزة في 2009/1/18، استمرت المقاومة الفلسطينية في محاولات تهريب السلاح لغزة استعداداً لعدوان إسرائيلي ثانٍ، كما سعت المقاومة لتنفيذ عمليات في الضفة، تكلل بعضها بالنجاح وفشل بعضها الآخر، بسبب ضراوة التنسيق الأمني بين السلطة و"إسرائيل".

وفي مطلع سنة 2010 أعلنت كتائب القسام في غزة عن امتلاكها أسلحة جديدة. ونشرت كتائب القسام على موقعها الإلكتروني صور جديدة لأسلحة استطاعت تهريبها إلى قطاع غزة بطرق سرية. وتضمنت الصور المنشورة ثلاثة أنواع من الأسلحة وهي قاذف تانديم Tandem، وصواريخ من عيار 107 المضادة للتحصينات، وقذائف آر بي جي-29 (RPG-29) المضادة للدروع[85].

ونجحت أول عملية مقاومة خلال سنة 2010 عندما تمكن فلسطيني في 10 كانون الثاني/ يناير من قتل جندي طعناً بسكين قرب حاجز زعترة جنوب مدينة نابلس. وأعلن الجيش الإسرائيلي في بيان أن القتيل ضابط في الجيش الإسرائيلي، وأن منفذ العملية هو من عناصر الأمن الفلسطيني، الأمر الذي دانته السلطة الفلسطينية لأنه يتعارض مع المصالح الوطنية الفلسطينية[86].

وفي 2010/6/14 قُتل شرطي إسرائيلي وأصيب ثلاثة آخرون في عملية استهدفت دورية للشرطة قرب مستعمرة عوتنيئيل Otniel، جنوب الخليل بالضفة الغربية. وفي 19 تموز/ يوليو قال جهاز الشاباك إنه اعتقل أعضاء المجموعة التي نفذت العملية مشيراً إلى أن المعتقلين ينتمون إلى حركة حماس وأن إيقافهم تمّ بعد عشرة أيام من تنفيذ العملية، موضحاً أنه سبق لبعضهم أن اعتقل في السجون الإسرائيلية. ووفقاً للصحافة العبرية، نقلاً عن جهاز الشاباك، فإن المجموعة خططت لعدة عمليات بينها أسر جنود إسرائيليين من منطقة غوش عتصيون Gush Etzion، شمال الخليل. كما نفذت جولات استطلاعية واشترت قبعات أجنبية بغرض التمويه خلال عملية الأسر[87].

وفي 31 آب/ أغسطس قتل أربعة مستوطنين بإطلاق نار على سيارتهم قرب مستعمرة كريات أربع Kiryat Arba في الخليل وفي مكان قريب من العملية الأولى. وفي الأول من أيلول/سبتمبر جرح مستوطنان بإطلاق النار على سيارتهم قرب مستعمرة كوخاف هاشاهار Kokhav Hashahar

على مفرق ريمونيم Rimonim شرق رام الله في الضفة الغربية. وقد أعلنت كتائب القسام مسؤوليتها عن هجومي الخليل ورام الله[88].

وهكذا فإن عمليات المقاومة لم تتوقف بالرغم من المعوقات، الأمر الذي يؤكد أن الإرادة السياسية ما تزال متوفرة لهذه الحالة النضالية، ولكن التنسيق الأمني سيظل يشكل عائقاً أمام تحقيق إنجازات كبيرة على الأرض. ولكنه بالرغم من كل ذلك آيل للسقوط، لأنه مرفوض من الغالبية الساحقة للشعب الفلسطيني، ومن فصائل المقاومة؛ ويشكّل أحد أسوأ الأدوار التي تقوم بها السلطة الفلسطينية في التعاون مع الاحتلال، بحجة دفع عجلة التسوية باتجاه إقامة الدولة الفلسطينية. غير أن الاحتلال الإسرائيلي يستغل ذلك في إطالة أمده، وجعل عملية التسوية عملية لا نهائية، وفي تحويل السلطة إلى كيان وظيفي أمني يقوم بنفسه بضرب بدائله الوطنية الأخرى، وتحديداً المقاومة.

خاتمة استمرت حالة الانقسام السياسي والجغرافي الفلسطيني، وهو الأمر الذي خيم على مجمل الوضع الفلسطيني، وإن كان سمح للسلطة الفلسطينية بتقديم المزيد من التنازلات في المفاوضات مع "إسرائيل"، والإمعان في التنسيق الأمني معها لملاحقة المقاومة في الضفة الغربية، ومكّن "إسرائيل" من استمرار حصار قطاع غزة وإبداء المزيد من التشدد والتعنت في المفاوضات، في ظلّ فشل الإدارة الأمريكية في إلزام "إسرائيل" بوقف الاستيطان كحد أدنى من المطالب الفلسطينية.

وكان يمكن لانتخابات رئاسية وتشريعية جديدة أن تعيد لمّ الصف الفلسطيني، إلا أن تعثر المصالحة بسبب الضغوط الأمريكية والإسرائيلية وما رافقها من معارضة بعض دول الجوار لإشراك حماس في الحكم، حال دون إنجاز هذه الانتخابات.

وفيما استمرت جهود حكومة فياض لبناء المؤسسات الفلسطينية تمهيداً لإقامة الدولة، فإن هذه الجهود تركزت على بعض الجوانب المدنية والسلمية مع إهمال بناء القوة الذاتية عن طريق إنجاز المصالحة، ودعم المقاومة على الأرض والاكتفاء بما سمي المقاومة السلمية، بل ومحاربة كل ما عداها من أشكال المقاومة.

كما أسهم الانقسام في تشديد السلطة في رام الله قبضتها على حماس كحركة معارضة، تحت حجة عدم السماح لها بتكرار ما فعلته في قطاع غزة، حتى وصل الأمر إلى حدّ ملاحقة أشكال التدين والمؤسسات المدنية والاجتماعية التابعة لحماس في الضفة، والتي تخدم عشرات الآلاف من الفلسطينيين.

وأسهمت الانقسامات في حركة فتح ذاتها في إضعاف مشروع السلطة في الضفة، إذ انشغلت الساحة بتداعيات هذا الصراع على حساب إدارة المعركة مع "إسرائيل"، بل أدت الخلافات إلى دخول "إسرائيل" عليها لتفضيل أشخاص على حساب آخرين. وعندما لوح الرئيس الفلسطيني بالاستقالة، ظهرت خلافات مع محمد دحلان الذي بدا وكأنه قادر على الحلول مكان عباس، ومواصلة المفاوضات مع "إسرائيل" ولو بسقف أدنى من السقف الهابط حالياً.

وفيما يفترض أن تشكل منظمة التحرير الفلسطينية الإطار الذي يجمع الفلسطينيين جميعاً، والمرجعية للقرارات المصيرية التي تتخذ في مسار القضية، فقد استمرت شرعيتها المنقوصة في ظلّ انتهاء مدد مؤسساتها القيادية، وعدم تجديد المجلس الوطني، وفي ظلّ استمرار تغييب حماس والجهاد وغيرهما من حركات المقاومة عن هذه المؤسسة، بعد أن فشلت المصالحة الفلسطينية في أن تصل إلى منتهاها، ليتم ذلك في إطار إعادة بناء مؤسسات هذه المنظمة، وفق أسس جديدة تمكنها من القيام بدورها في قيادة النضال الفلسطيني.

وفي قطاع غزة استمر الصمود الفلسطيني بالرغم من مرارة الحصار، وعدم القدرة على بناء ما دمرته آلة الحرب الإسرائيلية في عدوان 2008-2009. ومع ذلك نجح الفلسطينيون في استقطاب تحرك دولي شعبي، بل وحتى رسمي ضدّ الحصار، تمثل بقوافل فكّ الحصار التي جاءت من أوروبا والعالم العربي والإسلامي. وبقيت الحكومة الفلسطينية برئاسة إسماعيل هنية منشغلة بهمّ فكّ الحصار، وتأمين رواتب موظفيها من المدنيين والعسكريين، فيما لجأت الفصائل الفلسطينية بدفع من كتائب عز الدين القسام (الذراع العسكري لحماس) إلى تأمين هدنة واقعية مع "إسرائيل".

وخاضت حكومة هنية حرب شعواء على جيش من العملاء زرعتهم "إسرائيل" على مدى سنين احتلالها لغزة، فيما بدت في بعض المحطات ترد على خطوات تتخذها سلطة رام الله باعتقال كوادر من حماس، حيث اعتقلت سلطة هنية العديد من كوادر فتح ومنعتهم من ممارسة بعض الأنشطة.

ومع هذا الجمود في الوضع الداخلي الفلسطيني تمكنت المقاومة الفلسطينية من تنفيذ عمليات ضدّ المستوطنين في الخليل ورام الله، الأمر الذي أعطى أملاً بإمكانية عودة بعض الزخم لبرنامج المقاومة، على الرغم من استمرار ملاحقته ومطاردته من قِبل السلطة الفلسطينية، بالتعاون مع "إسرائيل" والولايات المتحدة.

أسهمت التغيرات التي يشهدها العالم العربي منذ مطلع سنة 2011، في تزايد الضغوط باتجاه المصالحة الفلسطينية. وظهرت مؤشرات إيجابية من خلال دعوة إسماعيل هنية لأبي مازن لزيارة القطاع، وموافقة الأخير على ذلك. غير أن توقيع فتح وحماس على اتفاق المصالحة في القاهرة في 2011/5/3، بعد الاستجابة لملاحظات حماس وبعد فكّ العقدة الأمنية، شكّل منعطفاً مهماً في مسار

الوحدة الوطنية الفلسطينية. ومع سعادتنا بهذا الاتفاق، فإننا ندرك حجم التحديات الهائلة التي سيواجهها الطرفان لإنجاحه؛ فالطرفان بحاجة إلى برنامج حقيقي لبناء الثقة بينهما، وإلى التعامل بجدية وحزم مع عناصر الفتنة الداخلية والمستفيدين من الانقسام؛ وكذلك منع التدخل الخارجي، وخصوصاً الإسرائيلي والأمريكي، لإفشال هذا الاتفاق. ولأن هذا التوقيع تمّ وهذا التقرير في طريقه للطباعة، فلعلنا نتمكن السنة القادمة من تغطية الموضوع وتحليله بشكل واسع ومعمق.

هوامش الفصل الأول

1 جريدة **الحياة**، لندن، 2010/2/9.

2 **الحياة**، 2010/2/9.

3 جريدة **الاتحاد**، أبو ظبي، 2010/4/26.

4 جريدة **الأيام**، رام الله، 2010/6/11.

5 **الأيام**، رام الله، 2010/6/11.

6 **الحياة**، 2010/8/31.

7 **الحياة**، 2010/8/31.

8 وكالة الأنباء والمعلومات الفلسطينية (وفا)، 2010/10/6.

9 جريدة **الحياة الجديدة**، رام الله، 2010/4/22.

10 جريدة **البيان**، دبي، 2010/2/15.

11 وكالة رويترز للأنباء، 2010/5/27.

12 جريدة **الدستور**، عمّان، 2010/6/29.

13 **الحياة الجديدة**، 2010/10/10.

14 موقع الجزيرة.نت، 2010/4/3.

15 جريدة **السبيل**، عمّان، 2010/4/3.

16 جريدة **الشرق**، الدوحة، 2010/4/3.

17 جريدة **القدس العربي**، لندن، 2010/4/3.

18 **الحياة الجديدة**، 2010/4/4.

19 جريدة **الخليج**، الشارقة، 2010/5/9.

20 وكالة قدس برس إنترناشيونال للأنباء، 2010/10/21.

21 جريدة **القدس**، القدس، 2010/4/28.

22 جريدة **المستقبل**، بيروت، 2010/11/2.

23 جريدة **الشرق الأوسط**، لندن، 2010/6/16.

24 وكالة وفا، 2010/8/31.

25 **الأيام**، رام الله، 2010/9/7.

26 **الخليج**، 2010/9/23.

27 جريدة **الأخبار**، بيروت، 2010/10/2.

28 **القدس**، 2010/4/7.

29 قدس برس، 2010/8/17.

30 قدس برس، 2010/8/18.

31 **الحياة**، 2010/8/19.

32 الجزيرة.نت، 2010/1/6.

33 جريدة **الرياض**، الرياض، 2010/6/7.

34 الجزيرة.نت، 2010/5/31؛ و**المستقبل**، 2010/6/2.

35 **الشرق الأوسط**، 2010/6/14.

36 **القدس**، 2010/7/18.

[37] جريدة **الأهرام**، القاهرة، 2010/10/16.

[38] انظر: **الجزيرة.نت**، 8 و2010/11/24، و2010/12/17.

[39] **الحياة**، 2010/4/13.

[40] وزارة الداخلية تعلن الكشف عن شبكات من العملاء نفذوا عمليات قتل وتخابر لصالح الاحتلال، السلطة الوطنية الفلسطينية، رئاسة مجلس الوزراء، موقع الأمانة العامة، غزة، 2010/9/26، انظر:
http://www.pmo.gov.ps/index.php?option=com_content&view=article&id=564:2010-09-26-06-51-37&catid=25:news&Itemid=67

[41] **الحياة**، 2010/10/19.

[42] جريدة **الغد**، عمّان، 2010/4/16.

[43] **الحياة**، 2010/4/16.

[44] **القدس العربي**، 2010/3/3.

[45] **السبيل**، 2010/1/18.

[46] **الخليج**، 2010/2/27.

[47] **الأيام**، رام الله، 2010/2/4.

[48] **الجزيرة.نت**، 2010/2/13.

[49] جريدة **الدار**، الكويت، 2010/2/17.

[50] **الأيام**، رام الله، 2010/2/21.

[51] **القدس العربي**، 2010/3/2.

[52] **الحياة**، 2010/3/19.

[53] **الحياة**، 2010/10/6.

[54] **الأيام**، رام الله، 2010/9/26.

[55] **الغد**، 2010/10/6.

[56] موقع المركز الفلسطيني للإعلام، 2010/10/7.

[57] جريدة المستقبل العربي الإلكترونية، عمّان، 2010/11/11.

[58] **الحياة**، 2010/11/17.

[59] **الحياة**، 2010/9/27.

[60] **الحياة**، 2010/11/17.

[61] **الجزيرة.نت**، 2010/5/9.

[62] **الجزيرة.نت**، 2010/9/26.

[63] **الحياة**، 2010/9/27.

[64] وكالة معاً الإخبارية، 2010/9/26.

[65] جريدة **القبس**، الكويت، 2010/12/5.

[66] جريدة **الرأي**، عمّان، 2010/12/19.

[67] **الجزيرة.نت**، 10 و2010/2/15.

[68] **الجزيرة.نت**، 2010/2/19.

[69] وكالة الأنباء الكويتية (كونا)، 2010/2/4.

[70] **الحياة**، 2010/4/7.

[71] موقع فلسطين الآن، 2010/4/5.

[72] **القدس العربي**، 2010/12/17.

[73] **الجزيرة.نت**، 2010/12/26.

[74] الجزيرة.نت، 2010/12/28.

[75] **القدس العربي**، 2010/11/27.

[76] **الأخبار**، 2010/5/28.

[77] انظر: جريدة **الانتقاد**، بيروت، 2010/2/24؛ والجزيرة.نت، 2010/2/23.

[78] المركز الفلسطيني للإعلام، 2010/9/13.

[79] State of Israel, Measures Taken by Israel in Support of Developing the Palestinian Economy and Socio-Economic Structure, Report of the Government of Israel to the Ad Hoc Liaison Committee (AHLC), 13/4/2011, http://www.altawasul.com/NR/rdonlyres/3F532B57-F377-4FEF-99C8-68A810CA7AAC/0/IsraelReportAHLCApril2011.pdf

[80] وزارة التخطيط، السلطة الوطنية الفلسطينية، 2011/2/27، في: http://www.mop.ps/ar/arabic/?action=detail&id=66 وانظر أيضاً: ممارسات فريق أوسلو وأجهزته الأمنية في الضفة الغربية خلال شهر كانون الأول/ ديسمبر 2010، المكتب الإعلامي، حركة المقاومة الإسلامية – حماس، 2011/1/3، في: http://hamasinfo.wordpress.com/2011/01/03/

[81] **الدستور**، 2010/10/18؛ وانظر:

Nathan Thrall, "Our Man in Palestine," *The New York Review of Books* magazine, New York, vol. 57, no. 15, 14/10/2010, http://www.nybooks.com/articles/archives/2010/oct/14/our-man-palestine/?pagination=false#fnr9-684950191

[82] Nathan Thrall, Our Man in Palestine.

[83] *Ibid.*

[84] موقع عرب 48، 2010/11/29.

[85] **القدس العربي**، 2010/1/8.

[86] **الحياة الجديدة**، 2010/1/11.

[87] الجزيرة.نت، 2010/12/31.

[88] الجزيرة.نت، 2010/12/31.

الفصل الثاني

المشهد الإسرائيلي الفلسطيني

المشهد الإسرائيلي الفلسطيني

مقدمة لم يختلف المشهد الإسرائيلي سنة 2010 عنه في السنة السابقة، فقد استمر الائتلاف الحكومي الهش بقيادة حزب الليكود Likud، مع تصاعد التيارات اليمينية، وتراجع اليسار الإسرائيلي، وتفكك حزب العمل Labor. وبينما تحسن الاقتصاد الإسرائيلي وانخفضت عمليات المقاومة والمخاطر الأمنية، إلا أن "إسرائيل" أخذت تشعر بمزيد من العزلة نتيجة لاستمرار حصارها قطاع غزة وضربها لأسطول الحرية، ونتيجة لإصرارها على الاستمرار في الاستيطان ولو على حساب تعطُّل مسار التسوية السلمية. ويظهر أن حالة العزلة والارتباك ستزداد خلال سنة 2011، مع التغيرات التي يشهدها العالم العربي، ومع توقيع اتفاق المصالحة الفلسطيني بين فتح وحماس في 2011/5/3.

يناقش هذا الفصل المشهد الإسرائيلي السياسي الداخلي، والجوانب السكانية والاقتصادية والعسكرية الإسرائيلية، وتداخلات الاحتلال والتسوية والمقاومة مع الجانب الفلسطيني.

أولاً: المشهد الإسرائيلي السياسي الداخلي

تميز المشهد السياسي الداخلي في "إسرائيل" لسنة 2010 بسلسلة من الأحداث التي ألقت بظلالها على مجمل أوجه الحياة العامة. فمسار التفاوض الإسرائيلي – الفلسطيني مُعطل بصورة شبه كاملة، وهذا ترك أثراً على مجمل النشاط السياسي الداخلي في "إسرائيل". ووضع الائتلاف الحكومي لا يُبشر باستقرار سياسي داخلي مطلقاً، وقضايا الفساد والرشاوى والتحرش الجنسي تقضُّ مضاجع السياسيين وغيرهم، وقوانين عنصرية متزايدة في أروقة سياسيين إسرائيليين وفي عمق المجتمع الإسرائيلي، والهجوم الإسرائيلي على قافلة الحرية أوقع "إسرائيل" في مواقف حرجة داخلياً وعالمياً، وصولاً إلى حريق أحراش الكرمل وكشف القصور والإخفاقات في الجبهة الداخلية، مروراً بتسريبات وثائق عسكرية وصراعات قيادية وقضايا عالقة من سنة 2009.

1. هشاشة الائتلاف الحكومي في "إسرائيل":

إن المشهد الحزبي للحكومة الإسرائيلية برئاسة بنيامين نتنياهو يعكس سيطرة اليمين المتطرف والتيارات الدينية الأصولية على القرار السياسي الداخلي في الأساس، والقرارات السياسية الخارجية بوجه عام. فالتشكيلة الائتلافية لهذه الحكومة أوجدت مجموعة من الإشكاليات داخلها، وفي تكوين صورة "إسرائيل" عالمياً. فبالرغم من أن هذا الائتلاف يحظى بتأييد واسع في الكنيست الإسرائيلي Knesset، إلا أن شقوقاً واسعة تضرب جدرانه وأساساته مما يؤكد هشاشته. فظاهرة

التضارب بين توجهات حزب "إسرائيل بيتنا" Yisrael Beiteinu بزعامة أفيجدور ليبرمان Avigdor Lieberman المتمسكة بالعلمانية، وبين توجهات حزب شاس Shas المتدين والأصولي المتمسك بالشريعة اليهودية، يترك أثراً واسعاً على مسألة إدارة نتنياهو لحكومته. ومن جهة أخرى تتفشّى حالات من التوتر داخل حزب الليكود الحاكم بزعامة نتنياهو نفسه، ففي أروقة هذا الحزب "يمينان"، الأول معتدل (بتحفظ) والثاني متطرف للغاية. ويتجاذب اليمينان بصورة مستمرة داخل الحزب ومؤسساته، وداخل الحكومة، وبين وزراء الحزب وأعضاءه في الكنيست. ويؤكد هذا الائتلاف دخول السياسة الإسرائيلية الداخلية في مرحلة أفول السياسة المحكومة بمعسكرين، ونمو معسكرات عديدة يصعب التأليف فيما بينها، وتتسم تحالفاتها بالهشاشة. وهذا ما جعل الليكود و"إسرائيل بيتنا" وشاس بالرغم من التناقضات فيما بينها تمضي إلى التآلف[1]. أما حزب العمل فهو يشكل نوعاً من التوازن الهش في هذه التوليفة الحزبية، إذ إنه حزب مُحطَّم وآيل للزوال، أو على الأقل إلى الاحتفاظ بعدد محدود من المقاعد في الكنيست، ويُشكل العمل قوة داعمة لنتنياهو في مساعيه من أجل دفع المسيرة السلمية مع الفلسطينيين، وفقاً لتصريحات قياديين فيه[2].

ومن الواضح أن الائتلاف مستمر حتى الآن، لأن تفكيكه لن يكون في صالح الأحزاب المكونة له. أي أنها منفردة ستخسر كثيراً مقارنة مع ائتلافها. فالائتلاف مبني على التناقضات والاختلافات. وإذا خرج حزب "إسرائيل بيتنا" والذي يتزعمه ليبرمان، فلن تكون بيده أدوات تأثير على شكل ومضمون توجهاته السياسية، فضلاً عما سيفقده من مخصصات مالية. كذلك الأمر بالنسبة لحزب شاس المتدين الذي في حال خروجه من الائتلاف سيفقد مخصصات وامتيازات، ستؤثر كثيراً على جمعياته ومؤسساته التي تعتاش من هذه المخصصات. فالجانب المالي وإن كان لا يَبرز مقابل الأجندات السياسية، إلا أنه مهم، وحاسم أحياناً، في عدم تفكيك الائتلاف.

وفي متابعتنا لحالة حزب العمل على مدار سنة 2010، يتبين لنا أن هناك ارتفاعاً مستمراً في وتيرة الصراعات داخل أروقته خاصة فيما له علاقة بزعامة الحزب وقيادته. فكافة استطلاعات الرأي التي أُجريت ونشرت نتائجها على مدى العام ذاته، تؤكد أن الحزب سيفقد أكثر من ثلث مقاعده فيما لو أجريت الانتخابات للكنيست الـ 19 في الحال. وارتفعت الأصوات الداعية إلى الإطاحة بإيهود باراك من زعامة الحزب وتغييره بشخصية توافقية وذات قدرة على إعادة بناء الحزب، والشخصية التوافقية المقترحة هي عمرام متسناع Amram Mitzna الذي قاد الحزب في انتخابات الكنيست الـ 17 ثمّ ترك قيادة الحزب وعضوية الكنيست ليتفرغ لإدارة بلدة يروحام Yeroham في النقب. وأعرب متسناع عن استعداده لتولي هذا المنصب. هذه الصراعات كوّنت صورة سلبية حول عجز الحزب في العودة إلى مجده السابق. وتعالت بعض الأصوات الداعية إلى تفكيك الحزب واندماجه بكاديما Kadima وميرتس Meretz، وخوض الانتخابات البرلمانية القادمة في قائمة واحدة[3].

ومما أثار حفيظة عدد من قياديي الحزب فضيحة الكشف عن تراجع كبير في عدد المنتسبين إليه رسمياً وفقاً لسجلات الحزب. ومرد هذا التراجع إلى الشلل الحزبي الذي ساد الحزب في العقدين الأخيرين[4].

أما باراك نفسه فعمل كل جهده من أجل الاحتفاظ بزعامته لحزب العمل، وأيضاً الاحتفاظ بحقيبة الدفاع، وذلك من خلال مراوغات سياسية[5]. منها ما يوفر دعماً لموقف نتنياهو بالرغم من معارضة أعضاء حزبه سواء من الوزراء أو أعضاء الكنيست، ومن خلال تأييده لقوانين ذات صفة عنصرية كقانون الولاء لـ"إسرائيل" والذي عارضه عدد من أعضاء حزب العمل.

أما على صعيد مواقف حزب العمل من القضايا المركزية والمُلحَّة، فاتبع أسلوب التهديد والوعيد بصورة مستمرة رافعاً راية الانسحاب من الائتلاف الحكومي فيما لو بقيت العملية السلمية تراوح مكانها، أو أنها بلغت حالة الجمود الكلي. ولكن على أرض الواقع لم يقم قياديو هذا الحزب بتنفيذ تهديداتهم مطلقاً، مما أراح نتنياهو، وأفسح المجال أمامه للسير قُدُماً في تطبيق خطته الساعية إلى وقف التفاوض مع الفلسطينيين، وإلى الاستمرار بالبناء في المستعمرات بصورة غير معلنة أو غير رسمية أو بواسطة قنوات أخرى. ولإدراك بعض قيادات في حزب العمل أنه في حال انسحابها من الائتلاف، فإنهم يدقون المسمار الأخير في نعش هذا الحزب. ولكن هناك تياراً آخر بدأ يتبلور مع نهاية سنة 2010 داعياً إلى خروج حزب العمل، وتركه الحكومة حالاً فيما إذا رفضت أحزاب "اليسار والمركز" تشكيل حكومة وحدة وطنية، لإخراج "إسرائيل" من وحل جمود المفاوضات[6].

انشقاق إيهود باراك عن حزب العمل وتشكيل قائمة مستقلة:

أعلن إيهود باراك في 2011/1/17 عن انسحابه (انشقاقه) من حزب العمل هو وأربعة أعضاء كنيست آخرين. وأعلن عن تشكيل قائمة جديدة (حزب) باسم "عتسمؤوت" (استقلال) Haatzma'ut. وبهذه الخطوة وضع باراك نهاية لصراعه مع حزب العمل والذي استمر فترة طويلة، وتصاعد في النصف الأخير من سنة 2010. معارضو باراك من حزب العمل، وفي مقدمتهم وزراء الحزب في حكومة نتنياهو، قدموا استقالاتهم في اليوم ذاته. أما الأعضاء الذين لم ينضموا إلى قائمة عتسمؤوت شكلوا مجموعتين، بحيث أن الأولى ترأسها بنيامين بن إليعازر Binyamin Ben-Eliezer وكانت تميل إلى الانشقاق عن حزب العمل لتكوّن حزباً مستقلاً، وتضع بهذا نهاية لحزب العمل، والثانية ترأسها اسحق هرتسوغ Isaac Herzog؛ إلا أن مجموعة بن إليعازر مع الباقين في حزب العمل اتفقوا على الإبقاء على إطار حزب العمل ممثلاً بثمانية أعضاء فقط. وأشارت كافة التقارير والاستطلاعات من سنة 2010 أنه فيما لو أجريت انتخابات برلمانية للكنيست الـ 19 في سنة 2011، فإن حزب العمل لن ينال أكثر من ثمانية أعضاء. وفي الواقع فإن انشقاق باراك أبقى العمل مع ثمانية أعضاء.

وأحدث انشقاق باراك عن حزب العمل موجة من التساؤلات والتكهنات حول الغايات المركزية من وراء خطوته هذه، حيث أشارت بعضها إلى تواطئه مع نتنياهو للتخلص من معارضة وزراء العمل في حكومته، المنادين بضرورة إنقاذ العملية السلمية مع الفلسطينيين من حالة الجمود، التي أدخلتها فيها خطوات نتنياهو وليبرمان وزير خارجيته. وهناك تكهنات أخرى أشارت إلى تفاهم مسبق بين نتنياهو وباراك للتخلص من وزراء العمل، وتشكيل حكومة خالية من المعارضة على أجندتها، وفي مقدمتها معالجة أكثر صلابة للملفين الفلسطيني والإيراني[7]. ويظهر أن مشكلة باراك هي شخصية في أساسها، بحيث أنه لا يستطيع أن يكون في المعارضة، أو حتى أنه لا يستطيع أن يكون خارج إطار الحكومة. أضف إلى ذلك أن باراك يدرك أن حزب العمل في طريقه إلى الاضمحلال، لهذا فإنه يمهد لانضمامه، وفق ما تشير إليه الرياح السياسية إلى الليكود في الانتخابات القادمة، معتقداً أنه بهذه الخطوة يحافظ على وجوده في وزارة الدفاع الإسرائيلية.

من جهة أخرى هناك من نعى حزب العمل، ووضع حداً للحزب الذي أسس "إسرائيل"، وقادها لفترة طويلة من الزمن. إلا أن هناك من المحللين من يعتقد أن الانشقاق في العمل وبقاء ثمانية في الحزب، هو في حدّ ذاته فرصة لإعادة تشكيل اليسار الإسرائيلي الذي كاد أن يختفي عن الحلبة السياسية. ومن جهة أخرى عدّ البعض أن هذه فرصة لإعادة تشكيل معسكر للسلام، مكوّن من العمل وكاديما وميرتس والأحزاب العربية (مؤيدة من خارج اللعبة السياسية)، لدفع عجلة المفاوضات المباشرة مع الفلسطينيين والتوصل إلى تسوية معهم، وإلى تسريع التفاوض مع سورية وبقية البلاد العربية، لوضع حدّ نهائي للصراع الإسرائيلي – العربي، وكذلك رفع راية "العدالة الاجتماعية" التي رأى أعضاء حزب العمل، الباقين في إطاره، أنها باتت من مخلفات الماضي وغير واردة على أجندة حزب الليكود وحكومة نتنياهو[8]. وأيضاً محاولة إنقاذ "الديموقراطية الإسرائيلية" من براثن اليمين المتطرف، وعلى رأسه ليبرمان الذي جرَّ "إسرائيل" إلى متاهات عميقة، وفق ما يصرح به زعماء أحزاب المعارضة في الكنيست الإسرائيلي.

غير أنه كما يبدو لا تتوفر أي من الحظوظ، حتى في الحد الأدنى، لإعادة تشكيل وانطلاقة اليسار الإسرائيلي. إنّ مَن سيلعب دوراً على الساحة السياسية في "إسرائيل" هو تيارات مركزية مقابل تيارات يمينية. وسيبقى اليسار محصوراً في قوائم قليلة الحظ من حيث عدد الأعضاء في البرلمان القادم.

باعتقادنا أنه من السابق لأوانه نعي حزب العمل، فهذه الخطوة أي انشقاق باراك أنقذت الحزب ولو لفترة قصيرة من حالة الانهيار الكلي. وبات من الصعب تحديد عدد المقاعد البرلمانية التي سيحظى بها هذا الحزب. ولكن من الثابت أن من بقي في الحزب، سيحاول إدخال الحزب إلى غرفة الإنعاش لمحاولة تحسين وضعه. مع العلم أن أصواتاً في حزب العمل وميرتس وكاديما دعت إلى

الاتحاد ضمن قائمة حزبية واحدة لخوض الانتخابات القادمة، من منطلق إعادة قافلة السياسة الإسرائيلية إلى المركز على الأقل. ثم إن حزبي العمل وميرتس يسيطر عليهما قلق من فقدان مقاعدهما الحالية، فيما إذا أعلن عن انتخابات مبكرة للكنيست الإسرائيلي.

وفي قراءة لحزب "إسرائيل بيتنا"، يتبين لنا أن هذا الحزب وفقاً لاستطلاعات الرأي سيكسب المزيد من المقاعد في الكنيست القادم، فيما لو أجريت الانتخابات حالاً ففي آخر استطلاع رأي جمهور إسرائيلي أجراه معهد مئجار موحوت Maagar Mochot في 5-2010/10/6 لصالح القناة الإسرائيلية الثانية تبين أن 17% من المستطلعين يؤيدون حزب "إسرائيل بيتنا" فيما لو أجريت انتخابات في نهاية سنة 2010، وأن هذا الحزب سيحصد 21 مقعداً في الكنيست الإسرائيلي[9]. ومما يعزز شعبية الحزب أنه قام ويقوم بتنفيذ وتحقيق كل ما وعد به جمهور ناخبيه، خاصة طرح وتمرير قوانين ذات صلة بالمواطنة والولاء.

ويعكس هذا الحزب صورة "إسرائيل" المتجهة نحو اليمين بانحدار شديد. أما شبكة العلاقات بين نتنياهو وليبرمان فقد سادها نوع من التوتر المتفق عليه بصورة غير رسمية. إذ إن نتنياهو يقوم بدور وزير الخارجية في كثير من الأحيان بصورة غير مباشرة، أو يكلف شمعون بيريز Shimon Peres رئيس "دولة إسرائيل" بهذه المهمة، فأين كان دور ليبرمان؟ لعبة الأدوار هذه لم تضمن نجاح السياسة الخارجية لـ"إسرائيل"، إذ إن آراء المحللين تؤكد تراجع قبول "إسرائيل" في المحافل الدولية، وتشويه صورتها جراء تصريحات وبيانات ومواقف ليبرمان، واتفق كثيرون على أن ليبرمان قد سبب أزمات سياسية خطيرة لـ"إسرائيل"، وأنها تحتاج إلى سنوات طويلة لإعادة ترميمها. ويدرك نتنياهو أن يديه مكبلة إزاء ليبرمان، فليبرمان هدد عدة مرات خلال سنة 2010 أنه سينسحب من الحكومة ويجر الكنيست إلى انتخابات جديدة حال عدم انصياع نتنياهو لمطالبه. ويدرك ليبرمان أنه هو الكاسب الأكبر من أي انتخابات مقبلة[10].

وما يلاحظ من سلوك نتنياهو تجاه ليبرمان، أنه يدعه يتحرك في مسارات محدودة، ثم يقوم نتنياهو بتصحيح ما يدمره أو يخربه ليبرمان. إن خوف نتنياهو من ليبرمان هو بسبب الخشية من تفكيك الائتلاف، واضطرار نتنياهو إلى الاكتفاء بأحزاب دينية، مما سيلحق به ضرراً داخل مركز الليكود. فمركز الليكود يفضل بقاء حزب "إسرائيل بيتنا"، وألا تتكون حكومة يتعايش فيها الليكود مع شاس فقط وأحزاب دينية أخرى. إن الليكود لا يريد انتخابات مبكرة، لأن فيها ما يفقده مصداقيته داخل الشارع الإسرائيلي، وما يريده الليكود هو استنفاذ كل الدورة البرلمانية، أو على الأقل ثلثيها.

أما حزب شاس فقد شدد من سيطرته على الحكومة في عدد من المرافق التي تخص مصالحه الخاصة، وفي مقدمتها نيل المزيد من المخصصات المالية لمؤسساته الدينية والتعليمية، وتوفير

إعفاءات لشبابه من الخدمة العسكرية الإجبارية، والاستعاضة عنها بدراسات دينية في معاهد تعليمية تابعة للحزب، وذلك بالرغم من ارتفاع أصوات مطالبة بتحويل مخصصات المعاهد الدينية إلى صناديق لدعم الطلاب الجامعيين الذين يناضلون من أجل منع رفع الأقساط الجامعية.

ويشكل حزبا "إسرائيل بيتنا" وشاس التيار المعارض داخل الائتلاف الحكومي للمسيرة السلمية، والمعارض بشدة لتجميد مشاريع البناء في المستعمرات وشرقي القدس.

وهكذا، وجد نتنياهو نفسه مكبلاً من قبل هذين الحزبين ومن قبل اليمين المتطرف في حزبه (الليكود) في كل خطوة أراد السير فيها نحو تحقيق تقدم على المسيرة السلمية الوهمية في أساسها، وغير القائمة على أرض الواقع.

هذه الحالة دفعت بنتنياهو إلى مغازلة حزب كاديما في محاولة منه لضمه إلى الائتلاف الحكومي لتخفيف المعارضة داخله، ولإخراج الأحزاب اليمينية من الائتلاف. إلا أن زعيمة كاديما تسيبي ليفني Tzipi Livni وجهت عدة مرات سهام معارضتها نحو نتنياهو وسياسته، متهمة إياه بتدمير "إسرائيل"، من خلال ارتمائه في أحضان ليبرمان والأحزاب اليمينية المتطرفة[11]. ولكن في الوقت ذاته أبدت ليفني استعدادها للدخول إلى الائتلاف الحكومي بشرط اقتسام رئاسة الحكومة بينها وبين نتنياهو، إلا أن الأخير رفض اقتراحها. ومن جهة أخرى أعلنت ليفني في سبيل إظهار تمسك حزبها بخيار المفاوضات مع الفلسطينيين من خلال العملية السلمية، أنها ستؤيد حكومة نتنياهو في خطواتها نحو تحقيق السلام مع الفلسطينيين، إذا واجه نتنياهو معارضة من قبل الأحزاب التي تشكل ائتلاف حكومته.

ولأن نتنياهو في أَمَسّ الحاجة إلى الحفاظ على تماسك حكومته بالائتلاف القائم، ولأنه في مأزق كبير بتكبيل يديه من قبل تيارات في حزبه (الليكود) ومن الأحزاب اليمينية المُكوِّنة للائتلاف، ولأن شروط ليفني تزيد من تكبيله، فإنه سعى طوال العام إلى تمزيق حزب كاديما من خلال محاولة جذب منافس ليفني، ألا وهو شاؤول موفاز Shaul Mofaz، حيث وعده بمنحه عدداً من الحقائب الوزارية فيما لو انشق وانضم إلى الائتلاف الحكومي. أما موفاز فحاول لعدّة مرات الإطاحة بليفني إلا أنه لم يوفق في ذلك. وأدرك أنه في حال انشقاقه فإن احتمالات استمرار حياته السياسية في دورة الكنيست القادمة لن تتكلل بالنجاح. لهذا انطوى وتمسك ببقائه في كاديما.

ولأن نتنياهو وجد نفسه في مأزق سياسي داخلي خلال سنة 2010، فقد دفع بشمعون بيريز ليضغط بدوره على زعيمة حزب كاديما للانضمام إلى الائتلاف الحكومي. فبيريز من مؤسسي كاديما. إلا أن ليفني رفضت أن تكون مُنقذة لحكومة نتنياهو بوضعها الحالي. لهذا، تشير مؤشرات سياسية داخلية في "إسرائيل" إلى أنه إذا أُخذ بعين الاعتبار جمود المفاوضات مع الفلسطينيين، والضغط الداخلي في حزب نتنياهو، وفي الائتلاف الحكومي، ومن طرف "المعسكر الوطني

الصهيوني" (المكون من المستوطنين في الأساس)، والتحديات الجديدة التي فرضتها الثورات العربية في أوائل 2011، فإن حكومة نتنياهو ستواجه مسيرة صعبة ومتعثرة خلال سنة 2011[12].

2. ملفات الفساد والجريمة والتحرش الجنسي:

بقيت ملفات الفساد والرشاوى ساخنة خلال سنة 2010. فعدد من الملفات ما زال مفتوحاً بانتظار انتهاء تحقيقات الشرطة، وتقديم لوائح اتهام من قبل النيابة العامة، أو الإعلان عن إقفال ملفات من قبل الشرطة لعدم توفر الأدلة؛ بينما هناك عدد من الملفات صدرت فيها أحكام قضائية[13].

ومن بين الملفات العالقة: ملف إيهود باراك[14] وزير الدفاع الإسرائيلي في كلّ ما له علاقة باستمرار توليه إدارة شركة لبيع الأسلحة وتلقيه عمولة من صفقات تبرم باسمه أو بواسطته، وهو في الوقت ذاته يتولى منصباً رسمياً. إذ إن القانون في "إسرائيل" يمنع من يتولى منصباً رسمياً من العمل في وظيفة أو مهنة أخرى[15].

وهناك ملف أفيجدور ليبرمان زعيم حزب "إسرائيل بيتنا" ووزير خارجية "إسرائيل" بخصوص إدارة شركة وهمية حصل بواسطتها على أموال له شخصياً ولحزبه، وتم إفشاء أسرار تحقيق الشرطة على يد سفير "إسرائيل" في بيلاروسيا، إضافة إلى تلقيه أموالاً بصورة غير شرعية، وتشويشه لمجرى التحقيق والإخلال بالثقة[16].

وملف إيهود أولمرت رئيس حكومة "إسرائيل" الأسبق في قضية مشروع هوليلاند Holyland Project العمراني في القدس، حيث وجهت إليه النيابة العامة تهماً بتلقي رشاوى بعدة مئات آلاف الدولارات في أثناء رئاسته لبلدية القدس الغربية، أي قبل توليه منصب رئاسة الحكومة، وذلك بهدف إحداث تعديلات على وضعية العقار الإسكاني ورفع نسبة الأرباح جراء ذلك، أي بتغيير قيمة العقار إلى أعلى[17]، وساعدته في ذلك مديرة مكتبه شولا زاكن Shula Zaken التي تلقت هي الأخرى رشاوى مماثلة[18].

وملف تساحي هنجبي Tzachi Hanegbi أحد البارزين في كاديما الذي نظرت فيه المحكمة وأصدرت حكمها في 2010/11/9 بإلصاق وصمة عار في جبينه، لتقديمه شهادة كاذبة ورشاوى زمن الانتخابات، فاضطر إلى الاستقالة من عضوية الكنيست وفقاً للقانون[19].

أما ملف موشيه كتساف Moshe Katsav رئيس "دولة إسرائيل" الأسبق، المتهم بمخالفات اغتصاب وأعمال مشينة مع موظفة لما شغل منصب وزير السياحة، ومخالفات بدرجة التحرش الجنسي بموظفتين أخريين في مقر رؤساء "إسرائيل" في أثناء توليه منصبه، وبتشويش مجرى المحاكمة، فقد بلغ نهايته في 2010/12/30 بإدانته بالتهم الموجهة إليه. ويكون بهذا أول رئيس لـ"دولة إسرائيل" يدان في محكمة[20].

ووجهت النيابة العامة في "إسرائيل" خلال سنة 2010 تُهماً إلى العديد من حاخامات "إسرائيل" باختلاس أموال من مؤسسات دينية كبيرة، وبتزوير مستندات ووثائق لشباب يهودي متدين بهدف الانضمام إلى المعاهد الدينية، بدلاً من الخدمة العسكرية الإجبارية وفقاً للقانون في "إسرائيل". وكذلك تورط قيادات دينية يهودية في قضايا تحرش واستغلال جنسي[21].

وبينت عدة استطلاعات للرأي العام في "إسرائيل" أن الإسرائيليين يعدّون دولتهم مصابةً بوباء الفساد والجريمة والتحرش الجنسي، وأن الأحزاب هي الأكثر فساداً في "إسرائيل"، وخاصة بعد صدور قرار المحكمة بإلصاق وصمة العار بعضو الكنيست هنجبي[22].

وتم تصنيف "إسرائيل" بين الدول العشر الأولى في قائمة الفساد والجريمة في عدد من الميادين، كان أبرزها انتشار الأدوية المزورة، وغسل الأموال[23].

3. تأثير الجمود في المفاوضات مع الفلسطينيين على السياسة الإسرائيلية:

دخل نتنياهو إلى ما يسمى بـ"العملية السلمية" مع الفلسطينيين بهدف التوصل إلى حلّ دائم وإنهاء الصراع، ولكن دون تنازلات عن الأراضي المحتلة ولا عن القدس. ووافق نتنياهو على إقامة دولة فلسطينية من منطلق الحيلولة دون إقامة دولة واحدة كحَلٍّ للصراع الإسرائيلي – العربي وللقضية الفلسطينية، لأن حلّ الدولة الواحدة سيضع حدّاً نهائياً للمشروع الصهيوني الداعي إلى إقامة وطن قومي لليهود في فلسطين. لهذا يلجأ نتنياهو إلى منهجية إدارة الصراع وليس إلى حله[24]. وللإشارة فإن حكومات "إسرائيل" المتعاقبة منذ تولي الليكود سدة الحكم في 1977 وحتى 2010، مروراً بحكومات تولاّها حزب العمل، تؤيد إقامة دولة فلسطينية دون أن تحدد شكلها وهويتها ومواقعها وحدودها ومحتواها. وهذا ما سار ويسير فيه نتنياهو في رئاسته للحكومة الحالية. وهو يدرك تماماً أن حلّ الدولة الواحدة المشار إليه سابقاً سيؤدي إلى تفوق ديموغرافي فلسطيني، وهذا بالتالي يجهض "الدولة اليهودية"[25]. ووقفت أمام الحكومة مسألة تجميد البناء في المستعمرات كشرط لاستمرار المفاوضات مع السلطة الفلسطينية. وواجه نتنياهو معارضة قوية في حكومته وفي حزبه وفي الكنيست، ومن طرف الحركة الاستيطانية الصهيونية في الضفة الغربية المحتلة. فالمعارضون من اليمين المتطرف في الليكود يصرون على مواصلة البناء ضاربين بعرض الحائط الضغوط الأمريكية والدولية، ومُصرِّين على المضي في عملية تهويد مناطق شاسعة من الضفة الغربية، واقتلاع سكانها الفلسطينيين. وبلغ الأمر بقيادة اليمين المتطرف في الليكود إلى تحقيق غزو للحزب بواسطة ضمّ عشرات آلاف المنتسبين لتكبيل يدي نتنياهو، وإلزامه بالتخلي عن تجميد البناء في المستعمرات. أما قلق نتنياهو من هذه النقطة بالذات، فيكمن في إمكانية إجراء انتخابات داخلية لحزبه وفقدانه الزعامة بعد هذا الانضمام[26].

من جهة أخرى فإن تهديدات حزبي "إسرائيل بيتنا" وشاس رابضة فوق رأس نتنياهو، فهذان الحزبان معارضان بالكلية لتجميد البناء، وينادیان بتكثيفه كجزء من عملية تهويد فلسطين، وينادیان بالتفاوض مع الفلسطينيين في قضايا محددة مثل الأمن والاقتصاد، ويرفضان التفاوض حول قضايا اللاجئين والحدود ومستقبل القدس[27]. لذا لاذ نتنياهو بالصمت لأن تجميد المستعمرات سيؤدي حتماً إلى تفكك ائتلاف حكومته. وعمل من أجل ضمّ كاديما، إلا أنه فشل. وما أنقذه، ولو مؤقتاً، هو تخلي الإدارة الأمريكية عن مطالبتها بتجميد البناء في المستعمرات كشرط لاستمرار المفاوضات. إلا أنه يواجه حالياً أزمة أخرى وهي رفض الدول العربية والسلطة الفلسطينية متابعة المفاوضات، في ظلّ استمرار البناء في المستعمرات. وفي واقع الأمر فإن البناء لم يتوقف أو يتجمد، حيث تشير الإحصائيات غير الرسمية إلى بناء أكثر من 15 ألف وحدة سكنية. وبات واضحاً أن نتنياهو يتهرب من حسم مسألة المفاوضات مع الفلسطينيين، وأنه يتستر وراء إمكانية سقوط حكمه، وبالتالي إلى تهاوي فرص تحقيق تسوية. واستطاع نتنياهو أن يمتطي صهوة المراوغة وكسب الوقت لعام كامل متظاهراً بأنه رجل ميال إلى السلم، بينما المؤشرات تؤكد مواقفه الداعمة بصورة خفية وغير معلنة دائماً لاستمرار البناء في المستعمرات.

وأظهرت سنة 2010 أن شرائح واسعة من المجتمع الإسرائيلي تؤيد استمرار البناء في المستعمرات، وأن رافضي الاستيطان قليلون جداً، حتى إن حركة السلام الآن Peace Now عبرت بخجل عن موقفها. ويبدو أن المجتمع الإسرائيلي جنح بقوة خلال سنة 2010 نحو اليمين المتطرف في هذه المسألة وغيرها.

إن جمود العملية السلمية قد زاد من أجواء التوتر بين الأحزاب والتيارات السياسية في "إسرائيل"، وبالتالي زاد من توتر حزب العمل الذي وجد نفسه في مأزق، إذ إن انضمامه إلى الائتلاف الحكومي كان من ذرائعه تحقيق تقدم في المفاوضات، لهذا سعى الحزب على مدار عام كامل إلى ضمّ حزب كاديما ليُشكل ضغطاً داخل الحكومة، إلا أن ذلك لم يتحقق.

4. العدوان الإسرائيلي على قافلة الحرية وتداعياته:

أدى العدوان الإسرائيلي على قافلة الحرية في عرض البحر في 2010/5/31 إلى تداعيات ومآزق لـ"إسرائيل" على الصعيدين الخارجي والداخلي[28]. أما على الصعيد الداخلي فإن أصواتاً كثيرة ارتفعت مطالبة بتشكيل لجنة تقصي حقائق. وكذلك ارتفعت أصوات ترفض تشكيل أي لجنة تحقيق مع الجنود الذين نفذوا العدوان. وهنا بالذات، شهدت الساحة الإسرائيلية تأييداً واسعاً للجيش باعتباره "البقرة المقدسة" التي يحرم مسها، حتى بلغ الأمر درجة تأييد قطاعات مدنية واسعة لهذا الجيش؛ إلا أن تداعيات العدوان ألقت بظلالها سلباً على "إسرائيل"، حيث إن مواقف الحكومة التركية وعدد كبير من دول العالم، شكّلت ضغطاً سياسياً على الحكومة الإسرائيلية.

فرضخت حكومة نتنياهو للضغوط وشكلت لجنة تحقيق هي لجنة تيركل Terkel Committee مكونة من رجال قضاء متقاعدين ومسنين[29]، كُلفوا بالتحقيق شريطة عدم استدعاء جنود وضباط في الجيش. وبات واضحاً أن هذه اللجنة ما هي إلا لجنة شكلية وصورية. ومن تداعيات العدوان أيضاً امتناع عشرات آلاف الإسرائيليين عن زيارة تركيا، وخاصة منتجعاتها في الجنوب، وبلغت الغطرسة الإسرائيلية بأن وجهت مرتادي هذه المنتجعات إلى منتجعات إسرائيلية ليستفيد منها المجتمع الإسرائيلي. ومن التداعيات الأخرى على الصعيد السياسي الداخلي في "إسرائيل" تراشق التهم بين نتنياهو وباراك وزير الدفاع، حيث حمَّل أولُهما الآخر مسؤولية فشل الهجوم، في حين حمَّل باراك الجيشَ مسؤولية الفشل، وأظهر النقاش السياسي الداخلي أن هناك تبايناً بين المستويين السياسي والعسكري، دون أن يتحمل أي طرف المسؤولية، وبالتالي دون استقالة أو إقالة أحد. وسادت الشارع الإسرائيلي حالة من الإرباك بفقدان قيادة تتحمل المسؤولية. وبالرغم من هذا العدوان فإن "إسرائيل" لم تفك وتنهي حصارها على غزة، أو تخفف منه مطلقاً، كما أن اليسار في "إسرائيل" لم يُظهر إصراره ومطالبته بإنهاء الحصار، مما أكد بوضوح أن المجتمع الإسرائيلي قد جنح إلى اليمين أكثر فأكثر. وشهدت العلاقات بين تركيا و"إسرائيل" أجواء مشحونة للغاية عشية العدوان على القافلة وفي أعقابه[30].

5. مظاهر عنصرية إسرائيلية:

كانت سنة 2010 أكثر السنوات تجلياً لمظاهر العنصرية ضدّ المواطنين الفلسطينيين في "إسرائيل" والذين يعرفون أيضاً بعرب أو فلسطينيي الـ 48، أو "فلسطينيي الداخل". إذ شُرّعت مجموعة كبيرة ومتسارعة من القوانين التي تحد من مواطنة الفلسطينيين في الداخل وجنسيتهم وتحركهم وتملكهم[31]. وتندرج هذه الحملة ضمن سياسات حكومة نتنياهو ومعظم الأحزاب التي تشكل ائتلاف حكومته. ولم يتوقف الأمر عند مسألة القوانين بل تعدتها إلى مسائل ذات صلة بالسلوك اليومي، كما سنبين ذلك تباعاً. ومن بين القوانين والمظاهر التي عكست توجهات عنصرية وتمييزية ضدّ الفلسطينيين في الداخل:

أ. رفض الحكومة تخصيص أراضٍ للمواطنين العرب في "إسرائيل"، لتخفيف ظاهرة البناء غير المرخص المنتشرة قسرياً في التجمعات السكنية العربية في "إسرائيل"، ولقلة الأراضي. ومن الواضح أن هناك سياسة تضييق تقف وراء هذا الرفض وبالتالي إلى تحقيق تهجير غير رسمي.

ب. رفض لجان القبول في البلدات اليهودية استيعاب عرب للسكن والعيش فيها، لأن في ذلك ما يعرقل استمرار تطور ونمو المشروع الصهيوني، على حدّ إدّعاء هذه اللجان.

ج. قانون المواطنة/ الجنسية مقابل الولاء والذي طرحه ليبرمان زعيم حزب "إسرائيل بيتنا" في الكنيست الإسرائيلي. ويهدف هذا القانون إلى تكريس "يهودية الدولة"، كما يعني منع لَمّ شمل آلاف العائلات الفلسطينية على جانبي الخط الأخضر، حيث يكون أحد الوالدين من المناطق

المحتلة 1967 متزوجاً من فلسطينيي 1948. وهو قانون سيسعى لإلزام كل مواطن فلسطيني في "إسرائيل" بإعلان ولائه لـ"إسرائيل" كدولة يهودية مقابل حصوله على الجنسية. ودافع نتنياهو عن القانون بكونه ديموقراطياً، وفيه مساواة لكل مواطني "إسرائيل"، ولكن هذا القانون موجه إلى فلسطينيي 1948 مباشرة، ويمس بخصوصيتهم وهويتهم الوطنية والقومية، لأن القانون في طرحه يُلزم المتقدم للحصول على الجنسية التصريح بالولاء لـ"دولة إسرائيل" كدولة يهودية وديموقراطية[32].

د. قانون "النكبة" الذي طرحه عضو الكنيست ألكس ميلر Alex Miller عن حزب "إسرائيل بيتنا" في الكنيست الإسرائيلي والذي يَحرم الأحزاب العربية والمؤسسات والجمعيات من تلقي دعم مالي حال إحيائها ذكرى النكبة. وهذا أيضاً يندرج مع توجيهات وزير التربية الإسرائيلي جدعون ساعر Gideon Sa'ar بمنع ذكر كلمة نكبة أو إحياء ذكرى النكبة في المؤسسات التربوية والتعليمية، إنما الاحتفال بيوم استقلال "إسرائيل".

هـ. قانون سحب المواطنة "لمن تثبت خيانته لإسرائيل". وجاء تشريعه في أعقاب اشتراك النائب حنين زعبي في قافلة الحرية، وهدفه معاقبتها وتلقين فلسطينيي الداخل درساً. وصادقت لجنة الكنيست على قانون سحب المواطنة ممن أدين ويُدان بتهم أمنية.

و. التصديق على قانون مصادرة صندوق تقاعد النائب السابق في الكنيست الإسرائيلي عزمي بشارة بذريعة قيامه بالاتصال مع جهات معادية لـ"إسرائيل". وعُدَّ هذا القانون شخصياً وانتقامياً بدلاً من أن يكون القانون للصالح العام.

ز. قدم نائب في حزب "إسرائيل بيتنا" اقتراح قانون يقضي بإلزام كل موظفي الدولة (القطاع الرسمي) إعلان الولاء لـ"دولة يهودية وديموقراطية". وينساق هذا الاقتراح ضمن حملة الحزب الانتخابية "لا مواطنة بدون ولاء".

ح. مشروع قانون جديد طرح في أواخر سنة 2010، يلزم كل إسرائيلي أو ساكن دائم في الأراضي الفلسطينية منذ 1948 بأداء الخدمة المدنية، كشكل بديل عن الخدمة في جيش الاحتلال الإسرائيلي، إذا أعرض عن الخدمة العسكرية. ويندرج هذا المشروع ضمن مجموعة القوانين العنصرية الهادفة إلى تحقيق المزيد من التضييق على الفلسطينيين في "إسرائيل"، وإلى إقصائهم وتحييدهم ووضعهم بصورة مستمرة تحت المراقبة والمتابعة الاستخباراتية[33]. إنَّ الحكومة الإسرائيلية تريد الظهور بأنها تنفذ القانون على جميع المواطنين بمن فيهم العرب في "إسرائيل"، إلا أنها في الوقت ذاته غير راغبة في تجنيدهم بصورة جارفة في صفوف جيشها. لذا، فإنها لتسهيل عملية "أسرلتهم" وإخضاعهم للمعادلة الإسرائيلية، طرحت الخدمة المدنية. بمعنى، أن هذه الخدمة مرتبطة بشكل غير مباشر بالمؤسسة العسكرية.

ط. مشروع قانون لتسمية القدس عاصمة للشعب اليهودي، بدلاً من اعتبارها عاصمة لـ"إسرائيل" فقط.

ي. قرار حكومة "إسرائيل" جَعل الحرم الإبراهيمي الشريف في الخليل موقعاً ضمن قائمة مواقع الميراث اليهودي، وكذلك قبر راحيل وهو مسجد بلال بن رباح في مدخل بيت لحم.

ك. فتاوى حاخامات يهود بعدم بيع عقارات وبيوت وشقق سكنية لعرب، ومنع تأجير العرب شققاً، ومنع اختلاط عرب مع فتيات يهوديات، ومنع دخول عرب إلى بلدات يهودية، وإزالة يافطات تحوي معلومات بالعربية، ومنع التحدث بالعربية في الأماكن العامة، ...إلخ.

ل. طرد المتسللين الأفارقة عبر الحدود بين "إسرائيل" ومصر، بذرائع مختلفة، منها أنهم يحملون أمراضاً وأوبئة، ومنها أنهم قد يؤثرون مستقبلاً على الميزان الديموغرافي.

م. السعي لمنع الطلاب العرب الذين يدرسون في مدارس عبرية أو مدارس مختلطة (فيها يهود وعرب) من التحدث باللغة العربية[34]. ولم يجر إلى الآن وبصورة رسمية تنفيذ منع التحدث بالعربية في المدارس المختلطة، ولكن الملاحظ أن عدداً من المؤسسات والشركات حتى في القطاع الخاص تمنع من موظفيها وعامليها العرب التحدث بالعربية.

كل هذه القوانين وغيرها أشارت وتشير إلى سعي الحكومة الإسرائيلية إلى تنفيذ سياسة تهويد فلسطين وطمس المعالم العربية والإسلامية، والتضييق المستمر والمتواصل على فلسطينيي الداخل وتجريدهم مما بقي من أراضيهم، وتحديد حقوقهم المدنية والسياسية وإلزامهم الاعتراف بـ"يهودية إسرائيل". كما أن الحكومة الإسرائيلية دعت السلطة الفلسطينية إلى الاعتراف بهذا الأمر، إلا أن السلطة تنصلت من الموضوع بقولها إنه شأن داخلي، وهي –أي السلطة– تتنصل من علاقتها بشريحة واسعة من الشعب الفلسطيني في الداخل.

وتشير هذه القوانين وتجلياتها إلى أن المجتمع في "إسرائيل" بدأ يتجه بسرعة نحو مزيد من التطرف وكراهية الآخر ورفض قبوله[35]، بل إلى فرض قوانين وأنظمة عنصرية تسهم في تحقيق مزيد من اقتلاع الفلسطينيين وترحيلهم، أو محاصرتهم في معازل أو "جيتوات" Ghettos تستطيع "إسرائيل" من خلالها التحكم بهم وبسلوكهم. ومن الواضح أن المجتمع الإسرائيلي يجنح نحو الفاشية، وتبنّي مظاهر شبيهة إلى حدّ ما بتلك التي انتهجتها النازية نحوهم –أي نحو اليهود– في الثلاثينيات من القرن المنصرم في ألمانيا وغيرها من الدول الأوروبية.

معظم القوانين والأنظمة العنصرية أو تلك التي فيها فقرات عنصرية وتمت المصادقة عليها، لم تحرك الشارع الإسرائيلي العام للوقوف في وجهها، إلى أن صدرت فتاوى حاخامات صفد ومئة بلدة ومستعمرة يهودية، لمنع العرب من شراء أو استئجار شقق سكنية، حيث عبر مثقفون ومنظمات حقوق الإنسان في "إسرائيل" عن رفضها القاطع لهذه الفتاوى، ولكن بالرغم من هذا فإن مؤشرات واستطلاعات رأي عكست صورة سلبية تجاه العرب في "إسرائيل"، إذ عبرت نسبة عالية عن رفضها لوجود العرب، وعبرت عن عدم استعدادها للعيش معهم أو السكن في حارة مشتركة[36].

أما على الصعيد الفعلي فإن حكومة نتنياهو قد زادت من وتيرة تنفيذ سياسة هدم البيوت في القرى والبلدات العربية بذريعة عدم الترخيص، أو عدم القانونية، حيث تمّ هدم قرية العراقيب العربية في النقب ثمانية مرات خلال سنة 2010، إذ أصر أهاليها والداعمين لهم من أفراد ومؤسسات حقوقية ومجتمعية على إعادة بنائها تحدياً لسياسات حكومة "إسرائيل". ولجأت دوائر الحكومة الإسرائيلية إلى هدم منازل عائلات بأكملها في اللد، وتشريد عشرات منها، وتحويلهم إلى لاجئين، وزيادة منهجية هدم منازل في القدس الغربية، وسيطرة مستوطنين أو مستثمرين يهود من "إسرائيل" ومن خارجها على بيوت وأراضٍ وإقامة مستعمرات عليها.

يظهر أن وتيرة الهدم ستزداد في سنة 2011 والتي تليها، وأن مصادمات ومواجهات ستقع بين فلسطينيي الداخل وبين قوات الأمن الإسرائيلي، لأن معركة المواجهة باتت على المسكن، بعد أن أنجزت عملية مصادرة شبه تامة للأراضي الفلسطينية في الداخل، وتحويلها إلى ملكية الدولة لتعود فوائدها على المجتمع اليهودي.

وتلخص البروفيسورة جاليا جولان Galia Golan، رئيسة قسم نظام الحكم، الدبلوماسية والاستراتيجية في المركز المتعدّد الاختصاصات في هرتسليا Interdisciplinary Center (IDC) Herzliya، مظاهر الحركة العنصرية المتشكلة في أروقة الكنيست وفي الشارع الإسرائيلي بقولها:

> لست متأكّدة أنّ جميع عناصر الفاشيّة حاضرة هنا (أي إسرائيل)، لكن العنصر البارز، والذي ينبغي أن يقلقنا أكثر، هو العنصريّة. أتحدّث عن عدم التسامح الإثنيّ والقوميّ، المُدْرَج في التشريعات العنصريّة. يرتبط هنا الولاء بالإثنيّة والدين والعنصر، لكن لا ينبغي لأيٍّ مِن هذه أن يُقبل في الديمقراطية، لكنّه مناسب لصيغ مختلفة من الفاشيّة؛ ولا سيّما الفاشيّة النازيّة... العنصر الثاني هو القوميّة المتطرّفة التي بدأت هنا عام 1976، وبخاصّة لدى الصهيونيّة الدينيّة. اليوم وصلت عناصر القوميّة المتطرفة قرب دفّة السلطة، والدمج بين العنصريّة والقوميّة واضح جدّاً في الثقافة السياسيّة لدينا[37].

6. حريق الكرمل وانعكاساته:

كشف حريق الكرمل في مطلع شهر كانون الأول/ ديسمبر 2010، نقاط ضعف وهشاشة المؤسسة الإسرائيلية الحاكمة، وضعف جاهزية الجبهة الداخلية في "إسرائيل". إذ إن "إسرائيل" المُعسكَرة من رأسها إلى أسفلها أخفقت في مواجهة لهيب نيران الكرمل، واضطرت إلى طلب مساعدات لوجستية من عدد كبير من الدول. وأعاد حريق الكرمل إلى أذهان العقلية الإسرائيلية حرب 2006 وسقوط صواريخ المقاومة اللبنانية على مدن وبلدات إسرائيلية، واضطرار عشرات آلاف من سكان "إسرائيل" إلى النزوح أكثر جنوباً. كما وكشف الحريق، عن قصور الحكومة الإسرائيلية عامة ووزارة الداخلية خاصة في تزويد محطات الدفاع المدني والإطفائية بالمعدات والتجهيزات

والقوى العاملة الضرورية. وتولى نتنياهو بنفسه قيادة عمليات إطفاء الحريق، مستفيداً من الظرف لتحقيق مكاسب إعلامية وسياسية، ولإظهار قيادته القوية والمتماسكة، وتواجد طيلة أيام الحريق في غرفة الطوارئ التي أقيمت بالقرب من موقع الحريق في حيفا. إلا أن خطوته هذه لم تمنع سياسيين في "إسرائيل" من توجيه أصابع الاتهام إليه وإلى حكومته وإلى وزير داخليته ايلي يشاي Eliyahu "Eli" Yishai من حزب شاس، بتفضيل المصالح الحزبية والشخصية على مصلحة "دولة إسرائيل" وكافة مواطنيها. وإن هشاشة الجبهة الداخلية وعدم القدرة على إطفاء الحريق، عكست ولو رمزياً وواقعياً عدم استعداد "إسرائيل" لمواجهة مخاطر أو اعتداءات خارجية، لهذا ارتفعت وتعالت أصوات في "إسرائيل" منادية بضرورة التوصل سريعاً إلى سلام مع العرب، لأن "إسرائيل" غير جاهزة لحرب ومواجهة. وبات وجود "إسرائيل" رهينة مساعدات خارجية توفرها دول كبرى كانت في الأساس داعمة لتأسيس "إسرائيل" في سنة 1948[38]. هذه الأصوات التي تعالت هي في الأساس من بقايا اليسار، ومن بعض الشخصيات التي تعتبر في المركز. إدراكاً منها أن كارثة داخلية من المفروض التغلب عليها بسرعة، تعكس عدم جاهزية "إسرائيل" لكارثة قادمة عليها من الخارج. ولكن، كما يبدو من تسلسل الأحداث أن حرائق الكرمل لم تكن هي التي تحمل رسالة كهذه.

7. مقاطعة المستعمرات:

تحركت بعض الشخصيات الفنية والثقافية في "إسرائيل"، وعلى وجه الخصوص في تل أبيب، لمقاطعة نشاط لأحد المسارح الإسرائيلية في مستعمرة أرئيل Ariel المقامة على الضفة الغربية، كتعبير عن عدم موافقتها على النشاط الاستيطاني، وأيضاً تعبيراً عن عدم رضاهم لأن يقيم المستوطنون أوجه نشاطات ثقافية واجتماعية، في حين يرزح الفلسطينيون تحت الاحتلال والضيق والقمع والقتل والترحيل. وهدد رؤساء المستوطنين ومؤيديهم في الحكومة الإسرائيلية أن كلّ من لا ينضم إلى هذه الأنشطة من الفنانين ومؤسساتهم ستُقطع عنهم أموال الدعم والمساعدات. وأثارت هذه الحادثة سجالاً بين النخبة اليسارية المثقفة في "إسرائيل" وبين المؤسسة الحاكمة فيما يخص الوضع الراهن ووجه ومستقبل العلاقات بين المجتمع الإسرائيلي والمستوطنين، الذين يقفون ضدّ كل العالم وتدعمهم الحكومة الإسرائيلية. ومن جهة ثانية أظهرت هذه الحادثة شكلاً خجولاً نوعاً ما من معارضة النخب المثقفة في "إسرائيل" للجمود السياسي في مسار التفاوض مع الفلسطينيين. ولكن لم تتمكن عملية معارضة هذه النخبة من تحريك الشارع الإسرائيلي العام، للوقوف في وجه تمادي المستوطنين في نشاطاتهم وكأن الاحتلال غير قائم. وطفت على الوجه بين الفينة والأخرى بعض المبادرات المنادية إلى التنديد بكافة أشكال التعاون أو المشاركة بين مؤسسات ثقافية في "إسرائيل" وتلك الموجودة في المستعمرات، إنما بقيت هذه المبادرات في حدود العرائض والرسائل والمقابلات الإعلامية.

8. تسريبات وثائق عسكرية سرية:

حدثت بعض الخروق في جدار سرية المؤسسة الإسرائيلية في سنة 2010، إذ تمّ الكشف عن فضيحة كبيرة بقيام صحفية إسرائيلية عنات كام Anat Kam بتسريب مئات الوثائق السرية الخاصة بالجيش الإسرائيلي[39]، ونقلها إلى خارج "إسرائيل" وتسليمها إلى صحفي آخر، إسرائيلي أيضاً مُقيم خارج "إسرائيل". وأثارت هذه الفضيحة جدالاً عنيفاً وتراشق اتهامات بين السياسيين في "إسرائيل"، وانهالت الدعوات إلى إقامة لجنة تحقيق داخلية لمعرفة الخلفيات من وراء هذه التسريبات، وخاصة من يقف وراءها. وتوصَّلت المؤسسة الإسرائيلية إلى ضرورة خفض هذا الجدال والسير في منحى هادئ لإعادة ما سُرب، والعودة إلى سياسة التكتم والتحفظ. إنما، وفي أعقاب تسريبات ونشر ويكيليكس لعشرات بل مئات آلاف المستندات والوثائق، بات من المحتم أن تعاوناً خفياً قائماً بين جهات إسرائيلية وبين مدير وموظفي ويكيليكس. طبعاً، هذا في باب الافتراض الإسرائيلي، وقد يكون صحيحاً. أما التسريبات ذاتها فقد قللت الحكومة الإسرائيلية من أهميتها، من منطلق إزاحة الاهتمام العالمي عن مضمون الوثائق المسربة. وتمكنت سلطات الأمن الإسرائيلية من إعادة الصحفية التي قامت بالتسريبات، وتم التكتم على التحقيق في القضية، أو في مسألة تقديم لوائح اتهام بحقها ومحاكمتها.

ثانياً: أبرز المؤشرات السكانية والاقتصادية والعسكرية:

1. المؤشرات السكانية:

قُدِّر عدد سكان "إسرائيل" في نهاية سنة 2010 حسب دائرة الإحصاء المركزية Central Bureau of Statistics (CBS) بـ 7.697 ملايين نسمة، بينهم 5.803 ملايين يهودي، أي ما نسبته 75.4% من السكان. بينما صنفت الدائرة حوالي 320 ألف على أنهم "آخرون"، أي ما نسبته 4.2%، وهم على الأغلب من مهاجري روسيا وبلدان الاتحاد السوفييتي سابقاً وأوروبا الشرقية ممن لم يُعترف بيهوديتهم، أو من المسيحيين غير العرب. أما عدد السكان العرب، بما في ذلك سكان شرقي القدس والجولان، فقُدِّر بنحو 1.574 مليون، أي ما نسبته 20.5% من السكان (انظر جدول 2/1). وإذا ما حذفنا عدد سكان شرقي القدس (270 ألفاً تقريباً) والجولان (25 ألفاً تقريباً)، فإن عدد ما يعرف بفلسطينيي 1948 يصبح حوالي 1.279 مليون، أي نحو 16.6% من السكان. وقدرت الإدارة المدنية الإسرائيلية عدد المستوطنين اليهود في الضفة الغربية بنحو 313 ألفاً، باستثناء شرقي القدس[40]؛ التي قُدر عدد مستوطنيها اليهود بحوالي 200 ألف[41].

جدول 2/1: أعداد السكان في "إسرائيل" 2004-2010[42]

السنة	إجمالي	اليهود	العرب (بمن فيهم سكان شرقي القدس والجولان)	آخرون
2004	6,869,500	5,237,600	1,340,200	291,700
2005	6,990,700	5,313,800	1,377,100	299,800
2006	7,116,700	5,393,400	1,413,300	310,000
2007	7,243,600	5,478,200	1,450,000	315,400
2008	7,412,200	5,603,000	1,498,600	310,600
2009	7,552,000	5,703,700	1,535,600	312,700
2010	7,697,000	5,803,200	1,574,100	319,700

أعداد السكان في "إسرائيل" لسنتي 2004 و2010

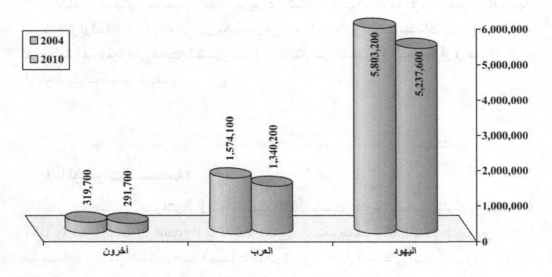

0
5,803,200
5,237,600
1,574,100
1,340,200
319,700
291,700
اليهود

وفي سنة 2010 بلغ معدل النمو السكاني في "إسرائيل" 1.9%، وهو تقريباً المعدل نفسه منذ سنة 2003. ويرجع نحو 88% من إجمالي النمو السكاني إلى النمو الطبيعي، حيث ولد في "إسرائيل" خلال سنة 2009 نحو 165 ألف نسمة، وتُوفي قرابة 40 ألف نسمة[43].

وخلال سنة 2010 قدم إلى "إسرائيل"، حسب دائرة الإحصاء المركزية، 16,633 مهاجراً، مقارنةً بـ 14,572 هاجروا سنة 2009 (انظر جدول 2/2)، وهو ما يخالف تقرير الوكالة اليهودية Jewish Agency for Israel التي قدرت عدد المهاجرين في سنة 2010 بـ 19,130 مهاجراً[44]. وقد يعود الاختلاف في الأرقام حول الهجرة إلى أن جهةً ما لا تسجل إلا المهاجرين فعلاً، وأخرى تسجل المهاجرين المحتملين، بينما تضيف ثالثة السياح الذين غيروا رأيهم لاحقاً وتحولوا إلى مهاجرين.

وفي المحصلة تتوافق أرقام سنة 2010 مع المنحنى المتراجع للهجرة اليهودية منذ سنة 2000، بعد استنفاد الخزانات البشرية اليهودية المستعدة للهجرة الواسعة، واقتصار معظم يهود الخارج على مراكز متقدمة في أمريكا الشمالية وأوروبا، والتي لا يجد يهودها حافزاً لهجرتها على نحو واسع. وتجدر الإشارة إلى أن تراجع الهجرة إلى "إسرائيل" ترافق مع استمرار الهجرة المضادة منها، وبمتوسط يبلغ حوالي 10 آلاف نسمة سنوياً، كما ترافق مع توقف نمو عدد يهود العالم، باستثناء "إسرائيل"، وذلك ليس من جراء الهجرة، كما يتبادر إلى الذهن، بل نتيجة تدني النمو الطبيعي وهجران الديانة اليهودية[45].

وأوضح تقرير الوكالة اليهودية بأن حوالي 40% من مجموع المهاجرين إلى "إسرائيل" خلال سنة 2010 قد قدموا من الاتحاد السوفييتي وشرق أوروبا وألمانيا، فيما قدم الآخرون من عدة دول أبرزها: الولايات المتحدة وكندا ودول أمريكا اللاتينية وفرنسا وبريطانيا وبلجيكا وأستراليا ونيوزلندا والهند. وأشار التقرير إلى أن 52.3% من المهاجرين هم من الذكور، وأن معدل أعمار المهاجرين بلغ عند الهجرة حوالي ثلاثين عاماً. كما تصدرت مدينة القدس قائمة المدن؛ حيث استوعبت أكبر عدد من المهاجرين[46].

جدول 2/2: أعداد المهاجرين اليهود إلى "إسرائيل" 1990-2010[47]

2004	2003	2002	2001	2000	1999-1995	1994-1990	السنة
20,898	23,267	33,565	43,580	60,192	348,293	612,840	العدد

المجموع الكلي	2010	2009	2008	2007	2006	2005	السنة
1,246,105	16,633	14,572	13,699	18,131	19,267	21,168	العدد

أعداد المهاجرين اليهود إلى "إسرائيل" 2000-2010

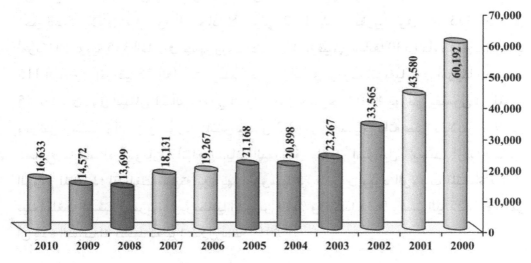

73

ويكشف الرسم البياني التالي مدى تراجع الهجرة اليهودية خلال الفترة 1990-2010، عند تقسيم المدة إلى فترات جزئية من خمس سنوات لكل منها. ومنه يمكن استنتاج أن الهجرة انخفضت في السنوات الخمس الأخيرة إلى السُبُع (نحو 14%) مقارنة بالسنوات الخمس الأولى.

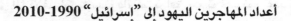

أعداد المهاجرين اليهود إلى "إسرائيل" 1990-2010

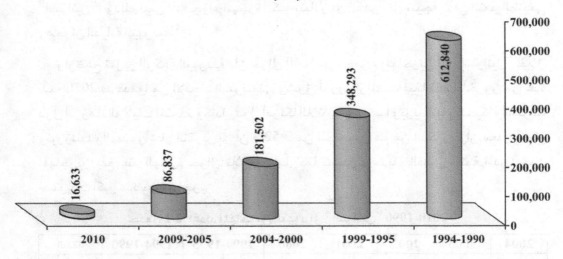

أما بالنسبة لعدد اليهود في العالم، فقد أشار المتخصص في الشؤون الديموغرافية والناشط في الوكالة اليهودية، سرجيو ديلابيرجولا Sergio DellaPergola، إلى أن عدد اليهود في العالم قدر في بداية سنة 2010 بحوالي 13.43 مليون نسمة، بزيادة بلغت 80,300 عن بداية سنة 2009 أي بنسبة زيادة مقدارها 0.6%. ففي الولايات المتحدة بلغ عدد اليهود نحو 5.28 ملايين، وفي دول الاتحاد الأوروبي 1.12 مليون تقريباً، وفي كندا 375 ألفاً، وفي أمريكا الجنوبية 335 ألفاً، وفي جمهوريات الاتحاد السوفييتي سابقاً 330 ألفاً، وفي أوقيانوسيا 115 ألفاً، وفي أفريقيا 76 ألفاً، من بينهم نحو 71 ألفاً في جنوب أفريقيا، وفي أمريكا الوسطى 55 ألفاً، وفي دول البلقان 21 ألفاً. أما في الدول العربية فيوجد 4,100 يهودي يقيمون في المغرب وتونس ومصر واليمن وسورية (انظر جدول 2/3). وفي السياق ذاته حذر ديلابيرجولا من تسارع ما أسماه "ذوبان" أتباع الديانة اليهودية خارج "إسرائيل" بسبب ارتفاع نسبة الزواج المختلط؛ إذ بلغت نسبته بين يهود روسيا 75% وبين يهود الولايات المتحدة 55%، بينما بلغت النسبة في فرنسا وبريطانيا أكثر من 40% وفي كندا 35% وأستراليا 25%. ويظهر أن هذه النّسب لم تشهد تغييراً خلال سنة 2010[48].

جدول 2/3: أعداد اليهود في العالم حسب البلد في مطلع سنة 2010 (بالألف نسمة)

البلد	"إسرائيل"	الولايات المتحدة	فرنسا	كندا	بريطانيا	روسيا	الأرجنتين	ألمانيا	أستراليا	باقي الدول	المجموع
العدد	5,703.7	5,275	483.5	375	292	205	182.3	119	107.5	685.3	13,428.3
النسبة %	42.5	39.3	3.6	2.8	2.2	1.5	1.4	0.9	0.8	5.1	100

نسبة اليهود في العالم حسب البلد في مطلع سنة 2010 (%)

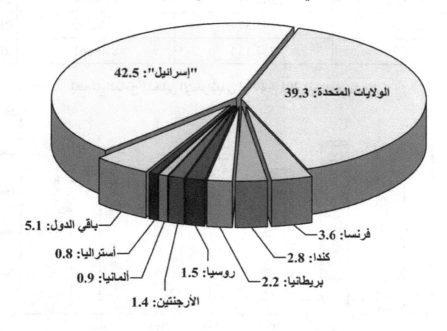

2. المؤشرات الاقتصادية:

قدر الناتج المحلي الإجمالي Gross Domestic Product (GDP) في سنة 2010 بـ 217.13 مليار دولار، مقارنةً بـ 195.38 مليار دولار في سنة 2009 (انظر جدول 2/4). وتشير تقديرات بنك "إسرائيل" المركزي Bank of Israel إلى أن الناتج المحلي لسنة 2010 سجل نمواً بلغ 4.6%[49] (5.5% عند احتساب نمو الناتج المحلي بالشيكل). مع ملاحظة أن معظم الإحصائيات التي نعرضها مستقاة من المصادر الرسمية، وهي مصادر تقوم بتحديث البيانات وإجراء تعديلات عليها بين فترة وأخرى.

جدول 2/4: إجمالي الناتج المحلي الإسرائيلي 2003-2010[50]

السنة	إجمالي الناتج المحلي (بالمليون شيكل)	إجمالي الناتج المحلي (بالمليون دولار)	سعر صرف الشيكل (حسب بنك "إسرائيل" المركزي)
2003	541,500	119,055	4.5483
2004	568,505	126,842	4.482
2005	602,507	134,254	4.4878
2006	651,416	146,172	4.4565
2007	690,144	167,996	4.1081
2008	725,861	202,314	3.5878
2009	768,339	195,377	3.9326
2010	810,561	217,134	3.733

إجمالي الناتج المحلي الإسرائيلي 2003-2010 (بالمليون دولار)

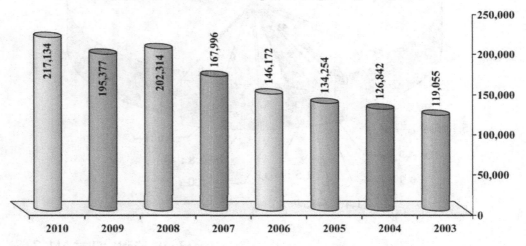

وحسب الإحصائيات فإن معدل دخل الفرد الإسرائيلي قد ارتفع إلى 106,369 شيكل (28,494 دولار) سنة 2010، بعد أن كان 102,671 شيكل (26,108 دولار) سنة 2009 (انظر جدول 2/5).

جدول 2/5: معدل دخل الفرد الإسرائيلي 2003-2010 حسب الأسعار الجارية (بالألف دولار)[51]

السنة	2003	2004	2005	2006	2007	2008	2009	2010
معدل دخل الفرد	17.8	18.6	19.4	20.7	23.3	27.5	26.1	28.5

معدل دخل الفرد الإسرائيلي 2003-2010 (بالألف دولار)

لم يبدُ الاقتصاد الإسرائيلي في سنة 2010 متأثراً كثيراً بالأزمة الاقتصادية العالمية، ويعود هذا في الأساس إلى بنية الاقتصاد الإسرائيلي وتنوعه وتوسع خريطته، وإلى سياسة التقشف الحكومية والحفاظ على عجز منخفض وفائض كبير من العملات الأجنبية. وقد أسهم النمو الاقتصادي في سنة 2010، وارتفاع معدل الدخل ومستوى المشاركة في قوى العمل، وانخفاض البطالة، في الهدوء السياسي الذي تتمتع به حكومة اليمين بزعامة بنيامين نتنياهو. كما أكدت سنة 2010 على أن اندماج "إسرائيل" في الاقتصاد العالمي لم يعد مرتبطاً بالعملية السلمية، وهو ما يتضح من قيمة الاستثمارات الخارجية والصادرات الإسرائيلية، وقبول "إسرائيل" عضواً في منظمة التعاون والتنمية الاقتصادية Organisation for Economic Co-operation and Development (OECD)[52].

وفي السياق ذاته ذكر تقرير صندوق النقد الدولي International Monetary Fund في كانون الثاني/ يناير 2011 بأن "إسرائيل" تأثرت بشكل معتدل بالركود العالمي بعد التباطؤ في سنة 2009، مشيراً إلى انخفاض معدل البطالة من 7.7% في سنة 2009 إلى 6.6% في سنة 2010. وتوقع الصندوق أن ينمو الناتج المحلي الإجمالي الإسرائيلي بنسبة 3.5% في سنة 2011 وأن ينخفض معدل البطالة إلى 5.5%[53].

بلغت المصروفات العامة لسنة 2010 حوالي 256.037 مليار شيكل (68.587 مليار دولار)، بينما بلغت الإيرادات العامة للسنة نفسها حوالي 217.241 مليار شيكل (58.195 مليار دولار)، وبنسبة عجز في الموازنة مقدارها 17.9%؛ أي بنسبة 4.8% من الناتج المحلي[54]، بينما سيبلغ حجم الموازنة التي اعتمدها الكنيست لسنة 2011 حوالي 348.1 مليار شيكل (حوالي 97 مليار دولار)[55].

وبلغت الصادرات الإسرائيلية لسنة 2010 ما مجموعه 58.43 مليار دولار مقارنة بما مجموعه 47.94 مليار دولار سنة 2009 تقريباً، أي بزيادة مقدارها 21.9%. أما الواردات لسنة 2010

فبلغت 59.12 مليار دولار، مقارنة بما مجموعه 47.37 مليار دولار سنة 2009، أي بزيادة مقدارها 24.8%، وهو ما يعكس تعافي الاقتصاد الإسرائيلي إلى حدّ كبير من الأزمة الاقتصادية العالمية (انظر جدول 2/6).

جدول 2/6: إجمالي الصادرات والواردات الإسرائيلية 2007-2010 حسب الأسعار الجارية (بالمليون دولار)[56]

السنة	2007	2008	2009	2010
الصادرات	54,092	61,339.1	47,935.5	58,430.6
الواردات	56,623	65,173.2	47,368.2	59,122.4

إجمالي الصادرات والواردات الإسرائيلية 2007-2010 (بالمليون دولار)

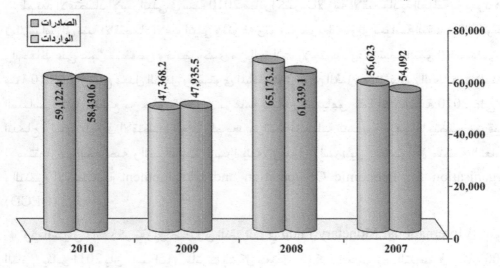

تصدرت السلع الصناعية قائمة الصادرات الإسرائيلية في سنة 2010؛ حيث بلغت نسبتها 79.8% من مجمل هذه الصادرات، وهي نسبة سجلت تراجعاً طفيفاً مقارنة بسنة 2009، والتي بلغت نسبة الصادرات الصناعية فيها 82.8%. أما صادرات الماس والسلع الزراعية فبلغت نسبتها 17.5% و2.7% على التوالي من مجمل الصادرات. ولدى توزيع الصادرات الصناعية استناداً إلى درجة توظيفها للتكنولوجيا technological intensity، فإن صناعات التكنولوجيا العالية شكلت في سنة 2010 ما نسبته 49.6% من مجمل هذه الصادارات مقارنة بما نسبته 51.2% في سنة 2009. أما فيما يتعلق بالواردات الإسرائيلية فقد تصدرت المواد الخام قائمة الواردات في سنة 2010؛ حيث بلغت نسبتها 38.7% من مجمل هذه الواردات. بينما بلغت نسبة السلع الاستهلاكية ومواد الاستثمار 14.7% و14.5% على التوالي، أما الماس والوقود وغيرها فشكلت بقية الواردات[57].

جدول 2/7: الصادرات الإسرائيلية حسب المجموعة السلعية 2009-2010

(بالمليون دولار)[58]

السنة	سلع زراعية	سلع صناعية	الماس		أخرى	المجموع
			المصقول	الخام		
2009	1,229.9	34,838.7	3,948.9	1,909.1	138.8	**42,065.4**
2010	1,359.5	40,593.1	5,867.9	3,063.8	9	**50,893.3**

جدول 2/8: الواردات الإسرائيلية حسب المجموعة السلعية 2009-2010

(بالمليون دولار)[59]

السنة	السلع الاستهلاكية	المواد الخام	المواد الاستثمارية	الوقود	الماس المصقول والخام	أخرى	المجموع
2009	7,600.8	18,383.5	7,555.2	8,072.7	5,024.6	291.6	**46,928.4**
2010	8,624.6	22,682.1	8,523.3	10,445.5	7,997.5	354.5	**58,627.5**

وما تزال الولايات المتحدة تتمتع بمركزها المعتاد كشريك تجاري أول لـ"إسرائيل"، ففي سنة 2010 بلغت الصادرات الإسرائيلية إلى الولايات المتحدة حوالي 18.53 مليار دولار، أي ما يمثل نحو 31.7% من مجمل الصادرات الإسرائيلية. أما الواردات الإسرائيلية من الولايات المتحدة فبلغت سنة 2010 حوالي 6.7 مليارات دولار، أي نحو 11.3% من مجمل الواردات الإسرائيلية. وتعوِّض "إسرائيل" إلى حدٍّ كبير عجزها التجاري مع معظم شركائها التجاريين، من خلال الفائض التجاري، الذي يقارب 12 مليار دولار، مع الولايات المتحدة، وهو ما يعد دعماً كبيراً للاقتصاد الإسرائيلي (انظر جدول 2/9).

وتقدمت الصين لتحتل موقع ثاني أكبر شريك تجاري لـ"إسرائيل"، حيث بلغت الصادرات الإسرائيلية إليها حوالي 2.05 مليار دولار، والواردات الإسرائيلية منها 4.74 مليارات دولار. ومن الملاحظ أن الصادرات الإسرائيلية إلى الصين زادت بنسبة 96.4% في سنة 2010 مقارنة بسنة 2009، بينما زادت الصادرات الصينية إلى "إسرائيل" بنسبة 34.5% في سنة 2010 مقارنة بسنة 2009.

وتراجعت بلجيكا إلى المركز الثالث وبفارق ضئيل عن الصين، حيث بلغت الصادرات الإسرائيلية إليها حوالي 3.11 مليارات دولار، والواردات الإسرائيلية منها 3.58 مليارات دولار، ويعود ذلك إلى تجارة الماس والمعادن الثمينة التي تضع بلجيكا عادة في هذا الموقع المتقدم. ثمّ يليها ألمانيا حيث بلغت الصادرات الإسرائيلية إليها حوالي 1.7 مليار دولار، والواردات الإسرائيلية منها 3.68 مليارات دولار. وتراجعت هونج كونج لتحتل موقع خامس أكبر شريك تجاري لـ"إسرائيل"، حيث بلغت الصادرات الإسرائيلية إليها نحو 3.91 مليارات دولار، والواردات الإسرائيلية منها 1.4 مليار دولار. ويبدو أن ارتفاع الصادرات الإسرائيلية إلى هونج كونج يرجع إلى كون الأخيرة مركزاً لإعادة تصدير البضائع الإسرائيلية إلى مختلف أنحاء العالم؛ وبالرغم من ذلك فلا يعني ذكر

هونج كونج في الإحصاءات الإسرائيلية كمقصد للصادرات أن البضائع الإسرائيلية تذهب إليها بالفعل ثم يُعاد تصديرها، وإنما قد تعبر، عبر قبرص أو أي محطة ترانزيت قريبة.

وإلى جانب الولايات المتحدة وهونج كونج وبلجيكا، فإن أبرز البلدان التي صدَّرت "إسرائيل" إليها سنة 2010 هي الهند (2.9 مليار دولار)، ثم بريطانيا (2.27 مليار دولار)، ثم الصين (2.05 مليار دولار)، ثم هولندا (1.82 مليار دولار)، تليها ألمانيا، ثم تركيا، ثم فرنسا، ثم إيطاليا. ويبدو أن ارتفاع حجم الصادرات الإسرائيلية إلى الهند يرتبط إلى حدّ كبير بتجارة السلاح. أما أبرز البلدان التي استوردت "إسرائيل" منها سنة 2010، إلى جانب الولايات المتحدة والصين، فهي ألمانيا (3.68 مليارات دولار)، ثم بلجيكا (3.58 مليارات دولار)، ثم سويسرا (3.22 مليارات دولار)، ثم إيطاليا (2.43 مليار دولار)، ثم بريطانيا (2.24 مليار دولار)، تليها هولندا، ثم الهند، ثم تركيا، ثم اليابان (انظر جدول 2/9).

جدول 2/9: الصادرات والواردات الإسرائيلية مع دول مختارة 2007-2010 حسب الأسعار الجارية (بالمليون دولار)[60]

البلدان	الصادرات الإسرائيلية إلى:				الواردات الإسرائيلية من:			
	2010	2009	2008	2007	2010	2009	2008	2007
الولايات المتحدة	18,530.7	16,774.1	19,972.5	18,906.8	6,698.2	5,849.1	8,034.4	7,848.9
هونج كونج	3,913.3	2,874.2	4,140.8	3,118.4	1,397.1	1,111.5	1,813.7	1,747.5
بلجيكا	3,112.9	2,371.8	4,618.7	4,070.8	3,575.5	2,567.8	4,250.3	4,454.9
الهند	2,901.6	1,810.9	2,361.3	1,613.7	1,845.5	1,157.4	1,648.8	1,689.6
بريطانيا	2,268.1	1,423.5	1,892.7	1,938.1	2,243.6	1,907.2	2,519.9	2,681.4
الصين	2,051.4	1,044.6	1,293.5	1,040.6	4,736.2	3,521.1	4,244	3,476.9
هولندا	1,824.2	1,550.8	2,035	1,609.3	2,101.9	1,885.4	2,465.3	2,090.3
ألمانيا	1,698.2	1,440.3	1,950.6	1,913	3,676.5	3,361.8	3,940.5	3,484.3
تركيا	1,324.4	1,086	1,609.9	1,195.8	1,800.2	1,387.7	1,825.3	1,606.9
فرنسا	1,280.7	1,110.6	1,298	1,313.2	1,517	1,428.7	1,889.2	1,480.9
إيطاليا	1,263.6	1,103	1,668.8	1,284.4	2,425.6	2,126	2,553.7	2,302.1
سويسرا	1,047.4	942.3	1,210.4	1,036.1	3,219.9	3,290	3,973.6	2,882.3
إسبانيا	1,039.4	940.5	1,108	1,106	974.9	880.1	959.1	811.9
البرازيل	935.2	716.5	1,172	671.6	258.9	207.8	297.2	270.7
كوريا الجنوبية	850.9	841	818.5	746.1	1,101	871.1	1,103.2	945.4
روسيا	812.4	656.1	777	611.5	785.2	488.6	1,047.1	1,398.8
اليابان	655.8	527.6	883	769.6	1,779.4	1,523.7	2,226.7	1,882.1
بلدان أخرى	12,920.4	10,721.7	12,528.4	11,147	18,985.8	13,803.2	20,381.2	15,568.1
المجموع العام	**58,430.6**	**47,935.5**	**61,339.1**	**54,092**	**59,122.4**	**47,368.2**	**65,173.2**	**56,623**

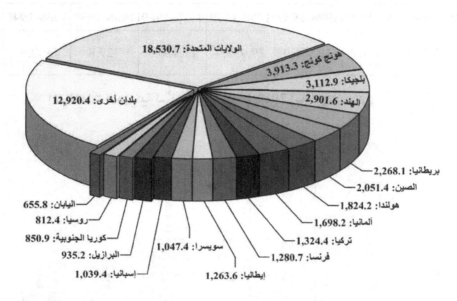

الصادرات الإسرائيلية إلى دول مختارة 2010 (بالمليون دولار)

الولايات المتحدة: 18,530.7
هونج كونج: 3,913.3
بلجيكا: 3,112.9
الهند: 2,901.6
بلدان أخرى: 12,920.4
بريطانيا: 2,268.1
الصين: 2,051.4
هولندا: 1,824.2
ألمانيا: 1,698.2
تركيا: 1,324.4
فرنسا: 1,280.7
إيطاليا: 1,263.6
اليابان: 655.8
روسيا: 812.4
كوريا الجنوبية: 850.9
البرازيل: 935.2
إسبانيا: 1,039.4
سويسرا: 1,047.4

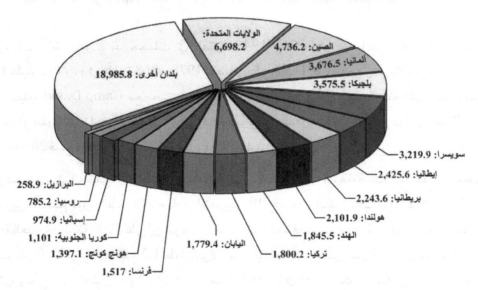

الواردات الإسرائيلية من دول مختارة 2010 (بالمليون دولار)

الولايات المتحدة: 6,698.2
الصين: 4,736.2
ألمانيا: 3,676.5
بلجيكا: 3,575.5
بلدان أخرى: 18,985.8
سويسرا: 3,219.9
إيطاليا: 2,425.6
بريطانيا: 2,243.6
هولندا: 2,101.9
الهند: 1,845.5
اليابان: 1,779.4
تركيا: 1,800.2
البرازيل: 258.9
روسيا: 785.2
إسبانيا: 974.9
كوريا الجنوبية: 1,101
هونج كونج: 1,397.1
فرنسا: 1,517

وعلى الرغم من أن "إسرائيل" تُعدُّ من الدول الغنية والمتقدمة، إلا أنها ما تزال تتلقى دعماً أمريكياً سنوياً بلغ سنة 2010 ما مجموعه 2.775 مليار دولار على شكل منحة عسكرية؛ مقارنةً بـ 2.55 مليار دولار في سنة 2009. وبذلك يبلغ ما تلقته "إسرائيل" من دعم أمريكي في الفترة 1949-2010 ما مجموعه 108.998 مليارات دولار، حسب الحصيلة النهائية للتقرير المقدم من خدمات الكونجرس البحثية Congressional Research Services (CRS) (انظر جدول 2/10).

جدول 2/10: المساعدات الأمريكية لـ"إسرائيل" 1949-2010 (بالمليون دولار)[61]

2010-2009	2008-1999	1998-1989	1988-1979	1978-1969	1968-1959	1958-1949	الفترة
5,383.9	29,374.7	31,551.9	29,933.9	11,426.5	727.8	599.6	مجموع المساعدات

المساعدات الأمريكية لـ"إسرائيل" 1949-2010 (بالمليون دولار)

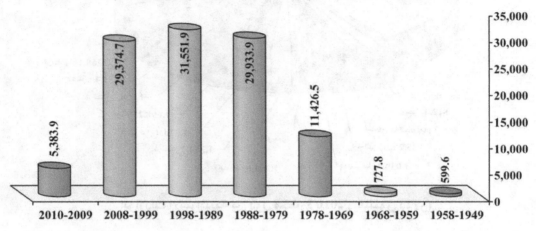

وكانت "إسرائيل" قد حصلت في الفترة 1949-1967 على مساعدات أمريكية قيمتها 1.22 مليار دولار، وفي الفترة 1968-1978 حصلت على 11.53 مليار دولار، ومنذ سريان اتفاقية كامب ديفيد Camp David مع مصر سنة 1979 وحتى سنة 1993، وهي السنة التي وقعت فيها اتفاقية أوسلو، حصلت "إسرائيل" على دعم أمريكي مقداره 45.93 مليار دولار، أما الفترة 1994-2010 فبلغ مجموع الدعم الأمريكي 50.31 مليار دولار.[62]

ومع تحسن الوضع الاقتصادي الإسرائيلي بشكل كبير في منتصف تسعينيات القرن العشرين، أصبح مبرر الدعم الاقتصادي الأمريكي أقل إقناعاً؛ ولذلك اتفقت الإدارة الأمريكية مع الدولة العبرية في سنة 1998 على أن تقوم الولايات المتحدة بخفض تدريجي لمساعداتها الاقتصادية لـ"إسرائيل"، والتي كانت تبلغ 1.2 مليار دولار سنوياً، بمعدل خفض سنوي مقداره 120 مليون دولار، وعلى مدى عشر سنوات ابتداء من سنة 2000. وفي المقابل تكون هناك زيادة سنوية في الدعم العسكري مقدارها 60 مليون دولار في الفترة نفسها؛ بحيث ينمو الدعم العسكري الأمريكي تدريجياً من 1.8 مليار دولار إلى 2.4 مليار دولار في غضون عشر سنوات. وفي آب/ أغسطس 2007 أعلنت الولايات المتحدة أنها سوف تزيد مساعداتها العسكرية لـ"إسرائيل" بمبلغ ستة مليارات دولار خلال العشر سنوات القادمة، بحيث يصل الدعم العسكري السنوي الأمريكي إلى ثلاثة مليارات دولار سنوياً سنة 2018.[63]

3. المؤشرات العسكرية:

بدا أن المؤسسة العسكرية الإسرائيلية خلال سنة 2010 عاشت "هواجس" مشابهة لتلك التي عاشتها خلال السنة التي سبقتها؛ إذ تركز اهتمام المؤسسة على الوضع الفلسطيني بصفة عامة، وإيران وبرنامجها النووي، وتسلح ما تسميها "إسرائيل" بالدول أو الجهات الراديكالية في المنطقة، في إشارة إلى سورية وحركة حماس وحزب الله، فضلاً عن استقرار الأوضاع في الساحات العربية المجاورة لـ"إسرائيل". شهدت سنة 2010 هدوءاً على الجبهة الشمالية لـ"إسرائيل" مع لبنان طوال العام تقريباً مع استمرار الخروقات الجوية الإسرائيلية للأجواء اللبنانية وتجنيد العملاء وشبكات التجسس في الداخل اللبناني، أما على امتداد الجبهة الجنوبية لـ"إسرائيل" مع قطاع غزة فقد شهدت سنة 2010 هدوءاً مشابهاً مع استمرار الحصار الإسرائيلي والضربات الجوية المتفرقة. وتجدر الإشارة إلى أن "إسرائيل" عانت بشكل كبير مع نهاية سنة 2010 ومطلع سنة 2011 المخاوف الناتجة عن الثورات الشعبية والتحولات الديموقراطية في الوطن العربي، التي وصلت إلى حدودها الجنوبية؛ وتمثلت في الثورة الشعبية المصرية التي أدت إلى سقوط الرئيس المصري حسني مبارك، وهو ما قد يحمل انعكاسات كبيرة على الأوضاع في المنطقة.

شهدت المؤسسة العسكرية والأمنية الإسرائيلية سنة 2010 جملة من التغييرات في عدد من المناصب الهامة كان أبرزها: منصب رئيس هيئة أركان الجيش الإسرائيلي، حيث كان من المفترض أن يتقلد اللواء يوآف غالنت Yoav Galant هذا المنصب خلفاً للواء جابي أشكنازي Gabi Ashkenazi، غير أن قضية استيلاء الأول بصورة غير مشروعة على أراضٍ بالقرب من منزله في مستعمرة عميكام Amikam حالت دون ذلك، فتمَّ تعيين اللواء بني جانتس Benny Gantz الذي تولى المنصب رسمياً في مطلع شباط/ فبراير 2011. كما تمّ تعيين اللواء الاحتياط يائير نافيه Yair Naveh في منصب نائب رئيس هيئة الأركان، ليكون أول ضابط متدين يتقلد منصباً رفيعاً بهذا القدر في الجيش الإسرائيلي، وكان نافيه قد حلّ مكان بني جانتس الذي تسلم لاحقاً رئاسة الأركان. وتسلم اللواء تال روسو Tal Russo منصب قائد المنطقة الجنوبية من اللواء يوآف غالنت. أما منصب رئيس شعبة الاستخبارات العسكرية الإسرائيلية (أمان) Directorate of Military Intelligence (Aman) فتسلمه اللواء أفيف كوخافي Aviv Kochavi خلفاً للواء عاموس يادلين Amos Yadlin. كما قررت الحكومة الإسرائيلية تعيين تامير باردو Tamir Pardo في منصب رئيس جهاز الموساد Mossad، خلفاً لمائير داجان Meir Dagan الذي أنهى مهام منصبه في مطلع سنة 2011، بعد خدمة دامت أكثر من ثماني سنوات.

وفي سياق متصل بتركيبة الجيش الإسرائيلي والتوجهات الأيديولوجية لمنتسبيه نشرت المجلة العسكرية الشهرية معرخوت Maarkhot الصادرة عن الجيش الإسرائيلي في 2010/9/13

بحثاً أكد الارتفاع الحاد في نسبة الضباط المتدينين المتشددين في الجيش، وخصوصاً في الوحدات القتالية، وهو ما يشير إلى احتمال سيطرة اليمين العنصري المتشدد على الجيش الإسرائيلي. وذكر البحث أن نسبة الضباط المتدينين المتشددين من بين ضباط وحدات النخبة في سلاح المشاة، كانت في سنة 1990 في حدود 2.5%، غير أنها ارتفعت في سنة 2007 إلى حوالي 31%. وأشار البحث إلى أنه على الرغم من أن هذه النسبة تراجعت في سنة 2008 إلى 26% نتيجة زيادة عدد الضباط العلمانيين في الجيش، فإن توجه الزيادة في نسبة المتشددين يبقى قائماً[64]. وفي السياق ذاته أجرت المجلة العسكرية الإسرائيلية بمحانيه Bamahane تحقيقاً أكد على أن نحو 13% من قادة السرايا المقاتلة في الخدمة النظامية في الجيش الإسرائيلي هم من سكان المستعمرات في الضفة الغربية. كما أكد على أن نصيب المستوطنين من قيادة السرايا المقاتلة أعلى بنحو خمسة أضعاف من نصيبهم في السكان. وأشار إلى أن مستعمرة عيلي Eli بالقرب من نابلس تحتل الرقم القياسي، حيث يوجد فيها أعلى نسبة من قادة السرايا بين المستوطنين[65].

واصلت المؤسسة العسكرية الإسرائيلية خلال سنة 2010 تنفيذها خطة تيفن 2012 (Tefen 2012)، التي أُقرت مطلع سنة 2007 في سياق استخلاص دروس الحرب الإسرائيلية على لبنان في صيف 2006. وتتضمن الخطة اتجاهات مركزية في ميادين تعاظم قوة أذرع الجيش، وتشكيلات القوات، وتحسين القدرات في مناحي التدريبات، واحتياطيات الذخيرة، وشراء الأسلحة، والوسائل القتالية، والتسلح. ويُذكر أنه يوجد تركيز واضح في خطة تيفن على العنصر البشري؛ وعلى القوات البرية وتشكيلات الاحتياط[66].

وفي إطار الدروس المستخلصة من الحرب على لبنان وعلى قطاع غزة، أجرت "إسرائيل" خلال سنة 2010 مناورات لاختبار جاهزية الجبهة الداخلية في مواجهة ما تطلق عليه "حرباً شاملة" قد تتعرض لها "إسرائيل". ففي الفترة 23-2010/5/29 أجرت "إسرائيل" مناورة "نقطة تحول 4" على غرار المناورات التي حملت الاسم ذاته في السنوات الثلاثة السابقة لاختبار جاهزية جبهتها الداخلية. وقامت سلطات الطوارئ الإسرائيلية خلال هذه المناورة باختبار جاهزيتها في مواجهة سقوط مئات أو آلاف الصواريخ على المدن الإسرائيلية[67]. كما أجرت قيادة الجبهة الداخلية لسلسلة من المناورات الدفاعية خلال سنة 2010 في مركز "البلاد" (تل أبيب ورامات جان Ramat Gan وحولون Holon)، والتي حاكت سيناريو هجوم بيولوجي تتعرض له هذه المناطق[68].

وفي إطار تعزيز القوة الصاروخية الإسرائيلية أمام "التهديد الإيراني" أقرت الصناعات الجوية الإسرائيلية إدخال تحسينات على منظومة صاروخ حيتس (السهم) Arrow (Hetz) System، وتهدف هذه التحسينات إلى تطوير قدرة المنظومة على اعتراض الصواريخ البالستية على ارتفاعات لم تكن متاحة في السابق، إضافةً إلى توفير فرص أكثر لاعتراض أي صاروخ باليستي في

حال إخفاق محاولة الاعتراض الأولى. وأشارت عنبال كريس Inbal Kreiss مديرة مشروع "حيتس 3" إلى أنه من المتوقع إجراء أول تجربة على الصاروخ الاعتراضي من الجيل الجديد في بداية سنة 2011[69] (مع ملاحظة أنه لم يتم إجراء التجربة حتى إعداد هذا التقرير في مطلع آذار/ مارس 2011). كما ذكرت جريدة معاريف Maariv في 2010/7/26 بأن وزارة الدفاع الإسرائيلية وقعت اتفاقاً مع نظيرتها الأمريكية لتطوير منظومة "حيتس 3". وبينت الجريدة أن هذا الاتفاق النوعي، الذي سيفضي إلى دمج هذا الجيل من الصواريخ في منظومة الدفاع الجوي الإسرائيلي، يعد توجهاً جديداً في سياق العلاقات العسكرية بين الجانبين في مجال التكنولوجيا الدفاعية ضدّ الصواريخ. وفي آب/أغسطس 2010 أوصت لجنة فرعية في الكونجرس Congress الأمريكي بزيادة تمويل برنامج الدفاع الصاروخي الإسرائيلي إلى 422.7 مليون دولار في سنة 2011، وليصل بذلك حجم المساعدات الأمريكية المقدمة إلى "إسرائيل" لتمويل هذا البرنامج إلى أعلى مستوى له على الإطلاق. ويُشار إلى أن الحصة الأكبر من إجمالي هذه المساعدة والبالغة 108.8 ملايين دولار ستخصص لتطوير منظومة "حيتس 3"[70].

وعلى صعيد متصل ادعت وزارة الدفاع الإسرائيلية في 2010/7/19 بأن التجارب النهائية لمنظومة القبة الحديدية Iron Dome "أثبتت نجاعتها في التصدي للصواريخ والقذائف قصيرة المدى"[71]. ومن هنا قررت الوزارة نشر بطاريتين من هذه المنظومة في شهر تشرين الثاني/ نوفمبر 2010. وذكرت جريدة يديعوت أحرونوت Yedioth Ahronoth أن كلفة البطارية الواحدة وملحقاتها قدرت بحوالي 15-20 مليون دولار، بينما قدرت كلفة الصاروخ الواحد بنحو 50 ألف دولار، وذلك مقابل الكلفة الزهيدة للصواريخ والقذائف الفلسطينية التي تقدر كلفة الواحد منها بين 100-1,000 دولار فقط[72]. وكان البنتاجون The Pentagon قد أعلن في أيار/مايو 2010 بأن الرئيس الأمريكي باراك أوباما Barack Obama قد صادق على منح مساعدة لوزارة الدفاع الإسرائيلية تبلغ 205 ملايين دولار خُصصت لتمويل عشرة بطاريات من منظومة القبة الحديدية[73].

لم تنصب "إسرائيل" أولى بطاريات هذه المنظومة إلا في 2011/3/27 شمال مدينة بئر السبع. وقد حذر رئيس الوزراء بنيامين نتنياهو الإسرائيليين من أن نشر هذه المنظومة لا يعني حماية كاملة لهم، وأضاف أن "هذه المنظومة ما تزال قيد الاختبار". كما شكك مسؤولون إسرائيليون في قدرة المنظومة على تأمين الحماية الكاملة من الصواريخ[74].

وقد أثارت مسألة فعالية منظومة القبة الحديدية في حماية سكان المدن الإسرائيلية المحيطة بقطاع غزة جدالاً في "إسرائيل"؛ إذ أوضح اللواء جادي إيزنكوت Gadi Eizenkot قائد المنطقة الشمالية في الجيش الإسرائيلي بأنه: "يفترض في منظومات الدفاع الفعالة ضدّ القذائف والصواريخ، مثل منظومتي القبة الحديدية وحيتس، أن تعزز الاستمرارية الهجومية للجيش الإسرائيلي، وليس

بالضرورة أن توفر الحماية للمدنيين... فالمنظومات الدفاعية مخصصة في الأساس لحماية قواعد سلاح الجو وقواعد سلاح البحرية وقواعد التجنيد...75". وفي مقابل ذلك أوضح اللواء يائير جولان Yair Golan مسؤول قيادة الجبهة الداخلية بأن: "منظومة القبة الحديدية تمثل عنصراً أساسياً في حماية الجبهة الداخلية، وهي توفر رداً جيداً بشكل يفوق ما توقعه مصمموها". كما أعرب حاييم يالين Haim Yalin رئيس مجلس مستوطنة إشكول Eshkol، عن استيائه من أقوال اللواء إيزنكوت، مضيفاً: "أريد أن أذكّر بقرار الحكومة بشأن تطوير منظومة القبة الحديدية من خلال استثمار مليار شيكل [حوالي 267.88 مليون دولار] من الموازنة الإسرائيلية لحماية مستوطنات غلاف غزة، وبما أننا في دولة ديمقراطية فإن الجيش ملزم بالعمل وفق قرارات الحكومة"76.

وفي إطار تحصين الدبابات الإسرائيلية ضدّ الصواريخ المتطورة المضادة للدروع، نفذ لواء "المدرعات 401" في الجيش الإسرائيلي تدريباً تضمن إطلاق صاروخ غير مزود برأس حربي باتجاه دبابة ميركافا 4 (Merkava 4) مأهولة، لاختبار فعالية نظام حماية جديد خاص بالدبابة أطلق عليه اسم معطف الريح أو تروفي Trophy، ويعرف أيضاً باسم أسبرو آي ASPRO-A. وحسب أقوال جهات في الجيش الإسرائيلي؛ فإن التجربة كانت ناجحة77. وتجدر الإشارة إلى أن المؤسسة العسكرية في "إسرائيل" عمدت إلى تطوير نظام حماية للميركافا في أعقاب حرب لبنان الثانية في صيف 2006، التي شهدت تدمير عدد كبير من الدبابات الإسرائيلية.

وفي إطار التدريبات العسكرية المشتركة أجرى سلاح الجو الإسرائيلي في أواخر أيار/ مايو وأواسط تشرين الأول/ أكتوبر 2010 (11-2010/10/14) مناورات جوية مع سلاح الجو اليوناني فوق بحر إيجة، أطلق عليها اسم مينوآس 2010 (Minoas 2010). وخلال هذه المناورات تدرب الطيارون الإسرائيليون واليونانيون على المعارك الجوية والمهام بعيدة المدى، وعلى التزود بالوقود في الجو78. وكانت أثينا أوقفت هذه المناورات بعد الهجوم الإسرائيلي على أسطول الحرية، غير أن العلاقات بين البلدين تحسنت بعد زيارة رئيس الوزراء الإسرائيلي بنيامين نتنياهو إلى أثينا في آب/ أغسطس 2010، والتي كانت الأولى لرئيس حكومة إسرائيلية. كما تأتي هذه المناورات الجوية المشتركة، بعد وقف المناورات التي كان يجريها سلاح الجو الإسرائيلي فوق الأراضي التركية، في إثر تدهور العلاقات الإسرائيلية التركية بعد الحرب الإسرائيلية على قطاع غزة نهاية سنة 2008، والعدوان الإسرائيلي على سفينة مرمرة التركية ضمن أسطول الحرية في 2010/5/31.

وفي تموز/ يوليو 2010 قتل ستة ضباط إسرائيليين إثر تحطم مروحيتهم الإسرائيلية الصنع من طراز يسعور Yas'ur خلال تدريبات مشتركة قرب المنطقة الجبلية براسوف في وسط رومانيا79. وأشارت بعض التحليلات وقتها إلى الشبه بين تلك المنطقة من رومانيا التي جرت فيها المناورات وبين التضاريس الجبلية في إيران مما يعني استمرار الاستعدادات الإسرائيلية لاحتمالية

توجيه ضربة عسكرية إلى المشروع النووي الإيراني. كما كشفت جريدة جيروزاليم بوست The Jerusalem Post في 2010/10/24 أن الجيشين الإسرائيلي والأمريكي أنهيا تدريباً مشتركاً حمل اسم جينيفر فالكون Jennifer Falcon، يهدف إلى تطوير التنسيق والتعاون الجوي والبري والبحري بين مختلف القوات في الجيشين[80].

وفي إطار برامج التسليح العسكرية الإسرائيلية صادقت لجنة المالية التابعة للكنيست في 2010/9/20 على إبرام صفقة بقيمة 2.75 مليار دولار لشراء 20 طائرة شبح أمريكية مقاتلة حديثة من طراز إف 35 (F-35)[81]. وتم التوقيع بشكل رسمي على الصفقة في مدينة نيويورك الأمريكية في 2010/10/7. وفي إطار هذه الصفقة ستحصل "إسرائيل" على الطائرات خلال الفترة 2015-2017[82]. ويشار إلى أن قيمة هذه الصفقة سيتم اقتطاعها من المساعدات الأمريكية للدولة العبرية.

وفي 2010/11/7 أشارت جريدة جيروزاليم بوست إلى أنه من المقرر أن يتسلم سلاح الجو الإسرائيلي الدفعة الأولى من القنابل الذكية من طراز جي بي يو 39 (GBU-39) من الولايات المتحدة. وأوضحت الجريدة بأن "إسرائيل" تكون بذلك أول دولة تزودها الولايات المتحدة بهذا النوع من القنابل. وفي كانون الأول/ ديسمبر 2010 كشفت وثائق وزارة الخارجية الأمريكية التي سربها موقع ويكيليكس أن الإدارة الأمريكية وافقت على تزويد "إسرائيل" بقنابل خارقة للتحصينات من نوع جي بي يو 28 (GBU-28) يمكن استخدامها في الهجوم على المنشآت النووية الإيرانية. في السياق ذاته كانت جريدة هآرتس قد كشفت في 2010/6/8 أن "إسرائيل" طلبت من الولايات المتحدة أن تزيد بنسبة 50% حجمَ العتاد العسكري الذي تحتفظ به الأخيرة في مخازن ومستودعات الطوارئ في "إسرائيل"، بحيث تزيد قيمتها من 800 مليون دولار إلى 1,200 مليون دولار[83].

وفي مجال الفضاء أطلقت "إسرائيل" في 2010/6/22 القمر الصناعي أوفيك 9 (Ofek 9) لأغراض التجسس، وهو قمر يشابه في مميزاته الأقمار الصناعية السابقة من العائلة نفسها أوفيك 5 (Ofek 5) وأوفيك 7 (Ofek 7) الموجودة في الفضاء[84].

بلغت الموازنة العسكرية الإسرائيلية الرسمية لسنة 2010 ما مجموعه 50.92 مليار شيكل (13.64 مليار دولار)[85]، بينما تبلغ الميزانية العسكرية المتوقعة لسنة 2011 ما مجموعه 54.2 مليار شيكل (15.12 مليار دولار). وذكرت جريدة هآرتس أن الميزانية العسكرية الحقيقية لسنة 2010 بلغت 53.2 مليار شيكل (14.25 مليار دولار)، موضحة أن هناك إيرادات تحصل عليها وزارة الدفاع ولكنها لا تذكر في ميزانيتها[86]. غير أن حالة القلق والارتباك التي تشهدها "إسرائيل"، نتيجة التغيرات التي تحدث في العالم العربي، دفعت وزارة الدفاع

للمطالبة بزيادة موازنتها لسنة 2011 لتبلغ بعد اعتمادها نحو 18 مليار دولار[87]. كما أشار إيهود باراك إلى الرغبة الإسرائيلية بطلب دعم عسكري أمريكي بقيمة عشرين مليار دولار لمواجهة المخاطر المحتملة الناتجة عن التطورات في العالم العربي[88]. واستناداً إلى الجدولين 2/4 و2/11، بلغت نسبة الموازنة العسكرية من الناتج المحلي بالشيكل 8.6% في سنة 2003، بينما بلغت 6.3% في سنة 2010، مع ملاحظة أن هذه النسبة ستبلغ 6.6% إذا ما تمّ اعتماد الأرقام التي أشارت إليها جريدة هآرتس. والمحصلة أن العبء العسكري على الموارد هو في تراجع على الرغم من الارتفاع الكبير في الرقم المطلق للموازنة العسكرية؛ والنتيجة نفسها تنطبق على الموازنة العسكرية عند احتساب النسبة بالدولار.

جدول 2/11: الموازنة العسكرية الإسرائيلية 2003-2010[89]

السنة	الموازنة (بالمليون شيكل)	الموازنة حسب الأسعار الجارية (بالمليون دولار)	الناتج المحلي الإجمالي* (بالمليون شيكل)	نسبة الإنفاق العسكري إلى الناتج المحلي (بالشيكل)
2003	46,351	10,191	541,500	%8.6
2004	44,060	9,830	568,505	%7.8
2005	45,739	10,192	602,507	%7.6
2006	49,546	11,118	651,416	%7.6
2007	48,965	11,919	690,144	%7.1
2008	49,574	13,817	725,861	%6.8
2009	48,649	12,371	768,339	%6.3
2010	50,922	13,641	810,561	%6.3

* راجع جدول 2/4.

الموازنة العسكرية الإسرائيلية 2003-2010 (بالمليون دولار)

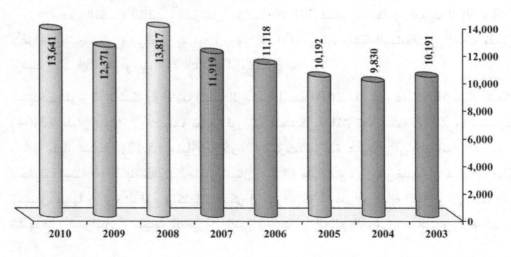

وعلى الرغم من المكانة المركزية التي يحتلها الجيش في هرم الدولة والمجتمع في "إسرائيل"، فإنه يعاني على غرار السنوات السابقة مشاكل في الحصول على نوعيات مناسبة من المقاتلين[90]. ونقلت جريدة هآرتس الإسرائيلية عن مصادر مسؤولة في قيادة الجيش الإسرائيلي قلقها من أن 50% من الشبان والرجال اليهود من عمر 18 عاماً وحتى 40 عاماً، لا يخدمون في الجيش، وأن هذه النسبة سترتفع خلال عقد من الزمن لتصل إلى 60%، وعزت هذه المصادر السبب الأساسي في ذلك إلى ازدياد نسبة المتدينين الأصوليين الذين لا يخدمون في الجيش لأسباب دينية[91].

ما زالت "إسرائيل" في سنة 2010 تحتل المركز الرابع في قائمة الدول المصدرة للأسلحة في العالم. وتجدر الإشارة إلى أن وزارة الدفاع الإسرائيلية قامت منذ عدة سنوات بتأسيس شبكة لتسويق السلاح على مستوى العالم، تضم جنرالات في الجيش وسماسرة ومقاولون، وأطلقت عليها اسم "حود حهنيت"، وتعني بالعبرية رأس الرمح. وأكد سيفر بلوتسكر Sever Plocker، المحلل في الشؤون الاقتصادية في جريدة يديعوت أحرونوت، على أن الشبكة المذكورة تمكنت من التغلغل في عدد من الدول الإسلامية، مثل تركيا وماليزيا وإندونيسيا؛ كما ذكر أن قائمة الأسلحة والمعدات الإسرائيلية المصدرة تشمل أكثر من 500 نوع من السلاح[92]. وفي سياق متصل، رأى يوسي ميلمان Yossi Melman، المحلل العسكري في جريدة هآرتس، أن "إسرائيل" تهدف من وراء بيع الأسلحة لدول العالم الثالث إلى تحقيق الأرباح والعلاقات الدبلوماسية. وبحسب ميلمان فإن 10% من تجارة السلاح في العالم تسيطر عليها الدولة العبرية، مشيراً إلى أنها تحصد أرباحاً مالية هائلة من صفقات السلاح، لكنها لا تأخذ في الحسبان الضرر الكبير المترتب على صورتها، بعد أن باتت تعرف بعلاقاتها مع أنظمة استبدادية. وأضاف ميلمان أن تل أبيب تفضل إبرام صفقات بيع السلاح لدول كثيرة في أفريقيا وأمريكا اللاتينية بشكل غير مباشر، من خلال شركات إسرائيلية خاصة يبلغ عددها نحو 220 شركة، في محاولة لإعفاء ذاتها من مسؤولية استخدام هذا السلاح في جرائم ضدّ الإنسانية في حال وقوعها[93].

بلغت مبيعات السلاح الإسرائيلية سنة 2010 حوالي 6.65 مليارات دولار[94]. وكانت قيمة مبيعات السلاح الإسرائيلي قد بلغت 6.75 مليارات دولار سنة 2009 مقابل 6.3 مليارات دولار سنة 2008 و5.6 مليارات دولار سنة 2007. ومن المتوقع أن يستمر التراجع الطفيف في صادرات الأسلحة حيث إن العقود تمتد عادة لسنوات، مع العلم أن مبيعات الأسلحة تأثرت بالأزمة الاقتصادية منذ سنة 2008. ويظهر أن "إسرائيل" تعتزم زيادة مبيعات أسلحتها إلى دول رفعت موازناتها الدفاعية، خصوصاً بولندا ودول أخرى في شرق أوروبا، وكذلك في الأسواق الآسيوية وأفريقيا وروسيا. وتأتي "إسرائيل" في مجال تصدير السلاح بعد الولايات المتحدة ودول الاتحاد الأوروبي وروسيا[95].

ثـالثاً: العدوان والمقاومة تابعت "إسرائيل" في سنة 2010 عدوانها على الشعب الفلسطيني؛ وذلك على الرغم من التهدئة غير المعلنة التي شهدتها الأوضاع على حدود قطاع غزة، والتي تمثلت في الانخفاض الحاد في إطلاق الصواريخ الفلسطينية من القطاع باتجاه البلدات والمدن الإسرائيلية، وفي امتناع "إسرائيل" في المقابل عن أية أعمال عسكرية ذات شأن ضدّ قطاع غزة. وفي الضفة الغربية حظيت "إسرائيل" بتهدئة مشابهة، في ظلّ تزايد التنسيق الأمني بين أجهزة الأمن في السلطة وجيش الاحتلال الإسرائيلي على غرار السنوات السابقة. واستمرت "إسرائيل" في سنة 2010 بإغلاقها لمعابر قطاع غزة وتشديدها للحصار، كما أبقت في الضفة الغربية على إجراءاتها في التوغلات والاعتقالات.

وحسب معطيات جهاز الأمن العام الإسرائيلي (الشاباك) فقد سجلت عمليات إطلاق الصواريخ والقذائف من قطاع غزة باتجاه البلدات والمستعمرات الإسرائيلية المحيطة تراجعاً كبيراً خلال سنة 2010؛ إذ أُطلق خلالها 150 صاروخاً، وذلك مقابل 569 صاروخاً أطلقت في سنة 2009، بينما أطلقت 215 قذيفة مورتر Mortar سنة 2010 مقابل 289 قذيفة تم إطلاقها سنة 2009. أما في الضفة الغربية والقدس فسجل جهاز الأمن الداخلي 455 عملية في سنة 2010 مقابل 636 عملية سُجلت في سنة 2009. وتجدر الإشارة إلى أن معظم العمليات التي سجلت خلال سنة 2010 في الضفة والقدس كانت رشق حجارة وزجاجات حارقة[96].

1. شهداء وجرحى:

استشهد في سنة 2010 ما مجموعه 98 فلسطينياً برصاص قوات الاحتلال والمستوطنين في قطاع غزة والضفة الغربية بما في ذلك القدس. وكان ضمن الشهداء عشرة دون سن الـ18، وأربعة نساء. كما جرح في سنة 2010 نحو 967 فلسطينياً ومتضامناً دولياً[97].

وفي المقابل سجل جهاز الأمن الداخلي الإسرائيلي مقتل تسعة إسرائيليين في سنة 2010 نتيجة عمليات نفذها فلسطينيون؛ من بينهم خمسة قتلوا في الضفة الغربية نتيجة عمليات إطلاق نار على مستوطنين سُجل أبرزها بالقرب من مستعمرة كريات أربع في الخليل في آب/ أغسطس وأدت إلى مقتل أربعة مستوطنين. كما جرح في سنة 2010 نحو 28 إسرائيلياً[98].

جدول 2/12: القتلى والجرحى الفلسطينيون والإسرائيليون 2006-2010[99]

الجرحى		القتلى		السنة
الإسرائيليون	الفلسطينيون	الإسرائيليون	الفلسطينيون	
332	3,126	32	692	2006
300	1,500	13	412	2007
679	2,258	36	910	2008
234	4,203	15	1,181	2009
28	967*	9	98	2010

* يتضمن عدداً من المتضامنين الدوليين.

القتلى الفلسطينيون والإسرائيليون 2006-2010

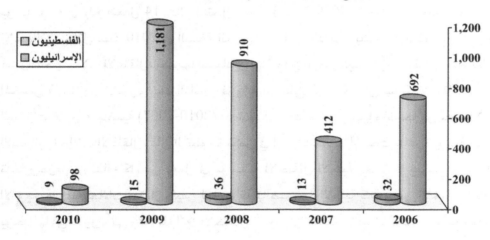

الجرحى الفلسطينيون والإسرائيليون 2006-2010

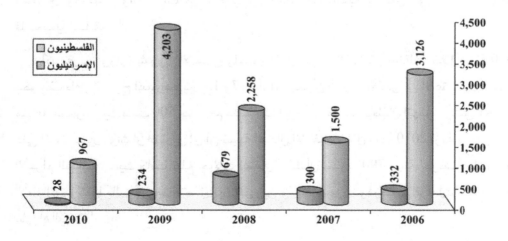

2. أسرى ومعتقلون:

تعدّ سنة 2010، على غرار السنة التي سبقتها، من السنوات الأسوأ بالنسبة للأسرى. حيث وصل عدد الأسرى في سجون الاحتلال في نهاية سنة 2010 نحو 7,000 أسير، بينهم 36 أسيرة و300 طفل. وبلغ عدد الأسرى نحو 5,840[100] من الضفة الغربية (باستثناء شرقي القدس)، و714 من قطاع غزة، و390 من شرقي القدس ومن المواطنين العرب في "إسرائيل"، فضلاً عن عشرات المعتقلين العرب من جنسيات مختلفة[101]. ومن بين الأسرى 200 صُنفوا على أنهم إما معتقلون إداريون أو موقوفون بانتظار المحاكمة، أو ممن تعدهم "إسرائيل" "مقاتلين غير شرعيين"[102].

وخلال سنة 2010 اعتقلت سلطات الاحتلال حوالي 4,168 فلسطينياً، بمعدل 11 حالة اعتقال يومياً، في حين بلغ المعدل 14 حالة اعتقال يومياً في سنة 2009. وجرت الغالبية العظمى من الاعتقالات خلال سنة 2010 في الضفة الغربية بما فيها القدس، بينما شهد قطاع غزة بضع عشرات من حالات الاعتقال، بعضها لصيادين اعتقلوا في عرض البحر. وبين تقرير أعده الباحث المختص في شؤون الأسرى عبد الناصر فروانة أنه على الرغم من أن نسبة الاعتقالات خلال السنوات الأربعة الماضية (2007-2010) قد شهدت انخفاضاً تدريجياً واضحاً من حيث الأعداد الإجمالية لحالات الاعتقال، فإن الخطورة تكمن في أن الاعتقالات أضحت ظاهرة يومية وتقليداً ثابتاً وجزءاً من ثقافة كل من يعمل في مؤسسة الاحتلال الأمنية، حيث لا يمضي يوم واحد إلا ويُسجل فيه حالات اعتقال، ليس لها علاقة بالضرورة الأمنية كما يدعي الاحتلال، كما لا يوجد لها أي مبرر حتى وفقاً لقوانين الاحتلال ذاته، وإن غالبية الاعتقالات تتم بدوافع انتقامية أو مزاجية. وشملت الاعتقالات خلال سنة 2010 إضافة إلى الأطفال، نساء وأمهات وزوجات ومعاقين ومرضى والعشرات من النواب والقيادات السياسية وبعض الوزراء في حكومات فلسطينية سابقة[103].

وأكد تقرير لوزارة شؤون الأسرى والمحررين أن قوات الاحتلال اعتقلت خلال سنة 2010 نحو ألف طفل تتراوح أعمارهم بين 15 و17 عاماً، مبيناً أن النسبة الأكبر من الاعتقالات كانت في منطقة القدس، حيث بلغت 500 حالة، ثم منطقة الخليل، وأن معظم الأطفال اتهموا برشق الحجارة على المستوطنين. وأشار التقرير إلى أن نسبة اعتقال الأطفال خلال سنة 2010 ازدادت عن سائر الأعوام السابقة، حيث كانت تبلغ حالات اعتقال الأطفال سنوياً 700 حالة، موضحاً أن معظم الأطفال حوكموا بالسجن مدة تصل بين شهرين وستة شهور، وفرضت غرامات مالية باهظة على أهاليهم[104].

جدول 2/13: الأسرى والمعتقلون في سجون الاحتلال سنة 2010[105]

عدد الأطفال في نهاية 2010	عدد النساء في نهاية 2010	المعتقلون خلال سنة 2010		عدد المعتقلين في 2010/12/31	عدد المعتقلين في 2010/1/1
		قطاع غزة	الضفة الغربية		
300	36	100*	4,068	7,000	7,500

* تمّ تقدير أعداد المعتقلين في القطاع بناء على تقرير صادر عن وزارة الأسرى.

جدول 2/14: الأسرى والمعتقلون في سجون الاحتلال حسب التوزيع الجغرافي
في نهاية سنة 2010[106]

المجموع	أسرى عرب	شرقي القدس وفلسطينيو الـ1948	قطاع غزة	الضفة الغربية (باستثناء شرقي القدس)
7,000	56	390	714	5,840

الأسرى والمعتقلون في سجون الاحتلال حسب التوزيع الجغرافي في نهاية سنة 2010

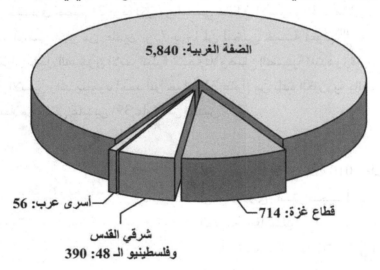

واستمرت حركة حماس خلال سنة 2010 في أسرها للجندي الإسرائيلي جلعاد شاليط في قطاع غزة، ويُذكر أن حماس اشترطت، منذ أسرها لشاليط في حزيران/ يونيو 2006، إطلاق سراحه من خلال صفقة يتمّ فيها الإفراج عن نحو ألف سجين فلسطيني في السجون الإسرائيلية. وبالرغم من أن الوساطة الألمانية نشطت في هذا الملف خلال سنة 2010، غير أن السنة انقضت على غرار سابقتها دون عقد أية صفقة تبادل.

لم تشهد أوضاع الأسرى في سنة 2010 أي تحسن، بل على العكس فقد صعّدت سلطات الاحتلال من إجراءاتها القمعية تجاه الأسرى، بدءاً من الإهمال الطبي والتعذيب، واستمرار حرمان

الأسرى من زيارة ذويهم بشكل فردي، تحت ما يسمى المنع الأمني، أو بشكل جماعي كما هو حاصل مع أهالي أسرى قطاع غزة، بالإضافة إلى سوء الطعام وشح الأغطية والملابس، ومصادرة أموال الأسرى. وأكد أحد التقارير بشأن أوضاع الأسرى خلال سنة 2010 بأن جميع من اعتقلوا تعرضوا لأحد أشكال التعذيب النفسي والإيذاء المعنوي أو الجسدي أو الإهانة أمام الجمهور وأفراد العائلة، وأن الغالبية تعرضوا لأكثر من شكل من أشكال التعذيب، وأن ممارسة التعذيب بأشكاله المختلفة، شكلت ظاهرة وسياسة ثابتة في التعامل مع من تمّ احتجازهم واعتقالهم[107].

كما تميزت سنة 2010 بإصدار جملة من القرارات العنصرية التي شرَّعت سياستي الانتهاك والتضييق ضدّ الأسرى الفلسطينيين، حيث تمت المصادقة بالقراءة الأولى على "قانون شاليط" الذي يحرم الأسير من حقه في التعليم ومن الزيارات ومشاهدة التلفاز، كما أنه يضاعف من سياسة العزل الانفرادي ضدّ الأسرى الفلسطينيين. في حين أقر الكنيست الإسرائيلي، قانوناً جديداً يُمنع بموجبه الأسير الفلسطيني الالتقاء بمحامي الدفاع لمدة ستة أشهر بدلاً من ثلاثة أسابيع كما كان معمولاً به سابقاً، فيما ألغت مصلحة السجون الإسرائيلية مبدأ الخصم من مدة اعتقال الأسرى ليجردهم من حقهم في خصم 21 يوماً لكل من أمضى عاماً في الأسر، و35 يوماً لمن أمضى عامين، و45 يوماً لمن أمضى أكثر من عامين، و75 يوماً لمن أمضى خمسة أعوام[108]. وفي سنة 2010 استشهد أسيران داخل السجون الإسرائيلية نتيجة للأوضاع الصحية المتدهورة والإهمال الطبي المتعمد وهما: الأسير رائد محمود أحمد أبو حماد (31 عاماً) من بلدة العيزرية بالقدس، والأسير محمد عبد السلام موسى عابدين (39 عاماً) من القدس[109].

رابعاً: الموقف الإسرائيلي من الوضع الفلسطيني الداخلي

أبقت "إسرائيل" في سنة 2010 على سياساتها أو بالأحرى استراتيجيتها في التعامل مع الوضع الفلسطيني الداخلي، والتي تشكل امتداداً للاستراتيجية ذاتها التي اتبعتها خلال السنوات السابقة في ضوء استمرار الانقسام السياسي والجغرافي الفلسطيني وتعثر جهود المصالحة منذ سنة 2007. تؤكد بعض الدراسات الإسرائيلية بأن "إسرائيل" اتبعت منذ سنوات استراتيجية مزدوجة ميزت بين الضفة الغربية وقطاع غزة. غير أن الاستراتيجية الإسرائيلية في جوهرها تعمل في إطار جملة من المحددات أبرزها؛ أولاً: الإبقاء على الاحتلال من خلال استيطان الأرض ومصادرتها، كما هو الحال في الضفة، أو من خلال التحكم في المنافذ البرية والبحرية والجوية، كما هو الحال في قطاع غزة. وثانياً: إعادة تشكيل المجتمع الفلسطيني تحت الاحتلال بما يخدم بقاء الاحتلال. وثالثاً: إجهاض التنمية الاقتصادية في الضفة الغربية وقطاع غزة.

وفي تعاملها مع السلطة الفلسطينية في رام الله، واصلت "إسرائيل" احتلالها أراضي الضفة الغربية. ومن جانب آخر، وعلى الرغم من التجميد المؤقت والجزئي للاستيطان لمدة عشرة أشهر خلال سنة 2010، فقد واصلت "إسرائيل" توسعها الاستيطاني ومصادرتها للأراضي في الضفة مع تركيزها على مدينة القدس بوصفها "العاصمة الأبدية والموحدة" لـ"إسرائيل". أما في مجال التنمية فقد أصدرت منظمة هيومن رايتس ووتش Human Rights Watch تقريراً في نهاية سنة 2010 بعنوان "تحت حُكم السياسات التمييزية... المستوطنون يزدهرون والفلسطينيون يعانون" أوضحت فيه بأن السياسات الإسرائيلية في الضفة الغربية تُميز بقسوة ضدّ السكان الفلسطينيين، وتحرمهم من الاحتياجات الأساسية بحجج أمنية دون سند مشروع لها أو مبررات مقبولة، بينما تُنعِم بمختلف الخدمات على المستعمرات اليهودية في الضفة وتصادر الأراضي لصالحها[110]. وهو ما أدى في النهاية إلى أن يعيش الفلسطينيون في الضفة الغربية في "كانتونات" أو "معازل جغرافية واقتصادية" تعمل "إسرائيل" على إعادة تفتيتها وإعاقة التنمية فيها وإفقارها. وفي السياق الأمني استمر التنسيق بين الأجهزة الأمنية التابعة للسلطة الفلسطينية وجيش الاحتلال الإسرائيلي في الضفة الغربية، وزادت عمليات التنسيق بينها بشكل كبير خلال سنة 2010.

أما في قطاع غزة فقد أبقت "إسرائيل" على حصارها الاقتصادي للقطاع، وقامت سياسة الحصار الإسرائيلية على أساس "لا ازدهار ولا تنمية، على أن لا يتطور الوضع إلى أزمة إنسانية"، وذلك على الرغم من الدعاية الإسرائيلية بأن الدولة العبرية قد خففت من حصارها وسمحت بإدخال كثير من المواد، التي منعتها في السابق إلى القطاع في أعقاب حادثة الاعتداء على أسطول الحرية التركي في 2010/5/31. وفي هذا السياق كشفت إحدى وثائق الخارجية الأمريكية التي سربها موقع ويكيليكس بأن "إسرائيل" أخبرت مسؤولين أمريكيين بأنها تهدف إلى إبقاء اقتصاد قطاع غزة على حافة الانهيار، دون أن ينهار بالفعل وذلك لتجنب حدوث أزمة إنسانية في القطاع. وهو وضع بحسب الوثيقة الأمريكية من شأنه أن يضر بـ"إسرائيل"[111].

وفي المجال العسكري شهدت سنة 2010 هدوءاً ملحوظاً على حدود قطاع غزة، حيث أطلقت من القطاع خلال العام المذكور 150 صاروخاً فقط باتجاه البلدات الإسرائيلية المحيطة بالقطاع. وفي المقابل نفذت "إسرائيل" ضربات عسكرية محدودة في مناطق متفرقة من القطاع، وخاصةً في منطقة الأنفاق على الحدود مع مصر.

وعلى الرغم من أن الحصار الإسرائيلي والضربة العسكرية الشاملة تحت اسم عملية الرصاص المصبوب Cast Lead في نهاية سنة 2008 لم تمكّن "إسرائيل" من إقصاء حركة حماس عن الحكم، فإن الأوضاع الاقتصادية المتردية نتيجة الحصار لم تمكّن حركة حماس، حتى اللحظة، من الحكم بحرية، كما أن الأوضاع الأمنية التي أعقبت عملية الرصاص المصبوب لم تمكّن الحركة من القتال أو المقاومة بفاعلية.

تردّد في نهاية سنة 2010 الحديث عن ضربة عسكرية شاملة لقطاع غزة، غير أن البديل العسكري سيضع "إسرائيل" في ورطة لأن عليها أن تبقى في غزة لمدة أشهر لتتمكن من القضاء على البنية التحتية لحركة حماس، هذا إن إستطاعت ذلك، وهو ما سيكلفها باهظاً على أكثر من مستوى. إضافةً إلى أن الرئيس محمود عباس سيكون الخاسر الأكبر إذا تم اللجوء إلى البديل العسكري نتيجة ظهوره في صورة الداعم للمواجهة العسكرية مع حركة حماس. ثم إن "إسرائيل" كانت ما تزال راغبة في الاستفادة من الانقسام الفلسطيني، في التهرب من استحقاقات مشروع التسوية، وفي وضع مزيد من الضغط والابتزاز للقيادة الفلسطينية في رام الله.

اتفاق المصالحة الوطنية الذي وُقّع في 2011/5/3 بين فتح وحماس، دفع نتنياهو للطلب من السلطة الفلسطينية أن تختار بين "إسرائيل" وحماس[112]. وهو ما يعني أن الإسرائيليين سيواجهون تحديات جديدة إذا ما تحققت المصالحة على الأرض، كما يعني أن القوى الفلسطينية ستواجه محاولات إسرائيلية لإحباط المصالحة، وإعادة ترتيب البيت الفلسطيني.

خامساً: مسار مشروع التسوية السياسية

لقد كانت سنة 2010 مخيبة للآمال بالنسبة لمصير الجهود التي بذلت لاستئناف المفاوضات وإحياء ما يسمى عملية السلام، لأن هذه الجهود، والتي بدا في بعض اللحظات أنها أصابت بعض النجاح من خلال الاتفاق على المفاوضات غير المباشرة، ثم على المفاوضات المباشرة، إلا أنها سرعان ما انهارت بحيث انتهت السنة بما بدأت فيه، وهو توقف المفاوضات مع إعلان فشل الجهود الأمريكية لإحيائها[113].

لقد عجزت إدارة أوباما في إقناع حكومة نتنياهو، حتى بمجرد تمديد جزئي ومؤقت للاستيطان مقابل مكاسب إستراتيجية سياسية وأمنية وعسكرية، وأعلنت حالياً التزامها بإحياء "عملية السلام" وعزمها على التوصل لاتفاق إطار من خلال مفاوضات متوازية، ينتقل فيها المبعوث الأمريكي بين الجانبين الفلسطيني والإسرائيلي، محاولاً جَسْر الهوّة الساحقة بين موقفهما إزاء القضايا الجوهرية كافة، التي هي محل التفاوض، وفيما يتعلق أيضاً بقضيتي الحدود والأمن، التي تتركز الجهود حالياً للاتفاق عليهما أولاً.

لقد أدى فشل المفاوضات إلى وضع القيادة الفلسطينية في وضع صعب، ما دفعها إلى طرح بدائل مبعثرة ومتناقضة[114]، تحاول فيها الجمع ما بين خيار المفاوضات باعتباره الخيار الأساسي والمفضل، وبين خيارات أخرى تبدأ من خلال الرهان على إقدام الولايات المتحدة الأمريكية على الاعتراف بالدولة الفلسطينية، وتمر باللجوء إلى مجلس الأمن الدولي

والجمعية العامة للأمم المتحدة United Nations General Assembly (UNGA) لتحقيق الغرض نفسه، وتنتهي باللجوء إلى الجمعية العامة إما من أجل تحقيق هدف الوصاية الدولية، المتناقض مع السعي للاعتراف بالدولة، أو تحت باب "الاستقالة من أجل السلام"، وتنتهي بوقف التزامات السلطة والمنظمة مع "إسرائيل" واستقالة الرئيس وحلّ السلطة.

إن "عملية السلام"، لم تكن أبداً عملية سلام، بل عملية بدون سلام، من أهدافها الإيحاء بأن هناك اتفاقاً قادماً على الطريق وذلك لتحييد العالم وكسب الوقت، واستخدام المفاوضات كغطاء على فرض أمر واقع احتلالي استيطاني عنصري، يستهدف تصفية القضية الفلسطينية على مراحل، بعد أن تعذر تصفيتها مرة واحدة، ومن خلال جعل الحل الإسرائيلي أكثر وأكثر هو الحل الوحيد الممكن والمطروح عملياً على الأرض، كما استهدفت "عملية السلام" قطع الطريق أمام نشوء فراغ يمكن أن يؤدي إلى بروز خيارات وجهود وبدائل ومشاريع أخرى فلسطينية وعربية ودولية غير مناسبة لـ"إسرائيل".

إن أي مفاوضات حتى تستحق تسمية مفاوضات، يجب أن تستند إلى مرجعية واضحة وملزمة للطرفين، بحيث تكون المفاوضات من أجل تطبيق هذه المرجعية بدون إيجاد حقائق يومية احتلالية استيطانية على الأرض تعمق الاحتلال، ومثل هذه المفاوضات غير ممكنة بدون توفير معطيات وموازين قوى قادرة على فرضها، لذلك افتقدت "عملية السلام" إمكانية النجاح، وكانت غطاء لتصفية القضية الفلسطينية بصورة تدريجية طويلة الأمد متعددة المراحل. وبهذا، أصبح الاحتلال الإسرائيلي احتلال خمس نجوم، تأخذ "إسرائيل" مزايا بدون أن تتحمل تبعاته.

لقد بنيت السياسة الفلسطينية منذ سنة 1988 على الأقل، على أساس وهم أن الحل على الأبواب، والدولة على مرمى حجر، وتصرفت القيادة الفلسطينية على هذا الأساس، لدرجة أن عدم تطبيق "إسرائيل" التزاماتها بعد توقيع اتفاق أوسلو إبان المرحلة الانتقالية دفع أوساطاً نافذة للدعوة لعدم الوقوف عندها على أساس، "أن ما لا نأخذه بالمفرّق في المرحلة الانتقالية، سنحصل عليه بالجملة في الاتفاق النهائي".

إن وهم أن التسوية قريبة كان وما يزال هو الخلل الأساسي في السياسة الفلسطينية، وعندما وصل ياسر عرفات إلى قناعة بأنه خدع، كان الوقت قد فات على المراجعة، واستطاعت "إسرائيل" أن تغتاله بعد حصاره بقرار معلن بإزالة ياسر عرفات، اتخذته الحكومة الإسرائيلية في أحد اجتماعاتها في 2004/9/17.

لقد حصلت تغيرات كثيرة منذ اغتيال ياسر عرفات، أبرزها: تبوء القيادة الفلسطينية من أشخاص يعتقدون أن من أهم الأسباب التي أدت إلى فشل اتفاق أوسلو هو الأداء الفلسطيني الخاطئ، وأن الانتفاضة المسلحة دمرت كل شيء[115]، وأنه لم يكن هناك سياسة فلسطينية مبادرة

تعطي الأولوية لتنفيذ الالتزامات الفلسطينية في خريطة الطريق ولو من جانب واحد؛ لأنها تحقق مصلحة فلسطينية، حتى نثبت للعالم كله، وللولايات المتحدة الأمريكية التزام الفلسطينيين الراسخ بالسلام وبالالتزامات التي قطعوها على أنفسهم، بحيث لاحظنا كيف طبق الفلسطينيون بعد عرفات التزاماتهم بالمرحلة الأولى من خريطة الطريق على الرغم من عدم تطبيق "إسرائيل" لالتزاماتها، وركزوا على إثبات جداراتهم من خلال بناء مؤسسات الدولة في المناطق التي سُمح لهم التحرك بها، بدون القدس وقطاع غزة والأراضي المصنفة ج والتي تشكل 60% من مساحة الضفة. وكأن الصراع على الجدارة وبناء المؤسسات وليس على العدالة والحق، وصراع بين الشعب والاحتلال الواقع عليه.

إن هذه السياسة الفلسطينية لم تلاحظ بتاتاً أن الانتفاضة الثانية على الرغم مما قد يكون شابها من أخطاء كانت أسوأ فترة عاشتها "إسرائيل"، وأعادت القضية الفلسطينية إلى طبيعتها كحركة تحرر وطني، وعدّتها "إسرائيل" كاستمرار لحرب "الاستقلال" كما قال أريل شارون Ariel Sharon، وفيها اعترفت الولايات المتحدة الأمريكية و"إسرائيل" بحق الشعب الفلسطيني بإقامة دولة، ولكن وفقاً للشروط والإملاءات الإسرائيلية، أي لحل المسألة الديموغرافية وقطع الطريق على الدولة الواحدة، وعلى حلّ السلطة التي تتعاون مع "إسرائيل".

إن السياسة الرسمية الفلسطينية لم تشجع الإدارة الأمريكية لممارسة الضغط على "إسرائيل"، بل أعفتها وأعفت المجتمع الدولي من مسؤولياتهما. فما دام كل شيء على ما يرام، سواء إن كان هناك مفاوضات مثلما حدث خلال سنة 2008 بعد استئناف المفاوضات بعد قمة أنابوليس Annapolis Summit، التي دشنت استئناف المفاوضات بدون وقف الاستيطان وبلا مرجعية، فكانت مفاوضات من أجل المفاوضات، أو إن لم تكن هناك مفاوضات مثلما حصل طوال سنة 2009 ومعظم سنة 2010[116]. فالتعاون الأمني والاقتصادي الفلسطيني – الإسرائيلي جيد، كما قال وزير الخارجية الإسرائيلي أفيجدور ليبرمان، ولذلك بمقدور المسار السياسي أن يتأخر، "فلا يمكن عقد اتفاق نهائي الآن" على حدّ قول ليبرمان، وإنما بعد عقد من السنوات على الأقل، وأحياناً يقول عقدين وثلاثة عقود.

الوثائق التي نشرتها الجزيرة[117]:

في يوم الأحد 2011/1/23 فاجأت قناة الجزيرة الفضائية العالم كله ببرنامج تحت عنوان "كشف المستور" تضمن عرض وثائق سجلت المفاوضات الفلسطينية – الإسرائيلية مركزة بصورة أساسية على الفترة ما بين سنتي 2005-2009. وقد أظهرت التحقيقات الداخلية للسلطة أنه قد تمّ تسريب 1,120 وثيقة من أصل 43 ألف وثيقة[118].

لقد احتوت هذه الوثائق على ما هو معروف ومثبت من وقائع المفاوضات سابقاً، خصوصاً في مؤتمر كامب ديفيد سنة 2000 ومباحثات طابا Taba سنة 2001، والجديد التي قدمته أوضح أن المفاوض الفلسطيني لم يكتفِ بتكرار التنازلات التي قدمها سابقاً قبل انهيار عملية السلام وتجاوز اتفاق أوسلو، وإنما مضى أبعد من ذلك، فوضع المفاوض الفلسطيني القضية الفلسطينية مجدداً في إطار عملية سياسية تستهدف تصفيتها لا حلها. خصوصاً بالنسبة لنسبة تبادل الأراضي وكيفية تطبيقها في القدس والحرم وقضية اللاجئين. وضمن هذا السياق لا بدّ من الوقوف على جملة من الملاحظات:

أولاً: من حقّ قناة الجزيرة وواجبها أن تبث ما تستطيع الحصول عليه من وثائق ومعلومات، شرط أن تتأكد من صحتها، وألا تنحاز مع طرف فلسطيني ضدّ طرف آخر. ومن المهم أن نلاحظ أنه عند نشر الوثائق كانت المفاوضات متوقفة، وأن التنازلات في الوثائق لم تؤد إلى اتفاقات موقعة، وبالتالي فهي ليست ملزمة، وهذا لا يقلل كثيراً من خطورتها، ولكن هناك فرقاً بين اتفاق موقع لا يمكن التراجع عنه، وبين تنازلات أقدم عليها مفاوضون بصورة شخصية يمكن ويجب التراجع عنها ومحاسبة الذين أقدموا عليها.

ثانياً: لقد ثبت أن الوثائق أصلية وصحيحة ومسربة في معظمها من دائرة المفاوضات في منظمة التحرير الفلسطينية التي يرأسها صائب عريقات عضو اللجنة التنفيذية للمنظمة، والدليل على صحتها أن جريدة الجاردیان The Guardian البريطانية الرصينة لم تكن لتوافق على نشرها بالتزامن مع بثها في قناة الجزيرة إلا بعد أن تأكدت من صحتها، كما أن الرد المرتبك والمتشنج من صائب عريقات وغيره من القيادات الفلسطينية يعزز الإدعاء بأنها وثائق أصلية.

قبل أن نتوقف أمام ما جاء في وثائق الجزيرة علينا أن نتذكر أن طريق المفاوضات وفقاً للشروط التي سارت على أساسها، لا يمكن أن تؤدي إلى حلّ وطني يحقق الحد الأدنى من الحقوق الوطنية الفلسطينية المكرسة في قرارات الشرعية الدولية، لذلك فإن الاستمرار في طريق المفاوضات قاد وسيؤدي إلى المزيد من التنازلات.

جاء في هذه الوثائق، فيما يتعلق بالقدس والمستعمرات، أن المفاوض الفلسطيني وافق على ضمّ "الحي اليهودي" وجزء من الحي الأرمني وحي الشيخ جراح، واقترح صائب عريقات "أكبر أورشاليم" في التاريخ على "إسرائيل"، وقدم حلاً "إبداعياً" للسيطرة على الحرم من خلال تشكيل لجنة أو هيئة دولية[119].

كما وافق أحمد قريع وغيره من المفاوضين على ضمّ كتل استيطانية لـ"إسرائيل" في القدس وخارجها، ورفض ضمّ بعضها مطالباً بأن تكون خاضعة مع مستوطنيها لسيادة الدولة

الفلسطينية بعد قيامها لتقديم نموذج للتعايش والسلام، وهذا تنازل مجاني آخر بدون مقابل، يمكن أن يفتح الباب لوضع المزيد من المستعمرات داخل الدولة الفلسطينية[120].

يذكر أن وثيقة جنيف Geneva Document الذي وقعها ياسر عبد ربه، أمين سرّ اللجنة التنفيذية لمنظمة التحرير، مع عدد من قيادات السلطة وفتح سنة 2003 تتضمن ضمّ مستعمرة معاليه أدوميم Ma'ale Adummim لـ"إسرائيل" مقابل إخلاء مستعمرة أرئيل. وأكد المفاوضون الفلسطينيون على معايير هيلاري كلينتون Hillary Clinton وقدموا مقترحات لعودة عدداً أقل من الأعداد التي طرحوها في كامب ديفيد وطابا.

والجديد في وثائق الجزيرة بهذا الخصوص أن العودة للدولة الفلسطينية مقيدة بأعداد متفق عليها لا تجدد إلا باتفاق الجانبين، حيث طلب الفلسطينيون عودة عشرة آلاف لاجئ كل عام لمدة عشر سنوات[121]. بينما عرض الإسرائيليون في أحد مراحل المفاوضات عودة ألف لاجئ كل عام على مدى عشر سنوات، وعرضوا في مرحلة أخرى عودة ألف لاجئ كل عام على مدى خمس سنوات فقط[122].

وأوضحت الوثائق أن التنسيق الأمني قطع شوطاً واسعاً ووصل إلى حدّ التعاون الميداني في تنفيذ عمليات مشتركة.

لقد صرح عامي أيالون Ami Ayalon، رئيس الشاباك، بعد نشر وثائق الجزيرة أن العلاقات الفلسطينية – الإسرائيلية تجاوزت التنسيق إلى التعاون الميداني والذي أدى إلى إبطال تنفيذ عمليات كبرى ضدّ "إسرائيل"[123].

وقد نفى الجانب الفلسطيني صحة الكثير مما هو وارد مع الاعتراف بصحة بعض الوثائق، ولكن مع الإشارة إلى إجتزاء وتشويه وخلط ما بين المواقف الفلسطينية والإسرائيلية. فمثلاً في اللقاء ما بين نصر يوسف وشاؤول موفاز الذي يتناول قضية حسن المدهون[124]، الذي اغتالته "إسرائيل" بعد فترة وجيزة من لقائهما، طالب موفاز بقتله وفقاً لوثيقة الجزيرة، بينما ردّ نصر يوسف في لقاء مع قناة الجزيرة بأن الكلمة على لسان موفاز كانت باعتقاله وليس قتله، وأن المدهون تمّ إخفاؤه في مكتب الرئيس الكائن بغزة تأميناً لحياته، وأنه اغتيل بعد أن غادره، أي أن يوسف أكد أن الواقعة وأن البحث حول المدهون قد جرى، ولكن الخلاف حول الكلمة المستخدمة.

حصاد الفشل الذريع:

لقد بدأت سنة 2010 وسط آمال عريضة بأنها ستشهد انطلاقة في المفاوضات، ويمكن أن تحدث فيها المعجزة بالتوصل إلى اتفاق سلام، لأن الإدارة الأمريكية بدت مصممة على توفير شروط جيدة لاستئناف المفاوضات تقوم على تجميد حقيقي للاستيطان، والسعي للتوصل لاتفاق خلال

سنتين كما قيل في البداية، ثم خلال سنة واحدة بإقرار من اللجنة الرباعية الدولية، مع مطالبة الفلسطينيين بعدم التردد وعدم وضع شروط لاستئناف المفاوضات، والابتعاد عن التحريض، ومطالبة العرب باتخاذ خطوات تطبيعية تساعد على تشجيع "إسرائيل" تقديم خطوات لإنجاح استئناف المفاوضات، ووصولها لاتفاق وفقاً للجدول المقترح. وبعد جولات عديدة وجهود حثيثة وافق وزراء الخارجية العرب في أثناء اجتماعين للجنة المتابعة العربية الأول في 2010/3/2 والثاني في 2010/5/1 على المشاركة الفلسطينية في مفاوضات غير مباشرة (سُميت تقريبية) لمدة محددة (أربعة أشهر)، لكي تنتقل إذا أحرزت تقدماً إلى مفاوضات مباشرة.

وفي 2010/5/8 وافقت اللجنة التنفيذية للمنظمة على المشاركة في المفاوضات غير المباشرة. وفي اليوم التالي عقدت الجولة الأولى من المفاوضات غير المباشرة، لتصطدم بحقيقه أن "إسرائيل" ترفض أن تجعلها مفاوضات حقيقية من خلال رفض تناول القضايا الأساسية فيها، بحجة أنها لا يمكن أن تُبحث عن بعد في "الريموت كنترول" كما صرح بنيامين نتنياهو. فـ"إسرائيل" لا تريد حاجزاً ولا وسيطاً بينها وبين المفاوض الفلسطيني، بل تريد أن تستفرد به كلياً وأن يكون الدور الأمريكي مجرد مسهل وراعٍ لا أكثر. لقد وافقت الحكومة الإسرائيلية على المفاوضات غير المباشرة كمجرد مرحلة من أجل الانتقال للمفاوضات المباشرة، ورفضت أن تعقد أياً منهما على أساس الشروط أو المطالب الفلسطينية.

وهكذا كان، فقد دارت المفاوضات غير المباشرة في حلقة مفرغة إلى أن انتقلت الإدارة الأمريكية بعد لقاء بين أوباما ونتنياهو في 2010/7/6، إلى المطالبة بالانتقال للمفاوضات المباشرة، بحجة نزع الذريعة من يد نتنياهو، ومع التخلي عن المطالبة الأمريكية بتجميد حقيقي للاستيطان، والاكتفاء بأمل أن تقوم الحكومة الإسرائيلية بتمديد التجميد الجزئي والمؤقت للاستيطان عندما ينتهي في 2010/9/26، خصوصاً أنها تصورت أن استئناف المفاوضات سيجعلها قادرة على تمرير هذا القرار.

لقد عقدت الجولة الأخيرة من المفاوضات غير المباشرة في 2010/7/17، ليبدأ بعدها التحضير لانطلاق المفاوضات المباشرة التي انطلقت في واشنطن في الأول من أيلول/ سبتمبر باجتماع حضره زعماء مصر والأردن وبغياب أوروبي ودولي لافت، وبدون التزام إسرائيلي بوقف الاستيطان، وبلا مرجعية ملزمة للطرفين.

ثم وافقت اللجنة التنفيذية في 2010/8/21 على المشاركة في المفاوضات المباشرة، بعد اجتماع طعن في شرعيته عدد من أعضاء اللجنة التنفيذية، لأنه عقد بدون نصاب قانوني، حيث إن النظام الداخلي يحدد ضرورة حضور ثلثي أعضاء اللجنة حتى يكون الاجتماع قانونياً، ولم يحضر سوى 9 أعضاء من أصل 18، فضلاً عن أن اثنين من الحاضرين على الأقل عارضا القرار[125].

لقد جاءت موافقة اللجنة التنفيذية على أساس الدعوة الأمريكية، أي بدون أية شروط وفقاً للشروط الإسرائيلية، وبدون الاستناد حتى لبيان اللجنة الرباعية الدولية، التي حاولت أن تُقدم مقاربة مختلفة، بالرغم من أنها كانت مختلة أيضاً لصالح الطرف الإسرائيلي.

إن الأحداث التي شهدتها سنة 2010 خصوصاً بعد استئناف المفاوضات أثبتت مرة أخرى وبشكل قاطع أن الحكومة الإسرائيلية وافقت ورحبت بالمفاوضات المباشرة، ووافقت على المفاوضات غير المباشرة، وهي تنطلق من قناعة باستحالة التوصل إلى اتفاق نهائي خلال سنة أو سنتين، وإنما الممكن هو التوصل إلى اتفاق مرحلي يتم تطبيقه خلال عشرات السنين، إلى أن ينضج العامل الفلسطيني للموافقة على حلّ يحقق الشروط والإملاءات الإسرائيلية، وما يعنيه ذلك من أن الحل الانتقالي سيكون حلاً نهائياً ينطوي على تصفية القضية الفلسطينية من مختلف جوانبها وأبعادها.

لقد أعلن ليبرمان أنه طرح على نتنياهو قبيل تشكيل الحكومة الإسرائيلية الحالية مفهومة للحل المرحلي[126]، ولم يوضح موقف نتنياهو، الذي قام الأخير فيما بعد بتوضيحه بنفسه، بقوله أنه سيسعى للتوصل إلى اتفاق إطار يتناول القضايا الأساسية بشكل عام، وإذا لم يتم ذلك يمكن العمل من أجل التوصل لاتفاق مرحلي.

وإذا تمّ النظر إلى داخل التيار المركزي في "إسرائيل" داخل الحكومة وخارجها، سنجد أن "إسرائيل" لا تعتقد بإمكانية التوصل لحل نهائي بالرغم من أنها تفضل ذلك، ولكن ذلك مستحيل؛ لأن أقصى ما يمكن أن تقدمه "إسرائيل" أقل بكثير مما يمكن أن تقبله القيادة الفلسطينية الحالية أو أية قيادة أخرى، وخصوصاً في ظلّ الانقسام الفلسطيني. إن "إسرائيل" تتذرع بأن القيادة لا تمثل كل الفلسطينيين، وأن الصراعات ما بين الأجنحة المختلفة في حركة فتح، وما بينها وبين سلام فياض رئيس حكومتها، وأن المتغيرات في منطقة الشرق الأوسط، خصوصاً بعد فشل "إسرائيل" في حربها على لبنان سنة 2006 وعدم تحقيق كل أهدافها في حربها على غزة 2008-2009، وبعد صعود إيران وتركيا وتفاعلات وتداعيات المجزرة التي ارتكبتها "إسرائيل" ضدّ أسطول الحرية، وتزايد الحملة العالمية الرامية إلى مقاطعة "إسرائيل" وفرض العقوبات عليها، وموجة رياح التغيير التي بدأت تهب بقوة في المنطقة العربية، وبعد نجاح الثورة الشعبية في تونس، والانتفاضة العارمة للشعب المصري، وما يجري في لبنان، والإرهاصات في مختلف البلدان العربية، كل ذلك يدل على أن مرحلة الموات العربية قد شارفت على الانتهاء، وأن مرحلة جديدة قد ابتدأت.

تأسيساً على ذلك نرى أن حكومة نتنياهو رفضت حتى مجرد التفاوض حول القضايا الأساسية، لا في المفاوضات غير المباشرة ولا المباشرة، ورفضت حتى مجرد تمديد جزئي للاستيطان يستثني القدس ويكون للمرة الأخيرة مقابل ضمانات ومكاسب كبرى.

وعندما تبدي الحكومة الإسرائيلية أية موافقة على الشروع في المفاوضات تصر على أن يتركز التفاوض على الأمن أولاً، على أساس أنها تسعى لضمان موافقة الجانب الفلسطيني على جميع الترتيبات الأمنية التي تطالب بها، وأن يصبح لدى الفلسطينيين قوة كافية لتوفير الأمن بالتنسيق والتعاون مع "إسرائيل"، بعد ذلك يتم الحديث حول رسم الحدود.

وحتى يبدو التعقيد الذي تواجهه المفاوضات واضحاً، يجب أن نلاحظ أن حكومة نتنياهو تطالب بأن يبقى غور الأردن في يدها وكذلك حدود الجدار والاستيطان بعمق لا يقل عن 10-15 كيلومتر من جانب حدود "إسرائيل" مع الضفة، وأن تكون الدولة الفلسطينية منزوعة السلاح، ولا ترتبط بأية تحالفات عسكرية مع أطراف أخرى، وأن تحتفظ "إسرائيل" بطرق وشوارع التفافية وبنقاط أمنية وعسكرية في مناطق استراتيجية حتى بعد قيام الدولة الفلسطينية، وأن تحتفظ بحقها بالتدخل داخل أراضي الدولة إذا وجدت أن أمنها صار مهدداً، كما تحتفظ بحق السيطرة على الحدود والموانئ والأجواء.

إن مثل هذه الشروط لا تتيح إمكانية قيام دولة فلسطينية، وإنما أفضل ما يمكن أن تؤدي إليه دويلة فلسطينية عبارة عن محمية إسرائيلية تقام على 50% من مساحة الضفة الغربية وفقاً لخطة ليبرمان، أو على 66% وفقاً لخطة شاؤول موفاز الرجل الثاني في حزب كاديما المعارض، أو تفرض من جانب واحد كما طالب يوفال ديسكين رئيس الشاباك "وذلك في حال فشل العملية السياسية من خلال قيام إسرائيل بإيجاد وضع يفرض وضع حدود ومعابر حتى وإن كانت مؤقتة، وإلا سنجد أنفسنا مرتبطين ببعضنا البعض بشكل يصعب معه الفكاك"[127]، وإذا نظرنا إلى المشاريع الأخرى في "إسرائيل" سنجد مشروع غيورا آيلاند Giora Eiland، كما نجد مشروع موشيه أرينز Moshe Arens، الذي كان وزير حرب وهو مقرب وله تأثير على نتنياهو، ويقوم مشروعه على إحياء خيار "إسرائيل" الكاملة بضم الضفة إلى "إسرائيل" وإعطاء أهلها جنسية إسرائيلية، وتأجيل المفاوضات مع الفلسطينيين، بعد ثورتي تونس ومصر، إلى أن تقوم أنظمة ديموقراطية في العالم العربي تستطيع أن تقدم لها "إسرائيل" سلاماً دائماً.

كما أن هناك من يتمسك ويطالب بحل القضية الفلسطينية على حساب الأردن باعتباره دولة فلسطينية، وربط الفلسطينيين بها بطردهم أو مع ربط من يبقى منهم مع الأردن.

الدور الأمريكي: حلّ الأزمة أم إدارتها:

لقد أنعش وصول باراك أوباما إلى سدة الحكم في الولايات المتحدة الأمريكية الأوهام مجدداً عن قرب الاتفاق على تسوية، بعد أن أعطى اهتماماً خاصاً لقضية الشرق الأوسط، خصوصاً بعد خطابه في القاهرة الذي طالب فيه بوقف حقيقي للاستيطان، وبعد أن التزم وأركان إدارته عند توليه سدة الرئاسة بالتوصل إلى اتفاق سلام خلال سنتين، أصبحت سنة واحدة بعد خطابه في

الأمم المتحدة في أيلول/ سبتمبر 2010، والذي تحدث فيه عن أمله بأن يكون هناك دولة فلسطينية عند عقد الدورة القادمة للجمعية العامة، أي في أيلول/ سبتمبر 2011.

لقد تبين للعالم كله أن هناك فرقاً كبيراً وحاسماً بين رغبة أوباما لتحقيق السلام، وبين توفر إرادته أو قدرته على تحقيقه. إن سجل الإدارة الأمريكية منذ أن تربع أوباما في البيت الأبيض حافل بالفشل والتردد والتناقض، بالرغم من الرغبة لديها بإحداث تغيير واضح ومستند إلى إحساس أمريكي متزايد بضرورة حلّ الصراع تحقيقاً لمصلحة أمريكية.

لقد كانت الإدارة الأمريكية حائرة ما بين التركيز على إدارة الصراع وليس حله مثل سابقاتها، أو السعي للتوصل لاتفاق يتناول القضايا الجوهرية أولاً، أو البدء بخطوات صغيرة تمهد إلى الانتقال للتفاوض والاتفاق على القضايا الجوهرية. كما كانت إدارة أوباما ولا تزال مترددة ما بين مستوى الانخراط الذي تقوم به، هل تكون طرفاً مسهلاً وراعياً بدون تدخل يذكر، أو تقدم اقتراحات وتمارس ضغوطاً من أجل الأخذ بها.

إن الحصيلة أنها لم تبلور رأياً واضحاً في أي اتجاه ستسير، وحين بدا أنها ستسير باتجاه توفير الشروط المناسبة لانطلاق المفاوضات ومن خلال البدء بتجميد الاستيطان، تراجعت أكثر من مرة وبشكل فاضح، الأمر الذي شجع "إسرائيل" أكثر في المضي في سياسة التعنت والتطرف.

فمن مطالبة إدارة أوباما لـ"إسرائيل" بالتجميد الحقيقي للاستيطان، وفقاً لما هو وارد في تقرير جورج ميتشل George Mitchell الذي قدمه سنة 2001، وكما هو وارد في خريطة الطريق الدولية، إلى القبول والترحيب بالتجميد الجزئي والمؤقت للاستيطان، الذي أقدمت عليه حكومة نتنياهو، إلى بذل جهود مضنية لإقناع "إسرائيل" بتجميد جزئي للاستيطان يستثني القدس وتكون المرة الأخيرة التي تطالَب بها "إسرائيل" بتجميد مماثل، والذي فشل بسبب الابتزاز الهائل الذي مارسته حكومة نتنياهو الراغبة بمكاسب كبرى بدون مقابل؛ لأنها تعدها حقاً لـ"إسرائيل"، وهذا ينسجم مع طبيعة العلاقات الاستراتيجية والمصالح المشتركة التي تربط ما بين الولايات المتحدة الأمريكية و"إسرائيل"، أي أنها ليست بحاجة إلى أن تقدم على سابقة تجعل الدعم الأمريكي لـ"إسرائيل" مشروطاً، وهذا ما حذر منه دان كيرتزر Dan Kurtzer السفير الأمريكي السابق لـ"إسرائيل" وغيره من الخبراء في العلاقات الأمريكية – الإسرائيلية.

في أواخر سنة 2010 تراجعت الإدارة الأمريكية عن مساعيها لتجميد الاستيطان، وأعلنت نيتها دعوة الأطراف للدخول بمفاوضات متوازية يقوم من خلالها ميتشل وغيره من المبعوثين الأمريكيين بالانتقال من الطرف الفلسطيني إلى الطرف الإسرائيلي وبالعكس، وبعد أن تحصل على مواقف الطرفين من القضايا الجوهرية، وخصوصاً من قضيتي الحدود والأمن، بدون أن تُعلم كل طرف بما قدمه الطرف الآخر، ثم تقوم ببلورة صيغة من شأنها جسر الهوة السحيقة بين

الطرفين الفلسطيني والإسرائيلي[128]. وتأمل الإدارة الأمريكية بالتوصل لاتفاق إطار حتى شهر أيلول/ سبتمبر 2010، لذلك تطالب بمهلة حتى ذلك التاريخ.

إن الشكوك الكبيرة تحيط بإمكانية نجاح الإدارة الأمريكية بالتوصل لاتفاق إطار يتناول القضايا الجوهرية، لأنها فشلت في إقناع "إسرائيل" بتجميد جزئي ومؤقت للاستيطان. فكيف ستكون قادرة على إقناع حكومة نتنياهو بالموافقة على اتفاق يقر بالانسحاب من الأراضي المحتلة سنة 1967 كما يطالب الفلسطينيون، أو من معظم هذه الأراضي وفقاً للموقف الأمريكي، الذي سبق أن عبر عن نفسه أكثر من مرة من خلال رفض تحديد الحدود التي يتم التفاوض عليها، وعلى أساس المطالبة بأخذ الحقائق التي أقامها الاحتلال الإسرائيلي على الأرض بالحسبان، انسجاماً مع ورقة الضمانات الأمريكية التي منحها جورج بوش George W. Bush لأريل شارون في حزيران/ يونيو 2004، والتأكيدات التي صدرت عن الإدارة الأمريكية الحالية، خصوصاً على لسان هيلاري كلينتون مما يؤكد الالتزام بها.

كيف ستوافق الحكومة الإسرائيلية الحالية على الانسحاب من القدس، وهي تقوم منذ توليها سدة الحكم بتأكيد أن القدس عاصمة أبدية موحدة لـ"إسرائيل"؟ كيف ستوافق الحكومة الإسرائيلية على الانسحاب من الضفة الغربية وهي ماضية في المشاريع الاستيطانية والتوسعية والاستيطانية في عموم الضفة الغربية، وفي ظلّ تأكيدها أن أي دولة فلسطينية إذا قامت لن تضم غور الأردن والحدود الشرقية والغربية بعمق يصل إلى 15 كم، ولا على معظم مصادر المياه وغيرها من المناطق الحيوية والأمنية والعسكرية والاستراتيجية، التي تعدّ "إسرائيل" أن بقاء القوات الإسرائيلية فيها أمر غير قابل للجدل حتى بعد قيام الدولة الفلسطينية؟

ومن المفيد ذكره أن نتنياهو عندما سقط ادعاؤه بأن سيطرة "إسرائيل" على أجزاء واسعة من الضفة لم يعد كافياً لحمايتها بعد تطور نظام الصواريخ بعيدة المدى، أصبح يردد حججاً جديدة، منها: أن القوات الإسرائيلية في الضفة ضرورية لحماية النظامين الأردني والمصري من المخاطر الداخلية ومن التهديد الإيراني، وأن المنطقة غير مستقرة ومعرضة لتغييرات واسعة ما يقتضي إلى تشديد "إسرائيل" ضرورة توفير الضمانات والترتيبات الأمنية للوصول لأي حل ولضمان استمراره وتطبيقه.

وحتى ندرك مدى الوهم بإمكانية التوصل إلى تسوية في المدى المنظور، وأن ما هو مطروح هو تصفية وليس تسوية، نورد ما تناولته الصحف الإسرائيلية مؤخراً، وهو ما تحدثت به شخصيات قيادية فلسطينية، شاركت في المفاوضات الأخيرة التي انطلقت في واشنطن في مستهل أيلول/ سبتمبر 2010. فقد نشرت جريدة معاريف الإسرائيلية بقلم بن كسبيت Ben Caspit وهو من أكبر المحللين الإسرائيليين: "أن نتنياهو ومساعديه رفضوا تسلم وثائق فلسطينية، توضح

وجهة النظر الفلسطينية من القضايا الجوهرية خشية سقوط الحكومة الإسرائيلية، وأورد حادثتين للتأكيد على ما ذهب إليه"[129].

الحادثة الأولى: رفض إسحق مولخو Yitzhak Molkho مستشار نتنياهو، في أثناء أحد اللقاءات التي عقدت بينه وبين صائب عريقات في واشنطن بحضور الأمريكيين تسلم وثيقة توضح الموقف الفلسطيني من القضايا الجوهرية بقوله: "إنه في اللحظة التي يفعل بها ذلك تسقط حكومته".

الحادثة الثانية: حدثت في أثناء اللقاء بين أبي مازن ونتنياهو في المنزل الرسمي لرئيس الحكومة الإسرائيلية في القدس، حين قدم الرئيس الفلسطيني ورقتين لنتنياهو تتضمنان الموقف الفلسطيني من قضيتي الحدود والأمن، حينها رفض نتنياهو استلامهما أو قراءة الوثيقة أو البحث فيها، فما كان من أبي مازن سوى تركها على الطاولة عند مغادرته الاجتماع.

إذا كان نتنياهو يرفض مجرد استلام الوثائق الفلسطينية خشية سقوط حكومته، فكيف سيصدق أحد ادعاء نتنياهو بأن حكومته مستعدة للتفاوض حول القضايا الجوهرية.

إن المطروح على الفلسطينيين ليس تسوية ولا حلا متفاوضا عليه، وإنما أن يقبلوا الحل الإسرائيلي الذي يصفي قضيتهم من مختلف أبعادها. فليس المطروح على الفلسطينيين الآن ولا سابقاً دولة مقابل تنازلهم عن قضية اللاجئين كما اعتقد بعضهم. بل المطروح عليهم تنازلاً عن جميع حقوقهم، وتصفية لقضيتهم من مختلف جوانبها، وأقصى ما يمكن أن يحصلوا عليه هو حلّ انتقالي طويل الأمد متعدد المراحل، يمكن أن يعطى أو لا يعطى باتفاق إطار يتحدث عن تسوية نهائية تطبق فيما بعد.

إن أقصى ما يمكن أن تقبل به "إسرائيل" في ظروفها الحالية، والمرشحة للاستمرار والتفاقم خلال سنة 2011 والسنوات القادمة، دولة فلسطينية على جزء من الأرض المحتلة وجزء من شرقي القدس، دولة تكون محمية إسرائيلية لا تملك من مقومات الدول سوى الاسم، حتى تتخلص من خطر القنبلة الديموغرافية، وخيار الدولة الواحدة أو العودة للاحتلال المباشر.

وعندما نقول أقصى ما يمكن أن تقبل به "إسرائيل" في الشروط الراهنة دولة فلسطينية مفصلة على مقاس الشروط والمصالح الإسرائيلية، فإننا نقول ذلك لأن مسألة قيام الدولة الفلسطينية وفقاً لهذه الشروط غير محسومة تماماً في "إسرائيل"، فهناك من يعتقد أن قيام مثل هذه الدولة يعدّ تنازلاً يجب ألا تقدم عليه "إسرائيل".

ضمن هذا السياق فإن الخيارات والبدائل الإسرائيلية التي سيتم محاولة فرض أحدها على الفلسطينيين هي:

أولاً: إبقاء الوضع الراهن لأطول فترة ممكنة حتى تستكمل "إسرائيل" تطبيق مخططاتها التوسعية والاستيطانية والعنصرية، مع العلم أن هذا الخيار لا يمكن أن يستمر لفترة طويلة قادمة

بعد مضي حوالي عشرين عاماً من بدء المفاوضات في مؤتمر مدريد، وتزايد الدعوات الأمريكية والدولية لحل الصراع، وتزايد الاحتمالات بتراجع الفلسطينيين والعرب عن خيار المفاوضات وانهيار السلطة وسحب مبادرة السلام العربية.

ثانياً: العودة لخيار الخطوات الإسرائيلية أحادية الجانب، أي إن "إسرائيل" لا يمكن أن تنتظر إلى الأبد موافقة الفلسطينيين على ما تطرحه من حلّ نهائي؛ لأنه سيكون أقل بكثير من أكثر ما يمكن أن تقبله القيادة الفلسطينية مهما بلغت من المرونة والاعتدال، بل تفكر وتدرس إعادة انتشار القوات المحتلة بحيث تعود إلى خطوط 2000/9/28 أو تقوم بالتبادل السكاني وتبادل الأراضي الذي تراه مناسباً، وتنفذ إعادة الانتشار من بعض المناطق وإزالة المستعمرات الصغيرة والبؤر الاستيطانية العشوائية، بحيث تفرض على الواقع دولة البقايا، دولة "ميكي ماوس" وفي هذه الحالة على الفلسطينيين الموافقة أو التعايش مع الأمر الواقع، مثلما حصل في قطاع غزة، ومثلما يحصل وإن بأشكال مستترة في الضفة الغربية.

إن فرصة هذا الخيار ازدادت كثيراً بعد الثورة التونسية وانتفاضة الشعب المصري، لأن تداعيات هبوب رياح التغيير ستذهب بما تبقى من احتمال التوصل إلى اتفاق إطار أو أي اتفاق موقع، خصوصاً بعد نشر وثائق الجزيرة التي ستجعل أي مفاوض فلسطيني يفكر أكثر من مرة قبل الشروع بالتفاوض، وإذا فاوض سيبقى ينظر وراءه؛ لأنه سيشعر أن ظهره بات مكشوفاً وأن ما سيقوله سيعرفه شعبه عاجلاً أو آجلاً. إن التركيز سينتقل إلى ما يجري في مصر، وما ستنتهي إليه انتفاضة الشعب المصري سينعكس على القضية الفلسطينية واحتمالات حلها أم لا.

ثالثاً: إحياء الحل الإقليمي بمساعدة الأردن ومصر، وهذا يظهر بعدة أشكال أهمها ما سمي الخيار الأردني بأشكاله المتعددة، أي حلّ على حساب الأردن أو ضمّ ما لا تريده "إسرائيل" من الضفة للأردن في سياق اتحاد فيدرالي أو كونفيدرالي، والشيء نفسه يتم مع غزة أو دفعها للوقوع مجدداً تحت الوصاية المصرية.

رابعاً: خيار الدولة ذات الحدود المؤقتة، سواء الذي سيتم باتفاق فلسطيني – إسرائيلي ورعاية أمريكية ودولية، ويبدو هذا الخيار هو الأكثر تفضيلاً لـ"إسرائيل"، لأنه يجعل الفلسطينيين مسؤولين عن تصفية قضيتهم بأنفسهم، لأن عودة العرب للإمساك بالفلسطينيين سيجعل من الفلسطينيين من يقول أن هذا لا يمثلهم؛ وهو ما يسمح بانطلاقة فلسطينية جديدة. ولكن هذا الخيار مستبعد، خصوصاً إذا لم يغطى باتفاق إطار يتناول القضايا الجوهرية، أو إمكانية قيام الحكومة الإسرائيلية الحالية بفرض حلّ مرحلي من جانب واحد عنوانه دولة ذات حدود مؤقتة، يتم بدون اتفاق لقطع الطريق أمام الجهود الفلسطينية الرامية للاعتراف بالدولة الفلسطينية، والعمل على قيامها في شهر أيلول/ سبتمبر 2011.

إن الخطورة تكمن في أن يُعلَن عن جاهزية مؤسسات الدولة، ويتم الاعتراف بقيامها من معظم دول العالم وحتى من الجمعية العامة للأمم المتحدة، ولكنها لا تقوم عملياً سوى على جزء من الأرض المحتلة، بدون القدس وقطاع غزة، على أكثر أو أقل من 50% من مساحة الضفة، بحيث تتقاطع مع الحل المرحلي الذي تقوم "إسرائيل" بفرضه. إن هذا الحل الجاري فرضه عملياً، هو حلّ إذا لم يتم بلورة بديل حقيقي له، سيكون كأنه حلّ مُتَواطَئٌ عليه بدون توقيع اتفاق بخصوصه.

إن الإدارة الأمريكية الآن مثل "البطة العرجاء"، وهي أكثر انحيازاً لـ"إسرائيل" عما كانت عليه في بداية تسلم أوباما الحكم، خصوصاً بعد الانتخابات النصفية للكونجرس التي فاز فيها الحزب الجمهوري بالأغلبية. إن أوباما قد يسعى لاسترضاء "إسرائيل"، من خلال التغطية على حلّ انتقالي طويل الأمد متعدد المراحل عنوانه الأبرز دولة ذات حدود مؤقتة، تتجاوز الحدود والقدس واللاجئين باسم تأجيلها إلى مرحلة لاحقة. وإذا توصل أوباما إلى هذا الاستنتاج مثلما يبدو، من خلال وقف مساعي إدارته لتجميد الاستيطان، والإعلان عن مفاوضات متوازية للتوصل إلى اتفاق إطار، فإن هذا سيكون تحدياً كبيراً، على الفلسطينيين الاستعداد لمواجهته ودحره.

أما فيما يتعلق بالمباحثات الأمريكية – الإسرائيلية التي بدأت منذ أول أيلول/ سبتمبر 2010، وتتناول كل شيء، فإنها يمكن أن تتوصل في النهاية إلى اتفاق أمريكي – إسرائيلي سيسعى الطرفان لفرضه على الفلسطينيين.

إن على الفلسطينيين التحرك لتغيير قواعد اللعبة، وإن سنة 2011 يمكن أن تحمل عرضاً أمريكياً، يتضمن جزءاً مهماً من المطالب الفلسطينية، ويمكن أن توافق عليه "إسرائيل" بعد إبداء ملاحظات جوهرية تفرغه من مضمونه، مثلما فعلت مع خريطة الطريق، أو بدون موافقة "إسرائيل"، بحيث يوظف هذا الاتفاق لإقناع الفلسطينيين باستئناف المفاوضات، وصولاً لقبول حلّ انتقالي جديد بحجة أن التسوية النهائية متعذرة، وأن إبقاء الجمود في عملية التسوية يمكن أن يؤدي إلى الإضرار بكل الأطراف.

إن مثل هذا الاحتمال (اتفاق إطار يغطي على حلّ انتقالي جديد) كان يبدو ممكناً وأكثر احتمالاً قبل هبوب رياح التغيير في المنطقة، وذلك لأن العرب في وضع ضعيف وسيء جداً، ولن ينتقلوا إلى حالة جديدة مختلفة نوعياً بسرعة خلال سنة واحدة، فهم لم يبلوروا حتى الآن خيارات جدية بعد وصول المفاوضات إلى طريق مسدود، بل اكتفت لجنة المتابعة العربية طوال سنة 2010 بإعطاء المهلة وراء الأخرى للإدارة الأمريكية، لعلها تنجح بإقناع "إسرائيل" بتجميد الاستيطان أو بقبول مرجعية تسمح باستئناف المفاوضات. ففي البداية منحت لجنة المتابعة العربية إدارة أوباما أربعة أشهر بقبولها بمفاوضات تقريبية لمدة أربعة أشهر لا تنتقل للمفاوضات المباشرة إلا بعد أن تحرز

تقدما ملموساً. ثم وافقت لجنة المتابعة العربية على إعطاء غطاء جديد للجانب الفلسطيني ليشارك بالمفاوضات المباشرة بدون إحراز تقدم بالمفاوضات التقريبية. وبالرغم من فشل المفاوضات المباشرة خلال أقل من شهر أعطت القمة العربية التي عقدت في سرت مهلة شهر آخر انتهت وتمّ تجديدها بصورة غير رسمية، إلى أن قررت لجنة المتابعة العربية أنها ستنتظر عرضاً جاداً من الإدارة الأمريكية حتى تستأنف المفاوضات، وتمّ تمديد المهلة للجهود الأمريكية حتى شهر أيلول/ سبتمبر 2011، بشكل موازٍ عبر التسلل وبدون إعلان.

أخذت القيادة الفلسطينية تعتمد على العرب أكثر وأكثر، بدليل أنهم استعانوا بلجنة المتابعة العربية لتمرير قراراتهم وتسويقها على الفلسطينيين، وأحياناً على المؤسسة الفلسطينية التي فوجئت بصدور قرار بالنسبة للمفاوضات بعرضه على لجنة المتابعة العربية أولاً قبل اللجنة التنفيذية للمنظمة، التي وجدت نفسها أكثر من مرة أمام أمر واقع. كما أن الخيارات الفلسطينية مبعثرة ومتناقضة ويبدو أنها تميل إلى انتظار نجاح الجهود الأمريكية، أو تسعى للضغط من أجل إنجاح هذه الجهود أو للبقاء فقط وليس للبحث عن بديل حقيقي آخر.

إن التغيرات في العالم العربي، وخصوصاً في مصر، تحمل بوادر إيجابية في تفعيل الدور العربي الداعم للفلسطينيين، وفي تصليب الموقف الفلسطيني، وفي تحقيق مزيد من الضغط على "إسرائيل" وعلى الإدارة الأمريكية. كما قد تؤدي مستقبلاً لإعادة تعريف موازين القوى في المنطقة، وفي توفير فضاءات استراتيجية داعمة للعمل الفلسطيني، وفي تسهيل مشاركة حماس وقوى المقاومة في قيادة منظمة التحرير الفلسطينية. وهو ما سيؤثر بالتأكيد على الشكل الذي ستتخذه الاستراتيجية الفلسطينية في مساري التسوية والمقاومة.

إن البدائل التي تطرحها قيادة منظمة التحرير تراهن على الإدارة الأمريكية والمجتمع الدولي، وهي بدائل متناقضة ومتغيرة تتحدث عن اللجوء إلى مجلس الأمن للاعتراف بالدولة، ثم يتم التراجع عن هذا الخيار بعد التهديد بالفيتو الأمريكي. وتتحدث عن اللجوء إلى الجمعية العامة للحصول على وصاية دولية ما يتناقض مع هدف إقامة دولة فلسطينية. ويتحدث الفلسطينيون تارة عن وقف الالتزامات وحل السلطة واستقالة الرئيس، ويتم التراجع عن ذلك خشية حدوث مجابهة سياسية مع الإدارة الأمريكية و"إسرائيل".

في هذا السياق، لا يعدّ رفض المفاوضات المتوازية التي اقترحها جورج ميتشل كافياً لشق بديل جديد، لأنه من الناحية العملية سيتم استقبال المبعوثين والمسؤولين الأمريكيين، وسيتم تبادل الآراء والمقترحات معهم، كما أن الرئيس الفلسطيني بات يتحدث عن موعد شهر أيلول/ سبتمبر 2011، فيما يعدّ مهلة جديدة لنجاح الجهود الأمريكية، بعد انتهاء المهل الكثيرة السابقة والتي كانت تقدم باعتبارها نهائية.

إن الانتظار لا يؤدي إلى تغيير الموقف الأمريكي والإسرائيلي، كما أن الاكتفاء بالسعي إلى اعتراف الدول بالدولة الفلسطينية، أو بإدانة الاستيطان في مجلس الأمن، ومطالبة المجتمع الدولي بتقديم خطة سلام، لا يقدم بديلاً قادراً على إحداث اختراق في الطريق المسدود. وعلى الفلسطينيين أن يبلوروا ميثاقاً وطنياً جديداً يوضح أهدافهم وحقوقهم وثوابتهم والخطوط الحمراء التي لا يمكن أن يتجاوزوها. وعلى الفلسطينيين أن يبلوروا على أساس الميثاق الجديد استراتيجية جديدة وبديلة، تقوم على جمع أوراق القوة والضغط الفلسطينية والعربية، وترتكز على تعزيز صمودهم على أرضهم، وبناء المؤسسات الضرورية لذلك، ووضع السلطة في مكانها الطبيعي كأداة في خدمة البرنامج الوطني، وإعطاء الأولوية لإنهاء الانقسام واستعادة الوحدة، بحيث تصب كل الجهود والطاقات والكفاءات الفلسطينية في اتجاه واحد؛ هو اتجاه مقاومة الاحتلال بكل الأشكال المتاحة من أجل دحره وتحقيق الحرية والعودة والاستقلال.

إن هذه الاستراتيجية الجديدة تتطلب إعادة الاعتبار للبرنامج الوطني الفلسطيني، برنامج الدولة وتقرير المصير والعودة، وإعادة تشكيل منظمة التحرير على أساسه بحيث تضم الجميع بشراكة حقيقية على أسس وطنية وديموقراطية، وبما يضمن إحياء البعد العربي والدولي للقضية الفلسطينية، وإطلاق تحرك سياسي متعدد الأشكال يسعى لإنهاء احتكار الإدارة الأمريكية للعملية السياسية، ويطالب بدور دولي فاعل وضمانات دولية حقيقية، كما يهدف لملاحقة "إسرائيل" على احتلالها وجرائمها لكي يتم فرض العزلة والعقوبات عليها، بحيث نصل إلى وضع تخسر فيه "إسرائيل" من احتلالها أكثر مما تربح، عندها يمكن أن تتحقق تسوية ضمن شروط الحد الأدنى التي قبلتها قيادة منظمة التحرير!! وهذا هدف، بالرغم من تواضعه بالنسبة إلى تطلعات الشعب الفلسطيني، فإنه صعب وبعيد المنال، وبحاجة إلى نضال حقيقي وليس إلى مقاومة رمزية أو إلى الاعتماد الكلي على المجتمع الدولي، أو على اعتراف الدول بالدولة الفلسطينية. فهذه خطوات ضرورية ولكنها لا تشكل الاستراتيجية القادرة على إنهاء الاحتلال وإقامة الدولة الفلسطينية الحقيقية المستقلة!!

خاتمة

تميز المشهد الداخلي الإسرائيلي خلال سنة 2010 بمزيد من تصاعد التيارات اليمينية، وبتراجع وتفكك التيارات اليسارية. وقد عبّر هذا المشهد عن نفسه من خلال التحالف الحاكم الذي يقوده الليكود، والذي يلعب فيه حزب "إسرائيل بيتنا" المتطرف بقيادة ليبرمان دوراً متزايداً؛ بالإضافة إلى الأحزاب الدينية المتشددة. وقد انعكس هذا المشهد على استمرار مشاريع الاستيطان، واستمرار برامج تهويد القدس، وعلى تعطُّل مسار التسوية، ووصولها إلى أفق مسدود. كما تزايدت مظاهر العنصرية في المجتمع الصهيوني ضدّ فلسطينيي الأرض المحتلة

سنة 1948، فطُرحت قوانين تهدف إلى تكريس "يهودية الدولة" وتشترط الولاء لـ"إسرائيل" كدولة يهودية، بالإضافة إلى قوانين وممارسات تحدُّ من حقوق هؤلاء الفلسطينيين المدنية ومن حقوقهم في الملكية والحركة والإقامة والخدمات.

وتابع حزب العمل مسلسل تراجعه وتفككه، ليعبِّر عن الأزمة الحقيقية التي يعانيها اليسار الإسرائيلي، وليصل الأمر إلى استقالة رئيس الحزب نفسه إيهود باراك ومعه أربعة من أعضاء الكنيست، وليشكل حزباً جديداً باسم عتسمؤوت. وبهذا حفظ باراك لنفسه مقعده في الحكومة وزيراً للدفاع، ليمارس سياسات أكثر اقتراباً من اليمين الإسرائيلي، بينما انسحب زملاؤه الباقين في الحزب من الحكومة.

"إسرائيل" التي أصبح عدد سكانها في نهاية سنة 2010 نحو 7.697 ملايين نسمة بينهم 5.803 ملايين يهودي، ظلت تعاني من مستويات هجرة يهودية متدنية إليها، مع تزايد ظاهرة الهجرة العكسية منها؛ على الرغم من تحسن الوضع الاقتصادي، والاستقرار النسبي للوضع الأمني. وسجل الاقتصاد الإسرائيلي نمواً يبلغ نحو 4.6% متجاوزاً أزمة الاقتصاد العالمي، ومستعيداً عافيته إلى حدٍّ كبير، في أوضاع تَمكَّن فيها من تنمية مصادر دخله الصناعية، وخصوصاً في مجالات التكنولوجيا المتطورة؛ وفي أجواء احتلال للضفة الغربية وحصار لقطاع غزة خالية نسبياً من العمل الانتفاضي والمقاوم، الذي يمكن أن يهزّه اقتصادياً وسياسياً وأمنياً.

استفادت "إسرائيل" خلال سنة 2010 من التعاون الأمني للسلطة في رام الله، ومن هدوء الجبهة الجنوبية مع غزة، ومن حالة الانقسام الفلسطيني، ومن حالة الضعف العربي، وعجز الوضع الدولي، وعدم الرغبة الأمريكية في ممارسة أية ضغوط على "إسرائيل" للإيفاء باستحقاقات مسار التسوية. وفضلت "إسرائيل" الاستمرار في الاستيطان على الاستمرار في العملية التفاوضية، وهو ما أدى عملياً إلى انهيار مشروع التسوية وفقدانه لمبرر وجوده.

ربما لن تستطيع "إسرائيل" أن تنعم بهذا الوضع طويلاً، الذي كان يُظهر أن الحسابات قصيرة الأجل تصبُّ في صالحها. غير أن حالة الإحباط الفلسطيني، وتزايد اليأس من مسار التسوية، واحتمالات تغيُّر المعادلة الداخلية الفلسطينية، قد تحمل في طياتها مستقبلاً مقلقاً لـ"إسرائيل".

إن التغيرات الكبيرة التي أخذ يشهدها العالم العربي في أوائل سنة 2011، والثورات التي أخذت تنتشر في أقطاره، مبشرة بأنظمة سياسية جديدة في مصر وتونس وغيرها، وبتحولات ديموقراطية تؤدي إلى تشكيل أنظمة تعبر عن إرادة شعوبها، وتنهي فساد واستبداد حكامها؛ ستؤدي في نهاية المطاف إلى تغيرات في الفضاء الاستراتيجي العربي المحيط بـ"إسرائيل"، والذي قد يغلب عاجلاً أم آجلاً شروط اللعبة، التي طالما اعتمدت "إسرائيل" عليها في إطالة أمد احتلالها، وفي قهرها للشعب الفلسطيني، بل وفي التأمين ليس فقط على قوتها وازدهارها، وإنما على استمرارها وبقائها.

إن مشكلة "إسرائيل" تبرز في كونها تزداد يمينية وتطرفاً، فتبتعد عن التقاط فرصة تحقيق تسوية والوضع الفلسطيني والعربي في أسوأ حالاته؛ بينما قد تصحو على نفسها مستقبلاً وهي ترى أوضاعاً فلسطينية وعربية وإسلامية أقوى وأفضل، ترفض ما قد تقبله الآن، بل وتكون هي الطرف الذي يفرض شروطه على الإسرائيليين.

هوامش الفصل الثاني

[1] دراسة نقدية تحليلية للمعهد الإسرائيلي للديموقراطية The Israel Democracy Institute (IDI) حول الأحزاب الكبيرة تبين أن المشهد المتعلق بالأحزاب العقائدية الكبيرة في طريقه نحو الزوال، وأن تكوين أي حكومة في "إسرائيل" لن يتم على ما يبدو إلا بتحالف الأضداد، انظر: http://www.idi.org.il/Parliament/2009/Pages/2009_63/D/d_63.aspx

[2] انظر على سبيل المثال تصريحات اسحق هرتسوغ Isaac Herzog من حزب العمل بأن بقاء حزبه في الائتلاف الحكومي نابع من رغبة الحزب في دفع عجلة السلام والتفاوض مع الفلسطينيين، وذلك في مقابلة معه أجرتها جريدة **هآرتس** بعنوان "حتى متى يبقى حزب العمل في حكومة اليمين؟"، في: http://www.haaretz.co.il/hasite/spages/1157788.html

[3] ازدادت في أواخر سنة 2010 وتيرة الأصوات الداعية إلى وضع حدّ لحياة حزب العمل، أي أنّ أصواتاً تنعي هذا الحزب وتصفه بالميت، وأنه لا يمكن إعادة ترميمه كما يحلم هرتسوغ وأفيشاي برافرمان Avishay Braverman من قياديي الحزب. ويوجه عدد كبير من أعضاء حزب العمل أصابع الاتهام إلى باراك. راجع مقالة عوفر شيلاح Ofer Shelah في جريدة **معاريف**، 2011/1/4، في: http://www.nrg.co.il/online/1/ART2/196/580.html

[4] أشار مراسل راديو "إسرائيل"، القناة الثانية بالعبرية، يعقوب كراكوفسكي Jacob Krakovski إلى أن آلاف من أعضاء حزب العمل قد انتسبوا رسمياً إلى حزب كاديما بواسطة ناشط سابق في حزب العمل، إضافة إلى نشاطات دان حالوتس Dan Halutz رئيس الأركان السابق للجيش الإسرائيلي وأليك رون Alec Ron قائد اللواء الشمالي سابقا في شرطة "إسرائيل" كانتقام من باراك. انظر: راديو "إسرائيل"، القناة الثانية، 2010/12/29، في: http://www.iba.org.il/bet/?type=1&entity=700736

[5] حاول الصحفي الإسرائيلي دورون روزنبلوم Doron Rosenblum قراءة جمل وتعابير وجه وحركات إيهود باراك من خلال مقابلة تلفزيونية، وحاول تحليل ذلك في مقال سياسي ساخر جداً نشره في جريدة **هآرتس**، 2010/4/29، في: http://www.haaretz.co.il/hasite/spages/1166239.html

[6] يقود هذا التيار عوفر عيني Ofer Eini سكرتير نقابة العمال العامة (الهستدروت Histadrut)، حيث صرح في مقابلة صحفية معه أنه كما مهد الطريق أمام دخول حزب العمل إلى الائتلاف الحكومي سيعمل على إخراج هذا الحزب منها والتمهيد من أجل تشكيل حكومة وحدة وطنية، من منطلق أنها الطريق الوحيد للسلام مع الفلسطينيين والعرب. انظر: جريدة **جلوبس**، 2010/12/29، في: http://www.globes.co.il/news/article.aspx?did=1000606994

[7] انظر مقال الكاتبين: يهونتان ليس ومازال معلم، إيهود باراك ينفصل عن حزب العمل، **هآرتس**، 2011/1/17.

[8] A Separation and an Opportunity, *Haaretz*, 18/1/2011, http://www.haaretz.com/print-edition/opinion/a-separation-and-an-opportunity-1.337660

[9] راديو "إسرائيل"، القناة الثانية، 2010/10/6، انظر: http://www.iba.org.il/bet/Doc/DOC587243.pdf

[10] يأخذ نتنياهو بعين الاعتبار إمكانية انسحاب ليبرمان من ائتلاف حكومته، إذ تشير سلوكيات ليبرمان إلى تبني التوجه نحو صفوف المعارضة. انظر: جريدة **يديعوت أحرونوت**، 2010/10/3، في: http://www.ynet.co.il/articles/0,7340,L-3962978,00.html

[11] تصريحات ليفني في آخر سنة 2010 مشيرة إلى وقوع نتنياهو أسيراً لحزبي شاس و"إسرائيل بيتنا". انظر: **يديعوت أحرونوت**، 2010/12/15، في: http://www.ynet.co.il/articles/0,7340,L-3999364,00.html

[12] يظهر أن المستوطنين وممثليهم في الكنيست الإسرائيلي سيواصلون ضغوطهم للحيلولة دون تجميد البناء في المستعمرات وسيقفون في وجه نتنياهو في هذا الأمر على وجه الخصوص وسيعملون على إسقاط حكومته. انظر: **يديعوت أحرونوت**، 2010/9/12، في: http://www.ynet.co.il/articles/0,7340,L-3952826,00.html

[13] يتعرض يوسي شاين Yossi Shain، المحاضر في كلية الجليل الغربي، في كتابه "لغة الفساد" الصادر بالعبرية في تشرين الأول/ أكتوبر 2010، إلى ظاهرة الفساد، وإلى الخلل في أخلاقيات الجهاز السياسي، ويلخص بحثه بأن الجمهور الإسرائيلي بات مصاباً بالإحباط من تملص وتهرب رجال السياسة من مسؤولياتهم، وإلى غرقهم بملفات فساد إداري ورشاوى.

14 أجري تحقيق سري في قضايا فساد تتعلق بباراك بأمر من مراقب الدولة في "إسرائيل". انظر: **الشرق الأوسط**، 2010/2/14.

15 نشرت جريدة **هآرتس** تحقيقاً حول العلاقة المباشرة لإيهود باراك مع شركته في أثناء توليه منصبه، وبعد أن نقل صلاحياته وحساباته الخاصة بالشركة إلى ابنته. انظر: **هآرتس**، 2009/10/8. وعلى ضوء هذا التقرير باشر مراقب "دولة إسرائيل" بالتحقيق في الأمر وتبين أن باراك كسب ملايين الشواكل لحسابه من الشركة، بالرغم من أنه لم يعد مديراً فعلياً لها لكونه يتبوأ منصباً رسمياً. وأشار محامي باراك إلى أن كل النشاطات الاقتصادية والمالية التي قامت بها شركة باراك لا تمت بصلة إلى "إسرائيل". انظر: **هآرتس**، 2010/8/10، في: http://www.haaretz.co.il/hasite/spages/1183945.html

16 طالبت جمعية جودة السلطة والحكم بتنحية أو إقالة ليبرمان لكون الشبهات حوله وملفه مفتوحاً منذ أكثر من عشر سنوات. انظر: **جلوبس**، 2010/2/3، في: http://www.globes.co.il/news/article.aspx?did=1000543668&fid=829

17 **الحياة**، 2010/5/26.

18 رأى القاضي الذي نظر في الملف أن هذه القضية هي من أخطر قضايا الفساد في "إسرائيل" حتى تاريخه. انظر: موقع نكيم، 2010/4/5، في: http://www.nakim.org/israel-forums/viewtopic.php?p=273187. هذا الموقع يتطرق إلى فضائح الرشاوى والفساد في "إسرائيل" في كل مؤسسات الحكم ودوائر السلطات.

19 **الشرق**، 2010/8/18.

20 نشر موقع جريدة **هآرتس** ملفاً كاملاً حول حيثيات التهم الموجهة إلى كتساف ومجرى المحاكمة والتحقيقات حولها منذ البداية وحتى صدور قرار الإدانة. انظر: **هآرتس**، 2011/1/4، في: http://www.haaretz.co.il/hasite/spages/1206824.html

21 **الخليج**، 2010/2/20.

22 نشرت جمعية شكيفوت (شفافية) الدولية Transparency International - Israel (TI - Israel) تقريرها السنوي حول معيار الفساد في "إسرائيل" في 2010/12/9، فتبين أن 88% من المستطلعين في "إسرائيل" أشاروا بالإصبع إلى أن الطرف الأكثر فساداً هو الأحزاب، ثم الكنيست فالمؤسسات والمعاهد الدينية ويختم القائمة الجيش الإسرائيلي، إضافة إلى أن رأي المستطلعين يشير إلى عدم قيام حكومة "إسرائيل" بمكافحة ظاهرة الفساد والرشاوى. لمزيد من التفاصيل حول الاستطلاع ومركباته راجع موقع الجمعية: http://www.ti-israel.org

23 يتابع المعهد الإسرائيلي للديموقراطية The Israel Democracy Institute (IDI) قضايا الفساد الإداري والمالي في "إسرائيل" من خلال تقارير سنوية، للاطلاع على هذه القضايا، انظر الموقع الإنجليزي للمعهد:
http://www.idi.org.il/sites/english/Pages/homepage.aspx

24 لجوء نتنياهو إلى تبني منهجية إدارة الصراع ليس من إبداعاته إنما هذا الجانب ممأسس في الدبلوماسية التفاوضية الإسرائيلية. راجع: محسن صالح، الاستراتيجيات التفاوضية الإسرائيلية العشر، موقع مركز الزيتونة للدراسات والاستشارات، 2010/4/27، في: http://www.alzaytouna.net/arabic/?c=198&a=114787

25 يبقى أمر الفوبيا الديموغرافية في "إسرائيل" قائماً بصورة مستمرة، حيث إن نقاشاً في الأمر طغى على قضايا الساعة بين موشيه أرينز Moshe Arens أحد قياديي الليكود وسياسي سابق، وأرنون سوفير Arnon Soffer محاضر في قسم الجغرافيا في جامعة حيفا وأحد دعاة الترانسفير Transfer على أساس منع حصول تفوق ديموغرافي عربي فلسطيني في "إسرائيل" أو حتى في فلسطين التاريخية، وردود الفعل الأكاديمية حول ذلك. انظر: **هآرتس**، 2010/9/28، و2010/10/4، و2010/11/7.

26 **الشرق الأوسط**، 2010/2/14.

27 في تصريح لليبرمان وزير خارجية "إسرائيل" في مطلع سنة 2011، أشار إلى أن مسألة التسوية مع الفلسطينيين تحتاج إلى عقد من الزمن، لذا ليست هناك حاجة إلى الإسراع في الأمر. وهو بهذا يردد ما صرح به في مقابلة مسجلة بثت على راديو "إسرائيل"، القناة الثانية، 2010/9/10.

28 حول مواقف الدول المعنية وذات الشأن بقافلة الحرية، انظر: مركز الزيتونة للدراسات والاستشارات، أسطول الحرية وكسر الحصار: التداعيات والاحتمالات، تقدير استراتيجي (25)، بيروت، آب/ أغسطس 2010، في:
http://www.alzaytouna.net/arabic/?c=1064&a=123705

29 توفي أحد أعضاء اللجنة وهو شبتاي روزين Shabtai Rosenne عن عمر 93 عاماً بعد شهرين من تعيينه، مما دفع ببعض الحركات اليسارية إلى المطالبة بجدية في التعيينات. بعض الحركات الاحتجاجية كحركة غوش شالوم Gush Shalom اعتبرت اللجنة تغطية على سياسة ومواقف حكومة نتنياهو وإسكاتاً لأصوات المعارضة. انظر: www.zope.gush-shalom.org

30 سلام الربضي، "التآكل في العلاقات التركية الإسرائيلية واستبعاد التغير الاستراتيجي،" مركز الزيتونة للدراسات والاستشارات، بيروت، 2010/8/31، في: http://www.alzaytouna.net/arabic/?c=200&a=124346

31 راجع مشاريع هذه القوانين على موقع الكنيست الإسرائيلي: www.knesset.gov.il

32 راجع: مركز الزيتونة للدراسات والاستشارات، إعلان الولاء لإسرائيل يهودية: الدلالات والتداعيات، تقدير استراتيجي (27)، بيروت، كانون الأول/ ديسمبر 2010، في: http://www.alzaytouna.net/arabic/?c=1064&a=131098

33 **الاتحاد**، 2010/11/21.

34 منع مدير مدرسة ثانوية في يافا يتعلم فيها عرب ويهود التحدث بالعربية في أروقة وساحات المدرسة. انظر: **هآرتس**، 2010/12/29، في: http://www.haaretz.co.il/hasite/spages/1206581.html

35 جوني منصور، اخطبوط العنصرية في حالة تمدد، جريدة **فصل المقال**، القدس، 2010/12/10.

36 بلغ عدد الحاخامات الموقعين على هذه الفتوى قرابة المئة من مختلف مدن وقرى "إسرائيل". انظر: **هآرتس**، 2010/12/7، في: http://www.haaretz.co.il/hasite/spages/1202638.html

37 أوري مسجاف، الفاشية؟ عندنا؟، **يديعوت أحرونوت**، ملحق السبت، 2010/10/16. وحول مظاهر العنصرية ضدّ المواطنين الفلسطينيين في "إسرائيل"، راجع: إمطانس شحادة، "إسرائيل والأقلية الفلسطينية: تقرير الرصد السياسي أيلول – تشرين الأول 2010،" تقرير رقم 11، المركز العربي للدراسات الاجتماعية التطبيقية (مدى الكرمل)، 2010، في: http://www.mada-research.org/UserFiles/file/PMP%20PDF/pmr11-arb/pmr11-arb-final.pdf

38 نديم روحانا وأريج صبّاغ خوري، اشتعال الكرمل والحالة الكولونيالية، **فصل المقال**، 2010/12/17، و2010/12/24.

39 أثار كشف القضية موجة من الغضب العارم في أوساط كثيرة، لأنها تمس "أقدس مقدسات إسرائيل"، ووجهت التهم عبر وسائل الإعلام إلى أن ما قامت به هذه الصحفية وزميلها هو بمثابة خيانة وتجسس ونقل أسرار دولة. انظر: **معاريف**، 2010/4/8، في: http://www.nrg.co.il/online/1/ART2/090/636.html

وبالرغم من خطورة ما قامت به هذه الصحفية إلا أن المحكمة قررت عدم اعتقالها في سجن إلى حين تقديم لائحة اتهام ضدها، وإنما الاكتفاء بالاعتقال المنزلي. وهذا أثار حفيظة سياسيين وعسكريين على حدّ سواء. انظر: **هآرتس**، 2010/9/19، في: http://www.haaretz.co.il/hasite/spages/1189090.html

40 See Chaim Levinson, West Bank Settlement Growth Slows as Freeze Starts to Bite, *Haaretz*, 2/2/2010, http://www.haaretz.com/hasen/spages/1146905.html

وتجدر الإشارة إلى أن مركز الإحصاء الفلسطيني يقدر عدد المستوطنين في الضفة الغربية بـ 414 ألف مستوطن، بينهم 283 ألف في محافظة القدس. انظر: http://www.pcbs.gov.ps/Portals/_pcbs/Settlements/tab12.htm

كما يناقض هذا الرقم تقرير منظمة بتسيلم الإسرائيلية التي قدرت عدد المستوطنين اليهود في نهاية سنة 2008 بـ 479,500 مستوطن.

41 الرقم تقديري بناءً على رقم السنة الماضية ونسبة النمو في إسرائيل لسنة 2009.

42 Central Bureau of Statistics (CBS), http://www1.cbs.gov.il/www/yarhon/b1_e.htm

43 CBS, http://www.cbs.gov.il/reader/newhodaot/hodaa_template.html?hodaa=201011313

44 See Jewish Agency for Israel, 28/12/2010, http://www.jewishagency.org/JewishAgency/English/About/Press+Room/Press+Releases/2010/dec28.htm

وانظر: تقرير ياعال ليفي، إذاعة الجيش الإسرائيلي بالعبرية، 20:06 مساءً، 2010/12/28، في: http://glz.co.il/newsArticle.aspx?newsid=74705

45 راجع: حسين أبو النمل، "الهجرة والهجرة المضادة من إسرائيل،" مجلة **المستقبل العربي**، مركز دراسات الوحدة العربية، العدد 365، تموز/ يوليو 2009، ص 53-67.

See Jewish Agency for Israel, 28/12/2010. [46]

وانظر: تقرير ياعال ليفي، إذاعة الجيش الإسرائيلي، 2010/12/28.

[47] بالنسبة إلى السنوات 1992-1995، انظر:

Jewish Agency for Israel, http://www.jewishvirtuallibrary.org/jsource/Immigration/Immigration_to_Israel.html

أما بالنسبة إلى السنوات 1996-2010، انظر: CBS, http://www1.cbs.gov.il/www/yarhon/e2_e.htm

Sergio DellaPergola et al., *World Jewish Population, 2010* (The North American Jewish Data Bank, 2010), [48]
http://www.jewishdatabank.org/Reports/World_Jewish_Population_2010.pdf

Bank of Israel, Bank of Israel Annual Report - 2010, Chapter 1: The Economy and Economic Policy, [49]
30/3/2011, http://www.bankisrael.gov.il/deptdata/mehkar/doch10/eng/pe_1.pdf

[50] بالنسبة لسنتي 2003 و2004 انظر: CBS, http://www.cbs.gov.il/hodaot2010n/08_10_049t11.pdf

أما بالنسبة إلى السنوات 2005-2010، انظر: CBS, http://www1.cbs.gov.il/hodaot2010n/08_10_316t11.pdf

Bank of Israel, Bank of Israel Annual Report - 2010, Chapter 1: The Economy and Economic Policy. [51]

[52] إمطانس شحادة، "إسرائيل 2010: استقرار سياسي يدعمه نمو اقتصادي وتنامي ثقافة سياسية فاشية،" **مجلة الدراسات الفلسطينية**، بيروت، العدد 85، شتاء 2011، ص 119-125.

See Public Information Notice (PIN) no. 11/8, International Monetary Fund, 24/1/2011, [53]
http://www.imf.org/external/np/sec/pn/2011/pn1108.htm

[54] تمّ احتساب هذه النسب بناء على الأرقام المتوفرة في:
Ministry of Finance of Israel, Government Revenues, 2010,
http://www.ag.mof.gov.il/AccountantGeneral/BudgetExecution/BudgetExecutionTopNavEng

See Knesset Passes 2011-12 Budget, *Haaretz*, 29/12/2010, [55]
http://www.haaretz.com/news/national/knesset-passes-2011-12-budget-1.334135

ملاحظة: بالنسبة لسنة 2011 فقد تمّ اعتماد سعر صرف الدولار مقابل الشيكل الإسرائيلي حسب سعر الصرف في شهر كانون الثاني/ يناير، وفق معطيات بنك "إسرائيل" المركزي، والذي حدد سعر الصرف بـ 3.5843.

See Helen Brusilovsky, Summary of Israel's Foreign Trade by Country-2010, CBS, 17/1/2011, [56]
http://www1.cbs.gov.il/www/hodaot2011n/16_11_011e.pdf

See Helen Brusilovsky, Summary of Israel›s Foreign Trade-2010, CBS, 12/1/2011, [57]
http://www1.cbs.gov.il/www/hodaot2011n/16_11_007e.pdf

See Ibid. [58]

See Ibid. [59]

See Helen Brusilovsky, Summary of Israel's Foreign Trade by Country-2010. [60]

See Jeremy M. Sharp, U.S. Foreign Aid to Israel, Congressional Research Services (CRS), Report for [61]
Congress, 16/9/2010, http://www.fas.org/sgp/crs/mideast/RL33222.pdf

See Ibid. [62]

See Ibid. [63]

[64] انظر: هآرتس، 2010/9/15، في: http://www.haaretz.co.il/hasite/spages/1189390.html

Amos Harel, Settlers Heavily Overrepresented Among IDF Commanders, *Haaretz*, 29/9/2010, [65]
http://www.haaretz.com/print-edition/news/settlers-heavily-overrepresented-among-idf-commanders-1.316271

[66] موقع المشهد الإسرائيلي، رام الله، 2008/2/2، في: http://www.madarcenter.org/almash-had/

[67] تقرير أور هلار، التلفزيون الإسرائيلي – القناة العاشرة، 3:57 صباحاً، 2010/5/23، انظر: نشرة الرصد الإذاعي والتلفزيوني العبري، مركز دراسات الشرق الأوسط، عمّان، 2010/5/23.

68 مركز الإعلام الفلسطيني، 2010/2/5، في: http://www.palestine-pmc.com/arabic/inside1.asp?x=8053&cat=2&opt=1

69 تقرير كرميلا مناشيه، راديو "إسرائيل"، القناة الثانية، 6:45 صباحاً، 2010/7/26، نشرة الرصد الإذاعي والتلفزيوني العبري، مركز دراسات الشرق الأوسط، عمّان، 2010/7/26.

70 The Jerusalem Post newspaper, 1/8/2010, http://www.jpost.com/International/Article.aspx?id=183229

71 Yedioth Ahronoth newspaper, 19/7/2010, http://www.ynetnews.com/articles/0,7340,L-3922106,00.html

72 Yedioth Ahronoth, 22/7/2010, http://www.ynetnews.com/articles/0,7340,L-3923739,00.html

73 The Jerusalem Post, 21/5/2010, http://www.jpost.com/Israel/Article.aspx?id=176072. See also Jeremy M. Sharp, U.S. Foreign Aid to Israel, CRS, 16/9/2010.

74 The New York Times newspaper, 28/3/2011, http://www.nytimes.com/2011/03/28/world/middleeast/28israel.html?_r=1&partner=rss&emc=rss

75 عرب48، 2010/11/30.

76 يديعوت أحرونوت، 2010/12/1.

77 معاريف، 2010/12/23.

78 See http://theasiandefence.blogspot.com/2010/05/greek-israeli-air-exercise-minoas-2010.html; and http://volvbilis.wordpress.com/2010/10/11/israeli-greek-helicopters-practice-strikes-over-mountainous-coasts/

79 تقرير طال ليف رام، إذاعة الجيش الإسرائيلي، 7:50 صباحاً، 2010/7/27، نشرة الرصد الإذاعي والتلفزيوني العبري، مركز دراسات الشرق الأوسط، عمّان، 2010/7/27.

80 See Yaakov Katz, US, Israel conclude four-day Juniper Falcon exercise, The Jerusalem Post, 24/10/2010, http://www.jpost.com/Israel/Article.aspx?id=192509&R=R2

81 The Jerusalem Post, 21/9/2010, http://www.jpost.com/Israel/Article.aspx?id=188748

82 وكالة رويترز للأنباء، 2010/10/8.

83 Haaretz, 8/6/2010, http://www.haaretz.com/print-edition/news/israel-asked-u-s-to-increase-weapons-supply-haaretz-learns-1.294803

84 هيئة الإذاعة البريطانية (بي بي سي)، 2010/6/23.

85 See CBS, http://www1.cbs.gov.il/hodaot2011n/08_11_056t6.pdf

86 Moti Bassok, Secrets of the Defense Budget Revealed, Haaretz, 21/10/2010, http://www.haaretz.com/print-edition/business/secrets-of-the-defense-budget-revealed-1.320356

87 الشرق الأوسط، 2011/2/23.

88 Haaretz, 8/3/2011.

89 See CBS, http://www1.cbs.gov.il/hodaot2011n/08_11_056t6.pdf

90 انظر تصريحات رئيس الأركان الجنرال جابي أشكنازي حول نظام التعليم الإسرائيلي الذي "يقدم للجيش مجندين يجهلون التاريخ ويعاقرون الخمور". انظر: السفير، 2009/12/2.

91 الغد، 2010/11/20.

92 القدس العربي، 2010/7/10.

93 المرجع نفسه. لمزيد من التفاصيل انظر:
Yossi Melman, Kalashnikovs for all, Haaretz, 10/7/2010, http://www.haaretz.com/print-edition/features/kalashnikovs-for-all-1.299559

94 الغد، 2011/2/28.

95 الحياة، 2011/2/16؛ وانظر أيضاً:
Site of France 24 International News, 15/2/2011, http://www.france24.com/en/20110215-israeli-arms-exports-fall-report

[96] Israel Security Agency, "2010 Annual Summary: Data and Trends in Terrorism," www.shabak.gov.il/SiteCollectionImages/english/TerrorInfo/reports/2010summary2-en.pdf

[97] انظر التقرير السنوي للدائرة الدولية في منظمة التحرير الفلسطينية لسنة 2010 في: وكالة الأنباء والمعلومات الفلسطينية (وفا)، 2011/1/3، انظر: http://www1.wafa.ps/arabic/index.php?action=detail&id=95054

[98] Israel Security Agency, "2010 Annual Summary."

[99] بالنسبة إلى القتلى والجرحى الفلسطينيين خلال سنة 2010، انظر: التقرير السنوي للدائرة الدولية في منظمة التحرير الفلسطينية لسنة 2010؛ وبالنسبة إلى القتلى والجرحى الإسرائيليين خلال سنة 2010، انظر:
Israel Security Agency, "2010 Annual Summary."

أما بالنسبة إلى أعداد القتلى والجرحى الفلسطينيين والإسرائيليين 2006-2009، انظر: محسن صالح (محرر)، **التقرير الاستراتيجي الفلسطيني لسنة 2009** (بيروت: مركز الزيتونة للدراسات والاستشارات، 2010)، ص 106.

[100] العدد تقريبي، ولم توفر مصادر وزارة شؤون الأسرى والمحررين، ولا دائرة العلاقات الدولية في منظمة التحرير الفلسطينية، ولا مؤسسة الأسرى للدراسات أية أرقام محددة بشأن أسرى الضفة الغربية في نهاية 2010.

[101] انظر: تقرير شامل صادر عن وزارة الأسرى حول أوضاع الأسرى خلال عام 2010، شبكة فلسطين للحوار، 2011/1/2، في: http://www.paldf.net/forum/showthread.php?t=721278

[102] انظر: مركز الأسرى للدراسات، 2011/1/21، في: http://www.alasra.ps/news.php?maa=View&id=13578

وهو تعبير في القانون الدولي تطلقه "إسرائيل" على من تعتقلهم من عناصر التنظيمات الفلسطينية من قطاع غزة ممن شاركوا في عمليات مقاومة ضدها، وهو تعبير مضلل انطلاقاً من أن "إسرائيل" سلطة محتلة ومن أن مقاومة الشعوب للاحتلال حقّ ضمنه القانون الدولي بالأساس.

[103] وكالة سما الإخبارية، 2010/12/31، في: http://www.samanews.com/index.php?act=Show&id=84925

[104] **الأيام**، رام الله، 2010/12/29، http://www.al-ayyam.ps/znews/site/template/article.aspx?did=156349&date=12/29/2010

[105] وكالة سما، 2010/12/31؛ ومركز الأسرى للدراسات، 2011/1/21.

[106] انظر: تقرير شامل صادر عن وزارة الأسرى حول أوضاع الأسرى خلال عام 2010.

[107] وكالة سما، 2010/12/31.

[108] قدس برس، 2011/1/2.

[109] وكالة سما، 2010/12/31.

[110] انظر: هيومن رايتس ووتش، إسرائيل/ الضفة الغربية: فصل وانعدام للمساواة، 2010/12/19، في: http://www.hrw.org/en/news/2010/12/18

[111] See WikiLeaks: Israel Aimed to Keep Gaza Economy on Brink of Collapse, *Haaretz*, 5/1/2011, http://www.haaretz.com/news/diplomacy-defense/wikileaks-israel-aimed-to-keep-gaza-economy-on-brink-of-collapse-1.335354

[112] رويترز، 2011/4/27.

[113] موقع وزارة الخارجية الأمريكية، واشنطن، 2010/12/10. انظر كلمة هيلاري كلينتون، وزيرة الخارجية الأمريكية، في المنتدى السنوي السابع لمركز سابان لسياسة الشرق الأوسط:
Remarks by Hillary Clinton at the Brookings Institution's Saban Center for Middle East Policy Seventh Annual Forum, Washington, DC, U.S. Department of State, 10/12/2010, http://www.state.gov/secretary/rm/2010/12/152664.htm

[114] بدأت السلطة بالحديث عن الخيارات في كانون الأول/ ديسمبر 2009، كما ورد في وثيقة صادرة عن الدكتور صائب عريقات بعنوان "الوضع السياسي في ظلّ التطورات مع الإدارة الأمريكية، والحكومة الإسرائيلية"، ثم طرح الرئيس أبو مازن خيارات السلطة في جلسة مغلقة في قمة سرت في تشرين الأول/ أكتوبر 2010، ثم تكررت هذه الخيارات بزيادة أو نقصان، بحيث تتضمن أحياناً حلّ السلطة والاستقالة ووقف التزامات السلطة مع "إسرائيل"، وأحياناً أخرى لا تتضمن هذه الخيارات.

[115] حديث الرئيس أبو مازن: بأن الانتفاضة المباركة عام 2000 دمرتنا ودمرت كل ما بنيناه وما بني قبلنا. انظر: عرب48، 2010/9/7.

[116] **القدس**، فلسطين، 2011/1/5.

[117] قناة الجزيرة الفضائية، الدوحة، "كشف المستور،" 23-2011/1/26؛ وكشاف الجزيرة الذي نشر وثائق المفاوضات الفلسطينية – الإسرائيلية.

[118] **البيان**، 2011/3/3.

[119] قناة الجزيرة الفضائية، الدوحة، "كشف المستور،" 23-2011/1/26؛ وكشاف الجزيرة الذي نشر وثائق المفاوضات الفلسطينية – الإسرائيلية.

[120] المرجع نفسه.

[121] Site of Al Jazeera, 24/1/2011, http://aljazeera.co.uk/palestinepapers/2011/01/2011124122125339673.html

[122] Al Jazeera, 24/1/2011, http://english.aljazeera.net/palestinepapers/2011/01/201112412266583548.html

[123] إذاعة الجيش الإسرائيلي، 2011/1/26.

[124] قناة الجزيرة الفضائية، "كشف المستور،" 23-2011/1/26؛ وكشاف الجزيرة الذي نشر وثائق المفاوضات الفلسطينية – الإسرائيلية.

[125] **الشرق الأوسط**، 2010/8/22.

[126] **يديعوت أحرونوت**، 2011/1/22.

[127] **الأيام**، رام الله، 2011/1/19.

[128] Remarks by Hillary Clinton at the Brookings Institution›s Saban Center for Middle East Policy Seventh Annual Forum, Washington, DC, U.S. Department of State, 10/12/2010.

وحديث بنيامين نتنياهو أمام لجنة الخارجية والأمن في الكنيست، الذي زعم فيه إن الولايات المتحدة الأمريكية تراجعت عن مطلب تجميد الاستيطان، وقررت العودة إلى مسار محادثات لتقليص الفجوات بين الجانبين، انظر: موقع المشهد الإسرائيلي، 2011/1/4، http://www.madarcenter.org/mash_had_pdf/p1-04-01-2011.pdf.

[129] **معاريف**، 2011/1/4.

الفصل الثالث

القضية الفلسطينية والعالم العربي

القضية الفلسطينية والعالم العربي

مقدمة

للمشهد العربي الراهن وانعكاساته على القضية الفلسطينية خلال سنة 2011 من الأهمية، ما يجعل من مهمة تحليل مكوناته، واستقراء أبعاده، أمراً يحتاج إلى عناية وحذر شديدين. فقد كتبت نهاية سنة 2010 وبداية سنة 2011، الكلمة الأخيرة في كتاب مرحلة عربية سابقة، وسطرت بداية مرحلة جديدة لم تتضح ملامحها بشكل كامل بعد، وإن كان بعضها قد بدأ في التبلور بالفعل، حاملة في طياتها تغيرات ستنسحب دون شكّ على القضية الفلسطينية. وذلك انطلاقاً من أن العلاقة بين النظام العربي والقضية الفلسطينية قوية ومتبادلة للدرجة التي يصعب فيها معرفة أيهما المتغير الأصيل، وأيهما المتغير التابع. فضلاً عن أن تاريخ وتطور النظام العربي، في مختلف مراحله، لا يمكن فهمه بمعزل عن القضية الفلسطينية، كما أن تاريخ وتطور القضية الفلسطينية يصعب معرفته أيضاً بمعزل عن فهم تاريخ وتطور النظام العربي.

لقد انسلخت سنة 2010 والقضية الفلسطينية في أحرج أوقاتها. فعلى صعيد عملية التسوية استمرت دول ما يسمى بمحور الاعتدال العربي في التعاطي معها من منطلق التماهي شبه الكامل والرغبات الأمريكية في رعاية مفاوضات حلّ نهائي، قد لا تأتي للفلسطينيين حتى بالحد الأدنى المتوافق عليه فلسطينياً.

ومن جهة أخرى، بدا أن الأطراف العربية استخدمت جزئياً ورقة المصالحة الفلسطينية بهدف تعزيز مسار التسوية، وتقوية موقف المفاوض الفلسطيني، أكثر منه بهدف تحقيق التوافق الوطني وإنهاء حالة الانقسام.

هذه الأنماط المتكلسة من السياسات العربية كانت مرشحة أيضاً للاستمرار خلال سنة 2011، لولا تغير المشهد بالكامل مطلع هذا العام على إثر الثورات العربية المتتالية؛ وهو ما يبشر بفتح آفاق جديدة، وخيارات مختلفة للتعاطي العربي وملفات القضية الفلسطينية. ستنتهي معها مرحلة التماهي الكامل والسياسات الأمريكية التي تنحو أكثر وأكثر نحو تبني مشروعات اليمين الإسرائيلي، وكذلك مرحلة التطبيع المجاني مع "إسرائيل". وينعكس فيها ارتفاع الوزن النسبي للقوى الشعبية العربية على السياسات العربية الرسمية، بعد أن أصبح للشارع العربي صوتاً مسموعاً. على النحو الذي سنفصله لاحقاً، من خلال محاور الفصل.

وفيما يلي نتناول أبرز المواقف العربية تجاه ملفات القضية الفلسطينية:

أولاً: مواقف جامعة الدول العربية والقمة العربية:

الموقف من التسوية:

شهدت سنة 2010 حراكاً سياسياً كثيفاً على المستوى الرسمي العربي يدفع باتجاه استئناف المفاوضات بين الفلسطينيين والإسرائيليين. وبدا الطرف الفلسطيني حريصاً ربما للمرة الأولى منذ أوسلو على الحصول على إسناد عربي رسمي للمفاوضات. وهو ما دفع البعض إلى القول بأن هكذا تحركات يمكن أن تكون مؤشراً على تصاعد الدور العربي في المعادلة الفلسطينية.

وحقيقة الأمر، أن السلطة الفلسطينية وجدت نفسها بحاجة إلى إسناد من النظام الرسمي العربي للدخول في مفاوضات، حظيت بشبه إجماع فلسطيني داخلي على رفضها، في الوقت الحالي على الأقل. وهو ما دفع السلطة إلى محاولة الحصول على أكبر غطاء عربي ممكن للسير على استراتيجية الارتهان للإرادة والضمانات الأمريكية المزعومة.

وفي الوقت نفسه وجد النظام الرسمي العربي نفسه في مأزق كبير، إزاء التراجع المستمر لواشنطن في تحقيق وعودها، ومن ثم حاول نفض يديه قدر الإمكان من الأمر، والتأكيد مراراً على فلسطينية القرار. وسعت إلى توفير دعم مختلف ومحدود للسلطة الفلسطينية، وهو موقف تحكمه قضايا المنطقة الضاغطة من جهة أخرى.

وقد بدا هذا جلياً عبر لعبة الهروب إلى الأمام والفترات الزمنية والاجتماعات المتتالية في المحطات المختلفة، منذ انطلاق المحادثات غير المباشرة إلى هذا اليوم، الذي تحرص فيه السلطة الفلسطينية على العمل في إطار آلية لجنة مبادرة السلام العربية.

أكثر من هذا، بدا أن هناك ثمة قناعة عربية بعدم جدوى قرارات استئناف المفاوضات، مع حكومة بنيامين نتنياهو اليمينية المتطرفة، واستمرار البناء الاستيطاني في الضفة الغربية بما فيها القدس. ومع ذلك فقد صدرت قرارات لجنة المتابعة بموافقة 12 عضواً يمثلون جلّ أعضائها، باستثناء سورية التي أعلنت أنها ليست طرفاً في أي قرار تصدره اللجنة في هذا الشأن. وهو ما يؤشر بوضوح على أن هكذا قرارات أتت في مجملها استجابة لرغبة واشنطن، في كسر جمود مسار التسوية واستئناف المفاوضات، تحت أي ظروف. والشاهد على ذلك ما أشارت إليه شخصيات عربية رسمية شاركت في صنع هذه القرارات أكثر من مرة، منها ما جاء على لسان رئيس الوزراء ووزير الخارجية القطري الشيخ حمد بن جاسم آل ثاني، الذي تولت بلاده الرئاسة الدورية للجنة متابعة المبادرة العربية للسلام، في مؤتمر صحفي مشترك مع الأمين العام لجامعة الدول العربية عمرو موسى، تعليقاً على القرار الإسرائيلي ببناء 1,600 وحدة استيطانية في القدس المحتلة، حيث قال: "كنا مقتنعين في اجتماع لجنة المتابعة العربية بأن قرار الموافقة على المفاوضات غير المباشرة

بين الفلسطينيين وإسرائيل لن يجدي ولن يقدم ولن يؤخر، وكان هدفنا تسهيل مهمة الوسيط الأمريكي الذي نعتقد أنه مجتهد، وأن نعطيه ورقة مع الأوراق السابقة لنرى ماذا سيفعل...."[1].

من جهة أخرى، فشل النظام الرسمي العربي طوال سنة 2010، في الخروج من أسر الدوران في فلك المفاوضات، باعتبارها "اللعبة الوحيدة الممكنة في المدينة". وليس أدل على ذلك، من سلسلة التراجعات العربية التي شهدناها طوال سنة 2010، بشأن شروط بدء المفاوضات، وانتقالها من الطور غير المباشر إلى الطور المباشر. إذ تراجعت لجنة المتابعة العربية أولاً عن شرط الوقف الكامل للاستيطان في الأراضي الفلسطينية المحتلة بما فيها شرقي القدس، للبدء في المفاوضات غير المباشرة، والذي أكد عليه البيان الختامي لقمة سرت الأولى في آذار/ مارس[2]، على خلفية ما نقله المبعوث الأمريكي جورج ميتشل من تعهد الرئيس الأمريكي باراك أوباما بوقف الاستيطان في شرقي القدس بشكل غير رسمي، تفادياً للمتطرفين (الإسرائيليين)[3]. وقررت اللجنة إعطاء مهلة أربعة أشهر للمفاوضات غير المباشرة، لا يتم بعدها الانتقال تلقائياً إلى المفاوضات المباشرة، إلا بعد تقييم تجريه اللجنة لما ستحرزه تلك المفاوضات من تقدم على صعيد ملف الحدود.

عادت اللجنة وتراجعت مرة أخرى، ومنحت تفويضاً للرئيس محمود عباس بالدخول في مفاوضات مباشرة مع "إسرائيل" في 2010/7/29، أي قبل انتهاء المدة المقررة للمفاوضات غير المباشرة بنحو شهرين، ومن دون الإعلان عما أسفرت عنه تلك المفاوضات من نتائج، تاركة للرئيس الفلسطيني تحديد موعد انطلاقها. وقيل وقتها إن وزير الخارجية المصري أحمد أبو الغيط والرئيس الفلسطيني عباس، طلبا من الشيخ حمد وعمرو موسى، تأييد الرئيس الفلسطيني في استئناف المفاوضات المباشرة إذا حصل على وعود شفهية وليس بالضرورة كتابية من "إسرائيل" أو من الولايات المتحدة، بأن "إسرائيل" تعترف بحدود سنة 1967[4]. إلا أنه ومع إعلان الإدارة الأمريكية عن فشلها في دفع نتنياهو لتجميد الاستيطان لمدة ثلاثة أشهر فحسب. لم يكن بإمكان لجنة المتابعة الاستمرار في سياسة التراجع والانتظار. ولكنها توافقت –للخروج من مأزق الرفض الحازم للمفاوضات– على صيغة رهن استئناف المفاوضات بتقديم واشنطن لعرض تفاوضي جاد[5]! ليس من المنتظر منها أن تقدمه في ظلّ عدم الرغبة فى ممارسة الضغوط على الحكومة الإسرائيلية من جهة، والأوضاع العربية المتردية من جهة أخرى، والتي لا تمثل في الواقع أي عنصر ضاغط عليها.

وإذ يبدو أن واشنطن لن تسمح بأن تصل الأمور إلى مرحلة الجمود الكامل، ومن المتوقع أن تدفع باتجاه تدعيم خطة سلام فياض لبناء دولة فلسطينية مؤقتة، كان من المنتظر أن تحظى بدعم أصدقائها من الأنظمة العربية؛ لولا تغير المشهد العربي مع توالي الثورات فى عدد من الدول العربية مطلع سنة 2011، فإنه من المتوقع أن تحدث تغييرات على مستوى التعاطي الرسمي العربي مع قضية التسوية.

ربما يدفع انشغال مصر والمنطقة والعالم كله بأحداث الثورات العربية، مؤقتاً، نحو تراجع الاهتمام بالقضية الفلسطينية، ولكنها ستلقى اهتماماً أكبر عندما تُعبر الأنظمة العربية بشكل أفضل عن إرادة شعوبها.

وإذا ما دفعت واشنطن باتجاه دعم مشروع سلام فياض، أو أية خطة بديلة للتسوية، فالأرجح أنها لن تجد من أصدقائها العرب الأريحية السابقة في تقديم موافقة جماعية مجانية عليها، كما كان يحدث فيما مضى. بعد أن أصبح للشارع العربي صوتاً مسموعاً داخل أروقة الحكم العربية.

وبالمثل، لن تجد السلطة الفلسطينية الإسناد العربي السابق لمسيرة التسوية طالما لم تتوافر لها الضمانات الكافية، وطالما استمر التعنت الإسرائيلي، بل ربما تفضل الكثير من النظم العربية ترك القرار للداخل الفلسطيني، وإفساح المجال لحماس وللمعارضة الفلسطينية للتعبير عن نفسها. أي أن مصير الحراك التسووي خلال الشهور القليلة المتبقية من سنة 2011 سيتحدد أكثر بفعل الداخل الفلسطيني، أو تأثره بالتغيرات التي تجتاح العالم العربي ومن ثم قد تشق لها طريقاً داخل الأراضي المحتلة. بمعنى أن شعار "الشعب يريد إنهاء الإنقسام" الذى يتردد صداه اليوم فى العديد من الأقطار العربية منذ مطلع العام الجاري، قد يتحول ليصبح "الشعب يريد تغيير المسار" في السياق الفلسطيني.

وفي المقابل، من غير المرجح إقدام الحكومات العربية على سحب المبادرة العربية للسلام، لأن أفق العمل السياسي العربي تظل محكومة (على الأقل خلال ما تبقى من سنة 2011) باعتبارات العلاقة مع واشنطن التي لن تسمح بتغيير قواعد اللعبة، والعودة إلى سياسة مرحلة الستينيات من القرن العشرين. وإنما يمكن أن تمارس الأنظمة العربية، حتى تلك التي لم يمسها التغيير، قدراً ملموساً من المشاغبة السياسية، تحت ضغط صوت الشارع العربي، الذي يعدّ دعم القضية الفلسطينية من الثوابت التي لا ينبغي أن تُمس، هذه المشاغبة يمكن أن تتجلى في عدة تحركات، منها على سبيل المثال:

- تصعيد حدة الخطاب المناهض للممارسات الإسرائيلية.
- التراجع عن التماهي الكامل مع السياسات الأمريكية، وعدم إعطاء موافقة مجانية للمشروعات والتحركات الأمريكية على مسار التسوية.

الموقف من ملف المصالحة:

لم يكن للنظام الرسمي العربي، ممثلاً في الجامعة العربية، خلال سنة 2010، دورٌ فعالٌ على صعيد ملف المصالحة الفلسطينية، واكتفت الجامعة العربية بتأييد ومباركة الرعاية المصرية لهذا الملف.

وبالرغم من رواج تقديرات قبيل قمة سرت الأولى في آذار/ مارس 2010، بشأن دور عربي منتظر لدفع عملية المصالحة، تقوده دول عربية، من بينها ليبيا وقطر والسعودية، وأن هناك مقترحاً عربياً قدم إلى حماس، مفاده أن تضع حماس تعديلاتها الجوهرية في ورقة، ترفق بورقة المصالحة الأساسية، وتوقعها حماس وفتح وجميع الفصائل والشخصيات الفلسطينية عليهما معاً، كمخرج لإشكالية المصالحة. وتواترت أخبار في هذا السياق تتحدث عن احتمال دعوة رئيس المكتب السياسي لحركة حماس، خالد مشعل إلى قمة سرت (دعم صمود القدس) في آذار/ مارس، لمناقشة موضوع المصالحة في حضور رئيس السلطة محمود عباس. لكن عادت الجامعة العربية ونفت تماماً دعوتها مشعل لحضور القمة، وأكدت أن حضور القمة يقتصر على الدول الأعضاء بالجامعة، ولا يشمل منظمات[6].

هذه التحركات العربية لم تؤدِّ إلى غاية، ولم تُسفر في النهاية عن شيء ملموس. إذ لم تحمل تلك التحركات من القوة ما يدفع باتجاه تجاوز الخلافات العربية العربية، والتي عملت ولو جزئياً على مصادرة المصالحة الفلسطينية – الفلسطينية.

ويمكن تفسير حديث الأمين العام للجامعة العربية عمرو موسى عن المصالحة وأهمية إنجازها، الذي تكرر في مناسبات عدة على مدار العام، في إطار دبلوماسية رفع الحرج العربي. من دون أن يكون لدى الجامعة العربية خطة عملية لإنجازها. والواقع أنه ما كان لها في ظلّ الأوضاع التي كانت سائدة في المرحلة السابقة والتي استمرت حتى نهاية سنة 2010، أن تقدم المزيد على هذا الصعيد. ولم يكن بالإمكان توقع دور عربي رسمي في مصالحة فلسطينية – فلسطينية، في الوقت الذي يحتاج فيه العرب إلى تسويات ومصالحات عربية – عربية، وتسويات ومصالحات داخلية أيضاً.

ومن المحتمل ألا ينشغل النظام العربي الرسمي بملف المصالحة الفلسطينية خلال سنة 2011، نتيجة انكفاء الأطراف العربية الأكبر على نفسها، بسبب أحداث الاضطرابات الداخلية، التي تعاني منها. ومن ثم ليس من المتوقع أن نشهد حراكاً عربياً على مستوى الجامعة العربية في هذا الصدد، دون أن يقلل هذا من احتمالات أن تمارس أطرافاً عربية أخرى كقطر دوراً إيجابياً، على نحو ما سيرد لاحقاً.

الموقف من قضية القدس:

لم يكن التعاطي العربي الرسمي مع قضية بحجم قضية القدس خلال سنة 2010، على مستوى التحديات التي تواجهها. خاصة في ظلّ تسارعٍ إسرائيلي شهدناه سنة 2009، في وتيرة الاستيطان داخل شرقي القدس المحتلة، وتواصل اقتحامِ المستوطنين للمسجد الأقصى، وهو ما كان يتطلب استنفاراً عربياً لمواجهة الخطط الاحتلالية في المدينة. وفي هذا الإطار عقدت القمة العربية الأولى في سرت تحت نداء "دعم صمود القدس"، أقرّ خلالها القادة العرب تخصيص 500 مليون دولار

لصندوقي القدس والأقصى اللذين أُسِّسا سنة 2001 في أعقاب الانتفاضة الفلسطينية الثانية. وأعلنوا وضع خطة تحرك عربية لإنقاذ القدس بدعوة المجتمع الدولي، خصوصاً مجلس الأمن والاتحاد الأوروبي ومنظمة الأمم المتحدة للتربية والعلم والثقافة (اليونسكو) United Nations Educational, Scientific and Cultural Organization (UNESCO) لتحمل مسؤولية المحافظة على المسجد الأقصى.

وقرروا استمرار تكليف المجموعة العربية في نيويورك بطلب عقد جلسة خاصة للجمعية العامة للأمم المتحدة لإدانة الإجراءات الإسرائيلية في القدس، وتشكيل لجنة قانونية في إطار الجامعة العربية لمتابعة توثيق عمليات التهويد، ومصادرة الممتلكات العربية، إضافة إلى رفع قضايا أمام المحاكم الوطنية والدولية ذات الاختصاص لمقاضاة "إسرائيل" قانونياً، وتخصيص أسبوع لشرح خطة التحرك العربي لإنقاذ القدس[7].

ويلاحظ على ردود الفعل العربية المذكورة آنفاً أنها لا ترقى إلى مستوى التحدي الإسرائيلي، الذي يفرض كل ساعة أمراً واقعاً جديداً على الأرض، ويخصص مئات الملايين لتفعيل خططه، بينما اكتفى النظام العربي بالإعلان عن خطته لإنقاذ القدس، ولم يخرج مسؤول واحد طوال العام ليحدثنا عن التطورات التي حدثت في هذا الإطار، والخطوات التي تمت في إطار تلك الخطة. في الوقت نفسه الذي أكد فيه السفير هشام يوسف المتحدث الرسمي باسم الجامعة العربية، في تصريح له في تموز/ يوليو 2010، أن مبلغ الـ 500 مليون دولار الذي قررته قمة سرت لم يصل بعد، وأن الأمين العام قام بمخاطبة وزراء الخارجية العرب في هذا الأمر[8].

وفي أيلول/ سبتمبر 2010 قال الأمين العام المساعد للجامعة العربية محمد صبيح، أن عدداً من الدول العربية لم تسدد التزاماتها بعد بمساعدة ميزانية السلطة الفلسطينية كما هي مقررة من القمم العربية[9]. وهو ما يثير التساؤلات بشأن جدية أطراف النظام العربي في هذا الشأن.

الموقف من فكّ الحصار على غزة:

خلا النصف الأول من سنة 2010 من أية تحركات أو حتى تصريحات عربية إيجابية رسمية بشأن مسألة فكّ الحصار عن القطاع. بل على العكس بدأت سنة 2010 بتبرير عمرو موسى للخطة المصرية ببناء الجدار الفولاذي على حدودها مع غزة، معتبراً ذلك من مقتضيات السيادة[10]. وجاءت الإشارة إلى ضرورة فكّ الحصار عن القطاع في البيان الختامي لقمة سرت الأولى باهتة، وكأن العرب قد آثروا انتظار ما ستسفر عنه المفاوضات، وإرجاء كافة الملفات الأخرى.

إلا أن الاعتداء الإسرائيلي على سفن فكّ الحصار عن قطاع غزة (أسطول الحرية)، في 2010/6/1، استطاع أن يقذف حجراً في المياه العربية الراكدة نوعاً ما، وعقدت الجامعة العربية اجتماعاً طارئاً لمجلس وزراء الخارجية العرب، في 2010/6/2، رفع توصية للقادة العرب بشأن سحب المبادرة

العربية للسلام، تنفيذاً لما ورد في كلمة العاهل السعودي الملك عبد الله بن عبد العزيز آل سعود في القمة الاقتصادية في الكويت، بأن المبادرة العربية للسلام لن تبقى على الطاولة طويلاً. وهي التوصية التي لاقت ممانعة عربية كبيرة، أدت إلى إجهاضها تماماً. وعللت الأطراف العربية المناهضة لتلك التوصية موقفها بأن هذه العلاقات تستثمر في الأزمات، مثل التدخل المصري – الأردني لحضّ "إسرائيل" على إطلاق الموقوفين العرب من أسطول الحرية، كما تساعد من جهة أخرى على دفع العملية السلمية[11]!

ويبدو أن الحديث عن سحب المبادرة قد أصبح نهجاً عربياً يتكرر في مناسبات الاعتداءات والانتهاكات المتكررة التي يمارسها الاحتلال. وخرج البيان العربي بقرارات أقل من مستوى دول أخرى غير عربية مثل نيكاراغوا التي قطعت علاقاتها الدبلوماسية مع "إسرائيل" على خلفية تلك الاعتداءات.

وقال موسى، في مؤتمر صحفي عقد عقب انتهاء الاجتماع أن المجلس قرر عدم الاعتراف بالحصار والعمل على كسره وعدم التعامل معه، واصفاً القرار المصري بفتح معبر رفح دون سقف زمني بأنه "كسر للحصار". وأضاف موسى: "إن المجلس قرر تكليف لبنان والمجموعة العربية في نيويورك بالتوجه لمجلس الأمن بالتنسيق مع تركيا والدول والتجمعات الصديقة لإصدار قرار لإدانة الحصار الإسرائيلي على قطاع غزة، وضرورة رفعه، وطلب عقد اجتماع للجمعية العامة للأمم المتحدة". وقال موسى أن هذا القرار يعكس حجم الغضب العربي (الرسمي بالطبع) من الاعتداء الإسرائيلي على أسطول الحرية.

ثم جاءت زيارة الأمين العام للجامعة إلى قطاع غزة والتي استغرقت عشر ساعات، بهدف احتواء الغضبة الشعبية العربية على الجريمة الإسرائيلية، ورفع الحرج عن النظام الرسمي العربي. وعدّت أمانة الجامعة أن مجرد الزيارة بعد أربع سنوات من الحصار، هي بمثابة كسرٍ للحصار! من دون أن يصاحب أو ينتج عن هذه الزيارة نتائج عملية أخرى. بينما توجهت السفينة الليبية "أمل" بعد استعراض محدود إلى ميناء العريش، وعدلت عن الذهاب إلى القطاع، بالرغم من كل ما صاحبها من حديث عن إصرارها على الوصول إلى ميناء غزة[12].

وفي ضوء التحولات التي طرأت على أنظمة الحكم في عدد من البلدان العربية، وإمكانية امتداد عدوى الثورات إلى بلدان وأنظمة عربية أخرى، من المتوقع أن نشهد تغيراً في نمط التعاطي العربي الرسمي مع قضية فكّ الحصار، باتخاذ خطوات إيجابية مثل تشجيع خروج قوافل إغاثة ومساعدات للقطاع، في إطار سياسة احتواء الشارع العربي الغاضب، وتوجيه أنظاره بعيداً قليلاً عن قضايا الإصلاح الداخلي، نحو قضية أخرى عادلة، خاصة أن الشارع العربي لطالما اعتبر أن دعم الفلسطينيين، هو من الثوابت التي لا ينبغي المساس بها.

الموقف من اغتيال المبحوح:

لم تكن ردود الفعل العربية نحو جريمة اغتيال القيادي في كتائب القسام محمود المبحوح في دبي، في 2010/1/20، على مستوى الحدث، بالنظر إلى خطورته من ناحية الأمن القومي العربي على الأقل، إذ يعدّ بمثابة اختراقٍ أمنيٍّ لدولة عربية تعدّ من دول ما سمي بـ"محور الاعتدال"، استضافت قبل عشرة أيام من حادث الاغتيال وزير البنية التحتية الإسرائيلي عوزي لانداو Uzi Landau للمرة الأولى في تاريخها، في مؤتمر الوكالة الدولية للطاقة المتجددة (إيرينا) International Renewable Energy Agency (IRENA).

الأمر الأخطر، تمثل في استمرار الاختراق الإسرائيلي لأمن الإمارات العربية المتحدة، ففي أعقاب الحادث قدم المحلل العسكري، ألون بن ديفيد Alon Ben-David، تقريراً مصوراً للقناة العاشرة الإسرائيلية، صوره في الفندق الذي تمت فيه عملية الاغتيال، وتحدث في صالة استقباله وتباهى وهو على أرض دبي باختراق الموساد للأجهزة الأمنية الإماراتية من خلال اغتيال محمود المبحوح، ونجاحه في تهريب الجناة، وقدم لقطات مصورة لممرات الفندق وصولاً إلى الغرفة التي تمّ الاغتيال فيها!

وأعلنت شرطة دبي أنها تنوي توجيه التهم لبنيامين نتنياهو، وطالبت منظمةَ الشرطة الجنائية الدولية (الإنتربول) International Criminal Police Organization—INTERPOL بإصدار مذكرة اعتقال بحق رئيس الموساد الإسرائيلي، الذي احتفى بالجريمة على نحو مستفز جداً. إلا أن مثل هذه الإجراءات الإماراتية، كانت تتطلب على الأقل ردود فعل عربية قوية؛ الأمر الذي لم يحدث، فلم تتعد ردود الفعل العربية حدود الشجب والإدانة، مثلما جاء في تصريح متأخر جداً للسيد عمرو موسى في 2010/2/21، قال فيه إن الجامعة تتابع هذا الموضوع باهتمام بالغ، وترى أن هذا عمل إجرامي، ويعد انتهاكاً لسيادة دولة عربية، وأنها على اتصال بدولة الإمارات[13]. وكذلك البيان الصادر عن مجلس جامعة الدول العربية على المستوى الوزاري في دورته العادية الـ 133، وجاء فيه أن "المجلس يدين استغلال المزايا القنصلية التي منحت لرعايا الدول التي استخدمت جوازات سفرها في عملية الاغتيال"[14]. الأمر نفسه جاء في البيان الختامي لقمة سرت العادية الأولى في 2010/3/28.

ولم يرِد أي ذكر لتنسيق عربي فعلي مع الإمارات في إطار جهودها لملاحقة مرتكبي الجريمة، الذين دخلوا دبي وخرجوا منها بجوازات سفر أوروبية، كما لم يستثمر العرب علاقاتهم بالدول الأوروبية في هذا الإطار، ومن ثم تمكن عدد منهم من الهرب من الملاحقة القضائية. كما حدث مع عميل الموساد الإسرائيلي في ألمانيا، الذي أطلقت السلطات الأمنية سراحه، ونفت التهمة عنه، وسمحت له بمغادرة أراضيها والعودة إلى "إسرائيل"[15].

ثانياً: مواقف عدد من الدول الرئيسية وأدوارها:

1. مصر:

الموقف من التسوية:

شهدت سنة 2010 استمراراً في النهج المصري الرسمي السابق، في التعاطي مع مسار التسوية الفلسطينية الإسرائيلية، والذي يتماهى في مجمله بشكل شبه كامل مع موقف الإدارة الأمريكية.

وعلى الرغم من أن القاهرة كان لها مصلحة أكيدة فى التدخل بفعالية على صعيد هذا الملف، لأهداف تتعلق بسيادة مصر وأمنها الداخلي ووضعها في النظام الإقليمي، إلا أن هذا الدور كان دائماً محكوماً بضرورة الحفاظ على مستوى العلاقة التي تربط مصر بالولايات المتحدة الأمريكية، الراعي الدولي الرسمي للسلام والحليف الاستراتيجي، لأغراض معاضدتها لمشروع توريث الحكم الذي كان النظام المصري السابق يدفع باتجاهه، وهو ما أدى في الحاصل الأخير إلى تذبذب الموقف الرسمي المصري ما بين دعم ثبات المفاوض الفلسطيني ومساندته في أوقات معينة، حتى الوصول إلى النقطة التي يؤدي فيها هذا الدعم إلى ضغط أمريكي على مصر، ومن ثم يبدأ الموقف المصري في التراجع وحثّ المفاوض الفلسطيني على المرونة.

إلا أنه وخلال سنة 2010، بدا أن الميزان المصري صار أكثر ميلاً نحو حثّ المفاوض الفلسطيني على المزيد من المرونة بل والتساهل، إذ زادت الأزمات التي مرّ بها النظام الحاكم، داخلياً وخارجياً، من حساسية الموقف المصري حيال أي ضغط تمارسه الولايات المتحدة، بينما عمل النظام جاهداً على ضبط معادلة الحكم لصالح استمرار الوضع الراهن، وتمرير مشروع التوريث، وكبت الاحتقان الداخلي المتصاعد على خلفية رفض هذا المشروع، والذي أدى في النهاية إلى اندلاع ثورة 25 كانون الأول/ يناير.

في ظلّ هذه الأوضاع غير المستقرة داخلياً وخارجياً، لم يكن النظام المصري السابق خلال سنة 2010 مؤهلاً لممارسة دور أكثر فعالية بالتعاطي مع الأطراف الأساسية للعملية التفاوضية، واستمر الرهان المصري على دور أمريكي منتظر ينقذ عملية التسوية المتعثرة، إذ بدأت سنة 2010 بالحديث عن موقف إسرائيلي جديد، قدمه رئيس الوزراء الإسرائيلي بنيامين نتنياهو للقيادة المصرية خلال المحادثات التي جرت بينه وبين الرئيس المصري مطلع السنة.

ثم تقدمت القاهرة بخطة لإعادة إحياء محادثات السلام الفلسطينية – الإسرائيلية، قيل وقتها أنها مستقلة عن الضغوط الأمريكية لاستئناف المفاوضات، إلا أن ما تسرب بشأنها أكد أنها تتشابه تماماً والخطة الأمريكية.

وتضمنت خطة "نهاية الطريق" التي قدمها وزير الخارجية المصري أحمد أبو الغيط، ووزير المخابرات المصرية اللواء عمر سليمان، للإدارة الأمريكية خلال الزيارة التي قاما بها إلى العاصمة الأمريكية واشنطن، في 2010/1/7، النقاط الآتية:

- أن تُصدر الإدارة الأمريكية خطاب ضمان للرئيس الفلسطيني محمود عباس.
- أن يتضمن الخطاب التزاماً أمريكياً ينص على ضمان حلّ الصراع الفلسطيني – الإسرائيلي على أساس حدود ما قبل حرب سنة 1967، مع إجراء بعض التعديلات وفقاً للتغييرات الديموغرافية والسكانية التي حدثت خلال السنوات الماضية.
- أن يطالب أوباما بضرورة الحد من التجاوزات في الأراضي بين الفلسطينيين والإسرائيليين إلى أدنى حدٍّ ممكن.
- إبداء الاستعداد للنظر في تأييد القدس الشرقية كعاصمة للدولة الفلسطينية[16].

وبالرغم من أن الخطة المصرية تحدثت، كما جاء على لسان مصدر دبلوماسي مطلع، عن ضرورة تجميد الاستيطان، إلا أن مصدراً صحفياً مصرياً قال أن الخطة المصرية تنص أيضاً على موافقة منظمة التحرير على بناء ثمانية آلاف وحدة استيطانية جديدة في الضفة الغربية، وعلى تبادل للأراضي بنسبة تعادل ثلث مساحة الضفة[17]!.

وهو ما يعني عملياً نسف الشرط الفلسطيني بضرورة تجميد الاستيطان قبل استئناف المفاوضات. ومن ثم يمكن القول أن القاهرة اتخذت موقفاً سلبياً بدرجة كبيرة حيال دعم ثبات المفاوض الفلسطيني على شرط "التجميد المؤقت للاستيطان"، بل اضطرت إلى ممارسة ضغط في الاتجاه المعاكس، وهو ما أكدته تواتر تصريحات القيادة الفلسطينية بشأن ضغوط عربية لاستئناف المفاوضات، ثم الانتقال إلى المفاوضات المباشرة بعد سجال من الاتصالات واللقاءات جمعت بين دول محور الاعتدال والسلطة الفلسطينية، ولقاء آخر جمع بين الرئيس الأمريكي باراك أوباما، ورئيس الوزراء الإسرائيلي في واشنطن قبل منتصف شهر تموز/ يوليو، ثم لقاء آخر جمع بين الرئيس المصري حسني مبارك ونتنياهو في 2010/7/18. في إشارة لافتة إلى عمق التماهي بين الموقف المصري والموقف الأمريكي، الذي عدّ أن استئناف المفاوضات تحت أي ظروف، أفضل من الجمود الذي لا يخدم الأهداف الأمريكية في المنطقة، وأن الحراك على الملف الفلسطيني سيعمل لصالح اصطفاف عربي أمريكي أمام المشروع الإيراني المطلوب إجهاضه. وإن كان الموقف المصري ينطلق أساساً من أرضية مختلفة قوامها محاولة تجنب إغضاب الطرف الأمريكي، وكسب رضاه، بهدف تحييده وضمان إيجابية أو حيادية مواقفه على الأقل من قضايا الداخل المصري.

واتكأ الموقف المصري المؤيد بشدة لاستئناف المفاوضات على تأكيدات أمريكية بالتزام واشنطن بإقامة الدولة الفلسطينية المستقلة وفق حلّ الدولتين، والتزام الرئيس الأمريكي شخصياً بمواصلة

جهوده لإطلاق مفاوضات سلام في إطار زمني محدد[18]. وأن مصر تود أن تعطي واشنطن فرصة لتنفيذ وعودها بإقناع "إسرائيل" بتجميد الاستيطان لفترة ممتدة.

ولم يؤدِ تراجع واشنطن، وإعلانها الفشل رسمياً في إقناع "إسرائيل" بتجميد الاستيطان، لمدة ثلاثة أشهر فقط، إلى أي تغيير في موقف النظام المصري السابق، بل أعلن وزير الخارجية السابق أحمد أبو الغيط عشية اجتماع لجنة المتابعة العربية أنه "لا توجد مصلحة لأي طرف في إفشال الجهود الأمريكية، بل على العكس نحن نرغب في رؤية دور أمريكي فاعل وقادر". وقد أضاف أبو الغيط "نوايا" مصرية إلى هذا الموقف، فقال: "هناك حاجة للمزيد من الدعم الدولي، وبالذات من جانب اللجنة الرباعية الدولية، لتعزيز هذا الدور الأمريكي"، ثم زاد على ذلك "نوايا" أخرى تتعلق بحدود سنة 1967، وبشرقي القدس التي لا بدّ أن تكون فلسطينية[19]، ولكنها كلها "نوايا" لا تقترن بأي ضغط عربي على الإدارة الأمريكية.

وأكدت الخارجية المصرية أن الدعم المصري لخيارات بديلة للمسار التفاوضي، مثل الذهاب إلى مجلس الأمن لاستصدار قرار بالاعتراف بالدولة الفلسطينية المستقلة وعاصمتها القدس الشرقية على أساس حدود 1967/6/4، لن يتم من خلال التصادم مع الولايات المتحدة أو القوى العظمى ولكن بالعمل المتسق معها[20]. أي أن هذا الخيار، بعيداً عن الشكوك المثارة أساساً بشأن جديته، لن يتم استخدامه في إطار ممارسة ضغط دولي على الولايات المتحدة.

وللمفارقة، فإنه وأثناء تقدم المجموعة العربية بمشروع قرار يدين الاستيطان الإسرائيلي في مجلس الأمن، كان النظام المصري السابق يلفظ أنفاسه الأخيرة، تحت وقع ضربات الثورة التي اجتاحت مصر في 2011/1/25، ومن ثم لم يشارك عملياً في الخطوة العربية، والتي باءت بالفشل بعد أن استخدمت واشنطن حقّ النقض (الفيتو) لإجهاض القرار. وإن كان عدم مشاركته –أي النظام المصري السابق– لم تأتِ هذه المرة على خلفية التنسيق مع واشنطن!

أما من ناحية المسار المتوقع خلال سنة 2011، ففور اندلاع الثورة المصرية في 2011/1/25، وربما قبل تنحي الرئيس المصري السابق حسني مبارك عن الحكم في 2011/2/11، أثيرت العديد من التساؤلات بشأن تأثيرات الثورة المصرية على القضية الفلسطينية، والعلاقات المصرية الإسرائيلية، سلباً وإيجاباً. فقد ظلّ مسار القضية الفلسطينية وسيبقى مرتبطاً، سلباً أو إيجاباً، بالوضع العام في مصر، لأسباب منها ما يتعلق بوضعية مصر كإحدى مراكز الثقل في المنطقة، وأيضاً لأسباب التقارب بين فلسطين ومصر جغرافياً وثقافياً، ولأسباب جيوسياسية ترتبط بكون فلسطين البوابة الشرقية للأمن القومي المصري، وبالتالي فإن أية تغيرات تحدث على جانبي الحدود لا بدّ وأن تؤثر بقوة على الجانب الآخر.

وإذا كانت مصر الآن تمر بمرحلة انتقالية فإنه من المبكر جداً رسم أطر للسياسة الخارجية لمصر على المدى البعيد أو حتى المتوسط، في ظلّ عدم استقرار الأوضاع الداخلية بعد، وهنا ينبغي لفت الانتباه إلى عدم الاستهانة بمرحلة انتقال من نظام قديم إلى نظام جديد، وبخاصة في الحالة المصرية حيث النظام القديم لم يسقط تماماً، والنظام الجديد لم ينشأ، ولا أحد يعرف بعد على وجه الدقة، أو حتى التقريب، شكله ومعالمه وتوجهاته. وتأسيساً على ما سبق، يصعب الجزم بأي شيء، سوى بملامح السياسة الخارجية لمصر خلال المرحلة الانتقالية التي ستستغرق على الأرجح كل ما تبقى من سنة 2011، وربما عدة أشهر من سنة 2012. وفي هذا السياق يمكن الإشارة إلى ما يلي:

لن تمارس مصر السياسات نفسها التي مارسها نظام مبارك فيما يتعلق بملف المفاوضات المباشرة وغير المباشرة مع الإسرائيليين، والعملية السلمية برمتها التي انطلقت منذ توقيع اتفاقات أوسلو. بعبارة أخرى، من المستبعد تماماً أن يمارس المجلس العسكري الضغوط على السلطة الوطنية الفلسطينية للتراجع عن مواقفها بشأن تجميد الاستيطان، من أجل العودة إلى مفاوضات عبثية، لم تقدم للشعب الفلسطيني غير المذلة والمزيد من المستوطنات في مدينة القدس المحتلة.

وفي السياق ذاته، مصر في المرحلة الانتقالية سوف تكون أكثر حزماً (من مصر – مبارك) في دعم الحقوق الفلسطينية وأقل استعداداً للامتثال لطلبات "إسرائيل" وحلفائها في الولايات المتحدة.

وإذا كان المجلس العسكري قد أعلن التزامه بمعاهدة كامب ديفيد، فإن هذا لا يعني الاستمرار بنفس طريقة التعاطي السابقة، ولكن بين الإلغاء واستمرار سياسات مبارك سوف تنتخب الإدارة المصرية مجموعة من الخيارات الأخرى التي من شأنها أن تضع "إسرائيل" في موقف دفاعي، وتنهي مرحلة العلاقة الحميمية التي تمتعت بها "إسرائيل" مع (مصر – مبارك).

من المرجح كذلك ألا تنسحب مصر من "المبادرة العربية للسلام"، لكنها سوف تكون أقل تسامحاً إزاء غياب الرغبة في السلام لدى الطرف الإسرائيلي، وكذلك أشد انتقاداً للممارسات العدوانية الإسرائيلية.

أما إذا أقدمت "إسرائيل" على مغامرة جديدة في قطاع غزة، ومن ثم وضعت الإدارة المصرية في اختبار مبكر، فالأرجح أن يفضي ذلك إلى توتر غير مسبوق في العلاقة بين الطرفين.

الموقف من المصالحة الفلسطينية:

تجددَ الحراك السياسي مرة أخرى على صعيد ملف المصالحة الفلسطينية – الفلسطينية خلال سنة 2010، على خط موازٍ لخط تجدد الحراك على صعيد ملف التسوية الفلسطينية – الإسرائيلية. وهو الحراك الذي شهد تدخل أطراف عربية أخرى، إلى جوار القاهرة على الرغم من أنها استمرت في الاستحواذ على إدارة هذا الملف بشكل رئيسي. وبدا من التوقيتات التي تكثفت فيها تلك الجهود على مدار العام، أنها تهدف في المقام الأول إلى توفير مناخات هادئة للمفاوضات والمفاوضين.

وعلى الرغم من أن القاهرة، أوائل سنة 2010، رفضت وبإصرار إعادة فتح الورقة المصرية للمصالحة للنقاش والتعديل، مما أحبط مناخات التفاؤل التي رافقت الجولات العربية الواسعة التي قام بها كل من رئيس المكتب السياسي لحماس خالد مشعل، ورئيس السلطة الفلسطينية محمود عباس، أوائل سنة 2010؛ ورواج تقديرات بشأن دور سعودي منتظر قريب في ملف المصالحة الفلسطينية يذكر بمساعيها لإبرام اتفاق مكة سنة 2007[21].

إلا أن هذا الموقف تغير عشية عيد الفطر مع اللقاء الذي عُقد في مكة بين الوزير السابق عمر سليمان وخالد مشعل، والذي انتهى إلى الاتفاق بأن يقوم سليمان بالاتصال بالرئيس أبو مازن لإقناعه بإرسال وفد من فتح إلى دمشق للالتقاء بوفد من حماس، من أجل التوصل إلى تفاهمات فلسطينية – فلسطينية، بعد زوال التحفظ المصري، على إمكانية التوصل إلى هذه التفاهمات قبل توقيع حماس على الورقة المصرية[22]. وهذا ما حدث فعلاً، حيث عقد اجتماع بين وفدي الحركتين في دمشق، صدر عنه بيان مشترك أكد الاتفاق على عدد من النقاط، وعلى استكمال الحوار باجتماع لاحق، على أن يعدّ ما يتم الاتفاق عليه ملزماً عند توقيع الورقة المصرية[23].

وقد جاء هذا التغير في الموقف المصري بهدف مساعدة الرئيس أبو مازن في المفاوضات مع "إسرائيل" التي واجهت معارضة فلسطينية كبيرة، حتى داخل فتح والمنظمة، بسبب تعنت حكومة نتنياهو.

كما جاء إحياء هذا الملف أيضاً على خلفية المساعي السعودية للتقريب بين القاهرة ودمشق، وإدراك الرياض والقاهرة باستحالة حلحلة ملف المصالحة في ظلّ تهميش الطرف السوري، بدليل إخفاق إعلان القاهرة آذار/ مارس 2005، وإخفاق اتفاق مكة شباط/ فبراير 2007، وإخفاق إعلان صنعاء سنة 2008، فضلاً عن إخفاق جولات الحوار الفلسطيني في القاهرة سنة 2009.

وعدّت القاهرة والرياض أن إحياء ملف المصالحة في هذا التوقيت مهم تحسباً لفشل المفاوضات من جهة، ومن جهة أخرى، لاستخدامه كرافعة لأبو مازن بإظهاره كمن يملك خيارات أخرى، وأنه قادر على المصالحة، وفي المساعدة على سحب الذريعة الإسرائيلية التي تتحدث عن ضعف الرئيس الفلسطيني لكونه لا يمثل جميع الفلسطينيين ولا يسيطر على قطاع غزة.

وتأكدت تكتيكية تلك التحركات بتأجيل الجلسة التي كانت مقررة في 2010/10/20 في دمشق حتى إشعار آخر، بعد أن حطت على مكاتب المسؤولين السياسيين والأمنيين في رام الله رسالة أمريكية إسرائيلية واضحة، مفادها أن "فتح ملف الأجهزة الأمنية في الضفة الغربية خط أحمر"، وأن حماس في الضفة، يجب أن تظل في بؤرة استهداف الأجهزة الأمنية والتنسيق الأمني، لا أن تكون جزءاً من السلطة والأجهزة وهيئات الإشراف عليها، وأن ذهاب السلطة بعيداً على هذا

الطريق، سيفضي إلى وضع السلطة وأجهزتها في دائرة العدو بالنسبة لـ"إسرائيل". ومن ثم أغلق هذا الملف قبل نهاية العام وأسدل الستار على الجهود العربية لإتمامه.

وباندلاع الثورة المصرية ورحيل نظام مبارك، لم يعد هناك مجال للحديث عن الورقة المصرية للمصالحة، بعد أن رحل النظام الذي وضعها وتمسك بها. والتي كانت تمثل فى حقيقة الأمر ورقة ضغط على حماس.

والأرجح خلال الفترة الانتقالية التي تمر بها مصر أن يتراجع اهتمام الإدارة المصرية بهذا الملف، ريثما تنتهي من ترتيب أوضاع البيت الداخلي المصري.

أما إذا فرضت تطورات الساحة الفلسطينية منطقها على كافة الأطراف ودفعت في اتجاه بذل الجهود على صعيد إتمام المصالحة، فالمؤكد أن الجهد المصري سوف يكون على أرضية مختلفة تترجم واقع الانفتاح النسبي من قبل القاهرة على حركة حماس، والذي كان من أبرز تجلياته استقبال المجلس العسكري الحاكم في مصر، وكذلك وزير الخارجية نبيل العربي، لوفد حركة حماس برئاسة محمود الزهار، في آذار/ مارس 2011، وذلك خلافاً للنهج المصري السابق حيث كان مستوى الاتصالات مع حماس يقتصر على المستوى الأمني فقط، من خلال المخابرات العامة المصرية، دون أي اتصال على المستوى السياسي، وذلك في إشارة ذات مغزى.

الموقف من حصار غزة:

ظهر في بداية سنة 2010 أن السياسة المصرية قد فقدت تسامحها نحو قوافل المساعدات التي يتم تسييرها إلى غزة عبر معبر رفح، المنفذ العربي الوحيد للقطاع. إذ بدأت سنة 2010، بأزمة قافلة شريان الحياة الإغاثية، والتي تطورت إلى حدّ وقوع إطلاق نار متبادل قُتل على أثره جندي مصري، وأصيب العشرات من أعضاء القافلة، بعد أن رفضت السلطات المصرية عبور القافلة عبر معبر رفح، ومنعت أكثر من ألف متضامن أجنبي من السفر إلى العريش، للالتحاق بالقافلة التي كان من المقرر أن يتزامن وقت دخولها غزة والذكرى الأولى للعدوان الإسرائيلي عليها.

وقررت السلطات المصرية عدم السماح مرة أخرى لقوافل المساعدات إلى القطاع من المرور عبر أراضيها، وقال وزير الخارجية المصري السابق أحمد أبو الغيط إن "مصر لن تسمح بهذا النوع من القوافل مجدداً مهما كان مصدرها أو نوعية القائمين عليها، بسبب اتجاه البعض من راغبي الإساءة إلى مصر، والتشكيك في جهدها المتواصل لنصرة الفلسطينيين وقضيتهم". وأوضح في بيان صادر عنه أن السلطات المصرية ستضع آلية جديدة ستتيح للراغبين في إرسال المعونات للشعب الفلسطيني تسليمها إلى الهلال الأحمر المصري والسلطات المصرية في ميناء العريش. على أن تقوم السلطات بكل الإجراءات الكفيلة بتسليمها إلى الهلال الأحمر الفلسطيني داخل غزة[24].

وبدا النظام المصري السابق ومن خلال إدارته لهذه الأزمة وكأن مصر الدولة الأكثر اعتراضاً على تقديم المساعدات الإنسانية للشعب الفلسطيني، بالرغم من أنها ليست المسؤولة عن فرض الحصار عليه. فبينما لقيت القافلة استقبالاً شعبياً ورسمياً وترحيباً في تركيا وسورية والأردن، كانت تصرفات مصر الرسمية المعرقلة لمسيرة القافلة توحي بضيق غير مبرر، في الوقت الذي فشلت فيه الخارجية المصرية فشلاً ذريعاً في إقناع الرأي العام بسلامة الحجج التي بنت عليها قرارات وتصرفات بدت أمام الجميع متعنتة إلى حدٍّ كبير. فلم تكن هناك أسباب منطقية وراء طلب الذهاب إلى ميناء العريش محدود الإمكانيات، بدلاً من ميناء نويبع الذي كان من المقرر أن ترسو فيه سفن القافلة منذ البداية. كما أثار الحديث المتكرر عن السيادة واحترام قوانين البلاد حفيظة وسخرية الكثيرين لأن أحداً لم يتعمد أو يحاول المساس بهما.

وبدلاً من أن تصب الحملة جام غضبها على "إسرائيل"، الدولة المحتلة المنتهكة لحقوق الشعب الفلسطيني والمتسببة في تجويعه بالحصار الذي تفرضه عليه، صبت جام غضبها على مصر التي تعرقل قافلة تحمل مساعدات إنسانية لشعب شقيق محاصر! إلا أنه وفي أعقاب حادث الاعتداء على أسطول الحرية، عادت القاهرة وأعلنت فتح معبر رفح في الاتجاهين لأجل غير مسمى، وقبولها مرور المساعدات الإنسانية إلى القطاع عبر أراضيها[25]. وذلك في محاولة لاحتواء الغضبة الجماهيرية الشعبية على خلفية الاعتداء الإسرائيلي على الأسطول، ومنعاً لتكرار سيناريو اقتحام فلسطيني جماهيري للمعبر، في حالة الخنق والشلل الاقتصادي الكامل له، كما حدث في كانون الثاني/ يناير 2008.

في الوقت نفسه استمرت مصر خلال سنة 2010 في محاربة ظاهرة الأنفاق الحدودية بين مصر والقطاع، بالكشف عنها وهدمها. وجاء في تقرير صحفي أن مصر دمرت خلال النصف الأول من سنة 2010 فقط نحو 400 نفق حدودي[26]. وقد أضافت قضية تدمير الأنفاق مزيداً من التوتر إلى الرصيد القائم ما بين مصر وحكومة حماس في القطاع، والذي شهد تصاعداً خلال العام من حين لآخر، على خلفية الاتهامات التي يوجهها كلا الطرفين لبعضهما البعض، فقد دأبت مصر على توجيه التهم لحماس باستخدام الأنفاق في تهريب السلاح إلى القطاع واختراق أمن سيناء. مثلما جاء في تقرير للحزب الوطني، الذي كان يسيطر على الحكم في مصر، إن "إغراق غزة بالسلاح عبر الأنفاق، يؤدي لوجود سوق غير مباشر للسلاح في مصر"، مدعياً أن "نصف هذا السلاح يرتد إلى مصر ويباع في الداخل"، و"أن الأحداث الإرهابية في القاهرة وسيناء لها علاقة مباشرة بهذه الأنفاق، فتفجيرات الحسين العام الماضي [سنة 2009]، أثبتت أن اثنين من المخططين استغلا غزة كملاذٍ آمن تحت سمع حماس وبصرها، كما استخدم بلجيكي من أصل تونسي الأنفاق في التسلل من غزة إلى مصر للمشاركة في التفجيرات، بعد الحصول على التعليمات من قادة التنظيم في غزة"[27]!

وارتفعت حالة التوتر ما بين الطرفين إثر ورود تقارير صحفية وحقوقية، تتحدث عن استخدام الأمن المصري لغازات سامة مميتة داخل الأنفاق قبل تفجيرها، لقتل مرتادي الأنفاق، وفي هذا الإطار جاء في تقرير للمنظمة العربية لحقوق الإنسان في بريطانيا، أن السلطات المصرية استخدمت القوة المميتة في حربها على الأنفاق بين قطاع غزة ومصر، ومارست القتل العمد تحت الأرض بعيداً عن أعين العالم.

وأوضحت المنظمة في تقريرها أنه "جرى توثيق 54 حالة وفاة قضى معظمهم بسبب استنشاق أنواع من الغاز السام تقوم قوات الأمن المصرية برشه داخل الأنفاق مما يؤدي إلى الاختناق والموت السريع"[28].

وفي 2010/4/29، حمّلت وزارة الداخلية في القطاع الأمن المصري المسؤولية عن مقتل أربعة فلسطينيين وإصابة سبعة آخرين بحالات اختناق إثر رشّ السلطات المصرية غازات سامة داخل نفق على الحدود المصرية مع قطاع غزة[29]. وقد نفت مصر صحة هذه الأخبار، وقالت أنها تقوم بعملية تفجير دورية لمداخل الأنفاق، ولكنها لا تستخدم الغازات السامة في عمليات السد والتفجير[30].

بعد الثورة المصرية، من المتوقع أن تشهد الحدود المصرية مع القطاع انفراجاً. فقد جاء على لسان وزير خارجية الحكومة الانتقالية في مصر، نبيل العربي، أن مصر خلال المرحلة المقبلة، ستتكفل إنهاء الحصار عن قطاع غزة. ووصف السياسة المصرية السابقة إزاء إدارة معبر رفح، والتعاطي مع القطاع، بالارتجالية، والمخالفة الجسيمة لقواعد القانون الدولي الإنساني التي تحرم حصار المدنيين حتى في أوقات الحروب[31]، وهي التصريحات التي تؤشر إلى أن الرؤية المصرية الجديدة والتعاطي وقضية المعبر ستتسم بمرونة أكبر، الأمر الذي بدت مؤشراته في الظهور مع قرار المجلس الأعلى للقوات المسلحة المصرية، فتح معبر رفح بشكل دائم لمرور العالقين من الجانبين، والحالات الإنسانية وحملة الإقامات. وكذا السماح لبعض قياديي حماس ومنهم محمود الزهار وخليل الحية بالمرور عبر المعبر. كما أنها تشير بوضوح إلى تغير في مستوى النظرة المصرية للمسألة، من تحميل "إسرائيل" والمجتمع الدولي كامل المسؤولية عن الحصار، إلى الاعتراف بالمسؤولية المصرية عن جزء من المشكلة، والوعد بالعمل على حلها.

2. الأردن:

الموقف من التسوية:

لم تحمل سنة 2010، تغيراً ما في نهج التعاطي الأردني مع مسار التسوية، فعلى الرغم من أن الأردن يعدّ بمثابة الطرف العربي الأكثر قلقاً حيال عدم قيام دولة فلسطينية عاصمتها القدس، وعودة اللاجئين، إذ تتخطى المسألة لديه حدود الجغرافيا والديموغرافيا إلى مسألة الأمن والوجود ذاته، إلا أنه لا توجد شواهد على وجود أثر جدي لهذه المخاوف على السلوك السياسي الأردني.

وقد حملت سنة 2010 أكثر من مؤشر خطر كان يستوجب قيام الأردن، بتحرك فاعل على مسار تسوية الصراع الفلسطيني – الإسرائيلي. أولها، بعث جهود أمريكية – إسرائيلية قديمة، بحل لقضية اللاجئين الفلسطينيين يستبق مسار التفاوض، وقد يأتي على حساب أطراف عربية أبرزها الأردن، ووضعها على الطاولة مرة أخرى، من قبيل ما نقلته تقارير إعلامية بشأن إرسال واشنطن وفداً أمريكياً إلى عدد من الدول العربية لإقناعها بتوطين اللاجئين الفلسطينيين مقابل مساعدات اقتصادية ضخمة، تُقدَّم لحكومات تلك الدول لمساعدتها في توفير احتياجات هؤلاء اللاجئين[32]. وأشارت مصادر صحفية إلى أن الرئيس الأمريكي باراك أوباما يتابع شخصياً هذا الملف، وأنه قام بطمأنة نتنياهو خلال اللقاء الذي جمعهما في البيت الأبيض في تموز/ يوليو2010 بأن حقّ العودة للاجئين الفلسطينيين سوف يُشطب[33].

إزاء هكذا إشارات خطيرة، لم تتعد مواقف الأردن الرسمية حدود التأكيد على رفض توطين الفلسطينيين في الأردن، والشجب والإدانات اللفظية (أحياناً تكون شديدة اللهجة)، ووصلت أحياناً إلى حدّ استدعاء السفير الإسرائيلي في عمّان، وتسليمه مذكرة احتجاج من الحكومة الأردنية حول قرار الحكومة الإسرائيلية ترحيل فلسطينيي الضفة الغربية[34].

واستمر الأردن في الوقت نفسه في إطلاق التصريحات حول تهيئة الأجواء لاستئناف المفاوضات المباشرة، والتأكيد مرة تلو الأخرى على استراتيجيته القائمة على مبدأ أن الأردن لا يفاوض بالنيابة عن الفلسطينيين، ولا يفاوض إلى جانبهم، لكنه سيضع "الفيتو" على أي اتفاق لا يلبي المصالح الأردنية. وبالرغم من أن الأردن أبدى استعداده للمشاركة في المفاوضات المباشرة، وتواردت أنباء وتقارير إخبارية حول فتح عمّان لأرشيفها الخاص بالضفة الغربية، وتزويدها فريق التفاوض الفلسطيني بقيادة الرئيس الفلسطيني محمود عباس بخرائط تفصيلية وصور جوية للضفة الغربية بما فيها شرقي القدس، التي كانت تحت السيادة الأردنية قبل احتلالها سنة 1967[35]. فإن محاولاتها قوبلت بالرفض التام من جانب الطرفين الإسرائيلي والأمريكي، اللذين ما زالا يصران على نهج التفاوض الثنائي حتى في قضايا لها مساس مباشر بالأمن الوطني الأردني مثل قضية اللاجئين الفلسطينيين.

ولم يبدُ في الأفق أن الأردن يملك أوراقاً للضغط، أو تكتيكات مناسبة، تمكنه من المشاركة في مسار التفاوض بما يراعي مصالحه، في ظلّ الإصرار الأمريكي والإسرائيلي على التفاوض الثنائي، على الرغم من حدوث بعض التحركات التقليدية مثل بيان المتقاعدين العسكريين الذي نشر مطلع شهر أيار/ مايو 2010، والذي أكد على رفض المخططات الإسرائيلية المدعومة أمريكياً، بتوطين اللاجئين، بما يمس الهوية الأردنية[36]؛ وهو البيان الذي أثيرت الشكوك بشأن صحة نسبته إلى المتقاعدين العسكريين الأردنيين، ونفت مجموعة منهم علناً أمام العاهل الأردني أن يكون البيان

المقصود قد صدر عنهم[37]. الأمر نفسه ينطبق على القرار الأردني بتشكيل لجان مهمتها متابعة شؤون المفاوضات المباشرة، من دون أن يكون لها دور فعلي مؤثر على مجريات الأمور.

ومن ثم لم يكن هناك أمام الأردن إلا خيار واحد فقط، ألا وهو انتظار ما قد تتمخض عنه المفاوضات الثنائية أياً كانت نتائجها.

وعلى الرغم من أن أحداث الاضطرابات العربية، ترجح تراجع الاهتمام العربي بملف التسوية، خلال سنة 2011 على الأقل، إلا أن الأردن بوضعه الدقيق، والذي يتمايز نوعاً ما عن وضع أية دولة أخرى داخل النظام العربي، يجعله لا يستطيع بأي حال أن يهمل يوماً ما ملف التسوية، حتى في ظلّ الاضطرابات التي شهدها الأردن، أوائل سنة 2011، مخافة أن تستيقظ يوماً ما على أمر واقع، يفرض عليها الحل الأردني لتسوية القضية الفلسطينية، وفقاً للصيغة الإسرائيلية.

العلاقات مع الفلسطينيين في الأردن:

حظيت قضية اللاجئين الفلسطينيين في الأردن بموقع متقدم على أجندة السياسة الأردنية تجاه القضية الفلسطينية. واستمر التصعيد والتجاذب بشأنها طوال العام تقريباً. إذ بدأت سنة 2010، بالتقرير الحقوقي الذي أصدرته منظمة هيومن رايتس ووتش بعنوان "بلا جنسية من جديد؛ الأردنيون من أصل فلسطيني المحرومون من الجنسية"، وجاء فيه أن المملكة سحبت "تعسفاً" بين سنتي 2004 و2008 جنسية 2,732 أردنياً من أصل فلسطيني، وأن هناك مئات الآلاف غيرهم معرضون لسحب الجنسية، بينهم نحو 200 ألف أردني من أصل فلسطيني عادوا إلى الأردن من الكويت بين سنتي 1990 و1991 بعد الاحتلال العراقي للكويت. وطالبت المنظمة في تقريرها الحكومة الأردنية وقف سحب الجنسية من الأردنيين من أصول فلسطينية، إلى جانب تعيين لجنة مكلفة بإجراء مراجعة مستقلة لجميع الحالات التي سُحبت منها الجنسية، بناء على قرار فكّ الارتباط عن الضفة الغربية في شهر تموز/ يوليو 1988[38].

وقد أكدت الحكومة الأردنية أن إجراءات سحب الجنسية تأتي في إطار تصويب الأوضاع، بعد قرار فكّ الارتباط عن الضفة الغربية، وأن الفلسطينيين يحملون هوية نضالية يجب أن يعتزوا بها ونعتز بها جميعاً[39]. وتنطلق السياسة الأردنية في هذا الشأن من منطق الحرص على فكّ ارتباطها بالضفة الغربية، وتمسكها بحقّ عودة اللاجئين الفلسطينيين إلى ديارهم، وحرصها على ألا يكون لها أي دور في حلّ قضية اللاجئين، إذ إنها تعارض تماماً مشروعات التوطين، التي دأبت "إسرائيل" وأطراف دولية على إثارتها من حين لآخر، عند التطرق لموضوع الحل النهائي للقضية؛ وهو ما يثير مخاوف الأردن من حلٍّ للقضية يأتي على حسابه.

وقد بلغ التوتر أوجه بين السلطات الأردنية والاحتلال الإسرائيلي، في أعقاب الإعلان في 2010/4/13 عن بدء تنفيذ قرار ترحيل الفلسطينيين المقيمين في الضفة، ممن لا يملكون أوراقاً ثبوتية

إسرائيلية، والذين تقدر أعدادهم بعشرات الآلاف[40]؛ وهو ما أثار مخاوف الأردن من حدوث موجة نزوح جماعي لفلسطينيين إلى الأردن، بعد أن يطردهم الاحتلال. وقامت وزارة الخارجية الأردنية باستدعاء السفير الإسرائيلي في عمّان وسلمته مذكرة احتجاج شديدة اللهجة من الحكومة حول القرار الإسرائيلي وجاء في المذكرة أن القرار يشكل خرقاً صارخاً للقوانين والاتفاقيات والشرائع الدولية والإنسانية كافة وخرقاً فاضحاً لالتزامات "إسرائيل" بوصفها القوة القائمة بالاحتلال على الأراضي الفلسطينية. واعتبار أي إجراءات أو تدابير تقوم بها "إسرائيل" بهذه الصفة باطلة قانوناً ومنعدمة حكماً[41].

وقد عقد الأردن اجتماعات مغلقة، ضمت نخبة من أركان الحكم والحكومة، جاء بشأنها تسريبات تحدثت عن أن الأردن يرى أن أي خطوات أحادية تنتهي بتحرك أو انتقال كتلة بشرية من أهالي الضفة الغربية عملاً عدائياً ضدها، وأن السيناريو الأردني في مواجهة هكذا إجراءات قد يصل إلى حدّ الصدام العسكري مع الاحتلال[42].

في الوقت نفسه، أكدت لجنة التنسيق العليا لأحزاب المعارضة الوطنية الأردنية ضرورة اتخاذ خطوات عملية لنصرة الشعب الفلسطيني إزاء سياسة التطهير العرقي التي يمارسها الكيان الصهيوني ضدّ الفلسطينيين في الضفة الغربية، وذلك من خلال إغلاق الحدود بوجه سياسة الترانسفير Transfer الإسرائيلية، وإلغاء اتفاقية وادي عربة، وطرد السفراء الصهاينة من العواصم العربية، وإغلاق السفارات مع تفعيل كامل لقوانين مقاطعة الكيان الغاصب، ووقف كافة أشكال التطبيع مع العدو.

كما طالبت اللجنة الحكومات العربية بسحب المبادرة العربية للسلام والعمل مع دول العالم ومؤسساته الفاعلة لمواصلة الضغط على الصهاينة، من أجل إفشال المشروع العدواني الاستيطاني وفضح أطماع المحتلين للأراضي الفلسطينية[43].

وقد صدر في أعقاب هذا القرار بيان لمجموعة من المتقاعدين العسكريين في الأردن أكدوا فيه أن لا حقوق سياسية للأردنيين من أصول فلسطينية في الأردن. وقال المتقاعدون العسكريون في بيانهم أن الأردنيين من أصول فلسطينية لهم جميع الحقوق في الأردن "ما عدا الحقوق السياسية، فلا محاصصة ولا تجنيس، ولا وظائف سياسية، حفاظاً على تراب فلسطين العزيز، ووقفاً للأجندة الإسرائيلية ومن يتبناها". كما أصدروا بياناً آخر في شهر أيلول/ سبتمبر 2010 يؤكد على المعاني ذاتها، ويحذر من أن توطين الأردنيين من أصول فلسطينية أصبح يشكل تهديداً للهوية الوطنية الأردنية[44]. وعلى الرغم من نفي المؤسسة الأم للمتقاعدين العسكريين أن يكون البيان صادراً عنها، أو يمثل موقفها، إلا أن ذلك لا ينفي أن هذا البيان يمثل رأي قطاعات من النخب السياسية الأردنية. ويتطابق مع المشروع الذي تبناه علناً وزير الداخلية الأردني الأسبق سمير الحباشنة،

الداعي لسحب الرقم الوطني (الذي يعطي للأردني حقوق المواطنة الكاملة بما فيها حقّ الانتخاب والترشيح) من جميع حملة بطاقات الجسور الصفراء والخضراء، تحت عنوان الحفاظ على الهوية الوطنية الأردنية وتثبيت الشعب الفلسطيني في أرضه[45].

وفي توضيح لأسباب إجراءات سحب الجنسية التي يتبعها الأردن، جاء في تقرير صحفي نقلاً عن مصدر مطلع في وزارة الداخلية الأردنية، أن أعداد المقدسيين المقيمين في المملكة الذين لا يجددون تصريح الاحتلال الإسرائيلي أصبحت في تزايد. وأن ذلك يعني أن هذه الفئة ستفقد حقوقها في القدس المحتلة، إضافة الى إجبار السلطات الأردنية على تصويب أوضاعهم عن طريق تحويل بطاقاتهم الصفراء "التي يتمتعون بموجبها بكافة الحقوق الأردنية السياسية والمدنية"، إلى بطاقات خضراء "فلسطيني يقيم بشكل مؤقت على الأراضي الأردنية". وأوضح المصدر أنه في حال انتهاء تصريح الاحتلال الإسرائيلي يتم استدعاء الشخص من قبل دائرة المتابعة والتفتيش، ويُحذَّر من مخاطر فقدان تصريح الاحتلال وما يترتب عليه من فقدان حقه التاريخي في فلسطين؛ إضافة إلى اضطرار السلطات الأردنية لتحويل بطاقته الصفراء إلى خضراء لمواجهة المشاريع الصهيونية والإسرائيلية. ومن الجدير بالذكر أنه وفق الإجراءات المتبعة في دائرة المتابعة والتفتيش، فإنها تمنح البطاقة الصفراء للفلسطينيين الذين يحملون تصاريح احتلال إسرائيلي سارية المفعول، أو هوية فلسطينية، أو يقومون بتجديد وثائق الاحتلال التي يحملونها بشكل متواصل وقانوني. مع العلم أن حامل البطاقة الصفراء يتمتع بكافة الحقوق والواجبات التي يتمتع بها الأردني، بسبب حفاظه على هويته وأرضه الفلسطينية، حيث يحمل وثيقة "احتلال" سارية المفعول[46].

وكان موضوع إعطاء الفلسطينيين الجنسية الأردنية أو سحب هذه الجنسية منهم مثار نقاش ولغط كبير، وترددت ادعاءات ومزاعم بشأن تجنيس فلسطينيين بأعداد كبيرة. وأشارت أحد الادعاءات إلى أنه خلال أربع سنوات (2005-2008)؛ فإن عدد من استعادوا الرقم الوطني، وتحولوا من البطاقة الخضراء إلى الصفراء قد بلغ 56,939 شخصاً، مقابل 2,017 تمّ تجميد رقمهم الوطني، وحُوِّلوا من البطاقة الصفراء إلى الخضراء[47]. غير أن إحصائية رسمية نشرتها جريدة الدستور، حول عدد الأشخاص الذين حصلوا على الجنسية الأردنية، تثبت عدم صحة هذه المزاعم. وكشفت الإحصائية أن الأشخاص الذين حصلوا على الجنسية الأردنية من تاريخ 2000/1/1 وحتى 2011/2/17 بلغ عددهم 46,058 شخصاً، منهم 37,150 مواطنة اكتسبت الجنسية لزواجها من أردني، بناء على أحكام قانون الجنسية. ووفق الإحصائية فإن 1,322 مواطناً عربياً وأجنبياً حصلوا على الجنسية الأردنية بالاستناد لأحكام قانون الجنسية، في حين استعاد 2,200 مواطن أردني الجنسية الأردنية، بعد أن تخلوا عنها في وقت سابق للتجنس بجنسية أجنبية. كما تبين الإحصائية أن من ضمن الحاصلين على الجنسية 217 مواطناً فقط، تمّ استثناؤهم من تعليمات

قرار فكّ الارتباط بقرار من وزير الداخلية منذ سنة 2007 وحتى منتصف شباط/ فبراير 2011، وأن 5,169 مواطناً قاموا بتصويب أوضاعهم وفقاً لتعليمات قرار فكّ الارتباط[48].

وكان نائب رئيس الوزراء ووزير الداخلية سعد هايل السرور قد أعلن أنه في سنة 2010 قد تمّ استبدال 818 بطاقة من صفراء إلى خضراء، و8,473 بطاقة من خضراء إلى صفراء. وقال إن هناك أصواتاً تتحدث عن تجنيس للفلسطينيين، وأكد أن هذا الكلام غير صحيح "ونحن لم نجنس أي فلسطيني"، وأن ما يقومون به هو استبدال بطاقات لأسباب متعددة منها التصويب لحالات تتعلق بالأطفال أو لعاملين في الخارج أو لمن خرج عن طريق مطار اللد الإسرائيلي[49].

ومن ناحية أخرى، لا يتوقع أن تطرأ تغيرات جذرية، على مستوى التعاطي الأردني مع قضايا الفلسطينيين في الأردن، خلال سنة 2011، لأنها تظل محكومة بسقف الخوف من التوطين. في الوقت نفسه، ربما يشهد الأردن انفتاحاً نسبياً، في العلاقات ما بينه وبين الفصائل الفلسطينية في الأردن، في إطار احتواء الاحتقان الداخلي، المتصاعد، وضبط الأوضاع الداخلية، بالتركيز على القضية الفلسطينية، وبالتالي، فإن الأردن، وخلال سنة 2011، سيسعى لضبط معادلة تجمع بين تحسين علاقاته بالعناصر ذات الأصول الفلسطينية فيه، والحذر من أن يُفهَم أن ذلك هو من استحقاقات التسوية السلمية.

3. سورية:

الموقف من التسوية:

استمرت دمشق خلال سنة 2010 في موقفها المعارض لعودة منظمة التحرير إلى المفاوضات مع "إسرائيل"، على خلفية رفضها للتنازلات التي قدمتها المنظمة لـ"إسرائيل". وإدراكها أن أية مفاوضات في ظلّ الأوضاع الراهنة، من انقسام وضعف في أداء السلطة، وتجبُّر حكومة اليمين الإسرائيلي، لن يفضي إلاَّ إلى المزيد من التنازلات في الحقوق الفلسطينية الثابتة مثل حقّ العودة للاجئين، والقدس ووقف الاستيطان. ومن ثم وقفت سورية موقفاً معارضاً لجميع التحركات والقرارات التي اتخذت من قبل لجنة المتابعة العربية. وأعلنت أكثر من مرة أنها ليست طرفاً في أية بيانات أو قرارات تصدر عن اللجنة، وعدّت أن موضوع المفاوضات غير المباشرة على المسار الفلسطيني هو موضوع فلسطيني تتحمل القيادة الفلسطينية وحدها مسؤوليته. كما انتقدت سورية أكثر من مرة موقف منظمة التحرير الساعي للمفاوضات، من دون الحصول على أية ضمانات للحقوق الفلسطينية، التي من المفترض أن تعمل المنظمة على رعايتها بالأساس[50].

وأكدت سورية أن تحرك لجنة المبادرة وقراراتها في مجال بحث موضوع المفاوضات غير المباشرة على المسار الفلسطيني، وتدارس خطوات التحركات المقبلة، تشكل تجاوزاً لصلاحياتها

وصلاحيات المجلس الوزاري العربي، وتجاوزاً لقرارات وصلاحيات القمة العربية. وقال السفير يوسف أحمد مندوب سورية الدائم لدى جامعة الدول العربية ورئيس وفدها في الاجتماع في تصريح له إن سورية ترى أن "الاستجابة لمطلب الانتقال إلى المفاوضات المباشرة في ظلّ كل هذه الوقائع هي هدية لإسرائيل، وإن المفاوضات المباشرة هي مطلب وحاجة إسرائيلية"، وأضاف أن الحكومة الإسرائيلية "تعتبر المفاوضات المباشرة نقطة الانطلاق من أجل فكّ العزلة الدولية التي تعاني منها إسرائيل، ومن أجل تجميل صورة نتنياهو، وكغطاء للاستمرار في سياسة الاستيطان والتهويد وفرض الوقائع الجديدة على الأرض"[51].

وكان لعدم التوافق بين موقف دمشق وموقف القيادة الفلسطينية، حول ملف المفاوضات، آثاره السلبية على العلاقات بينهما. وهو ما انسحب أيضاً على ملفات فلسطينية أخرى، أهمها ملف المصالحة الفلسطينية بين حركتي فتح وحماس. وقد اعتذرت الحكومة السورية رسمياً، أوائل شهر آذار/ مارس 2010، عن عدم استقبال الرئيس الفلسطيني محمود عباس الذي كان من المقرر أن يزور دمشق، وهو ما عدّته قيادة المنظمة بمثابة رسالة سياسية تعكس قراراً سورياً بعدم دعم الرئيس عباس، وبالتعبير في الوقت نفسه عن الاستياء من سياساته[52].

وقد وصلت حدة التوتر بين الجانبين السوري والفلسطيني الرسمي إلى ذروة الاحتقان بالمشادة الكلامية التي وقعت بين الرئيسين بشار الأسد ومحمود عباس، في أثناء القمة العربية الاستثنائية في مدينة سرت الليبية في 2010/10/9 بسبب موضوع المفاوضات مع "إسرائيل" إضافة الى موضوع المقاومة، حيث دار سجال بين الرئيسين كان محوره لجنة المبادرة العربية للسلام، والتي رأى الأسد أنه ليس من صلاحياتها منح الفلسطينيين موافقة لإجراء مفاوضات مع "إسرائيل"، حيث ردّ عليه الرئيس عباس بأن القضية الفلسطينية قضية عربية بالأساس، ويجب ألا يتخلى العرب عن القضية الفلسطينية. وحسب مصادر صحفية فإن الرئيس الأسد قال لنظيره الفلسطيني إن على الفلسطينيين وقف المفاوضات التي أثبتت أنها غير مجدية والتركيز على المقاومة، وقالت المصادر إن الرئيس عباس ردّ قائلاً إن الفلسطينيين مستعدون للمقاومة عشرة أضعاف أية مقاومة ضدّ الاحتلال في الجولان، وذلك في إشارة إلى عدم وجود أية مقاومة في هضبة الجولان السورية[53].

ومن المتوقع خلال العام 2011 أن تستمر دمشق (في حال عدم تفاقم الأوضاع على صعيد المشهد السوري في الداخل) في التمسك بمواقفها من التسوية، والتي ستعضد بمواقف عربية مماثلة، من أطراف عربية أخرى، مثل مصر، وربما نشهد تحسناً في مستوى العلاقات بين مصر وسورية، على خلفية تغيير النظام الحاكم في مصر، والتي بدأت بعودة الاتصالات ما بين دمشق والقاهرة، بعد تنحي مبارك وتولي المجلس العسكري الأعلى زمام الحكم في مصر خلال المرحلة الانتقالية.

الموقف من المصالحة:

كان من المنتظر هذه السنة أن يحدث حراكاً على صعيد ملف المصالحة الفلسطينية، على خلفية التقارب ما بين دمشق والرياض والقاهرة. وبعد أن أدركت الأطراف العربية الثلاثة أنه لا يمكن تحقيق تقدم، دون تعاون هذه الأطراف، ومن دون تجاهل أيٍّ منها. ويظل الرقم السوري فاعلاً على صعيد هذا الملف، لاحتضانها حركة المقاومة الإسلامية حماس، ووجود رئيس مكتبها السياسي خالد مشعل على أرضها، واستمرارها في تأييد الحركة، وإعلانها ذلك أكثر من مرة. وقد شهد أوائل سنة 2010 حراكاً على هذا الملف، من خلال الجولات التي قام بها خالد مشعل، والتي شملت الرياض وعدد آخر من دول الخليج وروسيا. ثم زيارة وزير الخارجية السعودي إلى القاهرة ومنها إلى دمشق التي لم يزرها منذ سنوات.

ولأسباب عديدة، ذكرت في غير موضع من هذا التقرير، لم يحقق الحراك العربي نجاحاً طوال هذه السنة على صعيد هذا الملف. وبالنسبة لسورية بدا أن توتر العلاقات ما بين سورية ورئيس السلطة الفلسطينية، أسهم بشكل ما في تعثر هذا الملف. فقد اعتذرت الحكومة السورية رسمياً، في آذار/ مارس 2010 عن عدم استقبال الرئيس الفلسطيني محمود عباس وقالت مصادر فلسطينية، أن سورية ليست راضية تماماً عن مجمل سياسات الرئيس عباس وما زالت دوائر القرار فيها تتهمه بتجاوز الحسابات والمصالح السورية وتجاهلها[54]. وازدادت العلاقة توتراً بعد اللقاء العاصف بين الرئيسين السوري والفلسطيني في القمة الاستثنائية في تشرين الأول/ أكتوبر، والتي شهدت تصاعداً في حدة الخطاب بين الطرفين.

وقد عملت الأزمة المستحكمة بين عباس ودمشق دوراً سلبياً على صعيد ملف المصالحة، إذ ألغي الاجتماع الذي كان مقرراً بين حركتي فتح وحماس في دمشق في 2010/10/20، لمناقشة الملف الأمني العالق ضمن ملف المصالحة الفلسطينية – الفلسطينية، بسبب الخلاف بين فتح وحماس على مكان عقد اللقاء، إذ أصرَّت قيادة فتح على تغيير مكان الاجتماع الذي كان مقرراً في دمشق، بينما رفضت حماس نقله إلى أية عاصمة أخرى[55]. وقد اضطرت قيادة فتح في النهاية لتثبيت مكان الانعقاد في دمشق حيث عقد في 2010/11/9.

الموقف من "إسرائيل":

استطاعت سورية خلال سنة 2010، إدارة أزمة التصعيد في التهديدات الإسرائيلية بشن حرب ضدها بنجاح، عبر تصعيد موازٍ في التهديد بعواقب أي هجوم إسرائيلي عليها أو على لبنان. ففي أعقاب عدد من التصريحات الإسرائيلية الاستفزازية لسورية على شاكلة تصريح وزير الدفاع الإسرائيلي إيهود باراك من أن الجمود في مسار التسوية مع سورية قد يؤدي إلى الحرب[56]، أو تحذير وزير الخارجية الإسرائيلي أفيجدور ليبرمان الرئيسَ السوري بشار الأسد من شنّ حرب

جديدة، لأنه لن يخسرها فحسب وإنما سيخسر السلطة أيضاً[57]، صعّدت سورية في المقابل من لهجتها ضدّ "إسرائيل"، إلى الحد الذي خرج فيه وزير الخارجية السوري وليد المعلم عن هدوئه المعتاد، وهدد "إسرائيل" في أعقاب تصريح باراك بنقل الحرب إلى مدنها إذا ما أقدمت على شنّ عدوان على بلاده، مؤكداً أن هذه الحرب ستكون شاملة إذا ما تمّ استهداف سورية أو جنوب لبنان. وقال المعلم في مؤتمر صحفي مشترك مع وزير خارجية إسبانيا ميجيل أنخيل موراتينوس Miguel Angel Moratinos، إن "إسرائيل تزرع مناخ الحرب في المنطقة، وأنا أقول لهم كفاكم لعب دور الزعران في هذه المنطقة، مرة يهددون غزة ومرة جنوب لبنان ثم إيران والآن سورية"[58].

وجاء رد الرئيس السوري بشار الأسد على التصعيد الكلامي الإسرائيلي في المؤتمر الصحفي المشترك الذي عقده مع الرئيس الإيراني محمود أحمدي نجاد Mahmoud Ahmadinejad في 2010/2/4 في العاصمة السورية دمشق وقال إنه يتمنى من الآخرين ألا "يعطونا دروساً عن منطقتنا وتاريخنا، فنحن نحدد إلى أين ستتجه الأمور"[59]. وقال أيضاً في حوار أدلى به في مجلة نيويوركر The New Yorker الأمريكية إن الإسرائيليين "لا يعرفون ماذا يفعلون"، ووصف القادة السياسيين الحاليين في "إسرائيل" بأنهم "كالأطفال يتعاركون مع بعضهم ويعبثون بالمنطقة"[60].

ونجحت الصرامة والحزم السوري في دفع الطرف الإسرائيلي إلى التراجع. وأعلن ليبرمان أنه غير معني بالتصعيد مع سورية، ثم أعلن نتنياهو أنه مستعد للقاء السوريين فوراً ودون شروط، والسفر فوراً إلى دمشق للقاء الرئيس السوري بشار الأسد أو دعوته إلى القدس أو الالتقاء به في دولة ثالثة لهذا الغرض. وهو ما رفضته سورية وأكدت على لسان وزير خارجيتها وليد المعلم أن على "إسرائيل" أولاً الإعلان عن الانسحاب من الجولان إلى خط 1967/6/4[61].

وتجدد التصعيد ما بين الطرفين في شهري نيسان/ أبريل وأيار/ مايو 2010، مع اتهام "إسرائيل" لسورية بتمرير أسلحة إلى حزب الله في سنة 2010، على لسان الرئيس الإسرائيلي شمعون بيريز مرة. وزعمت تقارير أمنية إسرائيلية وجود معلومات لديها بأن سورية مررت إلى حزب الله صواريخ دقيقة الإصابة من طراز إم 600 (M 600) خلال الشهور الماضية[62]. وقد نفت سورية صحة هذه الأنباء، وعدّت أن مثل هذه الاتهامات الإسرائيلية يُقصد بها تمهيد الطريق لعمل عدائي ضدّ سورية. وأكدت في الوقت نفسه على استمرار دعمها للعناصر المقاومة ومن بينها حماس وحزب الله، كما جاء على لسان الرئيس الأسد في مقابلة أجرتها معه شبكة التلفزيون العامة الأمريكية Public Broadcasting Service (PBS)، في 2010/5/27، وأنها ما تزال راغبة في السلام، على الرغم من عدم وجود شريك لها في السلام في "إسرائيل"[63].

يمكن القول أن دمشق عبر التصعيد في التهديد من عواقب هجمة إسرائيلية عليها، استطاعت أن تتجاوز الابتزاز الإسرائيلي المستمر بفزاعة القوة الإسرائيلية، وتعزيز الصمود ضدّ الضغوط

الإسرائيلية عليها للقبول بأية تسوية سياسية غير عادلة. ولا يمكن تفسير السلوك السياسي السوري في هذا الإطار على أنه خروج عن مسار السياسة السورية العامة في دعم المبادرة العربية، ومن ثمَّ العودة إلى سياسة المواجهة الشاملة مع "إسرائيل". ولكنه يندرج في إطار "تجنب الحرب"، في وقت أصبح فيه مجرد منع الحرب أمراً يتطلب لهجة صارمة وسلوكاً حازماً وإعداداً أفضل.

ومن ناحية أخرى، فالأرجح ألا نشهد خلال سنة 2011 حراكاً على صعيد ملف المفاوضات السورية – الإسرائيلية، بل ربما نشهد تصعيداً أكبر في حدة الخطاب السوري المناهض لـ"إسرائيل" وللاحتلال.

4. لبنان:

الساحة الفلسطينية في لبنان:

شهد شهرا شباط/ فبراير وآذار/ مارس من سنة 2010، عدة حوادث تندرج في إطار التجاذبات الفصائلية على خلفية الصراعات القديمة المتجددة، برز من خلالها التيار السلفي الجهادي، خصوصاً في مخيّم عين الحلوة. ففي 2010/2/15، اندلعت في مخيم عين الحلوة، مناوشات أمنية بين أعضاء في عصبة الأنصار من جهة وبين حركة فتح من جهة أخرى، سرعان ما تطورت إلى اشتباكات عنيفة أدى إلى وقوع عدة إصابات[64]. وجاء التوتر الأمني الفلسطيني على خلفية الصراعات الفلسطينية – الفلسطينية الممتدة، وفي جزء منه أيضاً على خلفية السجال الدائر بين محوري الممانعة والاعتدال العربيين.

وفي 2010/3/10، صدر مرسوم لأبي مازن زعيم حركة فتح، تمّ بموجبه تعيين هيئة جديدة لقيادة فتح في لبنان. وطالت التغييرات العديد من المواقع التنظيمية والعسكرية الفتحاوية. وقد شملت التشكيلة تعيين سلطان أبو العينين، عضو اللجنة المركزية لفتح، مستشاراً لأبي مازن في لبنان ومسؤولاً عن شؤون اللاجئين الفلسطينيين في لبنان أي برتبة وزير. وجاء ذلك في إطار سعي أبي مازن لإبعاد أبو العينين عن التأثير المباشر في الساحة اللبنانية، بعدما ضغطت السلطات اللبنانية في سبيل ذلك. وتمّ تعيين العميد أحمد صالح مسؤولاً عن الكفاح المسلح مكان العقيد منير المقدح الذي جرى استبعاده عن أي منصب. وعُين العقيد محمد علي عبيد نائباً لقائد الكفاح المسلح؛ وعُينِّ العميد صبحي أبو عرب مسؤولاً عسكرياً لفتح في لبنان، ومُسيّراً للأمن الوطني الفلسطيني في لبنان، أي تثبيته في الموقع الذي كان قد تسلمه في كانون الأول/ ديسمبر 2010، وتمّ تعيين العميد محسن الحلاق نائباً له. وشملت التعيينات أيضاً العقيد محمود عيسى مسؤولاً عسكرياً لمنطقة صيدا وعين الحلوة، والعميد فضل مصطفى قائداً لمنطقة صور العسكرية، والعقيد أبو إياد شعلان قائداً لمنطقة بيروت، والمقدم فخري طيراوية قائداً لمنطقة الشمال[65]. وقد أثار هذا القرار سخط الكثير من العناصر الفلسطينية من داخل فتح وخارجها،

حيث عقدت العديد من الوفود والقوى في عين الحلوة لقاء موسعاً، مع العميد منير المقدح في دارته في المخيم، في 2010/3/12، بحضور ومشاركة أكثر من مسؤول فتحاوي. وجاء أن المجتمعين أكدوا للمقدح رفضهم تنحيته، مطالبين بإعادة النظر بهذه التركيبة، ومشددين على أن المقدح كان صمام الأمان في مخيم عين الحلوة، وفي النهاية توافق زواره على توجيه رسالة إلى الرئيس أبو مازن تطالبه بالرجوع عن هذه القرارات[66].

وجاء في إطار ردّ قيادة فتح على مَن يعترضون على قرار تنحية المقدح، أن هذا القرار صدر بناء على توصيات رفعتها لجنة عسكرية برئاسة اللواء يونس العاص، زارت لبنان أواخر سنة 2009. إلا أن هناك من أكد أن ذلك القرار جاء على خلفية التجاذبات بين أبو مازن ومحور الممانعة العربي، وبسبب التقارب ما بين اللواء المقدح ومحور الممانعة العربية وإيران، وهو ما لم ينفه اللواء في حديث له لجريدة الشرق الأوسط، إلا أنه عاد وأكد ولاءه التام لحركة فتح، التي قضى 40 عاماً منخرطاً في صفوفها[67].

وقد حاولت قيادة فتح حلّ الخلافات، وأرسلت عضو اللجنة المركزية عزام الأحمد لعلاجها، حيث أعلن في 2010/5/6 عن انتهاء هذه الخلافات الداخلية، وأشار إلى أن قيادة الساحة في لبنان التي تمت إعادة تشكيلها من جديد، تضم تسعة أشخاص، بينهم خمسة أعضاء من المجلس الثوري وأمين سرّ الإقليم، وقائد قوات الساحة اللبنانية، وقائد الكفاح المسلح[68].

وفي نيسان/ أبريل تمّ تعيين عبد الله عبد الله عضو المجلس الثوري لحركة فتح، ورئيس اللجنة السياسية في المجلس التشريعي ممثلاً لمنظمة التحرير الفلسطينية في بيروت (وليس سفيراً لدولة فلسطين، كما كانت ترغب القيادة الفلسطينية)، خلفاً لعباس زكي[69].

وقد شهد شهر نيسان/ أبريل، تصاعداً في حدة التوتر ما بين الفلسطينيين وقوات الأمن اللبنانية، بسبب الاشتباكات العنيفة التي اندلعت في 2010/4/8، بين عناصر تابعة للجبهة الشعبية لتحرير فلسطين – القيادة العامة، داخل موقع عين البيضا، منطقة كفر زبد، الواقع على تخوم الحدود السورية في منطقة البقاع اللبناني، استخدمت فيه الأسلحة الخفيفة والمتوسطة، وأسفرت عن مقتل فلسطيني وجرح آخرين. وبحسب شهود عيان فإن الموقع المذكور تعرض أيضاً للقصف الصاروخي من موقع آخر في جوار بلدة قوسايا المجاورة. وفي أعقاب تلك الحوادث ضرب الجيش اللبناني طوقاً أمنياً في محيط الموقعين مانعاً الدخول والخروج إلى تلك المنطقة[70].

وقد تباينت السيناريوهات التي تفسر تلك الأحداث، من داخل الجبهة الشعبية نفسها، إذ اتهم المسؤول الإعلامي في الجبهة الشعبية – القيادة العامة أنور رجا، في مقابلة تلفزيونية، رئيس شعبة المعلومات في قوى الأمن الداخلي اللبناني العقيد وسام الحسن بالوقوف وراء الاشتباكات التي وقعت في مواقع الجبهة في منطقة البقاع الأوسط. وقال أن مجموعة من فرع المعلومات بقيادة

وسام الحسن بأنها حاولت أن تطعن ما اتفق عليه من مبدأ الحوار حول السلاح الفلسطيني خارج المخيمات، من خلال طعنها لأحد مواقعهم في كفر زبد.

في المقابل، نفى مسؤول الجبهة في لبنان أبو رامز مصطفى كلام رجا وقال أن أحد عناصر الجبهة لديه بعض الإشكالات الداخلية مع رفاقه وحاول أن يحلها بطريقة خاطئة، إذ عمد إلى المجيء برفقة عدد من أقربائه وأفراد أسرته الذين لا ينتمون إلى الجبهة إلى موقع كفر زبد، حيث وقع الاشتباك [71].

كما نفت قوى الأمن الداخلي كلام رجا، وقالت إن ما جرى كان محاولة للسيطرة على أحد مواقع القيادة العامة (موقع الجبيلي) القريب من بلدة كفر زبد، من قبل مجموعة من الجبهة نفسها، بقيادة ضابط برتبة عقيد وهو الفلسطيني دريد شعبان، على خلفية إقالة الأخير من موقعه منذ فترة، مما أدى إلى حصول اشتباك مسلح مع عناصر الموقع، تمّ نتيجتها توقيف أربعة أشخاص من عناصر المجموعة، وجميعهم مقربون من دريد شعبان، في حين قام شعبان بتسليم نفسه إلى مخابرات الجيش اللبناني [72].

العلاقات اللبنانية الفلسطينية:

ما تزال مسألة الحقوق المدنية للاجئين الفلسطينيين في لبنان محكومة بمنطق التجاذبات السياسية اللبنانية التقليدية، والتي تستدعي في كل مرة تطرح فيها القضية للنقاش، فزاعة التوطين لإجهاض مساعي منح الفلسطينيين حقوقاً مدنية أسوة بالحقوق الممنوحة للأجانب في الدولة اللبنانية على الأقل.

على هذه الخلفية تحول الجدل، خلال سنة 2010، بشأن مشروعات قوانين تقدم بها نواب لبنانيون، يُمنح بموجبها اللاجئين الفلسطينيين حقوقاً مدنية تتعلق بالعمل والتملك والضمان الاجتماعي، إلى سجال طائفي لبناني بين اليمين اللبناني الرافض تماماً لها (مسيحيي 14 آذار، حزب الكتائب اللبنانية وحزب القوات اللبنانية) إلى جوار مسيحيي 8 آذار (التيار الوطني الحر – العونيين، فضلاً عن مسيحيي تيّار المستقبل)، مقابل المؤيدين المتمثلين في مسلمي 14 آذار (تيار المستقبل وكتلة لبنان أولاً) مع مسلمي 8 آذار (حزب الله وحركة أمل، ومن يؤيدهما)، استدعيت فيه قضية التوطين بشكل كبير، وصل إلى حدّ المزايدات السياسية أحياناً.

ففي 2010/6/15 تقدم عدد من النواب اللبنانيين من كتلة اللقاء الديموقراطي بزعامة وليد جنبلاط، باقتراحات قوانين حول إعطاء اللاجئين الفلسطينيين حقوقاً مدنية، شملت حقّ العمل والتملك والضمان الاجتماعي [73]. وأكد النائب عن كتلة الحزب التقدمي الاشتراكي وليد أبو فاعور في لقاء متلفز أن الحزب تقدم بتلك الاقتراحات في إطار اهتمامه التاريخي بقضايا الفلسطينيين، وليس من منطلق التوطين، وأنه لا علاقة للتوطين بما يطرح من حقوق للفلسطينيين [74]. إلا أن

هذه الاقتراحات قوبلت بعاصفة من الاعتراضات، ودخلت الأحزاب والأطراف المعنية في سجال سياسي قوي، اتخذت فيه الأطراف اللبنانية المسيحية موقف المعارضة، على خلفية الخوف من أن تؤدي هذه الاقتراحات إلى تسهيل عملية التوطين، كما جاء على لسان سمير جعجع رئيس حزب القوات اللبنانية[75]، بينما اتخذت الأطراف المسلمة موقف التأييد، وإن كان هذا لا يعني بحال أن الأطراف المسلمة تقبل بمشروع توطين اللاجئين الفلسطينيين، وإنما كان تأييدها لهكذا مشروعات على خلفية الحقّ الإنساني الطبيعي للفلسطينيين، ليس فقط في إطار التزام لبنان العربي، وإنما وفقاً للمواثيق الدولية التي وقّع عليها لبنان.

ولم يكن من المنتظر في ظلّ أجواء خلافية إلى هذا الحد أن يتم إقرار مثل هذه المشروعات بالكامل، إلا أنه تمّ التوصل إلى صيغة وسط أقرّ بموجبها مجلس النواب اللبناني في 2010/8/17 حقّ العمل للاجئين الفلسطينيين في كل القطاعات المسموح بها للأجانب. حيث صادق مجلس النواب اللبناني على اقتراح تعديل قانون الضمان الاجتماعي، ليعطي اللاجئين الفلسطينيين حقّ المعاملة بالمثل، المنصوص عليه في قانون العمل وقانون الضمان الاجتماعي والاستفادة من تعويض نهاية الخدمة بالشروط التي يستفيد منها العامل اللبناني. كما صادق مجلس النواب على اقتراح القانون الرامي لتعديل المادة 59 من قانون العمل اللبناني، والمتعلق بإعطاء إجازة العمل للاجئين الفلسطينيين تماماً كباقي العمال الأجانب. بينما تمّ إرجاء البحث في مسألة حقّ التملك[76].

وقد رحبت منظمة التحرير الفلسطينية بالقرار، ووصف ممثل المنظمة في لبنان عبد الله عبد الله القرار بالخطوة المتقدمة إلى الأمام. وأكد على أهمية وضع آليات صحيحة لتطبيق ما اتفق عليه، وخاصة لجهة كيفية إدارة صندوق الضمان الخاص باللاجئين[77]. بينما رأت حماس على لسان المسؤول السياسي للحركة في لبنان علي بركة أن "إقرار المجلس النيابي قانونَ العمل الخاص باللاجئين الفلسطينيين خطوة ناقصة وغير كافية"[78]. وطالبت الحركة في بيان أصدرته في 2010/8/18 المسؤولين في لبنان بسرعة العمل على إقرار كامل الحقوق المدنية للاجئين الفلسطينيين لتأمين عيشهم الكريم مع أشقائهم من أبناء الشعب اللبناني، باعتبارها عاملاً أساسياً لمواجهة مشاريع التوطين والتهجير، وتعزيز صمود اللاجئين من أجل العودة إلى وطنهم فلسطين[79].

ومن جهته، أكد أمين سر حركة فتح في لبنان فتحي أبو العردات أن استمرار معاناة الفلسطينيين لا يخدم إلا التوطين، وذكر أن من يريد للفلسطيني أن يعود إلى أرضه لا بدّ أن يعطيه حقوقه حتى يستمر في نضاله حاملاً لواء العودة[80]. كما أكد ممثل حركة الجهاد الإسلامي في لبنان أبو عماد الرفاعي في زيارة لرئيس الحزب التقدمي الاشتراكي النائب وليد جنبلاط أن مواجهة التوطين تقتضي التوقف عن التعاطي مع المخيمات من الزاوية الأمنية، والتعاطي مع قضية اللاجئين بحقيقتها كقضية سياسية[81].

كذلك رأت الجبهة الديموقراطية أن القانون لا يشكل الحد الأدنى من حقوق الفلسطينيين في لبنان، وأنه ليس إلا تجميلاً لسياسة الحرمان المتواصلة من قبل الدولة اللبنانية. وأكدت الجبهة في مذكرة أرسلتها في كانون الأول/ ديسمبر 2010 إلى القادة السياسيين في لبنان، والهيئات الروحية والنقابية والإعلامية والرأي العام اللبناني، أن القانون أبقى عملياً على الحال التمييزية من خلال إجازة العمل، وتجاهل حقوق العاملين في المهن الحرة بما يؤدي إلى تَقَصُّد إبقاء فئة كبيرة من الشعب الفلسطيني رازحة تحت وطأة الحرمان من حقّ العمل[82].

أما من جهة ملف الأمن، فقد كانت وما تزال المسألة الفلسطينية الأكثر حساسية، والملف الحاضر دائماً في التجاذبات السياسية اللبنانية، ففي أوائل سنة 2010، أثيرت هذه المسألة على نحو كبير، في أعقاب التفجيرات التي وقعت في الأيام الأخيرة من سنة 2009 في مكتب تابع لحركة حماس في حارة حريك، قلب المربع الأمني لحزب الله، وقال حزب الكتائب اللبنانية أن حزب الله يخرق التوافق الوطني بتأمينه مكتباً لتنظيم حماس، في "جزيرته الأمنية"، وعدّ أن عملية التفجير الغامضة ما كانت لتحدث لو قامت السلطات اللبنانية في السنوات الأخيرة باستكمال تنفيذ القرارين الدوليين 1559 و1701 والقرار اللبناني المتعلق بموضوع السلاح الفلسطيني داخل المخيمات وخارجها والذي صدر سنة 2006[83]. كما شدد مجلس الوزراء اللبناني، في جلسة له في 2010/1/19 على أن السلاح الفلسطيني خارج المخيمات هو أمر خارج نطاق التفاوض، مؤكداً على تنفيذ مقررات طاولة الحوار وعلى التزام ما جاء في البيان الوزاري في هذا المجال[84].

وكانت أحداث العنف والاشتباكات التي وقعت في القاعدة العامة للجبهة الشعبية في نيسان/ أبريل 2010 مناسبة لإثارة ملف السلاح الفلسطيني في لبنان من جديد، إذ رأى عضو تكتل "لبنان أولاً" النائب عقاب صقر أن الجبهة الشعبية – القيادة العامة تشكل خطراً على الأمن اللبناني والقضية الفلسطينية[85]. ويظهر أن ملف السلاح تُجرى إثارته بين فترة وأخرى، بحسب الأوضاع السياسية في البلد، وفي ضوء التجاذبات الداخلية اللبنانية.

لبنان و"إسرائيل":

استمرت "إسرائيل" خلال سنة 2010 في ممارسة التصعيد الخطابي، وإطلاق التصريحات المهددة لحزب الله ولبنان. ففي نيسان/ أبريل، اتهم الرئيس الإسرائيلي سورية بتمرير أسلحة من بينها صواريخ سكود إلى حزب الله، وهدد بيريز حزب الله والدولة اللبنانية بشن حرب أخرى ضدها لهذا السبب؛ في الوقت الذي أكد فيه سعد الحريري أن الحديث عن صواريخ سكود في لبنان، يماثل الحديث عن أسلحة الدمار الشامل في العراق، التي ما يزالون يبحثون عنها حتى الآن[86].

من جهة أخرى، نشرت جريدة الراي الكويتية نقلاً عن مصادر عربية أن تل أبيب بدأت بحشد قوات غير مرئية وغير محسوسة على حدودها، في نقاط المواجهة الأمامية والمفاصل الحساسة،

في إطار استعدادها للبقاء جاهزة إذا قررت القيام باندفاعة مباغتة وسريعة في اتجاه الأراضي اللبنانية، مشيرة إلى أن "إسرائيل" تجمع المعلومات الاستخباراتية المتاحة لإنجاح ضربتها الأولى ضدّ حزب الله، عبر سعيها إلى تدمير مخازن الأسلحة ومستودعات القوة الصاروخية لديه[87].

وقد ردّ الأمين العام لحزب الله اللبناني حسن نصر الله بقوة على هذه التهديدات، مؤكداً أن مقاتلي حزبه المقاومين ما يزالون جاهزين على الثغور لهزيمة العدو الإسرائيلي في أي وقت يقرر فيه شنّ حرب على لبنان[88]. وفي الوقت نفسه أعلن مسؤول حزب الله في جنوب لبنان الشيخ نبيل قاووق أن الحزب "طلب من الآلاف من عناصره البقاء في جاهزية تامة" في مواجهة المناورة الإسرائيلية التي أعلنت عنها في أيار/ مايو 2010، مؤكداً أن "توقيتها ليس مصادفة ويحمل في طياته نيات عدوانية إسرائيلية"[89]. بينما هدد نائب وزير الخارجية الإسرائيلية داني أيالون Danny Ayalon رئيس الحكومة اللبنانية سعد الحريري بـ"دفع ثمن باهظ في أية حرب مقبلة مع لبنان". وجاء في تصريحات له أنه في المرة المقبلة عندما تقع المواجهات مع لبنان فلن يكون حزب الله وحيداً في دفع الثمن، إنما حكومة لبنان ورئيسها، وأن الثمن الذي سيدفعانه لن يكون أقل من حزب الله[90].

كل هذا التصعيد الكلامي جعل البعض يعتقد أن نذر حرب وشيكة بين حزب الله و"إسرائيل" تلوح في الأفق، وهو ما لم يتحقق. وأكدت الوقائع أن هذا التصعيد يأتي من جهة "إسرائيل" في إطار إحكام التضييق على حزب الله وسورية، ووضعهما في موقف حرج مع الولايات المتحدة والاتحاد الأوروبي، بالدأب على ترديد استمرار استعداداتهما لضرب "إسرائيل" أو الإضرار بها. وأن هذا التصعيد نفسه من جهة حزب الله لا يأتي أيضاً في سياق شنّ الحرب، وإنما في إطار تجنب الحرب والعدوان. وبالرغم من أنه لا يمكن التشكيك في قدرة حزب الله على إيجاع تل أبيب، إلا أن متطلبات المرحلة الجديدة بعد دخول حزب الله الحكومة اللبنانية، استدعت أن ينتقل حزب الله من مرحلة مقاومة وجود "إسرائيل"، إلى مرحلة الاكتفاء باستراتيجية الدفاع عن لبنان، وهو الثمن الذي كان عليه أن يدفعه لكي يكون السلاح مقبولاً لبنانياً.

5. السعودية:

دخلت المملكة العربية السعودية (أحد أركان ما يُعرف بمحور الاعتدال العربي، وصاحبة مشروع المبادرة العربية للسلام) على الخط المصري بالدفع نحو دخول منظمة التحرير في المفاوضات مع "إسرائيل". ولعبت السعودية دوراً فعالاً في دفع الجامعة العربية نحو إعطاء القيادة الفلسطينية غطاءً عربياً لهذه المفاوضات، بالرغم من عدم وجود ضمانات حقيقية سوى الوعود الأمريكية.

وعلى الرغم من أن الرياض كانت قد أعلنت على لسان الأمير السعودي تركي الفيصل أنه يجب أن يتحقق تقدم ما على صعيد المفاوضات غير المباشرة، وأن العالم العربي أعطى الرئيس الأمريكي

باراك أوباما حتى أيلول/ سبتمبر 2010 للقيام بذلك[91]. وأن البديل لاستئناف السلام في منطقة الشرق الأوسط، في حال تعثر المفاوضات غير المباشرة، هو الذهاب إلى مجلس الأمن[92]؛ فإنها عادت وأيدت، مع أطراف عربية أخرى من بينها مصر واليمن، دخول القيادة الفلسطينية في مفاوضات مباشرة، قبل انتهاء المهلة التي كانت لجنة المتابعة قد حددتها للانتهاء من المفاوضات غير المباشرة.

كذلك جاء الدخول السعودي على خط الوساطة في قضية المصالحة الفلسطينية – الفلسطينية، دعماً للمبادرة المصرية وإسناداً لمراميها، وليس بديلاً عنها أو مزاحماً لدورها؛ بالرغم من رواج تقديرات أوائل سنة 2010 بقرب حدوث المصالحة في أعقاب الجولات التي قام بها مشعل، ولقائه بوزير الخارجية السعودي وتأكيده أن حماس "لا تزال تتطلع إلى دور سعودي مميز إلى جانب مصر والدول العربية، للنجاح في رعاية المصالحة الفلسطينية، وتوحيد الموقف الفلسطيني، ولملمة الموقف العربي في مواجهة القيادة الإسرائيلية المتعنتة"[93].

ثم رواج الحديث بشأن مبادرة سعودية، الهدف منهما إنجاز المصالحة بين حركتي فتح وحماس، تتلخص في أن مشعل طلب من سعود الفيصل، وزير الخارجية السعودي لدى زيارة وفد الحركة الرياض، أن يضيف الجهد السعودي إلى جانب الجهد المصري، من أجل تحقيق المصالحة الفلسطينية. وقد بادر الفيصل إلى القيام باتصالات مع القاهرة ودمشق، والدوحة، تمّ التداول خلالها مع هذه العواصم في المقترحات التي يمكن أن تثمر مصالحة فلسطينية[94]. إلا أن هذه الجهود أحبطت على ما يبدو بسبب ممانعة القاهرة في فتح ملف ورقة المصالحة مرة أخرى للنقاش، وتأكيد الرياض على أن مصر هي الراعي الرسمي الأول للمصالحة الفلسطينية.

ومن غير المرجح أن نشهد انشغالاً سعودياً بملف المصالحة الفلسطينية خلال ما تبقى من سنة 2011، نظراً لانشغال الرياض بأحداث الاضطرابات في المنطقة، وتركيز جهودها على احتواء أية احتقانات داخلية في المملكة وفي منطقة الخليج، التي وصلت إلى حدّ التدخل العسكري المباشر، بإرسالها لقوات درع الجزيرة، للمساعدة في كبح قوى المعارضة في البحرين. في الوقت نفسه يحتمل أن تمارس أطراف عربية خليجية أخرى، بعيدة نسبياً عن أحداث الثورات، ومنفتحة على القوى الفلسطينية، مثل قطر، دوراً أكبر في ملف المصالحة خلال سنة 2011. صحيح أن الدوحة تحتفظ بعلاقات طيبة مع حركة حماس، لكن الصحيح أيضاً أن الدوحة تحتفظ بعلاقات طيبة ووثيقة مع الرئيس الفلسطيني محمود عباس. وبمقدورها أن تبني على هذه العلاقات، مستفيدة من انتهاء الشكل القديم للاحتكار المصري للملف الفلسطيني.

6. موقف دول الخليج:

أما من جهة دول مجلس التعاون الخليجي، فلم تختلف في مواقفها عن الموقف السعودي من التسوية والتمسك بالمبادرة العربية للسلام، باستثناء الكويت، حيث صوّت البرلمان في جلسة

طارئة عقدها في 2010/6/1 لمناقشة مهاجمة "إسرائيل" أسطول الحرية، على تقديم توصيتين هما: انسحاب الكويت من مبادرة السلام العربية، وتكليف وزارة العدل بتحريك قضية جنائية ضدّ "إسرائيل"، بسبب اعتراضها سفن الأسطول التي شارك فيها 18 كويتياً منهم 5 نساء، والنائب الإسلامي وليد الطبطبائي. غير أن الخبير الدستوري محمد الدلال أوضح أن التوصية التي صدرت عن مجلس الأمة الكويتي، ووافقت عليها الحكومة "لا تعني بأي حال من الأحوال انسحاب الكويت الرسمي من تلك المبادرة"95.

وقد تمثل الحدث الأبرز فلسطينياً في منطقة الخليج العربي سنة 2010، في جريمة اغتيال القيادي الفلسطيني محمود المبحوح في دبي، والتي أحدثت هزة عنيفة رسمياً وشعبياً، بوصفها جريمة تندرج تحت جرائم اختراق الأمن القومي العربي. ومع ذلك فقد بدا أن ردود الفعل العربية الرسمية عموماً والخليجية، أقل من مستوى هذا الحدث. وجاءت معظم ردود الفعل والبيانات الإماراتية من جهة شرطة دبي، وليس من المؤسسة السيادية، وأعلنت شرطة دبي أنها تنوي طلب استصدار مذكرة اعتقال بحق رئيس الموساد الإسرائيلي، من الإنتربول الدولي إذا ما ثبت تورط الموساد في الجريمة. وأكد القائد العام لشرطة دبي الفريق ضاحي خلفان تميم أن الموساد يخطط لاغتياله بسبب فضحه لدوره في عملية اغتيال المبحوح. كما كشف أن الحقنة التي استخدمت في قتل المبحوح كانت من القوة بحيث تقتل فيلاً، وسخر من الذين يضخمون من قوة الموساد وقال "هل من الشجاعة إرسال أو تجنيد 42 شخصاً لاغتيال شخص أعزل"96. وقد رفضت السلطات في دولة الإمارات العربية، السماح لنائبة وزير إسرائيلية بحضور مؤتمر دافوس الاقتصادي العالمي في دبي، على خلفية جريمة الاغتيال97.

وقد أظهرت شرطة دبي كفاءة كبيرة في كشف الجناة وخيوط عملية الاغتيال، غير أنه كان من الواضح صعوبة ملاحقة الموضوع حتى النهاية في ضوء النفوذ الإسرائيلي العالمي.

أما من جهة التعاطي مع الملفات الفلسطينية الأخرى مثل، جريمة الاعتداء على أسطول الحرية، فقد تراوحت ما بين زيادة الدعم المادي للسلطة والشجب والاستنكار اللفظي. حيث أعرب الأمين العام لمجلس التعاون لدول الخليج العربية عبد الرحمن بن حمد العطية عن إدانته واستنكاره الشديدين للجرائم الإسرائيلية المستمرة، والهادفة للنيل من المقدسات الإسلامية، في الأراضي الفلسطينية المحتلة98. وقال العطية في بيان صحفي تعليقاً على قرار الاحتلال الإسرائيلي بترحيل الفلسطينيين المقيمين في الضفة، ممن لا يملكون أوراقاً ثبوتية إسرائيلية، بأنه يمثل صورة أخرى من صور الممارسات العدوانية التي تنتهجها الحكومة الإسرائيلية بصورة متعمدة ومبرمجة لإفراغ الأراضي الفلسطينية المحتلة من سكانها الأصليين99.

كما دان مجلس التعاون الخليجي العدوان الذي شنته القوات الإسرائيلية على أسطول الحرية ووصفه بأنه من "أعمال القرصنة البحرية وإرهاب دولة"، وأنه يندرج تحت جرائم الحرب100.

ثالثاً: التطورات في مجال التطبيع

استمرت النظم العربية في ممارسة التطبيع مع "إسرائيل" سراً وعلناً، بالرغم من كل جهود المقاطعة الشعبية لـ"إسرائيل".

ففي الأردن، حسب أرقام دائرة الإحصاءات العامة الأردنية، بلغ حجم الصادرات الأردنية لـ"إسرائيل" سنة 2010 نحو 57.667 مليون دينار (81.451 مليون دولار)، مقابل 73.042 مليون دينار (103.167 مليون دولار) سنة 2009، أي بنسبة تراجع مقداره نحو 21%. كما أشارت بيانات الإحصاءات إلى تراجع حجم الاستيراد الأردني من "إسرائيل" بنسبة 32% خلال سنة 2010، حيث بلغت 63.179 مليون دينار (89.236 مليون دولار) مقابل 92.879 مليون دينار (131.184 مليون دولار) سنة 2009. أي أن حجم التبادل التجاري بين البلدين انخفض من 165.921 مليون دينار (234.351 مليون دولار) سنة 2009 ليصل إلى 120.846 مليون دينار (170.686 مليون دولار) سنة 2010 بنسبة 27%[101].

أما المعطيات الرسمية الإسرائيلية فتذكر أن الصادرات الأردنية إلى "إسرائيل" بلغت 94 مليون دولار سنة 2010 مقابل 70 مليون دولار سنة 2009، بينما بلغت وارداتها من "إسرائيل" 184.3 مليون دولار سنة 2010، مقابل 231.3 مليون دولار سنة 2009. أي أن حجم التبادل التجاري بين البلدين انخفض من 301.3 مليون دولار سنة 2009 ليصل إلى 278.3 مليون دولار سنة 2010 بنسبة 8%[102].

وليس من السهل الوصول إلى استنتاجات محددة، حول أسباب الاختلاف بين الإحصاءات الأردنية والإسرائيلية، غير أنه من الواضح أن الأرقام الإسرائيلية تعطي أحجاماً تجارية أعلى، وتميل إلى التقليل من حجم تراجع التبادل التجاري.

جدول 3/1: حجم التبادل التجاري بين الأردن و"إسرائيل" وفق الإحصاءات الأردنية والإسرائيلية 2009-2010 (بالمليون دولار)[103]

السنة	الصادرات الأردنية إلى "إسرائيل"		الواردات الأردنية من "إسرائيل"		حجم التبادل التجاري	
	وفق الإحصاء الأردني	وفق الإحصاء الإسرائيلي	وفق الإحصاء الأردني	وفق الإحصاء الإسرائيلي	وفق الإحصاء الأردني	وفق الإحصاء الإسرائيلي
2009	103.167	70	131.184	231.3	234.351	301.3
2010	81.451	94	89.236	184.3	170.686	278.3

وأكد وزير الزراعة الأردنية سعيد المصري أن الوزارة لا تستطيع التحكم في منع باب استيراد المنتجات الزراعية من خضار وفواكه من "إسرائيل". لأن عملية التصدير والاستيراد بين الأردن و"إسرائيل" تتم من خلال القطاع الخاص، وأن الأردن ملتزم باتفاقية سلام موقعة بين البلدين إضافة لالتزامه بشروط منظمة التجارة العالمية التي يشارك الأردن في عضويتها[104]. وأصدرت

دائرة الجمارك الأردنية جملة من الإعفاءات والتخفيضات الجمركية على ما يقارب 2,500 صنف من المواد ذات المنشأ الإسرائيلي اعتباراً من بداية سنة 2010[105].

وقد طالب ضباط اتصال المكاتب الإقليمية لمقاطعة "إسرائيل" بالتصدي لكل محاولات "إسرائيل" بالتسلل إلى الأسواق العربية عبر وسائل التزوير والتحايل والتهريب. وأكد ضباط المقاطعة في ختام مؤتمرهم الـ 85 الذي عقد بدمشق في تشرين الأول/ أكتوبر 2010، بمشاركة 15 دولة عربية على ضرورة التمسك بمبادئ وأحكام المقاطعة العربية ضدّ "إسرائيل"، واتخاذ إجراءات فاعلة للضغط عليها اقتصادياً، لإجبارها على الالتزام بقرارات الشرعية الدولية.

وشدد المؤتمرون على أهمية دور المقاطعة في هذه المرحلة الدقيقة من الصراع العربي الإسرائيلي، باعتبارها شكلاً من أشكال المقاومة المشروعة المستندة إلى أحكام القانون الدولي، تسهم في ردع العدوان الإسرائيلي وكبح جماح إجرامه، وأهاب بالمجتمع الدولي لاتخاذ خطوات شجاعة تنهي الحصار الإسرائيلي الظالم على قطاع غزة بشكل فوري وترفع المعاناة عن أهله[106].

أما في مصر، فقد واصل النظام الرسمي المصري السابق تطبيعه مع "إسرائيل"، إلى الحد الذي تجاوزت فيه المسألة حدود التبادل التجاري والمعاملات الدبلوماسية والاقتصادية، إلى فتح أبواب خلفية للعمل داخل مصر، بما يهدد أمنها القومي. وجاء في تقرير صحفي أن نقيب المرشدين السياحيين، غريب محمود، أعلن عن وجود 203 مرشدين سياحيين أغلبهم إسرائيليون زرعتهم "إسرائيل" في مصر من خلال شركات سياحية مصرية، وأنهم عملوا طيلة الفترة الماضية دون رقابة. وأعلن غريب أيضاً أن أجهزة الأمن المصرية اكتفت بترحيل 29 منهم إلى تل أبيب دون عرضهم على النيابة، بعد أن تمكنت من ضبطهم متلبسين أمام الأهرامات، بناء على بلاغ من النقابة، وهم يخبرون السائحين أن اليهود هم من بنوا الأهرامات، وأن التاريخ المصري مزيف[107].

وقد تدفق إلى مصر خلال الأيام الأخيرة من كانون الأول/ ديسمبر 2010 وفود إسرائيلية قُدِّر عدد أعضائها بالمئات، لحضور احتفالات "مولد أبو حصيرة" في محافظة البحيرة، ما أدى إلى رفع قوات الأمن حالة الاستنفار، وسط مخاوف جادة من غضب شعبي، بعد الإعلان رسمياً عن ضبط شبكة تجسّس لحساب "إسرائيل". ففي محافظة البحيرة سيطرت الأجهزة الأمنية على قرية دميتوه بدمنهور، لتأمين اليهود القادمين من "إسرائيل" وعدة دول للاحتفال بمولد أبو حصيرة، إذ تحولت القرية إلى ثكنات عسكرية بانتشار عدد كبير من سيارات الأمن المركزي داخل القرية وخارجها واعتلاء القناصين أسطح المنازل، كما فُرِض حظر التجول على أهالي القرية طوال مدة إقامة المولد 2010/12/26 حتى 2011/1/7.

وكان مواطنون من دمنهور قد رفعوا دعاوى قضائية لإلغاء المولد والاحتفالات المصاحبة له. وصدر حكم قضائي سنة 2004 من المحكمة الإدارية العليا يقضي بإلغاء قرار وزير الثقافة

المصري فاروق حسني باعتبار ضريح أبي حصيرة من المناطق الأثرية. ويقول الأهالي إن هذا الحكم يعني أيضاً إلغاء جميع مظاهر الاحتفال بأبي حصيرة في هذه القرية.

وتعالت أصوات القوى المصرية المعارضة لإقامة هذا المولد، وقرر عدد منهم تنظيم وقفات احتجاجية. وقال إسماعيل الخولي رئيس اللجنة العامة لحزب الوفد المعارض بالبحيرة إن مولد أبو حصيرة حجة إسرائيلية للمجيء إلى دمنهور، مطالباً "إسرائيل" بأخذ رفاته إن كانت لديها نية صادقة في الاحتفال بهذا الشخص المجهول على حدّ قوله[108].

من جهة أخرى، استمر التطبيع الاقتصادي مع "إسرائيل" بوتيرة منتظمة، ليس فقط من جهة استيراد سلع إسرائيلية، بل أيضاً التصدير إليها. فقد كشفت جريدة القدس العربي النقاب عن أن شركة "لذة" المصرية، التي قامت بتزويد جيش الاحتلال بالغذاء في أثناء العدوان على غزة باشرت ببيع منتجاتها داخل "إسرائيل". وكانت جريدة الأسبوع المصرية قد كشفت في تحقيق لها أوائل سنة 2009 عن قيام شركة محلية بتزويد الجيش الإسرائيلي بالمواد الغذائية بصورة منتظمة عبر معبر العوجة في أوج الحرب الإسرائيلية على غزة، وذلك في وقت كان فيه معبر رفح مغلقاً أمام إدخال مواد الإغاثة والمساعدات الطبية للجرحى الفلسطينيين[109].

كما كشفت تقارير إسرائيلية، في كانون الأول/ ديسمبر 2010 أنه سيتم توقيع صفقة بين شركة غاز شرق المتوسط East Mediterranean Gas (EMG) المصدرة للغاز الطبيعي لـ"إسرائيل" وشركة نيار حدارا التي تعد أكبر الشركات المتخصصة في صناعة الورق بـ"إسرائيل"، تتضمن حصول الأخيرة على 300 مليون متر مكعب من الغاز سنوياً على مدى 20 عاماً، مقابل مليار دولار. وذكرت جريدة إينرجيا نيوز Energia News الإخبارية الإسرائيلية، المتخصصة في شؤون الطاقة، أن الغاز الذي ستضخه شركة غاز شرق المتوسط سيتم توجيهه لمحطة الطاقة التي تنوي الشركة الإسرائيلية إقامتها على أراضي مصنعها لإنتاج الورق، وتقدر استثماراتها بحوالي 300 مليون دولار في تلك المحطة. ورأت الجريدة أن توقيع غاز شرق المتوسط على هذه الاتفاقيات سيزيد من التحالفات التي تقيمها الشركة المصرية مع "إسرائيل" بنسبة 8% كما تزيد من كميات الغاز الطبيعي المصري المورد لـ"إسرائيل" لتصل إلى حوالي 5 مليارات متر مكعب سنوياً[110].

وقد أظهرت الإحصائيات أن شركة غاز شرق المتوسط، التي يملكها رجل الأعمال المصري حسين سالم، قامت بتصدير 2.1 مليار متر مكعب من الغاز الطبيعي المصري لـ"إسرائيل" في سنة 2010، وهو ما يمثل حوالي 20% من احتياجات "إسرائيل" من الطاقة[111].

وللمرة الأولى، شهدت دولة الإمارات العربية استضافة رسمية لوزير إسرائيلي. إذ شارك وزير البنية التحتية الإسرائيلي، عوزي لانداو، في مؤتمر الوكالة الدولية للطاقة المتجددة (إيرينا) في أبو ظبي. وقال لانداو لوكالة الأنباء الأمريكية أسوشيتد برس Associated Press (AP) إنه

على الرغم من أنه لم يلتقِ أياً من المسؤولين الإماراتيين إلا أن الوفد الإسرائيلي حظي باستقبال جيد[112]. وقد أعلنت جامعة الدول العربية، أن مشاركة "إسرائيل" في أي نشاط دولي تستضيفه الدول العربية هو أمر تفرضه قواعد المنظمات الدولية في هذه الاجتماعات والمؤتمرات ذات الطبيعة الدولية. وأن العالم العربي لا يمكن أن يكون خارج النشاطات الدولية بسبب عضوية "إسرائيل" في آليات دولية مختلفة[113].

جدول 3/2: الصادرات والواردات الإسرائيلية مع بعض الدول العربية 2007-2010 (بالمليون دولار)[114]

البلدان	الصادرات الإسرائيلية إلى:				الواردات الإسرائيلية من:			
	2010	2009	2008	2007	2010	2009	2008	2007
الأردن	184.3	231.3	288.5	250.7	94	70	105.9	54.4
مصر	147.3	134.5	139	153.6	355.1	270.9	132.4	94.3
المغرب	13.1	18.5	20.6	16.6	5.1	3.2	3.9	2.7

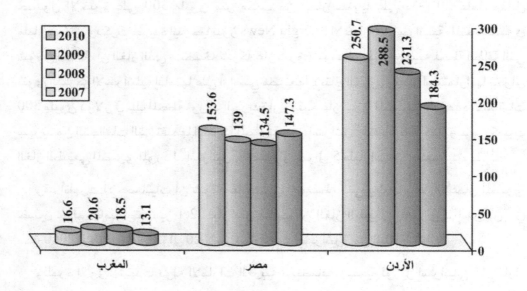

الصادرات الإسرائيلية إلى بعض الدول العربية 2007-2010 (بالمليون دولار)

الواردات الإسرائيلية من بعض الدول العربية 2007-2010 (بالمليون دولار)

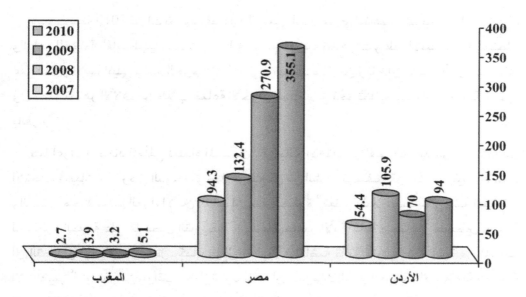

من المنتظر أن يشهد العام 2011 وما يليه من أعوام، تراجعاً كبيراً في ممارسات التطبيع السرية والعلنية مع "إسرائيل"، على كافة الأصعدة الرسمية والشعبية. بل، ربما يمكن القول، أن عهود ممارسة التطبيع قد مضت. فمنذ الأيام الأولى للثورة المصرية، توقف مدّ "إسرائيل" بالغاز المصري، على أثر تفجير الأنبوب الذي يغذيها بالغاز في شبه جزيرة سيناء، ومنذ اللحظات الأولى لبداية المرحلة الانتقالية في مصر، بعد نجاح الثورة في الإطاحة بمبارك ونظامه، تجدد الحديث عن صفقة الغاز المصري مع تل أبيب، وضرورة وقف هذه الصفقة. وبالرغم من أن المجلس العسكري الحاكم في مصر، أعلن أنه ملتزم بإعادة ضخ الغاز إلى "إسرائيل"، إلا أن سير الأحداث يدفع باتجاه إعادة النظر ليس فقط في قيمة الصفقة، وإنما في القضية برمتها.

أما على صعيد تبادل الزيارات الدبلوماسية والرسمية بين البلدين، فإنه من المتوقع ألا يشهد هذا العام، أية زيارة من هذا النوع. بينما ستدخل العلاقات الدبلوماسية بين البلدين مرحلة من الفتور الشديد. وستتوقف كافة ممارسات التطبيع بين البلدين، والأرجح أننا سنشهد مرحلة مقبلة من مناهضة التطبيع على كافة الأصعدة، سيتصاعد فيها الخطاب العدائي نحو تل أبيب وحلفائها، خاصة مع تصاعد دور الإسلاميين في مصر.

الأمر نفسه بالنسبة للأردن، الذي سيجد نفسه مضطراً إلى وقف أشكال التطبيع العلنية مع تل أبيب، والتقليل من الزيارات الرسمية بينهما إلى أقل حدٍّ ممكن، استجابة لتطلعات الشارع الأردني، في الوقت نفسه الذي سيعلو فيه صوت الخطاب الشعبي المعادي للتطبيع.

المواقف الشعبية العربية:

شهدت سنة 2010 فترات تصاعد فيها المد الشعبي الجماهيري المناهض للسياسات الاحتلالية، والداعم للقضية الفلسطينية، فقد شهدت العواصم العربية تظاهرات وعلت الأصوات بالاحتجاج على القرار الإسرائيلي بضم الحرم الإبراهيمي ومسجد بلال بن رباح إلى قائمة الآثار اليهودية. وفي مصر تظاهر الآلاف من طلاب جماعة الإخوان المسلمين في نحو ثمانية جامعات مصرية للتنديد بالقرار[115].

كما أعرب الاتحاد العالمي لعلماء المسلمين، عن بالغ الاهتمام والقلق الشديد من القرار وقال الاتحاد، في بيان أصدره في الدوحة، وحمل توقيع كل من الشيخ يوسف القرضاوي رئيس الاتحاد والدكتور محمد سليم العوا، الأمين العام، إن هذه الخطوة "تعتبر دليلاً جديداً على النية الحقيقية للسيطرة الكاملة على فلسطين التاريخية". ودعا جماهير الأمة عامة وجماهير فلسطين خاصة إلى التصدي لها بكل الوسائل، كما دعا إلى تنظيم "انتفاضة ثالثة منطلقة هذه المرة من المسجد الإبراهيمي"، وحذر من عواقب الخطوة. ودعا البيان حكومات الدول العربية والإسلامية ومنظمة المؤتمر الإسلامي وجامعة الدول العربية إلى اتخاذ موقف قوي يردع حكومة الاحتلال حتى تتراجع عن قرارها[116].

ودعا مجلس الشعب المصري الحكومة إلى اتخاذ جميع الخطوات اللازمة لدفع منظمة اليونسكو للقيام بمسؤولياتها في الحفاظ على التراث الثقافي الإسلامي، والتصدي للقرصنة الإسرائيلية والمحاولات المستمرة لتهويد مدينة القدس[117].

كما أعاد الدكتور أحمد الطيب، شيخ الأزهر، التأكيد على أنه لن يزور القدس والمسجد الأقصى إلا بعد تحريرهما تماماً من الاحتلال الإسرائيلي، وأعلن أنه يرفض زيارتهما في الوقت الراهن، لأن ذلك يعد اعترافاً بشرعية الاحتلال[118].

وأصدرت رابطة علماء الشريعة بدول مجلس التعاون الخليجي بياناً أكدت فيه أن مبادرة العرب السلمية لا محل لها شرعاً وأن الصلح الدائم مع اليهود وهم يحتلون جزءاً من أرض إسلامية محرم شرعاً. وأن الأمة العربية والإسلامية مدعوة وجوباً شرعياً للتحرك بإعلان صوتها عالياً ضدّ ما يحدث، وممارسة ضغوطها، والدعاء لأهل الرباط من الفلسطينيين والمقدسيين خاصة، كما أنها مدعوة قبل هذا للجهاد. ودعت دول مجلس التعاون الخليجي خاصة إلى تجديد مواقفها المعهودة في مثل هذه الأحداث الجسام[119].

وفي أعقاب تردد أنباء عن قيام السلطات المصرية بإطلاق غاز محرم دولياً على الأنفاق، ندد نواب في البرلمان المصري ورموز في المعارضة من بينهم حركة كفاية وجماعة الإخوان المسلمين

وأحزاب الكرامة والعمل بالحادث. وقال النائب حمدي حسن، في بيان عاجل تحت قبة البرلمان نيابة عن نواب الإخوان، إننا نأسف أن تصل الأمور بيننا وبين أشقائنا إلى هذه الأوضاع المؤسفة من سياسة استمرار فرض الحصار، وسفك الدماء المتعمد أو استخدام غازات سامة محرمة دولياً، للأسف الشديد. وقال حسن إننا نلاحظ تحول العلاقات بين مصر وجيرانها من الأشقاء العرب إلى علاقات عدائية بشكل غير مسبوق، بينما تزداد علاقاتنا الحميمة مع الكيان الصهيوني، وهذا قلب لكل الموازين والقواعد بل والبديهيات المتعارف عليها، والتي لا يمكن أن تتغير أو تتبدل بحكم التاريخ والجغرافيا والدين والثقافة[120].

وفي أعقاب حادث الاعتداء على أسطول الحرية، تفاعل الشعب العربي مع الحادث على نحو كبير، فخرجت عشرات التظاهرات في العواصم والمدن العربية المنددة بالجريمة. وفي الكويت خلصت جلسة طارئة لمجلس الأمة عقدت لمناقشة تداعيات الاعتداءات الإسرائيلية على أسطول الحرية إلى الموافقة على اقتراحين بقرار، الأول بشأن عدم التزام الكويت بمبادرة السلام العربية، والثاني بشأن اتخاذ وزارة العدل الإجراءات اللازمة، بالتنسيق مع وزارة الخارجية، لتحريك الدعوى الجزائية للتحقيق مع المسؤولين في الكيان الصهيوني بشأن جريمتهم إزاء الأسطول[121].

وفي مصر تقدم ما يزيد على 60 من رموز القوى الوطنية المختلفة ببلاغ إلى النائب العام المصري، يطالبون فيه بإصدار قرار اعتقال لعدد من رموز الكيان الصهيوني، وعلى رأسهم نتنياهو، وإيهود باراك ورئيس أركان الجيش الإسرائيلي وقائد البحرية الإسرائيلي، باعتبارهم مجرمي حرب. كما طالبت نقابة المحامين المصريين بإلغاء معاهدات السلام الموقعة مع "إسرائيل"[122].

خاتمة

لا شكّ في أن سنة 2011 هي سنة الشعوب العربية بامتياز، بعد أن أثبتت الجماهير العربية أنها قادرة على التغيير، في أكثر من بلد عربي. هذه الشعوب التي خرجت لتطالب بالإصلاح والتغيير، ولم تنسَ فلسطين أيضاً. وهو ما ظهر واضحاً، على سبيل المثال، في نداءات الجماهير المصرية المحتفلة برحيل النظام السابق، والتي طعّمت شعاراتها، فيما بعد إنجاز مهمتها الأولى بإسقاط النظام، بالنداءات التقليدية المؤيدة لحقوق الشعب الفلسطيني في أرضه.

وعلى هذا فمن المتوقع أن تشهد المرحلة المقبلة تفعيلاً أكبر للمواقف الشعبية العربية إزاء القضية الفلسطينية. وربما نشهد أنماطاً جديدة من الدعم والتأييد للقضية، لم يكن مسموحاً بها من قِبل النظام المصري فيما سبق. في الوقت نفسه، الذي ستسمح فيه الأنظمة العربية الأخرى، بممارسة القوى الشعبية لدور أكبر في الدفاع عن القضية الفلسطينية. كما سنشهد تركيزاً إعلامياً أكبر على هذه القضايا.

هوامش الفصل الثالث

[1] **الحياة**، 2010/3/11.

[2] جريدة **الراي**، الكويت، 2010/3/29.

[3] **الحياة**، 2010/5/2.

[4] جريدة **العرب**، الدوحة، 2010/7/9.

[5] قدس برس، 2010/12/16.

[6] **الشرق**، 2010/2/17.

[7] **الراي**، الكويت، 2010/3/29.

[8] **القدس**، 2010/7/16.

[9] **الخليج**، 2010/9/12.

[10] **الأهرام**، و**الخليج**، 2010/1/7.

[11] **الحياة**، 2010/6/4.

[12] **الدستور**، 2010/7/23.

[13] **القدس**، 2010/2/21.

[14] **القدس**، 2010/3/3.

[15] وكالة سما، 2010/8/13.

[16] انظر: تصريحات المتحدث الرسمي باسم الرئاسة المصرية السفير سليمان عواد، **القدس العربي**، 2010/7/30.

[17] انظر: بيان رسمي عن المكتب الصحفي لمكتب وزير الخارجية المصري، موقع وزارة الخارجية المصرية، 2010/12/14، في:
http://www.mfa.gov.eg/MFA_Portal/ar-EG/minister/release/israel14122010.htm

[18] انظر: **الشرق الأوسط**، 2010/11/13.

[19] وزارة الخارجية المصرية، 2010/12/14، انظر: http://www.mfa.gov.eg/Arabic/Ministry/News/Pages/Default.aspx

[20] **الحياة**، 2010/9/19.

[21] موقع عرب 48، 2010/9/24، في: http://www.arabs48.com/?mod=articles&ID=74019

[22] جريدة **المنار**، القدس، 2010/5/7.

[23] **المنار**، 2010/7/13.

[24] **الحياة**، 2010/1/10.

[25] **الدستور**، 2010/6/2.

[26] **القدس العربي**، 2010/7/5.

[27] **الشرق**، 2010/1/12.

[28] **الجزيرة.نت**، 2010/1/11، في:
http://aljazeera.net/NR/exeres/F6DA166D-8EE5-496B-BF52-DF407844D4FE.htm?wbc_purpose=Basic

[29] عرب 48، 2010/4/29.

[30] **البيان**، 2010/4/30.

[31] نبيل العربي، حان الوقت لمراجعة سياستنا الخارجية، جريدة **الشروق**، القاهرة، 2011/2/19.

[32] **الدستور**، 2010/4/15.

[33] **القدس العربي**، 2010/8/30.

[34] **الحياة**، 2010/3/5.

[35] الوكالة العربية السورية للأنباء (سانا)، دمشق، 2010/7/30.

36 انظر: "بيان اللجنة الوطنية للمتقاعدين العسكريين،" مجلة **الدراسات الفلسطينية**، بيروت، مؤسسة الدراسات الفلسطينية، المجلد 21، العدد 83، 2010، ص 137.

37 **القدس العربي**، 2010/10/18.

38 داود الشريان، الخوف من التوطين، **الحياة**، 2010/2/3.

39 **المرجع نفسه**.

40 Site of British Broadcasting Corporation (BBC), 12/4/2010, http://news.bbc.co.uk/2/hi/8614908.stm; and Order Regarding Prevention of Infiltration (Amendment no. 2), Center for the Defence of the Individual, (HaMoked), 13/4/2010, http://www.hamoked.org.il/items/112301_eng.pdf

41 **الدستور**، 2010/4/15.

42 **القدس العربي**، 2010/4/13.

43 **السبيل**، 2010/4/20.

44 **القدس العربي**، 2010/7/9.

45 **القدس العربي**، 2010/4/9.

46 جريدة **العرب اليوم**، عمّان، 2010/9/18؛ و**القدس**، 2010/9/19.

47 **الغد**، 2009/7/19.

48 **الدستور**، 2011/3/7.

49 **القدس**، 2011/3/10.

50 وكالة الأنباء شام برس، دمشق، 2010/7/30، في: http://www.champress.net/index.php?q=ar/Article/view/68541

51 **المرجع نفسه**.

52 جريدة **الوطن**، دمشق، 2010/2/4.

53 **الشرق**، 2010/2/26.

54 **القدس العربي**، 2010/3/2.

55 **الشرق الأوسط**، 2010/10/20.

56 عزمي بشارة، قراءة في احتمالات الحرب: 3 ملاحظات حول الحالة، **الخليج**، 2010/2/3.

57 بي بي سي، 2010/2/5، في: http://newsforums.bbc.co.uk/ws/thread.jspa?threadID=14971

58 **الشرق الأوسط**، 2010/2/4.

59 **الشرق الأوسط**، 2010/2/5.

60 **المرجع نفسه**.

61 **الشرق الأوسط**، 3 و2010/3/5.

62 **الخليج**، 2010/5/6.

63 **البيان**، 2010/5/9.

64 **السفير**، 2010/2/16.

65 موقع لبنان الآن، 2010/3/10، في: http://www.nowlebanon.com/Arabic/NewsArchiveDetails.aspx?ID=152346؛ و**القدس العربي**، 2010/3/11.

66 **السفير**، 2010/3/13.

67 **الشرق الأوسط**، 2010/3/14.

68 **القدس العربي**، 2010/5/7.

69 **القدس العربي**، 2010/4/6.

70 **الأخبار**، و**القدس العربي**، 2010/4/9.

71 **الحياة**، و**الشرق الأوسط**، 2010/4/9.

72 **السفير**، 2010/4/9.

73 انظر: جلسة تشريعية، موقع مجلس النواب، الجمهورية اللبنانية، 2010/6/15، في:
http://www.lp.gov.lb/NewsPage3Ar.Aspx?id=6976؛ و**القدس العربي**، 2010/6/16.

74 موقع قناة المنار، بيروت، 2010/6/27، انظر:
http://www.almanar.com.lb/newsSite/NewsDetails.aspx?id=144017

75 **السفير**، 2010/8/18.

76 جلسة تشريعية، مجلس النواب، الجمهورية اللبنانية، 2010/8/17، في:
http://www.lp.gov.lb/NewsPage3Ar.Aspx?id=7342

77 **الشرق الأوسط**، 2010/8/18.

78 **الحياة**، 2010/8/19.

79 **الغد**، 2010/8/19.

80 **القدس**، 2010/6/28.

81 **المستقبل**، 2010/12/1.

82 **النهار**، 2010/12/10.

83 **المستقبل**، 2010/1/5.

84 **النهار**، 2010/1/20.

85 **الشرق الأوسط**، 2010/4/9.

86 **الشرق الأوسط**، 2010/4/21.

87 **الراي**، الكويت، 2010/5/7.

88 **الاتحاد**، 2010/5/22.

89 **الحياة**، 2010/5/22.

90 **المستقبل**، 2010/5/30.

91 **الدستور**، 2010/5/16.

92 **الشرق الأوسط**، 2010/5/15.

93 **الشرق الأوسط**، 2010/1/4.

94 **الشرق**، 2010/1/19.

95 **الجزيرة.نت**، 2010/6/1.

96 **القدس العربي**، 2010/11/5.

97 **الشرق الأوسط**، 2010/11/4.

98 **الخليج**، 2010/3/7.

99 **الشرق**، 2010/4/13.

100 **البيان**، 2010/6/1.

101 التجارة الخارجية، إحصاءات اقتصادية، موقع دائرة الإحصاءات العامة، المملكة الأردنية الهاشمية، في:
http://www.dos.gov.jo/sdb_ec/sdb_ec_a/index.htm

102 Helen Brusilovsky, Summary of Israel's Foreign Trade by Country-2010.

103 التجارة الخارجية، إحصاءات اقتصادية، دائرة الإحصاءات العامة، المملكة الأردنية الهاشمية؛ وانظر:
Helen Brusilovsky, Summary of Israel's Foreign Trade by Country-2010.

104 **الرأي**، عمّان، 2010/1/3.

105 وكالة سما، و**الغد**، 2010/1/12.

106 **الخليج**، 2010/10/29.

[107] جريدة **المصريون**، القاهرة، 2010/2/13.

[108] **الشرق الأوسط**، 2010/12/29.

[109] **القدس العربي**، 2010/10/6.

[110] **المصريون**، 2010/12/28. وانظر أيضاً:

Globes newspaper, 13/12/2010, http://www.globes.co.il/serveen/globes/docview.asp?did=1000607846&fid=1725;

and *The Jerusalem Post*, 13/12/2010, http://www.jpost.com/Business/Globes/Article.aspx?id=199282&R=R9

[111] موقع فلسطين أون لاين، 2011/3/1. وانظر أيضاً:

Globes, 27/2/2011, http://www.globes.co.il/serveen/globes/docview.asp?did=1000626222&fid=1725

[112] **الحياة**، 2010/1/18.

[113] **الشرق الأوسط**، 2010/1/19.

[114] See Helen Brusilovsky, Summary of Israel's Foreign Trade by Country-2010.

[115] **العرب**، 2010/3/3.

[116] **الخليج**، 2010/3/3.

[117] **الخليج**، 2010/3/8.

[118] جريدة **المصري اليوم**، القاهرة، 2010/3/23.

[119] **الشرق**، 2010/3/23.

[120] **القدس العربي**، 2010/4/30.

[121] **القبس**، 2010/6/2.

[122] **القدس العربي**، 2010/6/4.

الفصل الرابع

القضية الفلسطينية والعالم الإسلامي

القضية الفلسطينية والعالم الإسلامي

مقدمة ظهر التباين بين المستويين الشعبي والرسمي الإسلامي واضحاً وجلياً في التعامل مع تطورات الأحداث في الساحة الفلسطينية والتي تركزت خلال سنة 2010 بقضيتين أساسيتين: الأولى المفاوضات الفلسطينية الإسرائيلية وتفاعلاتها، والثانية محاولات رفع الحصار عن قطاع غزة. ففي الوقت الذي لم يرتفع فيه سقف المطالب الرسمية الإسلامية عن وقف بناء المستعمرات واستنكار وشجب عرقلة "إسرائيل" لمسار التسوية، والانتهاكات التي تستهدف الشعب والأرض والمقدسات، رأينا مواطنين من دول إسلامية وغير إسلامية يعرضون حياتهم للخطر، بل ويضحون بحياتهم في سبيل رفع الحصار عن قطاع غزة؛ وهو ما حدث مع أسطول الحرية، بالذات سفينة مرمرة التركية في 2010/5/31. وبسبب هذا الصلف والتعنت الإسرائيلي والاستخفاف بالآخر، شهدت سنة 2010 اتساعاً واضحاً في الفجوة الدبلوماسية بين "إسرائيل" وتركيا، بدأت مع إهانة السفير التركي في "إسرائيل"، وتعمقت مع قتل تسعة أتراك كانوا على متن سفينة مرمرة.

وفي هذا الفصل سنستعرض بشيء من التفصيل الدور الذي لعبته منظمة المؤتمر الإسلامي، بالإضافة إلى استعراض مواقف الدولتين الإسلاميتين الرئيستين في القضية الفلسطينية خلال سنة 2010، وهما تركيا وإيران، كما سنقف على التحركات الشعبية والرسمية في كل من إندونيسيا، وماليزيا وباكستان.

أولاً: منظمة المؤتمر الإسلامي تأسست منظمة المؤتمر الإسلامي بُعيد حريق المسجد الأقصى سنة 1969، بهدف الدفاع عن المقدسات الإسلامية وعلى رأسها المسجد الأقصى. وها هي المنظمة تعقد اجتماعاتها الدورية والاستثنائية منذ أكثر من 40 عاماً، وتُسمعنا الاستنكارات والشجب لما يقوم به الكيان الإسرائيلي ضدّ المقدسات الإسلامية على أرض فلسطين، إلا أن ذلك لم يحقق الحد الأدنى من تطلعات الشعوب الإسلامية. وكما توقعنا في التقرير الاستراتيجي الفلسطيني لسنة 2009 فإن وضع منظمة المؤتمر الإسلامي تجاه القضية الفلسطينية لم يشهد تغيراً جوهرياً خلال سنة 2010، ولم يرتفع سقفها عن الشجب والاستنكار لما يحدث من انتهاك للمقدسات على أرض فلسطين؛ وهو ما سنحاول قراءته من خلال تعامل منظمة المؤتمر الإسلامي مع القضية الفلسطينية خلال سنة 2010، والتوقعات خلال سنة 2011.

استمرت منظمة المؤتمر الإسلامي ممثلة في شخص أمينها العام أكمل الدين إحسان أوغلو Ekmeleddin Ihsanoğlu بالمطالبة بتحقيق المصالحة الفلسطينية – الفلسطينية، فقد التقى الأمين العام للمنظمة في مقرها في جدة بخالد مشعل رئيس المكتب السياسي لحركة حماس في اجتماع مغلق، استمر نحو ثلاث ساعات، تناولا خلاله عملية المصالحة، وكافة الجوانب المتعلقة بالقضية الفلسطينية. وفي هذا الإطار أوضح أوغلو في المؤتمر الصحفي الذي عقد بعيد الاجتماع بقوله "الاجتماع تركز على المصالحة بين حركتي فتح وحماس، وأهمية اتفاق مكة كأرضية صلبة للمصالحة الفلسطينية"، منوهاً بأهمية "استمرار الحوار بين الحركتين لما يمثلانه من ثقل على الساحة الفلسطينية". ونفى أوغلو أن تكون منظمة المؤتمر الإسلامي بعيدة عن المصالحة الفلسطينية، وأوضح بأن المنظمة تتابع باهتمام تطورات الشأن الفلسطيني، واستشهد بدور المنظمة في سنة 2006، مؤكداً على أنها كانت أول جهة سعت لبناء جسور الثقة والتواصل بين دمشق ورام الله وغزة، وذلك من خلال عدة زيارات قام بها الأمين العام، كما استمرت المنظمة في الاتصال بجميع الأطراف الفلسطينية، وكانت قريبة من اتفاقات مكة التي أبرمت بين حركتي فتح وحماس برعاية سعودية[1].

كما أكدت منظمة المؤتمر الإسلامي في البيان الختامي لاجتماع اللجنة التنفيذية الاستثنائي الموسع على مستوى وزراء الخارجية، بشأن العدوان الإسرائيلي على أسطول الحرية، والذي عُقد في 2010/6/6، على دعم عملية المصالحة الفلسطينية، والجهود المصرية لتحقيق هذه المصالحة، وعلى ضرورة إنهاء الانقسام بأسرع وقت ممكن[2].

فرضت قضية الحصار المفروض على قطاع غزة نفسها على الساحة السياسة الدولية والإسلامية، حيث أكد أوغلو بأن المنظمة ترفض الحصار المفروض على قطاع غزة، وبأنها مستمرة في دعم القطاع وتوصيل المساعدات إليه، وذلك بالتنسيق مع عدة منظمات إنسانية في القارة الأوروبية من خلال مكتب المنظمة في مدينة غزة[3]. ووصف أوغلو في كلمة ألقاها في اجتماع اللجنة التنفيذية الموسع على مستوى وزراء الخارجية، العدوان الإسرائيلي على أسطول الحرية بأنه يمثل سياسة قرصنة وإجرام وإرهاب دولة منظم، وقال "إن القرصنة التي ارتكبتها إسرائيل في المياه الدولية، في تحد للقانون الدولي، تستوجب إجراء تحقيق دولي محايد ومستقل وذو مصداقية، بما يتفق مع المعايير الدولية، بهدف تحديد وتجريم المسؤولين عن ارتكاب هذه الأعمال غير القانونية ضدّ الإنسانية"[4].

كما ذكّر الأمين العام في كلمته بالقرارات التي اتخذت على مستوى اللجنة التنفيذية والقاضية بكسر الحصار عن قطاع غزة، سواء ذلك المتخذ في اجتماع اللجنة التنفيذية في 2006/11/18، أم القرار المتخذ في الاجتماع الاستثنائي في 2008/2/3 والقاضي بحشد الدعم اللازم لتوفير الاحتياجات الإنسانية الضرورية لأبناء الشعب الفلسطيني في قطاع غزة، واعتبر بأن اللحظة

مواتية، لتنفيذ هذه القرارات، ولاتخاذ قرارات وتدابير جديدة لوقف المأساة الإنسانية، ووضع حدٍّ للاستهتار الإسرائيلي بالقوانين الدولية والاستخفاف بالأمة الإسلامية[5]، وهو ما بدت المنظمة عاجزة عن اتخاذه.

وفي الإطار نفسه دعا الأمين العام لمنظمة المؤتمر الإسلامي إلى تشكيل فريق من القانونيين لمقاضاة الكيان الإسرائيلي، وقال أوغلو إنه "يجب إيلاء المسار القضائي الاهتمام الوافر في سعينا لإحقاق العدالة، ورفع الظلم عن إخواننا في قطاع غزة المحاصر"[6].

وقد لعبت منظمة المؤتمر الإسلامي دوراً بارزاً في إصدار قرار عن مجلس حقوق الإنسان في جنيف، من خلال دعوة الدول الأعضاء في المنظمة واقتراح قرار دان بأشد العبارات الممكنة العدوان الإسرائيلي على قافلة أسطول الحرية[7].

ولم تقتصر الجهود المبذولة من قبل المنظمة على الجانب السياسي فحسب، بل استمرت المنظمة في تقديم الدعم الاقتصادي لقطاع غزة وإن كان دون المستوى المطلوب على المستوى الشعبي؛ فقد قامت المنظمة خلال زيارة لقطاع غزة بتدشين رزمة من المشاريع، ومنها بناء مساكن جديدة، وإعادة تأهيل ألف منزل من تلك التي دمرت جزئياً خلال العدوان الإسرائيلي 2008-2009. وقد أعلن فؤاد المزنعي رئيس وفد المنظمة المؤلف من 27 عضواً أن تكلفة المشاريع التي مولتها المنظمة في مجال بناء وإعادة تأهيل الوحدات السكنية لمتضرري الحرب الإسرائيلية بلغت نحو عشرة ملايين دولار، منها إعادة تأهيل وترميم 1,700 وحدة سكنية، أنجز منها فعلياً 700 وحدة، ويجري العمل على البدء بإعادة تأهيل ألف وحدة وبناء 100 وحدة سكنية بكلفة 3.7 مليون دولار من إجمالي الكلفة المذكورة[8].

وعلى الرغم من تأكيد مجلس وزراء خارجية الدول الإسلامية على مركزية القدس بالنسبة للعالم الإسلامي، إلا أن دور المنظمة اقتصر خلال سنة 2010 على الاستنكار والشجب، ولم يتخط سقف مبادرة السلام العربية والمتمثل بحل الدولتين وقيام دولة فلسطينية مستقلة على أساس حدود 1967 وعاصمتها القدس، وإيجاد "حل عادل" لمحنة اللاجئين الفلسطينيين وفقاً لقرار الجمعية العامة للأمم المتحدة رقم 194، وهذه المطالب لا تمثل الحد الأدنى من طموحات الشعب الفلسطيني. ولعل ما صرح به أحد مسؤولي المنظمة لجريدة القدس العربي بأن دولاً عربية تغضب عندما تتبنى منظمة المؤتمر الإسلامي جهداً خارج "علبة المواقف العربية"، الأمر الذي لا تستطيع المنظمة المجازفة به –أي بإغضاب هذه الدول– بسبب دورها التمويلي[9]، يفسر جانباً من المواقف الضعيفة والدور المقيد لمنظمة المؤتمر الإسلامي في مواجهة الاعتداءات الإسرائيلية على القدس والمقدسات، حيث اكتفت المنظمة بالتنديد واستنكار التشريعات الإسرائيلية التي عدّت القدس ذات أولوية خاصة خلال سنة 2010.

وعلى ما يبدو فإن دور منظمة المؤتمر الإسلامي ظلّ محصوراً خلال سنة 2010 بشكل أساسي بتسجيل المواقف تجاه القضية الفلسطينية على كافة المستويات، ولم يرتقِ إلى مستوى صناعة الحدث أو المتغير الذي يوجِد تحولات جدية في مسار القضية الفلسطينية؛ لترتقي هذه المنظمة إلى طموحات الشعوب الإسلامية.

ثانياً: تركيا

إذا كانت سنة 2009 قد شهدت أحد أكبر التوترات في العلاقات التركية – الإسرائيلية، جرَّاء حادثة دافوس Davos في نهاية كانون الثاني/ يناير، فإن سنة 2010 كانت شاهداً على وصول العلاقات بين البلدين إلى ذروة غير مسبوقة، عبر إسالة الدم التركي على يد الجنود الإسرائيليين، في العدوان في 31 أيار/ مايو على أسطول الحرية في المياه الدولية للبحر الأبيض المتوسط.

لكن العدوان على أسطول الحرية لم يكن سوى ذروة محطات من التوتر بين أنقرة وتل أبيب بدأت منذ مطلع السنة نفسها.

أزمة المقعد المنخفض:

شكل ما سمي بأزمة المقعد المنخفض أولى التوترات الدبلوماسية بين تركيا و"إسرائيل". وحصلت الحادثة يوم الثلاثاء 2010/1/12، عندما استدعى مدير عام وزارة الخارجية الإسرائيلية داني أيالون السفير التركي في "إسرائيل" أوغوز تشيليك كول Oguz Celikkol، ليبلغه احتجاجه على مسلسلات تركية، تصور "إسرائيل" على أنها دولة إرهابية ومجرمة، واحتجاجه أيضاً على مواقف لرئيس الحكومة التركية رجب طيب أردوغان Recep Tayyip Erdogan ضدّ "إسرائيل".

وقد تعمد المسؤول الإسرائيلي إجلاس السفير التركي على مقعد أكثر انخفاضاً عن المقعد الذي كان أيالون يجلس عليه. كما لم يقدم إليه أية ضيافة، ولم يمد إليه يده للمصافحة أمام عدسات المصورين. فضلاً عن أنه جعله ينتظر لدقائق واقفاً خارج باب المكتب قبل أن يسمح له بالدخول.

ومع أن السفير التركي قال إنه لم يكن في صورة أنه ستكون هناك وسائل إعلام، فقد دعا أيالون المصورين لدخول قاعة اللقاء لتصوير اللقاء، مخاطباً إياهم باللغة العبرية التي لا يفهمها السفير التركي، بالحديث عن علوية الإسرائيلي على التركي قائلاً: "انظروا كيف أجلس أنا على مقعد أعلى من المقعد الذي يجلس عليه السفير"[10]. وأثارت الحادثة ردود فعل ساخطة لدى الجانب التركي، كما أثارت ردود فعل إسرائيلية متفاوتة.

وكان أردوغان في طريقه إلى موسكو عندما حصلت الحادثة، وكانت ردة فعله الأولى وصفه الحادثة بـ"العيب الدبلوماسي"، مشيراً إلى أنه "على امتداد العصور أظهرنا تسامحاً مع الشعب

الإسرائيلي ومع اليهود، والتاريخ شاهد على ذلك. لكن أن نقول إنه يجب مقابلة السلوك الإسرائيلي بتسامح، فهذا غير وارد وهو ما يجب على إسرائيل أن تعرفه"[11]. وقد أصدرت وزارة الخارجية التركية بيانين متتاليين، نددت فيهما بالسلوك الإسرائيلي، مطالبة إياها بالاعتذار[12].

تفاوتت التفسيرات حول أسباب السلوك الإسرائيلي. وقد وضع أردوغان الحادثة في إطار الخلافات الداخلية داخل الحكومة الإسرائيلية بقوله "إنها مشكلتهم الداخلية"؛ فيما ذهبت تفسيرات أخرى إلى ان الهدف من معاملة السفير التركي على هذا النحو هو محاولة وزير الخارجية الإسرائيلي أفيجدور ليبرمان عرقلة زيارة وزير الدفاع الإسرائيلي إيهود باراك يوم الأحد الذي تلا الحادثة، لمنع نجاح أية جهود لترميم العلاقات التركية الإسرائيلية التي يقودها باراك. حيث إن ليبرمان لا يريد المصالحة مع تركيا بل الانتقام من مواقفها السلبية من "إسرائيل"، ولا سيّما خطابات أردوغان المتشددة ضدها.(مع العلم أنه بالرغم من احتمالات تأجيلها أو إلغائها، فقد قام باراك بالزيارة ولم يجتمع بأردوغان ولا بعبد الله غول Abdullah Gul، ولم تسفر زيارته عن أية نتائج محددة).

أما من الجانب الإسرائيلي الآخر فقد انتقد وزير الصناعة والتجارة بنيامين بن إليعازر موقف موشيه يعلون Moshe Ya'alon قائلاً إنه ليس من مصلحة "إسرائيل" إدخال تركيا ضمن الدول العدوة لـ"إسرائيل". وقال إنه إذا كان لا بدّ من نقد فهو لتصريحات أردوغان ولكن أيضاً باحترام. وتابع بن إليعازر إنه لدى "إسرائيل" ما يكفي من مشكلات مع العرب، وليست بحاجة لأن تأخذ العالم الإسلامي ضدها. وقال الوزير الإسرائيلي أنه "يجب ألا ننسى أن عدد سكان تركيا 72 مليون نسمة، ولها دور قيادي في العالم الإسلامي"[13].

رفضت "إسرائيل" في البدء تقديم اعتذار لكن التهديد التركي بسحب السفير التركي من تل أبيب، دفع في النهاية، وبعد مرور يومين فقط على الحادثة، إلى إصدار "إسرائيل" بيان اعتذار واضح من تركيا[14]. وفي أعقاب ذلك عدّ الرئيس التركي عبد الله غول أن المسألة انتهت، لكنه حمّل "إسرائيل" مسؤولية تدهور العلاقات داعياً إياها إلى تصحيح الوضع[15].

أسطول الحرية:

وصل التوتر في العلاقات التركية الإسرائيلية ذروة غير مسبوقة في تاريخ العلاقات بين البلدين، في الاعتداء الإسرائيلي الدموي على سفن أسطول الحرية فجر 2010/5/31، وأدى إلى مقتل تسعة أتراك مدنيين على متنها.

وعرفت الحادثة في وسائل الإعلام العربية بحادثة أسطول الحرية، فيما أطلق عليها الأتراك اسم "قضية مافي مرمرة" أي "مرمرة الزرقاء"، وهي السفينة الأكبر في القافلة.

وكان أسطول الحرية قد أبحر من إسطنبول متجهاً إلى غزة، لكسر الحصار المفروض عليها من جانب "إسرائيل". وقد نظم القافلة العديد من الجمعيات المدنية من دول مختلفة، وفي مقدمها هيئة الإغاثة الإنسانية وحقوق الإنسان والحريات The Foundation for Human Rights and Freedoms and Humanitarian Relief (IHH) والتي تنشط في معظم أنحاء العالم الإسلامي، ويرأسها بولنت يلدرم Bülent Yildirim. وكان على متن السفن أكثر من 600 شخص، غالبيتهم على متن سفينة مرمرة.

وبادرت قوات الكوماندوز الإسرائيلية البحرية إلى مهاجمة سفن القافلة في الرابعة فجراً في المياه الدولية، ما أدى إلى مقتل تسعة جميعهم من الأتراك وجرح العشرات. ومن ثم اقتادوا السفن إلى ميناء أشدود، واعتقلوا من عليها، وهم ينتمون إلى جنسيات مختلفة[16]؛ وحققوا معهم قبل أن يعيدوهم لاحقاً إلى بلادهم، كما تمت إعادة السفن إلى تركيا بعد عدة أسابيع[17].

شكل الاعتداء على أسطول الحرية الاحتكاك الدموي الأول بين تركيا و"إسرائيل" عبر تاريخهما؛ وكان لذلك ردة فعل تركية ساخطة جداً على "إسرائيل" فضلاً عن ردود الفعل العالمية. وتحركت تركيا ولا سيّما رئيس حكومتها رجب طيب أردوغان ووزير خارجيتها أحمد داود أوغلو Ahmet Davutoglu، لمواجهة الصدمة الكبيرة التي تعرضت لها تركيا مطالبين "إسرائيل" بـ:

1. إعادة السفن إلى تركيا.
2. إطلاق سراح جميع الركاب المعتقلين من كل الجنسيات.
3. الاعتذار الرسمي من "إسرائيل" إلى تركيا.
4. التعويض على الضحايا.
5. المطالبة بلجنة تحقيق دولية.
6. كسر الحصار على غزة[18].

واعتبر داود أوغلو أن البيان يلبي المطالب التركية، لكنه وصف الهجوم على أسطول الحرية بأنه "11 أيلول تركي"[19]. أما رئيس الحكومة التركية رجب طيب أردوغان فقد أطلق لدى عودته خطاباً نارياً في البرلمان بعد ظهر الثلاثاء في 2010/6/1 ضدّ القرصنة الإسرائيلية قائلاً إن "عداوة تركيا مثل صداقتها شديدة"، محذراً من أن العلاقات بين تركيا و"إسرائيل" لن تعود إلى سابق عهدها، مطالباً بمعاقبة "إسرائيل". وقال إن تركيا ليست مثل دول أخرى وليست "دولة قبيلة"، ويجب ألا يحاول أحد اختبار صبر تركيا[20].

استنفرت تركيا كل طاقاتها لمواجهة تداعيات الحادثة الخطيرة حيث سقط قتلى أتراك مدنيون للمرة الأولى منذ الحرب العالمية الأولى جرَّاء عدوان خارجي مسلح. وارتفعت دعوات لإعلان الحرب على "إسرائيل"، لكن رئيس البرلمان بولنت ارينتش Bülent Arınç كان حاسماً في قوله

إن تركيا لن تعلن الحرب[21]. لذلك تركزت ردة فعل تركيا على الجانب الدبلوماسي، والمبادرة إلى التدرج في اتخاذ خطوات ضدّ "إسرائيل"، مع استمرار عدم تجاوب "إسرائيل" مع المطالب التركية.

انشغلت تركيا، على امتداد الأسابيع التي تلت، بحادثة أسطول الحرية والتي شكلت منعطفاً في العلاقات التركية الإسرائيلية. فقد كانت هذه المرة الأولى التي يتعرض فيها مواطنون مدنيون أتراك لهجوم عسكري من جانب دولة أخرى، وفي المياه الدولية ويسقط بينهم تسعة قتلى. لذا حملت الحادثة الكثير من التحليلات والتكهنات عن أسبابها وظروفها.

ويمكن اختصار العوامل المؤثرة بأسباب وظروف حادثة أسطول الحرية بالنقاط التالية:

1. بدأت "إسرائيل" تتوجس من تكرار محاولات منظمات مدنية عربية ودولية كسر الحصار على غزة. وأرادت أن تُوجه من خلال عدوانها الدموي على أسطول الحرية رسالة شديدة إلى المجتمع الدولي من أنها لن تسمح بأية ضغوط عليها بعد الآن، وبالتالي لن تسمح باستمرار هذه السيناريوهات.
2. إن العدوان على أسطول الحرية تمّ عن سابق تصور وتصميم، إذ إن المعلومات التي نشرت لاحقاً أشارت إلى أن وجهة الأسطول كانت تغيرت من غزة إلى العريش، وأبلغت أنقرة "إسرائيل" وواشنطن بذلك يوم الجمعة الذي سبق يوم الاثنين الذي نفّذ فيه الاعتداء؛ ومع ذلك نفّذت "إسرائيل" العدوان، فيما يعكس توق "إسرائيل" إلى توجيه رسالة انتقام إلى تركيا على مواقفها المعادية لـ"إسرائيل" والداعمة للقضية الفلسطينية، ولا سيّما من جانب رئيس الحكومة رجب طيب أردوغان.
3. وجاء الموقف الأمريكي الداعم لـ"إسرائيل" ليعطي العداون أبعاداً دولية، إذ إن الاعتداء حظي بتبرير من نائب الرئيس الأمريكي جو بايدن Joe Biden الذي قال إن "إسرائيل" كانت محقة في فعلتها. والدعم الأمريكي لـ"إسرائيل" ظهر منذ اللحظة الأولى، عندما منعت واشنطن إصدار مجلس الأمن لأي قرار يدين "إسرائيل" ما دفع أنقرة للاكتفاء بصدور بيان رئاسي غير ملزم.
4. وإذا كان الموقف الأمريكي المؤيد لـ"إسرائيل" مبدئياً ومعروفاً، فإن التحليلات كانت تصب في أن الولايات المتحدة كانت تريد تأديب تركيا على دورها في التوصل إلى إعلان طهران النووي بالتعاون مع البرازيل في 2010/5/11، الذي ينزع من الولايات المتحدة مبررات استمرار الضغوط على إيران، خصوصاً أن تركيا برزت مع البرازيل لاعباً على المسرح الدولي، بإنجازها ما لم تنجح فيه القوى الكبرى، بما فيها روسيا والصين، في إقناع طهران بتبادل اليورانيوم على أراضي دولة ثالثة هي تركيا. لذا كانت رسالة واشنطن مزدوجة ضدّ تركيا على موقفها من إيران وغزة، وأيضاً على دورها المتزايد على الساحة الدولية.

5. ويتأكد الهدف الأمريكي من تركيا ببعده الإيراني والدولي في مسارعة واشنطن، بعد أيام فقط على حادثة أسطول الحرية، إلى طرح مشروع لتشديد العقوبات على إيران في مجلس الأمن في 2010/6/9، والذي أسفر عن إصدار القرار رقم 1929، وقد عارضته كل من تركيا والبرازيل، وامتنع لبنان عن التصويت. ومن الواضح أن قرار العقوبات جاء تعطيلاً مباشراً لإعلان طهران ولدور تركيا فيه[22].

وقد جاء طلب وزيرة الخارجية الأمريكية هيلاري كلينتون من نظيرها التركي أحمد داود أوغلو في 2010/7/13 الانسحاب من الملف النووي الإيراني، تأكيداً على دور واشنطن في الهجوم على أسطول الحرية، والمنزعج من الموقف التركي تجاه إيران. وسرعان ما ردّ داود أوغلو على مطلب كلينتون بالقول إن أحداً لا يحدد لتركيا القضايا التي تهتم بها، والتي تقتضيها المصالح التركية.

6. كذلك أثار الهجوم الصاروخي لحزب العمال الكردستاني على قاعدة الإسكندرون البحرية ومقتل سبعة جنود أتراك، قبل أربع ساعات فقط من الهجوم الإسرائيلي على أسطول الحرية شكوكاً بوجود صلة في التزامن بين الهجومين الإسرائيلي والكردي، وما يحمله هذا التزامن من بعد دولي في الاعتداء على أسطول الحرية.

وفي محاولات لبحث المشكلات بين تركيا و"إسرائيل"، تفاجأ الرأي العام باللقاء الذي عقد في بروكسل في 29 حزيران/ يونيو بين وزير الخارجية التركي أحمد داود أوغلو ووزير الصناعة والتجارة الإسرائيلي بنيامين بن إليعازر، وهو الأول بين مسؤولين رفيعي المستوى في البلدين. والملاحظ أن اللقاء جاء سرياً، لكنه تسرب لاحقاً إلى وسائل الإعلام[23].

وفي غمرة السجالات الحادة بين تركيا و"إسرائيل"، ومنها اتهام "إسرائيل" لرئيس الاستخبارات التركية الجديد حاقان فيدان Hakan Fidan بأنه مُوالٍ لإيران، بادر أمين عام الأمم المتحدة بان كي مون Ban Ki-Moon إلى تشكيل لجنة تحقيق دولية في 2010/8/2 في حادثة أسطول الحرية. وضمت اللجنة أربعة أعضاء هم رئيس الوزراء النيوزلندي السابق جيفري بالمر Geoffrey Palmer، الذي رأس اللجنة والرئيس الكولومبي المنتهية ولايته ألفارو أوريبي Alvaro Uribe، إضافة إلى عضوين: تركي وإسرائيلي[24].

أيديولوجيا وواقعية:

استمر الجمود والانقطاع في العلاقة التركية الإسرائيلية في الأشهر التي تلت حادثة أسطول الحرية. وكان الخطاب الأيديولوجي التركي مرتفعاً جداً في هذه المرحلة، ووردت تعبيراته على لسان معظم المسؤولين الأتراك، وفي مقدمتهم أردوغان وداود أوغلو. وكانت فلسطين جوهر هذا الخطاب. بل وصل الأمر في إحدى المناسبات أن أعرب وزير الخارجية أحمد داود أوغلو عن الأمل في أن يصلي قريباً في المسجد الأقصى.

ووصل الكلام المعادي لـ"إسرائيل" إلى ذروته في ما نشر من كلام منسوب إلى أحمد داود أوغلو، يعدّ فيه أن "إسرائيل" دولة غير شرعية ومصيرها الزوال. ونقل إيلي برنشتاين Eli Bernstein، في تقرير لجريدة معاريف من أنقرة، عن داود أوغلو قوله في بعض اللقاءات إن "إسرائيل لا يمكنها البقاء لفترة طويلة دولة مستقلة، لذلك فإنه ستقام في كل المنطقة الواقعة بين البحر المتوسط والأردن دولة ثنائية القومية يعيش فيها اليهود والفلسطينيون"[25].

وأثناء زيارته إلى لبنان يومي 24 و2010/11/25 أطلق أردوغان مواقف قوية ضدّ "إسرائيل" بالقول إنه لن يسكت على أي عدون إسرائيلي على غزة أو لبنان[26].

ومع صدور وثائق ويكيليكس في مطلع كانون الأول/ ديسمبر 2010 ونشر ما يزيد عن ربع مليون وثيقة صادرة عن السفارات الأمريكية في العالم وعن وزارة الخارجية الأمريكية أيضاً، ومنها ثمانية آلاف وثيقة متعلقة بتركيا، وتعكس أزمة ثقة في العلاقات بين أنقرة وواشنطن ودول جوار متعددة. وقد تساءل كبار المسؤولين الأتراك عن سرّ عدم نشر أي وثيقة تضر بعلاقات "إسرائيل" مع الآخرين، ملمحين إلى دور إسرائيلي في نشر وثائق الخارجية الأمريكية.

لكن بموازاة هذا الخطاب المندد بـ"إسرائيل" فإن إشارات متعددة صدرت في الشهر الأخير من سنة 2010 عن مسؤولين أتراك وعُدّت رسائل إيجابية تجاه "إسرائيل". وكانت الإشارة الأكثر تعبيراً مشاركة طائرتين تركيتين ومروحيات في إخماد الحرائق الهائلة التي اندلعت في منطقة جبل الكرمل في "شمال إسرائيل". وقد أرسلت الطائرات التركية فجر الجمعة في 2010/12/3 بتعليمات مباشرة من أردوغان. وقد وضع أردوغان المبادرة في إطار إنساني حيث قال "كما مدت تركيا يد المساعدة إلى باكستان وهايتي وتشيلي وتبليسي، فهي تمتد اليوم وبالحساسية نفسها إلى حيفا، وهذا نابع من إنسانيتنا وضميرنا وثقافة المساعدة التركية"[27]. أما وزير الخارجية داود أوغلو فقال إن المساعدة التركية لـ"إسرائيل" هي قبل أي شيء "دَيننا للناس في هذه المنطقة"[28].

وتلت المشاركة التركية في إخماد الحرائق اجتماع في جنيف هو الأول من نوعه منذ اجتماع داود أوغلو وبن إليعازر في 29 حزيران/ يونيو وكان بين مدير عام الخارجية التركية فريدون سينيرلي أوغلو Feridun Sinirlioglu والمبعوث الإسرائيلي يوسف سيشانوفر Yosef Ciechanover يوم الأحد في 2010/12/5[29].

العلاقات التركية الإسرائيلية:

منذ اللحظة الأولى للعدوان على أسطول الحرية، هددت تركيا على لسان كل مسؤوليها "إسرائيل" بأنها إن لم تعتذر وتدفع تعويضات، فإنها ستعيد النظر في كافة علاقاتها مع "إسرائيل"

على مختلف الأصعدة. ومع أن عمر تشيليك Ömer Çelik نائب رئيس حزب العدالة والتنمية قال بأن تركيا ستلغي كل اتفاقياتها بما فيها العسكرية مع "إسرائيل"، إلا أنه قال إن أي إجراء سيأخذ في الاعتبار "القوانين والمواثيق الدولية"[30].

كذلك كان للرئيس غول موقف معتدل من العلاقات مع "إسرائيل"، عندما قال إن تركيا و"إسرائيل" على الرغم من التوتر بينهما تبقيان صديقتين؛ وقال "هناك علاقات صداقة قوية تعود إلى قرون بين شعبينا، وكانت تركيا أول دولة ذات أغلبية مسلمة تعترف بإسرائيل في عام 1949. لكن لا يمكننا التظاهر وكأن شيئاً لم يكن في أيار/ مايو 2010. ومن ثم، فإننا نتوقع من إسرائيل أن تتخذ الخطوات اللازمة لتحسين العلاقات"[31].

وكانت أولى الإجراءات التركية سحب السفير التركي أوغوز تشيليك كول من تل أبيب في إثر الاعتداء على أسطول الحرية، لكنها لم تطلب من "إسرائيل" سحب سفيرها من أنقرة. وهنا لم تصل أنقرة إلى مرحلة قطع العلاقات الدبلوماسية أو تخفيض مستواها، على غرار ما فعلته حكومات تركية سنتي 1956 و1980. وألغت تركيا مناورات عسكرية مشتركة كانت مقررة مع "إسرائيل"، خصوصاً أن رئيس الأركان التركي إيلكير باشبوغ ilker Başbuğ اتصل بنظيره الإسرائيلي جابي أشكنازي واصفاً الاعتداء بأنه "خطير وغير مقبول"[32].

لكن وزير الدفاع التركي وجدي غونول Vecdi Gönül قال إن صفقة طائرات هيرون Heron بدون طيار الإسرائيلية UAVs لن تتأثر بأزمة أسطول الحرية، وستسلم وفقاً للمواعيد المقررة مسبقاً[33]. وقد بادرت تركيا أيضاً إلى منع مرور الطائرات العسكرية الإسرائيلية فوق أراضيها في طريقها إلى بلدان أخرى.

وفي هذا الوقت اعترض العسكر للمرة الأولى على تعميق التعاون العسكري التركي مع سورية لأنه يثير غضب "إسرائيل". وطلب الرئيس الثاني في رئاسة الأركان التركية الجنرال أصلان غونر Aslan Güner، في تقرير أعده، بوقف الاستعدادات لتوقيع اتفاقيات عسكرية شاملة مع دمشق، أُعدَّ لتوقيعها في تشرين الثاني/ نوفمبر 2010[34].

وبالرغم من أن وزير الخارجية التركية عدّها سرية، وأن ما ينشر هو تكهنات، فإن من المحطات البارزة في التحول التركي ضدّ "إسرائيل"، اعتبار وثيقة الأمن الاستراتيجي التركي، التي أقرتها الحكومة في كانون الأول/ ديسمبر 2010، سياسات "إسرائيل" تهديداً للاستقرار في المنطقة.

وأعدت تركيا لمشروع يمنع الإسرائيليين ومواطنين من جنسيات أخرى حقّ التملك في تركيا[35]. وكان للتوتر بين تركيا و"إسرائيل" انعكاسات على حركة الهجرة اليهودية من تركيا إلى "إسرائيل" وإن بأعداد قليلة[36].

العلاقات الاقتصادية:

على الرغم من التوترات السياسية فإن العلاقات الاقتصادية بقيت خارج التأثر. فقد أكدت إحصاءات تركية ازدياد التبادل التجاري بين "إسرائيل" وتركيا. فقد ذكرت مؤسسة الإحصاء التركية Turkish Statistical Institute (TurkStat) أن صادرات تركيا إلى "إسرائيل" بلغت حوالي 2,083 مليون دولار سنة 2010 مقابل 1,522.4 مليون دولار سنة 2009. فيما بلغت واردات تركيا من "إسرائيل" نحو 1,359.6 مليون دولار سنة 2010 مقابل حوالي 1,074.7 مليون دولار سنة 2009. أي أن حجم التجارة بين البلدين بلغ 3,442.6 مليون دولار سنة 2010 مقابل 2,597.1 مليون دولار سنة 2009 بمعدل زيادة قدره 32.6%[37].

أما المعطيات الرسمية الإسرائيلية فهي وإن كانت تعطي أرقاماً أقل من الإحصائيات التركية لحجم التجارة بين البلدين، إلاّ أنها تؤكد الاتجاه التصاعدي الذي شهده التبادل التجاري سنة 2010؛ فتذكر أن الصادرات التركية إلى "إسرائيل" بلغت 1,800.2 مليون دولار بينما بلغت وارداتها من "إسرائيل" 1,324.4 مليون دولار، أي أن حجم التجارة بين البلدين بلغ 3,124.6 مليون دولار، بمعدل زيادة قدره 26.3%[38].

وتدل هذه الإحصائيات التي يؤكدها الطرفين أن التوترات السياسية لم تؤثر على العلاقات التجارية، وأنه أمكن حتى الآن تجاوز انعكاسات حالات الشدّ السياسي على جوانب أخرى، مما يدلّل على سلوك براجماتي لدى الطرفين.

جدول 4/1: حجم التبادل التجاري بين تركيا و"إسرائيل" وفق الإحصاءات التركية والإسرائيلية 2009-2010 (بالمليون دولار)[39]

السنة	الصادرات التركية إلى "إسرائيل"		الواردات التركية من "إسرائيل"		حجم التبادل التجاري	
	وفق الإحصاء التركي	وفق الإحصاء الإسرائيلي	وفق الإحصاء التركي	وفق الإحصاء الإسرائيلي	وفق الإحصاء التركي	وفق الإحصاء الإسرائيلي
2009	1,522.4	1,387.7	1,074.7	1,086	2,597.1	2,473.7
2010	2,083	1,800.2	1,359.6	1,324.4	3,442.6	3,124.6

وذكرت المعطيات أن قيمة ما ينفذه المقاولون الأتراك من مشاريع في "إسرائيل" في منتصف سنة 2010 قارب الـ 583 مليون دولار[40]. وفي أرقام نشرتها وزارة الثقافة والسياحة التركية أن عدد السائحين الإسرائيليين إلى تركيا في سنة 2010 تراجع خمس مرات عما كان عليه قبل سنتين. إذ بلغ عدد السائحين الإسرائيليين إلى تركيا 558,183 سائحاً سنة 2008 وبلغ 311,582 سائحاً سنة 2009، فيما قارب الـ 109,559 سائحاً سنة 2010[41].

فلسطين في الخطاب التركي:

لم ينقطع الخطاب الرسمي التركي عن دعم القضية الفلسطينية لا سيّما غزة المحاصرة على امتداد سنة 2010. وكانت خطابات أردوغان وتصريحات غول وداود أوغلو عنواناً لهذا التأييد.

وفي استطلاع للرأي أجراه مركز أوساك للبحوث الاستراتيجية International Strategic Research Organisation (USAK) في 2009/12/31، أيدت غالبية الأتراك وبنسبة 63% سياسة حكومتهم تجاه "إسرائيل"[42]. وانتقد أردوغان العالم الإسلامي لعدم مساعدة غزة قائلاً إن وضع العالم الإسلمي "يدعو للرثاء"[43]. ونقل وزير الخارجية داود أوغلو اهتمام تركيا بمدينة القدس إلى مصاف أكثر تقدماً عندما قال أنها بالنسبة لتركيا "مقدسة". وقال في لقاء مع صحفيين فلسطينيين بأنقرة "نحن كحكومة وشعب قلقون إزاء الوضع في فلسطين، فلسطين بالنسبة لنا ليست موضوعاً عادياً، إنها مهمة مقدسة على أكتافنا كمسلمين وممثلين لأمة، تحاول الدفاع عن القدس لأكثر من أربعة قرون حتى قبل ذلك"[44].

كما ركّز الرئيس غول على موقع المسجد الأقصى تحديداً بقوله في لقاء مع صحفيين فلسطينيين في أنقرة إن المسّ بالمسجد الأقصى هو "لعب بالنار"، وأعلن "أن القضية الفلسطينية تشمل قضية في غاية الأهمية، وهي قضية القدس التي تعدّ قبلة المسلمين الأولى، ولهذا السبب فإن قضية القدس لا تخص الفلسطينيين وحدهم وإنما تخص العرب والمسلمين جميعاً"[45].

وأكد رئيس الوزراء التركي رجب طيب أردوغان أن المسجد الأقصى والحرم الإبراهيمي ومسجد بلال بن رباح لن تكون يوماً إلا مواقع إسلامية، وأنها لن تكون أبداً آثاراً يهودية. وقال: "إن تلك الأماكن والآثار لا يمكن أن تكون بأي شكل من الأشكال أبداً تراثاً إسرائيلياً، وإذا كان ولا بدّ فإنها تحسب في لائحة التراث الإنساني بشكل جامع، أو على الأقل تراثاً إسلامياً"؛ مشدداً على أن "فلسطين هي قضيتنا، ولم تسقط في أي يوم من الأيام من جدول أعمالنا ولن تسقط"[46].

ووصلت ذروة الاحتضان التركي للقدس في مؤتمر القمة العربية الـ 22 في سرت الليبية في 2010/3/27، حيث دعا أردوغان في كلمته أمام المؤتمر إلى تحالف عربي تركي إسلامي، يرد على "محاولات المس بمقدسات الأمة الإسلامية"؛ ووصف القدس بأنها "قرة عين المسلمين"[47].

وفي 10 أيار/ مايو كان أردوغان يقول إنه إذا احترقت القدس سيحترق العالم موضحاً أنه "ينبغي ألا ننسى أنّه إذا احترقت القدس احترقت فلسطين، وإذا احترقت فلسطين احترقت منطقة الشرق الأوسط، وإذا احترقت منطقة الشرق الأوسط احترق العالم أجمع"[48].

وأطلق وزير خارجية تركيا أحمد داود أوغلو شعاراً هو الأول لمسؤول غير عربي، حين وعد بالصلاة قريباً في المسجد الأقصى. وجاء وعد داود أوغلو أمام نظراء له من وزراء الخارجية العرب الذي شاركوا في منتدى إسطنبول الاقتصادي في 2010/6/13[49].

أما العلاقات بين تركيا والفلسطينيين على الصعيد الاقتصادي فإن سنة 2010 كانت سلبية، لكن الحدث البارز كان انعقاد منتدى رجال الأعمال الفلسطيني الثاني في إسطنبول بمشاركة نحو ألف رجل أعمال فلسطيني في 2010/10/5، حضروا من عشرين دولة في العالم. ويهدف المنتدى إلى تحقيق مشاركة استراتيجية مع المؤسسات الاقتصادية التركية، لدعم نمو وتطوير الاقتصاد الفلسطيني، وأعلن فيه وزير التجارة الخارجية التركي ظافر جاغلايان Zafer Caglayan أن تركيا ستفتح مكتباً تجارياً لها في رام الله، لتطوير العلاقات التجارية مع السلطة الفلسطينية[50].

وعن الشراكة التركية الفلسطينية أشار الوزير إلى أن حجم المبادلات التجارية التركية – الفلسطينية بلغ حوالي ثلاثين مليون دولار في سنة 2009، تشكل الصادرات التركية الحيز الأكبر منها[51].

عملية السلام:

لا شكّ أن عملية السلام، التي حاولت تركيا أن تلعب دوراً فيها سواء بين "إسرائيل" وسورية أو بين الفلسطينيين و"إسرائيل"، كانت الأكثر تأثراً بالتوتر بين تركيا و"إسرائيل" في سنة 2010، والذي كان استمراراً لتوقف الجهود التركية منذ العدوان على غزة في نهاية سنة 2008.

لكن تركيا لم تقف مكتوفة الأيدي في هذا الإطار، وكانت تلمح دائماً إلى استعدادها لمعاودة وساطتها بين "إسرائيل" وسورية، وبين الفلسطينيين و"إسرائيل"، وكذلك في حال تجاوب "إسرائيل" مع بعض المطالب، ويمكن تلخيص الموقف التركي من عملية التسوية بما يلي:

1. واصلت تركيا دعوة المجتمع الدولي لتشديد ضغوطه على "إسرائيل" للتوصل إلى تسوية، على أساس إقامة دولة مستقلة على حدود 1967/6/4 وعاصمتها القدس.
2. شجعت تركيا استئناف المفاوضات بين "إسرائيل" والسلطة الفلسطينية برئاسة محمود عباس في ربيع 2010. ورحبت وزارة الخارجية التركية في بيان لها باستئناف المفاوضات غير المباشرة، ورأت فيها خطوة إيجابية[52].

   وقد استضافت تركيا في 25 أيار/ مايو مؤتمراً نظمته الأمم المتحدة في إسطنبول دعماً لمسار السلام الإسرائيلي الفلسطيني، وتحدث فيه أحمد داود أوغلو، داعياً إلى إقامة الدولة الفلسطينية المستقلة، معتبراً أنها "ضرورة"، مضيفاً أنه "يتوجب أن يكون لهذه الدولة اقتصاد قوي، وتكامل إقليمي ووحدة لأراضيها"[53].

   كما رحبت تركيا باستئناف مفاوضات السلام في أيلول/ سبتمبر 2010 بين الفلسطينيين والإسرائيليين.
3. شددت تركيا على أن تكون حركة حماس جزءاً لا يتجزأ من أي مفاوضات سلام. وأعرب أردوغان عن قناعته التامة بعجز الرئيس الفلسطيني محمود عباس، في حال عمل وحيداً، عن

التوصل إلى أي اتفاق سلام يمكن ترجمته إلى أرض الواقع. وشدد على وجوب "التوقف عن تقليد النعام، والاعتراف بأن أي اجتماع مع الجانب الإسرائيلي لا تشارك فيه حماس لن يخرج بأي نتيجة، والغرب يدرك ذلك"[54]. وكرر الموقف نفسه في مطلع سنة 2011.

وفي 2010/5/12 كرر الرئيس غول في قمة جمعته مع الرئيس الروسي ديمتري ميدفيديف Dmitry Medvedev أن السلام لا يمكن تحقيقه إذا لم تشارك كل الأطراف فيه. وقال إن حماس فازت في الانتخابات ولا يمكن بالتالي تجاهلها[55]. وتأكيداً على اعتراف تركيا بشعبية حماس وشرعيتها وتأثيرها، وسعياً لإيلائها موقعاً من عملية التسوية، التقى وزير الخارجية أحمد داود أوغلو برئيس المكتب السياسي لحماس خالد مشعل في دمشق في 23 تموز/ يوليو. وقد استمرت تركيا في الدفاع عن حماس كحركة سياسية غير إرهابية، حيث قال أردوغان أن "حماس فازت بالانتخابات الفلسطينية بإرادة الشعب ولا يمكنني أن أقبل وصف حماس بأنها منظمة إرهابية، وقد قلت ذلك لمسؤولي الإدارة الأمريكية، وأؤكده اليوم مرة أخرى"[56].

4. بقي شعار كسر الحصار على غزة أولوية في الخطاب التركي الرسمي والشعبي، والذي بلغ ذروته وتجسيده العملي في قافلة أسطول الحرية. وقد ورد هذا الشعار كأحد الشروط التركية لإعادة التطبيع مع "إسرائيل"، واصفاً وضع القطاع تحت الحصار بأنه "غيتو حديث"[57].

5. اعتبر الخطاب التركي قضية الاستيطان العقبة الأكبر أمام التقدم في عملية التسوية.

6. كما اعتبر الخطاب التركي أن الانقسام الفلسطيني أيضاً يعرقل الوصول إلى تسوية. واستمرت تركيا في دعوة الفلسطينيين إلى حلّ خلافاتهم، والخروج من حالة الانقسام. ووفقاً للمسؤولين الأتراك فإنهم يبذلون جهوداً مع كل الأطراف لتحقيق المصالحة الفلسطينية، لكنها لم تسفر عن أي تقدم. وكانت تركيا طرفاً في اجتماع لجنة مبادرة السلام العربية في القاهرة في آذار/ مارس 2010، وتحدث فيها داود أوغلو عن ضرورة تحقيق المصالحة الفلسطينية، واستئناف المفاوضات معاً، موضحاً أن أي واحدة دون الأخرى لن تؤدي إلى أي نتيجة[58].

خلاصات:

1. يمكن النظر إلى سنة 2010 على أنها سنة انعطاف في العلاقات التركية الإسرائيلية. فللمرة الأولى في تاريخ تركيا الحديثة، يسقط مواطنون أتراك مدنيون قتلى نتيجة اعتداء خارجي مسلح من قبل جنود لدولة أخرى هي "إسرائيل".

2. إن ما يضاعف من حجم وقع الاعتداء على أسطول الحرية وقتل تسعة أتراك، أن قرار العملية اتخذته الحكومة الإسرائيلية مسبقاً، ولم يكن نتيجة حادث عرضي أو سوء فهم وما إلى ذلك.

3. ولقد ترك الحادث تأثيرات كبيرة على العلاقات بين البلدين على الصعيد الرسمي حيث تراجعت اللقاءات الثنائية على مستوى عالٍ مدني كان أم عسكري.

4. وازدادت كراهية "إسرائيل" لدى الشارع التركي، ما أدى إلى تزايد الهجرة اليهودية من تركيا بمعزل عن أرقامها الضئيلة، نتيجة للشعور أن هناك حملة معادية للسامية.

5. وانسحب التوتر التركي الإسرائيلي على علاقات تركيا بيهود الولايات المتحدة، الذين نشطوا لدى الإدارة الأمريكية وأعضاء الكونجرس، من أجل الضغط على تركيا للتراجع عن سياساتها المعادية لـ"إسرائيل".

6. لكن العلاقات الاقتصادية بين البلدين في سنة 2010 اتسعت وارتفعت عما كانت عليه في سنة 2009 بنسبة تزيد عن 40% بالرغم من التوتر الثنائي.

7. وأيضاً على الرغم من العقوبات التي بادرت إليها تركيا عسكرياً من إلغاء بعض الاتفاقات والمناورات فإن رئاسة الأركان التركية لم تكن مسرورة كثيراً من تراجع العلاقات مع "إسرائيل"، ورأت فيها نذير سوء لتركيا، ودعت إلى تقييم الوضع من جديد.

8. وفي الواقع فإن تراجع العلاقات مع "إسرائيل" لم يؤثر على وضع حزب العدالة والتنمية في الداخل التركي، بل إن الخطاب العالي النبرة ضدّ "إسرائيل" جلب له أصواتاً إضافية في الاستفتاء على الإصلاح في 2009/9/12.

9. لكن ردة الفعل التركية على الاعتداء على أسطول الحرية لم ترتفع إلى حجم الاعتداء ذاته. واكتفت تركيا برفع مطالب دبلوماسية مثل الاعتذار والتعويضات، وبسحب السفير التركي من تل أبيب. ولم تدفع إلى السطح مطلقاً أي احتمال بالتصدي العسكري للاعتداء الإسرائيلي. وبالرغم من الامتناع الإسرائيلي عن الاعتذار وما إلى ذلك، فإن أنقرة لم تلجأ إلى خطوات تصعيدية ضاغطة على "إسرائيل" لتحقيق المطالب التركية.

10. إن شعور تركيا بأنها تعرضت في حادثة أسطول الحرية إلى اعتداء دولي، برأس حربة إسرائيلي، جعلها تتأنى في تقييم الوضع، وبالتالي التخلي عن خطوات تصعيدية، ترضي الرأي العام الداخلي لكنها تفتح عليها أبواباً جديدة للضغوط الخارجية ولا سيّما من الغرب، هي بغنى عنها في مرحلة صعود القوة التركية، واستكمال عناصر تأثيرها في الساحتين الإقليمية والدولية.

11. ولا شكّ أن كل ذلك ترك تأثيراته على الحركة التركية حيث تراجع الدور التركي في العديد من الملفات، مثل الوساطة بين سورية و"إسرائيل"، وبين الفلسطينيين أنفسهم، وكذلك بين "إسرائيل" والفلسطينيين.

12. ومع أن الخطاب التركي استمر ملتصقاً بالقضية الفلسطينية، ولا سيّما غزة والقدس، ارتفعت نبرته العاطفية غير أن المبادرات التركية تجاه الضفة الغربية وغزة والقدس تراجعت كثيراً. وقد يكون سبب ذلك، القيود المشددة التي فرضتها "إسرائيل" على وصول المساعدات المختلفة من جانب تركيا إلى غزة، بعد التوتر الذي تسببت به حادثة

المقعد المنخفض في مطلع سنة 2010، ثم بعد التوتر الأكبر الذي حصل بعد حادثة أسطول الحرية؛ وكذلك بسبب الحصار الذي تفرضه مصر على قطاع غزة عبر إغلاق معبر رفح، ومنع وصول المساعدات إلا وفقاً لحسابات سياسية معينة.

احتمالات مستقبلية:

1. لا شكّ أن العلاقات التركية الإسرائيلية لن تعود بعد حادثة أسطول الحرية إلى ما كانت عليه قبلها، خصوصاً أنها تلطخت للمرة الأولى بالدم التركي. وهي رمزية تكبر مع مرور الزمن، وستظهر تأثيراتها في النفس التركية بشكل أكبر في وقت لاحق ولا سيّما على الصعيد الشعبي.
2. ورثت سلطة حزب العدالة والتنمية مجموعة كبيرة من الاتفاقيات العسكرية والاقتصادية والثقافية. وكل تصريحات المسؤولين الأتراك كانت تؤشر إلى أن تركيا دولة متجذرة تحترم الأعراف والمواثيق الدولية. لذا لم تلجأ أنقرة إلى إلغاء أي اتفاق موقّع مسبقاً، بل لجأت إلى خطوات محدودة هدفها أن تخفف من احتقان الرأي العام التركي وغضبه. والدليل الأبرز على استمرار العلاقات القوية بين البلدين هو ارتفاع حجم التبادل التجاري، بالرغم من مقتل المدنيين الأتراك، عما كان عليه في سنة 2009.
3. إن إدراك أنقرة لخطورة انعكاس التوتر مع "إسرائيل"، وللبعد الدولي (الغربي والأمريكي أساساً) من العدوان على أسطول الحرية، على حضور تركيا ودورها الإقليمي والدولي، جعلها لا تتخذ إجراءات راديكالية ضدّ "إسرائيل".

واستطراداً فإن الدور التركي الذي يتخذ من سياسة تعدد البعد والمسافة الواحدة من جميع الأطراف لا يمكن أن يتقدم في ظلّ وجود توتر قوي في العلاقات مع "إسرائيل" وتالياً مع الغرب. وهو ما يدفع تركيا لفتح نوافذ، تعيد تصحيح العلاقات مع "إسرائيل"، مع المحافظة على الحد الأدنى من "ماء الوجه" تجاه الرأي العام التركي.

وقد تبدّى ذلك جلياً في موافقة وزير الخارجية التركي أحمد داود أوغلو على الاجتماع بوزير الصناعة والتجارة الإسرائيلي بنيامين بن إليعازر في 2010/6/29 بالرغم من أن الدم التركي كان ما يزال ساخناً، ومن دون أن تُقدِم تل أبيب على أي خطوة استرضائية ولو محدودة، بل تباهى مسؤولوها بأن جنودها قاموا بواجبهم، وقُتل من كان يستحق القتل.

والسعي التركي تبدّى أيضاً في مبادرة رجب طيب أردوغان شخصياً في إرسال طائرات لإخماد حرائق في شمال "إسرائيل" في مطلع الشهر الأخير من سنة 2010، على الرغم من أن "إسرائيل" لم تكن أيضاً قدمت أي تنازل؛ بل إن بنيامين نتنياهو صرح بعد انتهاء مهمة الطائرات التركية أن بلاده لن تقدّم أي اعتذار أو تعويض.

بناء على ذلك لا يتوقع أن تتقدم العلاقات التركية الإسرائيلية بصورة سريعة، نظراً للجرح العميق الذي طالها، لكن أنقرة ستواصل محاولاتها لإعادة تصحيح العلاقات في الحدود

المعقولة. إن رغبة أنقرة في الحفاظ على دورها المتنامي، يجعلها لا تمضي في تصعيد التوتر مع "إسرائيل"، بل على العكس فإنها ستسعى لاحتوائه، ولا سيّما بعد إدراكها أن الموقف من "إسرائيل" هو جزء من علاقاتها مع الغرب والاتحاد الأوروبي.

4. أما من الجانب الإسرائيلي فإن "إسرائيل" لا شكّ أنها تغامر بمواقفها المتشددة من أنقرة بخسارة حليف تاريخي لها هو تركيا. ولكن ثقة تل أبيب أنها ليست بمفردها في هذه المواجهة، وأنها جزء من مواجهة غربية مع تركيا، يجعلها تحافظ على تشددها، بل إشعار تركيا أنها ستخسر من التوتر مع "إسرائيل"، من حيث انعكاس ذلك على علاقات تركيا بالغرب، وفي عدم التقدم في ملف مكافحة نشاطات حزب العمال الكردستاني، وفي نسج "إسرائيل" تحالفات مع خصوم تركيا في البلقان والمتوسط، مثل اليونان وقبرص اليونانية وبلغاريا ورومانيا. وليس هناك ما يجزم بأن الموقف الإسرائيلي رهن بوجود حكومة بنيامين نتنياهو، وأن تغييراً حكومياً في "إسرائيل" يمكن أن يجعل الموقف الإسرائيلي أقل تشدداً في العلاقة مع تركيا.

5. أما على صعيد العلاقة التركية بالفلسطينيين فقد واصلت تركيا جهودها لتقديم المساعدة إلى غزة والضفة الغربية لكن أحداث سنة 2010 تركت أثرها السلبي في تراجع هذه المساعدات.

وعلى الصعيد السياسي حاولت تركيا تحقيق المصالحة بين السلطة الفلسطينية وحركة حماس من دون نجاح، مع تراجع في حرارة العزيمة من أجل تحقيق المصالحة، في ضوء ازدياد الانقسام الفلسطيني والاستقطاب العربي، وفي ضوء انشغال تركيا بمعالجة تداعيات الحوادث التي أفضت إلى توترات مع "إسرائيل"، ولا سيّما الاعتداء على أسطول الحرية. ولا يتوقع بالتالي أن يتغير مستوى التعامل التركي الحالي مع الملف الفلسطيني الداخلي إلا في حال التقدم في تصحيح العلاقات التركية مع "إسرائيل" أو تبدل الموقف المصري من الوضع في غزة، ومن حركة حماس، لاعتبارات الجوار الجغرافي المصري للقطاع.

ثالثاً: إيران   حافظت إيران من بين الدول الإسلامية على مواقفها السابقة من القضية الفلسطينية. وعلى الرغم من أن سنة 2010 كانت بالنسبة إلى إيران هي سنة العقوبات، التي كانت بحسب الولايات المتحدة الأقسى من كل العقوبات السابقة؛ فقد أكدت القيادة الإيرانية وخصوصاً الرئيس محمود أحمدي نجاد في مناسبات عدة المواقف الثابتة من فلسطين، ومن الوجود الإسرائيلي غير الشرعي. كما كان لإيران مواقف مباشرة من معظم ما واجهته القضية الفلسطينية طوال سنة 2010 من فكّ الحصار على غزة إلى جدار مصر الفولاذي، إلى المفاوضات الفلسطينية – الإسرائيلية، إلى التهديد بالحرب، إلى تكرار المواقف السابقة من عدم شرعية الكيان الإسرائيلي، وتوقع زواله

وهزيمته. لذا بقيت إيران تغرد خارج سرب المواقف الإسلامية الرسمية التي تؤيد التفاوض وتناشد الولايات المتحدة "ممارسة الضغوط على إسرائيل لوقف الاستيطان من أجل نجاح المفاوضات...".

وهكذا، فقد أيدت الدول الإسلامية عموماً باستثناء إيران التفاوض الفلسطيني مع "إسرائيل". وهذه الدول تؤيد أصلاً المبادرة العربية للسلام. ويتفاوت هذا التأييد بين دولة وأخرى من الدول التي لها علاقة مباشرة بـ"إسرائيل"، إلى الدول الأخرى التي تكتفي بالمواقف المؤيدة للتفاوض والمنددة بالشروط الإسرائيلية لاستكمال بناء المستعمرات مثل ماليزيا أو إندونيسيا، أو تركيا، إلى منظمة المؤتمر الإسلامي نفسها؛ أي أن سقف الاهتمام الإسلامي بالقضية الفلسطينية هو سقف التسوية والتفاوض. والاعتراض يكون غالباً إما على عرقلة هذا التفاوض من الجانب الإسرائيلي أو على استمراره في بناء المستعمرات، في حين لا يشير قادة الدول الإسلامية إلى أي احتمال آخر (مثل المقاومة أو المقاطعة) لإرغام "إسرائيل" حتى على وقف الاستيطان.

إدانة التهويد:

نددت إيران بمحاولات تهويد مدينة القدس المحتلة وضمها إلى الحرم الإبراهيمي في الخليل ومسجد بلال (قبر راحيل) في بيت لحم لما يسمى قائمة التراث اليهودي[59]. ودانت طهران بناء "كنيس الخراب" ووصفته بالعمل الاستفزازي لمشاعر المسلمين. ودعا المتحدث باسم وزارة الخارجية الإيرانية رامين مهمان برست Ramin Mehmanparast جامعة الدول العربية ومنظمة المؤتمر الإسلامي إلى "اتخاذ خطوات حازمة"[60]، وإلى تشكيل لجنة مشتركة لوزراء خارجية دول منظمة الدول الإسلامية وجامعة الدول العربية، لمواجهة التطورات الأخيرة في القدس؛ وبعقد اجتماع طارئ وإجراء مشاورات بين الدول الإسلامية والعربية لمناقشة الوضع في القدس[61]. كما انتقدت إيران خطط "إسرائيل" الاستيطانية في شرقي القدس المحتلة.

وقال وزير الخارجية الإيرانية منوشهر متكي Manouchehr Mottaki "يُظهر توسيع المستوطنات الإسرائيلية، وتدمير المواقع الإسلامية والمسيحية، والبناء واسع النطاق لمعابد يهودية جديدة، الخططَ الصهيونية لتسريع تهويد القدس الشرقية، ومن المؤسف أن المسؤولين الأميركيين يوافقون على هذا الأمر". ودعا الدول العربية إلى أن تتخذ خلال قمتها في مدينة سرت الليبية موقفاً قوياً "يدق جرس الإنذار للناس في جميع أنحاء العالم"، مقترحاً تشكيل لجنة من وزراء خارجية منظمة المؤتمر الإسلامي والجامعة العربية لمواجهة هذه التطورات[62].

وحذر المرشد الأعلى للثورة الإسلامية الإيرانية علي خامنئي Ali Khamenei من "مؤامرة خطيرة جداً"، تهدف إلى إزالة الهوية الإسلامية عن الأماكن الإسلامية في فلسطين، ودعا منظمة المؤتمر الإسلامي إلى الدفاع عن فلسطين[63].

دعم غزة:

طالبت إيران بفكّ الحصار عن قطاع غزة في جميع المحافل والمناسبات، وأعلنت دعمها لحكومة حماس في القطاع، ونددت بقوة بالجدار الفولاذي الذي أنشأته مصر على حدودها مع القطاع، وجاء على لسان رئيسها أحمدي نجاد قوله إنهم "يبنون الجدار الفولاذي حول غزة وأهاليها بدعم من أميركا وبريطانيا والصهيونية، ويا ليتهم يبنون هذا الجدار حول الصهاينة لكي يرتاح العالم والمنطقة برمتها من شرّ الصهيونية"[64].

ولم يتردد قادة إيران في إعلان دعمهم أسطول الحرية لكسر الحصار المفروض على قطاع غزة. فقال المتحدث باسم الخارجية الإيرانية رامين مهمان برست إن إيران تعلن عن دعمها لأسطول الحرية الدولي دفاعاً عن الشعب الفلسطيني، ومن أجل كسر الحصار الظالم على قطاع غزة. وقال رئيس البرلمان علي لاريجاني Ali Larijani، خلال لقائه نظيرَه الإندونيسي مرزوقي علي Marzuki Alie، إن فلسطين بحاجة إلى إجراء مشترك من قبل الدول الإسلامية لاستيفاء حقوق الشعب الفلسطيني المظلوم، مشدداً على دور اتحاد البرلمانات الآسيوي في الدفاع عن حقوق الشعب الفلسطيني[65]. كما انتقدت إيران الاعتداء على أسطول الحرية، ورأت فيه دليل ضعف النظام الصهيوني، وليس دليل قوته، كما جاء في تصريح للرئيس أحمدي نجاد. ورأى الأمين العام لمجلس الأمن القومي الإيراني سعيد جليلي Saeed Jalili أن "هذا الهجوم الوحشي نوع من القرصنة الإرهابية"، معتبراً أن "الكيان الصهيوني المجرم الإرهابي، الذي عجز عن مواجهة الرأي العام العالمي، أقدم على القتل في البحر"[66].

إلى ذلك، دعا رئيس لجنة الأمن القومي والسياسة الخارجية في البرلمان الإيراني علاء الدين بروجردي Alaeddin Boroujerd، في طهران، مجلس الأمن الدولي لإحالة العدوان إلى المحكمة الجنائية الدولية، موضحاً أن إجراء تشكيل لجنة من جانب المجلس للتحقيق حول هذا الاعتداء لا يهدف سوى إلى "مضيعة الوقت".

بدوره وصف المرشد الأعلى علي خامنئي مهاجمة القوات الإسرائيلية لـ"أسطول الحرية"، بأنه "حلقة أخرى في مسلسل الجرائم الكبرى، التي ترتكبها الحكومة الصهيونية الشريرة والخبيثة"[67].

توترت العلاقة بين تركيا و"إسرائيل" بعد قتل تسعة أتراك كانوا على متن سفينة مرمرة (أسطول الحرية)، فأعلن الرئيس الإيراني دعم بلاده كل الخطوات التركية بشأن ذلك الاعتداء. وقال "ينبغي على المجتمع الدولي أن يتحمل مسؤولية كبيرة إزاء الجريمة الوحشية التي ارتكبتها القوات الصهيونية ضدّ أسطول الحرية". كما وصف وزير الخارجية الإيراني منوشهر متكي في بروكسل تصرفات "إسرائيل" ضدّ قافلة الحرية بالوحشية، وأثنى على ردود الفعل الدولية والإقليمية على

الجريمة الإسرائيلية. وكانت مؤسسات النظام قد دعت الإيرانيين إلى المشاركة الواسعة في مسيرات ستقام بعد صلاة الجمعة بطهران تنديداً بالهجوم على أسطول الحرية[68].

ووفقاً لما أعلنه الهلال الأحمر الإيراني، في بيانٍ له أواخر حزيران/ يونيو 2010، أنه تمّ إرجاء إرسال سفينة مساعدات إلى قطاع غزة "بسبب القيود التي فرضها نظام الاحتلال الصهيوني على السفن التي كانت تحاول الوصول إلى غزة ولأن السفينة الإيرانية مُنعت من عبور قناة السويس"، الأمر الذي نفته مصر[69]. كما رفضت القاهرة منح تأشيرات دخول لأربعة نواب إيرانيين كانوا ينوون التوجه إلى قطاع غزة عبر معبر رفح[70]. وقد شككت واشنطن في "نوايا" الهلال الأحمر الإيراني، بعدما قرر إرسال ثلاث سفن وطائرة محملة بالمساعدات الإنسانية إلى غزة. وعدّت الأمر "لا ينم عن نوايا حسنة"[71].

ومع إعلان جمعيات وهيئات كثيرة عربية ودولية رغبتها في إرسال المزيد من السفن لفكّ الحصار عن غزة، والتهديد الإسرائيلي بالتصدي لها، ومنعها من الاقتراب من الشواطئ الفلسطينية، نقلت وكالة مهر Mehr News Agency شبه الرسمية عن ممثل المرشد الأعلى علي خامنئي في الحرس الثوري علي شيرازي Ali Shirazi، قوله إن "القوات البحرية في الحرس الثوري الإيراني على أهبة الاستعداد بكل قدراتها وإمكاناتها لحراسة قوافل السلام والحرية إلى غزة". وأضاف: "إذا أصدر المرشد الأعلى أمراً في هذا الشأن، فإن القوات البحرية في الحرس ستبذل قصارى جهدها لتأمين السفن... ومن واجب إيران الدفاع عن الأبرياء في غزة"[72].

وقد سبق لإيران أن احتفلت في العاصمة طهران في 2010/3/1 بـ"مستقبل فلسطين" و"حتمية زوال إسرائيل"، حيث استقبلت قادة الفصائل الفلسطينية ضمن أعمال "مؤتمر التضامن الوطني والإسلامي لمستقبل فلسطين"، الذي اختتم في طهران بإعلان شدد على ضرورة العمل لإفشال أي عدوان قد يلجأ إليه العدو، وعدَّ التهديدات ضدّ فلسطين وسورية وإيران ولبنان تستهدف المنطقة كلها. وكان مرشد الثورة خامنئي، أعلن خلال استقباله قادة الفصائل، قبل افتتاح أعمال المؤتمر، أن المنطقة دخلت في عهد ما أسماه "الشرق الأوسط الإسلامي"، منتقداً حكومات عربية، لم يسمها، بخذلان الفلسطينيين والادعاء بعروبة القضية الفلسطينية "فيما هي لم تقدم شيئاً لمساندة الفلسطينيين خلال الحرب الإسرائيلية على غزة".

كانت "إسرائيل" على مستوى آخر توجه الاتهام إلى إيران بتزويد حماس بصواريخ قادرة على ضرب أهداف استراتيجية. فقد نقلت إذاعة الجيش الإسرائيلي عن مصادر عسكرية إسرائيلية قولها إن إيران زودت الفصائل الفلسطينية في قطاع غزة بصواريخ ذات مدى كبير قادرة على ضرب أهداف استراتيجية في داخل "إسرائيل"، والوصول حتى مدينة تل أبيب وضواحيها. وأشارت المصادر إلى أن الصواريخ الإيرانية من طراز "فجر" و"الفاتح 100" يصل مداها إلى

300 كم، وصلت إلى الأطراف الحليفة لإيران في المنطقة، وهي قادرة على حمل رؤوس متفجرة وزنها 500 كغ. وادعت المصادر أن حزب الله أنشأ خمس وحدات كوماندوز، ستكون مهمتها اقتحام جزء من شمال "إسرائيل" وبلدة نهاريا، لمنع أي تقدم إسرائيلي في داخل لبنان في حال نشوب حرب، مشيرة إلى انتهاء عملية تسليح حزب الله وتزويده بصواريخ أرض جو، وصواريخ مضادة للسفن، ومنظومات صاروخية متطورة ضدّ الدبابات. وحذرت المصادر العسكرية من إمكانية قيام حزب الله بهجوم وقائي تصاحبه هجمات مكثفة من قطاع غزة. وزعمت أن السبب الرئيسي لأي حرب قادمة تشارك فيها سورية وحزب الله وغزة سيكون محاولة أطراف الحلف الإيراني الرد على أي هجمات متوقعة على المنشآت النووية الإيرانية[73].

وفي سياق التحريض نفسه على الصلة بين حماس وإيران؛ أفادت جريدة هآرتس أن مصادر إسرائيلية أكدت ما نشرته وكالة معاً الفلسطينية أن الشرطة المصرية داهمت مخازن سرية في وسط سيناء وضبطت قذائف مضادة للطائرات كاملة الأجزاء كانت معدة للتهريب إلى قطاع غزة عبر الأنفاق[74]. وأضافت الجريدة أن المصادر الإسرائيلية تحدثت عن إمكانية وصول مثل هذه الأسلحة إلى حماس والجهاد وفصائل إسلامية مسلحة أخرى، وأن إيران وسورية تقفان وراء إمداد المنظمات في القطاع بهذه الأسلحة. كما ذكرت هذه المصادر أن القذائف المضادة للطائرات هي روسية الصنع من طراز أس أي 7 (SA-7) المعروفة باسم ستريلا Strela، وبالرغم من أنها لا تعدّ في العموم سلاحاً متطوراً جداً؛ لكن تسلح الفصائل الفلسطينية بمئات منها من شأنه أن يؤثر على تحليق الطائرات الحربية الإسرائيلية في أجواء القطاع. وقالت إنه في حال تدهور الوضع الأمني، فإن الفصائل الفلسطينية قد تطلق هذه القذائف ليس فقط باتجاه الطائرات الحربية الإسرائيلية، وإنما باتجاه طائرات إسرائيلية مدنية تحلق قرب الشريط الحدودي. كما أشارت إلى أن المهربين الفلسطينيين قد نجحوا في اختراق الجدار الفولاذي المصري وتمكنوا من حفر أنفاق في أماكن عدة[75]. مما يعني أن المحاولة المصرية الاستراتيجية لوقف تهريب الأسلحة إلى القطاع منيت "بفشل مدوٍّ"[76].

وقد ذكرت هآرتس أن خبراء من إيران وسورية وصلوا إلى قطاع غزة وقاموا بتحسين القدرة العسكرية والقتالية المتنوعة لدى حماس والجهاد الإسلامي وفصائل فلسطينية أخرى، وذلك كجزء من عملية شاملة لإعادة بناء قوة الفصائل التي تمّ تدميرها في العدوان الأخير على القطاع؛ الأمر الذي نفاه عضو المكتب السياسي في حركة الجهاد الإسلامي الشيخ نافذ عزام، حسب ما نقلت عنه وكالة سما. كما أشارت هآرتس إلى أنه بالإضافة إلى ذلك توجّه عشرات من عناصر هذه الفصائل لتلقي تدريبات في كل من لبنان وسورية وإيران على تشغيل وسائل قتالية مطورة، ثم عاد هؤلاء العناصر إلى القطاع مزودين بالخبرة القتالية وقاموا بدورهم بتدريب عناصر أخرى في المجالات نفسها. وحمّلت الجريدة الحكومة المصرية مسؤولية استمرار عمل الأنفاق، وخاصة

لجهة سهولة خروج ودخول خبراء من وإلى القطاع عبر مصر ومن هناك إلى دول أخرى. وبحسب تقديرات الجيش الإسرائيلي الاستخباراتية، ما زالت عملية تعاظم قوة حماس على أشدّها وعليه فإنها ليست معنية حالياً بتصعيد الوضع ضدّ "إسرائيل"[77].

التنديد بالمفاوضات الفلسطينية – الإسرائيلية:

تحولت المجزرة التي ارتكبتها القوات الإسرائيلية على سفينة مرمرة إلى قضية عالقة بين تركيا و"إسرائيل". وتراجع بعد ذلك الاهتمام الدولي بقضية الحصار. ولم تتمكن سفن أخرى من التوجه نحو غزة. ولم تضطر إيران إلى اختبار تحدي حماية تلك السفن. فقد توجهت أنظار العالم مجدداً إلى العقوبات التي فرضها مجلس الأمن على إيران. وإذا كان تأييد إيران لفكّ الحصار عن غزة وإدانتها لما قامت به "إسرائيل" طبيعياً ومقبولاً في ظلّ استنكار دولي للمجزرة وفي ظلّ دعوات عالمية لفكّ هذا الحصار، فإن موقف إيران السلبي من استئناف التفاوض الفلسطيني الإسرائيلي لن ينفصل عن العقوبات التي فرضت عليها. فقد ربط كثير من المسؤولين في واشنطن وفي "إسرائيل"، وحتى في بعض العواصم العربية، بين تلك المفاوضات وبين العقوبات التي فرضت على إيران؛ خصوصاً وأن هذا الربط يستند إلى ما يعدّ "تدخلاً إيرانياً" في القضية الفلسطينية، عبر تأييد حركات المقاومة ورفض التفاوض مع "إسرائيل"؛ لأن هذه السياسة الإيرانية تسهم في عرقلة التفاوض، وفي تشجيع قسم من الفلسطينيين مثل حركتي حماس والجهاد الإسلامي على "التطرف". أي أن العقوبات على إيران لن يقتصر تأثيرها على الحدّ من تقدم البرنامج النووي الإيراني، بل تهدف أيضاً إلى ممارسة الضغوط الاقتصادية والدبلوماسية على طهران لإضعاف تأثيرها "السلبي" على القضية الفلسطينية. لذا رحب رئيس الحكومة الإسرائيلية بنيامين نتنياهو بقرار مجلس الأمن الدولي حول الجولة الرابعة من العقوبات على إيران، وعدّ المعلقون الإسرائيليون أن القرار يشكل في هذا الوقت نوعاً من "الهدية الدبلوماسية"، وأنه ليس أكثر من خطوة أولى على الطريق[78].

أما خلاصة هذا الربط بين العقوبات على إيران وبين المفاوضات الفلسطينية مع "إسرائيل" فهو التالي: طالما أن المفاوضات متوقفة، فإن الفرصة ستكون متاحة لتمدد نفوذ إيران عبر دعم حركات المقاومة في لبنان وفلسطين. ولذا فإن التقدم في عملية التسوية سيؤدي إلى تقليص بيئة التوتر، ما سيقطع الطريق على إيران وعلى دورها المتنامي في القضية الفلسطينية. ولهذا عبرت جريدة الواشنطن بوست The Washington Post الأمريكية عن أملها في أن يؤتي الحوار بين الزعيمين الإسرائيلي والفلسطيني ثماره نظراً لوجود عدو مشترك، هو إيران، موضحة أن "إسرائيل" تخاف من البرنامج النووي الإيراني، بينما يخاف عباس أيضاً من إيران لأن طهران تدعم حركة حماس، التي تعدّ خصماً رئيسياً لحركة فتح التي يتزعمها رئيس السلطة الفلسطينية.

كما رأت الواشنطن بوست أن التفاؤل الذي يبديه محللون في الولايات المتحدة وفي المنطقة حيال نجاح المفاوضات المباشرة بين الفلسطينيين والإسرائيليين، ناجم عن الخوف من إيران التي تعاظم نفوذها منذ فشل المفاوضات بين الجانبين في كانون الأول/ ديسمبر 2008 . وبالرغم من الاختلاف في وجهات النظر بين المشاركين في مفاوضات واشنطن، ومقارباتهم المختلفة وفقاً لمصالحهم، فإن هناك قاسماً مشتركاً يجمعهم، هو خشيتهم من التهديد الإيراني، بحسب الواشنطن بوست، التي اعتبرت أن من شأن ذلك أن يحثهم على إنجاح عملية السلام الهشة أصلاً، وأن أي سلام بين "إسرائيل" والفلسطينيين قد يكون الطريقة الأفضل لمبارك، والأردن، و"إسرائيل"، والفلسطينيين، والولايات المتحدة، لمواجهة طموحات طهران[79].

كذلك ربط دنيس روس Dennis Ross السلام في الشرق الأوسط بإيران؛ وفق ما نقلت عنه مجلة الفورين بوليسي Foreign Policy في 2010/5/6، أنه قال "إن السعي إلى تحقيق السلام في هذه المنطقة، هو أمر أساسي لتشكيل سياق إقليمي جديد"، مضيفاً "إن السعي لتحقيق السلام ليس بديلاً للتعامل مع التحديات الأخرى..."، مشيراً إلى أن "التحدي الأكبر للسلام والأمن في منطقة الشرق الأوسط، يكمن في إيران". كما قال "من الواضح أن إيران تزيد من نفوذها في المنطقة عن طريق استغلال الصراع الدائر بين الإسرائيليين والفلسطينيين".

لم يأبه قادة "إسرائيل" لهذا الربط بين نفوذ إيران وبين جمود التفاوض. وعلى الرغم من تأكيدهم على "الخطر الوجودي" الذي تمثله إيران، إلا أن الإسرائيليين لم يقبلوا بتجميد الاستيطان، فتوقَّفَ التفاوض، على الرغم من كل الوعود الأمريكية السخية عسكرياً ومالياً إلى "إسرائيل" والالتزام باستئناف الاستيطان في مرحلة لاحقة.

هكذا أتيح المجال ليس لإيران فقط لانتقاد التفاوض، بل أطلق أكثر من مسؤول حتى في السلطة الفلسطينية وفي بعض الدول العربية "المعتدلة" التحذير من مخاطر التعنت الإسرائيلي، مترافقاً مع الدعوات إلى الامتناع عن التفاوض من جهة، ومع الطلب من واشنطن ممارسة الضغوط على "إسرائيل" للقبول بتجميد الاستيطان.

انتقدت إيران المفاوضات انسجاماً مع مواقفها السابقة والثابتة من هذه القضية؛ لأن إيران تكرر على لسان قادتها السياسيين والروحيين والعسكريين التأكيد على عدم جدوى التفاوض مع هذا الكيان. وإذا كانت إيران قد تجنبت في السابق التعرض إلى الطرف الفلسطيني أو العربي الذي يشارك في التفاوض، إلا أنها هذه المرة وبلسان الرئيس أحمدي نجاد انتقدت الطرف الفلسطيني "أبو مازن" الذي "أصبح رهينة في يد إسرائيل". وردت السلطة بشنّ هجوم حاد على الرئيس الإيراني، واتهمته بـ"تزوير الانتخابات" و"سرقة السلطة". وقال المتحدث باسم الرئاسة الفلسطينية نبيل أبو ردينة إنه "لا يحق لمن لا يمثل الشعب الإيراني، وزور الانتخابات، وقمع

الشعب الإيراني، وسرق السلطة، أن يتحدث عن فلسطين أو عن رئيس فلسطين أو عن التمثيل الفلسطيني"، مشيراً إلى أن "القيادة الفلسطينية هي التي تعرف كيف تدافع عن حقوق شعبنا، ولن تسمح لأحد بالتطاول على وطنية الرئيس أو على شرعية منظمة التحرير الفلسطينية، أو على الخط السياسي والوطني الذي تسير عليه"[80].

لكن الرئيس الإيراني وفي إطار العلاقة الاستراتيجية مع دمشق التقى الرئيس السوري بشار الأسد ليعلنا معاً انتقاد المفاوضات الفلسطينية الإسرائيلية، ويدعوا إلى "تعزيز جبهة المقاومة"[81]. وقد اغتنم الرئيس أحمدي نجاد مناسبة "يوم القدس" السنوية في آخر جمعة من شهر رمضان، ليؤكد للملايين الذي تجمعوا في العديد من المدن ومنها طهران، أن المفاوضات الإسرائيلية الفلسطينية التي تجري برعاية أمريكا "عديمة الفائدة وولدت ميتة ومصيرها الفشل"، مشدداً على أن "مستقبل فلسطين ستحدده مقاومة الفلسطينيين في فلسطين وليس في واشنطن أو باريس أو لندن". وتساءل رئيس الجمهورية الإيراني عن شرعية المفاوضين مع الكيان الصهيوني ومن أين حصلوا على حقّ التحدث باسم الشعب الفلسطيني؟ وقال "لا الشعب الفلسطيني ولا شعوب المنطقة سوف تسمح لأي أحد بمنح حتى شبر واحد من الأرض الفلسطينية إلى الأعداء"[82].

وانتقد نجاد السلطة الفلسطينية من دون أن يسميها، لأن "وجود الكيان الصهيوني بأي شكل من الأشكال، ولو على شبر واحد من الأراضي الفلسطينية، هو بمثابة إعطاء فرصة للاحتلال والإجرام". وعلّق على السجال الدائر حول "يهودية دولة إسرائيل" بالتحذير من أن "الدولة اليهودية تعني دولة عنصرية، وتشريد أكثر من مليون و500 ألف إنسان من الأراضي المحتلة"[83].

بعد توقف المفاوضات الفلسطينية الإسرائيلية، برز التباين بين التقديرات الأمريكية والإسرائيلية في التعامل مع "التهديد الإيراني". فقد رفض وزير الدفاع روبرت غيتس Robert Gates اقتراح رئيس الوزراء الإسرائيلي بنيامين نتنياهو قيام الولايات المتحدة بالتهديد بعمل عسكري كخيار وحيد لإيقاف إيران عن حيازة الأسلحة النووية. وحذر غيتس، في معرض ردّه على نتنياهو، من الخيار العسكري، معتبراً أنه لن يحل شيئاً بل سيدفع إيران باتجاه امتلاك أسلحة نووية.

وكان نتنياهو أشار، خلال زيارة قام بها إلى الولايات المتحدة، إلى أن "العقوبات الاقتصادية تجعل من الصعب على إيران مواصلة برنامجها النووي، غير أنه ليس هناك ما يشير إلى أن نظام آيات الله يخطط لوقف برنامجه النووي بسبب هذه العقوبات".

وذكرت وسائل الإعلام الإسرائيلية أن نتنياهو قال لنائب الرئيس الأمريكي جو بايدن، أن "الطريقة الوحيدة لضمان أن إيران لن تصبح قوة نووية هي تهديدها بعمل عسكري ضدها ما لم توقف برنامجها النووي". أما غيتس، فقلب حجة نتنياهو رأساً على عقب، محذراً من أن

قصف منشآت إيران النووية من شأنه أن يوفر فقط "حلاً على المدى القصير"، غير أن الإيرانيين سيعاودون نشاطهم بعد سنتين أو ثلاث، مشيراً إلى أن أي ضربة عسكرية "ستجمع الأمة المنقسمة وتجعلها ملتزمة تماماً في مشروع الحصول على أسلحة نووية"، والعمل على برامج "أكثر عمقاً وسرية". واقترح غيتس بدلاً من خيار نتنياهو العسكري ضدّ إيران، دفع الإيرانيين إلى خلاصة "أن الأسلحة النووية ليست في مصلحتهم"[84].

استمرت إيران طوال سنة 2010 في التأكيد على مواقفها الثابتة من شرعية المقاومة، ومن عدم شرعية الكيان الصهيوني. وخلافاً لمنطق الدول الإسلامية الأخرى شددت طهران على زوال هذا الكيان. وتحدث مسؤولوها عن تفاؤلهم بقرب هذا الزوال. وأعلنوا رفضهم المفاوضات الفلسطينية الإسرائيلية، وشككت إيران في شرعية المفاوض الفلسطيني. وهددت "إسرائيل" بالحرب التي ستقضي عليها إذا فكرت في شنّ أي عدوان جديد على غزة أو على أي دولة أخرى. ودانت سياسات "إسرائيل" التهويدية، وجددت تأييدها للمقاومة وثقتها بأنها الطريق الوحيد للقضاء على "إسرائيل" وتحقيق النصر.

ومهما قيل في مستوى هذه التهديدات أو القدرة على تنفيذها وعن هذه الثقة في زوال "إسرائيل"، إلا أن هذه المواقف هي بلا شكّ تختلف تماماً عن مواقف الدول الإسلامية الأخرى التي أيدت التفاوض مع "إسرائيل"، أو ناشدت الولايات المتحدة الضغط على "إسرائيل" لوقف الاستيطان ولعودة الحقوق الفلسطينية. ويمكن الاستنتاج بلا شكّ أن مواقف إيران طوال سنة 2010 كانت تنسجم مع منطق حركات المقاومة أكثر من منطق الدول الإسلامية الأخرى. وما تزال هذه المواقف تسبب الإزعاج لـ"إسرائيل" وللكثير من الدول العربية والإسلامية التي اختارت سبيلاً آخر في التعامل مع الكيان الصهيوني. لأن ما تدعو إليه إيران حتى على مستوى المواقف المعلنة يجعل بيئة الصراع أكثر سخونة وأكثر استعداداً للاشتعال. كما يجعل ثوابت الصراع مع العدو أكثر وضوحاً في مواجهة التشكيك بهذه الثوابت، وفي مواجهة الخيارات التي تريد اعتبار التفاوض والصلح مع "إسرائيل" هي الخيارات الوحيدة والنهائية.

ومن المتوقع أن تستمر إيران في مواقفها هذه. كما سيستمر في المقابل القلق العربي والغربي – الأمريكي من هذه السياسة الإيرانية تجاه فلسطين. وكذلك تشجيع الطرف العربي والفلسطيني على ضرورة إنجاح المفاوضات، وعدم تعريضها لخطر التوقف أو الانهيار خشية تعاظم النفوذ الإيراني. وفيما يخص النزاع، يرى جورج ميتشل، المبعوث الأمريكي الخاص إلى الشرق الأوسط، أن إيران تشكل مسألة مهمة. ففي الدول الـ 14 أو الـ 15 التي زارها، كان موضوع إيران هو البند الأول أو الثاني في المباحثات التي أجراها مع قادة هذه الدول، مما يؤكد أهمية هذا الموضوع وتأثيره على المفاوضات الفلسطينية – الإسرائيلية[85].

رابعاً: ماليزيا

من المسلّم به أن ماليزيا تشكل أحد أهم اللاعبين الرئيسين في منطقة الآسيان، وإحدى الدول المهمة المشاركة في الأسواق العالمية في العديد من القطاعات؛ فقد استطاعت ماليزيا إحداث نهضة اقتصادية وضعتها في مرتبة متقدمة خاصة في مجال المال والأعمال، ولا يجب أن يغيب عن البال وجود علاقات اقتصادية مع "إسرائيل" وإن كانت محدودة نسبياً، لذا ليس من المستغرب أن يتوجه الاهتمام الإسرائيلي بشكل مباشر أو غير مباشر إلى الدولة النامية، وقد تحدَّث زعيم المعارضة الماليزي أنور إبراهيم عن وجود عملاء من الموساد في المقر الرئيسي للشرطة الاتحادية الماليزية، وقال خلال مداخلة له في جلسة البرلمان التي عقدت في 2010/4/7، إن "لديه وثائق تدل على إمكان وصول الاستخبارات الإسرائيلية إلى المعلومات الاستراتيجية للبلاد، من خلال شركة أوسياسوف المحدودة Osiassov المتعاقدة لتنفيذ مشروع تطوير نظام الاتصالات والتكنولوجيا في مقر الشرطة الاتحادية". وأوضح إبراهيم أن الشركة مسجلة في سنغافورة ولكن مقرها الرئيسي هو في تل أبيب، كما أكد بأن وجود اثنين من الضباط السابقين من جيش الاحتلال الإسرائيلي في الشركة المعنية، كان بمعرفة كبار ضباط الشرطة الماليزية ووزير الداخلية الماليزي سيد حامد البار.

في السياق نفسه نفى سيد حامد البار الذي كان حاضراً في الجلسة البرلمانية، ما ذكره زعيم المعارضة الماليزية، قائلاً: "إن ما ادعاه أنور إبراهيم كان مجرد افتراض وافتراء، لأن الكثير من الحقائق التي قدمها لم تكن صحيحة". كما أكد أنور إبراهيم على أنه سيتوجه إلى الملك الماليزي ميزان زين العابدين، مطالباً مؤتمر مجلس السلاطين الماليزي بالتدخل من أجل فسخ عقد الحكومة الماليزية مع شركة أبكو العالمية APCO Worldwide الاستشارية بسبب صلاتها مع "إسرائيل" أيضاً[86].

وشركة أبكو هي شركة عالمية استشارية، تعمل على تقديم الاستشارات بشأن تطوير وسائل الإعلام والاتصالات. وتضم أبكو مجموعة واسعة من الشخصيات المعروفة بالخبراء الاستشاريين والموظفين التنفيذيين من بينهم دون بونكير Don Bonker عضو الكونجرس الديموقراطي السابق من واشنطن، ودارين ميرفي Darren Murphy المستشار الإعلامي السابق لرئيس وزراء المملكة المتحدة السابق توني بلير Tony Blair، ودونالد ريجل Donald Riegle السيناتور الديموقراطي السابق من ميشيغان، وإيتامار رابينوفيتش Itamar Rabinovich السفير الإسرائيلي السابق لدى الولايات المتحدة[87]. وترتبط شركة أبكو بعلاقة شراكة قوية مع شركة أزرو ورلدوايد Asero Worldwide، وهي شركة تضم مجموعة من الخبراء الأمنيين الإسرائيليين ومقرها واشنطن، ولها فرع رئيسي في "إسرائيل"، وتعنى هذه الشركة بتوفير المشورة للحكومات والشركات حول كيفية التعامل مع المخاطر الأمنية[88].

وفي إطار ردود الفعل على الحصار الإسرائيلي لقطاع غزة والاعتداء على أسطول الحرية قال رئيس الوزراء الماليزي محمد نجيب عبد الرزاق Mohd Najib Tun Abdul Razak إن ما قامت به "إسرائيل" يعدّ جريمة إنسانية بكل المعايير، واصفاً ما جرى بأنه "مجزرة"، وجريمة يجب ألا تمر مرور الكرام[89]. كما وصف رئيس الوزراء الماليزي الإسرائيليين بـ"رجال عصابات عالميين"، وطالب بمحاكمة المسؤولين عن الهجوم على أسطول الحرية أمام محكمة العدل الدولية. وأضاف عبد الرزاق أمام البرلمان في 2010/6/7 إن "ماليزيا ستطلب من مجلس الأمن الدولي إدانة الاعتداءات الإسرائيلية والعمل على محاكمة مرتكبيها أمام محكمة العدل الدولية"، وأكد أن "مجموعات الكوماندوس الإسرائيلية أطلقت النار على الناشطين من قرب وحتى على ظهورهم في عمل جبان لا يمكن الصفح عنه"[90]. والجدير بالذكر أن رئيس الوزراء الماليزي استقبل في مقر إقامته الوفد الماليزي المؤلف من 12 متطوعاً، الذين شاركوا في أسطول الحرية؛ وقد أكد عبد الرزاق على أن ما قام به هؤلاء المتطوعون قد حقق نصراً معنوياً للشعب الماليزي وفتح عيون العالم على الفظائع التي يرتكبها الصهاينة[91].

وعلى المستوى الشعبي تظاهر المئات من الماليزيين أمام السفارة الأمريكية في كوالا لمبور هاتفين "الموت لإسرائيل"[92]. كما تمكنت مؤسسة "أمان فلسطين" الماليزية من إدخال قافلة مساعدات إغاثية وطبية لقطاع غزة بقيمة مئة ألف دولار عبر معبر رفح الحدودي مع مصر دون السماح للوفد الماليزي المرافق، والذي يضم 12 شخصية اعتبارية ماليزية يمثلون منظمات أهلية وصحافيين، من دخول قطاع غزة[93]. كذلك تمكن وفد طبي تابع لمنتدى ماليزي يطلق عليه بوتيرا واحد ماليزيا Putera 1 Malaysia من دخول قطاع غزة في آب/ أغسطس وضمّ الفريق 67 شخصاً، بينهم أطباء وإداريون من جنسيات مختلفة، وضم الوفد الطبي عشرة ماليزيين، وعشرة هنود وعشرة صينيين، من تخصصات طبية مختلفة، أجروا خلال فترة إقامتهم عمليات جراحية لمرضى القطاع[94]. كما تزايدت الأنشطة المؤيدة للقضية الفلسطينية، ونشطت المؤسسات الماليزية بحملات جمع التبرعات للشعب الفلسطيني.

خامساً: إندونيسيا

لم تشهد سنة 2010 تغييراً ملحوظاً في السياسة الإندونيسية تجاه القضية الفلسطينية، حيث استمرت حملات الدعم الشعبية والرسمية لقضايا الشعب الفلسطيني. كما استمرت السياسة الإندونيسية في رفضها للتطبيع مع "إسرائيل"، وهو ما تمثل بقرار وزارة الاتصالات الإندونيسية باستبعاد أي شركة تثبت علاقتها مع "إسرائيل"؛ فقد قال الناطق باسم الوزارة جاتوت ديوا بروتو Gatot Dewa Broto إن قرار وزير الاتصالات تيفاتول سيمبيرينج Tifatul Sembiring يأتي

انطلاقاً "من حرص الوزارة على المصلحة العامة للدولة". وأكد بروتو احترام الوزارة "مشاعر المواطنين وعدم استفزازهم، نظراً للحساسية التي قد تثيرها مثل هذه المناقصات لدى الشارع المتعاطف جداً مع الشعب الفلسطيني والقضية الفلسطينية".

وجاء في التصريحات الصادرة عن وزير الاتصالات الإندونيسي "إن حكومتنا لا تقيم علاقة دبلوماسية مع إسرائيل، ونتيجة لذلك فليس لدينا علاقات تجارية مباشرة معها، كما أن الأمر يشكل استفزازاً لمشاعر الأمة الإسلامية، وليس للأمر علاقة بانتماء الوزير لحزب العدالة والرفاه Prosperous Justice Party *(Partai Keadilan Sejahtera (PKS))* المناهض لإسرائيل"[95].

وفي خطوة تحسب للدبلوماسية الإندونيسية أقرَّ المنتدى الوزاري البيئي العالمي Global Ministerial Environment Forum (GMEF) الإندونيسية Bali الذي عقد في مدينة بالي في 2010/2/24 وثيقة غزة، ووافقت الدول الأعضاء على الوثيقة التي أعدها برنامج الأمم المتحدة للبيئة (يونيب) United Nations Environment Programme (UNEP) وأوضح خلالها حجم الكارثة البيئية، التي خلفها العدوان الإسرائيلي وسبل التصدي لها، والتحديات البيئية التي يواجهها سكان القطاع، وبإقرارها تصبح إحدى الوثائق الرسمية للأمم المتحدة. ومن الجدير بالذكر أن المنتدى عقد بغياب الوفد الإسرائيلي بسبب عدم موافقة السلطات الإندونيسية على الآلية الأمنية التي اشترطتها "إسرائيل" لوفدها[96].

وفي 2010/3/20 خرج عشرات الآلاف من الإندونيسيين إلى شوارع العاصمة جاكرتا في مسيرة جماهيرية دعماً للمسجد الأقصى المبارك، حيث تجمع نحو 100 ألف مواطن إندونيسي بدعوة من حزب العدالة والرفاه الإسلامي، وتقدم الجموع قيادات العمل الإسلامي في إندونيسيا، وكانت المتحدثة الأولى النائب يويو يسرى Yoyoh Yusroh التي قالت "جئنا لنقول أننا معكم يا أهلنا في فلسطين، نناصركم ونتضامن معكم في دفاعكم عن المسجد الأقصى والمقدسات".

وأضافت مخاطبة الجموع "انظروا إلى أهل فلسطين رغم الحصار ورغم الاحتلال، فهم يخرِّجون الآلاف من حفظة القرآن الكريم، فواجبنا أن نقف إلى جنبهم وندعمهم بكل ما نستطيع". ثم اعتلى المنصة رئيس البرلمان الإندونيسي السابق محمد هدايت نور واحد Muhammad Hidayat Nur Wahid حيث دعا في كلمته الحكومة الإندونيسية لتأخذ دورها "كأكبر دولة إسلامية، وتعمل على إنهاء الاعتداءات الصهيونية على مقدسات المسلمين". ودعا الدول العربية والإسلامية لبذل الجهود المخلصة لنصرة المقدسات ولإنهاء الانقسام الفلسطيني، وقال "نتوجه إلى الحكومة المصرية لتكون بيتاً ومأوى لكل الأطراف الفلسطينية، لأن هذا ما يفرضه الدور التاريخي والموقع الجغرافي"، مضيفاً "أنه إذا لم تنجز المصالحة في مصر، فأهلاً وسهلاً بكل الأطراف هنا في جاكرتا، ليكون لنا الدور التاريخي في إنجاز ملف المصالحة الفلسطينية"[97].

ولم تتوانَ إندونيسيا حكومةً وشعباً عن دعم الشعب الفلسطيني المحاصر في قطاع غزة والإسهام في محاولة كسر الحصار من خلال إرسال الوفود الرسمية والشعبية وتقديم الدعم المالي لسكان القطاع. وفي هذا الإطار نددت الخارجية الإندونيسية في بيان لها الهجوم الإسرائيلي على أسطول الحرية وقتل تسعة من المتطوعين الأتراك، ووصف البيان الهجوم بغير القانوني لكونه نُفذ في المياه الدولية. وأوضح البيان أن حصار "إسرائيل" البحري لقطاع غزة يمثل انتهاكاً للقانون الدولي، ويسبب معاناة كبيرة لفلسطينيين أبرياء. ودعا المجتمع الدولي لضمان تحميل "إسرائيل" مسؤولية أفعالها وفقاً للقانون الدولي[98].

وفي مؤتمر صحفي مشترك بين رئيس السلطة الفلسطينية محمود عباس والرئيس الإندونيسي سوسيلو بامبانج يودويونو Susilo Bambang Yudhoyono في جاكرتا عقد في 2010/5/29، أكد يودويونو على دعمه للشعب الفلسطيني وتأييده لقيام دولة فلسطينية، وأعلن عن تخصيص مبلغ 2.15 مليون دولار لإنشاء مستشفى في قطاع غزة[99]. وفي 2010/6/29 وصل إلى قطاع غزة الوفد البرلماني الإندونيسي برئاسة رئيس البرلمان الإندونيسي مرزوقي علي و35 برلمانياً، حيث قاموا بوضع حجر الأساس للمستشفى[100]. وفي حوار صحفي مع النائب آجوس كارتسا سميتا Agus Kartasasmita لخص فيه الرسالة التي حملها الوفد البرلماني معه من قطاع غزة بقوله "سنقوم بوضع كل ما رأيناه وسمعناه ولمسناه أمام الشعب والبرلمان في إندونيسيا بكل شفافية، وسنقول لشعبنا أيضاً إن الشعب في غزة لديه هدف واحد وهو الحرية والاستقلال، وهذه هي هديتنا لشعبنا وبرلماننا ورئيسنا السيد سوسيلو"[101].

سادساً: باكستان

على الرغم من الأوضاع السياسية والأمنية غير المستقرة التي مرت بها باكستان، والمعاناة الهائلة من الفياضانات، إلا أن ذلك لم يمنع المؤسسة الرسمية الباكستانية من استمرار الإعلان عن حقّ الشعب الفلسطيني بإقامة دولة فلسطينية مستقلة وتقديم الدعم له؛ وهو ما أكد عليه رئيس الوزراء الباكستاني سيد يوسف رضا جيلاني Syed Yousuf Raza Gilani خلال استقباله رئيس السلطة الفلسطينية محمود عباس في إسلام أباد في 2010/2/13، بقوله إن باكستان ستظل تقدم دعمها للشعب الفلسطيني، كما شدد على ضرورة انسحاب "إسرائيل" من كافة الأراضي المحتلة وممارسة الشعب الفلسطيني حقوقه المشروعة بموجب قرارات الأمم المتحدة. ومن جهته أكد الرئيس الباكستاني آصف علي زرداري Asif Ali Zardari أن باكستان "تؤمن أنه لا يمكن إقرار السلام في الشرق الأوسط إلا بإيجاد تسوية سلمية عادلة للأزمة الفلسطينية". وقال زرداري إن باكستان تدعم الجهود الرامية لإيجاد حلّ للنزاع الفلسطيني – الإسرائيلي على مبدأ إقامة دولتين مستقلتين في الأراضي المحتلة. كما دان زرداري العدوان الإسرائيلي على غزة[102].

وفي حوار صحفي مع السفير الباكستاني في الأردن محمد اختر طفيل Mohammad Akhtar Tufail أكد على أن بلاده "لم تعترف بإسرائيل ولن نعترف بها حتى تعترف بالوجود الفلسطيني وبالدولة الفلسطينية، وتتوصل إلى تسوية سلمية مع الشعب الفلسطيني، وأن يحقق هذا الشعب الشقيق كل طموحاته". وأشار إلى أن السلام هو في مصلحة "إسرائيل"، إلا أن غياب القيادة الإسرائيلية "الحكيمة" يضر بعملية السلام، وقلل السفير الباكستاني من فرص نجاح محدثات التسوية وقال: "إذا لم تتوقف إسرائيل ملياً مع نفسها وتراجع سياساتها وتعرف ماذا يضرها وماذا ينفعها، وإذا لم تسمح للفلسطينيين أن يقيموا دولتهم المستقلة فإن ذلك سيؤذي إسرائيل نفسها". كما كشف عن اقتراح عرض على بعض الدول العربية بأن يتم تفعيل ودمج الدول الإسلامية في المسألة الفلسطينية، حتى يكون الدعم ناجعاً وأكثر قوة، مؤكداً في حديثه هذا على إسلامية القضية الفلسطينية[103].

وفي إطار ردود الفعل على مهاجمة أسطول الحرية أعلنت وزارة الخارجية الباكستانية أن "قتل أفراد من البعثة الإنسانية، بينهم نساء، هو أمر وحشي وغير إنساني ويشكل انتهاكاً صارخاً للقانون والأعراف الدولية"، وقال رئيس الوزراء الباكستاني سيد يوسف رضا جيلاني إن المجتمع الدولي يتعين عليه الانتباه إلى "الفعل الوحشي". ونظم عشرات من الصحفيين وعمال الإغاثة ونشطاء حقوقيين مسيرة خارج مكتب نادي الصحافة الوطني في إسلام أباد منددين بـ"إسرائيل"[104].

سابعاً: التبادل التجاري

على الرغم من ارتفاع مستوى التوتر الدبلوماسي بين "إسرائيل" وتركيا خلال سنة 2010، والذي وصل إلى قمته مع الاستهداف الإسرائيلي العسكري لسفينة مرمرة التركية المشاركة في أسطول الحرية، وقتل تسعة من المواطنين الأتراك، إلا أن التبادلات التجارية بين تركيا و"إسرائيل" شهدت تقدماً ملحوظاً خلال هذه السنة، فقد ارتفعت قيمة الصادرات الإسرائيلية إلى تركيا خلال سنة 2010 إلى نحو 1,324 مليون دولار بزيادة قدرة بحوالي 22% عن قيمة الصادرات في سنة 2009، كذلك ارتفعت قيمة الواردات الإسرائيلية من تركيا بنسبة بلغت حوالي 30% عن قيمة الواردات لسنة 2009.

ولا بدّ أن ننوه إلى أن سنة 2009 لا يمكن أن تعتمد كسنة قياس على المستوى الاقتصادي؛ لأنها كانت سنة أزمة اقتصادية ضربت العالم وتأثر بها الاقتصاد الإسرائيلي بشكل مباشر، لذلك من الممكن ردّ جانب من التقدم في حجم التبادل التجاري خلال سنة 2010 بين تركيا و"إسرائيل"، إلى تعافي الاقتصاد الإسرائيلي من الأزمة الاقتصادية العالمية، كما أن التبادل العسكري ومشتريات

السلاح لم تتأثر كثيراً، فضلاً عن أن العديدين من الطرفين مالوا إلى تحييد الجوانب الاقتصادية عن التداعيات والتطورات السياسية. أما بالنسبة لماليزيا فالوضع مختلف فهناك تقدم ملحوظ ومتصاعد بشكل كبير في حجم التبادل التجاري مع "إسرائيل"، فقد ارتفعت قيمة الصادرات الإسرائيلية إلى ماليزيا خلال سنة 2010 بما نسبته 583% عن سنة 2009، وهذا يعيد مستوى التبادل إلى مرحلة ما قبل انتفاضة الأقصى، عندما كانت ماليزيا تتصدر التبادل التجاري مع "إسرائيل"، وهو ما يتطلب قراءة متأنية في أسباب هذا الارتفاع، ولعل الأمر مرتبط بإعادة النشاط للجوانب المرتبطة بصناعة الحاسوب الآلي، ووجود شركات أمريكية كبيرة تصدر هذا النوع من الخدمات من "إسرائيل" مثل شركة إنتل Intel Corporation. أما باقي الدول الإسلامية فقد سجلت استقراراً نسبياً في حجم التبادل التجاري ومتفاوتاً بين دولة أخرى (انظر الجدول 4/2).

جدول 4/2: حجم التجارة الإسرائيلية مع عدد من البلدان الإسلامية (غير العربية) 2007-2010 (بالمليون دولار)[105]

البلدان	الصادرات الإسرائيلية إلى:				الواردات الإسرائيلية من:			
	2010	2009	2008	2007	2010	2009	2008	2007
تركيا	1,324.4	1,086	1,609.9	1,195.8	1,800.2	1,387.7	1,825.3	1,606.9
نيجيريا	303	210.3	304.3	205.1	1.7	2.4	1.4	0.2
كازاخستان	62.4	57	158.6	99.6	0.3	0.9	3.4	3.3
أذربيجان	107.5	264.3	129.4	82.6	0.2	0.3	0.3	0.2
ماليزيا	797.8	116.8	30.2	70.4	85	68.5	100.6	63.6
أوزبكستان	37.2	20.7	23.3	25.6	3.3	0.4	2.7	2
الكاميرون	12.8	24.3	18.2	8.9	0.2	0.1	0.5	0.2
إندونيسيا	12.8	12.5	15.8	17.6	106.1	90.7	293.4	89.3
ساحل العاج	5.4	8.4	9.3	7.9	10	8.1	8.9	5
السنغال	3.3	3.7	8.8	7.1	2.5	1.1	0.7	0.6
الغابون	8.8	1.9	2.9	1.1	0	0	0	0.2
تركمانستان	19.8	3.9	1.7	2.2	0	0.6	0.2	0.8

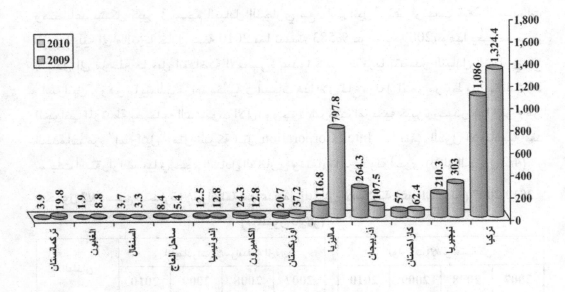

الصادرات الإسرائيلية إلى عدد من البلدان الإسلامية (غير العربية) 2009-2010 (بالمليون دولار)

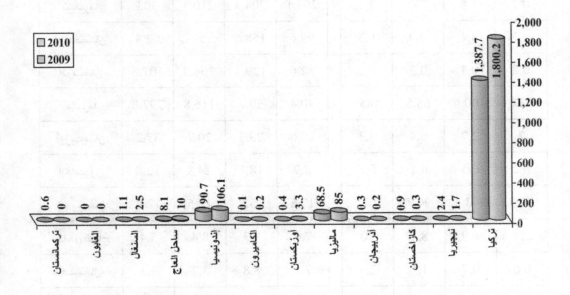

الواردات الإسرائيلية من عدد من البلدان الإسلامية (غير العربية) 2009-2010 (بالمليون دولار)

خاتمة

أظهرت سنة 2010 قوة الروابط الإسلامية الشعبية مع القضية الفلسطينية، وهنا نستطيع أن نؤكد بأن صمود أبناء الشعب الفلسطيني في قطاع غزة أمام الاعتداءات الإسرائيلية المستمرة، والحصار الظالم المرفوض دولياً وعربياً على القطاع استطاع توحيد الجهود الإسلامية في محاولات كسر الحصار، مما يشير إلى تزايد روح عودة القضية الفلسطينية إلى بعدها الإسلامي الأساسي؛ فالتصاعد المستمر في عمليات الدعم المعنوي والمادي على المستوى الشعبي من الدول الإسلامية غير العربية، خاصة تركيا وإيران وإندونيسيا وماليزيا يدلل على مركزية القضية الفلسطينية بالنسبة إلى شعوب هذه الدول.

وعلى ما يبدو فإننا أمام معضلة حقيقية في السلبية التي تتعاطى بها منظمة المؤتمر الإسلامي مع القضية الفلسطينية، فما زالت هذه المنظمة ترزح تحت عباءة التوافقات والتناقضات بين دولها، وخصوصاً الدول العربية الكبرى المحولة لهذه المنظمة والتي تفرض توجهاتها السياسية عليها وعلى باقي الدول الأعضاء تجاه القضية الفلسطينية، لذا يبدو أننا بحاجة إلى إعادة صياغة بنود وأسس هذه المنظمة، وإعادة تصويب الهدف الأساس الذي انطلقت من أجله منظمة المؤتمر الإسلامي، وهو ما يبدو أنه صعب المنال في ظلّ غياب الديموقراطية العربية، وارتباط مواقف الدول الإسلامية غير العربية بسقف المطالب العربية المتدني.

أما تركيا فقد أثبتت بقيادتها ذات الخلفية الإسلامية خلال سنة 2010 أنها قادرة على أن تلعب دوراً مهماً في المنطقة وتشكل رقماً صعباً من خلال دعمها للشعب الفلسطيني، وأن تقف أمام العنجهية الإسرائيلية، وهو ما انسجم مع رغبة الشعب التركي الذي قدم الدم في سبيل الدفاع عن الشعب الفلسطيني، وبذلك نستطيع القول بأن تركيا استطاعت أن تحقق نوعاً من فكّ الارتباط السياسي بالولايات المتحدة الأمريكية ودول الاتحاد الأوروبي؛ الذي كان موجوداً زمن الحكومات العلمانية التركية السابقة؛ غير أن الطريق ما زال طويلاً أمام القيادة التركية لفض العلاقات السياسية والاقتصادية والعسكرية مع "إسرائيل"، وتبني أجندة إسلامية خالصة.

أما إيران فقد استمرت في تقديم دعمها السياسي والمادي للشعب الفلسطيني ولحركات المقاومة، وإن كانت بوتيرة أخف بسبب انشغالاتها بالتفاعلات الاقتصادية والسياسية الداخلية، وعلى الأرجح فإن هذه السياسة الداعمة لحركات المقاومة الفلسطينية ستستمر، خاصة في ظلّ تسارع الأحداث والتغيرات السياسية التي يتوقع أن تشكل عملاً أساسياً في فتح آفاق جديدة أمام مشروع المقاومة في المنطقة.

هوامش الفصل الرابع

[1] الشرق الأوسط، 2010/1/5.

[2] موقع منظمة المؤتمر الإسلامي، 2010/6/6، انظر:
http://www.oic-oci.org/topic_detail.asp?t_id=3871&x_key

[3] الشرق الأوسط، 2010/1/5.

[4] منظمة المؤتمر الإسلامي، 2010/6/6.

[5] المرجع نفسه.

[6] الخليج، 2010/6/7.

[7] منظمة المؤتمر الإسلامي، 2010/6/6.

[8] الغد، 2010/11/30.

[9] القدس العربي، 2010/3/27.

[10] جريدة ميلّيت، تركيا، 2010/1/13.

[11] جريدة يني شفق، تركيا، 2010/1/13.

[12] السفير، 2010/1/13.

[13] جريدة زمان، تركيا، 2010/1/13.

[14] الخليج، 2010/1/15.

[15] Today's Zaman newspaper, 14/1/2010, http://www.todayszaman.com/news-198503-israel-apologises-to-turkey-in-diplomatic-spat-after-ultimatum.html

[16] المستقبل، 2010/6/2.

[17] الشرق الأوسط، 2010/7/24.

[18] الحياة، 2010/6/2.

[19] ميلّيت، 2010/6/1.

[20] يني شفق، 2010/6/2.

[21] السفير، 2010/6/1.

[22] 6335th Meeting, Security Council, SC/9948, UN, New York, 9/6/2010, http://www.un.org/News/Press/docs/2010/sc9948.doc.htm

[23] الحياة، 2010/7/2.

[24] السفير، 2010/8/5.

[25] السفير، 2010/12/29.

[26] الشرق الأوسط، 2010/11/26.

[27] جريدة حرييت، تركيا، 2010/12/5.

[28] السفير، 2010/12/6.

[29] السفير، 2010/12/14.

[30] موقع أخبار العالم، إسطنبول، 2010/6/7.

[31] الاتحاد، 2010/9/26.

[32] الحياة، 2010/6/1.

[33] الخليج، 2010/6/2.

[34] السفير، 2010/11/10.

[35] ميلّيت، 2010/11/24.

36 السفير، 2010/9/1.

37 Foreign Trade By Countries, Turkish Statistical Institute (TURKSTAT), Prime Ministry Republic of
Turkey, http://www.turkstat.gov.tr/VeriBilgi.do?tb_id=12&ust_id=4

38 Helen Brusilovsky, Summary of Israel's Foreign Trade by Country-2010.

39 Foreign Trade By Countries, TURKSTAT; and Helen Brusilovsky, Summary of Israel's Foreign Trade
by Country-2010.

40 Site of TurkishPress.com, 31/5/2010, http://www.turkishpress.com/news.asp?id=352251

41 Number of Arriving-Departing Foreigners and Citizens, Ministry of Culture and Tourism, Turkey,
December 2010, http://www.kultur.gov.tr/EN/dosya/2-5788/h/december2010bulletin.xls

42 الخليج، 2010/1/1؛ وانظر:
Today's Zaman, 2/1/2010, http://www.todayszaman.com/news-197302-100-turks-see-no-shift-in-
foreign-policy-survey-reveals.html

43 الغد، 2010/1/18.

44 جريدة الوطن، أبها (السعودية)، 2010/3/3.

45 الراي، الكويت، 2010/3/4.

46 الأيام، رام الله، 2010/3/7.

47 الشرق الأوسط، 2010/3/28.

48 الخليج، 2010/5/11.

49 ميلّيت، 2010/6/14.

50 حرييت، 2010/10/5.

51 المرجع نفسه.

52 الخليج، 2010/3/11.

53 البيان، 2010/5/26.

54 الحياة، 2010/3/10.

55 الشرق الأوسط، 2010/5/13.

56 الحياة، 2010/6/5.

57 البيان، 2010/5/26.

58 الحياة، 2010/3/9.

59 الحياة، 2010/2/27.

60 الخليج، 2010/3/17.

61 الخليج، 2010/3/27.

62 السفير، 2010/3/27.

63 الخليج، 2010/4/8.

64 السفير، 2010/1/14.

65 الخليج، 2010/5/31.

66 الحياة، 2010/6/1.

67 الراي، الكويت، 2010/6/2.

68 الخليج، 2010/6/3.

69 الجزيرة.نت، 2010/6/27.

70 موقع ميدل ايست أونلاين، لندن، 2010/7/28.

71 السفير، 2010/6/9.

72 الحياة، 2010/6/7.

[73] **الشرق الأوسط**، 2010/4/20.

[74] وكالة معاً، 2010/8/28.

[75] *Haaretz*, 29/8/2010.

[76] **القدس العربي**، 2010/8/30.

[77] وكالة سما، 2010/12/23، نقلاً عن **هآرتس**، 2010/12/23.

[78] **السفير**، 2010/6/11.

[79] Scott Wilson, Iranian Threat may be Boon for Mideast Peace Talks, *The Washington Post* newspaper, 1/9/2010.

[80] **السفير**، 2010/9/6.

[81] **الشرق الأوسط**، 2010/10/3.

[82] جريدة **السياسة**، الكويت، 2010/9/4.

[83] **الأخبار**، 2010/10/14.

[84] **السفير**، 2010/11/22.

[85] Press Briefing by Special Envoy for Middle East Peace Senator George Mitchell, Office of the Press Secretary, The White House, Washington, 31/8/2010, http://www.whitehouse.gov/the-press-office/2010/08/31/press-briefing-special-envoy-middle-east-peace-senator-george-mitchell

[86] **فلسطين أون لاين**، 2010/4/7، انظر: http://www.felesteen.ps/index.php?page=details&nid=3949

[87] APCO Worldwide, Washington, DC, http://www.apcoworldwide.com/content/international_advisory_council/members.aspx

[88] ASERO Worldwide, Washington, DC, 15/9/2008, http://www.asero.com/content/newsroom/index.cfm?mmid=4&smid=2&prid=5

[89] جريدة **عكاظ**، جدة، 2010/6/1.

[90] **الشرق**، 2010/6/8.

[91] Ministry of Foreign Affairs of Malaysia, http://www.kln.gov.my/web/guest/ny2010/-/asset_publisher/K4Tf/content/gaza-aid-ship-incident-a-moral-victory-for-malaysia-najib-kejadian-mavi-marmara-satu-kemenangan-moral-kepada-negara-dan-rakyat-najib?redirect=/web/guest/ny2010

[92] **الخليج**، 2010/6/8.

[93] **الخليج**، 2010/7/5.

[94] **الأيام**، رام الله، 2010/8/10.

[95] **الجزيرة.نت**، 2010/1/5، في: http://www.aljazeera.net/NR/exeres/BDD051EC-0D59-40FE-95A1-D3EC3885FF21.htm

[96] **الحياة**، 2010/2/25.

[97] **المركز الفلسطيني للإعلام**، 2010/3/20، في: http://www.palestine-info.info/ar/default.aspx?xyz=U6Qq7k%2bcOd87MDI46m9rUxJEpMO%2bi1s7DtQNlk%2ffSvqB7MZzzal8FGeFmiRTZ9O0KwvLDOqYv3SuUChFKKLcq6klZ2DHCYt1%2bN76YTEQD%2b1Zup9AUZB2vIxlZI4YkMu9JUetGdHS%2fDs%3d

[98] **الخليج**، 2010/6/1.

[99] *The Jakarta Post* newspaper, Jakarta, 29/5/2010, http://www.thejakartapost.com/news/2010/05/29/indonesia-build-hospital-gaza.html

[100] وكالة سما، 2010/6/29.

[101] **العرب اليوم**، 2010/7/20.

[102] **الوطن**، السعودية، 2010/2/14.

[103] **الدستور**، 2010/3/18.

[104] **الخليج**، 2010/6/1.

[105] Helen Brusilovsky, Summary of Israel's Foreign Trade by Country-2010.

الفصل الخامس

القضية الفلسطينية والوضع الدولي

القضية الفلسطينية والوضع الدولي

مقدمة   تمحورت الجهود الدبلوماسية الدولية في سنة 2010 حول ثلاثة موضوعات، اثنان منها جوهريان والآخر إجرائي، أما الجوهريان فهما تمديد فترة تجميد الاستيطان التي أعلنت من قبل الحكومة الإسرائيلية لمدة عشرة شهور في أواخر سنة 2009، وانتهت هذه المسألة بإعلان أمريكي في 2010/12/8 عن تخليها عن الطلب من "إسرائيل" تجميد الاستيطان، والثاني موضوع استمرار الحصار على قطاع غزة والذي ما زال قائماً، أما الموضوع الإجرائي فتمثل في إقناع طرفي العلاقة الفلسطيني والإسرائيلي بالعودة إلى طاولة المفاوضات.

ويتبين من استعراض الجهود الدبلوماسية المختلفة أن أطراف اللجنة الرباعية Quartet (الولايات المتحدة، والاتحاد الأوروبي، وروسيا، والأمم المتحدة) كانت معنية بشكل أساسي بعدد من البدائل لمعالجة هذه الموضوعات الثلاثة، يأتي على رأسها إقناع الطرف الإسرائيلي بتمديد فترة التجميد التي انتهت في الأسبوع الأخير من أيلول/ سبتمبر 2009، فإن لم تستجب الحكومة الإسرائيلية، استدارت الجهود الدبلوماسية نحو البحث عن طريقة أخرى، يتمّ بها إقناع الطرف الفلسطيني بالموافقة على العودة للمفاوضات.

أما موضوع الحصار على قطاع غزة، فقد لاحظنا أن الجهود الشعبية في المجتمع الدولي لكسر الحصار متقدمة كثيراً على مواقف الجهات الرسمية الدولية، سواء أكانت على المستوى العربي أم الإسلامي أم الغربي، وهو تيار لا بدّ من إيلائه قدراً كبيراً من العناية لما له من دلالة آنية واستراتيجية على المدى البعيد، خاصة وأن آفاق توسعه متوفرة بشكل واضح، وهو ما كنا قد أكدنا عليه في التقرير الاستراتيجي لسنة 2009.

أما الجانب الإجرائي، فإن كافة الجهود الدبلوماسية توحي بأن الخيار الاستراتيجي للسلطة الفلسطينية هي التمديد المتلاحق للفرص أمام الجهود الدولية لإقناع بنيامين نتنياهو "بمخرج ما" يضفي حداً أدنى من المصداقية لسياسات السلطة الفلسطينية المستندة إلى المفاوضات، وسنعمل على استعراض هذه المخارج التي يجري تداولها في أروقة الدبلوماسية الدولية، غير أن تعثر الاتفاق على تجميد الاستيطان في أواخر أيلول/ سبتمبر أبرز محاولات السلطة الفلسطينية تأجيل اتخاذ قراراتها بالتوقف عن المفاوضات، إلى حين اجتماع لجنة المتابعة العربية، وأحياناً انتظاراً لمؤتمر قمة سرت في ليبيا الذي عقد في تشرين الأول/ أكتوبر، وأحياناً انتظار قرار من منظمة التحرير الفلسطينية، وهي تصرفات تعكس ضيق هامش المناورة لدى الطرف الفلسطيني.

غير أن تآكل أطراف الصورة الواعدة التي عمل على رسمها الرئيس الأمريكي باراك أوباما لسياسته المستقبلية، من خلال تراجع متسارع عند كل بعد استراتيجي في مشكلات الشرق الأوسط بشكل عام والقضية الفلسطينية بشكل خاص، أصبح أمراً أكثر إرباكاً للمفاوض الفلسطيني وللبيئة العربية الرسمية على حدّ سواء.

أولاً: اللجنة الرباعية

أصدرت اللجنة الرباعية ستة بيانات، تركزت في معظم فقراتها على الموضوعات نفسها والمواقف المعهودة ذاتها وكانت على النحو التالي[1]:

1. بيان 2010/3/12 في نيويورك: وقد تضمن البيان المقتضب إدانة للخطط الإسرائيلية الخاصة بالبناء في شرقي القدس، مؤكدة أن "المجتمع الدولي لن يعترف بشرعية الإجراءات المنفردة"، كما دعت اللجنة الطرفين الفلسطيني والإسرائيلي إلى العودة للمفاوضات بينهما[2].

2. بيان 2010/3/19 في موسكو: رحب بيان اللجنة بالاستعداد للشروع في محادثات "التقريب" أو "عن قرب" Proximity Talks، معربة عن الأمل في تحقيق تسوية خلال 24 شهراً تقوم على أساس "انتهاء الاحتلال الذي بدأ سنة 1967"، كما طالب البيان كافة الأطراف في المجتمع الدولي "دعم الحوار" بين أطراف الصراع.

وأكدت اللجنة على "ضرورة الالتزام بالاتفاقات السابقة"، وطلبت من "إسرائيل" تجميد "كافة أشكال الاستيطان بما فيها النمو الطبيعي، وتفكيك المراكز الاستيطانية التي أقيمت منذ آذار/ مارس 2001، والامتناع عن هدم وإخلاء المنازل في شرق القدس". وأكدت اللجنة على "مطالبة السلطة الفلسطينية بالاستمرار في فرض النظام ومنع التحريض". وقالت إن المجتمع الدولي لا يعترف بضم شرقي القدس، وأوضحت اللجنة أنها تدرك أن "القدس مسألة مهمة جداً للفلسطينيين والإسرائيليين، ولليهود والمسلمين والمسيحيين، وترى أنه من خلال مفاوضات حسنة النية يمكن للأطراف أن يتفقوا على نتيجة تحقق تطلعات الأطراف، وتضمن مركز القدس للشعوب حول العالم".

وعبرت اللجنة عن قلقها للوضع الإنساني المتدهور في غزة، مع العمل على التوصل لقرار لحل أزمة غزة، على أساس ضمان المطالب الأمنية لـ"إسرائيل"، وتعزيز الوحدة الفلسطينية على أساس التزامات منظمة التحرير، وإعادة التوحيد لغزة والضفة الغربية تحت السلطة الفلسطينية الشرعية، إلى جانب استمرار فتح المعابر لتدفق السلع والأفراد طبقاً لقرار مجلس الأمن الدولي رقم 1860.

كما طالبت اللجنة الرباعية أيضاً بالإفراج الفوري عن الجندي الإسرائيلي جلعاد شاليط الأسير لدى حركة حماس.

كما دعت اللجنة الحكومات في الإقليم إلى الدعم العلني لاستئناف المفاوضات الفلسطينية الإسرائيلية، وتوسيع دائرة الحوار بهدف تعزيز العلاقات في الإقليم[3].

3. بيان 2010/5/11 الصادر في عواصم دول اللجنة: وقد اقتصر البيان على الترحيب بالجولة الأولى لمباحثات التقريب بين الطرفين الفلسطيني والإسرائيلي[4].

4. بيان 2010/6/21: الذي تركز حول الأوضاع في قطاع غزة، حيث رحبت اللجنة بتخفيف "إسرائيل" للقيود على حركة الأفراد وعبور السلع، ودعت اللجنة إلى "العمل على إشراك السلطة الفلسطينية في المعابر، وفي تشجيع التجارة بين الضفة الغربية وغزة". كما أكد البيان على التزام الجميع بمكافحة تهريب السلاح، مع تكرار اللجنة المطالبة بالإفراج عن شاليط، والسماح للصليب الأحمر بزيارته[5].

5. بيان 2010/8/20 في نيويورك: وقد أبدت اللجنة أملاً في الانتهاء من التفاوض بين الطرفين الفلسطيني والإسرائيلي "خلال عام"، كما رحبت بقرار لجنة المتابعة العربية في القاهرة، ودعت اللجنة الطرفين للتفاوض المباشر في 2010/9/2 في واشنطن "لحل القضايا النهائية"[6].

6. بيان 2010/9/21 في نيويورك: وطالبت اللجنة فيه من "إسرائيل" الاستمرار في "تجميد الاستيطان" الذي بدأ في تشرين الثاني/ نوفمبر 2009، كما أكدت اللجنة "دعمها لخطة السلطة الفلسطينية المعلنة في أغسطس 2009، لبناء مؤسسات الدولة الفلسطينية خلال عامين". وأشارت اللجنة إلى تقرير البنك الدولي الذي يقرر أنه "إذا واصلت السلطة الفلسطينية إنجازها الحالي، في بناء المؤسسات وإيصال الخدمات العامة، فإنها في وضع جيد يؤهلها لإنشاء الدولة في أي وقت من المستقبل القريب". ودانت اللجنة العنف ضدّ المدنيين الفلسطينيين والإسرائيليين، وبخاصة الهجوم الذي وقع في الخليل في 2010/8/31، كما لم تغفل اللجنة العودة للمطالبة بالإفراج عن شاليط[7].

ومن خلال البيانات السابقة، يمكن تسجيل الملاحظات التالية:

1. ما تزال اللجنة الرباعية تعاني من تبعيتها للموقف الأمريكي، الذي يهيمن على مسار عملها. وما زال دورها هامشياً، إلا في اللحظة التي يحتاج فيها الأمريكان تدخل باقي الأطراف لإنقاذ الموقف أو تخفيف بعض التعقيدات.

2. بالرغم من الفشل التام في جهود التسوية، واستمرار الاستيطان الإسرائيلي فإن ممثل اللجنة الرباعية توني بلير قال في حوار مع هيئة الإذاعة البريطانية في 2010/9/13 "إن التشاؤم حول الوصول إلى تسوية يتراجع بشكل كبير"[8]، وهو تقييم يخالف الحقيقة بشكل كبير، إذ دخلت عملية التسوية في مأزق كبير بعد الرفض الإسرائيلي لوقف الاستيطان، وتراجع التعهدات الأمريكية بالعمل على وقفها.

وللتدليل على تقييم مخالف لما قاله بلير، نستشهد بموقف الرئيس الفرنسي نيكولا ساركوزي Nicolas Sarkozy، فقد أبدى في أواخر أيلول/ سبتمبر 2010 بعد تعثر التفاوض نقداً ضمنياً لعمل اللجنة الرباعية حين قال "منذ عشر سنوات -منذ كامب ديفيد- لم يتمّ تحقيق أي تقدم، بل أحياناً نتراجع للوراء من زاوية استئناف الحوار، فهناك مشكلة منهجية" وأضاف أن على اللجنة الرباعية العمل بشكل جماعي وبقوة في "دورها كمشرف"[9].

3. اعتبار قضية الجندي الإسرائيلي جلعاد شاليط قضية مركزية يشار إليها في معظم بيانات اللجنة، بينما لا تتمّ الإشارة إلى قرابة عشرة آلاف معتقل فلسطيني بأي شكل من الأشكال. وهو ما يعكس حالة هائلة من عدم التوازن، وعدم الموضوعية.

4. التوافق بين كافة الأطراف على اعتبار الاستيطان أمراً غير شرعي، والتأكيد المستمر على أن مرجعية التفاوض هي قرارات الأمم المتحدة، بالرغم من عدم وضوح تفسيرات تطبيق هذه القرارات وحدودها. غير أن موقف الرباعية من الاستيطان ما زال شكلياً، ولا يترتب عليه أي إجراء عملي.

5. ما زال موقف الرباعية تجاه حصار قطاع غزة ضعيفاً، ويفتقد للفاعلية وإلى أدوات الضغط المؤثرة في رفع الحصار أو تخفيفه. وهو من الناحية العملية يقدم غطاءً ضمنياً للسلوك الإسرائيلي، من خلال الحرص على عدم إغضاب "إسرائيل" بحجة دعم مسار التسوية، الذي تقوم "إسرائيل" فعلياً بتعطيله وإجهاضه.

ومن الجدير بالذكر أن رئيس بعثة اللجنة في القدس أصبح جاري جرابو Gary Grappo الذي كان مسؤولاً عن الشؤون السياسية في السفارة الأمريكية في بغداد خلال الفترة التي أعقبت الاحتلال الأمريكي، كما عمل لمدة 18 سنة في سفارات الولايات المتحدة في الأردن والسعودية وعُمان.

ثانياً: الولايات المتحدة

قد يكون من المجدي تحديد الاستراتيجية الأمريكية من خلال وثيقة استراتيجية الأمن القومي الصادرة سنة 2010 من قبل الرئيس الأمريكي أوباما، إذ تقوم هذه الاستراتيجية على الأسس التالية فيما يخص ما أسمته الوثيقة "الشرق الأوسط الكبير"[10]:

1. ضمان الأمن الإسرائيلي.
2. تحقيق الطموحات الفلسطينية بدولة.
3. وحدة العراق وأمنه.
4. تحويل السياسة الإيرانية بعيداً عن الأسلحة النووية، وعن دعم "الإرهاب" وتهديد الجيران.
5. الوصول إلى مصادر الطاقة.
6. دمج الإقليم في السوق العالمي.

وتحدد الوثيقة استراتيجية تحقيق ذلك من خلال منهجين هما استنفاد الطرق السلمية قبل استخدام القوة، والتعاون مع الآخرين مثل الناتو ومجلس الأمن الدولي.

وعند تتبع الجهود الدبلوماسية الأمريكية للوصول إلى ما سمي بمحادثات التقريب بين الفلسطينيين والإسرائيليين، بهدف توفير جوّ مناسب للعودة للمفاوضات الفلسطينية الإسرائيلية، التي كانت متوقفة منذ 17 شهراً بسبب مواصلة "إسرائيل" للاستيطان، نجد أن هذه الجهود انتهت إلى إعلان أمريكي صريح بالتخلي عن اعتبار وقف النشاط الاستيطاني الإسرائيلي أمراً ضرورياً لتوفير ظروف ملائمة لمواصلة التفاوض بين السلطة الفلسطينية و"إسرائيل"، حيث جاء على لسان الناطق باسم الخارجية الأمريكية فيليب كراولي Philip J. Crowley في 2010/12/8 أن الأمريكيين قد سعوا لوقف مؤقت كوسيلة لإيجاد ظروف مناسبة للعودة إلى مفاوضات دائمة وذات معنى. وإنهم بعد جهد معتبر، قد توصلوا إلى أن ذلك لا يُحقّق قاعدة ثابتة للعمل باتجاه الأهداف المشتركة لاتفاقية إطار. وإنهم سيقومون بالمزيد من المناقشات مع الأطراف حول الجوهر، وسيواصلون محاولة إيجاد سبل لبناء نوع من الثقة تقود، كما يأملون، إلى التعاطي المباشر بين الأطراف[11].

ويبدو أن هذا الفشل لم يكن مفاجئاً للرئيس أوباما، ففي مقابلة مع مجلة التايم Time Magazine في 2010/1/15، قال أوباما إن "عملية السلام في الشرق الأوسط لم تتحرك قدماً، وأعتقد أنه من الإنصاف أن أقول إنه وبالرغم من كل جهودنا للتعامل المبكر، لم تكن حيث أردت لها أن تكون". وأوضح إنه من وجهة نظر محمود عباس فإن حماس تضغط عليه. كما أن الوضع العام في العالم العربي يُشعر بنفاد صبره من أي عملية. وتابع أوباما قائلاً إنه بالرغم من أن الإسرائيليين أظهروا، بعد وقت طويل، استعداداً لإجراء بعض التعديلات لسياساتهم، فإنهم على الرغم من ذلك وجدوا صعوبة شديدة في التحرك إلى الأمام بأي لفتات جسورة. وقال إنه "لو كنا توقعنا قدراً من هذه المشكلات السياسية لدى الجانبين في وقت سابق، ربما كنا لم نثر توقعات كبيرة هكذا"[12].

أما وزيرة الخارجية الأمريكية هيلاري كلينتون فقالت في كلمة في مركز دانيال أبراهام للسلام في الشرق الأوسط S. Daniel Abraham Center for Middle East Peace في 2010/4/15 إن "أولئك الذين يستفيدون من فشل قيادتنا يتاجرون في الكراهية والعنف، ويعطون قوة لرئيس إيران المعادي للسامية، ومتطرفين مثل حماس وحزب الله". وقالت "يمكن لإسرائيل بل وينبغي لها أن تتخذ المزيد من الخطوات لدعم جهود السلطة الفلسطينية لبناء مؤسسات ذات مصداقية وتحقيق نتائج"[13]. وأضافت إنه:

211

إذا لم يتمكن الرئيس عباس من تحقيق هذه التطلعات، فلا شكّ أن التأييد له سيتلاشى وسيتحول الفلسطينيون إلى بدائل –بما في ذلك حماس. وذلك الطريق يؤدي فقط إلى المزيد من الصراع.... بالنسبة لإسرائيل فإن قبول خطوات ملموسة نحو السلام –سواء على صعيد عملية السلام أو بناء المؤسسات... هو أفضل سلاح ضدّ حماس والمتطرفين الآخرين.... نحن نشجع إسرائيل على مواصلة بناء قوة دفع باتجاه حلّ شامل، بإظهار الاحترام للتطلعات المشروعة للفلسطينيين، ووقف النشاط الاستيطاني، ومراعاة الحاجات الإنسانية في غزة، والامتناع عن البيانات والأفعال المنفردة، التي قد تقوض الثقة أو تخاطر باستباق نتيجة المحادثات[14].

وجادلت كلينتون بأنه إذا لم تعمل "إسرائيل" على تقوية فتح ومنظمة التحرير الفلسطينية التي وصفتها بأنها "شريك جدير بالثقة من أجل السلام" فإنها ستقوي شوكة حماس[15].

ومن الملاحظ أن موقف كلينتون تجاه وقف الاستيطان لا يتسق مع السلوك الأمريكي الذي اتضح في معارضتها لقرار مجلس حقوق الإنسان التابع للأمم المتحدة Human Rights Council في آذار/ مارس 2010 الذي دعا إلى وقف الاستيطان، بالرغم من أن دول الاتحاد الأوروبي أيدت هذا القرار.

وذلك يعني أن مضمون جهود التسوية من الناحية الأمريكية، بالإضافة إلى خدمة الأهداف الصهيونية، هي الحيلولة دون إيجاد بيئة مواتية لاتساع قاعدة القوى الفلسطينية والإقليمية التي ترى في مسار التسوية بأنه مسار عبثي، وليس هذا ببعيد عن ما أوصت به مجموعة من ضباط الاستخبارات في القيادة العسكرية الوسطى الأمريكية في تقرير ما سمي "فريق أحمر" Red Team، في 2010/5/7، بضرورة دمج حركة حماس في قوات الأمن الفلسطينية تحت قيادة حركة فتح، ودمج قوات حزب الله في الجيش اللبناني، باعتبار ذلك طريقة لتذويب هذه القوى في إطارات يمكن التحكم فيها، على غرار ما حدث مع حركة فتح[16].

ولم يكن الفشل أمراً مستبعداً منذ البداية، وهو ما يتضح من نتائج زيارة قام بها نائب الرئيس الأمريكي جو بايدن إلى المنطقة في 2010/3/8، إذ بعد وصوله إلى "إسرائيل" بساعات، أعلن وزير الداخلية الإسرائيلي وزعيم حركة شاس اليمينية إيلي يشاي عن مشروع إسرائيلي لبناء 1,600 وحدة سكنية جديدة في شرقي القدس[17].

وكان المبعوث الأمريكي للشرق الأوسط جورج ميتشل قد أعلن قبل زيارة بايدن بيوم واحد عن اتفاق فلسطيني إسرائيلي على البدء بمحادثات "غير مباشرة" لمدة أربعة شهور؛ وقال بأن على الطرفين اتخاذ "إجراءات تاريخية جريئة"، كما رحبت الحكومة الأمريكية بقرار لجنة المتابعة العربية في 2010/3/3، بوضع إطار زمني مدته أربعة شهور للتفاوض بين الطرفين.

ومن الضروري أن نتوقف عند تصريحات بايدن خلال هذه الزيارة لتحديد مدى التباين بين الولايات المتحدة و"إسرائيل"، وهل هو تباين تكتيكي أم استراتيجي؟.

لقد ردّ بايدن على الإعلان الإسرائيلي عن بناء الوحدات السكنية بالقول "بشكل دقيق، إنها خطوة تنسف الثقة التي نحتاجها الآن". وقال بيان صادر عنه في 2010/3/9 إنه يدين مضمون وتوقيت الإعلان، وإن الإجراء المنفرد الذي يتخذه أي طرف لا يمكن له أن يمثل حكماً مسبقاً على نتيجة المفاوضات على قضايا الوضع الدائم...، وإن الإعلان جاء معاكساً للمحادثات البناءة التي أجراها في "إسرائيل". وخلال وجوده في رام الله، قال بايدن تعليقاً على الإعلان الإسرائيلي "إنه من المحتم إيجاد أجواء لدعم المفاوضات وليس لتعقيدها"[18].

ونسبت جريدة يديعوت أحرونوت إلى بايدن قوله لنتنياهو "إن الأهداف الاستراتيجية لإسرائيل والولايات المتحدة تتجه نحو تباعد غير مسبوق" كما أنه أبلغ ممثلين لنتنياهو "إن ما تفعلونه [الاستيطان] خطر علينا، وينسف أمن قواتنا التي تحارب في العراق وأفغانستان وباكستان، كما يعرض السلام الإقليمي للخطر". ومع أن بايدن أقر فيما بعد بمضمون هذه التصريحات لكنه نفى ورودها على لسانه بهذه الصياغة اللغوية[19].

أما وزيرة الخارجية هيلاري كلينتون، فأعلنت معارضتها للإعلان الإسرائيلي "ليس بسبب التوقيت بل بسبب المضمون، وهو تعبير عن إشارة سلبية عميقة للعلاقات الثنائية"، وهو أمر يتفق مع ما قاله السفير الإسرائيلي في واشنطن مايكل أورين Michael Oren من أن هذه الأزمة بين الطرفين هي "الأسوأ منذ 35 سنة"[20].

وكانت الولايات المتحدة قد انتقدت في شباط/ فبراير 2010، قرار الحكومة الإسرائيلية بضم الحرم الإبراهيمي في الخليل ومسجد بلال بن رباح في بيت لحم لهيئة الآثار اليهودية. وقال الناطق باسم وزارة الخارجية في واشنطن مارك تونر Mark Toner، إن شمل مغارة الحرم الإبراهيمي في الخليل وقبة راحيل في بيت لحم في قائمة المواقع المندرجة في إطار خطة صيانة التراث الوطني الإسرائيلي، استفزازي ولا يفيد الجهود المبذولة لاستئناف المفاوضات بين الجانبين الإسرائيلي والفلسطيني. ونوه إلى أن "واشنطن أبلغت مسؤولين إسرائيليين كباراً بموقفها من هذه القضية"[21].

وقد أبدى العسكريون الأمريكيون موقفاً متسقاً مع مواقف السياسيين، فقد قال قائد القيادة الوسطى ديفيد بترايوس David Petraeus في 2010/3/16 أمام لجنة القوات المسلحة في مجلس الشيوخ:

إن استمرار العداء بين إسرائيل وبعض جيرانها يؤجج المشاعر العدائية لأمريكا نظراً للإحساس بممالأة الولايات المتحدة لإسرائيل، .... بينما تستغل القاعدة ومجموعات مسلحة هذا الغضب لحشد التأييد لها، كما أن الصراع يؤدي إلى نفوذ إيراني في العالم العربي عبر وكلائها، حزب الله وحماس.

كما أن فريقاً من كبار الضباط الأمريكيين الذين أرسلهم بترايوس للمنطقة في كانون الثاني/ يناير 2010، قد أعربوا عن اعتقادهم بأن فشل التسوية سيعرض أمن المصالح الأمريكية للخطر[22].

أما الحدث الآخر الذي يندرج ضمن التباين التكتيكي في العلاقات الأمريكية الإسرائيلية فهو تداعيات الهجوم الإسرائيلي في 2010/5/31 على سفن دولية من بينها سفينة مرمرة التركية (أسطول الحرية) المتجهة إلى قطاع غزة.

والملاحظ أن الهجوم جاء في توقيت لا يتناسب والنشاط الدبلوماسي الأمريكي، حيث جاء في وقت:

1. كانت الولايات المتحدة تبذل قصارى جهودها لضمان التصويت في الجولة الرابعة لقرار من مجلس الأمن الدولي بالحصار على إيران.

2. كان المبعوث الأمريكي للشرق الأوسط جورج ميتشل يستعد للسفر إلى المنطقة للشروع في محادثات سلام جديدة، وهو ما أدى إلى تأجيل رحلة نتنياهو إلى واشنطن.

3. وقع الهجوم في اليوم الذي كان فيه الرئيس أوباما يطالب الأطراف في الشرق الأوسط بضبط النفس.

لكن التوقف عند التصريحات الأخرى لبايدن، وخلال الزيارة نفسها، تعبر عن العلاقة الأمريكية الإسرائيلية الاستراتيجية، فقد أكد عند وصوله "الدعم التام والشامل والصريح لأمن إسرائيل"، وقال خلال وقوفه في المؤتمر الصحفي بجانب رئيس الوزراء الإسرائيلي نتنياهو إن التقدم يحدث في الشرق الأوسط، عندما يدرك كل فرد ببساطة أنه لا يوجد مسافة بين الولايات المتحدة و"إسرائيل"، عندما نكون بصدد الأمن الإسرائيلي. وإن إدارة الرئيس أوباما مصممة على منع إيران من امتلاك الأسلحة النووية، ومن دعم الجماعات التي تهدد "إسرائيل"[23].

وانسجاماً مع هذه العلاقة الاستراتيجية، فقد أقر مجلس النواب الأمريكي بأغلبية 410 أصوات مقابل معارضة أربعة أصوات فقط، مشروعاً للرئيس باراك أوباما ينص على منح "إسرائيل" 205 ملايين دولار لوضع نظام دفاعي مضاد للصواريخ القصيرة المدى، يعرف باسم القبة الحديدية، مع ضرورة التنبه إلى أن 78% من أصوات اليهود ذهبت في الانتخابات الرئاسية لصالح أوباما. كما أن استرجاع الجمهوريين لأغلبيتهم في مجلس النواب، عزز النفوذ المحافظ في بنية النظام السياسي الأمريكي[24].

وجاء في بيان لرئيس لجنة الشؤون الخارجية في مجلس النواب هاورد بيرمان Howard Berman "إزاء خطر شنّ هجوم صاروخي على كل إنش مربع من إسرائيل، يجب أن نؤمن لأهم حليف لنا في المنطقة الوسائل التي تتيح له الدفاع عن النفس"[25].

وعند رصد المسافة الفاصلة بين التباين التكتيكي (خطط الاستيطان الإسرائيلي) وبين التحالف الاستراتيجي (المساندة الاستراتيجية) لا بدّ من ملاحظة ما يلي:

1. عدم اتخاذ الولايات المتحدة أي إجراء مادي ملموس، على صعيد العلاقات السياسية أو الاقتصادية أو العسكرية مع "إسرائيل"، كرد على الإعلان الإسرائيلي على غرار ما تفعله ضدّ إيران أو السودان أو حماس أو فنزويلا أو كوريا الشمالية أو كوبا أو سورية أو حتى مع مصر أحياناً... إلخ. وقد اقتصر الموقف الأمريكي على تأجيل زيارة لميتشل إلى المنطقة، ومطالبة كلينتون لـ"إسرائيل" بضرورة إلغاء خطط وزارة الإسكان الإسرائيلية، والتحقيق في الاستفزاز الواضح، وأن تبدي "إسرائيل" نوايا تشجع الفلسطينيين على العودة للمفاوضات[26].

وتتبع الإدارة الأمريكية سياسة "المنع" مع خصومها، بينما تتبع سياسة "المنح" مع حلفائها، فقد كشفت جريدة الإندبندنت The Independent الصادرة في تشرين الأول/ أكتوبر 2010، أن الولايات المتحدة وعدت بمنح "إسرائيل" مساعدات عسكرية ضخمة مقابل تمديد تجميد الاستيطان لمدة ستين يوماً فقط، لا يتمّ تجديدها فيما بعد، وأشارت الجريدة إلى أن نتنياهو رفض مسودة رسالة وضعتها وزارة الخارجية الأمريكية ومسؤول إسرائيلي بارز تعد فيها الولايات المتحدة بمنح "إسرائيل مساعدات عسكرية ضخمة، واستخدام حقّ النقض (الفيتو) ضدّ أي قرار ينتقدها في مجلس الأمن الدولي خلال العام المقبل، وتقديم الدعم لاستمرار وجودها العسكري في وادي الأردن بعد قيام الدولة الفلسطينية"، مقابل تعهدها بتمديد فترة تجميد فترة بناء المستعمرات في الضفة الغربية لمدة شهرين آخرين[27].

من ناحية ثانية، أعلنت وزارة الخزانة الأمريكية أن ضمانات القروض التي منحتها واشنطن إلى "إسرائيل" ارتفعت إلى 3.481 مليارات دولار في 2010/10/1، وعليه فإن استمرار الاستيطان لم يؤثر على هذه الضمانات. وهو ما جاء في إعلان وزارة المال الأمريكية في اختتام اجتماع مجموعة التنمية الاقتصادية المشتركة الأمريكية – الإسرائيلية U.S.-Israel Joint Economic Development Group في القدس[28].

كما صادق الكونجرس الأمريكي على قانون يسمح بزيادة كمية الوسائل القتالية والمعدات العسكرية، التي تقوم الولايات المتحدة بتخزينها في "إسرائيل" لتبلغ قيمتها مليار دولار حتى نهاية 2011، و1.2 مليار دولار حتى نهاية السنة التي تليها (2012). وقالت مجلة ديفنس نيوز Defense News الأمريكية أن هذه المعدات تخزن في "إسرائيل" ليستخدمها الجيش الأمريكي في أوقات الطوارئ، مشيرة مع ذلك إلى أن الجيش الإسرائيلي يمكنه استخدامها أيضاً في حال نشوب حرب، بعد الحصول على إذن أمريكي[29].

في المقابل، أعلنت وزارة الخزانة الأمريكية أنها فرضت عقوبات على مؤسستين في قطاع غزة لهما علاقات بحماس، هما البنك الوطني الإسلامي، ومحطة تلفزيون الأقصى، وأفادت الوزارة

في بيانها بأن العقوبات تحظر على الأمريكيين التعامل مع المؤسستين، وتسعى إلى تجميد أي أصول لهما ربما تكون تحت السيادة الأمريكية، وقالت الوزارة إن العقوبات فرضت ضدّ البنك الوطني الإسلامي، الذي فتحته حماس في نيسان/ أبريل 2009 لتقديمه خدمات مالية لأعضاء وموظفي حماس، ومن بينهم أعضاء في جناحها العسكري، وأضافت بأن البنك ليس لديه ترخيص من سلطة النقد الفلسطينية، ويعمل خارج النظام المالي الشرعي. أما قناة الأقصى التلفزيونية فترى الوزارة أنها قناة تمولها وتديرها حركة حماس، وتعمل كوسيلة إعلامية أساسية للحركة، تبث برامج "مصممة لتجنيد الأطفال كي يصبحوا مقاتلين مسلحين ومفجرين انتحاريين في حماس، عندما يصلون إلى سن البلوغ". وقال ستيوارت ليفي Stuart Levey، نائب وزير الخزانة الأمريكية لشؤون الإرهاب والاستخبارات المالية، "لن تفرق الخزانة بين مؤسسة تمولها وتتحكم فيها منظمة إرهابية مثل تلفزيون الأقصى والمنظمة الإرهابية نفسها"[30].

2. الدفاع الأمريكي عن موقف "إسرائيل" من مقاطعة المؤتمر الدولي الذي عقد في نيويورك في أيار/ مايو 2010، لمناقشة تخفيض التسلح النووي، وشاركت فيه 189 دولة. ففي المؤتمر الصحفي الذي عقده أوباما في 2010/7/6، قال حول الموضوع النووي الإسرائيلي، وموقف "إسرائيل" من مؤتمر نيويورك "نحن نعتقد بقوة أن إسرائيل بحجمها وتاريخها والإقليم الذي توجد فيه والأخطار المحدقة بها، لها متطلبات أمنية متفردة، .... ولن تطلب الولايات المتحدة من إسرائيل اتخاذ أية خطوات تضر مصالحها الأمنية"[31].
وفي محاولة من "إسرائيل" لتوجيه الأنظار بعيداً عن أزمة الإعلان عن الخطة الاستيطانية، بدأ الإسرائيليون في إثارة موضوع إرسال سورية صواريخ سكود Scud لحزب الله، وكان ذلك في اللحظة التي كان مجلس الشيوخ يستعد فيها للتصويت على إيفاد روبرت فورد Robert Ford كسفير أمريكي في سورية، بعد قطيعة استمرت خمس سنوات.

3. لو حسبنا الجهد الدبلوماسي لوزيرة الخارجية الأمريكية تجاه موضوع القضية الفلسطينية بشكل خاص والشرق الأوسط بشكل عام، سنجد أنها قضت 67 يوماً خارج واشنطن، حتى أواخر تشرين الأول/ أكتوبر، منها سبعة أيام مخصصة للشرق الأوسط بشكل عام، أي بنسبة 10.4% من الجهد الدبلوماسي[32]. غير أن هذه النسبة لا تعكس بالضرورة مدى الاهتمام الأمريكي بالمنطقة، إذا أخذنا في الاعتبار الزيارات المتكررة للمبعوث الأمريكي ميتشل.

إن إشكالية تحليل العلاقات الإسرائيلية الأمريكية تتمثل في دعم أمريكي هائل عسكرياً وسياسياً واقتصادياً لـ"إسرائيل" من ناحية، وعدم استجابة موازية من الطرف الإسرائيلي لبعض التوجهات الأمريكية، التي تبدو فيها الولايات المتحدة أقرب للمطالب العربية، على غرار قضية تجميد الاستيطان في الضفة الغربية بما فيها القدس من ناحية ثانية.

ويبدو أن تفسير هذه الإشكالية يكمن في الموقف الفلسطيني بشكل خاص، وفي الموقف العربي بشكل عام، فعند كل موقف تجد الولايات المتحدة نفسها بين موقفين متناقضين للعرب من ناحية و"إسرائيل" من ناحية ثانية، تبدأ في ممارسة ضغوطها على الطرفين لتغيير مواقفهما، فتكون استجابة الطرف العربي في أغلب الأحيان أسرع من ناحية، وأوسع نطاقاً من الطرف الإسرائيلي، وهو أمر يمكن ملاحظته بيسر شديد في كل الموضوعات التي تباينت فيها المواقف الأمريكية والإسرائيلية في الشأن الشرق أوسطي بشكل عام. فحين يستشعر الطرف الأمريكي موقفاً عربياً متشدداً، فإن الضغط يوجه إلى "إسرائيل" التي تضطر للاستجابة، ويمكن ملاحظة ذلك في نماذج تاريخية عديدة منها رفض إسحق رابين Yitzhak Rabin الموافقة على الانسحاب من بعض المواقع المهمة في سيناء خلال التفاوض مع مصر سنة 1975، غير أن إدراك الرئيس الأمريكي جيرالد فورد Gerald Ford أن مصر لن تقبل بأي شكل من الأشكال ببقاء هذه المواقع تحت السيطرة الإسرائيلية، هدد فورد بأن بلاده "ستعيد تقييم كل علاقاتها مع إسرائيل"[33]، الأمر الذي دفع رابين للاستجابة السريعة والتوقيع على الانسحاب، لا سيّما وأنه أدرك أهمية مصر بالنسبة للولايات المتحدة.

كذلك فإن الطرف الأمريكي يستخدم الدعم المالي للسلطة الفلسطينية كأداة "جذب" أو "ارتهان" للسلطة الفلسطينية نحو الاستمرار في سياستها، فقد قدمت خلال سنة 2010 ما قيمته 502.9 مليون دولار للسلطة، إلى جانب حوالي 227.8 مليون دولار لوكالة غوث اللاجئين الفلسطينيين، ثمّ عادت في تشرين الثاني/ نوفمبر 2010 لتقديم 150 مليون دولار للسلطة[34].

وبشكل عام، فقد ظهر تراجعان بارزان في السياسة الأمريكية تجاه القضية الفلسطينية؛ تمثّل أولاهما في اعتبار أوباما فلسطين التاريخية الوطن التاريخي للشعب اليهودي، أما ثانيهما فتمثّل في التبنّي الرسمي الأمريكي لفكرة يهودية الدولة الصهيونية "إسرائيل"؛ وإن كان قد سبق لبوش الابن ذكر ذلك في إحدى خطبه.

إن العلاقة الأمريكية بـ"إسرائيل" اختلفت نوعياً عن مرحلة الحرب الباردة، وذلك بسبب تعاظم النفوذ اليهودي – الصهيوني في مراكز صناعة القرار الأمريكية. وقد تأكد ذلك من خلال تزايد دور اليمين الديني، ودور المحافظين الجدد، ودور اللوبي الصهيوني وخصوصاً الأيباك The American Israel Public Affairs Committee (AIPAC)؛ في مقابل تراجع التأثير العربي والإسلامي بسبب حالة العجز والضعف التي شهدها في الفترة الماضية. وكان من الواضح أن الإدارة الأمريكية وجدت نفسها متماهية إلى حدّ كبير مع الموقف الإسرائيلي، بعد أن عجزت مع أواخر سنة 2010 في إقناع "إسرائيل" ولو بتجميد مؤقت للاستيطان.

ثالثاً: الاتحاد الأوروبي

لا شكّ أن الدبلوماسية الإسرائيلية أقل اطمئناناً للنشاط الدبلوماسي الأوروبي قياساً لاطمئنانها للنشاط الأمريكي، ولعل التلاسن الذي نقل بين وزير الخارجية الإسرائيلي أفيجدور ليبرمان ونظيريه الفرنسي برنارد كوشنير Bernard Kouchner والإسباني ميجيل أنخيل موراتينوس خلال زيارتهما للمنطقة في 2010/10/11 مؤشر على ذلك. فقد نُقل عن ليبرمان قوله لنظيريه "قبل أن تأتوا هنا لتخبرونا كيف نحل صراعاتنا، أتوقع أن تكونوا قادرين على الأقل على حلّ مشاكلكم داخل أوروبا"؛ فردّ موراتينوس خلال توجهه إلى عمّان بالقول "لو لم يكن لنا دور، ولو لم يكن لنا وزن، ولو لم يكن لنا نفوذ، ربما لم يكن ردّ فعل صديقنا ليبرمان كالذي فعله"[35].

ولعل شواهد عديدة تدل على التباس متزايد ولو ببطء في العلاقات بين أوروبا و"إسرائيل"، ويمكن رصد مجموعة من النماذج لهذه الملابسات:

1. موضوع الاستيطان: لم تؤيد أية دولة أوروبية الاستيطان بأي شكل من الأشكال، بل ذهبت بعض دول الاتحاد لاتخاذ إجراءات تنفيذية للتعبير عن رفض الاستيطان. وكان الاتحاد الأوروبي قد أكد في بيان له في 2010/9/16 على أن "المستوطنات ليست شرعية طبقاً للقانون الدولي"؛ وطالب البيان "إسرائيل" بتمديد تجميد الاستيطان من ناحية، وبـ "وقف الصواريخ والهجمات الإرهابية" على "إسرائيل" من ناحية أخرى[36]. كما عبر رئيس الوزراء الإيطالي سيلفيو بيرلسكوني Silvio Berlusconi عن موقف معارض لقرار "إسرائيل" بعدم تمديد التجميد، وقال في مؤتمر صحفي في روما بالمشاركة مع الرئيس المصري حسني مبارك "سأحاول التدخل مع أصدقائي الإسرائيليين وزملائي الأوروبيين لإقناع نتنياهو بتمديد التجميد" إلى نهاية سنة 2010[37]. ويتأكد هذا الموقف في مؤشرات أخرى مثل:

أ. رفض المحكمة الأوروبية في بروكسل إعفاء منتجات المستعمرات من الجمارك، لأن المستعمرات "ليست أراض إسرائيلية".

ب. إدانة الاتحاد الأوروبي لبناء 1,600 وحدة استيطانية في القدس، ورفض الاتحاد ضمَّ "إسرائيل" للحرم الإبراهيمي في الخليل.

ج. تجديد النقابات الأوروبية مقاطعتها لمنتجات المستعمرات الإسرائيلية في الضفة الغربية.

د. إلغاء هولندا لزيارة وفد إسرائيلي، نظراً لوجود عدد من رؤساء المستعمرات ضمن الوفد.

هـ. حثُّ 26 من زعماء الاتحاد الأوروبي السابقين الاتحادَ على فرض عقوبات على "إسرائيل"، لإصرارها على مواصلة النشاط الاستيطاني في الضفة الغربية؛ وقال الزعماء إنه يجب إشعارها "بعواقب تصرفاتها"، وإجبارها على دفع ثمن انتهاكها للقانون الدولي "حالها كحال أية دولة أخرى". وطالبت الرسالة التي بعث بها الزعماء إلى الحكومات والمؤسسات

الأوروبية وزراء خارجية دول الاتحاد بالتأكيد على أنهم "لن يعترفوا بأية تغييرات قد تجرى على حدود 1967، وأن يوضحوا بأن الدولة الفلسطينية المستقبلية يجب أن تتمتع بسيادة كاملة على 100 في المائة من الأراضي المحتلة بما فيها عاصمتها في القدس الشرقية". وتطالب الرسالة بتحديد موعد نهائي لـ"إسرائيل" ينتهي في نيسان/ أبريل 2011، ما لم تلتزم به، وتُطبِّق ما يطلب منها، فإن الاتحاد الأوروبي سيطالب بوضع حدّ للعملية السلمية التي ترعاها الولايات المتحدة، ويُحيل القضية إلى الأمم المتحدة. وتضيف الرسالة بأن على الاتحاد الأوروبي ربط تجميدها غير الرسمي لرفع مستوى العلاقات الدبلوماسية مع "إسرائيل"، بتجميد الأخيرة لكل النشاطات الاستيطانية، وبفرض حظر على استيراد منتجات المستعمرات، وبإجبار "إسرائيل" على دفع قيمة معظم المساعدات التي تقدم للفلسطينيين. وتحث الرسالة الدول الأعضاء في الاتحاد على إيفاد وفد رفيع المستوى إلى شرقي القدس لإبداء الدعم للمطالبة الفلسطينية بالسيادة عليها، كما تحث على إعادة تصنيف الدعم الأوروبي للفلسطينيين بوصفه دعماً "لبناء دولة" عوضاً عن كونه دعماً "لبناء مؤسسات"[38].

ووقع الرسالة، إضافة إلى خافيير سولانا Javier Solana، عشرة رؤساء دولة ورؤساء حكومات أوروبية سابقون بمن فيهم رومانو برودي Romano Prodi، وجوليانو أماتو Guiliano Amato من إيطاليا، ريتشارد فون فايسكر Richard von Weizsacker وهلموت شميت Helmut Schmid من ألمانيا، وماري روبنسون من إيرلندا، وفيليبي جونزاليز Felipe Gonzales من إسبانيا، وثورفالد ستولتنبيرج Thorvald Stoltenberg من النرويج، إضافة إلى عشرة وزراء سابقين، وعدد من أعضاء المفوضية الأوروبية[39].

إلا أن كاثرين آشتون مسؤولة الشؤون الخارجية في الاتحاد الأوروبي، قالت في معرض ردها على الرسالة "إن سياسة الاتحاد الأوروبي إزاء الاستيطان اليهودي في الأراضي الفلسطينية المحتلة لن تتغير في الوقت الراهن"، وقالت إن المطالبة باتفاقية سلام تعتمد حدود حزيران/ يونيو 1967 هو "أمر يقبله الجميع"، وأنها تؤيد المفاوضات التي ترعاها الولايات المتحدة[40].

وقالت آشتون في تصريح أصدرته عقب الإعلان الأمريكي:

> إن موقف الاتحاد الأوروبي واضح فيما يتعلق بالاستيطان: فالمستوطنات غير شرعية من وجهة نظر القانون الدولي، وهي تمثل عقبات في طريق السلام. وكان من شأن التطورات المتعلقة بالاستيطان التي قامت بها إسرائيل مؤخراً، بما في ذلك في شرقي القدس، تقويض جهود المجتمع الدولي لإنجاح مفاوضات السلام[41].

2. قضية المبحوح: شكلت قضية اغتيال الموساد الإسرائيلي لأحد قيادات حركة حماس وهو محمود المبحوح في كانون الثاني/ يناير 2010، موضع توتر للعلاقات الأوروبية

الإسرائيلية، نظراً لاستخدام جوازات سفر أوروبية مزورة من قبل فريق الاغتيال الإسرائيلي. وقد ترتب على ذلك:

أ. إدانة الاتحاد الأوروبي لاستخدام جوازات السفر الأوروبية.

ب. مقاطعة الأوروبيين لندوة في الكنيست الإسرائيلي.

ج. مطالبة ثلاثين منظمة مدنية سويسرية بمنع زيارة لوزير الدفاع الإسرائيلي لسويسرا.

د. إلغاء إيرلندا إتمام صفقة عسكرية مع "إسرائيل".

هـ. مقاطعة عدد من الدول الأوروبية لمؤتمر عن السياحة في القدس المحتلة.

3. الحصار على غزة: تمثلت السياسة الأوروبية في إطارها العام في التأرجح بين الدعوة للرفع التام للحصار، وبين تخفيف الحصار، مع ميل ظاهر للثاني، وتقديم المساعدات للقطاع؛ وهو ما يتضح في السياسات التالية:

أ. تأييد البرلمان الأوروبي لنتائج تقرير جولدستون Goldstone Report الخاص بالعدوان على غزة في أواخر 2008 ومطلع 2009.

ب. زيارة عدد من الوفود الأوروبية البرلمانية، إلى جانب زيارة آشتون إلى غزة، والمطالبة برفع الحصار. وقد اقترح الأوروبيون نشر قوة بحرية أوروبية لمراقبة شواطئ غزة، بما يتيح فتح ميناء القطاع ومراقبة عمليات تهريب الأسلحة.

وأصدرت 18 منظمة حقوق إنسان وإغاثة أوروبية من بينها منظمة العفو الدولية (أمنستي) Amnesty International بياناً في تموز/ يوليو 2010 طالبت فيه الاتحاد الأوروبي "أن يصر على رفع الحصار، وليس مجرد تخفيفه"[42].

كما أعلن اتحاد عمال الموانئ السويدي حملة لمقاطعة السفن الإسرائيلية، احتجاجاً على المجزرة التي ارتكبتها "إسرائيل" بحق سفن أسطول الحرية في المياه الدولية[43].

وكانت آشتون قد قالت خلال زيارة لها إلى قطاع غزة في 2010/7/18 "إن موقف الاتحاد الأوروبي واضح، نريد أن نرى فرصة للشعب يكون فيها قادراً على التحرك بحرية، ونرى السلع لا تدخل فقط إلى غزة بل والتصدير يخرج منها أيضاً"، ورد وزير المالية الإسرائيلي يوفال شتاينتز Yuval Shteinitz على ذلك بالقول "إن بعض الأوروبيين يميلون لتجاهل طبيعة نظام حماس في غزة"[44].

أما وزير الخارجية الإسباني ميجيل أنخيل موراتينوس، فقال في اختتام ندوة حول العلاقات الأوروبية – الإسرائيلية في حزيران/ يونيو 2010، إن بوسع الاتحاد أن يبادر إلى شيئين لمواكبة سفن المساعدة إلى غزة؛ الأول مباشر وفوري، يتمثل بكونه "لدينا القدرة السياسية والأمنية لكي نتقدم من اللجنة الرباعية بخطة ومبادرة عالمية لرفع الحصار عن غزة"، والثاني عملي:

لدينا قوة أوروبية على الأرض، كانت حتى أمد قريب، تضمن حرية عبور الأشخاص وقوافل المساعدات والبضائع إلى غزة من إسرائيل ومصر، فلماذا لا نفكر بإعادة فتح ميناء غزة، وتشكيل قوة بحرية أوروبية تضمن لإسرائيل منع تهريب الأسلحة، واستقراراً أمنياً، وتضمن لسكان غزة مرور البضائع والمواد الغذائية، وهذا ما سأطرحه على اجتماع وزراء خارجية الاتحاد في بروكسل [45].

وكان اجتماع للاتحاد الأوروبي والدول الآسيوية شمل 46 دولة، ويمثلون 60% من سكان العالم، قد أكدوا على ضرورة إيجاد "حلّ يضمن تدفقاً دون عرقلة للمساعدات الإنسانية والسلع التجارية والأفراد على غزة" [46].

كما وصل 56 برلمانياً أوروبياً من 13 دولة أوروبية، برئاسة عضو مجلس العموم البريطاني جيرالد كوفمان Gerald Kaufman في منتصف كانون الثاني/ يناير 2010 إلى قطاع غزة، وأكد كوفمان أنهم سيمارسون الضغوط على الاتحاد الأوروبي ليقوم بخطوات فاعلة لإنهاء هذا الحصار الظالم عن قطاع غزة. وأضاف رئيس الوفد البرلماني الأوروبي في مؤتمر صحفي عقده مع النواب الفلسطينيين فور وصوله إلى القطاع وزيارته لمقر المجلس التشريعي الفلسطيني المدمر في غزة: "إن البرلمانين الأوروبيين يمثلون وراءهم الملايين من الأوروبيين الذين يتابعون أخباركم بشغف"، وأضاف "إن كل من يستخدم الفوسفور الأبيض خلال الحروب يجب أن يقدم للمحاكمة كمجرم حرب"، وقال "في الوقت الذي يخشى قادة إسرائيليون السفر إلى بلادنا خشية توقيفهم واعتقالهم، ندرك حينها أن هناك نحو 1.5 مليون إنسان يعانون في قطاع غزة جراء الحصار الإسرائيلي"، وقال "أنا فخور جداً بزيارة قطاع غزة للاطلاع على المعاناة التي يعيشها الأهالي، وفخور أيضاً بالتواجد في مقر المجلس التشريعي المدمر الذي يرمز إلى الشرعية الفلسطينية والديموقراطية الفلسطينية، التي لم تحترمها إسرائيل" [47].

وقد بدأ هؤلاء النواب الأوروبيون تحركاتهم العملية لنقل ما لمسوه من معاناة إلى برلماناتهم وشعوبهم؛ أملاً في إيجاد حالة ضغط برلمانية وشعبية لحث الحكومات الأوروبية على الضغط على الجانب الإسرائيلي، لإنهاء الحصار المفروض على غزة، حيث شرعوا بحسب بيان صادر عن الحملة الأوروبية لرفع الحصار عن غزة The European Campaign to End the Siege on Gaza، بتقديم تقارير لرؤساء البرلمانات في بلدانهم، من أجل وضعهم في صورة ما شاهدوه من آثار الحصار.

وأكد جيرالد كوفمان "إن أي محاولة لتعطيل الملاحقة ووقفها، سنقف ضدّها، حتى لو كانت في لندن أو واشنطن"، مشدداً على أن الحصار "لا بدّ أن ينتهيَ، وأن أي شخص يقرأ تقرير جولدستون ويصمت فهو جبان"، على حدّ تعبيره [48].

ووقع أكثر من مئة من أعضاء البرلمان البريطاني وثيقة، يدينون فيها قيام الحكومة الإسرائيلية بحصار قطاع غزة؛ ويطالبون رئيس الوزراء البريطاني ديفيد كاميرون David Cameron بالتحرك ورفع الحصار عن القطاع[49].

ويجدر التفريق بين المواقف الرسمية وغير الرسمية لبلدان الاتحاد الأوروبي، إذ أن المواقف ما تزال متقدمة في دعمها للقضية الفلسطينية عن المواقف الرسمية. كما أن الاتحاد الأوروبي كثيراً ما يكتفي بتسجيل المواقف دون أن يكون لذلك أثر عملي عندما يتعلق الأمر بنقد السياسات الإسرائيلية.

ج. تقديم مساعدات مادية لغزة، منها تخصيص الاتحاد الأوروبي مبلغ 22 مليون يورو (حوالي 29 مليون دولار) لدعم القطاع الخاص في قطاع غزة، إلى جانب تخصيص الاتحاد لـ 37 مليون يورو (حوالي 48 مليون دولار) لدفع رواتب العاملين، وتقديم 58 مليون يورو (حوالي 75.5 مليون دولار) كمساعدات إنسانية للفلسطينيين في الضفة ولبنان. كما دعمت هولندا مشروعين زراعيين في قطاع غزة بقيمة 6 ملايين يورو (حوالي 8 ملايين دولار)، كما قدمت فرنسا خلال 2010 ما مجموعه 68 مليون يورو (حوالي 88.5 مليون دولار)، بينما قدمت بريطانيا 74 مليون جنيه إسترليني (نحو 111 مليون دولار) للعام 2011/2010.

وفي 2010/10/14 قام وزير الخارجية الفنلندي الكسندر ستاب Alexander Stubb بزيارة لقطاع غزة، دعا فيها إلى مزيد من رفع القيود عن الحركة في غزة، مطالباً وزراء الخارجية من الدول الأوروبية وغيرها بزيارة القطاع "ليروا الواقع على الأرض". وقال "لا تملك إلا أن تصاب بشعور الإحباط شخصياً، ... عندما ترى كل هذه الأنقاض وكل هذا الفقر"؛ كما طالب بالمقابل بوقف إطلاق الصواريخ وبإطلاق سراح شاليط[50].

ووصل وزير الخارجية الإيرلندي مايكل مارتن Michael Martin إلى قطاع غزة في شباط/ فبراير 2010، عبر معبر رفح الحدودي مع مصر، لتفقد مؤسسات تعرضت للتدمير خلال الحرب الإسرائيلية على القطاع[51].

د. وقف اليونان لمناورات عسكرية مشتركة مع "إسرائيل"، وقيام بريطانيا بتجميد الحوار الاستراتيجي مع "إسرائيل" على أثر الهجوم الإسرائيلي على أسطول الحرية في 2010/5/31.

هـ. انتقاد جهات كنسية مسيحية للوضع في القطاع، إلى الحد الذي شبه فيه رئيس أساقفة ويلز باري مورجان Barry Morgan الوضع في غزة بأنه يشبه "نظام الفصل العنصري الذي كان في جنوب إفريقيا".

و. دعا تقرير اللجنة البرلمانية البريطانية للرقابة على الصادرات الاستراتيجية The Committees on Arms Export Controls إلى إعادة النظر في الموافقة على مبيعات

الأسلحة البريطانية إلى "إسرائيل"، بعد أن اعترفت الحكومة البريطانية أن "إسرائيل" استخدمت معدات بريطانية الصنع في العدوان على قطاع غزة؛ وهو ما يعد انتهاكاً لسياستها بعدم استخدام صادراتها من الأسلحة إلى "إسرائيل" في الضفة الغربية وقطاع غزة. ورحب التقرير بقرار الحكومة البريطانية اللاحق بإلغاء خمسة تراخيص لتصدير معدات إلى البحرية الإسرائيلية[52].

ويبدو أن الجهد الأوروبي يسير باتجاه مشروع دولة الأمر الواقع، التي يسعى سلام فياض لبنائها، وثمة مؤشرات في هذا الاتجاه:

1. أصدرت وزارة الخارجية الفرنسية بياناً عقب انتهاء مؤتمر المانحين الدوليين في مطلع سنة 2010، والذي حضره، إلى جانب برنارد كوشنير وزير الخارجية الفرنسي، ورئيس الوزراء الفلسطيني سلام فياض، ووزيرا خارجية مصر والنرويج، وأشار البيان إلى أن لجنة المتابعة تدعم خطة فياض المسماة "نهاية الاحتلال وإيجاد الدولة الفلسطينية". وتدعو المجموعة الدولية لتكثيف دعمها من أجل تطبيق هذه الخطة على المستويين المالي والسياسي. وأثنت اللجنة على الإصلاحات التي نفذتها السلطة الفلسطينية في ميادين المالية العامة والإدارة والأمن، داعية "إسرائيل" إلى اتخاذ مزيد من التدابير الميدانية الفورية، التي من شأنها "تسهيل تنقل الأشخاص والبضائع"، ليس فقط في الضفة الغربية، وإنما في قطاع غزة الذي دعوا إلى فتح المعابر معه[53].
2. اعتبر وزير الخارجية الفرنسي برنارد كوشنير أنه "يمكن التفكير" في الإعلان و"الاعتراف الفوري" بدولة فلسطينية، حتى قبل المفاوضات المتعلقة بحدودها، وذلك في حديث لجريدة جورنال دو ديمانش Journal du Dimanche. وقال كوشنير إن "المسألة المطروحة حالياً هي بناء واقع: فرنسا تدرب رجال شرطة فلسطينيين، وهناك مؤسسات تبنى في الضفة الغربية...". وأضاف كوشنير "على الأثر يمكن التفكير في سرعة إعلان دولة فلسطينية والاعتراف بها فوراً من قبل المجتمع الدولي، حتى قبل التفاوض على الحدود". وتابع "سأكون ميالاً لهذا الأمر...، لست متأكداً من أن رأيي سيُتَّبع، ولا حتى إذا كنت على حقّ"[54].

وقد لاحظ كوشنير أنه "إذا لم تؤد المسيرة السياسية حتى منتصف 2011 إلى إنهاء الاحتلال، فإنني أراهن على أن حالة تقدم البنى التحتية والمؤسسات الفلسطينية ستخلق حالة ضغط ترغم إسرائيل على التخلي عن الاحتلال"[55]. وكانت كل من إسبانيا وفرنسا قد أشارتا إلى فكرة "الاعتراف الأوروبي بدولة فلسطينية قبل انتهاء التفاوض"، وهو ما يعني أن أوروبا تسعى لإنشاء دولة أمر واقع de facto، تتحول تدريجياً إلى دولة قانونية ومعترف بها de jure، وما

أن بدأت المحادثات الفلسطينية الإسرائيلية في 2010/9/2 حتى أعلنت آشتون في اليوم التالي أن على الطرفين أن "يعملا بسرعة وبجد لحل كل قضايا الوضع النهائي استجابة لدعوة الرباعية لمفاوضات تسوية خلال عام"[56].

ورداً على دعوات نتنياهو بضرورة اعتراف الفلسطينيين بـ"إسرائيل" كدولة يهودية، قالت الناطقة بلسان مسؤولة الشؤون الخارجية آشتون في 2010/10/12، مايا كوتشيانتشيك Maja Kocijancic "إننا ندعم قيام دولتين ديموقراطيتين، تعيشان جنباً إلى جنب في أمن وسلام"، وأكدت "أن دولة فلسطين في المستقبل، وكذلك إسرائيل بحاجة لضمان تام للمساواة بين مواطنيهما"، وتابعت "هذا بشكل أساسي يعني في حالة إسرائيل المساواة سواء أكانوا يهوداً أو لا"[57].

ولعل تحليل مضمون العديد من تصريحات مسؤولي الاتحاد الأوروبي وتحليلات وسائل الإعلام الأوروبية، يوحي بشكل واضح بوجود انطباع قوي بأن الدور الأوروبي في التسوية هو دور باهت، ويبقى في أغلب الأحيان في ظلال الموقف الأمريكي؛ وهو الأمر الذي تعكسه تصريحات آشتون بشكل واضح، فعند تبرير تغيبها عن استئناف المحادثات التي كانت متوقفة منذ سنة 2009 بين الفلسطينيين والإسرائيليين قالت في 2010/10/6 "لقد ذهبت من واشنطن إلى الشرق الأوسط بهدف دعم جهود جورج ميتشل على الأرض، وأصبح واضحاً لدي أنه من أجل دعمه فإن صوت الاتحاد الأوروبي يجب أن يضاف له"، وأضافت في تعليق على رفض "إسرائيل" تمديد فترة تجميد الاستيطان بعد انتهاء المدة في تشرين الثاني/ نوفمبر "إنني أريد إقناع إسرائيل بالتمديد، والبحث أيضاً فيما إذا كانت هناك طرقٌ أخرى تمكن المفاوضات من التواصل، ومحاولة التعامل مع هذه المسألة بطريقة مختلفة... ليس لدي حلّ عظيم". وبررت تغيبها عن استئناف المفاوضات بأنه لا يعني تحولاً في أولويات الاتحاد الأوروبي[58].

من زاوية مقابلة، تواجه عمليات المقاومة الفلسطينية في الأراضي المحتلة نقداً دائماً من قِبَل الاتحاد الأوروبي، وكان مثال ذلك هو الموقف من عملية الخليل في 2010/8/31 التي قُتل فيها أربعة من سكان المستعمرات "غير الشرعية" طبقاً لبيانات الاتحاد، لكن آشتون علقت على العملية بالقول أن:

> هناك قوى في المنطقة مصممة على نسف جهود السلام، وعلينا أن لا نسمح لهم بالنجاح، وعلى أنصار السلام أن يواصلوا مثابرتهم في أوقات الشدائد. ومن المهم جداً أن يتجنب الأطراف القيام بأية أعمال استفزازية، من شأنها أن تقوض نجاح المحادثات، كما أن هذا الهجوم يؤكد ضرورة حلّ الدولتين[59].

وبشكل عام، يظهر أن هناك تراجع في مواقف فرنسا وإيطاليا وألمانيا تحت قيادة ساركوزي وبيرلسكوني وأنجيلا ميركل Angela Merkel، حيث أصبحت السياسة الأوروبية أكثر "ذيلية"

للسياسة الأمريكية. وصار من الصعب تمييز الموقف الأوروبي عن الموقف الأمريكي في مواضيع الاستيطان والقدس والحصار، وفي الموقف من حماس ومن المقاومة، وفي "تبادل الأراضي". وما زالت أوروبا الرسمية توافق على التجارة مع مستعمرات الضفة الغربية، وترفض مقاطعتها. ثم إن الموقف الأوروبي من التعاون الأمني مع السلطة الفلسطينية يعطي مؤشراً خطيراً كذلك. وقد أثارت عملية قيام الأوروبيين بإزالة آثار الدمار نتيجة الحرب الإسرائيلية على قطاع غزة علامات استفهام كبيرة، لأنها تمت تحت ذريعة إعادة الإعمار وهو ما لم يتمّ إنجازه؛ وبذلك تمت إزالة الوجه القبيح للحرب الإسرائيلية، دون مساعدة الفلسطينيين على إعمار بيوتهم المدمّرة.

رابعاً: روسيا   لم تعرف السياسة الروسية خلال سنة 2010 تغيرات ذات معنى في الشرق الأوسط، وبقي المنظور البراجماتي والنزوع التجاري هو العامل الأكثر تحديداً لتوجهات هذه الدولة.

ويمكن تحديد السياسة الروسية في السمات التالية:

1. التعامل مع كافة أطراف النزاع بما فيها حركة حماس، وقد عبر وزير الخارجية الروسي سيرجي لافروف Sergey Lavrov، في مؤتمر صحفي في موسكو عن ذلك بالقول إن القيادة السياسية الروسية حريصة على استمرار علاقاتها مع كل الأطراف المعنية في الشرق الأوسط، بما فيها حركة حماس، وإن الاتصالات ستستمر مع حماس، نظراً لتزايد الحاجة إلى تحقيق المصالحة الفلسطينية والتعامل مع كل أطراف الحوار [60].

ويبدو لنا أن حوار روسيا مع حماس مدفوع بالرغبة في جلبها إلى دائرة التفاوض بشكل أو آخر مع الطرف الإسرائيلي، أو ضمان عدم قيام حماس بأية عمليات قد تعطل المسار السلمي، وهو ما يتضح في قول لافروف للصحفيين في ماناجوا "إنه من الصعب التعويل على أن الجانب الفلسطيني سيستطيع التفاوض بشكل فعال بدون حركة حماس"، كما أن الرئيس الفلسطيني محمود عباس ورئيس المكتب السياسي لحركة حماس خالد مشعل "يقران بأهمية وحدة الصف الفلسطيني" [61].

وقد طلب لافروف في اتصال هاتفي مع رئيس المكتب السياسي لحركة حماس خالد مشعل بأن تتوقف الحركة عن إطلاق صواريخ على "إسرائيل"، إذ إن "إطلاق الصواريخ من قطاع غزة على جنوب إسرائيل غير مقبول"، طبقاً لبيان من وزارة الخارجية الروسية [62].

بلغت هذه العلاقة الروسية مع حماس أعلى مستوى لها مع زيارة الرئيس الروسي ديمتري ميدفيديف إلى دمشق، ولقائه رئيس المكتب السياسي لحركة حماس خالد مشعل في أيار/ مايو 2010، معترفاً بشرعية الحركة، ومؤكداً بأن حماس بات لها وزن يفرض نفسه لدى دول العالم التي كانت تتوقع أن حصار الحركة وعزلها سيقضي عليها.

وبعد اللقاء وجه الرئيس الروسي ديمتري ميدفيديف انتقادات إلى واشنطن معتبراً أنها "لا تفعل ما يكفي لدفع الأمور إلى الأمام وتحريك عملية السلام" ومشدداً على أن موسكو "لن تقف مكتوفة الأيدي أمام الأوضاع التي تزداد توتراً وتنذر بانفجار جديد أو كارثة"[63].

وبعد أيام من اللقاء قال مسؤول روسي بأن الرئيس ميدفيديف عرض خلال لقائه مع مشعل رزمة روسية كاملة لحل الصراع الفلسطيني – الإسرائيلي، وتشمل هذه الرزمة الإفراج عن الجندي الأسير جلعاد شاليط وإتمام صفقة التبادل، وفتح المعابر، وإشراك حركة حماس في عملية السلام سواء بالمشاركة مع السلطة في رام الله، أو بشكل منفصل، من أجل التوصل إلى تفاهمات أمنية ملزمة بين "إسرائيل" وحماس، وأن تتعهد الحركة بمنع القيام بعمليات عسكرية وإطلاق القذائف من القطاع باتجاه "إسرائيل". وأضاف "إن دولاً أوروبية طرحت في السابق اقتراحات مماثلة، وأن هناك مسؤولين أمريكيين في إدارة باراك أوباما يتحدثون عن هذا الاقتراح في الغرف المغلقة"[64].

وفي إشارة إلى الموقف الروسي أعلن وزير الخارجية الإسرائيلي أفيجدور ليبرمان، أن تل أبيب لن تقبل بأي إملاءات تتعلق بإشراك حركة حماس في العملية السياسية[65]. ورد الناطق الرسمي باسم وزارة الخارجية الروسية أندريه نيستيرينكو Andrei Nesterenko على التصريحات الإسرائيلية بأن "الاتصالات بيننا وبين هذه الحركة تجري بشكل منتظم. كما من المعروف أن بقية الأطراف الأعضاء في رباعي الوسطاء الدوليين للتسوية في الشرق الأوسط تُجري اتصالات مع حماس بشكل أو بآخر، غير أنها لأسباب غير مفهومة تخجل من الاعتراف بذلك علناً"[66].

2. لا تبدي الدبلوماسية الروسية تفاؤلاً بقرب نجاح التسوية، فالروس يدركون الرفض الإسرائيلي لأهم متطلبات التسوية، ويتضح ذلك من قول لافروف إن الوضع في الشرق الأوسط "مقلق للغاية"، وأن آفاق التسوية حالياً لا تبعث على التفاؤل. وأضاف "إن الخطوات التي أعلنت الحكومة الإسرائيلية استعدادها للقيام بها في مجال تجميد بعض أشكال الاستيطان غير كافية، للأسف الشديد، على الرغم من أنها تجري في الاتجاه الصحيح". وأكد لافروف أن رفض "إسرائيل" القاطع لوقف النشاط الاستيطاني في شرقي القدس يثير قلقاً بالغاً لأنه يجري هناك إنشاء جدار عزل تصعب إزالته فيما بعد، كما أن ذلك يخالف جميع القرارات التي اتخذت في مجلس الأمن الدولي حول هذه القضية[67].

3. تنامي العلاقات الروسية الإسرائيلية في مجالات مختلفة من أبرزها الجوانب العسكرية، فقد أعلنت شركة الصناعات الفضائية الإسرائيلية Israel Aerospace Industries Ltd. (IAI) الحكومية وشركة أوبورونبروم Oboronprom الروسية أن روسيا ستشتري طائرات من دون طيار تصنعها "إسرائيل"، بموجب اتفاق بين الشركتين، على أن يتمّ تجميع هذه الطائرات في روسيا، وتبلغ قيمة الصفقة 400 مليون دولار، وهي ثمانية أضعاف حجم صفقة مبدئية كان

قد أعلن عنها في نيسان/ أبريل 2009 بقيمة 50 مليون دولار. وذكرت جريدة جلوبس Globes الإسرائيلية المتخصصة، أن الجانب الروسي سيدفع في البداية 280 مليون دولار، بينما سيدفع ما تبقى من المبلغ على مراحل مع تنفيذ العقد المبرم خلال ثلاث سنوات[68].

4. مواصلة تقديم الدعم المادي المحدود للفلسطينيين، فقد أمر فلاديمير بوتين Vladimir Putin، رئيس وزراء روسيا، بتقديم مساعدة إنسانية بقيمة عشرة ملايين دولار إلى فلسطين خلال سنة 2010. وكلف رئيس الحكومة وزارة الخارجية بإجراء اتصالات لتسليم الفلسطينيين المساعدة الروسية، بالتنسيق مع السلطة الفلسطينية[69].

خامساً: الصين

بقي الإطار العام للموقف الصيني أقرب في توجهاته إلى الموقف العربي من خلال الدعوة المستمرة إلى "تأييد الصين لحل الدولتين طبقاً لقرارات الأمم المتحدة ذات الصلة والمبادرة العربية، ومبدأ الأرض مقابل السلام وخريطة الطريق"، كما تولي الصين أهمية لدور اللجنة الرباعية ومجلس الأمن في السعي لإعادة الأطراف إلى المفاوضات وهو ما يتضح في عدد من القضايا[70]:

1. قضية الاستيطان: دعت الصين على لسان سفيرها في الأمم المتحدة تشانج يسوي Zhang Yesui في كانون الثاني/ يناير 2010 إلى "وقف النشاط الاستيطاني وبناء الجدران الفاصلة، والتوقف عن الأعمال التي لا تسهم في استئناف المفاوضات الخاصة بشرقي القدس"، وبقي هذا الموقف يتكرر في كل مرة تثار فيها قضية الاستيطان[71].

2. الهجوم الإسرائيلي على أسطول الحرية التركي: دعت وزارة الخارجية الصينية في 2010/6/1 إلى "ردّ سريع من قبل الأمم المتحدة" على الهجوم الإسرائيلي، وقال ناطق بلسان الخارجية "لقد صدمنا بالهجوم الإسرائيلي على القافلة التركية التي تحمل مساعدات إنسانية إلى غزة"، وأكد دبلوماسي صيني "أن بكين مستعدة لدعم إجراء سريع لمجلس الأمن"[72].

3. رفع الحصار عن غزة: طالبت الخارجية الصينية في معظم بياناتها ذات الصلة بالشرق الأوسط برفع الحصار عن قطاع غزة، وفتح كل نقاط العبور إليه، كما طالبت الفصائل الفلسطينية بالتوحُّد، وأيدت الجهود المصرية في هذا الاتجاه.

4. الموقف من الترسانة النووية الإسرائيلية: عبرت الصين عن تأييدها التام لتحويل منطقة الشرق الأوسط إلى منطقة خالية من الأسلحة النووية. وقال المندوب الصيني في الوكالة الدولية للطاقة الذرية International Atomic Energy Agency (IAEA): "إن الصين تؤيد إنشاء منطقة خالية من الأسلحة النووية في الشرق الأوسط، وتدعم دعوة إسرائيل للانضمام إلى اتفاقية منع انتشار الأسلحة النووية Nuclear Non-Proliferation Treaty،

وأن تضع منشآتها النووية تحت رقابة شاملة للوكالة الدولية للطاقة الذرية"، كما تؤيد الصين عقد مؤتمر دولي في سنة 2012 لشرق أوسط خالٍ من الأسلحة النووية[73].

شكلت القدس المحتلة نقطة خلاف بين الصينيين والوفد العربي في أعمال الدورة الرابعة للاجتماع الوزاري لمنتدى التعاون العربي الصيني في مدينة تيانجين الصينية الساحلية. ونشب الخلاف بعد رفض المسؤولين الصينيين التوقيع على وثيقة مشتركة مع الوفد الذي يضم وزراء الخارجية العرب، تعدّ شرقي القدس عاصمة للدولة الفلسطينية. وأفادت مصادر صحفية بأن الوفد العربي فوجئ في اللحظات الأخيرة عندما رفض المسؤولون الصينيون التوقيع على الوثيقة، بالرغم من كل الجهود التي بذلت لاحتواء الموقف[74].

إن هذا الموقف الصيني هو موقف يتعارض تماماً مع البيانات الصينية، ويتضح نموذج هذا التناقض في تصريح للمتحدث باسم وزارة الخارجية الصينية هونج لي Hong Lei في معرض تعقيبه على مشروع القانون الإسرائيلي الذي مرره الكنيست الإسرائيلي في 2010/11/22، ويطالب بإجراء استفتاء على "أية تنازلات" تقدمها الحكومة الإسرائيلية عن الأرض في شرقي القدس للفلسطينيين أو في مرتفعات الجولان لسورية، ويشترط لعدم تنفيذ الاستفتاء الحصول على موافقة ثلثي أعضاء الكنيست؛ فقد قال هونج لي "إن القانون يتعارض مع روح قرارات الأمم المتحدة، ولا يمكن أن يغير حقيقة أن شرقي القدس ومرتفعات الجولان أراض لدول عربية احتلتها إسرائيل"[75].

ومن الضروري التنبه إلى التنامي المتواصل للتبادل التجاري بين الشرق الأوسط والصين الذي بلغ مع نهاية سنة 2009 إلى حوالي 107 مليارات دولار منها حوالي 4.3 مليارات دولار مع "إسرائيل".

ولما كان الجزء الأكبر من هذا التبادل التجاري مع العالم العربي في قطاع النفط، فإن الصين تشعر بالقلق على طرق نقل هذه الطاقة عبر الطرق البحرية، التي يخضع معظمها لسيطرة الأساطيل الأمريكية، وهو ما دعا الصين إلى التعاون مع روسيا لبناء خطّ لنقل البترول من شركات سيبيريا إلى الصين طاقته 15 مليون طن سنوياً لمدة عشرين عاماً. وسيجعل هذا الخط اعتماد الصين على النقل البري النفطي يقلل من اعتمادها على الطرق البحرية[76]. بخاصة في ظلّ التوترات التي تعيشها منطقة الخليج.

استفادت الصين وروسيا بشكل عام من انشغال أمريكا بـ"إعادة بناء الشرق الأوسط"، وفي عدم جعلهما ضمن أولوية التناقضات التي تواجهها أمريكا. ولهذا استفادت روسيا والصين (كما البرازيل وتركيا والهند وعدد من الدول) من هذه السياسة، وراحت تطوّر قدراتها اقتصادياً وعسكرياً وتكنولوجياً. وهو ما ستستفيق عليه أمريكا لاحقاً ربما بعد فوات الأوان.

هذه المعادلة في كسب الوقت بالنسبة إلى كل من روسيا والصين أو عدم استفزازهما لأمريكا في الساحة الدولية، هو ما يفسر ما يسمى البراجماتية السياسية الروسية والصينية. وهي سياسة تركز على تقوية الذات في شتى المجالات، وعلى الأمن الإقليمي المجاور، وتفتقر إلى استراتيجية عالمية متماسكة.

سادساً: اليابان يستشف من التصريحات اليابانية تناغماً مع فكرة دعم مشروع "دولة الأمر الواقع" التي أشرنا إليها، والتي يبدو الاتحاد الأوروبي الجهة الأكثر ميلاً نحوها. فإلى جانب المواقف التقليدية للدبلوماسية اليابانية، أعلن رئيس الوزراء الياباني السابق يوكيو هاتوياما Yukio Hatoyama، أنه اتفق مع الرئيس الفلسطيني على تقديم مساعدة يابانية في بناء مؤسسات وقدرات الدولة الفلسطينية، وتعزيز التعاون في مجال الاستثمار. كما دعا هاتوياما إلى وقف الاستيطان بشكل كامل في الضفة الغربية بما فيها شرقي القدس من ناحية، ووقف ما وصفه "بالعنف ضدّ إسرائيل". وأكد هاتوياما بأن بلاده "لن تعترف بأي إجراء تقوم به إسرائيل ويحكم مسبقاً على الحل النهائي للقدس، والأراضي في حدود ما قبل 1967"[77].

وواصل رئيس الوزراء الياباني الجديد ناوتو كان Naoto Kan سياسة سلفه بالتأكيد على دعم مساعي بناء الدولة التي تقوم بها السلطة الفلسطينية بموجب حلّ الدولتين، وحثّ نظيره الفلسطيني على استئناف مفاوضات السلام مع "إسرائيل"، واعداً بتقديم 100 مليون دولار من ميزانية السنة المالية لـ 2010 لمشروعات البنية الأساسية الفلسطينية[78].

سابعاً: منظمات دولية:

1. الأمم المتحدة:

أ. الأمانة العامة:

بدا الأمين العام للأمم المتحدة بان كي مون باهتاً فيما يتعلق بتطبيق قرارات الأمم المتحدة المتعلقة بالشأن الفلسطيني، ولم يعبّر بشكل واضح عن المواقف العامة لأغلبية الدول الأعضاء، وظهرت عباراته فارغة المضمون، ودونما دلالات عملية حقيقية. وراعى في تصريحاته السياسة الأمريكية والحساسيات الإسرائيلية، حتى وكأنه كما وصفه البعض بأنه "وزير خارجية أمريكي". واتسم سلوكه بالرتابة واللافاعلية فيما يتعلق برفع الحصار عن قطاع غزة، ووقف الاستيطان الإسرائيلي،

وتحقيق الفلسطينيين لمطالبهم المشروعة. وقد ظهرت مواقف الأمانة العامة في مناسبات عدة من تطورات الوضع الفلسطيني على النحو التالي:

1. المفاوضات المباشرة أو غير المباشرة بين الطرفين:

أكد بان كي مون في كلمته أمام القمة العربية في مدينة سرت الليبية في 2010/3/27 أن المفاوضات بين "إسرائيل" والفلسطينيين "ينبغي أن تفضي إلى عاصمة لدولتين في القدس". ودعا الزعماء العرب إلى "مساندة الجهود من أجل بدء محادثات غير مباشرة ومفاوضات مباشرة" بين الفلسطينيين و"إسرائيل"، وقال "إن هدفنا المشترك ينبغي أن يكون تسوية كل قضايا الوضع النهائي في غضون 24 شهراً". وفي مؤتمر صحفي عُقد في اليوم نفسه، أضاف بان كي مون إنه يدعم قرار جامعة الدول العربية لتقديم الدعم السياسي للرئيس الفلسطيني محمود عباس، للبدء بمفاوضات غير مباشرة أو مفاوضات عن قرب[79].

2. الاستيطان:

جدد بان كي مون موقف الأمم المتحدة من أن "الاستيطان غير الشرعي يجب أن يتوقف"، وقال "إنني أشعر بالإحباط كما يشعر الجميع من التصرفات الإسرائيلية الأخيرة أحادية الجانب، وإنني مستاء من إعلان إسرائيل لبناء مستوطنات في شرقي القدس، والتصرفات الأخرى المتعلقة بالأماكن المقدسة في الخليل وبيت لحم وسلوان والشيخ جراح والمسجد الأقصى"[80].

وأبدى بان كي مون أمام اجتماع لجنة ممارسة الشعب الفلسطيني لحقوقه الوطنية غير القابلة للتصرف Committee on the Exercise of the Inalienable Rights of the Palestinian People في 2010/1/21، قلقه من "النشاط الاستيطاني واستمرار الدعم المالي لتوسيع المستوطنات في الضفة الغربية وفي شرقي القدس". وذكّر بأن "الأسرة الدولية لا تعترف بضم إسرائيل للقدس الشرقية، التي تبقى جزءاً من الأرض الفلسطينية المحتلة". وأكد أن "إسرائيل" مستمرة في تجاهل مناشدات الأسرة الدولية لها لوقف الاستيطان، مشدداً على أن "بناء المستوطنات يتنافى مع القانون الدولي، ويناقض خريطة الطريق التي تلزم إسرائيل بتجميد جميع البؤر الاستيطانية، بما في ذلك ما يسمى بالنمو الطبيعي". ورأى بان كي مون أن هذا النشاط الاستيطاني ليس في مصلحة "إسرائيل"، ويقوّض الثقة بين الجانبين، ويستبق نتيجة المفاوضات ويهدد قاعدة حلّ الدولتين. وانتقد استمرار سلطات الاحتلال في "التمييز ضدّ السكان الفلسطينيين، بما في ذلك إصدار الأوامر بتدمير بيوتهم وطردهم ومصادرة بطاقات هويتهم". وقال إن موضوع القدس بالغ الحساسية "ولا مناص من إيجاد وسيلة، عبر المفاوضات، للقدس كي تصبح عاصمة دولتين تعيشان معاً بسلام وأمن، مع ترتيبات للمواقع المقدسة مقبولة للجميع"[81].

وتشير العبارة الأخيرة لبان كي مون حول القدس إلى احتمال وجود نشاط دبلوماسي هادئ، إن لم يكن سرياً، للعثور على مخرج للحرج الذي يواجهه الطرف الفلسطيني لإيجاد حلّ لموضوع الأماكن المقدسة.

3. الحصار على غزة:

طلب بان كي مون من الحكومة الإسرائيلية التعاون لإنهاء الحصار على قطاع غزة، مشيراً إلى أن هذه المطالب كانت أهدافاً رئيسية لزيارته إلى القطاع، مؤكداً أنه سيفعل كل ما بوسعه لإنهاء القيود المفروضة هناك[82].

وعبرّ بان كي مون عن أسفه لأن المحاسبة على الانتهاكات للقانون الدولي الإنساني والقانون الدولي لحقوق الإنسان خلال العدوان الإسرائيلي على القطاع "لم تتمّ بشكل مناسب". ورأى أن على "إسرائيل إنهاء الحصار غير المقبول وغير المفيد وأن تحترم القانون الدولي كاملاً"[83].

4. المقاومة المسلحة:

دان بان كي مون عملية الخليل التي أشرنا إليها سابقاً، وقال ناطق باسمه "لا بدّ من اعتبار هذا الهجوم كمحاولة سافرة وصارخة لتقويض المفاوضات المباشرة بين الفلسطينيين وإسرائيل التي ستبدأ غداً [2010/9/2]"؛ وإذ يقدم الأمين العام تعازيه لأسر الضحايا، فإنه يطالب بتطبيق العدالة السريعة ضدّ مرتكبي هذه الجريمة[84].

ب. مجلس الأمن الدولي:

دعا بيان غير ملزم أصدره مجلس الأمن إلى ضبط النفس إثر المواجهات العنيفة التي دارت في 2010/3/5 بين الشرطة الإسرائيلية ومتظاهرين فلسطينيين في باحة المسجد الأقصى والبلدة القديمة في القدس المحتلة، مؤكداً ضرورة استئناف المفاوضات بين الجانبين قريباً. وعبرت الدول الـ 15 الأعضاء في المجلس "عن القلق إزاء الوضع المتوتر حالياً في الأراضي الفلسطينية المحتلة، بما فيها شرقي القدس". وقال الرئيس الدوري لمجلس الأمن أن الدول الـ 15 "حضت الطرفين على ضبط النفس وتجنب الأعمال الاستفزازية"؛ كما أكدت على أن "الحوار السلمي هو الوسيلة الوحيدة للمضي قدماً، وأعربت عن الأمل في استئناف سريع للمفاوضات"[85].

ج. الجمعية العامة:

1. اعتمدت اللجنة الرابعة، وهي لجنة المسائل السياسية الخاصة وإنهاء الاستعمار Special Political and Decolonization Committee، التابعة للجمعية العامة للأمم المتحدة في نيويورك في 2010/11/15 بأغلبية ساحقة عدداً من مشاريع القرارات المهمة تتعلق بوكالة الأمم المتحدة لإغاثة وتشغيل اللاجئين الفلسطينيين في الشرق الأدنى (الأونروا) United Nations

Relief and Works Agency for Palestine Refugees in the Near East (UNRWA) وممتلكات اللاجئين والنازحين، غير أن الولايات المتحدة كانت ضمن الأقلية الدولية التي عارضت أغلب هذه القرارات[86].

وتضمنت القرارات الإشارة إلى الظروف المعيشية والأوضاع الاقتصادية والاجتماعية والإنسانية بالغة الصعوبة، التي يعاني منها اللاجئون الفلسطينيون في الأرض الفلسطينية المحتلة، خاصة في قطاع غزة.

ودعت القرارات إلى ضرورة امتثال "إسرائيل" لأحكام اتفاقية جنيف الرابعة Fourth Geneva Convention والكف عن عرقلة حركة وعبور موظفي وكالة الأونروا ومركباتها، ورفع القيود التي تعوق استيراد مواد البناء واللوازم الضرورية لإعادة بناء مرافق الوكالة التي لحقت بها أضرار أو دمرت بسبب العدوان العسكري الإسرائيلي على قطاع غزة. وشددت القرارات على ضرورة مواصلة الدول والوكالات المتخصصة إسهاماتها لوكالة الغوث حتى تتمكن من مواصلة عملها لتقديم المساعدة للاجئين الفلسطينيين في جميع ميادين العمليات[87].

واعتمدت اللجنة أيضاً قرار انطباق اتفاقية جنيف المتعلقة بحماية المدنيين وقت الحرب لسنة 1949 على الأرض الفلسطينية المحتلة بما فيها شرقي القدس والأراضي العربية المحتلة الأخرى[88].

كما اعتمدت اللجنة قراراً يعدّ المستعمرات الإسرائيلية في الأرض الفلسطينية المحتلة، بما فيها شرقي القدس "غير قانونية، وتشكل عقبة أمام السلام والتنمية الاقتصادية والاجتماعية"[89].

2. رأت الجمعية العامة للأمم المتحدة في قرار اتخذته في 2010/11/30 أن:

> جميع التدابير والإجراءات التشريعية والإدارية التي اتخذتها إسرائيل، السلطة القائمة بالاحتلال، والتي غيرّت أو توخت تغيير طابع ومركز مدينة القدس الشريف، وبخاصةً ما يسمى القانون الأساسي المتعلق بالقدس وإعلان القدس عاصمة لإسرائيل، لاغية وباطلة ويجب إلغاؤها فوراً.

مذكرة بقرارات مجلس الأمن المتعلقة بالقدس، بما في ذلك القرار 478 الذي قرر فيه المجلس، في جملة أمور، ألاّ يعترف بـ"القانون الأساسي" المتعلق بالقدس[90].

وبعد الإشارة إلى الرأي الذي أصدرته محكمة العدل الدولية International Court of Justice (ICJ) في 2004/7/9 بشأن الآثار القانونية الناشئة عن تشييد جدار في الأرض الفلسطينية المحتلة، أبدت الجمعية قلقها الشديد من استمرار "إسرائيل"، السلطة القائمة بالاحتلال، في القيام بنشاطات استيطانية غير قانونية، بما في ذلك ما يسمى بالخطة إي واحد E1، وتشييدها الجدار في شرقي القدس وحولها، وفرض القيود على دخول شرقي القدس والإقامة فيها وزيادة عزل المدينة عن بقية الأرض الفلسطينية المحتلة، لما لذلك من أثر ضار على حياة الفلسطينيين، ولما يمكن أن يستبق الحكم على أي اتفاق على الوضع النهائي للقدس[91].

وانتقد القرار مواصلة "أعمال الهدم الإسرائيلية للمنازل الفلسطينية، وطرد العديد من الأسر الفلسطينية من منازلها في أحياء القدس الشرقية، فضلاً عن الأعمال الاستفزازية والتحريضية، التي يقوم بها أيضاً المستوطنون الإسرائيليون في المدينة". وأكد أن أي حلّ شامل وعادل ودائم لقضية مدينة القدس ينبغي أن يأخذ في الاعتبار الشواغل المشروعة لكلا الجانبين الفلسطيني والإسرائيلي، وأن يتضمن أحكاماً ذات ضمانات دولية تكفل حرية الديانة والضمير لسكان المدينة وتتيح إمكان الوصول للناس من جميع الأديان والجنسيات إلى الأماكن المقدسة، بصورة دائمة وبحرية ودون عائق[92].

د. مجلس حقوق الإنسان التابع للأمم المتحدة:

أصدر المجلس عدداً من القرارات على مدار سنة 2010 تدين "إسرائيل" بشأن سياساتها في الضفة الغربية وقطاع غزة والأراضي السورية المحتلة، لكن الولايات المتحدة صوتت ضدّ جميع هذه القرارات. ودعت قرارات المجلس إلى متابعة توصيات تقرير اللجنة الدولية المستقلة لتقصي الحقائق المعروف بتقرير جولدستون وإنشاء صندوق لتعويض الفلسطينيين الذين تعرضوا لخسائر في أثناء الهجوم الإسرائيلي على غزة في أواخر سنة 2008 ومطلع سنة 2009. كما طالبت بأن تنهي "إسرائيل" احتلالها للأراضي الفلسطينية التي احتلتها منذ سنة 1967، وأن توقف استهداف المدنيين الفلسطينيين والتدمير المنظم لتراثهم الثقافي، وأكدت على وقف جميع العمليات العسكرية في أنحاء الضفة الغربية وقطاع غزة، ورفع حصارها عن القطاع. كما دعت إلى وقف بناء كل المستعمرات في الأراضي المحتلة، والتحرك لإزالة الموجود منها الآن[93].

وظهر تباين في المواقف بين الاتحاد الأوروبي والولايات المتحدة في اجتماعات المجلس هذه حول مهمة التحقيق التي كلف بها مجلس حقوق الإنسان التابع للأمم المتحدة بخصوص أسطول الحرية، فقد خلص التحقيق إلى "وقوع انتهاك خطير لحقوق الإنسان" ارتكبته البحرية الإسرائيلية.

وقالت لجنة تابعة لمجلس حقوق الإنسان إن "إسرائيل" خرقت القانون الدولي والقانون الدولي الإنساني في هجومها على سفينة مرمرة التركية، التي كانت تحاول الوصول إلى قطاع غزة في 2010/5/31. وتحدثت اللجنة عن "أدلة واضحة" تسند فتح ملاحقات بحق "إسرائيل" لأنها مارست "القتل العمد" و"التعذيب" بحق ركاب سفينة مرمرة، حينما هاجمتها قواتها البحرية. واستندت اللجنة في تقريرها إلى المادة 147 من اتفاقية جنيف الرابعة التي تتعلق بحماية المدنيين في زمن الحرب.

ووصفت اللجنة القوة التي استعملتها "إسرائيل" مع ركاب السفينة بـ"غير المتناسبة"، وقالت إنها "تَشِي بقدر غير مقبول من القسوة". واعتبرت حصار غزة "غير قانوني" لأنه فُرض في وقت كان فيه القطاع يعيش أزمة إنسانية[94].

وأعربت الناطقة الأمريكية ايلين تشامبرلين دوناهو Eileen Chamberlain Donahoe أمام الأعضاء الـ 47 في المجلس عن "القلق من اللهجة، والعبارات ونتائج التقرير"[95].

هـ. وكالة غوث وتشغيل اللاجئين الفلسطينيين (الأونروا):

أثار المفوض العام للأونروا فيليبو جراندي Filippo Grandi موضوع اللاجئين الفلسطينيين في لبنان في ظلّ الجدل حول مشاريع لتوطينهم هناك، وقال إن مسألة اللاجئين الفلسطينيين في لبنان "مسألة دقيقة بالنظر إلى التوازن السياسي والاقتصادي الهش في هذا البلد وأن توطين الفلسطينيين، الذي يخشاه العديد من اللبنانيين، ليس مطروحاً وليس مادة للنقاش". لكنه دعا إلى منحهم مزيداً من الحقوق "بما فيها حقّ العمل بشكل قانوني". وأقر جراندي بأن الظروف السيئة في المخيمات "هي أحد العوامل التي تسهم في زعزعة الاستقرار"[96].

من ناحية ثانية، استجابت "إسرائيل" لمطالب الأمم المتحدة لها، بدفع تعويضات عن الأضرار المادية التي ألحقتها قواتها العسكرية بممتلكات المنظمة الدولية في قطاع غزة، في نهاية سنة 2008 وبداية سنة 2009، بالرغم من أنها رفضت الإقرار بمسؤوليتها القانونية عما حدث.

وقال المتحدث باسم الأمم المتحدة مارتن نيسيركي Martin Nesirky، أنه بموجب ترتيبات وقعت بين "إسرائيل" والأمم المتحدة قامت حكومة "إسرائيل" بدفع 10.5 ملايين دولار إلى الأمم المتحدة عن أضرار وقعت، بالرغم من أن "إسرائيل" لم تقر بأنها مسؤولة قانونياً عن أية من الحوادث التي حققت بها لجنة التحقيق، ولكن الأمم المتحدة تمسكت بموقفها بأن "إسرائيل" مسؤولة قانونياً عن الخسائر التي لحقت بها[97].

و. منظمة الصحة العالمية World Health Organanization:

رفضت واشنطن قراراً لمنظمة الصحة العالمية يدعو "إسرائيل" إلى "وضع حدّ على الفور لحصار قطاع غزة"، بينما امتنع الاتحاد الأوروبي عن التصويت، في حين طالبت إسبانيا بنص متوازن[98].

ز. الوكالة الدولية للطاقة الذرية:

رفضت الدول الأعضاء في الوكالة الدولية للطاقة الذرية في أيلول/ سبتمبر 2010 قراراً تبنته الدول العربية يدعو "إسرائيل" للانضمام لمعاهدة حظر الانتشار النووي.

وعللت الولايات المتحدة على لسان جلين ديفيز Glyn Davies المبعوث الأمريكي لدى الوكالة رفضها للقرار وسعيها لإفشاله بأنه "قد يعطل جهوداً أوسع نطاقاً لحظر مثل هذه الأسلحة في الشرق الأوسط، كما أنه يبعث برسالة سلبية إلى عملية السلام الفلسطينية الإسرائيلية التي استؤنفت مؤخراً".

بينما علل مسؤولون أمريكيون الرفض على أساس أن الموافقة على القرار ستقضي على أي فرصة لحضور "إسرائيل" مؤتمراً اقترحت مصر عقده في 2012، بهدف تحويل الشرق أوسط إلى منطقة خالية من أسلحة الدمار الشامل[99].

2. المنظمات الحكومية وغير الحكومية:

ما زالت بعض المنظمات الدولية الحكومية أقل تجاوباً مع الطموحات الفلسطينية، لا سيّما تلك التي يوجد للولايات المتحدة والاتحاد الأوروبي نفوذ كبير فيها، بينما تجد المطالب الفلسطينية تجاوباً متزايداً من منظمات دولية أخرى سواء الحكومية منها أم غير الحكومية، وهو ما يتضح في النماذج التالية:

أ. صوتت منظمة التعاون والتنمية الاقتصادية، التي تتخذ من باريس مقراً لها في جمعيتها العامة على انضمام "إسرائيل" إليها، بالرغم من المحاولات الفلسطينية والعربية لثني الدول الرئيسية الفاعلة فيها عن تأييد الانضمام، أو حتى تأجيله. وتشير الوسائل الإعلامية إلى أن "إسرائيل" استفادت من ضغوط أمريكية وأوروبية لتسريع انضمامها رسمياً إلى المنظمة[100].

ب. طالبت منظمة العفو الدولية في تقرير باسم "الاختناق: قطاع غزة تحت الحصار الإسرائيلي"، برفع الحصار المفروض على قطاع غزة فوراً، معتبرة الحصار "عقاباً جماعياً" غير مقبول[101].

ج. طالبت رابطة الوكالات الإنمائية الدولية Association of International Development Agencies (AIDA)، التي تمثل أكثر من ثمانين منظمة غير حكومية، بفتح فوري للمعابر مع قطاع غزة، وقال منسق الشؤون الإنسانية في الأراضي الفلسطينية المحتلة ماكسويل جيلارد Maxwell Gaylard إن الإغلاق المستمر لقطاع غزة "يقوض عمل نظام الرعاية الصحية ويعرض للخطر صحة 1.4 مليون نسمة في غزة. ويسبب تدهوراً مستمراً في المحددات الاجتماعية والاقتصادية والبيئية للصحة. ويعيق إتاحة الإمدادات الطبية وتدريب العاملين في الصحة، ويمنع المرضى الذين يعانون من ظروف طبية خطيرة من الحصول على علاج متخصص خارج غزة في الوقت المناسب"[102].

د. اتهمت منظمة هيومن رايتس ووتش لحقوق الإنسان "إسرائيل" بأنها "تتسبب في معاناة إنسانية كبيرة للسكان وتمنع إعادة بناء المدارس والمنازل والمرافق الأساسية، من خلال الإبقاء على الحصار الذي تفرضه على قطاع غزة"، الأمر الذي يستدعي "رفع الحصار المستمر على القطاع"[103].

هـ. انتقدت اللجنة الدولية للصليب الأحمر International Committee of the Red Cross (ICRC) القيود الإسرائيلية التي تستهدف حماية المستعمرات، وعدّتها إجراءات "تؤثر بشدّة على حياة العديد من الفلسطينيين في الضفة الغربية المحتلة"[104].

و. دانَ الاتحاد البرلماني الدولي Inter-Parliamentary Union (IPU) الذي يضم 155 عضواً من مختلف دول العالم الإجراءات والانتهاكات الإسرائيلية في الأراضي المحتلة. كما بحث التقرير المقدم من اللجنة المختصة بحقوق البرلمانيين، حيث تناول أوضاع المعتقلين البرلمانيين في بعض دول العالم، ومنها أوضاع البرلمانيين الفلسطينيين في السجون الإسرائيلية[105].

ثامناً: الرأي العام الدولي

تعرضت صورة "إسرائيل" خلال العقد الماضي إلى تغيرات جذرية لدى الرأي العام الدولي، ولا شكّ أن طبيعة السياسات الإسرائيلية تقدم التفسير المباشر لهذه التغيرات، بل إن مشروع وزير الخارجية الإسرائيلي أفيجدور ليبرمان في تشرين الثاني/ نوفمبر 2010 للقيام بحملة لتحسين صورة "إسرائيل" تأكيد لذلك، كما أن الجمهور الإسرائيلي يستشعر هذه التحولات، فقد أشار 56% من طلاب جامعة تل أبيب إلى أن العالم "ضدّ إسرائيل"[106].

وتدل استطلاعات الرأي العام الدولي على عمق هذه التحولات في مواقف المجتمعات المختلفة من "إسرائيل"، وهو أمر لا بدّ من الاعتناء به بشكل كبير من قِبَل الأطراف الفلسطينية والعربية والإسلامية والدولية المتعاطفة مع القضية الفلسطينية، والعمل على دعم هذا الاتجاه المتنامي.

ويشير الجدول التالي الذي يغطي فترة ثلاث سنوات تنتهي في بداية 2010، إلى أن نسبة التأييد لـ"إسرائيل" تراوحت لدى حوالي 80% من سكان العالم في 27 دولة، بين 2% في اليابان إلى 40% في الولايات المتحدة، مع ملاحظة أن الدراسة لا تشتمل إلا على دولة عربية واحدة هي مصر.

وتدل النسبة العامة إلى أن 56% من سكان العالم لديهم تصور سلبي عن "إسرائيل"، بينما هناك 17% لديهم تصور إيجابي، كما أن 23 دولة من بين 27 أبدى النسبة الأعلى من جمهورها موقفا سلبياً من "إسرائيل" أكثر من نسبة الموقف الإيجابي؛ وهو ما يؤكد تراجعَ نسبة التأييد لـ"إسرائيل" عند المقارنة مع السنوات السابقة[107].

صورة "إسرائيل" لدى الرأي العام الدولي 2010

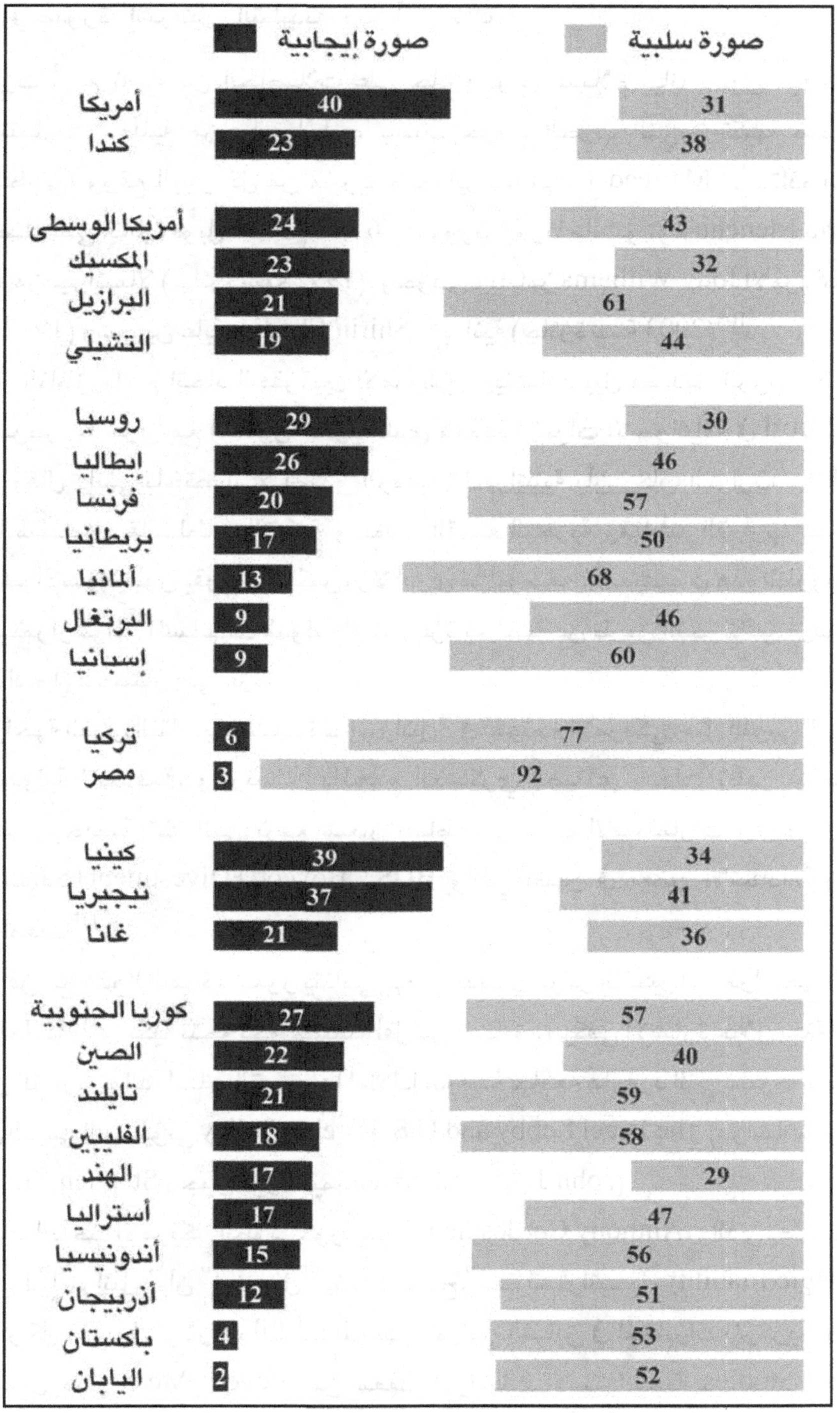

صورة إيجابية
صورة سلبية
أمريكا 40 31
كندا 23 38
أمريكا الوسطى 24 43
المكسيك 23 32
البرازيل 21 61
التشيلي 19 44
روسيا 29 30
إيطاليا 26 46
فرنسا 20 57
بريطانيا 17 50
ألمانيا 13 68
البرتغال 9 46
إسبانيا 9 60
تركيا 6 77
مصر 3 92
كينيا 39 34
نيجيريا 37 41
غانا 21 36
كوريا الجنوبية 27 57
الصين 22 40
تايلند 21 59
الفلبين 18 58
الهند 17 29
أستراليا 17 47
أندونيسيا 15 56
أذربيجان 12 51
باكستان 4 53
اليابان 2 52

ملاحظة: بقية النسب المئوية تمثل الأفراد المحايدين.

من ناحية أخرى، تدل البيانات والمواقف الصادرة عن هيئات أو شخصيات عامة على انحسار تدريجي في صورة "إسرائيل" التقليدية، ومن أمثلة ذلك:

1. أصدرت أربع نساء من الحاصلات على جائزة نوبل للسلام بياناً دعون فيه إلى سحب الاستثمارات العالمية من "إسرائيل"، بسبب جرائم الحرب التي ترتكبها ضدّ الشعب الفلسطيني. ووقع البيان كل من مايريد ماجواير Mairead Maguire الأستاذة الأيرلندية الحاصلة على جائزة نوبل للسلام سنة 1976، وريجبورتا مانشو توم Rigoberta Menchu Tum من جواتيمالا (جائزة سنة 1992)، وجودي ويليامز Jody Williams الأمريكية (جائزة سنة 1997) وشيرين عابدي Shirin Ebadi الإيرانية (جائزة سنة 2003)[108].

2. رفض الناطق باسم اتحاد الحقوقيين الأمريكيين ريتشارد بيل تصديق الرواية الإسرائيلية بخصوص ما جرى مع أسطول الحرية الذي هاجمته القوات الإسرائيلية في أثناء توجهه إلى غزة؛ وقال "إنني باختصار لا أصدق الرواية الإسرائيلية بأن ركاب القوارب من الناشطين كانوا مسلحين، فالسلطات التركية ومنظمو القافلة البحرية وقباطنة القوارب ينفون ذلك، وحدهم الإسرائيليون يقولون العكس، ولا أدري من بوسعه تصديقهم في هذه الظروف"[109].

3. إن استمرار قوافل المساعدات الدولية لقطاع غزة بخاصة عن طريق البحر تأكيد لرفض الرأي العام الدولي للحصار على غزة.

4. في مواجهة القوى التقليدية المساندة لـ"إسرائيل" في المجتمع الأمريكي، مثل اللوبي الصهيوني، والأصولية المسيحية، والمرتبطين بالمجمع العسكري الصناعي، بدأت تظهر ملامح توجه معاكس، بخاصة تلك التي ترفع شعار المقاطعة وسحب الاستثمارات وفرض العقوبات BDS: Boycott+Divestment+Sanctions والتي تظهر في بعض الاتحادات والكنائس والجامعات[110].

ويترافق مع هذه الظاهرة، شعور يتنامى ببطء شديد في دوائر التفكير الاستراتيجي الأمريكي بأن العلاقة الأمريكية تتجه نحو حميمية أقل من السابق. ويكفي الإشارة خلال سنة 2010 إلى بعض التقارير والدراسات التي نراها امتداداً لدراسة جامعة هارفرد التي نشرت سنة 2006، حول اللوبي الصهيوني The Israel Lobby and U.S. Foreign Policy (دراسة ستيفن والت Stephen M. Walt وجون ميرشايمر John J. Mearsheimer).

لقد رأى الباحث الأمريكي أنطوني كوردسمان Anthony Cordesman، والذي يصعب اعتباره معادياً لـ"إسرائيل"، أن "إسرائيل" تتجه لتصبح "عبئاً استراتيجياً"Strategic Liability[111]. واعتبر كل من بول بيلار Paul Pillar محلل البرامج السابق في المخابرات المركزية الأمريكية، وستيفن ميتز Steven Metz من معهد الدراسات الاستراتيجية Strategic Studies Institute (SSI) في كلية الحرب الأمريكية US Army War College أن تغليب "إسرائيل"

اعتبارات أمنها على اعتبارات الأمن للدول الأخرى، بما فيها الولايات المتحدة "أضحى مشكلة استراتيجية"، ويوافق مارتن إنديك Martin Indyk السفير الأمريكي السابق في "إسرائيل" والمعروف بقربه من اللوبي الصهيوني على هذا التصور، ويرى أن "ليس لدى نتنياهو لهفة شديدة لاتخاذ الخطوات الضرورية لحل المشكلة الفلسطينية، وهذه نقطة تباعد استراتيجية بين الولايات المتحدة وإسرائيل"[112].

وأشارت جريدة معاريف الإسرائيلية أن 54 نائباً في الكونجرس الأمريكي يطلق عليهم اسم القوة "54 لغزة" Gaza 54 أصبحوا يشكلون إزعاجاً شديداً لأنصار "إسرائيل" التلقائيين في الولايات المتحدة الأمريكية؛ مشيرة إلى أن الزمن الذي كان فيه أعضاء الكونجرس الأمريكي موالين تلقائياً لـ"إسرائيل" قد ولى. وقال الصحفي الإسرائيلي شموئيل روزنر Shmuel Rosner في معاريف "إنهم في الحصيلة العامة 54 نائب مجلس نيابي أمريكي من بين 435 نائباً وهي كتلة صغيرة، لكنها كبيرة بما يكفي لتسويغ الدهشة حيث وقعوا جميعاً على رسالة للرئيس باراك أوباما، تدعوه للضغط على إسرائيل، لتخفيف الحصار على قطاع غزة....، وجميعهم من الحزب الديموقراطي"[113].

5. دعا أعضاء مجموعة الحكماء العالمية The Elders، الولايات المتحدة والمجتمع الدولي إلى الإصرار على إنهاء "إسرائيل" لجميع أنشطتها الاستيطانية. وقال رئيس الحكماء ديزموند توتو Desmond Tutu إن "المستعمرات غير شرعية، وتتنافى مع قرار الأمم المتحدة رقم 242، وتنتهك معاهدة جنيف الرابعة. لا ينبغي أن يرتكز استئناف المحادثات المباشرة على طرف واحد، يحاول التهرب من قضية مهمة في القانون الدولي"[114].

وأيدت ماري روبنسون الرئيسة السابقة لجمهورية أيرلندا رفض محاولات استرضاء "إسرائيل" للموافقة على تجميد مؤقت للاستيطان، وقالت "لقد سمعنا من الكثيرين في مختلف أنحاء العالم العربي أن الولايات المتحدة لم تعد وسيطاً نزيهاً. ويتمّ النظر إلى واشنطن على أنها مقربة أكثر من اللازم من إسرائيل"؛ مضيفةً إن الجهود الرامية لعقد صفقة قصيرة الأمد، بشأن المستعمرات بغية بدء المحادثات المباشرة من جديد هي جهود "يائسة وخاطئة وهي تخذل القانون الدولي والأسرة الدولية برمتها –ناهيك عن الفلسطينيين"[115].

أما رئيسة وزراء النرويج السابقة الدكتورة جرو بروندتلاند Gro Brundtland فقالت "من خلال اتفاق أوسلو سنة 1993، وعدت إسرائيل بوقف التوسع الاستيطاني إلى أن يتمّ التوصل إلى نتائج في محادثات الوضع النهائي"، مشيرة إلى أن "هذه الصفقة تعيدنا للوراء بدلاً من دفعنا قدماً [للتوصل] إلى حلّ دائم طويل الأمد". بينما رأى الرئيس الأمريكي الأسبق جيمي كارتر Jimmy Carter "إن سوء معاملة الفلسطينيين في غزة والضفة وشرقي القدس، هو خرق صارخ للإعلان العالمي لحقوق الإنسان ولا ينبغي أن يتغاضى المجتمع الدولي عن هذه التجاوزات"[116].

وكان المفوض التجاري للاتحاد الأوروبي كاريل دوغوشت Karel De Guacht قد أثار في أيلول/ سبتمبر 2010 الأوساط اليهودية في أوروبا، واتُّهم بمعاداة السامية عندما أشار إلى قوة اللوبي الصهيوني في سياسة الولايات المتحدة، وأن "من الصعب إجراء مناقشة عقلانية مع أغلب اليهود حول الصراع في الشرق الأوسط"، لكن ردة الفعل جعلت الاتحاد الأوروبي يؤكد أن موقف دوغوشت هو "رأي شخصي"، كما أنه عاد هو نفسه للاعتذار عن ما وصفه "بأنه لم يقصد ما فهم من أقواله"[117].

خاتمة:

يمكن تحديد أهم سمات الوضع الدولي للقضية الفلسطينية خلال سنة 2010 في الآتي:

1. التأكيد على أن العلاقات الاستراتيجية الأمريكية الإسرائيلية ما تزال غير قابلة للتفسخ بخاصة في ظلّ انعدام أي موقف عربي ضاغط على الإدارة الأمريكية، بل والاستعداد لاستدارة الطرفين العربي والأمريكي للضغط على قيادة منظمة التحرير الفلسطينية والسلطة الفلسطينية في رام الله لتسهيل تسوية الصراع. ولعل تراجع مواقف أوباما عن أغلب "الوعود" التي أطلقها سواء تجاه الفلسطينيين أو المسلمين يؤكد ذلك. بل إن التنازلات التي تقدمها السلطة، وتعاونها الأمني مع الإسرائيليين، لا يجعلها بحاجة إلى ضغوط عربية للاندفاع في مسيرة التسوية، لأنها تعبر عن سقف أقل من السقف العربي في أحيان عديدة.

وبالرغم من أن السعي التركي والإيراني يُضيِّقان مجال الحركة على "إسرائيل" في الإقليم ويضعفانها، وبالرغم من أن الولايات المتحدة في حالة إرهاق اقتصادي وعسكري وسياسي، على المستويين الدولي والإقليمي، فإن السياسات العربية والفلسطينية الرسمية عموماً لا توحي بمحاولة استغلال هذه التحولات المهمة خلال سنة 2011.

2. تظهر توجهات الاتحاد الأوروبي، وسياسات بعض الدول الأخرى مثل روسيا والصين وبعض الدول في أمريكا اللاتينية (لا سيّما التي أعلنت الاعتراف بالدولة الفلسطينية في الشهور الأخيرة كالبرازيل وبوليفيا والإكوادور والأرجنتين ولاحقاً الأوروغواي) أن خيار دولة الأمر الواقع، الذي يتبناه رئيس وزراء السلطة الفلسطينية سلام فياض في ظلّ استمرار الاحتلال، يمثل الاحتمال الأرجح لتتمحور حوله الجهود الدولية الأمريكية – الأوروبية، وهو ما يعني تشجيع الكيان الصهيوني على الإسراع في وتيرة الاستيطان، لا سيّما مع تراجع فكرة تحقيق تجميد حتى لو مؤقت للاستيطان.

3. إن تنامي الصورة السلبية لـ"إسرائيل" تستوجب التنبه للآثار بعيدة المدى لهذا التحول. ونظراً لإدراك سياسات إعلامية مضادة لتحسين صورته وتشويه صورة خطورة هذا التحول، فإنها لن تألو جهداً لمحاولة الدفع باتجاه عمليات تشوه صورة الطرف العربي والفلسطيني والمسلم، أو استثمار بعض العمليات الهوجاء التي تحدث في أوروبا أو مناطق أخرى من العالم، ويتمّ لصقها بأطراف إسلامية أو حتى فلسطينية.

هوامش الفصل الخامس

http://www.un.org/apps/news/docs.asp?Topic=Middle%20East&Type=Quartet%20statement [1]

Statement by Middle East Quartet-New York, Secretary-General, SG/2157, UN, 12/3/2010, [2]
http://www.un.org/News/Press/docs/2010/sg2157.doc.htm

Statement by Middle East Quartet-Moscow, Secretary-General, SG/2158, UN, 19/3/2010, [3]
http://www.un.org/News/Press/docs/2010/sg2158.doc.htm

Statement by Middle East Quartet-New York, Washington, Brussels, Moscow, Secretary-General, SG/2159, [4]
UN, 11/5/2010, http://www.un.org/News/Press/docs/2010/sg2159.doc.htm

Statement by Middle East Quartet on Israel's announcement on Gaza, Secretary-General, SG/2160, UN, [5]
21/6/2010, http://www.un.org/News/Press/docs/2010/sg2160.doc.htm

Statement by Middle East Quartet-New York, Secretary-General, SG/2161, UN, 20/8/2010, [6]
http://www.un.org/News/Press/docs/2010/sg2161.doc.htm

Statement by Middle East Quartet-New York, Secretary-General, SG/2162, UN, 21/9/2010, [7]
http://www.un.org/News/Press/docs/2010/sg2162.doc.htm

[8] مقابلة مع توني بلير، ممثل اللجنة الرباعية، أجرتها بي بي سي (باللغة الإنجليزية)، 2010/9/13، انظر:
http://www.bbc.co.uk/news/world-middle-east-11287710

Sarkozy Eyes EU Mideast Role, Says US-Led Effort not Working, site of EUbusiness, 27/9/2010, [9]
http://www.eubusiness.com/news-eu/israel-palestinians.6aj/

"National Security Strategy," The White House, May 2010, pp. 24-26, [10]
http://www.whitehouse.gov/sites/default/files/rss_viewer/national_security_strategy.pdf

Philip J. Crowley, Assistant Secretary, Daily Press Briefing, Washington, DC, site of U.S. Department of [11]
State, 8/12/2010, http://www.state.gov/r/pa/prs/dpb/2010/12/152568.htm

Q&A: Obama on His First Year in Office, interview with Barack Obama, *Time* magazine, 21/1/2010, [12]
http://www.time.com/time/politics/article/0,8599,1955072-1,00.html

وانظر أيضاً: **السفير**، 2010/1/22.

Remarks by Hillary Clinton at the Dedication of the S. Daniel Abraham Center for Middle East Peace, Washington, [13]
DC, U.S. Department of State, 15/4/2010, http://www.state.gov/secretary/rm/2010/04/140297.htm#

Ibid. [14]

وانظر أيضاً: رويترز، 2010/4/16.

رويترز، 2010/4/16. [15]

See Mark Perry, Red Team: CENTCOM Thinks Outside the Box on Hamas and Hezbollah, *Foreign* [16]
Policy magazine, 30/6/2010, http://mideast.foreignpolicy.com/posts/2010/06/30/centcom_thinks_
outside_the_box_on_hamas_and_hezbollah

[17] لمزيد من التفاصيل عن هذه الزيارة والتصريحات الأمريكية والإسرائيلية خلالها، انظر:
The New York Times, 9/3/2010; and BBC, 10/3/2010, http://news.bbc.co.uk/2/hi/8559238.stm

Statement by Vice President Joseph R. Biden, Jr., Jerusalem, Office of the Vice President, The White House, [18]
9/3/2010, http://www.whitehouse.gov/the-press-office/statement-vice-president-joseph-r-biden-jr

Kevin Clarke, Can this Marriage be Saved? America and Israel, *US Catholic* magazine, vol. 75, no. 6, June [19] 2010, p. 39, http://www.uscatholic.org/culture/war-and-peace/2010/05/can-marriage-be-saved

BBC, 12/3/2010, http://news.bbc.co.uk/2/hi/8565455.stm; and *Haaretz*, 15/3/2010, [20] http://www.haaretz.com/hasen/spages/1156467.html

البيان، 2010/2/26؛ وانظر أيضاً: [21]

The Jerusalem Post, 25/2/2010, http://www.jpost.com/MiddleEast/Article.aspx?id=169629

Kevin Clarke, Can this Marriage be Saved?, p. 39. See also Petraeus: 'Credible Effort on Arab-Israeli [22] Issues' Needed for Regional Security, World Tribune.com newspaper, 17/3/2010, http://www.worldtribune.com/worldtribune/WTARC/2010/me_israel0210_03_17.asp

BBC, 9/3/2010, http://news.bbc.co.uk/2/hi/8558347.stm; and Joint Press Conference with PM Netanyahu and [23] US VP Biden, Israel Ministry of Foreign Affairs, 9/3/2010, http://www.mfa.gov.il/MFA/Government/Speech es+by+Israeli+leaders/2010/Joint-press-conference-with-PM-Netanyahu-and-VP-Biden-9-Mar-2010.htm

IsraelNationalNews.com, 21/5/2010, http://www.israelnationalnews.com/News/News.aspx/137633; and David [24] Finkel, U.S.-Israel Crisis: The Test, *Against the Current* magazine, vol. 25, issue 2, May-June 2010, p. 38.

الحياة، 2010/5/22؛ وانظر أيضاً: IsraelNationalNews.com, 21/5/2010. [25]

U.S.-Israel Relations Hit Low: Peace Process Derailed Again, *America* magazine, vol. 202, no. 10, [26] 29/3/2010, p. 7.

PLO Demands Settlements Freeze Before Peace Talks, *The Independent* newspaper, London, 3/10/2010, [27] http://www.independent.co.uk/news/world/middle-east/plo-demands-settlements-freeze-before-peace-talks-2096368.html

U.S Department of the Treasury, 21/10/2010, [28] http://www.treasury.gov/press-center/press-releases/Pages/tg917.aspx

وكالة معاً، 2010/11/8. [29]

U.S. Department of the Treasury, 18/3/2010, [30] http://www.treasury.gov/press-center/press-releases/Pages/tg594.aspx

Remarks Following a Meeting With Prime Minister Benjamin Netanyahu of Israel and an Exchange With [31] Reporters, Daily Compilation of Presidential Documents, GPO Access, U.S. Government, 7/6/2010, p. 1-6, http://www.gpoaccess.gov/presdocs/2010/DCPD-201000577.htm

Secretary Clinton: 2010 Travel, U.S. Department of State, http://www.state.gov/secretary/trvl/2010/index.htm [32]

Newsweek magazine, New York, vol. 155, issue 13, 29/3/2010. [33]

Jim Zanotti, U.S. Foreign Aid to the Palestinians, Congressional Research Service (CRS), Report For [34] Congress, 12/8/2010, pp. 3 and 9, http://www.fas.org/sgp/crs/mideast/RS22967.pdf; and Remarks by Hillary Clinton about the Announcement of the Transfer of Budget Assistance Funds to the Palestinian Authority, Washington, DC, U.S. Department of State, 10/11/2010, http://www.state.gov/secretary/rm/2010/11/150760.htm

EU to Liberman: 'We are Actively Engaged', EUbusiness, 11/10/2010, [35] http://www.eubusiness.com/news-eu/israel-palestinians.6hn/

http://europa.eu/rapid/pressReleasesAction.do?reference=DOC/10/3&type=HTML [36]

Berlusconi will ask Europe to Pressure Israel on Settlements, EUbusiness, 23/9/2010, [37] http://www.eubusiness.com/news-eu/israel-palestinians.69a/?searchterm=Berlusconi%20mubarak

38 بي بي سي، 2010/12/10، http://www.bbc.co.uk/arabic/middleeast/2010/12/101210_eu_leaders_settlements.shtml.

39 المرجع نفسه.

40 المرجع نفسه.

41 Statement by EU High Representative Catherine Ashton on the Peace Process, Brussels, Council of the European
Union, 8/12/2010, http://www.consilium.europa.eu/uedocs/cms_data/docs/pressdata/EN/foraff/118344.pdf

42 Al Jazeera, 18/7/2010, http://english.aljazeera.net/news/middleeast/2010/07/201071855216516477.html; and
site of Amnesty International UK, 18/7/2010, http://www.amnesty.org.uk/news_details.asp?NewsID=18895

43 المركز الفلسطيني للإعلام، 2010/6/5.

44 Al Jazeera, 18/7/2010.

45 السفير، 2010/6/7.

46 EU-Asia Leaders back Mideast Peace Talks, EUbusiness, 4/10/2010,
http://www.eubusiness.com/news–eu/asia–israel.6ed/

47 قدس برس، 2010/1/15.

48 قدس برس، 2010/1/20.

49 البيان، 2010/6/8.

50 Finland Foreign Minister Visits Gaza, EUbusiness, 14/10/2010,
http://www.eubusiness.com/news-eu/israel-palestinians.6iv/

51 البيان، 2010/2/26.

52 Committees on Arms Export Controls, *Scrutiny of Arms Export Controls (2010)* (London: House of Commons,
March 2010), http://www.publications.parliament.uk/pa/cm200910/cmselect/cmquad/202/202.pdf

53 Statements made by the Ministry of Foreign and European Spokesperson, Paris, Embassy of France in
Washington, 27/1/2010, http://www.info-france-usa.org/IMG/html/briefing/2010/us270110.htm
وانظر: **الشرق الأوسط**، 2010/1/28.

54 وكالة سما، 2010/2/20.

55 المرجع نفسه؛ وانظر: The Jerusalem Post, 20/2/2010, http://new.jpost.com/Headlines/Article.aspx?id=169180

56 Middle East: Statement by the Spokesperson of EU HR Ashton on the Outcome of the Launch of Peace Talks,
European Union @ United Nations, 3/9/2010, http://www.europa-eu-un.org/articles/en/article_10059_en.htm

57 EU Says Israel Must Guarantee Equality for All, EUbusiness, 12/10/2010,
http://www.eubusiness.com/news-eu/israel-palestinian.6i0/

58 EU Top Diplomat Wants to Make Voice Heard in Middle East Talks, EUbusiness, 6/10/2010,
http://www.eubusiness.com/news-eu/israel-palestinians.6fy/

59 Statement by EU High Representative Catherine Ashton on the Launch of Direct Talks on the Middle East,
Brussels, Council of the European Union, 2/9/2010, http://www.consilium.europa.eu/uedocs/cms_data/
docs/pressdata/EN/foraff/116267.pdf

60 وكالة أنباء نوفوستي الرسمية الروسية، 2010/1/22؛ وانظر:
Site of Russia Today (RT), 22/1/2010, http://rt.com/news/russian-foreign-minister-sums/

61 نوفوستي، 2010/2/14.

62 الحياة، 2010/4/2.

63 عمرو عبد الحميد، المصالح الروسية بين حماس وطهران، بي بي سي، 2010/5/15، انظر:
http://www.bbc.co.uk/arabic/worldnews/2010/05/100429_russia_iran_tc2.shtml

64 الشرق، 2010/5/17.

[65] الشرق، 2010/5/17.

[66] Ministry of Foreign Affairs of the Russian Federation, 13/5/2010,
http://www.mid.ru/Brp_4.nsf/arh/C81B0624DF47654BC3257723003656B4?OpenDocument

[67] نوفوستي، 2010/2/14.

[68] IAI in $400m Russian UAV Deal, *Globes*, 13/10/2010,
http://www.globes.co.il/serveen/globes/docview.asp?did=1000593706; and *Haaretz*, 14/10/2010.

[69] نوفوستي، 2010/11/4.

[70] Statement by H.E. Ambassador Zhang Yesui at Security Council Open Debate on the Situation in the Middle East, Including the Question of Palestine, Permanent Mission of the People's Republic of China to the UN, 27/1/2010, http://www.china-un.org/eng/hyyfy/t654166.htm

[71] Ibid.

[72] Global Outrage over Israeli Attack, Al Jazeera, 3/6/2010,
http://english.aljazeera.net/news/middleeast/2010/05/20105316216182630.html

[73] Statement by the Chinese Delegation at the IAEA Board of Governor Meeting on Agenda Item Israeli Nuclear Capabilities, Permanent Mission of the People's Republic of China to the United Nations and other International Organizations in Vienna, 16/9/2010, http://www.chinesemission-vienna.at/eng/xw/t753706.htm

[74] الخليج، 2010/5/15.

[75] Chinese Government's Official Web Portal, 27/11/2010,
http://www.gov.cn/english/2010-11/27/content_1754876.htm

[76] China and Russia Trengthen Strategic Ties, World Socialist Web Site (WSWS), 6/10/2010,
http://www.wsws.org/articles/2010/oct2010/ruch-o06.shtml

[77] Joint Press Release on the Meeting Between Dr. Yukio Hatoyama, Prime Minister of Japan, and Dr. Mahmoud Abbas, Palestinian President, Ministry of Foreign Affairs of Japan, 8/2/2010, http://www.mofa.go.jp/region/middle_e/palestine/1002_jprelease.html

[78] Meeting Between Prime Minister of Japan and Prime Minister of Palestinian Authority, Ministry of Foreign Affairs of Japan, 24/11/2010, http://www.mofa.go.jp/announce/announce/2010/11/1124_01.html

[79] Address by Ban Ki-moon to the Summit of the League of Arab States, Sirte (Libya), site of UN News Centre, 27/3/2010, http://www.un.org/apps/news/infocus/sgspeeches/statments_full.asp?statID=766; and Remarks by Ban Ki-moon to the Press at the League of Arab States Summit, Sirte (Libya), UN News Centre, 27/3/2010, http://www.un.org/apps/news/infocus/sgspeeches/search_full.asp?statID=767

[80] Address by Ban Ki-moon to the Summit of the League of Arab States, Sirte (Libya), UN News Centre, 27/3/2010.

[81] Remarks by Ban Ki-moon at the Opening of the 2010 Session of the Committee on the Exercise of the Inalienable Rights of the Palestinian People, Secretary-General, SG/SM/12712, GA/PAL/1144, UN, New York, 21/1/2010, http://www.un.org/News/Press/docs/2010/sgsm12712.doc.htm

[82] Remarks by Ban Ki-moon to the Press at the League of Arab States Summit, Sirte, UN News Centre, 27/3/2010.

[83] Remarks by Ban Ki-moon at the Opening of the 2010 Session of the Committee on the Exercise of the Inalienable Rights of the Palestinian People, Secretary-General, SG/SM/12712, GA/PAL/1144, UN, New York, 21/1/2010.

[84] Secretary-General Condemns Killing of Four Israelis in West Bank, Secretary-General, SG/SM/13080, UN, New York, 1/9/2010, http://www.un.org/News/Press/docs/2010/sgsm13080.doc.htm

85 "Citing Recent Tensions, Security Council Urges Restraint by Israelis, Palestinians," UN News Centre, 6/3/2010, http://www.un.org/apps/news/story.asp?NewsID=33995

86 Sixty-fifth General Assembly, Fourth Committee, GA/SPD/472, UN, New York, 15/11/2010, http://www.un.org/News/Press/docs/2010/gaspd472.doc.htm

87 الدورة الخامسة والستون، اللجنة الرابعة، الجمعية العامة، الأمم المتحدة، A/C.4/65/L.10، 2010/11/8.

88 الدورة الخامسة والستون، اللجنة الرابعة، الجمعية العامة، الأمم المتحدة، A/C.4/65/L.13، 2010/11/5.

89 الدورة الخامسة والستون، اللجنة الرابعة، الجمعية العامة، الأمم المتحدة، A/C.4/65/L.14، 2010/11/5.

90 الدورة الخامسة والستون، الجمعية العامة، الأمم المتحدة، A/65/L.18، 2010/11/19؛ وانظر:
Sixty-fifth General Assembly, Plenary, GA/11027, UN, New York, 30/11/2010.

91 الدورة الخامسة والستون، الجمعية العامة، الأمم المتحدة، A/65/L.18، 2010/11/19.

92 المرجع نفسه.

93 13th session of the Human Rights Council (Geneva, 1-26 March 2010), Adopted Resolutions and Decisions, http://www2.ohchr.org/english/bodies/hrcouncil/13session/resdec.htm

94 Fifteenth session, Human Rights Council, General Assembly, A/HRC/15/21, UN, 27/9/2010, http://daccess-ods.un.org/TMP/4276776.61180496.html

95 Office of the High Commissioner for Human Rights (OHCHR), United Nations Human Rights, 28/9/2010, http://www.ohchr.org/en/NewsEvents/Pages/DisplayNews.aspx?NewsID=10383&LangID=E
وانظر أيضاً: **الراي**، الكويت، 2010/9/29.

96 **القدس**، 2010/2/18؛ و**الدستور**، 2010/2/19.

97 **السفير**، 2010/1/23؛ وانظر: *Haaretz*, 21/1/2010,
http://www.haaretz.com/news/israel-pays-10-5-million-dollars-for-damage-to-un-gaza-premises-1.261937

98 **الخليج**، 2010/5/19؛ وانظر: http://apps.who.int/gb/ebwha/pdf_files/WHA63-PSR/A63-A-SR3.pdf

99 رويترز، 2010/9/24، http://ara.reuters.com/article/topNews/idARACAE68N0Z220100924?sp=true

100 **الشرق الأوسط**، 2010/5/11.

101 انظر: منظمة العفو الدولية، الاختناق: قطاع غزة تحت الحصار الإسرائيلي، كانون الثاني/ يناير 2010، في:
http://www.amnesty.org/en/library/asset/MDE15/002/2010/en/c4a59412-3136-41c8-813a-2c3e008fcd96/mde150022010ar.pdf

102 بيان منسق الشؤون الإنسانية بالأمم المتحدة ورابطة الوكالات الإنمائية الدولية، مكتب الأمم المتحدة لتنسيق الشؤون الإنسانية (أوتشا) – الأراضي الفلسطينية المحتلة، 2010/1/20، انظر:
http://www.ochaopt.org/documents/ochaopt_UN-AIDA_Gaza_health_statement_20100120_arabic.pdf

103 هيومن رايتس ووتش، 2009/12/26، http://www.hrw.org/en/news/2009/12/26-0

104 موقع اللجنة الدولية للصليب الأحمر، 2010/2/17، انظر:
http://www.icrc.org/web/ara/siteara0.nsf/htmlall/palestine-news-170210?opendocument

105 Inter-Parliamentary Union (IPU), 122nd Assembly, Thailand, 27/3-1/4/2010, http://www.ipu.org/conf-e/122/122.pdf
وانظر: **الخليج**، 2010/4/2.

106 *The Independent*, 29/11/2010, http://www.independent.co.uk/news/world/middle-east/israel-tries-to-clean-up-its-image-abroad-2146232.html

107 BBC World Service Poll, 18/4/2010, http://www.worldpublicopinion.org/pipa/pipa/pdf/apr10/BBCViews_Apr10_rpt.pdf

108 **الوطن**، السعودية، 2010/4/30.

109 **الشرق**، 2010/6/1.

110 David Finkel, U.S.-Israel Crisis: The Test, p. 38.

111 Anthony H. Cordesman, Israel as a Strategic Liability?, Center for Strategic and International Studies (CSIS), 2/6/2010, http://csis.org/publication/israel-strategic-liability

112 James Kitfied, U.S.-Israel: A Damaged Alliance, *National Journal* magazine, 12/6/2010, p. 9.

113 **الدستور**، 2010/2/16.

114 Middle East Peace Process: The Elders Call for an End to all Settlement Activity, site of The Elders, 16/11/2010, http://theelders.org/media/mediareleases/middle-east-peace-process-elders-call-end-all-settlement-activity

115 Ibid.

116 Ibid.

117 http://www.dailymail.co.uk/news/worldnews/article-1308975/Karel-De-Gucht-apologises-blaming-stalling-Middle-East-peace-process-Jews.html

الفصل السادس

الأرض والمقدسات

الأرض والمقدسات

مقدمة ما زال الاحتلال الإسرائيلي ينفذ برامج الاستيطان والتهويد، خصوصاً في منطقة القدس، التي يسعى لحسم هويتها ومستقبلها قبل الانتهاء من أية مفاوضات تسوية مع الطرف الفلسطيني. وقد شهدت سنة 2010 إمعان الاحتلال الإسرائيلي في برامجه، ورفضه توقيف الاستيطان حتى لو أدى ذلك لتعطيل مسار التسوية.

يحاول هذا الفصل أن يقدم صورة عن وضع الأرض والمقدسات تحت الاحتلال، وخصوصاً القدس، ويسلط الضوء على برامج الاستيطان ومصادرة الأراضي، وهدم المنازل، وجدار الفصل العنصري، واستهلاك المصادر المائية... وغيرها. ويبرز مدى معاناة الإنسان الفلسطيني تحت الاحتلال، ومدى إمعان الجانب الإسرائيلي في قهر الفلسطينيين ومصادرة حقوقهم، والضرب بعرض الحائط بكافة المواثيق والقرارات الدولية. كما يظهر من جهة أخرى مدى صمود الفلسطينيين وثباتهم على أرضهم، بالرغم من كل الصعاب والتحديات.

أولاً: المقدسات الإسلامية والمسيحية

تطورت الاعتداءات على المقدسات الإسلامية والمسيحية خلال سنة 2010، إذ ارتكزت على مكتسبات حققتها الاعتداءات المنهجية السابقة، وتمكنت من قطف ثمار بعض الأعمال التأسيسية التي جرت في الأعوام الخمسة الماضية. على مستوى المسجد الأقصى أخذ يظهر بشكل واضح أن الحكومة الإسرائيلية تسعى لتحقيق تقسيم دائم للمسجد بين المسلمين واليهود، وأنها هيأت المستلزمات اللازمة لتحقيق ذلك، وباتت تنتظر الفرصة السياسية السانحة. أما الحفريات فقد زاد عددها واتساعها بشكل غير مسبوق، وبات تدخل السلطات الإسرائيلية في إدارة المسجد أمراً واقعاً في كثير من المجالات، أما في محيط المسجد فقد شهدت سنة 2010 افتتاح كنيس الخراب، المعلم اليهودي الأبرز والأكبر في البلدة القديمة حتى اليوم. وقد تعرضت المساجد والمقابر في الضفة الغربية والأراضي المحتلة سنة 1948 لحملة إحراق واعتداء منهجية. أما المقدسات المسيحية فما تزال تداعيات الصفقات التي عقدها البطريرك المخلوع إيرينيوس الأول Irineos I تتكشف، ويبدو أن الوقت قد يطول حتى نتمكن من الإحاطة بكل تفاصيلها.

1. المسجد الأقصى المبارك:

أ. تطور الموقف السياسي والديني من المسجد الأقصى:

حالت الضغوط الأمريكية المستمرة خلال سنة 2010 وشعور الحكومة الإسرائيلية بأن لديها ما يكفي من أسباب التوتر، دون تصعيد الموقف السياسي الرسمي فبعد أن شهدت سنة 2009 اقتحاماً قام به وزير الأمن الداخلي يتسحاق أهرونوفيتس الصهيوني Yitzhak Aharonovitch للمسجد الأقصى، شهدت سنة 2010 حالة صمت حكومي ملحوظ، مع تشجيع وتغطية عدد من الاقتحامات التي نفذها أعضاء في برلمان الاحتلال بينهم رئيس كتلة الليكود موشيه فيغلين Moshe Feiglin الذي اقتحم المسجد في 2010/7/1 وصرح بعد خروجه بأنه: "لا يُمكن السماح باستمرار الوضع القائم اليوم... المسلمون مسموحٌ لهم بالدخول بالآلاف أمّا المتديّنون اليهود فلا يدخلون إلا بمجموعات صغيرة... إنّ الوقف [دائرة الأوقاف الإسلاميّة التي تُدير المسجد الأقصى] لا يملك هذا المكان [المسجد الأقصى]، وإنّما هو ملكٌ لشعب إسرائيل"، وقد توالت مثل هذه التصريحات والاقتحامات على مدار العام. أما على المستوى الديني فقد شهدت سنة 2010 أكبر اقتحام ديني منذ احتلاله سنة 1967، حيث اقتحمت مجموعة من 40 حاخاماً المسجد الأقصى في 2010/5/10 بحماية معززة من الشرطة الإسرائيلية[1] . واللافت للنظر خلال سنة 2010 كان حالة اللامبالاة المطلقة التي أبداها المفاوض الفلسطيني والمجموعة العربية التي كانت تمنحه غطاء التفاوض، إذ وافقوا على إطلاق عملية التفاوض غير المباشر في 2010/3/3، في ظلّ اشتعال المواجهات في المسجد الأقصى، وفي ظلّ حصار غير مسبوق للمسجد، وقد عزز هذا الاتجاه تصريح نمر حماد مستشار الرئيس الفلسطيني في 2010/3/10 بالتزامن مع الهبة التي شهدتها القدس في مواجهة افتتاح كنيس الخراب، والتي قال فيها بأن "السلطة الفلسطينية لن تسمح بأن تكون هناك انتفاضة ثالثة"[2]. بل إن منع المظاهرات والاحتجاجات في سائر أنحاء الضفة الغربية في هذه الفترة دفع مسؤول ملف القدس في حركة فتح حاتم عبد القادر للتصريح بأن "المقدسيين يستصرخون العرب من أجل دعمهم ومساندتهم، في حين يتخلى عنهم الشارع في الضفة بسبب حالة الكبت التي يتعرض لها"[3].

ب. الحفريات والإنشاءات تحت المسجد وفي محيطه:

ارتفع عدد الحفريات تحت المسجد الأقصى وفي محيطه من 25 حفرية بحلول 2009/8/21 إلى 34 حفرية بحلول 2010/8/21، أي بزيادة 9 حفريات جديدة وفق الجدول الآتي:

جدول 6/1: تطور أعداد الحفريات تحت المسجد الأقصى وفي محيطه حسب نوعها
في الفترة 2009/8/21-2010/8/21[4]

المجموع	الجهة الشمالية	الجهة الغربية	الجهة الجنوبية	المنطقة	
13	-	9	4	مكتملة	نوع الحفريات
21	2	8	11	نشطة	
34	2	17	15	المجموع	

تطور أعداد الحفريات تحت المسجد الأقصى وفي محيطه حسب نوعها
في الفترة 2009/8/21-2010/8/21

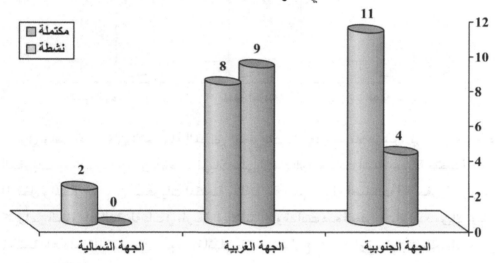

جدول 6/2: تطور أعداد الحفريات تحت المسجد الأقصى وفي محيطه حسب جهتها
في الفترة 2009/8/21-2010/8/21[5]

عدد الحفريات في 2010/8/21	عدد الحفريات في 2009/8/21	المنطقة
15	11	الجهة الجنوبية
17	13	الجهة الغربية
2	1	الجهة الشمالية
34	25	المجموع

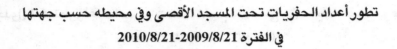

تطور أعداد الحفريات تحت المسجد الأقصى وفي محيطه حسب جهتها
في الفترة 2010/8/21-2009/8/21

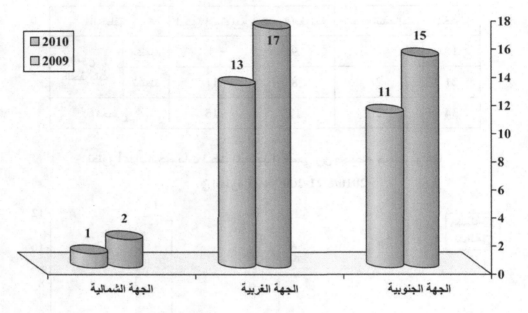

وفي واقع الأمر فإن الإحصاء العددي للحفريات لا يعدو كونه مؤشراً يوضح حجم هذه الحفريات وانتشارها، إلا أن هذه الحفريات على أرض الواقع باتت أشبه بمدينة متصلة متعددة المداخل والمخارج، إذ إن الحفريات المكتملة والمفتوحة أمام الزوار أصبحت 13 حفرية، وإن عدداً كبيراً من الحفريات النشطة بات في طريقه إلى الافتتاح. وقد أدت هذه الحفريات إلى عدد من الانهيارات والتشققات داخل المسجد وفي محيطه، فانهار جزء من شارع وادي حلوة جنوب المسجد الأقصى في 2010/1/18[6]، وكشف عن تشققات وتآكل في جدران وأعمدة المصلى المرواني في 2010/2/15[7]، كما اكتشف انهيار عميق في المنطقة الترابية بجانب مصطبة أبي بكر الصديق جنوب غرب المسجد يوم 2010/11/14، وهو انهيار يدل على امتداد الحفريات باتجاه سبيل الكأس المقابل لأبواب المسجد القبلي[8] (انظر خريطة 6/1).

كما شهدت سنة 2010 افتتاح أكبر معلم يهودي في البلدة القديمة وهو "كنيس الخراب (هاحوربا)" Hahurva بحضور عدد من كبار الحاخامات ووزراء من الحكومة الإسرائيلية. وقد أطلق أحد كتاب جريدة هآرتس نبوءة لأحد أحبار اليهود التاريخيين المعروف بالعبرية بـ"جاؤون فيلنا"، أو بـ"فيلنا غاون" Vilna Gaon بحسب النص الإنجليزي، والتي تقول بأن اليوم التالي لافتتاح كنيس الخراب سيشهد بناء المعبد[9]، وهو ما اعتُبر محاولة لهدم المسجد الأقصى في يوم 2010/3/16، وقاد إلى مواجهات أشعلت مدينة القدس والمناطق المحتلة سنة 1948 سقط فيها

150 جريحاً[10]. وبُعيد افتتاح كنيس الخراب أعلنت مجموعات يهودية بأنها تعمل على بناء كنيس أكثر ارتفاعاً وأقرب إلى المسجد الأقصى واسمه "كنيس فخر إسرائيل" The Pride of Israel Synagogue ومن المتوقع افتتاحه خلال سنة 2011[11].

مشروع "تأهيل حائط المبكى":

أشارت بعض وسائل الإعلام أن أحد مهندسي بلدية القدس واسمه يورام زاموش Yoram Zamosh قد طرح في شهر شباط/ فبراير 2007 مشروعاً طموحاً يهدف إلى جمع وتنظيم جهود تأهيل الحي اليهودي والمنطقة المحيطة بالمسجد، وقد سمي هذا المخطط "أورشليم أولاً". وبالرغم من أنه لم يقر بشكل رسمي لدى بلدية الاحتلال لكنه أصبح بمثابة خريطة طريق تسترشد بها المؤسسات الصهيونية العاملة في هذا المجال[12]. وبالفعل فقد أُعلن في 2010/10/4 أن لجنة القدس المحلية للتخطيط والبناء Jerusalem Local Planning and Building Committee قد وافقت على مخطط شامل لإعادة تأهيل ساحة البراق برمتها. ويتضمن هذا المخطط تقسيم ساحة البراق إلى طابقين ليكون المعبر إلى الساحة من مدخل قرب باب المغاربة يُحفر أسفل سور البلدة القديمة وهو ما سيحتّم هدم السور. وتبلغ مساحة الحفريات التي يقترحها المخطط نحو سبعة آلاف متر مربع، كما يقترح المخطط إقامة وتسويغ ثمانية مبانٍ يهودية مختلفة في محيط ساحة البراق تبلغ مساحتها جميعاً نحو 7,500 متر مربع. ويوجد من بين هذه المباني مخطط لتوسيع المركز اليهودي المسمى "بيت الجوهر" Beit Moreshet HaKotel المتواجد حالياً في الجهة المقابلة لحائط البراق، ويقترح المخطط توسيع المركز الحالي لتصبح مساحته 2,384 متراً مربعاً فوق الأرض و1,320 متراً مربعاً تحت الأرض، كما يقترح المخطط دمج الممرات الأموية في الساحة مع مدخل الساحة المقترح لتصبح هذه الممرات على مستوى واحد مع ساحة البراق[13].

أما الجديد خلال سنة 2010 بدء تأهيل الطابق السفلي لساحة البراق وبدء إعداد "بيت الجوهر" الذي قام حوله خلاف بين علماء آثار اليهود، الذين قدموا عريضة لوقف العمل به بسبب تهديده للآثار الرومانية في المنطقة، وبين المؤسسة الدينية التي تمكنت من حسم الخلاف لصالحها، بعد تدخل حاخام "حائط المبكى" شموئيل رابينوفيتش Shmuel Rabinovitch لدعم المشروع، ورفض هذه العريضة[14]. وقد تقدم المشروع خطوة أساسية أخرى في 2010/11/21 حين صادقت الحكومة الإسرائيلية على ميزانية بقيمة 23 مليون دولار لإنجازه، على مدى خمس سنوات بدءاً من تاريخ إقراره[15]. ومن الجدير ذكره أن أهداف المشروع تتضمن توسعة السياحة في هذا الموقع؛ حيث كان عدد الزائرين منذ عشر سنوات مليوني زائر، وفي سنة 2009 وصل العدد إلى 8 ملايين زائر ومن المتوقع أن يتسع لحوالي 15 مليون زائر سنوياً[16].

مخطط حائط البراق كما تمّ إقراره

رسم تخيلي للطابقين السفلي والعلوي لساحة البراق بحسب المخطط الجديد لبلدية الاحتلال

ج. التواجد اليهودي داخل المسجد والتدخل في إدارته:

في الفترة بين 2009/8/22 وحتى 2010/8/21 شهد المسجد الأقصى 6 اقتحامات لشخصيات رسمية، و34 اقتحاماً لمتطرفين يهود تحميهم قوات الشرطة الإسرائيلية، و15 اقتحاماً للأجهزة الأمنية الإسرائيلية وبذلك يصل مجموع الاقتحامات إلى 55 اقتحاماً بحلول 2010/8/21 مقارنة بـ 43 اقتحاماً في الفترة 2008/8/22-2009/8/21.[17]

وقد بدا واضحاً أن الاقتحامات المكثفة التي كانت الجمعيات اليهودية المتطرفة تدعو إليها في نهاية سنة 2009 وبداية سنة 2010 كانت تسعى إلى تكريس موقع "جبل المعبد" كمركز للحياة الدينية اليهودية، فهي لم تترك عيداً أو ذكرى دينية إلا ودعت إلى اقتحام المسجد خلالها بدءاً بعيد الغفران

في 2009/9/27، وعيد العُرش أو عيد المظلة (سوكوت) في 2009/10/4، وذكرى صعود موشيه بن ميمون Moses ben-Maimon إلى "جبل المعبد" في 2009/9/25، وعيد المساخر في 2010/2/28، وذكرى خراب المعبد في 2010/7/21.

وقد تمت كل هذه الاقتحامات بحماية مشددة من الشرطة الإسرائيلية التي بدا واضحاً مع سنة 2010 أن مهمتها الرئيسية أكملت تحولها، فبعد أن كانت هذه القوة مسؤولة عن منع اليهود من الدخول إلى المسجد، بموجب التعليمات الصادرة لها قبل سنة 2000، أصبحت مهمتها تأمين دخول اليهود إلى المسجد أفراداً وجماعات، وشكلت لذلك قوة خاصة تعرف بـ"قوة جبل المعبد" باتت تمتلك قاعدة بيانات شاملة عن المسجد عبر اقتحامات التصوير والمعاينة التي لم تنقطع منذ سنة 2005، وباتت تملك منظومة كاميرات ومجسات حرارية تراقب المسجد ومحيطه بالكامل[18]، وأجرت مجموعة من المناورات التجريبية والحية[19] التي تكثفت خلال سنتي 2009 و2010، أبرزها خلال سنة 2010 كان ما رصدته مؤسسة الأقصى في 2010/7/21 حيث صورت كاميراتها هذه القوة وهي تجري مناورة لقمع مظاهرة في المسجد، مستخدمة مجسماً مصغراً للمسجد في منطقة حرجية شمال فلسطين[20].

صورة تدريبات أجرتها قوات الاحتلال على مجسم مصغر للمسجد الأقصى

إلى جانب ذلك حاولت بلدية الاحتلال بالتعاون مع المنظمات اليهودية المتطرفة تكريس الأسوار والبوابات الخارجية للمسجد الأقصى كساحات للاحتفال، إذ شهدت احتجاجات صاخبة واحتفالات بالصوت والضوء أكثر من سبع مرات منذ شهر تشرين الثاني/ نوفمبر 2009 وحتى شهر تشرين الأول/ أكتوبر 2010[21].

2. المقدسات الإسلامية في القدس:

إلى جانب الاعتداء على المسجد الأقصى تركزت اعتداءات الاحتلال على المقدسات الإسلامية في القدس على مسارين:

أ. مقبرة مأمن الله: استمرت أعمال التجريف والإنشاء لصالح "مركز الكرامة الإنسانية – متحف التسامح" Museum of Tolerance Jerusalem (MOTJ)، الذي تقيمه سلطات الاحتلال على أجزاء من المقبرة، وفي 2010/7/20 كشفت مؤسسة الأقصى عن مخطط لبناء مجمع محاكم فوق جزء آخر من المقبرة[22]، ولم يكد يمضي شهر حتى بدأت جرافات الاحتلال بإزالة 200 قبر في 2010/8/10 تمهيداً لإنشاء هذا المجمع، وقد ذكر الناطق باسم الشرطة الإسرائيلية أن أعمال التجريف ستصيب 150 قبراً آخر في وقت لاحق[23].

ب. اتساع نطاق الحفريات: لطالما كانت الحفريات تتركز في محيط المسجد الأقصى المبارك وفي الجهات الجنوبية والغربية تحديداً، غير أن الجديد خلال سنة 2010 الكشف عن توسع هذه الحفريات باتجاه الغرب ضمن مسارين: الأول يصل إلى أقصى غرب المدينة القديمة تحت باب الخليل ويعتقد أنَّ جزءاً منه يمر تحت كنيسة القيامة أو في محيطها[24]، أما المسار الثاني فهو إقامة أنفاق تصل بين ساحة البراق والحي اليهودي، مزودة بمصاعد، لتسهل وصول سكان الحي للصلاة في الساحة في كل الأوقات؛ وهذه الأخيرة تقام بطلب وتمويل المليونير اليهودي الأمريكي باروخ كلاين Baruch Klein[25].

3. المقدسات المسيحية في القدس:

شهدت المقدسات المسيحية في القدس اعتداءات متعددة خلال سنة 2010، كما نشرت مع نهاية السنة معلومات تكشف مدى التهديد الذي تعرض له الوجود المسيحي في القدس.

أ. إحراق الكنيسة المعمدانية غربي القدس: فجر يوم السبت 2010/10/30 استيقظ طلاب اللاهوت في الكنيسة المعمدانية في شارع الأنبياء في القدس على حريق أشعله متطرفون يهود في كنيستهم[26]، وهو اعتداء سبق أن تكرر على عدة كنائس غربي القدس، حيث يبدي اليهود المتطرفون عدم رغبتهم ببقاء هذه الكنائس غربي المدينة.

ب. استمرار تداعيات صفقات البطريرك المخلوع إيرينيوس: بعد الإعلان عن صفقة باب الخليل في 2005/3/18، تكشفت الملابسات الخطيرة لهذه الصفقة، حيث اتضح أن البطريرك إيرينيوس الأول كان قد منح المسؤول المالي للكنيسة في حينه، نيكولاس باباديمس Nicolas Papadimas، توكيلاً بالتصرف بكافة أملاك الكنيسة، وبكامل التفويض والصلاحيات من البطريرك. وبعد

الكشف عن الصفقة كان باباديمس قد توارى عن الأنظار، ولم تتمكن أي جهة من معرفة أو حصر الصفقات والعقود التي أبرمها، خلال الفترة التي كان يحمل فيها هذا التفويض، وهي فترة طويلة امتدت لسنوات. كانت إحدى هذه الصفقات صفقة الطالبية، والتي عرفت في وسائل الإعلام بـ"صفقة دير مار الياس" والتي منح بموجبها البطريرك المخلوع في 2007/12/14 حقّ تطوير 71 دونماً في منطقة الطالبية، على طريق القدس – بيت لحم بمحاذاة الخط الأخضر، لشركة "بارا" الاستيطانية الإسرائيلية .Company B.A.R.A، وفي 2009/8/9 كشفت مصادر فلسطينية أن البطريرك الجديد ثيوفيلوس الثالث Theophilos III قد وقع على عقد تطوير جديد للأرض ذاتها لصالح شركة تلبيوت الجديدة .Talpiot Hahadasha co التي يملكها الصهيوني اليساري شراغا بيران Shraga Biran. ويصر البطريرك ومستشاروه القانونيون أن هذا كان الحل الوحيد المتاح أمامهم لاستعادة هذه الأرض، فهو بهذه الطريقة أدخل شركة إسرائيلية جديدة لكن مع عقد بشروط أفضل لمصلحة الكنيسة، لينشأ نزاع بين الشركتين تستفيد منه الكنيسة[27]، لكن المحصلة تبقى في الحالتين أن شركة إسرائيلية قد حظيت بعقد لتطوير المنطقة، وما تزال الصفقة حتى اليوم مثار جدل واسع[28]. ويُخشى أن السنوات القادمة قد تكشف المزيد من الصفقات الموقعة في عهد إيرينيوس وباباديمس، وأن هذا الملف قد يبقى مفتوحاً على مدى سنوات عديدة قادمة.

ج. واصلت نسبة السكان المسيحيين في القدس انخفاضها من 20% من سكان المدينة سنة 1948 إلى 2.9% من السكان سنة 1988 لتصل سنة 2009 إلى 1.9% فقط، حيث بلغ مجموعهم 14,500 شخص. هذا الاتجاه مرشح للاستمرار بل والتفاقم حيث يبلغ العمر الوسيط للسكان العرب المسيحيين 34.6 عاماً مقارنة بـ 25.1 عاماً للسكان اليهود و19.4 عاماً للسكان المسلمين في المدينة[29]. وهي نسبة لم تشهدها القدس منذ قرون، وتنذر بانقراض المسيحية في المدينة، خصوصاً وأن الاتجاه للتناقص ما زال مستمراً.

4. المقدسات الإسلامية والمسيحية في بقية أنحاء فلسطين التاريخية:

أ. الأراضي المحتلة سنة 1948:

تراوحت الاعتداءات المسجلة خلال سنة 2010 بين التعدي على الأملاك الوقفية وبيعها في المزاد العلني، والاعتداء على المساجد بالحرق أو بكتابة عبارات مهينة، وبين إدراج عدد غير معروف من المساجد والمزارات الدينية ضمن قائمة التراث اليهودي، التي أعلنت في 2010/2/21، والتي تضم نحو 150 موقعاً في فلسطين لم يكشف عنها بالكامل، وفيما يلي جدول يبين أبرز هذه الاعتداءات:

جدول 6/3: أبرز الاعتداءات على المقدسات في الأراضي المحتلة سنة 1948

الموقع	طبيعة الاعتداء	التاريخ
مدينة عكا	بيع أملاك وقفية (250 عقاراً وموقعاً في أنحاء متفرقة)[30]	2010/2/16
مسجد صرفند	الاقتحام وكتابة عبارات مهينة[31]	2010/5/22
مسجد أبطن قرب حيفا	الاقتحام وكتابة عبارات مهينة[32]	2010/6/9
كفر سابا	تخريب مصلى وإزالة كتابات قرآنية[33]	2010/6/22
يافا	إحراق الباب الغربي لمسجد حسن بيك[34]	2010/7/20
النقب	هدم مسجد في بلدة راهط[35]	2010/11/7

ب. الضفة الغربية:

المتابع للاعتداءات الصهيونية على المقدسات الإسلامية في فلسطين، لا يمكن أن تخطئ عينه وجود حملة منهجية لإحراق المساجد والاعتداء عليها في فلسطين التاريخية. ومن الواضح أن المجموعات التي تقوم بعمليات الحرق والاعتداء مرتبطة ببعضها ارتباطاً عضوياً، فهي تترك التوقيع ذاته في كل مسجد تنفذ فيه اعتداء، فهي توقع على المساجد المحروقة بعبارة "تمّ إحراقه (مع رقم تسلسلي)" وآخر المساجد التي حملت مثل هذا التوقيع كان مسجد الأنبياء في بلدة بيت فجار جنوب بيت لحم وكتب عليه "تمّ حرقه 18"، وفيما يلي قائمة بأبرز الاعتداءات خلال سنة 2010:

جدول 6/4: أبرز الاعتداءات على المقدسات في الضفة الغربية خلال سنة 2010

الموقع	طبيعة الاعتداء	التاريخ
نابلس	الاعتداء على مقام السبعين ومقام المفضل في عورتا وكتابة عبارات مهينة عليهما وإلقاء زجاجات خمور فيهما، واعتداء مشابه على مقبرة البلدة[36]	2010/1/20
نابلس	إخطار بوقف بناء مسجد سلمان الفارسي في بورين[37]	2010/1/27
عموم فلسطين	الإعلان عن قائمة التراث اليهودي (تضم 150 موقعاً تشمل المسجد الإبراهيمي ومسجد بلال بن رباح في بيت لحم وجبلي عيبال وجرزيم في نابلس ومغارة التوأمين غرب القدس وبلدة سلوان في القدس وغيرها)[38]	2010/2/21
نابلس	اعتداء على مسجد بلال بن رباح في بلدة حوارة وكتابة عبارة مهينة ورسم نجوم سداسية على جدران المسجد[39]	2010/4/16
جنوب نابلس	إحراق المسجد الرئيسي في قرية اللبن الشرقية[40]	2010/5/4
الخليل	فتح طريق يربط مستعمرة كريات أربع بالمسجد الإبراهيمي مباشرة[41]	2010/5/25
نابلس	300 مستوطن بحماية 30 آلية عسكرية يقتحمون قبر يوسف[42]	2010/6/14
نابلس	500 مستوطن يقتحمون قبر يوسف[43]	2010/8/5
سلفيت	إخطار بهدم مسجد في قراوة بني حسان[44]	2010/8/5
نابلس، رام الله	الحاكم العسكري يقرر هدم مسجدين في بورين والجلزون بزعم عدم الترخيص[45]	2010/8/23
بيت لحم	حرق مسجد الأنبياء في بلدة بيت فجار، وإلقاء المصاحف على الأرض، وكتابة عبارات مسيئة على جدرانه[46]	2010/10/4
طوباس	هدم مسجد في خربة يرزا[47]	2010/11/25
الخليل	جرف مقبرة مخصصة لدفن الموتى من الأطفال حديثي الولادة في مدخل بلدة بيت أمر[48]	2010/12/22
الخليل	منع الأذان في المسجد الإبراهيمي بشكل متكرر[49]	فترات متفرقة طوال العام

ج. قطاع غزة:

يمكن تلخيص الاعتداءات على المقدسات في قطاع غزة في سنة 2010 بالبندين التاليين:

1. استمرار منع ترميم المساجد المهدمة، حيث دمرت القوات الإسرائيلية خلال العدوان على قطاع غزة 45 مسجداً بشكل كلي، لم تتمكن الجهات المعنية من إعادة بنائها نتيجة الحصار. كما ألحقت أضراراً جزئية بـ 107 مساجد تمّ ترميم جزء منهم خلال الفترة 2009-2010.

2. تجريف مسجد في منطقة الدهنية الحدودية شرق رفح في 2010/5/4[50].

ثانياً: السكان في ظلّ الاحتلال

كان نجاح المقدسيين في تعديل المعادلة السكانية في القدس لصالحهم، بالرغم من أنهم الطرف الواقع تحت الاحتلال، والذي يعاني تضييقاً في شتى مجالات الحياة، مصدرَ خوفٍ لدى صانع القرار الإسرائيلي. بل إنه دقّ ناقوس الخطر في سنة 2000 حيث كانت الأرقام تشير إلى اتجاه مطرد للزيادة السكانية الفلسطينية، بالرغم من كل آليات السيطرة التي وضعها المخططون الصهيونيون وقد عهدوا في نهاية سنة 2000 إلى المرجع في الديموغرافيا اليهودية سرجيو ديلابيرجولا لإعداد دراسة لتوقع نسب السكان في القدس بحلول سنة 2020. وقد توصل في دراسته إلى أن السيناريو الأكثر احتمالاً سيصل بالسكان العرب إلى ما نسبته 40.2% من إجمالي سكان المدينة بشطريها بحلول ذلك التاريخ. وهو ما يشكل خطراً على برامج تهويد المدينة وإعطائها طابعاً يهودياً. ومن هنا لا بدّ من التأكيد على أن قراءة معركة الوجود في القدس يجب أن تنطلق من دراسة التوازن السكاني، وأن نقطة القوة الأبرز التي حافظت للمدينة على ما تبقى من هويتها العربية الإسلامية هي قدرة المقدسيين على البقاء والاستمرار بل والزيادة[51].

1. واقع المعركة السكانية[52]:

تشير المعلومات المنشورة إلى أن عدد السكان في القدس كان على الشكل الآتي:

جدول 6/5: عدد السكان في القدس 2008-2009[53]

النسبة إلى إجمالي السكان %	نسبة الزيادة السنوية %	عدد السكان	السنة	الفئة
35.2	3.1	268,600	2008	الفلسطينيون
35.7	2.7	275,900	2009	
64.8	1.6	495,000	2008	اليهود وآخرون*
64.3	0.4	497,000	2009	

* هناك نحو 12,300 أي نحو 1.6% من سكان القدس مسجلين في سنة 2009 كآخرين، وهم عادة ما يضافون في الإحصائيات مع اليهود؛ وهؤلاء على الأغلب من مهاجري شرقي أوروبا وروسيا ممن لم يُعترف بيهوديتهم، أو من المسيحيين غير العرب، أو أولئك الذين يرفضون تسجيل أنفسهم كيهود.

عدد السكان في القدس في نهاية سنة 2009

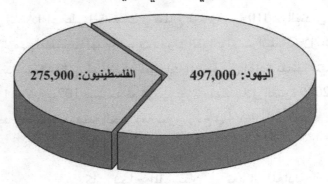

الفلسطينيون: 275,900   اليهود: 497,000

ومن القراءة المتأنية للإحصاءات الإسرائيلية توصلنا للنتائج التالية:

أ. انخفاض الزيادة السكانية الفلسطينية، فبعد أن وصلت هذه الزيادة إلى 3.7% سنوياً سنة 2004 انخفضت إلى 2.7% سنة 2009[54]. وتتحمل سلطات الاحتلال نصيبها من المسؤولية عند ذلك.

ب. النجاح الجزئي لسلطات الاحتلال في رفع النسبة السنوية لزيادة السكان اليهود من 1% سنة 2004 إلى 1.6% سنة 2008[55]، لتماثل نظيرتها لعموم السكان اليهود في الدولة لأول مرة منذ سنة 1992، حيث كانت الزيادة السكانية لليهود في القدس منذ ذلك التاريخ دون النسبة العامة لزيادة السكان اليهود في عموم الدولة. ويبدو أن السياسات الخاصة التي اتبعتها الحكومة والبلدية في القدس تجاه السكان اليهود قد دفعتها لتصبح المدينة التي تشهد الزيادة اليهودية الأكبر بين المراكز الحضرية الأساسية في الدولة وهي تل أبيب (0.5%) وحيفا (0.3%-)[56]. غير أن هذه النسبة عادت إلى الانخفاض من جديد سنة 2009 لتعود إلى 0.4%.

ج. نجاح سلطات الاحتلال في تخفيض صافي الهجرة السلبية الداخلية إلى 4,900 من السكان اليهود سنة 2008 بعد أن كانت 6,400 يهودي سنة 2007، ويعدّ هذا أدنى عدد للهجرة الداخلية السلبية منذ سنة 1995[57]. غير أن صافي الهجرة السلبية الداخلية ما لبث أن ارتفع إلى 8,200 شخص في سنة 2009، وهو ما يشير إلى أن النجاح في سنة 2008 كان جزئياً ومؤقتاً[58].

د. تفاوتت الزيادة السنوية للسكان اليهود في مستعمرات شرقي القدس بشكل كبير، وما تزال معظم المستعمرات تفشل في استقطاب المزيد من المستوطنين، فهي تتراوح بين 0.6%- في مستعمرة جيلو Gilo، و0.4-% في مستعمرة تلبيوت الشرقية East Talpiot، و0.6% في بسجات زئيف Pisgat Ze'ev، و0.8% في نيفيه يعكوف Neve Yakov، لكن الاختراق الأكبر وحالة النجاح شبه الوحيدة هي في مستعمرة جبل أبو غنيم (هار حوما Har Homa) والتي ازداد سكانها سنة 2008 بنسبة عالية تصل إلى 27.4%[59].

هـ. بحسب أرقام معهد القدس للدراسات الإسرائيلية Jerusalem Institute for Israel Studies (JIIS)، ما زال السكان الفلسطينيون يشكلون أغلبية شرقي المدينة، إذ بلغ إجمالي سكان

شرقي القدس 456,300 شخص في سنة 2008، بينهم 195,500 يهودي (43%) و260,800 فلسطيني (57%)[60].

و. انخفاض نسبة المسيحيين في القدس، كما أشرنا إلى ذلك سابقاً[61].

ز. مع انخفاض أعداد المهاجرين اليهود الوافدين إلى الدولة عموماً استقر عدد المهاجرين اليهود الذين يفدون إلى القدس من الخارج عند 2,500 مهاجر في السنوات بين 2002-2007، ولم يتخطّ 2,100 مهاجر لسنة 2008[62]. ومعظم الوافدين من الخارج إلى مدينة القدس يهاجرون إليها لأسباب دينية حيث يأتي 51% منهم من الولايات المتحدة وفرنسا وهي بلدان قلما يهاجر يهودها إلى الدولة العبرية[63].

ح. تبلغ نسبة المتدينين الحريديم من السكان اليهود في القدس 29% وهذا يشكل أربعة أضعاف نسبة الحريديم من يهود الدولة، حيث يشكلون 8% فقط، وهذا يؤشر إلى ارتفاع نسبة الهجرة الدينية إلى القدس بين المتدينين اليهود. وهذه النسبة تزداد بشكلٍ مطرد، وهي مرشحة للاستمرار في الزيادة، فبعد أن كانت نسبة الحريديم إلى سكان القدس 26% في الأعوام بين 2003-2005، ارتفعت إلى 29% في الأعوام بين 2006-2008[64].

ط. في حال استمرت زيادة نسبة اليهود المتدينين إلى إجمالي السكان اليهود في القدس فمن المتوقع أن يتغير السلوك السكاني ليهود المدينة فمعدل الخصوبة لدى النساء اليهوديات المتدينات يبلغ 7.7 أطفال مقارنة بـ 4.1 لدى النساء العرب في المدينة[65]، كما أن نسبة الأطفال أقل من 14 عاماً بين اليهود الحريديم تبلغ 43% مقارنة بـ 25% لدى بقية اليهود، و41% بين السكان الفلسطينيين[66].

ي. نتيجة لزيادة نسبة اليهود المتدينين أصبحت الهجرة الداخلية محصورة في معظمها بين القدس ومستعمرات الضفة الغربية، إذ إن 31% من اليهود الذين غادروا المدينة سنة 2008 انتقلوا للسكن في مستعمرات الضفة الغربية، بينما شكل الوافدون من المستعمرات للسكن في القدس 24% من اليهود المنتقلين للمدينة سنة 2008[67].

ك. في البلدة القديمة تطور عدد السكان على الشكل المبين في الجدول التالي:

جدول 6/6: عدد السكان في البلدة القديمة 2005-2008[68]

العدد	2005	2006	2007	2008
الفلسطينيون	32,635	33,181	33,109	32,834
اليهود وآخرون	3,942	3,894	3,856	3,847
المجموع	36,577	37,075	36,965	36,681

عدد السكان في البلدة القديمة 2005-2006

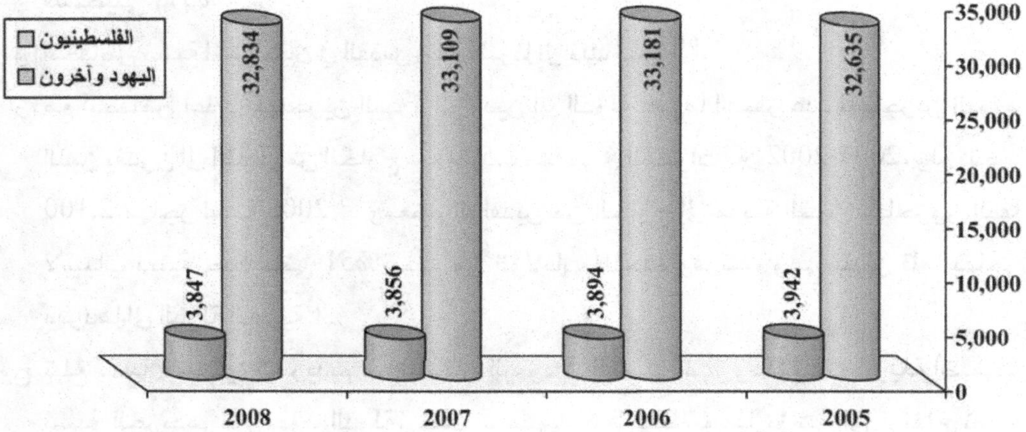

ونلاحظ هنا أن الزيادة السكانية اليهودية في البلدة القديمة سلبية، وهي كذلك منذ سنة 2003؛ أما الزيادة السكانية الفلسطينية في البلدة القديمة فقد كانت إيجابية حتى سنة 2006، لتبدأ بالتناقص سنة 2007 لأول مرة منذ بداية السبعينيات، وتستمر في التناقص سنة 2008. ويبدو أن السياسات الإسرائيلية قد نجحت في إيجاد بيئة طاردة في البلدة القديمة، كما يظهر أن هذا الاتجاه يتعزز عاماً بعد عام.

وتجدر الإشارة إلى تحسُّن قدرة "إسرائيل" على تسويق القدس كوجهة سياحية عالمية، فبعد أن وصل عدد الليالي التي قضاها السياح الأجانب في فنادق القدس سنة 2000 نحو 2,923,200 ليلة، انخفض العدد إلى نحو 600 ألف ليلة فقط بفعل الانتفاضة سنة 2002، لكنه عاد للتعافي والزيادة ليصل إلى 2,895,900 ليلة في سنة 2007، و3,527 ألف ليلة في سنة 2008 على التوالي[69].

2. محاولات طرد السكان الفلسطينيين:

ترتكز سياسة طرد السكان الفلسطينيين على مسارين أساسيين؛ الأول هو التضييق عليهم، وإيجاد ظروف معيشية شديدة الصعوبة لدفعهم للهجرة "الطوعية"، والثاني هو تجريدهم من حقّ الإقامة في المدينة بشتى الذرائع.

أ. التضييق على المقدسيين: صممت سياسات التنمية والبنى التحتية في القدس لتستثني السكان العرب من أكبر عدد ممكن من المشروعات والخدمات، ولتجبي منهم أكبر نسبة ممكنة من الضرائب. وقد أثمرت هذه السياسة اختلالاً ضخماً في نسب الفقر بين السكان الفلسطينيين واليهود في المدينة؛ ففي حين بلغت نسبة الفقر لدى يهود المدينة 23% من الأسر[70] قفزت النسبة لدى المقدسيين إلى 60% من الأسر، إلى جانب ذلك يعيش 74% من الأطفال الفلسطينيين في

القدس في أسر تقع تحت خط الفقر[71]. أما على مستوى البطالة فهي تبلغ 8% من القوى العاملة لدى السكان اليهود، وترتفع إلى 13% لدى السكان الفلسطينيين[72].

التضييق على السكن كان وما زال أحد الوسائل الأساسية للضغط على المقدسيين وتشير الإحصاءات إلى أن عدد الشقق السكنية في عموم القدس سنة 2008 كان 191 ألف شقة سكنية، تقع 79% منها في أحياء يهودية، بالرغم من أن اليهود يشكلون 64.8% من السكان بينما تقع 21% منها في الأحياء الفلسطينية، بالرغم من أن الفلسطينيين يشكلون 35.2% من السكان[73]. وقد انعكس هذا بالتأكيد على عدد الغرف المخصصة لكل فرد، حيث بلغت فرداً واحداً لكل غرفة لدى اليهود، و1.9 فرد لكل غرفة لدى الفلسطينيين[74]، وكان معدل المساحة السكنية لكل فرد يهودي في المدينة يصل إلى 24 متراً مربعاً بينما ينخفض لدى الفلسطينيين إلى 12 متراً مربعاً[75].

وخلال سنة 2010 تمّ هدم 39 مبنى سكني في القدس، وشُرِّد بسبب ذلك 280 شخصاً، وبلغ عدد المنشآت الزراعية والتجارية المهدومة في القدس 90 منشأة[76]، بينما لم يزد عدد تراخيص البناء التي وافقت عليها بلدية الاحتلال للمقدسيين خلال سنة 2009 بكامله عن 18 رخصة[77].

جدول 6/7: المنازل والمنشآت المهدومة في القدس خلال سنة 2010[78]

عدد الأطفال	عدد الأفراد المشردين	عدد الغرف	عدد المساكن	المساحة م²	الموقع
14	26	9	4	176	الطور
24	38	13	5	400	سلوان
12	25	10	3	210	جبع
16	28	4	3	100	البلدة القديمة
22	43	27	6	720	العيسوية
2	6	3	1	70	بيت حنينا
13	34	13	4	338	المكبر
33	51	23	9	680	صور باهر
6	9	3	1	80	الشيخ جراح
2	6	3	1	96	الثوري
5	7	3	1	120	كفر عقب
4	7	6	1	170	النعمان
153	280	117	39	3,160	المجموع

ملاحظة: الجدول الإحصائي يغطي الفترة 2010/1/1-2010/12/20.

ب. التجريد من حقّ الإقامة في القدس: الرقم الذي سقناه أعلاه لعدد السكان المقدسيين يمثل عدد الذين يحملون بطاقات إقامة زرقاء، تخولهم البقاء داخل حدود القدس البلدية، وتسمح لهم بتجاوز المعابر المقامة على الجدار الفاصل المحيط بالمدينة، وذلك حسب الأرقام المسجلة لدى وزارة الداخلية الإسرائيلية، لكن مختلف المصادر بما فيها المصادر الإسرائيلية، التي تنشر هذه الأرقام، تُجمع على أن هؤلاء لا يقيمون جميعاً داخل حدود الجدار، بل إن عدداً كبيراً من المقدسيين الذين يحملون بطاقات الإقامة الزرقاء يقيمون في أحياء كانت في الماضي متصلة بالمدينة اتصالاً عضوياً، وباتت اليوم معزولة خارج الجدار مثل أحياء العيزرية وأبو ديس وعناتا والرام، إلا أن هذه المصادر تختلف بشأن عدد هؤلاء المقدسيين، فبعض المصادر الفلسطينية تقدر عددهم بنحو 125 ألفاً[79]، بينما تقدرهم مصادر فلسطينية أخرى بنحو 100 ألف مقدسي[80]. أما المصادر الإسرائيلية فلا تنشر تقديراً واضحاً لعدد هؤلاء المقدسيين.

كان إخراج هذا العدد من المقدسيين من إجمالي عدد سكان القدس أحد الأهداف الأساسية لبناء الجدار، واليوم وبعد اكتمال بناء 95% من الجدار حول القدس بدأت سلطات الاحتلال حملة لسحب بطاقات الإقامة من هؤلاء السكان الذين باتوا معزولين خارج الجدار بدعوى أنهم "يقيمون في دولة أجنبية"[81]، وقد بدأت هذه الإجراءات بشكل تدريجي في بعض أحياء القدس بينها الرام (يقدر عدد سكانها بنحو 58 ألف نسمة)[82] والعيزرية (يقدر عدد سكانها بنحو 17,600 نسمة)[83]، وهذا ما يفسر القفزة الكبيرة في عدد المجردين من حقّ الإقامة ما بين سنة 2007 حيث بلغ عددهم 229 شخصاً وسنة 2008 حيث بلغ عددهم 4,672 شخصاً[84].

3. محاولة الترويج للقدس كمركز سكني يهودي:

تسعى سلطات الاحتلال بشكل مكثف إلى إقناع أكبر عدد من السكان اليهود بالانتقال للسكن في القدس وهذا يتطلب التغلب على عدد من العوائق التي جعلت من القدس مدينة طاردة للسكان اليهود على مدى العقود الماضية، أحد أهم هذه العوائق هو بُعد القدس عن المركز اليهودي للدولة، وبُعد المستعمرات الشرقية في القدس عن المركز التجاري اليهودي غربي المدينة، وقد طرحت البلدية مشروع القطار الخفيف، الذي يربط مختلف المستعمرات الشرقية بغربي القدس؛ وكان هذا هو سلاحها الأول في التغلب على هذا العائق. وقد شهدت سنة 2010 عملاً مكثفاً في إنجاز أعمال البنى التحتية للقطار الخفيف في بيت حنينا وشعفاط ووادي الجوز ومأمن الله[85]، ووصل تقدم العمل فيه إلى حد إجراء رحلات تجريبية للقطار في بعض الأجزاء المكتملة من مساره[86].

عائق آخر كان يحول دون جذب السكان اليهود للمدينة هو غلاء أسعار الشقق، وعدم إقبال الأزواج الشابة الدافعة للزيادة السكانية على السكن في المدينة نتيجة غلاء الأسعار، وقد أعلن

رئيس بلدية الاحتلال في 2010/6/15 عن خطة تعمل البلدية على تنفيذها لتخفيض أسعار الشقق المعروضة لليهود في القدس بنسبة 20%، وعلى تشجيع الأزواج الشابة على التملك في المدينة من خلال برامج تسهيلات مخصصة لهم[87].

ثالثاً: الاستيطان والتهويد في القدس

تعتمد سلطات الاحتلال سياستين متوازيتين لتعزيز سيطرتها على أراضي القدس، فهي تعمل من جهة على تفريغ الأحياء الفلسطينية مركزةً على الحاضن القريب للبلدة القديمة للسيطرة جغرافياً وديموغرافياً على مركز المدينة، وتعمل بشكلٍ موازٍ على توسيع التجمعات الاستيطانية في اتجاهات مدروسة لإيجاد تواصل جغرافي فيما بينها، ولتحويل الوضع الذي كان قائماً شرقي المدينة، لتنتقل من مدينة فلسطينية تتناثر فيها البؤر الاستيطانية، إلى مدينة للتجمعات الاستيطانية المتصلة تتناثر فيما بينها الأحياء الفلسطينية. ولتعزيز هذا الاتجاه صادق الكنيست الإسرائيلي في 2010/10/26 على قانون يعدّ القدس "منطقة ذات أولوية وطنية" ما يعني زيادة الدعم والاهتمام الرسمي بالمدينة وبتنفيذ المخططات الاستيطانية فيها[88].

1. الاستيلاء على الأحياء الفلسطينية:

أ. حي الشيخ جراح:

عملت سلطات الاحتلال خلال سنة 2010 ومطلع سنة 2011 على حسم مصير حي الشيخ جراح حيث صادرت في 2010/2/17 أرضاً تعود للمواطن كمال عبيدات لإقامة موقف لسيارات المستوطنين الذين يزورون القبر المستولى عليه والمسمى "قبر شمعون الصديق" القائم في إسكان حي الشيخ جراح[89]، وهذه الأرض ملاصقة تماماً للإسكان وكانت أم كامل الكرد قد أقامت فيها خيمتها الاحتجاجية عند طردها من منزلها في شهر تشرين الأول/ أكتوبر 2008، إلى جانب ذلك أصدرت "المحكمة العليا" للاحتلال قراراً نهائياً في 2010/9/26 يقضي بمنح ملكية أراضي إسكان الشيخ جراح لشركة نحلات شمعون الاستيطانية Nahalat Shimon، وممهدة الطريق لطرد سكان ما تبقى من عقارات الإسكان، كما حصل مع عائلات الكرد والغاوي وحنون[90]، إضافة إلى ذلك قررت بلدية الاحتلال إقامة "متحف ضحايا العمليات الإرهابية" على أرض في حي الشيخ جراح[91]، كما قررت بلدية الاحتلال في 2010/4/26 تحويل اسم حي الشيخ جراح إلى اسم حي شمعون الصديق[92]. وفي 2010/7/5 أعلنت سلطات الاحتلال عن خطة لبناء 128 وحدة استيطانية على أرض كرم المفتي وفندق شبرد Shepherd Hotel[93]، ولم تلبث أن هدمت فندق شبرد في 2011/1/9[94] تمهيداً لبناء هذه

الوحدات الاستيطانية، ومع اكتمال تنفيذ هذه الخطوات تكون سلطات الاحتلال قد نجحت في تهويد حي الشيخ جراح بشكل كبير لتصل بتهويده بين المناطق اليهودية غربي القدس والجامعة العبرية ومستعمرة التلة الفرنسية إلى الشرق من هذا الحي.

صورة هدم فندق شبرد في القدس

ب. حي البستان:

استعملت سلطات الاحتلال استراتيجية مختلفة في حي البستان حيث يبلغ عدد العقارات المهددة بالهدم 88 عقاراً يقطن فيها 1,500 فلسطيني، وبدا واضحاً أن سلطات الاحتلال تعمل على "ترويض" سكان هذا الحي، من خلال الاقتحامات الدائمة والمتتالية والاعتقالات التي طالت كل بيت من بيوت الحي[95]. وأفادت بعض التقارير أن سلطات الاحتلال اعتقلت 750 مقدسياً خلال سنة 2010 بتهمة رمي الحجارة، معظمهم من أهالي سلوان والعيسوية كما أن معظمهم كانوا من القاصرين[96]، وفرض الإقامة الجبرية على بعض أطفال الحي في منازل غير منازل ذويهم. وبدا واضحاً كذلك شعور رئيس بلدية الاحتلال بأن الهدم التدريجي لهذه العقارات سيكون عملية بطيئة وغير مجدية، لذلك حاول أكثر من مرة الدفع باتجاه تنفيذ هدم جماعي للعقارات المهددة، وقسم الأدوار بينه وبين الجمعيات الاستيطانية، ففي 2010/3/3 أصدرت المحكمة العليا للاحتلال أمراً بهدم البؤرة الاستيطانية القائمة في الحي والمعروفة باسم "بيت يوناثان" Beit Yonatan لكونها بنيت دون ترخيص، وعندما أبلغ رئيس البلدية بهذا القرار صرح بأنه في حال طلب منه تنفيذ القرار فإنه سيهدم الحي بأكمله بما يشمل 88 عقاراً فلسطينياً، في محاولة لمقايضة المبنى الاستيطاني بالمنازل الفلسطينية في الحي، وهو ما اضطر رئيس الحكومة للتدخل وطلب إرجاء تأجيل عملية الهدم[97]. وفي 2010/4/17 خرجت الجمعيات الاستيطانية في مظاهرة مطالبة بتنفيذ

هدم جماعي لمساكن الفلسطينيين في الحي، وبالرغم من أن أهالي الحي قدموا للبلدية في 2010/5/1 مخططاً تنظيمياً[98] كلفهم ثروة في محاولة لمنع هدم منازلهم، إلا أن رئيس البلدية عاد وطرح على اللجنة المحلية للتخطيط والبناء في البلدية في 2010/6/18[99] تسوية مفادها أن يتولى الفلسطينيون بأنفسهم هدم 22 من هذه العقارات على أن تضفى بالمقابل الشرعية على بقية العقارات، ولا تمنح البلدية بموجب هذه التسوية أية تعويضات لأصحاب هذه العقارات الـ22 بل تطلب منهم أن يشاركوا جيرانهم في الـ66 عقاراً المتبقية[100]، الأمر الذي من شأنه أن يحدث فتنة حقيقية بين أبناء الحي، وقد صادقت اللجنة على هذا المقترح في 2010/6/21[101].

ج. الأحياء الأخرى:

توجد في القدس العديد من المناطق المهددة بالإخلاء أو الهدم الجماعي مثل حي العباسية الملاصق لحي البستان في بلدة سلوان وقد سلمت سلطات الاحتلال إخطارات هدم لـ11 عقاراً في منطقتي العباسية ووادي حلوة في 2010/2/24[102]، وهدمت في 2010/6/16 ثلاث حظائر حيوانات في الحي بدعوى عدم الترخيص[103]. كما أضيفت أحياء أخرى لدائرة التهديد خلال سنة 2010 حيث سلمت سلطات الاحتلال إنذارات بالإخلاء لسكان 26 عقاراً في العيسوية خلال شهر كانون الثاني/ يناير 2010[104]، وأصدرت في الشهر ذاته قراراً بتحويل 660 دونماً من أراضي العيسوية إلى حديقة قومية[105].

وامتدت إنذارات الهدم هذه إلى المحيط الشمالي للمدينة حيث جددت سلطات الاحتلال إنذارات بالإخلاء في 2010/2/10 لأصحاب خمسة محلات تجارية مقابلة لباب العمود مباشرة كانت قد سبق لها وأن أنذرتهم بالهدم في 2009/7/22[106]، وفي 2010/2/16 انضم حي جديد حيث سلمت سلطات الاحتلال 40 إنذاراً بالهدم لعقارات سكنية في حي الأشقرية، في منطقة بيت حنينا بدعوى عدم الترخيص[107].

2. التوسع الاستيطاني في القدس:

في 2009/11/27 أعلن رئيس وزراء الاحتلال عن تجميد الاستيطان في الضفة الغربية باستثناء القدس. وقد اتخذت حكومة الاحتلال وبلديته في القدس خلال فترة التعليق قرارات متسارعة للاستيطان في المدينة، بدا وكأنها تحاول من خلالها أن تعوض عن تجميد الاستيطان الشكلي في الضفة الغربية. وتعمدت الإعلان عن بعض أكبر التوسعات، في وقت يتزامن مع زيارة مسؤولين أمريكيين للتأكيد على أن القدس خارج التفاوض تماماً، كما حصل في 2010/3/9 حين صادقت حكومة الاحتلال على بناء 1,600 وحدة سكنية جديدة في مستعمرة رامات شلومو Ramat Shlomo شمال القدس، بالتزامن مع زيارة نائب الرئيس الأمريكي جو بايدن[108]. وهو ما أحرج حكومة الاحتلال ودفعها للإعلان عن تأجيل تنفيذ القرار، لكن اللجنة اللوائية لم

تنتظر كثيراً، حيث أقرته وحولته للتنفيذ في 2010/6/15[109]. وقد بلغ إجمالي ما نفذ من وحدات سكنية في القدس خلال فترة "التجميد" 700 وحدة استيطانية، بينما أحيلت عقود 392 وحدة للتنفيذ، وأقرت خطط لبناء 3,010 وحدات سكنية في المدينة[110]. ومع اقتراب نهاية فترة "تجميد الاستيطان" في 2010/9/27 أعلنت الحكومة الإسرائيلية عن مجموعة ضخمة من التوسعات الاستيطانية تصل إلى 37,684 وحدة سكنية[111] بينها نحو 12,050 وحدة في مدينة القدس[112].

أبرز التطورات الاستيطانية خلال سنة 2010 يمكن حصرها في مسارين رئيسيين: الأول هو الإعلان عن مستعمرات جديدة في المدينة، والثاني هو الإعلان عن توسعات كبرى في مستعمرات قائمة، إضافة إلى التوسعات المحدودة التي تجري بشكل يمكن أن نسميه "روتيني" على مختلف مستعمرات القدس.

أما المستعمرات الجديدة فأهمها مستعمرة معاليه هزيتيم Ma'ale Hazitim، التي بدأ العمل المكثف في إنشائها مطلع شهر شباط/ فبراير 2010، وقد كشفت مؤسسة الأقصى في حينه عن حملة ترويجية لهذه المستعمرة عنوانها "متع ناظريك بجبل الهيكل"[113]، وتقع هذه المستعمرة في المنطقة الواصلة بين جبل الزيتون ورأس العمود، وهي تقوم فوق مقر الشرطة الرئيسي الذي بني في العهد الأردني وأخلته شرطة الاحتلال في شهر أيلول/ سبتمبر 2008، بعد اكتمال بناء مقرها الجديد الكائن في منطقة إي واحد E1؛ وهي استثمار ممول من المليونير اليهودي الأمريكي ايرفينغ موسكوفيتش Irving Moskowitz، وقد أعلن في شهر تشرين الثاني/ نوفمبر 2010 عن استجلاب 66 عائلة يهودية للسكن في القسم الثاني من هذه المستعمرة بعد اكتماله، ليصبح عدد العائلات القاطنة فيها 250 عائلة[114].

المستعمرة الثانية التي أعلن عن الشروع في إنشائها خلال سنة 2010 هي مستعمرة جفعات هماتوس Givat HaMatos، التي بدأ إنشاؤها على أراضي بلدة بيت صفافا جنوبي المدينة وتقدر الوحدات السكنية المخطط لإقامتها في هذه المستعمرة 3,500 وحدة سكنية[115].

المستعمرة الثالثة التي أعلن عن الشروع في التخطيط لها هي مستعمرة جفعات ياعيل Givat Yael، والتي من المخطط إقامتها على مساحة تزيد عن 2,500 دونم من أراضي بلدة الولجة جنوب غرب القدس. وهذه المستعمرة ستعزز حزام المستعمرات الجنوبي في المدينة، والذي يتكون اليوم من مستعمرتي هار حوما وجيلو القائمتين حالياً، تضاف لهم مستعمرة جفعات هماتوس المخططة على أراضي بيت صفافا، فيكتمل بذلك شريط جنوبي من الكثافة السكانية اليهودية المتصلة بغربي القدس مباشرة[116]، وقد شرعت سلطات الاحتلال بالفعل بأعمال التجريف التمهيدية للمستعمرة في 2010/6/9[117].

وأما المسار الثاني فقد تركزت كبرى التوسعات في نقاط محددة أبرزها مستعمرة رامات شلومو شمالاً والتي أقرت توسعتها بـ 1,600 وحدة سكنية، تمتد باتجاه غربي القدس أملاً في زيادة إقبال اليهود للسكن في هذه المستعمرة[118]، أقرت كذلك توسعة تصل بين مستعمرتي بسجات زئيف ونيفيه يعكوف وتضم نحو 600 وحدة استيطانية[119]. المستعمرات الجنوبية نالها نصيب من التوسعة حيث أقرّ في 2010/11/11 مشروع لبناء فندق يضم 130 غرفة في مستعمرة جيلو[120]، كما أقرّ إضافة ثلاثة آلاف وحدة سكنية لهذه المستعمرة[121]. مستعمرة هار حوما التجمع السكاني الأسرع نمواً شرق القدس تقرر إضافة 1,025 وحدة سكنية لها، بينها 983 ستضاف إلى بؤرة جديدة باسم "هار حوما ج" تُلحق بالمستعمرة[122]. وفيما يلي جدول بالتطورات الاستيطانية التي أُعلن عن النية لتنفيذها بدءاً من 2010/10/27.

خريطة 6/1: المستوطنات اليهودية شرقي القدس

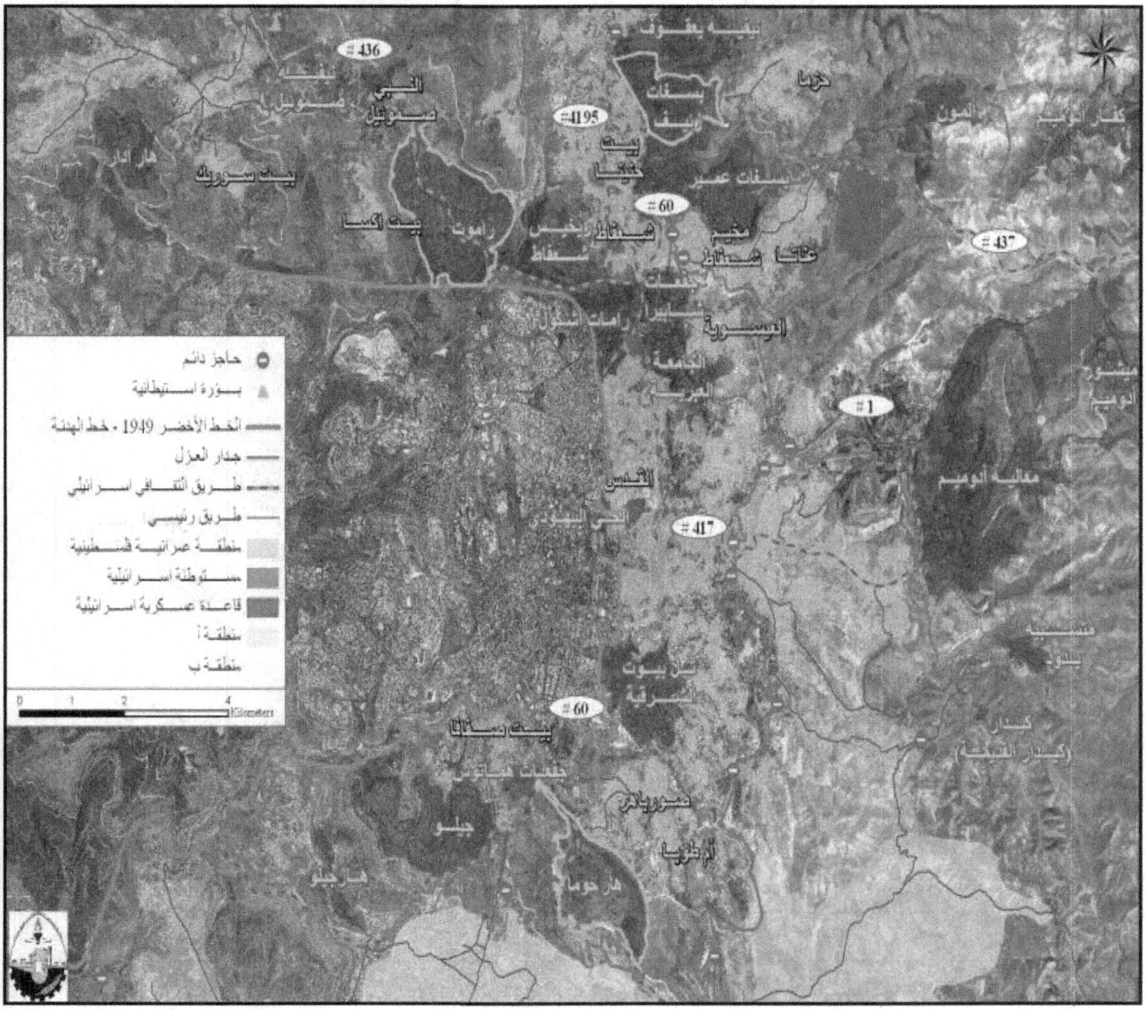

جدول 6/8: التوسعات المخططة بعد انتهاء فترة "تجميد الاستيطان" التي أعلنتها الحكومة الإسرائيلية[123]

الموقع الفلسطيني	اسم المستعمرة	عدد الوحدات	الحالة القائمة	ملاحظات
شعفاط	تلة شعفاط "رامات شلومو"	1,600	تمت المصادقة	
بيت حنينا، الرام، حزما، شعفاط	غابة مير – النبي يعقوب (نيفيه يعكوف)	400	مصادق عليها	وذلك لتطوير منطقة غابة مير لإحياء ذكرى قتلى "المحرقة"، وقد أثار المشروع اعتراضات شديدة خوفاً من المس بمحمية الزهور الطبيعية، وتمّ تقليص العدد إلى 400، وتمّ البدء بمشروع البناء.
شعفاط	كانتري راموت Kantri Ramout	700	مصادق عليه	هناك سعي لتسريع إجراءات تسويق المسكن
بيت لحم، صور باهر، بيت ساحور، بيت صفافا	جبل أبو غنيم "هار حوما"	1,900	في طور الإعداد	لم يتم توقف البناء فيها خلال السنوات الأخيرة وسيتم بناء 1,000 وحدة في هار حوما ب و900 وحدة في هار حوما أ.
بيت صفافا	جفعات هماتوس	3,150	طور الإعداد	هذا المشروع استمر فترات طويلة دون المصادقة عليه، لوجود أصحاب الأراضي في المنطقة وقربها من بلدة بيت صفافا؛ لذلك خطط 3,150 وحدة سكنية منها 1,350 وحدة استعمارية في جفعات هماتوس، وحوالي 1,800 وحدة سكنية أعدت لسكان بيت صفافا
جبل المكبر	قصر المندوب السامي "آرمون هانتسيف" Armon HaNatziv	450	في طور البناء	تسوية الأرض المجاورة لشارع الياهو، وهي محاولة لإعادة الشباب لحي آرمون هانتسيف الذي يزداد تقدماً ويجتاز مراحل البناء الأولية.
جبل المكبر	رامات راحيل Ramat Rachel	850	تحت المصادقة	هي أراضٍ غير منظمة، والأرض هي من ضمن المخططات للاستخدام الزراعي، وتم تحويلها من أجل توسيع الحي السكني المجاور لشارع الخليل، وحي تلبيوت.
بيت صفافا، بيت لحم، الولجة	جيلو	3,000	في طور التنظيم	يتعلق الأمر بمخطط هيكلي لم يتم الاعتراض عليه
مجموع الوحدات الاستيطانية		12,050		

رابعاً: الصراع على الهوية الثقافية:

1. تهويد الأسماء والمعالم:

أطلقت سلطات الاحتلال خلال سنة 2009 حملة لتغيير أسماء المعالم والأحياء والطرقات في مدينة القدس وقد شهدت سنة 2010 استمراراً لهذه الحملة، إذ تركزت هذه الحملة في منطقة باب الخليل[124]، ومنطقة وادي حلوة جنوب البلدة القديمة ووادي الجوز شمال البلدة القديمة[125]، وبحثت بلدية الاحتلال إصدار قانون يلزم أصحاب المحلات الفلسطينيين بكتابة أسماء محلاتهم باللغة العبرية على اللافتات[126].

2. لائحة التراث اليهودي:

في 2010/2/21 أعلنت حكومة الاحتلال عن قائمة للتراث اليهودي تضم نحو 150 موقعاً دينياً وتراثياً بينها مساجد ومواقع إسلامية مثل المسجد الإبراهيمي في الخليل ومسجد بلال بن رباح في بيت لحم وأسوار البلدة القديمة وبلدة سلوان وتلال القدس وجبلي عيبال وجرزيم في نابلس ومرج ابن عامر شمال فلسطين ومغارة التوأمين غرب القدس[127]، ولم يكشف عن كامل المعالم المسماة في هذه القائمة، إلا أن الواضح أنها تسعى لإعادة تقديم المعالم الدينية والتاريخية في فلسطين من خلال رواية يهودية مصطنعة.

3. مشروع تأهيل أسوار وبوابات البلدة القديمة:

أغلقت سلطات الاحتلال في مطلع سنة 2010 باب العمود شمال البلدة القديمة ضمن مشروع إعادة تأهيل بوابات وأسوار البلدة القديمة، الذي تُغيِّر من خلاله بلدية الاحتلال الطراز المعماري للسور والأبواب، وتُدْخِل منحوتات وأحجار تحمل شمعدانات ونجوم سداسية وغيرها من الأشكال، تُحاوِل أن تصطنع من خلالها هوية يهودية لهذه الأسوار. وتتحدث بعض المصادر عن أن سلطات الاحتلال تنوي إطالة فترة العمل في تأهيل باب العمود، وأن تضم إليه الباب الجديد لتدفع باتجاه تحول باب الخليل الذي يطل على غربي القدس مباشرة ليصبح الباب الرئيسي للبلدة القديمة، ويؤكد ذلك أعمال الترميم والتأهيل التي تجري للساحات التي يطل عليها الداخل للبلدة القديمة من جهة باب الخليل[128].

خامساً: التوسع الاستيطاني الإسرائيلي

على الرغم من إدراك الحكومات الإسرائيلية أن إنشاء وتوسيع المستعمرات يشكل خرقاً واضحاً وصارخاً للقانون الدولي، وللاتفاقات التي وقعت مع نظيرتها الفلسطينية، إلا أن دعم وتشجيع برنامج المستعمرات في أراضي الضفة الغربية المحتلة ظلّ قائماً.

تشير الإحصائيات أن عدد المستوطنين في الضفة الغربية قد تضاعف أكثر من 40 مرة خلال السنوات 1972-2009. ويسكنون في 144 مستعمرة، منها 26 مستعمرة في محافظة القدس لوحدها. كما تشير البيانات إلى أن معظم المستوطنين يتركزون في محافظة القدس، بواقع 267,325 مستوطن، منهم 201,273 مستوطن في ذلك الجزء من محافظة القدس الذي ضمته "إسرائيل" عنوة بعيد احتلالها للضفة الغربية سنة 1967، يلي ذلك عدد المستوطنين في محافظة رام الله والبيرة 92,625 مستوطن، ومحافظة بيت لحم 57,325 مستوطن، ثم محافظة سلفيت 31,404 مستوطن[129].

أثار الإعلان عن تجميد البناء الاستيطاني لفترة عشرة أشهر في المستعمرات الإسرائيلية في الضفة الغربية في 2009/9/25 استياء كل من الجانبين الإسرائيلي والفلسطيني. فقد عبر الفلسطينيون عن رفضهم القاطع للقرار الصادر عن الحكومة الإسرائيلية، لأن قرار التجميد لم يشمل المستعمرات الإسرائيلية في شرقي القدس والبالغ عددها 18 مستعمرة[130]، كما لم يشمل المخططات الاستيطانية التي تمّ الموافقة عليها قبل تاريخ إعلان تجميد البناء. أما على الصعيد الإسرائيلي، فقد انتقد رؤساء المجالس الإقليمية للمستعمرات في الضفة الغربية والعديد من الجهات الرسمية في الحكومة قرار الحكومة الإسرائيلية بتجميد البناء الاستيطاني في الضفة الغربية، وتوعدوا بمحاربة قرار الحكومة بطرح العطاءات والمخططات الاستيطانية لاستمرار البناء. وقد استمرت بلدية الاحتلال الإسرائيلي في القدس في إيداع المخططات الاستيطانية تباعاً كخطوة تكتيكية لضمان استمرار البناء في مستعمرات القدس، بناء على قرار التجميد الإسرائيلي للبناء الذي استثنى القدس.

وكانت وزيرة الخارجية الأمريكية هيلاري كلينتون قد رحبت بقرار نتنياهو عن تجميد الاستيطان، ووصفته على أنه إنجاز وتنازل من الجانب الإسرائيلي مناقضة بذلك رؤية إدارتها لموضوع الاستيطان، والمتمثل في الوقف الكامل للبناء الاستيطاني في الضفة الغربية بما فيها القدس بما في ذلك ما يسمى النمو الطبيعي. غير أن الاستهتار الإسرائيلي بكل ما جاء من أمريكا بدا واضحاً، عندما قام الإسرائيليون بإيداع المخطط الاستيطاني الجديد لدى قسم التخطيط والبناء

التابع لبلدية القدس الإسرائيلية، والذي يقضي ببناء 900 وحدة استيطانية جديدة في مستعمرة جيلو، ولدى استقبال نائب الرئيس الأمريكي بايدن بالموافقة على 1,600 وحدة سكنية في مستعمرة رامات شلومو [131].

وقد استمرت "إسرائيل" في تعنتها، بعد اللقاء بين أوباما ونتنياهو في تموز/ يوليو 2010، حيث رفض الأخير الإدلاء بأي تصريح يتعلق بتمديد فترة تجميد الاستيطان، تجنباً لإسقاط حكومته، وخوفاً من غضب المستوطنين عليه، والذين أعلنوا قبل اللقاء بينه وبين أوباما عن جاهزيتهم لبناء 2,700 وحدة سكنية، بدون الحاجة إلى موافقات إضافية من أي جهة.

وقد نشرت حركة السلام الآن الإسرائيلية في 2010/9/12 تقريراً مفصلاً عن مخططات التوسع في 124 مستعمرة إسرائيلية بواقع 37,684 وحدة استيطانية والتي سيتم تنفيذها حال انتهاء فترة تجميد البناء الاستيطاني في المستعمرات الإسرائيلية في الضفة الغربية في 2010/9/27، والذي أعلنت عنه الحكومة الإسرائيلية في 2009/11/25 بذريعة تحريك محادثات السلام بين الفلسطينيين والإسرائيليين [132]. غير أنها رفضت تمديد تجميد الاستيطان، بالرغم من الحوافز والإغراءات التي قدمها الأمريكان.

وفي تحليل لمعهد الأبحاث التطبيقية - القدس (أريج) The Applied Research Institute-Jerusalem (ARIJ) لتقرير حركة السلام الآن الإسرائيلية، تبين أن المستعمرات التي سوف يشملها التوسع عقب انتهاء فترة التجميد وتلك التي سوف يمسها التوسع في المستقبل القريب يتركز معظمها في 52 مستعمرة في منطقة العزل الغربية وهي المنطقة الواقعة ما بين الخط الأخضر (خط الهدنة) وخط جدار الفصل العنصري، بواقع 28,319 وحدة استيطانية، أي ما نسبته 75.2% [133].

وأشارت إذاعة جيش الاحتلال في 2010/9/30 بأن ملفات آلاف الوحدات السكنية في المستعمرات الإسرائيلية باتت جاهزة بالكامل من حيث الموافقات وأذونات العمل للبدء في البناء في 57 مستعمرة إسرائيلية، وذلك بعد انتهاء فترة التجميد بأيام، حتى إن الرد الإسرائيلي لمرحلة ما بعد التجميد قد تعددت أشكاله حيث أمطر الزعيم الروحي لحركة شاس عوفاديا يوسف Ovadia Yosef الشعب الفلسطيني بوابل من اللعنات بالفناء من على وجه البسيطة، واصفاً إياهم بالشر الأكبر والعدو اللدود لـ"إسرائيل" [134].

وقد أكد نتنياهو بأن مستعمرة أرئيل، وهي المستعمرة التي تمّ إقرار بناء مئات الوحدات السكنية فيها، ستكون على الجانب الإسرائيلي من الجدار وستكون داخل حدود "إسرائيل" ضمن أي اتفاق تسوية مع الفلسطينيين [135].

وفي تحليل لصور جوية ذات دقة مكانية عالية (0.5x0.5 متر) قام بها معهد أريج تبين بأن البناء الاستيطاني خلال سنة 2010 كان كبيراً، حيث قامت "إسرائيل" ببناء 1,819 بناية/ مسكن في 133 مستعمرة في الضفة الغربية بما في ذلك مدينة القدس، هذا إلى جانب إضافة 1,433 من البيوت المتنقلة (كرفانات).

جدول 6/9: عدد البنايات التي تمّت إضافتها للمستوطنات الإسرائيلية في الضفة الغربية خلال سنة 2010[136]

النسبة من المجموع الكلي لعدد البنايات %	عدد البنايات	المحافظة
11.8	214	بيت لحم
7.6	138	الخليل
1.9	35	جنين
0.8	15	أريحا
23.1	420	القدس
8.8	160	نابلس
12	219	قلقيلية
17.8	324	رام الله
14.7	268	سلفيت
0.6	11	طوباس
0.8	15	طولكرم
100	1,819	المجموع

المصدر: وحدة نظم المعلومات الجغرافية في معهد أريج، 2011.

عدد البنايات التي تمّت إضافتها للمستوطنات الإسرائيلية في الضفة الغربية خلال سنة 2010

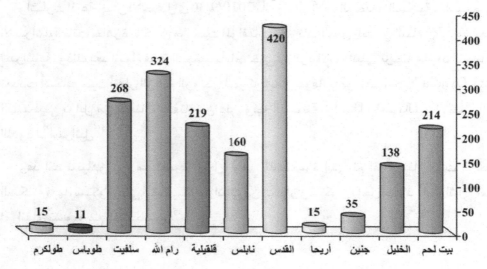

خريطة 6/2: المستعمرات التي جرى فيها التوسع خلال سنة 2010 في الضفة الغربية

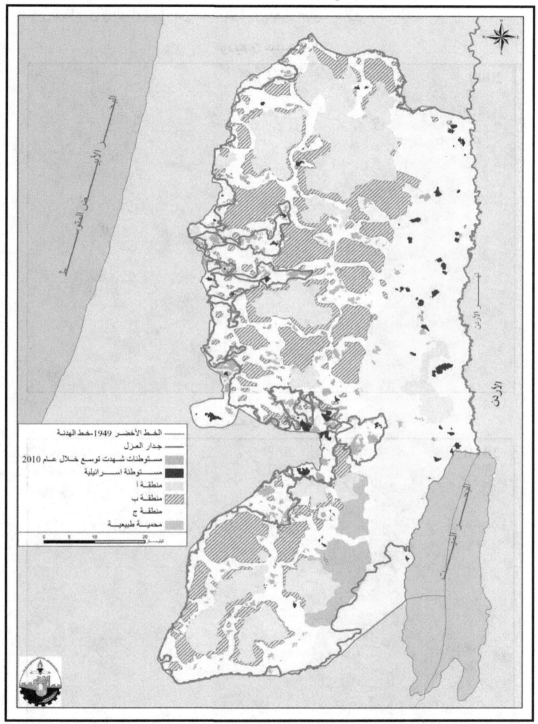

وتوضح الصورة التالية المأخوذة سنة 2009، مقارنة بالصورة الثانية المأخوذة سنة 2010، التغير الحاصل في البناء لجزء من مستعمرة موديعين عيليت خلال سنة 2010.

موديعين عيليت 2009

موديعين عيليت 2010

وتجدر الإشارة هنا بأن الـ 1,819 بناية تترجم إلى 7,276 وحدة سكنية في تلك المستعمرات، وإلى مساحة بناء إضافي تقدر بأكثر من 902 ألف متر مربع. ومن الملاحظ أن معظم البناء قد تركز في محافظات القدس بنسبة 24%، وبنسبة 18% في محافظة رام الله، وهي محافظات تركز البناء فيها بشكل أكثف خلال العقد المنصرم.

تركز البناء الاستيطاني الذي تمّ خلال سنة 2010، في المستعمرات الواقعة غرب الجدار الفاصل (المنطقة الواقعة بين الجدار والخط الأخضر – خط الهدنة لسنة 1949)، وهو ما يتماشى مع المخطط الإسرائيلي النهائي في إعلان الجدار كحدود شرقية لدولة الاحتلال الإسرائيلي. ومن جهة أخرى تعدّ عمليات البناء في المستعمرات الواقعة شرقي الجدار، عمليات بناء محدودة من حيث المساحات حيث شكلت ما مساحته 203.81 دونم أي 26.7% من مجموع ما تمّ بناؤه في سنة 2010، حيث شكلت عمليات البناء والتطوير في المستعمرات غرب الجدار ما مساحته 698.56 دونم أي 73.3% من مجموع البناء (انظر جدول 6/10).

جدول 6/10: التوسع الاستيطاني في المستوطنات الإسرائيلية الواقعة شرق جدار الفصل العنصري وغربه سنة 2010

النسبة المئوية %	عدد البنايات	النسبة المئوية %	عدد الكرفانات	الموقع من جدار الفصل العنصري
26.7	485	37.5	537	شرق الجدار
73.3	1,334	62.5	896	غرب الجدار
100	1,819	100	1,433	المجموع الكلي

التوسع الاستيطاني في المستوطنات الإسرائيلية الواقعة شرق جدار الفصل العنصري وغربه سنة 2010

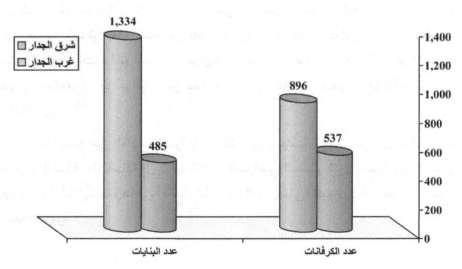

ومن الجدير بالذكر أن هناك تبايناً كبيراً بين مصادر المعلومات في إحصائيات الوحدات الاستيطانية التي جرى بناؤها أو بُدئ ببنائها سنة 2010. إذ تشير إحصائيات الجهاز المركزي للإحصاء الفلسطيني أنه تمّ بناء ما يزيد عن 6,764 وحدة سكنية سنة 2010 في المستعمرات الإسرائيلية في الضفة الغربية، مقابل 1,703 وحدات سكنية تمّ إنشاؤها سنة 2009، و2,107 وحدة سكنية تمّ إنشاؤها سنة 2008. أما الجهاز المركزي للإحصاء الإسرائيلي فقال إنه تمّ إنجاز 1,492 وحدة سكنية فقط سنة 2010، مقابل 2,071 وحدة تمّ إنجازها سنة 2009. وادعى الجهاز أنه لم يوضع حجر الأساس لبناء وحدات جديدة إلا لـ 541 وحدة فقط خلال سنة 2010؛ وهذا بخلاف ما ذكرته حركة "السلام الآن"، أنه منذ استئناف البناء الاستيطاني في 2010/9/26 وحتى منتصف تشرين الثاني/ نوفمبر 2010 تمّ وضع حجر الأساس لبناء 1,126 وحدة استيطانية. إن ذلك يضع علامات استفهام حول ما إذا كانت السلطات الرسمية الإسرائيلية تتعمد إخفاء الحقائق، وتقديم أرقام مخفّضة، حتى لا تثير على نفسها مزيداً من الاعتراضات والضغوطات الفلسطينية والدولية[137].

ومع نهاية السنة في 2010/12/31، صادق الكنيست الإسرائيلي على الميزانية التي أعدتها الحكومة الإسرائيلية للأعوام 2011-2012، والتي خصصت أكثر من 2 مليار شيكل إسرائيلي، أي ما يعادل 535.76 مليون دولار، لتطوير البناء والخدمات والأمن في المستعمرات الإسرائيلية. وقد تمّ ضمن ميزانية 2011 إقرار تسويق 200 وحدة سكنية في مستعمرة معاليه أدوميم و500 وحدة سكنية أخرى في مستعمرة هار حوما (أبو غنيم)، بالإضافة إلى ذلك خصصت الميزانية 89 مليون شيكل، أي ما يعادل 23.84 مليون دولار، لتطوير مستعمرة معاليه أدوميم في سنتي 2011 و2012. كما خصصت مبلغ 238 مليون شيكل، أي ما يعادل 63.75 مليون دولار، لتطوير مستعمرة هار حوما (أبو غنيم) للسنتين نفسيهما، وتمّ تخصيص مبالغ أخرى، تزيد عن 405 ملايين شيكل، أي ما يعادل 108.49 مليون دولار، لتطوير بنية تحتية لمستعمرات الضفة مثل الطرق وغيرها. كما تمّ إيداع مخصص 786 مليون شيكل، أي ما يعادل 210.55 مليون دولار، لتحصين المستعمرات، وأكثر من 22 مليون شيكل، أي ما يعادل 5.89 ملايين دولار، لتعويض مصدري المستعمرات الإسرائيلية عن دفعهم رسوم جمركية وضرائب إضافية لصادرات إلى الاتحاد الأوروبي[138].

وقد تابع العديد من القادة الإسرائيليين تشجيع سياسة الاستيطان من خلال السكن في مستعمرات الضفة، بالإضافة إلى تزايد التأثير السياسي للمستوطنين ومجالسهم الاستيطانية. ويظهر الجدول التالي مجموعة من أعضاء الكنيست الإسرائيلي المقيمين في المستعمرات الإسرائيلية في الضفة الغربية[139]:

جدول 6/11: مجموعة من أعضاء الكنيست وأسماء المستعمرات التي يقيمون فيها

	عضو الكنيست	الحزب	المستعمرة
	يوفال شتاينتز	الليكود	مفاسيرت تسيون Mevasseret Tzion
	نحمان شاي Nachman Shai	كاديما	مفاسيرت تسيون
	عتنيئل شنيلر Otniel Schneller	كاديما	معاليه مخماش Maaleh Michmas
	دافيد روتيم David Rotem	"إسرائيل بيتنا"	إفرات Efrat
	أوري أورباخ Uri Orbach	البيت اليهودي (مفدال الجديد) Habayit Hayehudi - The New National Religious Party (NRP) (Jewish Home)	موديعين Modiin
	ألكس ميلر	"إسرائيل بيتنا"	أرئيل Ariel
	أفيجدور ليبرمان	"إسرائيل بيتنا"	نوكديم Nokdim
	ياريف ليفين Yariv Levin	الليكود	موديعين
	يعقوب كاتس . Ya'akov Katz	الاتحاد الوطني (هئيحود هلئومي) National Union (Halhud HaLeumi)	بيت إيل Beit El
	أرييه إلداد Arieh Eldad	هئيحود هلئومي	كفار أدوميم Kfar Adumim
	يولي أدلشتاين Yuli Edelstein	الليكود	ألون شبوت Alon Shvut
	ميخائيل بن آري Michael Ben-Ari	هئيحود هلئومي	كارني شومرون Karnei Shomron

المستعمرة	الحزب	عضو الكنيست	
كفار أدوميم	هئيحود هلئومي	أوري أرييل Uri Ariel	
مفاسيرت تسيون	كاديما	راحيل أداتو Rachel Adatto	
ألون شبوت*	الليكود	زئيف إيلكين Zeev Elkin	
ماميلا Mamilla، القدس	الليكود	بنيامين نتنياهو	

*في موقع الكنيست ذُكر أن زئيف إيلكين يُقيم في القدس.

وفي مقابل التعنت والتبجح الإسرائيلي ورفض وقف البناء الاستيطاني، أطلق الفلسطينيون حملة شعبية شاملة لمقاطعة بضائع المستعمرات الإسرائيلية، حيث تبنتها كافة المؤسسات الشعبية والحكومية، وقد أسهمت هذه الحملة بأحداث ضغط على شركات دولية عاملة في المستعمرات حيث دفعت البعض منها إلى وقف العمل فيها ونقل مصانعها إلى مناطق أخرى والبعض الآخر تمّ إغلاقها بشكل كامل بعد انخفاض غير محتمل في بيع منتوجاتها بسبب المقاطعة.

هذا وقد تجلت نتائج العمل الشعبي في مقاطعة بضائع المستعمرات بوصف ما يسمى بمجلس المستعمرات الإسرائيلي Yesha Council للحملة الشعبية بأنها "حملة معادية"[140]، وأنها "إرهاب اقتصادي"، وعلى أثر ذلك قامت بعض الجماعات الإسرائيلية نتيجة لذلك بالمطالبة بوقف المفاوضات مع الفلسطينيين، ووقف تحويل الأموال إليهم ووقف عمليات التصدير والاستيراد الفلسطينية.

وقد أعلن الرئيس الفلسطيني في القمة العربية الاستثنائية في سرت في ليبيا في تشرين الأول/ أكتوبر 2010 بأن استمرار التعنت الإسرائيلي ورفضها وقف الاستيطان، سيدفع به إلى الاستقالة من منصبه كرئيس للسلطة الوطنية الفلسطينية، وأن للفلسطينيين خيارات أخرى جميعها سلمية لإعلان الدولة الفلسطينية، منها الطلب من الولايات المتحدة الاعتراف بحدود الدولة على كافة الأراضي المحتلة سنة 1967، وأن تقوم الأمم المتحدة بالإشراف عليها لحين تنفيذ الانسحاب الإسرائيلي الكامل منها.

كما أبدى عدد من الشخصيات الأوروبية بعض التفاعل في موضوع الاستيطان، عندما وجه 26 من كبار مسؤولي الاتحاد الأوروبي في رسالة إلى مسؤولة العلاقات الخارجية في الاتحاد، يحثونها على تهديد "إسرائيل" بفرض عقوبات عليها في حال استمرار رفضها تجميد الاستيطان[141].

سادساً: هدم المنازل الفلسطينية

تعدّ السياسة الإسرائيلية الممنهجة لهدم المنازل الفلسطينية المحتلة انتهاكاً خطيراً للحق الفلسطيني في السكن، وأحد أشكال العقاب الجماعي المحظورة، كما ورد في المادة 33 من اتفاقية جنيف الرابعة لسنة 1949. وخلال سنة 2010، هدم الجيش الإسرائيلي وبلدية القدس الإسرائيلية 194 منزلاً فلسطينياً، منها 44 مسكناً في محافظة القدس معظمها بحجة عدم الترخيص، وتحديداً في ضواحي شرقي القدس وقراها ومنها بيت حنينا، والطور، والزعيم، وسلوان، وجبل المكبر، وبيت صفافا، وصور باهر، والعيسوية، والشيخ جراح، والبلدة القديمة، والثوري.

وقد طالت محافظات الضفة الغربية مثل قلقيلية، وطولكرم، ونابلس، والخليل جزءاً من الهجمة الإسرائيلية الشرسة ضدّ البناء الفلسطيني، وذلك بحجة عدم الترخيص، حيث تقع هذه البيوت في منطقة ج وهي المنطقة التي تسيطر عليها "إسرائيل" بشكل كامل. كما أنذرت قوات الاحتلال الإسرائيلي أصحاب 1,393 بيتاً فلسطينياً (منها 119 في القدس) بوقف العمل و/ أو الإخلاء وضرورة الهدم خلال سنة 2010.

سابعاً: مصادرة وتدمير الأراضي الزراعية الفلسطينية

أقدمت "إسرائيل" خلال سنة 2010 على مصادرة أو تدمير 13,149 دونماً من الأراضي الفلسطينية في الضفة الغربية، كان معظمها بغرض بناء جدار الفصل العنصري في الضفة، فضلاً عن ادعاءات المصادرة لأسباب عسكرية، وهي تتلخص بحسب ما جاء في الأوامر العسكرية التي تمّ توزيعها بشقّ طرق إلتفافية، وإقامة أبراج عسكرية، وتوسيع قواعد عسكرية، وتوسيع المستعمرات الإسرائيلية وغيرها. وفي دراسة لمعهد أريج تبين أن معظم الأراضي المصادرة هي أراضٍ زراعية، وتعدّ مصدر دخل وحيد للكثير من العائلات الفلسطينية التي فقدت عملها داخل "إسرائيل". وحصدت محافظتا الخليل ورام الله النصيب الأكبر من هذه المصادرات، حيث إن الأعمال جارية لبناء جدار الفصل العنصري لاستكمال الرؤية الإسرائيلية بعزل محافظة القدس عن باقي محافظات الضفة الغربية.

ثامناً: اقتلاع الأشجار الفلسطينية

يتم استهداف الأشجار من قبل الجيش الإسرائيلي بشكل ممنهج، ومنذ بداية الاحتلال الإسرائيلي في سنة 1967، تمّ اقتلاع أكثر من 2.5 مليون شجرة، بما فيها 10,364 شجرة تمّ اقتلاعها خلال سنة 2010.

إن الاعتداء على أشجار الزيتون بالتخريب أو الحرق أصبح ظاهرة واسعة الانتشار، وتحديداً في قرى مدينة نابلس. وهي اعتداءات ينفذها المستوطنون خصوصاً مع بدء موسم قطف محصول الزيتون من كل عام، في محاولة منهم لإخافة المواطنين وقطع عملية التواصل بينهم وبين أراضيهم الزراعية. وقد أصبحت هذه الاعتداءات مصدراً لقلق الفلسطينيين من الخسارة الاقتصادية التي سوف تلحق بهم، وخصوصاً أن موسم الزيتون يعد مصدر رزق جيد للكثير من العائلات الفلسطينية في جميع أنحاء الضفة الغربية.

جدول 6/12: الانتهاكات الإسرائيلية في الضفة الغربية بما فيها القدس خلال سنة 2010 حسب الأشهر[142]

نوع الانتهاك	أراضٍ مصادرة		أشجار مقتلعة		منازل مهدمة		منازل مهددة بالهدم	
الشهر	الضفة الغربية	القدس	الضفة الغربية	القدس	الضفة الغربية	القدس	الضفة الغربية	القدس
كانون الثاني/ يناير	305	660	2,340	0	15	8	26	8
شباط/ فبراير	1,742	0	1,205	0	10	1	31	31
آذار/ مارس	257	0	607	0	0	0	27	8
نيسان/ أبريل	2	0	935	0	6	0	9	4
أيار/ مايو	30	0	1,265	150	2	0	86	5
حزيران/ يونيو	40	0	340	0	1	4	74	11
تموز/ يوليو	64	0	25	60	48	7	24	0
آب/ أغسطس	0	0	220	0	34	2	851	31
أيلول/ سبتمبر	611	0	130	50	0	0	42	1
تشرين الأول/ أكتوبر	7,155	50	1,612	0	5	0	30	15
تشرين الثاني/ نوفمبر	350	3	825	60	15	11	42	5
كانون الأول/ ديسمبر	1,880	0	410	130	14	11	32	0
المجموع	**12,436**	**713**	**9,914**	**450**	**150**	**44**	**1,274**	**119**
المجموع العام	**13,149**		**10,364**		**194**		**1,393**	

تاسعاً: الجدار الفاصل

لم يشهد الوضع الجغرافي للجدار الفاصل أي تغيير ملحوظ في وضعيته خلال سنة 2010، غير أن جيش الاحتلال كان قد أصدر تمديد سريان لأوامر عسكرية سابقة لوضع اليد على أراضٍ فلسطينية، لأجل بناء مقاطع من الجدار، كان الجيش قد أصدر أوامر بالاستيلاء عليها سابقاً، ولم يجرِ البناء عليها. وقد تمّ استئناف العمل في بناء الجدار في مواقع مختلفة من الضفة الغربية منها بيت جالا، وبلعين، والقدس، وجنوب الخليل.

ويذكر بأن الجيش الإسرائيلي قد أتم بناء 473 كم بنسبة 61% من الجدار، فيما يجري العمل على 54 كم (7%) من الجدار، ويبقى ما نسبته 32% من الجدار أي 247 كم قيد التخطيط، ويقع معظمها في محيط محافظة القدس، حيث تسعى "إسرائيل" إلى إعادة تعريف حدود المدينة بالجدار الفاصل، ضمن المشروع الذي تطلق عليه "القدس الكبرى"، والذي سيضع ثلاثة تجمعات استيطانية كبرى هي جفعات زئيف Givat Ze'ev شمال القدس، وتجمع معاليه أدوميم شرق القدس، وتجمع غوش عتصيون جنوب غرب القدس.

وبحسب إحصائيات الجهاز المركزي للإحصاء الفلسطيني؛ فإن مساحة أراضي الضفة الغربية المعزولة خلف الجدار، تبلغ 733 كم^2 بحسب تقديرات سنة 2010، أي ما نسبته 12.5% من مساحة الضفة، منها 348 كم^2 أراضٍ زراعية، و115 كم^2 مستعمرات وقواعد عسكرية إسرائيلية، و250 كم^2 غابات ومناطق مفتوحة، بالإضافة إلى 25 كم^2 أراضٍ مبنية فلسطينية[143].

عاشراً: الوضع المائي

ما زالت القيود الإسرائيلية على استعمال الفلسطينيين لمصادر المياه قائمة، فما زالت الصعوبات قائمة أمام المساعي لتحسين الوضع القائم للبنية التحتية لشبكات توزيع المياه، وتحديداً في المناطق المعرفة "ج" والتي تقع تحت السيطرة الإسرائيلية المطلقة، وتشكل نحو 60% من أراضي الضفة الغربية المحتلة. وبالرغم من أن التجمعات الفلسطينية الموجودة في مناطق ج ومصنفة على أنها مناطق تطوير أولى من قبل "إسرائيل"، إلا أن سيطرة الإدارة المدنية الإسرائيلية على تلك المناطق كان له الأثر الأكبر في تنفيذ مشاريع تطوير خاصة في قطاع المياه في تلك المناطق للمستعمرات الإسرائيلية دون سواها، في حين أشار برنامج رصد ومراقبة الانتهاكات الإسرائيلية في قطاع المياه والبيئة في الأراضي الفلسطينية المحتلة The Water and Sanitation Hygiene Monitoring Program (WaSH MP) إلى الضرورة الملحة لتنفيذ 15 مشروعاً لتلبية الحاجات الإنسانية لحوالي 52 ألف فلسطيني في 17 تجمعاً، في مناطق مختلفة في الأراضي المصنفة "ج"[144].

ومن جهة أخرى تسبب نقص المياه الشديد في عدد من التجمعات الفلسطينية في مناطق ج في جنوب الضفة الغربية، في منع توفير مياه للشرب والنظافة لأكثر من 15 ألف فلسطيني تمّ تصنيفهم في فئة الحاجة الماسة، حيث يتوفر أقل من 30 لتراً من المياه لكل شخص في اليوم. وقد دعا ذلك لجنة حقوق الإنسان، في جلستها المنعقدة في الفترة 12-2010/7/30، لبحث موضوع منع حقّ الحصول على مياه بشكل مخالف للعهد الدولي الخاص بالحقوق المدنية والسياسية International Covenant on Civil and Political Rights (ICCPR)، والتي تمت الإشارة إليها في حالة الاحتلال الإسرائيلي على أنها مخالفات للحق في المياه والحماية بحسب القانون[145].

ومن جهة أخرى كان هناك اعتماد مختلف لمؤشرات اعتماد للتجمعات الأكثر تأثراً ما بين الضفة الغربية وقطاع غزة، حيث أصبحت مؤشرات توفر مياه الاستهلاك وأسعار المياه أساسية في تعريف وضع المياه في الضفة، بينما كانت المؤشرات الخاصة بنوعية المياه وتغطية شبكة المياه للتجمعات مؤشرات خاصة بقطاع غزة.

هذا وقد دفع العجز في توفير الكميات المطلوبة من المياه في الضفة الغربية الفلسطينيين إلى شراء المياه من شركة المياه الإسرائيلية ميكروت Israel National Water Company, Mekorot. وفي إشارة لسلطة المياه الفلسطينية التي ذكرت أن معدل استهلاك الفرد الفلسطيني في الضفة الغربية من المياه هو 73 لتراً، يكون حجم العجز في توفير المياه هو 34.6 مليون متر مكعب، حيث يتم توفير 88.6 مليون متر مكعب، بينما المطلوب هو توفير 123.2 مليون متر مكعب[146].

وبحسب إحصائيات برنامج رصد ومراقبة الانتهاكات الإسرائيلية في قطاع المياه والبيئة في الأراضي الفلسطينية المحتلة، هناك حوالي 313 ألف شخص يقطنون في 113 تجمع في الضفة الغربية معظمها في محافظات الخليل وجنين ونابلس، غير مرتبطين بشبكة المياه. وتدفع المنازل غير المرتبطة بشبكة المياه ما بين 15-20% من مدخولها لتوفير المياه، حيث يصل سعر المتر المكعب إلى 14.2 دولاراً[147].

وأشار برنامج رصد ومراقبة الانتهاكات الإسرائيلية في قطاع المياه والبيئة في الأراضي الفلسطينية المحتلة إلى أن هناك 441 تجمعاً فلسطينياً في الضفة الغربية غير قادرين على الحصول على أكثر من 60 لتراً لكل شخص في اليوم الواحد، وهي نسبة تعادل 60% مما توصي به منظمة الصحة العالمية، أي 100 لتر لكل شخص في اليوم[148].

وفي إحصائية لمكتب الأمم المتحدة لتنسيق الشؤون الإنسانية في الأراضي الفلسطينية (أوتشا) United Nations Office for the Coordination of Humanitarian Affairs-Occupied Palestinian Territory (OCHA)، تمّ تصنيف 194 تجمعاً فلسطينياً في مناطق ج في الضفة الغربية بأنها لا تتلقى إمدادات مياه بشكل مناسب. وأوضحت الإحصائية أنه:

- في شمال الضفة الغربية: 86% من 64 تجمعاً موجوداً في مناطق ج بحاجة ماسة إلى إمدادات المياه. وهناك أيضاً 22 تجمعاً يدفع سكانها أكثر من 5.6 دولار لكل متر مكعب.

- في وسط الضفة الغربية: 90% من التجمعات السكانية في مناطق ج غير مرتبطة بشبكة المياه. وهناك أيضاً حوالي 30% من السكان يدفعون أكثر من 5.6 دولار أمريكي لكل متر مكعب.

- في جنوب الضفة الغربية: هناك حوالي 30 ألف فلسطيني غير مرتبطين بشبكة المياه، ناهيك عن أن ندرة توفير المياه منعت السكان من إحداث أي تطوير على نواحي حياتهم، حيث يضطر هؤلاء لتخصيص ما مقداره 25-30% من دخلهم الشهري لشراء احتياجاتهم من المياه.

خاتمة   إذا كانت "يهودية الدولة" هي المقولة المهيمنة في الفكر السياسي الصهيوني اليوم، فإن معركة حسم هوية القدس تُعدّ التجلي الأول والأكبر لهذه المقولة. إن التحدي الذي يواجهه المشروع الصهيوني في القدس؛ حيث ما يزال نحو 35% من سكانها فلسطينيون، وما يزال أفق المدينة يعكس بوضوح لا تخطئه العين هويتها العربية، بمقدساتها الإسلامية والمسيحية، على الرغم من مرور 44 عاماً على استكمال احتلالها، وما يزال المسجد الأقصى، المعلم الإسلامي الجليل، مسيطراً على مشهد المدينة حتى في الدعايات التي تروج لها أجهزة الدولة الصهيونية للسياحة في القدس. هذا التحدي هو النموذج الصارخ لما تواجهه الدولة الصهيونية اليوم حيث تجد أن هويتها اليهودية مهددة، وأن سكانها يوشكون أن يصبحوا أقلية على أراضي فلسطين التاريخية، وأنها لم تتمكن من أن توجد لنفسها ثقافة طاغية تحل محل الثقافة الأصلية لأهل هذه الأرض، وأنها لم تتمكن من إلغاء الأسماء التاريخية العربية للأماكن والمعالم بالرغم من عملها المنهجي الدؤوب، وأنها لم تتمكن من أن توجد لنفسها طرازاً معمارياً، يمكن أن تدّعي أنه يختص بها وبشعبها دون غيرها من الأمم.

استفاد الاحتلال الإسرائيلي من حالة الضعف الفلسطيني والعربي والإسلامي، ليمعن في برامج الاستيطان وفي تهويد القدس. ورفض مجرد تجميد الاستيطان، كأحد استحقاقات الاستمرار في مشروع التسوية، وتابع عمليات هدم المنازل، ومصادرة هويات أهل القدس، ووضع اليد على مصادر المياه الفلسطينية؛ وصار جدار الفصل العنصري معلماً بارزاً على مصادرة الأراضي، وضرب الاقتصاد، وتدمير النسيج الاجتماعي للفلسطينيين، وإعاقة حرية الحركة والعمل. ولا يبدو أن الاحتلال الإسرائيلي، في ظلّ حكومته اليمينية المتطرفة، سيتوقف عن برامجه ما دامت حالة الضعف والعجز والانقسام الفلسطيني والعربي قائمة. غير أن مبشرات التغيير في الوطن العربي قد تجبر الإسرائيليين على المدى المتوسط والبعيد على مراجعة حساباتهم.

هوامش الفصل السادس

[1] عبد الله ابحيص، **عين على الأقصى: تقرير توثيقي استقرائي يرصد الاعتداءات على المسجد الأقصى في الفترة بين 2009/8/22-2010/8/21** (بيروت: مؤسسة القدس الدولية، 2010)، ص 3 وما بعدها.

[2] جريدة **العرب**، الدوحة، 2010/3/10.

[3] **الخليج**، 2010/3/17.

[4] عبد الله ابحيص، **عين على الأقصى**، ص 7 و24.

[5] **المرجع نفسه**.

[6] جريدة **الغد**، 2010/1/19.

[7] **الحياة الجديدة**، 2010/2/16.

[8] **الخليج**، 2010/11/15.

[9] **هآرتس**، 2009/11/30.

[10] جريدة **فلسطين**، غزة، 2010/3/17.

[11] **القدس**، 2010/4/3.

[12] انظر: **الأيام**، 2007/2/25.

[13] موقع شبكة فلسطين الإخبارية، 2010/10/4، انظر:

http://arabic.pnn.ps/index.php?option=com_content&task=view&id=92093&Itemid=0 و:

The Jerusalem Post, 5/10/2010, http://www.jpost.com/Israel/Article.aspx?id=190226

للاطلاع أكثر على هذا المخطط، انظر:

- A Master Plan for the Development of the Western Wall Plaza, site of The Kotel, 4/10/2010, http://english.thekotel.org/today/article.asp?ArticleID=106

- *Haaretz*, 4/10/2010, http://www.haaretz.com/print-edition/news/j-lem-considers-tunnel-entry-to-western-wall-plaza-1.317011

- Site of The Company for the Reconstruction and Development of the Jewish Quarter in the Old City of Jerusalem Ltd. (JQDc), http://www.rova-yehudi.org.il/en/project1-6.asp

[14] **الحياة الجديدة**، 2010/7/4؛ و*Haaretz*, 27/6/2010.

[15] *Haaretz*, 22/11/2010, http://www.haaretz.com/print-edition/news/western-wall-renovations-get-another-nis-85m-in-government-funding-1.325980

[16] *The Jerusalem Post*, 21/11/2010; and New Master Plan for the Western Wall Plaza, The Kotel, http://english.thekotel.org/today/article.asp?ArticleID=99

[17] عبد الله ابحيص، **عين على الأقصى**، ص 24.

[18] لمتابعة التطور السنوي لهذه الإجراءات، انظر سلسلة تقارير "عين على الأقصى" التي تصدرها مؤسسة القدس الدولية، وهي تغطي الأحداث منذ بداية سنة 2005.

[19] فجر يوم 2009/6/11 أجرت "قوة جبل المعبد" مناورة اختبرت فيها قدرتها على السيطرة على ساحات المسجد والتموضع فيها، وفي 2009/8/18 أجرت مناورة تسلقت فيها جدران المسجد من الخارج واتخذت مواقع على أسطح مبانيه الغربية والشمالية، محاكيةً اقتحاماً تُغلق فيه أبواب المسجد من الداخل، وطبقت هذه المناورة ميدانياً في اقتحامها للمسجد في 2009/10/3. وطورت عليه في اقتحامها في 2009/10/25 فأحرقت محول الكهرباء الرئيسي للمسجد وحجزت المصلين في المسجد القبلي وسيطرت على غرفة الصوتيات وأوقفت الأذان. لمتابعة تطور الاقتحامات خلال تلك الفترة انظر بيان مؤسسة القدس الدولية تعقيباً على اقتحام المسجد الأقصى في 2010/3/5، في:

http://www.alquds-online.org/index.php?s=news&cat=9,%2012&id=4461&skw

[20] موقع مركز إعلام القدس، فلسطين، 2010/7/21، انظر: http://www.qudsmedia.net/?articles=topic&topic=6214

[21] عبد الله ابحيص، **عين على الأقصى**، ص 11.

[22] فلسطين أون لاين، 2010/7/20.

[23] **الرأي**، عمّان، 2010/8/11.

[24] عبد الله ابحيص، **عين على الأقصى**، ص 26.

[25] **الدستور**، 2010/8/17.

[26] **القدس**، 2010/10/31.

[27] انظر: محمد خروب، عن صفقة الكنيسة الأرثوذكسية.. أو "حفنة عدس"!!، **الرأي**، عمّان، 2009/8/10، في: http://www.manbaralrai.com/?q=node/44270

[28] انظر: منذر حدادين، والكنيسة بألف خير ...، موقع عمون نيوز، 2010/1/9، في: http://ammonnews.net/article.aspx?articleNO=52340

[29] Site of The Jerusalem Institute for Israel Studies (JIIS), *Statistical Yearbook of Jerusalem 2009/2010* (Jerusalem: JIIS, 2010), table III/9 and table III/10, http://jiis.org/.upload/web%20C0909.pdf and http://jiis.org/.upload/web%20C1009.pdf

[30] الجزيرة.نت، 2010/2/16.

[31] قدس برس، 2010/5/22.

[32] عرب 48، 2010/6/9.

[33] **المستقبل**، 2010/6/23.

[34] **الرأي**، عمّان، 2010/7/21.

[35] فلسطين أون لاين، 2010/11/7.

[36] مركز أبحاث الأراضي ومعهد الأبحاث التطبيقية – القدس (أريج)، المستعمرون الإسرائيليون: اعتداء مستمر على المقابر والمقامات الدينية، موقع رصد أنشطة الاستيطان الإسرائيلي في الأراضي الفلسطينية POICA، 2010/2/2، انظر: http://www.poica.org/editor/case_studies/view.php?recordID=2312

[37] مركز أبحاث الأراضي وأريج، إخطار مسجد ومنشآت تجارية بوقف العمل تمهيداً للهدم في قرية بورين، موقع رصد أنشطة الاستيطان الإسرائيلي في الأراضي الفلسطينية POICA، 2010/2/8، انظر: http://www.poica.org/editor/case_studies/view.php?recordID=2324

[38] **الغد**، 2010/3/4.

[39] مركز أبحاث الأراضي وأريج، الاعتداء على مسجد بلال بن رباح في بلدة حوارة، موقع رصد أنشطة الاستيطان الإسرائيلي في الأراضي الفلسطينية POICA، 2010/4/17، انظر: http://www.poica.org/editor/case_studies/view.php?recordID=2443

[40] وكالة معاً، 2010/5/4.

[41] قدس برس، 2010/5/25.

[42] **المستقبل**، 2010/6/15.

[43] **الرأي**، 2010/8/6.

[44] مركز أبحاث الأراضي وأريج، إخطار مسجداً و14 منزلاً في بلدة قراوة بني حسان بوقف البناء، موقع رصد أنشطة الاستيطان الإسرائيلي في الأراضي الفلسطينية POICA، 2010/8/8، انظر: http://www.poica.org/editor/case_studies/view.php?recordID=2635

[45] **القدس العربي**، 2010/8/24.

[46] مركز أبحاث الأراضي وأريج، مستوطنون يهود يحرقون مسجد الأنبياء في بيت فجار، موقع رصد أنشطة الاستيطان الإسرائيلي في الأراضي الفلسطينية POICA، 2010/10/8، انظر: http://www.poica.org/editor/case_studies/view.php?recordID=2683

[47] مركز أبحاث الأراضي وأريج، الاحتلال يهدم مسجداً و27 منشأة في خربة يرزا، موقع رصد أنشطة الاستيطان الإسرائيلي في الأراضي الفلسطينية POICA، 2010/12/1، انظر:
http://www.poica.org/editor/case_studies/view.php?recordID=2777

[48] مركز أبحاث الأراضي وأريج، الاحتلال يجرف مقبرة للأطفال في بيت أمر ويغلق مداخلها الفرعية، موقع رصد أنشطة الاستيطان الإسرائيلي في الأراضي الفلسطينية POICA، 2010/12/29، انظر:
http://www.poica.org/editor/case_studies/view.php?recordID=2853

[49] خلال شهر تشرين الأول/ أكتوبر 2010 وحده تمّ منع الأذان 54 مرة. قدس برس، 2010/11/2.

[50] الخليج، 2010/5/5.

[51] لمزيد من المعلومات حول خلفيات المعركة السكانية في القدس، انظر: محسن صالح وآخرون، **التقرير الاستراتيجي الفلسطيني لسنة 2009** (بيروت: مركز الزيتونة للدراسات والاستشارات، 2010)، ص 282-283.

[52] بين يدي هذا النقاش والتحليل للأرقام، لا بدّ من الإشارة إلى أن عدداً من الأرقام الواردة هنا مستقاة مما يصدره معهد القدس للدراسات الإسرائيلية، وهو الجهة الوحيدة تقريباً في دولة الاحتلال التي تصدر أرقاماً تفصيلية تتعلق في القدس، وهو يعتمد على البيانات التي يوفرها الجهاز المركزي للإحصاء الإسرائيلي، ويحللها، ويضيف عليها نتائج دراساته الميدانية، وهذه الأرقام تأتي عادة متأخرة عن أرقام الجهاز آنف الذكر.

[53] See CBS, *Statistical Abstract of Israel 2009*, no. 60, table 2.5, http://www.cbs.gov.il/shnaton60/st02_05.pdf; and CBS, *Statistical Abstract of Israel 2010*, no. 61, table 2.5, http://www.cbs.gov.il/shnaton61/st02_05.pdf

[54] هذا التخفيض لا يشكل اتجاهاً دائماً، ومن الممكن أن لا يستمر، حيث كانت سلطات الاحتلال قد نجحت في تخفيض النسبة السنوية للزيادة من 3.7% سنة 2000 إلى 3.1% سنة 2003 إلا أنها عادت وقفزت إلى 3.7% مرة أخرى سنة 2004. انظر:
JIIS, *Statistical Yearbook of Jerusalem 2009/2010*, table III/3, http://jiis.org/.upload/web%20C0309.pdf

[55] *Ibid.*

[56] *Ibid.*, table III/6, http://jiis.org/.upload/web%20C0609.pdf

[57] *Ibid.*, table III/7, http://jiis.org/.upload/web%20C0709.pdf

[58] CBS, *Statistical Abstract of Israel 2010*, no. 61, table 2.5.

[59] JIIS, *Statistical Yearbook of Jerusalem 2009/2010*, table III/8.

[60] Maya Chochen and Michal Korach, *Jerusalem: Facts & Trends 2009/2010* (Jerusalem: JIIS, 2010), p. 11, http://jiis.org/.upload/facts-2010-eng%20(1).pdf

[61] JIIS, *Statistical Yearbook of Jerusalem 2009/2010*, table III/9 and table III/10; and CBS, *Statistical Abstract of Israel 2010*, no. 61, table 2.5.

[62] Maya Chochen and Michal Korach, *Jerusalem: Facts & Trends 2009/2010*, p. 18.

[63] *Ibid.*, p. 19.

[64] *Ibid.*, p. 28.

[65] *Ibid.*, p. 14.

[66] *Ibid.*, p. 23.

[67] *Ibid.*, p. 20.

[68] JIIS, *Statistical Yearbook of Jerusalem 2009/2010*, table III/8, http://jiis.org/.upload/web%20C0809.pdf

[69] Maya Chochen and Michal Korach, *Jerusalem: Facts & Trends 2009/2010*, p. 59.

[70] نسبة الفقر لدى يهود القدس تزيد عن نسبة الفقر لدى يهود الدولة عموماً إذ تبلغ الأخيرة 15% من الأسر فقط، وذلك عائد لزيادة نسبة المتدينين الحريديم الذين لا يشاركون بفاعلية في القطاعات الاقتصادية، وإلى اعتماد يهود القدس على الوظائف الحكومية.

[71] Maya Chochen and Michal Korach, *Jerusalem: Facts & Trends 2009/2010*, pp. 31- 32.

[72] *Ibid.*, p. 37.

73 *Ibid.*, p. 50.

74 *Ibid.*, p. 33.

75 *Ibid.*, p. 50.

76 مركز أبحاث الأراضي وأريج، القدس تحت الاحتلال في عامها 2010، موقع رصد أنشطة الاستيطان الإسرائيلي في الأراضي الفلسطينية POICA، 2011/1/18، انظر:

http://www.poica.org/editor/case_studies/view.php?recordID=2864

77 انظر: زياد الحموري، **الدستور**، 2010/8/9.

78 مركز أبحاث الأراضي وأريج، القدس تحت الاحتلال في عامها 2010.

79 تقدير لمركز القدس للحقوق الاقتصادية والاجتماعية، انظر: عرب 48، 2010/1/9. وانظر: **السفير**، 2010/1/14.

80 انظر: **الحياة الجديدة**، 2010/1/16.

81 في شهر شباط/ فبراير 2010 سلم موظفو "التأمين الوطني الإسرائيلي" إنذارات للقاطنين في إسكان ضاحية العيزرية تفيد بتجريدهم من امتيازات التأمين بسبب "إقامتهم في دولة أجنبية"، انظر: مركز أبحاث الأراضي وأريج، حي إسكان ضاحية العيزرية مهدد بفقدان حقّ الإقامة، موقع رصد أنشطة الاستيطان الإسرائيلي في الأراضي الفلسطينية POICA، 2010/3/12، انظر: http://www.poica.org/editor/case_studies/view.php?recordID=2388

82 انظر تقرير منشور حول سحب بطاقات الإقامة من سكان الرام، مركز إعلام القدس، 2009/2/17، في:

http://www.qudsmedia.net/?articles=topic&topic=687

83 مركز أبحاث الأراضي وأريج، حي إسكان ضاحية العيزرية مهدد بفقدان حقّ الإقامة.

84 تقرير لمركز القدس للحقوق الاقتصادية والاجتماعية نشرته **الحياة الجديدة**، 2010/4/30.

85 جريدة **فلسطين**، غزة، 2010/5/21.

86 فلسطين أون لاين، 2010/5/24.

87 قدس برس، 2010/6/15.

88 أريج ومركز أبحاث الأراضي، إسرائيل تصادق على مشروع قانون يَعدّ القدس "منطقة ذات أولوية وطنية"، موقع رصد أنشطة الاستيطان الإسرائيلي في الأراضي الفلسطينية POICA، 2010/10/26، انظر:

http://www.poica.org/editor/case_studies/view.php?recordID=2727

89 Applied Research Institute Jerusalem (ARIJ) and Land Research Center (LRC), "The Israeli De-Palastinization of Jerusalem" The Israel Municipality of Jerusalem issues Administrative Demolition Orders for 40 Palestinian Houses in the Eastern Part of Jerusalem City, Project of Monitoring the Israeli Colonization Activities (POICA), 5/3/2010, http://www.poica.org/editor/case_studies/view.php?recordID=2391

90 مركز أبحاث الأراضي وأريج، المحكمة العليا تصدر قراراً بنزع ملكية الفلسطينيين من أراضيهم وتسجيلها بأسماء مستعمرين يهود "أرض وقف ذري معو السعدي "كبانية أم هارون" – الشيخ جراح"، موقع رصد أنشطة الاستيطان الإسرائيلي في الأراضي الفلسطينية POICA، 2010/10/12، انظر:

http://www.poica.org/editor/case_studies/view.php?recordID=2690

91 **القدس العربي**، 2010/9/3.

92 **الدستور**، 2010/4/27.

93 **الدستور**، 2010/7/5.

94 الجزيرة.نت، 2011/1/9، انظر:

http://www.aljazeera.net/NR/exeres/AF8D52A6-763B-4FE5-9848-558B36542855.htm

95 نفذت قوات الاحتلال 11 مداهمة لعدة مساكن في حي البستان في شهر تشرين الثاني/ نوفمبر 2010 وحده. انظر: مركز أبحاث الأراضي وأريج، موجز إحصائي عن التقرير الشهري لانتهاكات الاحتلال الإسرائيلي في القدس، موقع رصد أنشطة الاستيطان الإسرائيلي في الأراضي الفلسطينية POICA، 2010/12/13، في:

http://www.poica.org/editor/case_studies/view.php?recordID=2803

96 قدس برس، 2010/12/23.

97 **الحياة**، 2010/3/3.

98 **الخليج**، 2010/5/2.

99 **الحياة**، 2010/6/19.

100 لمزيد من المعلومات حول تفاصيل هذه التسوية، انظر: **الدستور**، 2010/7/1.

101 **الأيام**، 2010/6/22.

102 مركز أبحاث الأراضي وأريج، إخطارات بإخلاء وهدم 11 مسكناً فلسطينياً في سلوان، موقع رصد أنشطة الاستيطان الإسرائيلي في الأراضي الفلسطينية POICA، 2010/3/8، انظر:
http://www.poica.org/editor/case_studies/view.php?recordID=2380

103 ARIJ and LRC, Israel Resumes Its Illegal Demolitions in the Occupied Eastern Part of Jerusalem City, POICA, http://www.poica.org/editor/case_studies/view.php?recordID=2588

104 مركز أبحاث الأراضي وأريج، الاحتلال الإسرائيلي وبلديته يصدران إخطارات بحق 33 مسكناً فلسطينيا في القدس المحتلة خلال شهر كانون ثاني 2010، موقع رصد أنشطة الاستيطان الإسرائيلي في الأراضي الفلسطينية POICA، 2010/3/1، انظر: http://www.poica.org/editor/case_studies/view.php?recordID=2365

105 مركز أبحاث الأراضي وأريج، تحويل 660 دونماً من أراضي العيسوية إلى حديقة قومية، موقع رصد أنشطة الاستيطان الإسرائيلي في الأراضي الفلسطينية POICA، 2010/3/4، انظر:
http://www.poica.org/editor/case_studies/view.php?recordID=2372

106 مركز أبحاث الأراضي وأريج، إخطارات بإخلاء محال تجارية في باب العامود في القدس المحتلة، موقع رصد أنشطة الاستيطان الإسرائيلي في الأراضي الفلسطينية POICA، 2010/3/11، انظر:
http://www.poica.org/editor/case_studies/view.php?recordID=2385

107 مركز أبحاث الأراضي وأريج، الاحتلال وبلديته يصدران إخطارات بحق 53 مسكناً في القدس المحتلة خلال شهر شباط 2010، موقع رصد أنشطة الاستيطان الإسرائيلي في الأراضي الفلسطينية POICA، 2010/3/15، انظر:
http://www.poica.org/editor/case_studies/view.php?recordID=2395

108 **السفير**، 2010/3/10.

109 **السفير**، 2010/6/16.

110 مركز أبحاث الأراضي وأريج، الانتهاكات الإسرائيلية في محافظات الضفة الغربية بما فيها محافظة القدس خلال فترة التجميد المزعوم، موقع رصد أنشطة الاستيطان الإسرائيلي في الأراضي الفلسطينية POICA، 2010/10/2، انظر:
http://www.poica.org/editor/case_studies/view.php?recordID=2676

111 أريج ومركز أبحاث الأراضي، "بالتزامن مع إطلاق المفاوضات المباشرة" تعزيز الاستيطان الإسرائيلي في الأراضي الفلسطينية المحتلة، موقع رصد أنشطة الاستيطان الإسرائيلي في الأراضي الفلسطينية POICA، 2010/9/17، انظر:
http://www.poica.org/editor/case_studies/view.php?recordID=2663

112 مركز أبحاث الأراضي وأريج، مخططات استيطانية لبناء 12000 وحدة سكنية استعمارية في القدس، موقع رصد أنشطة الاستيطان الإسرائيلي في الأراضي الفلسطينية POICA، 2010/10/1، انظر:
http://www.poica.org/editor/case_studies/view.php?recordID=2689

113 **الغد**، 2010/2/13.

114 مركز أبحاث الأراضي وأريج، 66 عائلة يهودية جديدة تسكن في رأس العمود، موقع رصد أنشطة الاستيطان الإسرائيلي في الأراضي الفلسطينية POICA، 2010/11/20، انظر:
http://www.poica.org/editor/case_studies/view.php?recordID=2768

115 ARIJ and LRC, Israel Approves more Settlement Construction in East Jerusalem Settlements, POICA, 13/3/2010, http://www.poica.org/editor/case_studies/view.php?recordID=2396

[116] **الأيام**، 2010/5/13.

[117] **السبيل**، 2010/6/10.

[118] **السفير**، 2010/3/10، و2010/6/16.

[119] **الاتحاد**، 2010/7/29.

[120] **عرب 48**، 2010/11/11.

[121] ARIJ and LRC, Israel Approves more Settlement Construction in East Jerusalem Settlements.

[122] أريج ومركز أبحاث الأراضي، عقبات جديدة في طريق السلام "إسرائيل تدفع بمخططات استيطانية جديدة في عدد من المستوطنات الإسرائيلية في القدس الشرقية والضفة الغربية"، موقع رصد أنشطة الاستيطان الإسرائيلي في الأراضي الفلسطينية POICA، 2010/11/10، انظر: http://www.poica.org/editor/case_studies/view.php?recordID=2755

[123] مركز أبحاث الأراضي وأريج، مخططات استيطانية لبناء 12000 وحدة سكنية استعمارية في القدس.

[124] **الحياة الجديدة**، 2010/2/27.

[125] **الدستور**، 2010/4/18.

[126] **الغد**، 2010/12/11.

[127] **الغد**، 2010/3/4.

[128] مركز أبحاث الأراضي وأريج، إخطارات بإخلاء محال تجارية في باب العامود في القدس المحتلة؛ و**القدس**، 2010/3/9.

[129] موقع الجهاز المركزي للإحصاء الفلسطيني، عدد المستعمرين في الضفة الغربية يتجاوز النصف مليون مستعمر، انظر: http://www.pcbs.gov.ps/Portals/_pcbs/PressRelease/settlement2009_A.pdf

[130] قاعدة بيانات وحدة نظم المعلومات الجغرافية 2010، أريج.

[131] BBC, 10/3/2010, http://news.bbc.co.uk/2/hi/8559238.stm

[132] Site of Peace Now for Israel Educational Enterprises (RA), http://peacenow.org.il/eng/node/332

[133] أريج ومركز أبحاث الأراضي، "بالتزامن مع إطلاق المفاوضات المباشرة" تعزيز الاستيطان الإسرائيلي في الأراضي الفلسطينية المحتلة.

[134] **الأيام**، 2010/8/31، انظر: http://www.al-ayyam.ps/znews/site/template/article.aspx?did=148159&date=8/31/2010

[135] *Haaretz*, 29/1/2010, http://www.haaretz.com/news/benjamin-netanyahu-israel-to-retain-key-west-bank-settlement-in-any-peace-deal-1.262417

[136] لقد أكد معهد أريج أن التقرير المذكور يغطي سنة 2010 بكاملها، ولم يتضمن فترة التجميد خلال سنة 2009. انظر: أريج ومركز أبحاث الأراضي، المستوطنات الإسرائيلية في الضفة الغربية تشهد توسعاً ملحوظاً خلال فترة التجميد الإسرائيلي المزعوم، 2011/2/8، موقع رصد أنشطة الاستيطان الإسرائيلي في الأراضي الفلسطينية POICA، في: http://www.poica.org/editor/case_studies/view.php?recordID=2898

[137] الجهاز المركزي للإحصاء الفلسطيني، الإحصاء الفلسطيني يصدر بياناً صحفياً عشية الذكرى السنوية الخامسة والثلاثون ليوم الأرض 2011/3/30، انظر: http://www.pcbs.gov.ps/DesktopModules/Articles/ArticlesView.aspx?tabID=0&lang=ar-JO&ItemID=1675&mid=12236. وانظر أيضاً: The Jerusalem Post, 4/3/2011, http://www.jpost.com/NationalNews/Article.aspx?id=210772

[138] *Haaretz*, 31/12/2010, http://www.haaretz.com/print-edition/news/new-state-budget-gives-settlements-nis-2-billion-and-more-1.334390

[139] أعضاء الكنيست الحالية، موقع الكنيست الإسرائيلي بالعربية، انظر: http://www.knesset.gov.il/mk/arb/mkindex_current.asp

[140] *Haaretz*, 20/5/2010, http://www.haaretz.com/print-edition/news/pa-upgrades-boycott-of-settlement-products-despite-israeli-warnings-1.291128

[141] BBC, 10/12/2010, http://www.bbc.co.uk/news/world-middle-east-11968304

142 قاعدة بيانات وحدة نظم المعلومات الجغرافية 2010، أريج.

143 الجهاز المركزي للإحصاء الفلسطيني، الإحصاء الفلسطيني يصدر بياناً صحفياً عشية الذكرى السنوية الخامسة والثلاثون ليوم الأرض 2011/3/30.

144 Site of The Water and Sanitation Hygiene Monitoring Program (WaSH MP), http://www.phg.org/wash-mp/

145 الملاحظات النهائية للجنة المعنية بحقوق الإنسان: إسرائيل، الدورة 99، جنيف 12-2010/7/30، العهد الدولي الخاص بالحقوق المدنية والسياسية، 2010/9/3، انظر:

http://daccess-dds-ny.un.org/doc/UNDOC/GEN/G10/448/04/PDF/G1044804.pdf?OpenElement

146 سلطة المياه الفلسطينية، انظر: /http://www.pwa.ps

147 The Water and Sanitation Hygiene Monitoring Program (WaSH MP).

148 منظمة الصحة العالمية، انظر: /http://www.who.int/ar

الفصل السابع

المؤشرات السكانية الفلسطينية

المؤشرات السكانية الفلسطينية

مقدمة

ما زال الشعب الفلسطيني يعاني من مرارة التشريد والحرمان، ومن تمزيق نسيجه الاجتماعي نتيجة الاحتلال الصهيوني الإسرائيلي، وما قام به من مجازر وعمليات تشريد. وما زال نحو 5.75 ملايين فلسطيني في الخارج، ونحو 1.8 مليون لاجئ فلسطيني مقيمين في الضفة الغربية وقطاع غزة محرومون من حقهم في العودة بسبب التعنت الإسرائيلي وتغاضي المجتمع الدولي، وبسبب فشل مسار التسوية السلمية في تحصيل حقوقهم.

ومع ذلك، فإن الشعب الفلسطيني ما يزال شعباً فتياً، ويتمتع بنسبة زيادة طبيعية عالية، وسيتجاوز عدده في بضع سنين أعداد اليهود في فلسطين التاريخية. كما أن أبناء هذا الشعب في الخارج يزدادون كل يوم إصراراً على حقهم في العودة كما تتزايد أنشطتهم وفعالياتهم وحملاتهم التي تؤيد هذا الحق.

أولاً: تعداد الفلسطينيين في العالم

بلغ عدد الفلسطينيين المقدر في نهاية سنة 2010 في العالم حوالي 11.14 مليون نسمة مقارنة بحوالي 10.88 مليون نسمة نهاية سنة 2009، أي بمعدل نمو سنوي حوالي 2.4%. والجدول التالي يمثل تقديرات عدد الفلسطينيين في العالم حسب الإقامة في نهاية سنة 2010.

جدول 7/1: عدد الفلسطينيين في العالم حسب الإقامة نهاية سنة 2010 (بالألف نسمة)[1]

مكان الإقامة		العدد	النسبة المئوية %
الأراضي المحتلة سنة 1967	الضفة الغربية	2,547	22.9
	قطاع غزة	1,562	14
الأراضي المحتلة سنة 1948 "إسرائيل"*		1,277	11.5
الأردن		3,311	29.7
الدول العربية الأخرى		1,812	16.3
الدول الأجنبية		626	5.6
المجموع الكلي		**11,135**	**100**

* بالنسبة للسكان الفلسطينيين في الأراضي المحتلة سنة 1948، فهي لا تشمل السكان في الأراضي التي احتلت سنة 1967 بما فيها محافظة القدس، ولا تشمل العرب السوريين أو اللبنانيين أو المسيحيين غير العرب أو فئة الآخرون، بافتراض معدل النمو السنوي حسب الإحصاءات الإسرائيلية للعرب، والذي يساوي 2.4% مقارنة بالسنة السابقة[2].

نسبة الفلسطينيين في العالم حسب الإقامة نهاية سنة 2010 (%)

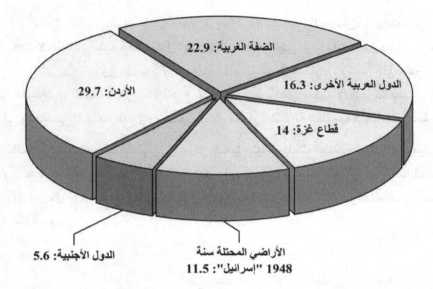

يتوزع الفلسطينيون حسب مكان الإقامة إلى فلسطينيين يقيمون في فلسطين التاريخية التي تضم الأراضي المحتلة سنة 1948، وسنة 1967، والذي يقدر عددهم بحوالي 5.39 ملايين نسمة يشكلون حوالي 48.4%، وبواقع 4.11 ملايين نسمة في الأراضي الفلسطينية المحتلة سنة 1967، أي ما نسبته 36.9% من إجمالي عدد الفلسطينيين في العالم، وحوالي 1.28 مليون فلسطيني يقيمون في الأراضي الفلسطينية التي احتلت سنة 1948 "إسرائيل"، أي بنسبة 11.5%.

أما الفلسطينيون في الشتات فيبلغ عددهم نحو 5.75 ملايين نسمة، يشكلون حوالي 51.6% من الفلسطينيين في العالم، ويتركز غالبيتهم في الدول العربية المجاورة وخاصة الأردن، إذ يقدر عدد الفلسطينيين فيه نهاية سنة 2010 بحوالي 3.31 ملايين نسمة، أي بنسبة 29.7% من جميع الفلسطينيين، أما في باقي الدول العربية فيقدر عدد الفلسطينين بحوالي 1.81 مليون فلسطيني بنسبة 16.3%، يتركز معظمهم في الدول العربية المجاورة: لبنان، وسورية، ومصر، ودول الخليج العربي. في حين بلغ عدد الفلسطينيين في الدول الأجنبية حوالي 626 ألفاً أي ما نسبته 5.6% من إجمالي عدد الفلسطينيين في العالم.

تجدر الإشارة إلى أن اللاجئين الفلسطينيين ليسوا فقط أولئك المقيمين في خارج فلسطين، وإنما هناك نحو 1.8 مليون لاجئ مقيمين في فلسطين المحتلة سنة 1967، كما أن هناك نحو 150 ألف لاجئ طردوا من أرضهم، لكنهم ما زالوا مقيمين في فلسطين المحتلة سنة 1948 "إسرائيل"؛ وبالتالي فإن مجموع اللاجئين الفلسطينيين يصل إلى نحو 7.71 ملايين لاجئ، أي نحو 69.2% من

مجموع الشعب الفلسطيني. وربما يكون هناك بعض التكرار في احتساب بعض الأعداد، بسبب الانتقال من المكان المسجل فيه اللاجئ أو الذي يحمل جواز سفره، إلى مكان عمل أو إقامة آخر؛ لكن ذلك لا يؤثر إلا بشكل ضئيل على النسبة الكبيرة للاجئين.

جدول 7/2: أعداد اللاجئين الفلسطينيين في العالم حسب تقديرات سنة 2010

البلد	الضفة الغربية	قطاع غزة	فلسطين المحتلة سنة 1948 "إسرائيل"	الأردن	لبنان	سورية	باقي الدول العربية	الدول الأجنبية	المجموع
العدد	756,688	1,052,141	150,000	3,311,000	427,057	477,700	907,243	626,000	7,707,829

أعداد اللاجئين الفلسطينيين في العالم حسب تقديرات سنة 2010

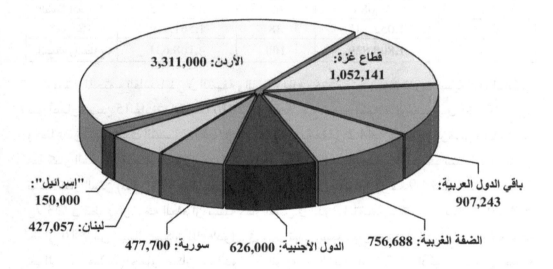

باقي الدول العربية: 907,243
الدول الأجنبية: 626,000

ثانياً: الخصائص الديموغرافية للفلسطينيين:

1. الضفة الغربية وقطاع غزة:

يقدر عدد السكان في نهاية سنة 2010 في الضفة الغربية وقطاع غزة بحوالي 4.109 ملايين فرد منهم حوالي 2.547 مليون في الضفة الغربية (62%)، و1.562 مليون فرد (38%) في قطاع غزة. أما بالنسبة لتوزيع السكان الفلسطينيين على المحافظات فتشير البيانات إلى أن محافظة الخليل فيها أعلى نسبة لعدد السكان حيث بلغت 14.9% من إجمالي السكان في الضفة والقطاع، ثم محافظة غزة

حيث سجلت ما نسبته 13.2% من إجمالي السكان، في حين بلغت نسبة السكان في محافظة القدس 9.4% من إجمالي السكان. كما تشير البيانات إلى أن محافظة أريحا والأغوار سجلت أدنى نسبة لعدد السكان في نهاية سنة 2010 حيث بلغت 1.1% من إجمالي السكان في الضفة والقطاع.

تشير التقديرات المتوفرة لسنة 2010 إلى أن 44% من السكان الفلسطينيين في الضفة والقطاع هم لاجئون حيث يقدر عددهم بنحو 1.809 مليون لاجئ في نهاية سنة 2010، في حين بلغ عددهم في الضفة الغربية حوالي 757 ألف لاجئ بنسبة 29.7% من مجمل سكان الضفة الغربية، أما في قطاع غزة حوالي 1.052 مليون لاجئ بنسبة 67.4% من مجمل سكان قطاع غزة.

جدول 7/3: مقارنة بين مجموع السكان واللاجئين الفلسطينيين في الضفة الغربية وقطاع غزة 2010

مكان الإقامة	السكان		اللاجئين	
	العدد	النسبة %	العدد	النسبة %
الضفة الغربية	2,546,725	62	756,688	29.7
قطاع غزة	1,561,906	38	1,052,141	67.4
الضفة والقطاع	**4,108,631**	**100**	**1,808,829**	**44**

ويمتاز المجتمع الفلسطيني في الضفة والقطاع بأنه مجتمع فتي، حيث قدرت نسبة الأفراد الذين تقل أعمارهم عن 15 عاماً نهاية سنة 2010 بـ 41.1%، مع وجود اختلاف واضح بين الضفة الغربية وقطاع غزة، فقد بلغت النسبة 39.2% في الضفة الغربية مقابل 44.2% في قطاع غزة. بينما لا تشكل فئة كبار السن أو المسنين سوى نسبة ضئيلة من حجم السكان. ففي منتصف سنة 2010 بلغت نسبة كبار السن (الأفراد 60 عاماً فأكثر) 4.4% من مجمل السكان بواقع 4.9% في الضفة الغربية و3.7% في قطاع غزة. مع العلم أن نسبة كبار السن في الدول المتقدمة مجتمعة في سنة 2010 بلغت حوالي 16% من إجمالي سكان تلك الدول، في حين تبلغ نسبة كبار السن في الدول النامية مجتمعة حوالي 6% فقط من إجمالي سكان تلك الدول. وبالرغم من الزيادة المطلقة لأعداد كبار السن في الضفة والقطاع خلال السنوات القادمة إلا أنه من المتوقع أن تبقى نسبتهم من إجمالي السكان منخفضة وفي ثبات أي لن تتجاوز 4.5% خلال السنوات العشر القادمة، في حين من الممكن أن تبدأ هذه النسبة في الارتفاع بعد سنة 2020، ويعزى ثبات نسبة المسنين من إجمالي السكان خلال السنوات القادمة إلى استمرار تأثير معدلات الخصوبة المرتفعة على التركيب العمري للسكان وخاصة في قطاع غزة.

بلغت نسبة الأفراد الذكور 60 عاماً فأكثر في الضفة والقطاع لسنة 2010 حوالي 3.8% مقابل 5% للإناث، بنسبة جنس مقدارها 79 ذكراً لكل 100 أنثى، ويعود ارتفاع نسبة الإناث مقابل الذكور لدى كبار السن لأسباب بيولوجية وصحية، حيث تؤدي إلى زيادة العمر المتوقع للبقاء على قيد الحياة للإناث مقابل الذكور في معظم دول العالم.

إن التوزيع العمري للسكان يظهر أن الهرم السكاني ذو قاعدة عريضة ورأس مدبب، وبالتالي سيبقى الفلسطينيون ولسنوات قادمة تحت تأثير الزيادة الطبيعية المرتفعة نوعاً ما، وذلك على الرغم من أن هناك انخفاضاً في معدلات الزيادة الطبيعية، وانخفاضاً في معدلات الخصوبة خلال السنوات الأخيرة.

بلغ عدد الذكور المقدر في نهاية سنة 2010 في الضفة والقطاع حوالي 2.086 مليون ذكر مقابل 2.023 مليون أنثى، بنسبة جنس مقدارها 103.1. أما في الضفة الغربية فقد بلغ عدد الذكور 1.293 مليون ذكر مقابل 1.254 مليون أنثى، بنسبة جنس مقدارها 103.1، في حين بلغ عدد الذكور في قطاع غزة 793 ألف ذكر مقابل 769 ألف أنثى، بنسبة جنس مقدارها 103.1.

وتشير البيانات بأن نسبة الإعالة في الضفة والقطاع قد انخفضت من 101.3 في سنة 1997 إلى 78.7 في سنة 2010، أما على مستوى المنطقة فيلاحظ أن هناك فارقاً كبيراً في نسبة الإعالة لكل من الضفة الغربية وقطاع غزة حيث انخفضت في الضفة الغربية من 94.7 سنة 1997 إلى 73.7 سنة 2010. أما في قطاع غزة فقد انخفضت من 114.5 في سنة 1997 إلى 87.4 سنة 2010.

وقد شهدت الضفة والقطاع تحسناً ملحوظاً في توقع معدلات البقاء على قيد الحياة عند الولادة خلال العقدين الماضيين، حيث أصبحت هذه المعدلات 70.8 عاماً للذكور و73.6 عاماً للإناث سنة 2010. ومن المتوقع ارتفاع هذا المعدل خلال السنوات القادمة ليصل إلى نحو 72.2 عاماً للذكور، و75 عاماً للإناث في سنة 2015. ويلاحظ هنا وجود اختلاف في هذه المعدلات بين الضفة الغربية وقطاع غزة، حيث أصبحت هذه المعدلات في الضفة الغربية 72.6 عاماً، بواقع 71.2 عاماً للذكور و74 عاماً للإناث سنة 2010، بينما في قطاع غزة فقد بلغت 71.6 عاماً، بواقع 70.2 عاماً للذكور و72.9 عاماً للإناث، هذه الزيادات ناتجة عن تحسن المستوى الصحي والانخفاض التدريجي لمعدلات وفيات الأطفال الرضع.

تشير البيانات إلى ارتفاع طفيف في العمر الوسيط في الضفة والقطاع من 16.4 عاماً في سنة 1997 إلى 18.5 عاماً في سنة 2010. وعند مقارنة البيانات بين الضفة الغربية وقطاع غزة كل على حدة خلال الفترة 1997-2010 يلاحظ اختلاف العمر الوسيط، حيث ارتفع العمر في الضفة الغربية من 17.4 عاماً في سنة 1997 إلى 19.4 عاماً في سنة 2010، في حين ارتفع العمر الوسيط في قطاع غزة من 14.8 عاماً في سنة 1997 إلى 17.2 عاماً في سنة 2010.

تشير الإسقاطات السكانية إلى أن معدل المواليد الخام في الضفة والقطاع سينخفض من 32.8 مولود لكل ألف من السكان سنة 2010 إلى 31.9 مولود سنة 2015. أما على مستوى المنطقة فنلاحظ أن هناك تبايناً في معدل المواليد الخام لكل من الضفة الغربية وقطاع غزة،

حيث قدر معدل المواليد الخام سنة 2010 في الضفة الغربية 30.1 مولود، في حين قدر في قطاع غزة للسنة نفسها 37.1 مولود.

تشير البيانات المتوفرة إلى أن معدلات الوفيات الخام منخفضة نسبياً، إذا ما قورنت بالمعدلات السائدة في الدول العربية. كما يتوقع انخفاض معدلات الوفيات الخام المقدرة في الضفة والقطاع من 4.1 حالة وفاة لكل ألف من السكان سنة 2010 إلى 3.6 حالة وفاة لكل ألف من السكان سنة 2015. أما على مستوى المنطقة فيلاحظ أن هناك فارقاً ضئيلاً في معدل الوفيات الخام لكل من الضفة الغربية وقطاع غزة، حيث يتوقع انخفاض معدل الوفيات الخام من 4.2 حالة وفاة لكل ألف من السكان في سنة 2010 في الضفة الغربية إلى 3.8 حالة وفاة لكل ألف من السكان سنة 2015. في حين يتوقع انخفاض معدل الوفيات الخام في قطاع غزة من 4 حالات وفاة لكل ألف في سنة 2010 إلى نحو3.5 حالات وفاة لكل ألف من السكان سنة 2015؛ وهو ما يشير إلى تحسن نوعية الحياة، وفرص الحصول على الخدمات الطبية، وتحسن الوعي الصحي لدى السكان وتطور الخدمات الصحية.

بلغ معدل الزيادة الطبيعية للسكان منتصف سنة 2010 في الضفة الغربية وقطاع غزة 2.9%، في حين بلغ المعدل في الضفة 2.7% وفي القطاع 3.3% ومن المتوقع أن تبقى معدلات النمو كما هي خلال السنوات الخمس القادمة، حيث إن انخفاض معدلات الوفيات وبقاء معدلات الخصوبة مرتفعة، بالرغم من اتجاهها نحو الانخفاض، سيؤدي إلى بقاء معدلات الزيادة الطبيعية للسكان مرتفعة، هذا الأمر هو الأمر الوحيد المتاح للشعب الفلسطيني للابقاء على التوازن في الصراع الديموغرافي مع الاحتلال الإسرائيلي، الذي يعتمد على استقطاب المهاجرين الصهاينة من الخارج، وتحفيز الشعب اليهودي على الإنجاب، بينما يعتمد الصهاينة سياسة تهجير الفلسطينيين، إضافة إلى عمليات القتل والاعتقال وبناء الجدار، وفرض سياسات الحصار والتضييق على الفلسطينيين في إدارة ثرواتهم.

تعدّ الخصوبة في الضفة والقطاع مرتفعة إذا ما قورنت بالمستويات السائدة حالياً في الدول الأخرى. ويعود ارتفاع مستويات الخصوبة إلى الزواج المبكر خاصة للإناث، والرغبة في الإنجاب، بالإضافة إلى العادات والتقاليد السائدة في المجتمع الفلسطيني، ولكن هناك دلائل تؤكد على أن الخصوبة بدأت في الانخفاض خلال العقد الأخير من القرن الماضي. فاستناداً إلى النتائج النهائية للتعداد العام للسكان والمساكن والمنشآت في سنة 2007، طرأ انخفاض على معدل الخصوبة الكلية في الضفة والقطاع حيث بلغ 4.6 مواليد في سنة 2007 مقابل 6 مواليد في سنة 1997. أما على مستوى المنطقة فيلاحظ استمرار ارتفاع معدل الخصوبة الكلية في قطاع غزة عنه في الضفة الغربية، خلال الفترة 1997-2007، حيث بلغ

4.1 مواليد في سنة 2007 في الضفة الغربية مقابل 5.6 مواليد في سنة 1997. أما في قطاع غزة فقد بلغ 5.3 مواليد في سنة 2007 مقارنة بـ 6.9 مواليد في سنة 1997.

كما بلغ متوسط عدد الأطفال الذين تنجبهم النساء المتزوجات في الضفة والقطاع سنة 2006 حوالي 4.7 مواليد، بواقع 4.6 مواليد في الضفة الغربية و5 مواليد في قطاع غزة.

من ناحية حجم الأسرة تشير البيانات إلى أن هناك انخفاضاً سنوياً بطيئاً لمتوسط حجم الأسرة في الضفة والقطاع، حيث انخفض متوسط حجم الأسرة من 6.4 أفراد في التعداد السكاني سنة 1997 إلى 5.8 أفراد في التعداد السكاني سنة 2007 ثم انخفض إلى 5.5 أفراد سنة 2010. من جانب آخر انخفض متوسط حجم الأسرة من 6.1 أفراد في التعداد السكاني سنة 1997 إلى 5.8 أفراد في التعداد السكاني سنة 2007 ثم انخفض إلى 5.3 أفراد سنة 2010. بينما انخفض متوسط حجم الأسرة في قطاع غزة من 6.9 أفراد في التعداد السكاني سنة 1997 إلى 6.5 أفراد في التعداد السكاني سنة 2007 ثم انخفض إلى 5.8 أفراد سنة 2010[3].

وحول انتشار الأمية، فتشير النتائج إلى أن معدلات الأمية بين البالغين في الضفة والقطاع من أقل المعدلات في العالم، حيث بلغت نسبة الأمية بين الأفراد الذين تبلغ أعمارهم 15 عاماً فأكثر 5.4%، بواقع 2.6% للذكور و8.3% للإناث في سنة 2009، مقارنة مع 5.9% وبواقع 2.9% للذكور و9.1% للإناث في سنة 2008، في حين كانت 13.9% في سنة 1997؛ علماً بأن الشخص الأمي يُعرف بأنه هو الشخص الذي لا يستطيع أن يقرأ ويكتب جملة بسيطة عن حياته اليومية.

وتشير النتائج السابقة إلى الانخفاض الكبير في نسب الأمية منذ سنة 1997، حيث تعدّ معدلات الأمية بين البالغين في الضفة الغربية وقطاع غزة من أقل المعدلات في العالم، حيث بلغت نسبة الأمية عالمياً بين الأفراد الذين تبلغ أعمارهم 15 عاماً فأكثر 16.6%، وبلغ عدد الأميين في العالم بين الأعوام 2005-2008 حوالي 796.2 مليوناً، منهم 510.6 ملايين من الإناث، وبلغت نسبة الأمية بين الذكور البالغين في العالم 11.8%، في حين بلغت بين الإناث البالغات 21.1% للأعوام نفسها. أما في الوطن العربي فهناك حوالي 60.2 مليوناً في الفترة نفسها منهم 39.3 مليوناً من الإناث، بواقع نسبة أمية بين الإناث تصل إلى 36.9% مقارنة بـ 18.8% بين الذكور[4].

وبلغ متوسط كثافة السكن (عدد الأفراد في الغرفة) في الضفة الغربية وقطاع غزة 1.6 فرداً للغرفة في سنة 2010 بواقع 1.5 فرداً لكل غرفة في الضفة، مقابل 1.8 فرداً لكل غرفة في القطاع، وتشير البيانات أيضاً إلى أن 10% من الأسر في الضفة والقطاع تسكن في وحدات سكنية ذات كثافة سكنية تبلغ ثلاثة أفراد أو أكثر للغرفة. وبلغ متوسط عدد الغرف في المسكن في الضفة والقطاع 3.6 غرف في سنة 2010. وتشير البيانات إلى أن 15% من الأسر في الضفة والقطاع تسكن في مساكن تحتوي على 1-2 غرفة[5].

وفيما يلي توزيع السكان حسب تقديرات الجهاز المركزي للإحصاء الفلسطيني، حسب المحافظة في الضفة الغربية وقطاع غزة.

جدول 7/4: عدد السكان المقدر حسب المحافظة لسنتي 2007 و2010[6]

معدل النمو السنوي 2010-2007	سنة 2010	سنة 2007	المحافظة
2.7	2,546,725	2,345,107	الضفة الغربية
2.7	277,578	256,212	جنين
4.4	55,703	48,771	طوباس
1.9	167,382	158,213	طولكرم
2.3	344,070	321,493	نابلس
2.7	98,730	91,046	قلقيلية
2.4	63,882	59,464	سلفيت
3.2	305,757	278,018	رام الله والبيرة
3.3	46,076	41,724	أريحا والأغوار
2.1	385,669	362,521	القدس
2.7	191,487	176,515	بيت لحم
3.4	610,391	551,130	الخليل
3.3	1,561,906	1,416,539	قطاع غزة
3.9	303,351	270,245	شمال غزة
3	543,195	496,410	غزة
3.3	226,778	205,534	دير البلح
3	296,438	270,979	خان يونس
3.4	192,144	173,371	رفح
2.9	4,108,631	3,761,646	الضفة والقطاع

عدد السكان المقدر حسب المحافظة سنة 2010

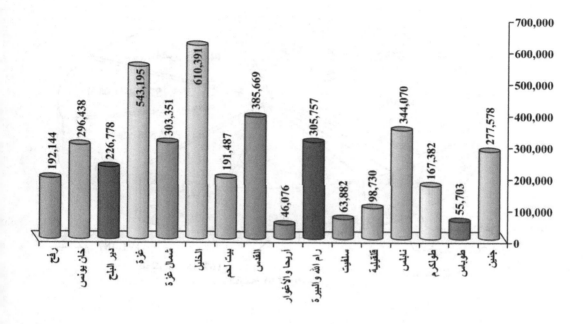

عدد السكان المقدر في محافظات قطاع غزة سنة 2010

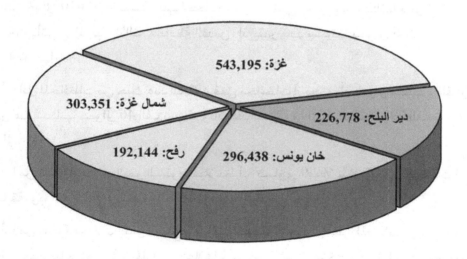

عدد السكان المقدر في محافظات الضفة الغربية سنة 2010

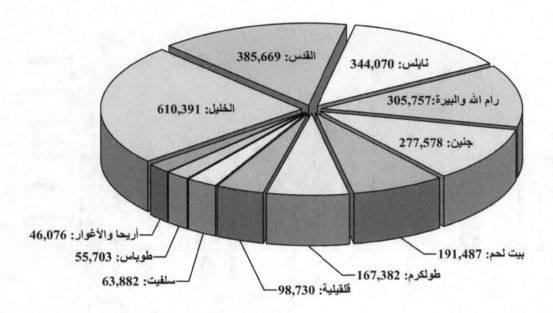

يتوزع السكان في 16 محافظة، منها 5 محافظات في قطاع غزة، و11 محافظة في الضفة الغربية، حيث تعدّ محافظة الخليل أكبر المحافظات من ناحية عدد السكان، إذ يقدر سكانها في نهاية سنة 2010 بحوالي 610 آلاف نسمة، يليها محافظة غزة، والتي يقدر عدد سكانها بحوالي 543 ألف نسمة، وتأتي في المرتبة الثالثة محافظة القدس، إذ يقدر عدد سكانها بحوالي 386 ألف نسمة في السنة نفسها.

أما أقل المحافظات من حيث عدد السكان فهي محافظات أريحا وطوباس وسلفيت وقلقيلية، إذ يقدر عدد سكانها بحوالي 46 ألف نسمة، و56 ألف نسمة، و64 ألف نسمة، و99 ألف نسمة على التوالي.

أما من ناحية معدلات النمو السنوي فيلاحظ أنه يساوي 2.9% سنوياً خلال السنوات الثلاث السابقة، وبواقع 2.7% في الضفة الغربية، و3.3% في قطاع غزة.

أما من ناحية معدلات النمو السنوي في المحافظات فيلاحظ أن أعلى المعدلات هي في محافظات القطاع حيث يبلغ المعدل 3% فأعلى، وأعلاها في محافظة شمال غزة 3.9%. أما في الضفة الغربية، فجميع معدلات النمو أدنى من 3% باستثناء محافظات طوباس والخليل وأريحا ورام الله، ويساوي 4.4%، و3.4%، و3.3%، و3.2% على التوالي. أما أقل المحافظات نمواً على مستوى الضفة والقطاع فهي طولكرم والقدس، إذ يقدر معدل النمو 1.9% و2.1% على التوالي.

الهجرة الداخلية في الضفة الغربية وقطاع غزة:

الهجرة الداخلية تتمثل بالانتقال الدائم للإقامة في تجمع آخر سواء في المحافظة نفسها أو في محافظة أخرى، حيث أشارت نتائج مسح الهجرة في الأراضي الفلسطينية المحتلة سنة 1967، الذي نفذه الجهاز المركزي للإحصاء الفلسطيني لأول مرة في كانون الأول/ ديسمبر 2010، إلى وجود هجرات داخلية امتدادها المحافظة الواحدة والمحافظات المجاورة.

ويلاحظ من النتائج أن حركة السكان الداخلية بين الضفة الغربية وقطاع غزة محدودة للغاية، وهذا يبدو جلياً من خلال نتائج المسح، إذ إن نسبة محدودة جداً من الفلسطينيين المقيمين في غزة حالياً لهم مكان إقامة سابق في الضفة الغربية، وذلك نظراً للفصل الجغرافي بينهما من قبل سلطات الاحتلال، وبينت أن معظم الهجرات الداخلية للسكان تكون داخل المحافظة الواحدة، ومن ثم المحافظات القريبة؛ ففي محافظة طوباس كان 23.9% من القادمين إليها ممن كانوا يقيمون في محافظة جنين، وكذلك الحال في محافظة سلفيت، حيث إن 37.8% من القادمين إليها هم ممن كانوا يقيمون في محافظة رام الله والبيرة، وأما في محافظة أريحا والأغوار، فإن 20% من القادمين إليها كانوا يقيمون في محافظة القدس، و22% كانوا يقيمون في محافظة بيت لحم.

ومن الملاحظ أن نصف الهجرات الداخلية بين المحافظات وداخلها تمت منذ عشر سنوات فأكثر، كما أن هناك نشاطاً ملحوظاً للهجرة خلال السنوات الخمس الماضية باتجاه وداخل عدد من المحافظات الفلسطينية من أهمها القدس، ورام الله، والبيرة، ونابلس.

أوضحت النتائج أيضاً أن الزواج هو أعلى سبب لتغيير مكان إقامة الأفراد داخل الضفة والقطاع، حيث بلغت نسبتهم 36.4%، وبسبب المرافقة بـ 32.9%، وهذا أمر طبيعي أن ترافق الزوجة زوجها أو الأبناء آباءهم. في حين يلاحظ أن الأسباب الأخرى كانت منخفضة كالعمل، والدراسة... إلخ.

وبينت النتائج أن 33.4% من الأفراد الذين هاجروا داخلياً هم في الفئة العمرية 15-29 عاماً، و30% هم في الفئة العمرية 30-44 عاماً، وهذا يعود إلى أن هذه الفئات هي الأكثر حركة بالنظر إلى سببي الهجرة وهما الزواج والمرافقة، بالإضافة إلى كون الهجرة الداخلية تكون قد حدثت قبل سنوات من تنفيذ المسح[7].

2. فلسطين المحتلة سنة 1948 "إسرائيل":

بلغ عدد الفلسطينيين المقدر في نهاية سنة 2010 في "إسرائيل" حوالي 1.28 مليون فلسطيني مقارنة بحوالي 1.25 مليون فلسطيني في نهاية سنة 2009، وتظهر البيانات المتوفرة حول الفلسطينيين المقيمين في "إسرائيل" لسنة 2009 أنه مجتمع فتي، إذ بلغت نسبة الأفراد دون الـ 15 عاماً من العمر للذكور 38% وللإناث 37.2%، في حين بلغت نسبة الأفراد الذين تبلغ أعمارهم 65 عاماً فأكثر للذكور 3.6% وللإناث 4%.

وبلغ معدل الخصوبة الكلي للفلسطينيين في "إسرائيل" 3.5 مواليد لكل امرأة سنة 2009 مقارنة بـ 3.62 مواليد لكل امرأة لسنة 2007، ويعدّ هذا المعدل مرتفعاً نسبياً قياساً بمعدلات الخصوبة في "إسرائيل". كما أشارت البيانات إلى أن متوسط حجم الأسرة الفلسطينية بلغ 4.8 أفراد لكل أسرة سنة 2009 مقارنة بـ 5 أفراد خلال سنة 2007. وبلغ معدل المواليد الخام لسنة 2009 حوالي 26.2 مولوداً لكل ألف من السكان، أما معدل وفيات الرضع للسنة نفسها فكان 6.8 لكل ألف من المواليد الأحياء، علماً بأن نسبة الجنس لسنة 2009 بلغت 102.2 ذكر لكل مئة أنثى، وبلغت نسبة الأمية بين الفلسطينيين البالغة أعمارهم 15 عاماً فأكثر 6.1%، وتعيش 26.2% من الأسر الفلسطينية في "إسرائيل" في مساكن ذات كثافة سكنية تبلغ فردين فأكثر. هذه البيانات لا تشمل عدد السكان العرب في هضبة الجولان السورية، كما لا تشمل عدد السكان في منطقة جي واحد J1 من محافظة القدس، إضافة إلى العرب اللبنانيين الذين انتقلوا للإقامة المؤقتة في "إسرائيل"، حيث إن "إسرائيل" تحصي جميع هذه الفئات ضمن سكانها وضمن العرب ككل[8].

3. الأردن:

يقدر عدد الفلسطينيين في الأردن في نهاية سنة 2010 بحوالي 3.31 ملايين نسمة، مقارنة مع 3.24 ملايين نسمة نهاية سنة 2009، وذلك بناء على تقديرات الباحث (انظر جدول 7/1)، ولا تتوفر معلومات محدثة عن خصائص السكان الفلسطينيين في الأردن، حيث تظهر البيانات المتوفرة لسنة 2007 أن الفلسطينيين المقيمين في الأردن مجتمع فتيٌّ نوعاً ما، إذ بلغت نسبة الأفراد دون الـ 15 من العمر 35.9%، ونسبة السكان كبار السن 5.2%.

ويتوزع السكان الفلسطينيون في سن 15 عاماً فأكثر في الأردن سنة 2000 حسب الحالة الزواجية بنسبة 50.2% من الذكور ضمن تصنيف لم يتزوج في حين بلغت 37.4% للإناث، ويلاحظ أن أعلى نسبة للذين لم يتزوجوا هي في الفئة العمرية 15-19 عاماً حيث بلغت 99.2% للذكور و87.9% للإناث، كما يلاحظ ارتفاع نسبة الأرامل الفلسطينيات الإناث في الأردن حيث بلغت 2.6%، مقارنة مع 0.6% أرمل من الذكور.

وبلغ معدل الخصوبة الكلية للنساء الفلسطينيات في الأردن سنة 2007 حوالي 3.3 مواليد لكل امرأة، حيث كانت النساء في الفئة العمرية 25-29 عاماً الأكثر إسهاماً في هذا المعدل والتي بلغت 173.6 مولوداً لكل ألف امرأة، وبلغت الخصوبة للنساء في الفئة العمرية 30-34 عاماً 149.2 مولوداً لكل ألف امرأة وذلك لسنة 2007. كما بلغ متوسط حجم الأسرة الفلسطينية 5.1 أفراد سنة 2007.

وبلغ معدل وفيات الرضع في المخيمات الفلسطينية في الأردن 22.5 حالة وفاة لكل ألف مولود حي لسنة 2004، بينما بلغ معدل وفيات الأطفال دون الخامسة 25.1 حالة وفاة لكل ألف مولود حي للسنة نفسها[9].

وحسب إحصاءات وكالة الأمم المتحدة لتشغيل اللاجئين الفلسطينيين (الأونروا) فإن هناك 2,004,795 لاجئاً مسجلاً، وذلك حتى تاريخ 2010/6/30، مقارنة مع 1,570,192 لاجئاً مسجلاً في التاريخ نفسه من سنة 2000. الأمر الذي يعني أن معدل النمو السكاني للاجئين المسجلين فقط في الأردن يقدر بحوالي 2.5% سنوياً (انظر جدول 7/6).

4. سورية:

بلغ عدد اللاجئين الفلسطينيين المسجلين فعلاً لدى الأونروا في سورية 477,700 نسمة حتى تاريخ 2010/6/30، مقارنة مع 383,199 نسمة في التاريخ نفسه من سنة 2000، أي بمعدل نمو سنوي يقدر بـ 2.2%. وقد بلغت نسبة الجنس 100.4 ذكر لكل مئة أنثى سنة 2009 (انظر جدول 7/6).

يشكل اللاجئون في سورية 117,806 عائلة ويعيش حوالي 27.1% منهم في المخيمات، مع ملاحظة أن عدد اللاجئين المذكور أعلاه لا يشمل الفلسطينيين الذين هُجّروا إلى سورية سنتي 1967 و1970، لأن معظمهم غير مسجلين في قيود الوكالة (انظر جدول 7/7).

ولا تتوفر بيانات محدثة عن الفلسطينيين في سورية، لكن تفيد البيانات المتوفرة حول الفلسطينيين المقيمين في سورية لسنة 2007 أن نسبة الأفراد دون الـ 15 عاماً 33.1%، كما أشارت البيانات إلى أن متوسط حجم الأسرة الفلسطينية بلغ 4.9 أفراد. من جانب آخر بلغ معدل الخصوبة الكلي في سنة 2007 للفلسطينيين في سورية 3.6 مواليد لكل امرأة، حيث كانت النساء في الفئة العمرية 25-29 عاماً الأكثر إسهاماً في هذا المعدل والتي بلغت 216.1 مولوداً لكل ألف امرأة في الفئة العمرية ذاتها، وبلغت الخصوبة للنساء في الفئة العمرية 30-34 عاماً 184 مولوداً لكل ألف امرأة. كما بلغ معدل المواليد الخام 29.3 مولوداً لكل ألف من السكان. وبلغ معدل وفيات الرضع سنة 2006 للفلسطينيين في سورية 25 حالة وفاة لكل ألف مولود حي، بينما بلغ معدل وفيات الأطفال دون سن الخامسة 30 حالة وفاة لكل ألف مولود حي للفترة نفسها.

ويتوزع السكان الفلسطينيون في سن 15 عاماً فأكثر في سورية سنة 2007 حسب الحالة الزواجية بنسبة 48.3% من الذكور ضمن تصنيف لم يتزوج، في حين بلغت 40.8% للإناث. ويلاحظ أن أعلى نسبة للذين لم يتزوجوا هي في الفئة العمرية 15-19 عاماً حيث بلغت 100% للذكور و92.7% للإناث، كما يلاحظ ارتفاع نسبة الأرامل الفلسطينيات الإناث في سورية حيث بلغت 4.2% مقارنة مع 0.5% أرمل من الذكور[10].

5. لبنان:

يبلغ عدد الفلسطينيين المسجلين لدى الأونروا كلاجئين بتاريخ 2010/6/30 ومقيمين في لبنان 427,057 فرداً مقارنة مع 376,472 نسمة في التاريخ نفسه من سنة 2000. أي بمعدل نمو سنوي يقدر بـ 1.3% فقط. ويشكل اللاجئون في لبنان 113,594 عائلة، ويعيش حوالي 53.1% منهم في المخيمات (انظر جدول 7/6 وجدول 7/7).

تظهر البيانات المتوفرة حول الفلسطينيين المقيمين في لبنان سنة 2010، أن نسبة الأفراد دون الـ 15 عاماً بلغت 30.4%، في حين بلغت نسبة الذين تبلغ أعمارهم 65 عاماً فأكثر 5%، وبلغت نسبة الجنس 102.5 ذكراً لكل مئة أنثى خلال سنة 2010، كما أشارت البيانات إلى أن نسبة السكان الفلسطينيين في لبنان الذين تبلغ أعمارهم 12 عاماً فأكثر من غير المتزوجين هي 45.8%، بواقع 49.4% للذكور و42% للإناث، وبلغت نسبة المتزوجين 48.2% بواقع 48.4% للذكور و47.9% للإناث، وبلغت نسبة المطلقين 1.3% بواقع 0.8% للذكور و1.8% للإناث، وبلغت نسبة الأرامل الفلسطينيين المقيمين في لبنان حوالي 4.5%، بواقع 1.3% للذكور و7.9% للإناث وذلك لسنة 2010. كما بلغت نسبة السكان الفلسطينيين في لبنان، الذين تبلغ أعمارهم 15 عاماً فأكثر، والذين لم يلتحقوا بالتعليم 28.3%، بواقع 27.4% للذكور و29.3% للإناث. من جانب آخر بلغت نسبة الحاصلين على التعليم الابتدائي والإعدادي 51.8%، بواقع 51.1% للذكور و52.5% للإناث، في حين بلغت نسبة الحاصلين على شهادة الثانوي فأعلى 19.9%، بواقع 21.6% للذكور و18.3% للإناث وذلك لسنة 2010.

كما أشارت البيانات المتوفرة إلى أن متوسط حجم الأسرة الفلسطينية بلغ 4.4 أفراد سنة 2007، من جانب آخر بلغ معدل الخصوبة الكلي 3 مواليد لكل امرأة، كما بلغ معدل المواليد الخام 21.8 مولوداً لكل ألف من السكان للسنة نفسها، في حين بلغ معدل وفيات الرضع في سنة 2004 للفلسطينيين في لبنان 19.2 حالة وفاة لكل ألف مولود حي، بينما بلغ معدل وفيات الأطفال دون سن الخامسة 20.2 حالة وفاة لكل ألف مولود حي لسنة 2004.[11]

وما زال الفلسطينيون في لبنان يعانون من الحرمان من عدة حقوق مدنية، ومن حق التملك والعمل في الكثير من المهن، إضافة إلى أن البيئة السياسية والقانونية اللبنانية الطاردة للفلسطينيين بحجة منع توطينهم.

أما بخصوص أوضاع اللاجئين الفلسطينيين في لبنان، فقد قامت وكالة الأونروا بالتعاون مع الجامعة الأمريكية في بيروت في صيف 2010، بمسح اقتصادي واجتماعي للاجئين الفلسطينيين في لبنان شمل عيّنة تمثيلية من 2,600 أسرة. ويهدف هذا المسح الذي قام الاتحاد الأوروبي بتمويله إلى تحديد الظروف المعيشية للاجئين الفلسطينيين في لبنان.

وقد أشارت نتائج المسح إلى أن عدد اللاجئين الفلسطينيين المقيمين في لبنان يتراوح بين 260 ألف و280 ألف نسمة، وأن نصف السكان هم دون سن الـ 25 عاماً، وبينت النتائج أن متوسط عدد أفراد الأسرة بلغ 4.5 أفراد، وأن 53% من اللاجئين هم من النساء، والمعدل العمري للفلسطينيين هو 30 عاماً. ويعيش ثلثا الفلسطينيين داخل المخيمات، بينما يعيش ثلث الفلسطينيين في التجمعات (لا سيّما في محيط المخيمات). ويعيش نصف الفلسطينيين في جنوب لبنان (صور وصيدا)، ويعيش خُمس الفلسطينيين في بيروت وخمسهم الآخر في الشمال، ويعيش 4% من الفلسطينيين في البقاع.

من ناحية مستويات المعيشة أشارت نتائج المسح إلى أن 6.6% من الفلسطينيين يعانون من الفقر الشديد، أي أنهم عاجزون عن تلبية حاجاتهم اليومية الأساسية من الغذاء، مقابل 1.7% في أوساط اللبنانيين؛ وأن 66.4% من اللاجئين الفلسطينيين في لبنان فقراء، أي أنهم عاجزون عن تلبية الحد الأدنى من حاجاتهم الغذائية وغير الغذائية الضرورية، مقابل 35% في أوساط اللبنانيين. وأظهرت النتائج أن الفقر أعلى في أوساط اللاجئين المقيمين داخل المخيمات منه في أوساط اللاجئين المقيمين في التجمّعات، وأن أكثر من 81% من كل اللاجئين الذين يعانون الفقر الشديد يقيمون في صيدا وصور، ويعيش ثلث الفقراء ككل في صور.

من ناحية العمل تشير نتائج المسح أن 56% من الفلسطينيين عاطلون عن العمل، وأن 38% من السكان في سنّ العمل يعملون، وأن ثلثا الفلسطينيين الذين يعملون في وظائف بسيطة (بائعين متجولين وعمال بناء ومزارعين) هم فقراء، وأن العمل يؤثر بشكل محدود على التخفيف من الفقر، غير أنه يؤثر بشكل كبير على تخفيف الفقر الشديد.

من ناحية التعليم تشير نتائج المسح أن نصف الشباب الذين هم في سن المرحلة الثانوية من الدراسة (16-18 عاماً) يرتادون المدرسة أو معاهد التدريب المهني، وأن المعدّلات المرتفعة من التسرب المدرسي والمهارات غير الكافية، فضلاً عن قيود ملحوظة على سوق العمل، تعيق قدرة اللاجئين على إيجاد عمل مناسب. كما أن التحصيل العلمي يعدّ مؤشراً جيداً على وضع الأسرة الاقتصادي والاجتماعي وعلى الأمن الغذائي، وأنه عندما يكون التحصيل العلمي لرب الأسرة أكثر من الابتدائي، يتراجع معدّل الفقر إلى 60.5% ويتراجع معدّل الفقر الشديد إلى النصف. وأن 6% من الفلسطينيين يحملون شهادة جامعية مقابل 20% للبنانيين.

أما من ناحية السكن وظروف العيش تشير نتائج المسح أن 66% من المساكن تعاني من مشاكل الرطوبة والنش، مما ينجم عنه أمراض نفسية وأمراض مزمنة، وأن معظم المساكن السيئة موجود في الجنوب. كما أن 8% من الأسر تعيش في مساكن سقفها و/ أو جدرانها مصنوعة من الزينكو، الخشب أو الأترنيت، وأن 8% من الأسر تعيش في مساكن مكتظة (أكثر من ثلاثة أشخاص في الغرفة الواحدة)[12].

6. مقارنات عامة بين الفلسطينيين:

الجدول المقارن التالي يمثل ملخصاً لأهم المقارنات الرئيسة لبعض المؤشرات الديموغرافية بين الفلسطينيين لسنتي 2007 و2010 (ما لم يذكر خلاف ذلك بين قوسين).

جدول 7/5: ملخص لبعض المؤشرات الديموغرافية للفلسطينيين حسب مكان الإقامة[13]

المؤشر	الضفة الغربية 2010	قطاع غزة 2010	مجموع الضفة والقطاع 2010	"إسرائيل" 2009	الأردن 2007	سورية 2007	لبنان 2010
نسبة الأفراد 15 عاماً فأقل %	39.2	44.2	41.1	40 (2008)	35.9	33.1	30.4
نسبة الأفراد 65 عاماً فأكثر %	3.2	2.4	2.9	3.1 (2008)	5.2	4.3	5
نسبة الإعالة (لكل مئة من الأفراد 15-64 عاماً)	73.7	87.4	78.7	77.9 (2007)	84	59.7	62.1 (2007)
نسبة الجنس (ذكر لكل مئة أنثى)	103.1	103.1	103.1	102.2	(...)	100.4 (2009)	102.5
معدل المواليد الخام (مولود لكل ألف من السكان)	30.1	37.1	32.8	26.2	(...)	29.3	21.8 (2007)
معدل الوفاة الخام (حالة وفاة لكل ألف من السكان)	4.2	4	4.1	2.7	(...)	2.8 (2006)	(...)
معدل الخصوبة الكلي (مولود لكل امرأة)	4.1 (2007)	5.3 (2007)	4.6 (2007)	3.5	3.3	3.6	3 (2007)
معدل الزيادة الطبيعية	2.7	3.3	2.9	2.4	(...)	2.65	(...)
متوسط حجم الأسرة (فرد لكل أسرة معيشية)	5.3	5.8	5.5	4.8	5.1	4.9	4.5

ملاحظة: العلامة (...) تعني غير متوفر.

نسبة الإعالة للفلسطينيين حسب مكان الإقامة (%)

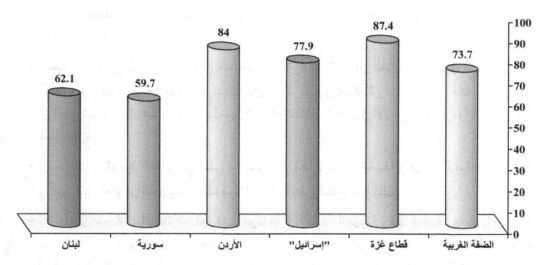

ملاحظة : نسبة الإعالة هي حسب سنة 2010 في الضفة الغربية وقطاع غزة، وحسب سنة 2007 لكل من "إسرائيل" والأردن وسورية ولبنان.

معدل المواليد الخام للفلسطينيين حسب مكان الإقامة

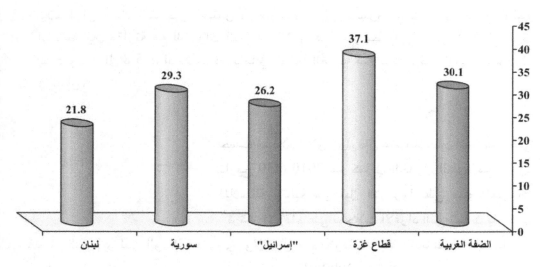

ملاحظة : معدل المواليد الخام هي حسب سنة 2010 في الضفة الغربية وقطاع غزة، وحسب سنة 2009 في "إسرائيل"، وحسب سنة 2007 لكل من سورية ولبنان.

من خلال الجدول السابق نلاحظ عدة أمور أهمها:

- أن نسبة صغار السن للفلسطينيين أقل من 15 عاماً هي أعلى ما يكون في قطاع غزة وأدناها في لبنان.

- نسبة الإعالة في قطاع غزة أعلى نسبة، يليها الإعالة للسكان الفلسطينيون في الأردن ثم في "إسرائيل" ثم الضفة الغربية، بينما تشكل كل من سورية ولبنان أدنى نسبة إعالة، يرافق ذلك أن أعلى نسبة لكبار السن الذين يبلغون 65 عاماً فأكثر تتواجد في الأردن ثم لبنان وأدنى نسبة في قطاع غزة.

- أن معدلات المواليد الخام هي أعلى ما يكون في قطاع غزة والضفة الغربية، وأدناها في لبنان و"إسرائيل"، الأمر الذي يشكل ضغوطاً سكانية على قطاع غزة بالذات.

- يلاحظ أن معدلات الوفاة الخام بقيت مرتفعة في الضفة الغربية وقطاع غزة، حيث بلغت 4.1 سنة 2010، بل إنها قد ارتفعت مقارنة بمعدلات سنة 2006 التي كانت 3.9، ويعود ذلك بصورة أساسية إلى الاحتلال الإسرائيلي وإجراءاته وسياساته العنصرية المتعاقبة لعدة عقود وخاصة عمليات القتل التي تمارسها.

- يلاحظ أن معدلات الزيادة الطبيعية (الفرق بين معدلات المواليد والوفيات) قد ظلّت على حالها في مناطق السلطة الفلسطينية، إلا أنها بقيت مرتفعة في قطاع غزة مقارنة بالضفة الغربية.

- يلاحظ أن هناك انخفاض مستمر في متوسط حجم الأسرة المعيشية في جميع تواجد الفلسطينيين مقارنة مع السنوات السابقة، إلا أن هذا المتوسط بقي الأعلى في قطاع غزة، حيث وصل إلى 5.8 أفراد للأسرة، بينما في الضفة الغربية 5.3 فقط، وكان أدنى مستوى له في لبنان.

ثالثاً: اللاجئون الفلسطينيون

حسب سجلات الأونروا، فإن عدد اللاجئين المسجلين حتى تاريخ 2010/6/30 هم كما في الجدول التالي، مع وجود الملاحظة التالية من قبل الأونروا على هذه المعلومات "ترتكز الأرقام على سجلات الأفراد التي تحدث بانتظام، غير أن التسجيل لدى الوكالة اختياري، ولا تمثل هذه الأرقام سجلاً دقيقاً للتعداد السكاني". وحتى إعداد هذا التقرير لا توجد تحديثات بعد 2009/9/30 عن اللاجئين الفلسطينيين سوى عن عدد المسجلين (انظر جدول 7/6 وجدول 7/7).

جدول 7/6: عدد الفلسطينيين المسجلين في سجلات الأونروا لسنتي 2000 و2010[14]

المنطقة	عدد الأفراد الكلي حتى 2000/6/30	عدد الأفراد الكلي حتى 2010/6/30	معدل النمو السكاني السنوي %
الضفة الغربية	583,009	788,108	3.1
قطاع غزة	824,622	1,122,569	3.1
لبنان	376,472	427,057	1.3
سورية	383,199	477,700	2.2
الأردن	1,570,192	2,004,795	2.5
المجموع	**3,737,494**	**4,820,229**	**2.6**

عدد الفلسطينيين المسجلين في سجلات الأونروا لسنتي 2000 و2010

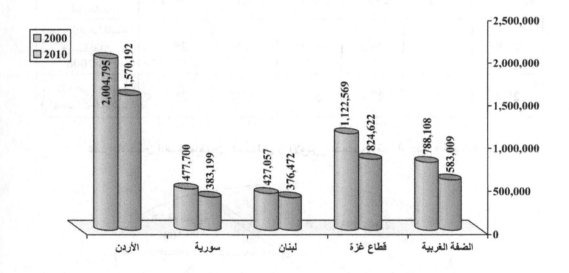

0
2,004,795
477,700
383,199
788,108
583,009
الأردن
سورية
الضفة الغربية

من الجدول السابق نلاحظ أنه خلال الفترة 2000-2010 فإن عدد اللاجئين المسجلين ازداد بحوالي 1.1 مليون لاجئ مسجل، وبمعدل نمو سنوي يقدر بـ 2.6% سنوياً. كما نلاحظ أن أعلى معدلات النمو للاجئين المسجلين هي في الضفة الغربية وقطاع غزة (3.1% سنوياً)، وأدناها في لبنان (1.3% سنوياً). والجدول التالي يلخص أهم الخصائص الأخرى للاجئين المسجلين في الوطن والشتات.

جدول 7/7: عدد اللاجئين الفلسطينيين من الأفراد والمواليد والعائلات المسجلين في الأونروا حسب المنطقة حتى 2010/6/30[15]

المنطقة	الضفة الغربية	قطاع غزة	لبنان	سورية	الأردن	المجموع
عدد الأفراد الكلي	788,108	1,122,569	427,057	477,700	2,004,795	**4,820,229**
عدد المواليد (2009/9/30)	7,309	23,710	3,539	7,892	18,744	**61,149**
متوسط حجم العائلة 2006	4	4.6	3.9	4.2	5.1	**4.6**
متوسط حجم العائلة (2009/9/30)	3.79	4.43	3.73	3.99	4.87	**4.35**
عدد العائلات (2009/9/30)	204,674	248,057	113,594	117,806	405,666	**1,089,797**
عدد المخيمات	19	8	12	9	10	**58**
عدد الأفراد في المخيمات	200,179	514,137	226,767	129,457	346,830	**1,417,370**
نسبة الأفراد المقيمين في المخيمات 2006%	25.8	47	52.9	26.6	17.7	**29.8**
نسبة الأفراد المقيمين في المخيمات 2010%	25.4	45.8	53.1	27.1	17.3	**29.4**

عدد اللاجئين الفلسطينيين المسجلين في الأونروا حسب المنطقة حتى 2010/6/30

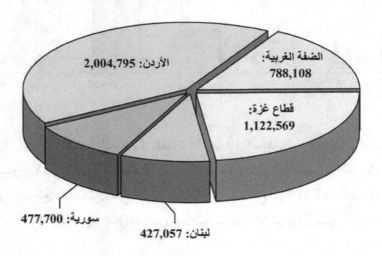

الأردن: 2,004,795
الضفة الغربية: 788,108
قطاع غزة: 1,122,569
سورية: 477,700
لبنان: 427,057

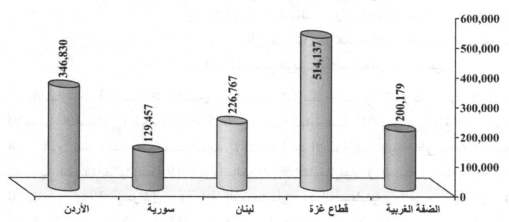

عدد الأفراد المقيمين في المخيمات والمسجلين في الأونروا حسب المنطقة حتى 2010/6/30

يلاحظ من الجدول السابق أن عدد اللاجئين المسجلين في مناطق عمليات الأونروا الخمسة حتى 2010/6/30 يقدر بحوالي 4.82 ملايين نسمة، يقيم حوالي 41.6% منهم في الأردن، و39.6% منهم في الأراضي الفلسطينية المحتلة عام 1967 (موزعين إلى 23.3% في قطاع غزة و16.4% في الضفة الغربية) والباقي 18.8% مسجلون في سورية ولبنان.

يلاحظ أن نسبة القاطنين في مخيمات اللاجئين الفلسطينيين بلغت 29.4% في سنة 2010 بينما كانت 29.3% سنة 2009، كما يلاحظ أن نسبة القاطنين في المخيمات في لبنان وقطاع غزة هي الأعلى مقارنة بباقي المناطق.

ويلاحظ أن متوسط حجم العائلة هنا لا يمثل في الواقع الأسر المعيشية (الأسرة الممتدة التي تعيش معاً في مكان واحد)، بل العائلة النووية التي يخصص لها كرت (بطاقة) عائلية مستقلة. بالتالي لا غرابة أن يكون متوسط حجم العائلة النووية أقل من متوسط حجم الأسرة المعيشية. إذ إن هذا المتوسط يقل مع الزمن، حيث نلاحظ في جميع مناطق تواجد اللاجئين أن متوسط حجم العائلة يتناقص بشكل طفيف. فقد انخفض المتوسط العام من 4.6 أفراد لكل أسرة سنة 2006، ليصبح 4.35 أفراد لكل أسرة سنة 2009.

أما إذا نظرنا إلى عدد اللاجئين المسجلين في وكالة الأونروا خلال 40 سنة سابقة 1970-2010 نجد أن عددهم كان 1,425,219 لاجئاً مسجلاً في منتصف سنة 1970، وبلغ عددهم 4,820,229 لاجئاً مسجلاً في 2010/6/30. وإذا حسبنا معدل النمو السنوي للسكان اللاجئين المسجلين خلال الفترة المذكورة نجد أنه يساوي 3.1% سنوياً، وباستخدام هذا المعدل وافتراض ثباته للمستقبل (لأنه محسوب لفترة طويلة جداً) فإن عدد اللاجئين المسجلين سيتضاعف خلال حوالي 22.7 سنة. ونتيجة لثبات معدل النمو السنوي فإنه يمكن الوثوق بالمعدل السنوي 3.1% لتزايد اللاجئين الفلسطينيين في العالم.

رابعاً: اتجاهات النمو السكاني

على الرغم من التراجع النسبي لمعدلات الزيادة الطبيعية في أوساط الشعب الفلسطيني، وانخفاض نسب الزيادة الطبيعية؛ إلا أن هذه الزيادة تظلّ مرتفعة مقارنة بغيره من الشعوب، ومقارنة بالمجتمع اليهودي الاستيطاني في فلسطين.

بالإشارة إلى أن عدد الفلسطينيين في فلسطين التاريخية، حسب تقديرات الجهاز المركزي للإحصاء الفلسطيني، بلغ حوالي 5.39 ملايين نسمة نهاية سنة 2010، في حين بلغ عدد اليهود 5.8 ملايين نسمة بناء على تقديرات دائرة الإحصاءات الإسرائيلية. وبناء على معدلات النمو السنوية السائدة حالياً (سنة 2010)، والبالغة 2.9% للفلسطينيين في الضفة والقطاع، و2.4% لفلسطينيي 1948 "إسرائيل"، و1.7% لليهود؛ فإن عدد الفلسطينيين واليهود سيتساوى في فلسطين التاريخية خلال سنة 2017، حيث سيصل عدد كل منهما إلى 6.53 ملايين تقريباً؛ وذلك فيما لو بقيت معدلات النمو على حالها. وستصبح نسبة اليهود المقيمين في فلسطين حوالي 49.2% فقط من السكان وذلك في سنة 2020، حيث سيصل عددهم إلى نحو 6.87 ملايين مقابل نحو 7.09 ملايين فلسطيني.

جدول 7/8: العدد المقدر للفلسطينيين واليهود في فلسطين التاريخية 2010-2020 (بالألف نسمة)[16]

السنة	عدد الفلسطينيين			عدد اليهود
	الضفة والقطاع	فلسطين المحتلة سنة 1948 "إسرائيل"	فلسطين التاريخية	
2010	4,109	1,277	5,386	5,803
2011	4,228	1,308	5,536	5,902
2012	4,351	1,339	5,690	6,002
2013	4,477	1,371	5,848	6,104
2014	4,607	1,404	6,011	6,208
2015	4,740	1,438	6,178	6,313
2016	4,878	1,472	6,350	6,421
2017	5,019	1,508	6,527	6,530
2018	5,165	1,544	6,709	6,641
2019	5,315	1,581	6,896	6,754
2020	5,469	1,619	7,088	6,869

العدد المقدر للفلسطينيين واليهود في فلسطين التاريخية 2010-2020 (بالألف نسمة)

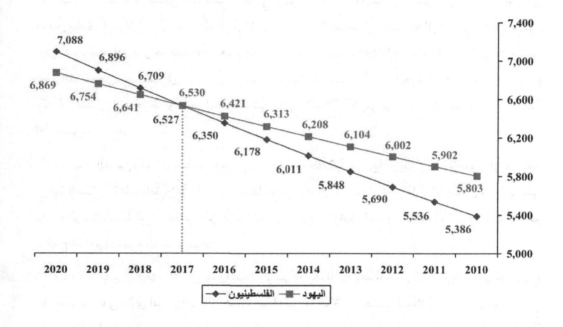

خامساً: الإجراءات الإسرائيلية للتأثير على الحالة الديموغرافية

شهدت سنة 2010 استمراراً للحملة المسعورة التي لم يسبق لها مثيل في الصراع الديموغرافي على الأرض الفلسطينية خاصة في القدس وضواحيها. فعدد الفلسطينيين يشكل ما يسمى بالخطر الديموغرافي، ويستخدم باتجاهين؛ اتجاه يؤكد أن الفلسطينيين هم أقلية، بالتالي عليهم القبول بالأكثرية أو الترحيل (الترانسفير) أو الإبادة، والاتجاه الثاني أن الفلسطينيين يشكلون قنبلة ديموغرافية لا يمكن الانتظار حتى تنفجر، لذلك لا بدّ من استخدام كافة السبل الكفيلة بتشريد الفلسطينيين وأسرهم وقتلهم وتضييق سبل الحياة الاقتصادية والاجتماعية عليهم وعلى أبنائهم، وكلا الاتجاهين يلتقيان على الهدف نفسه.

من الواضح أن الصراع الديموغرافي قد بلغ أشده خاصة في القدس، وحسب ما ذكرت جريدة الأيام الفلسطينية في 2010/11/24 أن دراسة إسرائيلية متخصصة أظهرت زيادة مطردة في أعداد الفلسطينيين في القدس يقابلها انخفاض في أعداد السكان اليهود وذلك على الرغم من جميع الإجراءات الإسرائيلية المتخذة ضدّ الفلسطينيين المقدسيين والهادفة لتقليل عددهم وطردهم من المدينة.

وما زالت النبرة تعلو في "إسرائيل" والعالم حول ما يسمى بـ "يهودية إسرائيل"، وأصبح من المألوف طرح قضايا تتعلق بالوضع النهائي ودور الأقلية العربية في "إسرائيل"، والإشارة من بعض قادة "إسرائيل" إلى طردهم إلى أراضي السلطة الفلسطينية، إضافة إلى المحاولات المستمرة لطردهم ومصادرة أراضيهم أو منعهم من البناء على أرضهم واتباع سياسة هدم البيوت بحجة عدم الترخيص، إضافة إلى تهميشهم وسلخهم عن شعبهم وأمتهم العربية والإسلامية والقيام بكافة أشكال الضغوط والإجراءات للتأثير على الحالة الديموغرافية الفلسطينية عَبْرَ الخط الأخضر.

وتشكل القدس والمثلث ساحتا صراع ديموغرافي حقيقية وجدية، ويتوقع مختصون أن تستمر زيادة السكان الفلسطينيين في السنوات القادمة، وبالتالي استمرار إجراءات الاحتلال للتغلب على ذلك بطرد الفلسطينيين وجلب المزيد من اليهود ودعم زيادة خصوبة النساء اليهوديات، ودعم برامج تنظيم الأسرة للفلسطينيات.

وحسب ما يراه معهد القدس للدراسات الإسرائيلية، الذي يعدّ أهم مركز إسرائيلي في موضوع القدس، أنه على مدى السنوات كان هناك انخفاض ملحوظ في حجم السكان اليهود في القدس مع زيادة في أعداد السكان العرب، فنسبة السكان اليهود انخفضت من 74% في سنة 1967 إلى 72% في سنة 1980 ثم إلى 65% في سنة 2008. وبالمقابل فإن نسبة السكان العرب ارتفعت من 26% في سنة 1967 إلى 28% في سنة 1980 ثم إلى 35% في سنة 2008؛ ويعزى ذلك إلى أن الزيادة السكانية العربية كانت في سنة 2008 ضعف الزيادة السكانية اليهودية حيث بلغت الأولى 3.1%.

وبحسب الدراسة فإنه في نهاية سنة 2008 كان هناك حوالي 191 ألف شقة سكنية في القدس من بينها 150,700 شقة في المناطق اليهودية (بما فيها المستعمرات المقامة في شرقي القدس) و40,100 وحدة سكنية في الأحياء العربية، في حين أن الكثافة السكانية في المناطق اليهودية كانت أقل منها في الأحياء العربية إذ بلغت بالإجمال 24 م^2 للشخص الواحد في المناطق ذات الكثافة السكانية اليهودية و12 م^2 للشخص الواحد في المناطق ذات الكثافة السكانية العربية، وبالتفصيل فإنه بين السكان اليهود كان هناك 16 م^2 للشخص الواحد في المناطق ذات الأغلبية السكانية اليهودية المتدينة (حريديم Haredim) مقابل 29 م^2 للشخص الواحد في المناطق السكانية اليهودية المختلطة (علمانيون وتقليديون ومتدينون) أما في المناطق ذات الأحياء العربية فإن النسبة كانت 19 م^2 للشخص الواحد[17].

سادساً: هجرة الفلسطينيين إلى الخارج ونزيف الأدمغة والكفاءات الفلسطينية:

1. الهجرة للخارج[18]:

تشير نتائج مسح الهجرة في الأراضي الفلسطينية المحتلة سنة 1967 إلى أن أكثر من سبعة آلاف شخص يهاجرون للخارج سنوياً، وأن هناك 32,848 هاجروا للإقامة خارج الضفة الغربية وقطاع غزة خلال الفترة 2005-2009، علماً بأن هذا العدد لا يشمل الأسر التي هاجرت بالكامل.

كما بينت النتائج أن حوالي 60% من المهاجرين هم من الذكور، بينما بلغت نسبة الإناث المهاجرات 40%؛ وأن 33% من المهاجرين هم من بين الشباب في الفئة العمرية 15-29 عاماً، و25.6% هم من المهاجرين في الفئة العمرية 30-44 عاماً، وأن هناك تفاوتاً في نسبة المهاجرين حسب الجنس، حيث إن نسبة المهاجرين من الذكور ترتفع مقارنة بالمهاجرات الإناث؛ بواقع 152.2 مهاجراً ذكراً لكل مئة مهاجرة من الإناث، بينما هناك تقارباً في التركيب العمري للمهاجرين حسب الجنس.

كما دلت مؤشرات المسح على أن الأردن ودول الخليج العربي والولايات المتحدة الأمريكية هي وجهة المهاجرين، حيث إن 23.5% من المهاجرين هاجروا إلى الأردن، و20.4% إلى دول الخليج العربي، مقارنة بـ21.6% إلى الولايات المتحدة.

كما بينت النتائج أن دوافع الهجرة الأساسية تركزت في التعليم وتحسين مستوى المعيشة والبحث عن فرص عمل، حيث تبين أن حوالي ثلث المهاجرين هاجروا بهدف الدراسة، في حين كان الدافع الرئيسي لـ14.6% من المهاجرين هو تحسين مستوى المعيشة، و13.7% هاجروا لعدم توفر فرص العمل.

كما تشير نتائج المسح إلى أن الرغبة في الهجرة للخارج سنة 2010 قد انخفضت مقارنة بسنة 2009، حيث أظهرت النتائج أن 13.3% من مجمل الأفراد في الفئة العمرية 15-59 عاماً يرغبون في الهجرة؛ بواقع 13.4% في الضفة الغربية و12.4% في قطاع غزة على الرغم من الظروف الصعبة في القطاع. بينما كشف استطلاع للرأي العام الفلسطيني أجرته شركة الشرق الأدنى للاستشارات Near East Consulting أن 23% من الفلسطينيين يفكرون بالهجرة إلى الخارج؛ بواقع 17% في الضفة الغربية و30% في قطاع غزة.

كما تبيّن أن 23.1% من إجمالي الأفراد في الفئة العمرية 15-59 عاماً الذين يرغبون في الهجرة بأنهم يفضلون الهجرة إلى دول الخليج العربي، بينما 15.1% إلى أمريكا، و27.8% يرغبون في الهجرة إلى دول أجنبية أخرى، في حين لم يحدد أو يقرر 17.5% الدول التي يرغبون في الهجرة إليها.

وأشارت النتائج إلى أن 39.3% يرغبون في الهجرة لتحسين الظروف المعيشية، و15.2% لعدم توفر فرص عمل مناسبة، و18.7% للدراسة. ولا يوجد اختلاف كبير في هذا الجانب ما بين الضفة الغربية وقطاع غزة، باستثناء الرغبة في الهجرة لانعدام الأمن، فكانت النسبة أعلى في قطاع غزة (13.8%) مقارنة بالضفة الغربية (5.6%).

لكن الملفت للنظر أن أكثر من ثلاثة أرباع الأفراد في الفئة العمرية 15-59 عاماً من الذين لا يرغبون في الهجرة، أفادوا بأن كون فلسطين أرض مباركة وشعورهم بالراحة في الإقامة فيها، هو السبب وراء عدم رغبتهم في الهجرة.

2. الهجرة العائدة من الخارج[19]:

بينت نتائج مسح الهجرة في الأراضي الفلسطينية المحتلة سنة 1967 أن أكثر من ربع العائدين عادوا حتى سنة 1990، وحوالي ثلثهم عاد خلال الفترة 1995-1999، وهي فترة شهدت عودة عدد كبير من الفلسطينيين من الخارج نتيجة لاتفاقيات السلام وقيام السلطة الوطنية الفلسطينية. ويلاحظ انخفاض نسبة العائدين خلال الفترة 2000-2009، وهي الفترة التي شهدت فيها الضفة الغربية وقطاع غزة الانتفاضة الفلسطينية الثانية (انتفاضة الأقصى) وشهدت اجتياحات واسعة من قبل القوات الإسرائيلية لمعظم مناطق السلطة الفلسطينية. أما العائدون من الخارج خلال السنوات الخمس الماضية (2005-2009) فهناك ما بين 5-7 آلاف عائد سنوياً للضفة والقطاع وبمعدل سنوي يقدر بحوالي 6,100 فرد.

وأفادت النتائج بأن 36.7% من العائدين هم من الشباب في الفئة العمرية 15-29 عاماً، في حين بلغت نسبة العائدين ممن تزيد أعمارهم عن 60 عاماً 8.9%، بينما بلغت نسبة الأفراد الذين عادوا وأعمارهم دون 15 عاماً 6% من مجمل العائدين، وتتقارب هذه النسب ما بين الضفة الغربية وقطاع غزة.

وأوضحت النتائج أن 36.1% من العائدين قدموا من الأردن، ويشكلون 42.7% من إجمالي العائدين إلى الضفة الغربية و6.5% من العائدين إلى قطاع غزة. أما العائدون من دول الخليج العربي فقد شكّلوا 29% من إجمالي العائدين، وبلغت نسبتهم 28.1% من العائدين إلى الضفة الغربية و33.2% من العائدين إلى قطاع غزة.

سابعاً: فلسطينيو الخارج وحـــق العـــودة

برزت على مدار العام جملة من الأنشطة والفعاليات التي تدعو إلى الدفاع عن حق العودة وترسيخ ثقافة حق العودة في نفوس اللاجئين الفلسطينيين حيثما وجدوا في أماكن الشتات واللجوء. وكعادته في شهر النكبة، انعقد في شهر أيار/ مايو 2010 في العاصمة الألمانية مؤتمر فلسطيني أوروبا الثامن، بمشاركة آلاف الفلسطينيين القادمين من عموم أوروبا، وحشد من الشخصيات والقيادات الفلسطينية البارزة، يتقدمهم رئيس الحركة الإسلامية داخل الخط الأخضر الشيخ رائد صلاح.

وشارك في المؤتمر ثلاثة أجيال فلسطينية في أوروبا، حيث أعلنت من خلال مؤتمرها التمسك بالحقوق الفلسطينية، وفي مقدمتها حق العودة، وأكدت مواصلتها العمل لأجل القضية الفلسطينية، وخاصة أن المؤتمر حمل شعار "عام الأسرى" وأعلن فيه عدد من المتحدثين عن مشاركتهم في "أسطول الحرية". وتحدث في المؤتمر أمينه العام عادل عبد الله، ورئيسه ماجد الزير، وممثل المؤتمر القومي العربي والمؤتمر القومي الإسلامي ومؤتمر الأحزاب العربية منير شفيق، ورئيس هيئة علماء فلسطين في الخارج عبد الغني التميمي، والمتحدث باسم الهيئة الوطنية الفلسطينية للدفاع عن الثوابت بلال الحسن. ورئيس اتحاد المنظمات الإسلامية في أوروبا شكيب بن مخلوف، وفدوى زوجة القيادي الفلسطيني الأسير مروان البرغوثي، والعديد من الشخصيات والقيادات والمثقفين والإعلاميين والنقابيين، بالإضافة إلى مسؤولي مؤسسات فلسطينية في أنحاء القارة.

وكان مركز العودة الفلسطيني في لندن قد أقام في كانون الثاني/ يناير 2010 فعاليات "أسبوع الصحايا" التي امتدت أسبوعاً كاملاً في العاصمة البريطانية، تضمنت ندوات في مجلس العموم البريطاني، ومسيرات شعبية تضامنية، ومعارض صور للاعتداءات الإسرائيلية على الفلسطينيين. وقاد المركز وشارك في عدد من الوفود الأوروبية المتضامنة التي زارت قطاع غزة المحاصر وفلسطينيي العراق في المخيمات الحدودية، وتابع أوضاعهم في قبرص والبرازيل والهند وأوروبا. وزارت هذه الوفود مخيمات اللاجئين الفلسطينيين في سورية، ومخيمات اللاجئين الفلسطينيين في لبنان لا سيّما مخيم نهر البارد ومقابر مجزرة صبرا وشاتيلا.

في سورية، واصل تجمع العودة الفلسطيني (واجب) ومقره دمشق إقامة أيام القرى الفلسطينية التي زادت مهرجاناتها على العشرين؛ فأقام في مخيم حندرات بمدينة حلب مهرجان "قرية الطيرة"، في كانون الثاني/ يناير 2010، بحضور حشد من جماهير المخيم وأهالي القرية من الصغار والكبار. ثم مهرجان "قرية الجش" في آذار/ مارس 2010 في مخيم النيرب في حلب.

وفي لبنان، أطلقت منظمة ثابت لحق العودة باكورة مشروع "حكاية قرية من فلسطين" في حزيران/ يونيو 2010 في مخيم برج البراجنة للاجئين، وكانت عن "قرية كويكات". ثم نظمت "مهرجان قرى سهل الحولة"، وذلك في شهر تشرين الثاني/ نوفمبر 2010.

وعلى مستوى الندوات وحلقات النقاش، عقد تجمع العودة الفلسطيني (واجب) حلقة نقاش بحَثَ من خلالها أوضاع اللاجئين الفلسطينيين في سورية في 2010/4/29، وذلك في القاعة الشاميّة بالمتحف الوطني بدمشق.

وعقدت منظمة ثابت ندوة إعلامية قانونية في الذكرى الـ28 لمجزرة صبرا وشاتيلا بعنوان "أين وصلت الملاحقات القانونية في مجزرة صبرا وشاتيلا؟". وذلك في 2010/9/16 في بيروت، شارك في أعمالها باحثون وخبراء قانونيون وإعلاميون وأكاديميون. كما عقدت حلقة نقاش بعنوان: "الجمعيات الأهلية الفلسطينية في لبنان ودورها في دعم القضايا المدنية للاجئين وتحصين حق العودة" في 2010/12/22 في العاصمة اللبنانية بيروت.

وفي إضافة نوعية ومتميزة لفعاليات سنة 2010، أعلن "المشروع الوطني للحفاظ على جذور العائلة الفلسطينية – هوية" انطلاقه بالعمل رسمياً، وهو مشروع متخصص بتوثيق تاريخ العائلات الفلسطينية وجمع شجرة العائلة، مع توثيق الصور والأخبار والروايات المتعلقة بالعائلات الفلسطينية على مختلف الساحات داخل فلسطين المحتلة وخارجها. وقد باشرت العمل في موقعها الإلكتروني (www.howiyya.com) الذي يتيح الفرصة أمام الأجيال الفلسطينية للتعرف على تاريخ عائلاتهم والمشاركة في توثيقه، ويسهل عملية بناء شجرة العائلة بأسلوب تقني جديد. وقد قام الموقع بجمع بضع مئات من شجرات العائلة ويستضيف كماً كبيراً من الصور والوثائق في صفحات العائلات، كما يوثق للمدن والقرى الفلسطينية كافة.

وتحت شعار "حقنا في العودة إلى ديارنا حق ثابت غير قابل للتصرف ولا يسقط بالتقادم"، عقد الائتلاف الفلسطيني العالمي لحق العودة لقاءه العاشر في بيروت في الفترة 5-2010/12/11، حيث استضافه كل من مركز حقوق اللاجئين (عائدون) وهيئة تنسيق الجمعيات الأهلية العاملة في المخيمات الفلسطينية في لبنان، وبمشاركة باقي أعضاء الائتلاف وعدد من المراقبين والخبراء الضيوف المهتمين بقضية اللاجئين وحقهم في العودة. وأكد جابر سليمان في كلمة باسم الائتلاف، في اللقاء الافتتاحي الرسمي في قصر اليونسكو في 2010/12/6 برعاية وزير الإعلام اللبناني طارق متري وبحضور ممثلي سفارة فلسطين والفصائل الفلسطينية وعدد من الأحزاب اللبنانية، على تمسك اللاجئين بحقهم في العودة، مستعرضاً مسيرة الائتلاف خلال سنة 2009، والتحديات التي تواجه قضية اللاجئين معتبراً أن منح اللاجئين الفلسطينيين في لبنان حقوق الإنسان الأساسية، لا يتعارض مع حقهم في العودة. فيما قدم سلمان أبو ستة مداخلة تاريخية حول الاستيطان الإحلالي الصهيوني وقضم الأراضي الفلسطينية.

وقد خلص المشاركون في البيان الختامي إلى أن للشعب الفلسطيني الحق في العودة إلى دياره واستعادة ممتلكاته التي طرد منها سنة 1948، والتعويض عن خسائره المادية والمعنوية، ودعوا إلى

التمسك بوحدة قضية اللاجئين في إطار وحدة الأرض والشعب، وضرورة توحيد خطاب العودة ليكون قادراً على تجنيد طاقات الشعب الفلسطيني بكل هيئاته، ورفض أية تسوية للصراع العربي الفلسطيني – الصهيوني لا تستند إلى قاعدة الحقوق الوطنية والقانون الدولي وقرارات الشرعية الدولية، ودعوة كل الأطراف الفلسطينية على اختلاف انتماءاتها للعمل الجاد والفوري لاستكمال المصالحة الفلسطينية لاستعادة الوحدة الوطنية، والعودة إلى الديار الأصلية حق ثابت لا يسقط بالتقادم ولا تجوز فيه الإنابة أو التفويض ولا استفتاء عليه[20].

خاتمة   تظهر المؤشرات أن الشعب الفلسطيني شعب فتي، يتمتع بالحيوية، وبمعدلات زيادة طبيعية مرتفعة مقارنة بغيره من شعوب العالم؛ بالرغم من الانخفاض التدريجي لهذه النسبة في السنوات الماضية. وهي زيادة ستمكنه مع نهاية سنة 2017 من تجاوز عدد اليهود في داخل فلسطين التاريخية؛ فضلاً عن أن نحو 5.75 ملايين فلسطيني مقيمين في الخارج يزدادون مع الزمن إصراراً على حقهم في العودة إلى أرضهم التي أخرجوا منها.

وتبرز في المقابل مخاطر الجهود الإسرائيلية في تثبيت ما يسمى "يهودية الدولة"، وحرمان أبناء فلسطين من حقوقهم في وطنهم، وتطبيق برامج التهجير و"الترانسفير"، ووضع الفلسطينيين في أوضاع اقتصادية وأمنية واجتماعية قاسية تجبرهم على الهجرة. كما تبرز مخاطر الوصول إلى تسوية سلمية يكون أحد نتائجها التخلي عن حقّ العودة.

والشعب الفلسطيني مُطَالب أن يُفوّت على الصهاينة مخططاتهم، وأن يتمسك بحق العودة وبكافة حقوقه في أرضه وحريته واستقلاله؛ وأن يظلّ التمسك بالثوابت القاسم المشترك الذي تتشكل على أساسه مشاريع الوحدة الوطنية، وإعادة ترتيب البيت الفلسطيني.

هوامش الفصل السابع

[1] بالنسبة لعدد الفلسطينيين في الضفة الغربية وقطاع غزة والدول الأجنبية، انظر: الجهاز المركزي للإحصاء الفلسطيني، **الفلسطينيون في نهاية عام 2010** (رام الله: الجهاز المركزي للإحصاء الفلسطيني، كانون الأول/ ديسمبر 2010)، في: http://www.pcbs.gov.ps/Portals/_pcbs/PressRelease/palpeople2010_A.pdf

أما بالنسبة لعدد الفلسطينيين في الأردن والدول العربية، فقد تمّ تقديرهم بالاعتماد على حصاد نهاية سنة 2009، وعلى تقديرات الباحث، وذلك بالاعتماد على معدلات النمو السنوي الصادرة عن دائرة الإحصاءات العامة الأردنية سنة 2009، والتي تقدر بـ2.2% عن السنة السابقة، وعلى افتراضات بمعدل نمو سنوي 2% في باقي الدول العربية.

[2] See CBS, *Statistical Abstract of Israel 2010*, no. 61, table 2.4.

[3] الجهاز المركزي للإحصاء الفلسطيني، **الفلسطينيون في نهاية عام 2010.**

[4] انظر: الجهاز المركزي للإحصاء الفلسطيني، السيدة عوض تستعرض واقع الأمية في الأراضي الفلسطينية عشية اليوم العالمي لمحو الأمية 2010/9/8، في: http://www.pcbs.gov.ps/Portals/_pcbs/PressRelease/Illiteracy_2010A.pdf

[5] الجهاز المركزي للإحصاء الفلسطيني، الإحصاء الفلسطيني يعلن نتائج مسح ظروف السكن 2010، 2011/4/3، في: http://www.pcbs.gov.ps/Portals/_pcbs/PressRelease/Housing_cond_A2010.pdf

[6] انظر: الجهاز المركزي للإحصاء الفلسطيني، **الفلسطينيون في نهاية عام 2010**؛ والجهاز المركزي للإحصاء الفلسطيني، **التعداد العام للسكان والمساكن والمنشآت 2007، المؤتمر الصحفي لإعلان النتائج الأولية للتعداد (السكان، المباني، المساكن، والمنشآت)** (رام الله: الجهاز المركزي للإحصاء الفلسطيني، شباط/ فبراير 2008)، في: http://www.pcbs.gov.ps/Portals/_pcbs/PressRelease/census2007_a.pdf

[7] انظر: الجهاز المركزي للإحصاء الفلسطيني، **مسح الهجرة في الأراضي الفلسطينية 2010: بيان صحفي** (رام الله: الجهاز المركزي للإحصاء الفلسطيني، كانون الأول/ ديسمبر 2010)، في: http://www.pcbs.gov.ps/Portals/_pcbs/PressRelease/Migration_a.pdf

[8] انظر: الجهاز المركزي للإحصاء الفلسطيني، **الفلسطينيون في نهاية عام 2010**؛ والجهاز المركزي للإحصاء الفلسطيني، **كتاب فلسطين الإحصائي السنوي رقم "11"** (رام الله: الجهاز المركزي للإحصاء الفلسطيني، كانون الأول/ ديسمبر 2010)، في: http://www.pcbs.gov.ps/Portals/_PCBS/Downloads/book1724.pdf

[9] الجهاز المركزي للإحصاء الفلسطيني، **الفلسطينيون في نهاية عام 2010.**

[10] الجهاز المركزي للإحصاء الفلسطيني، **الفلسطينيون في نهاية عام 2010.**

[11] الجهاز المركزي للإحصاء الفلسطيني، **الفلسطينيون في نهاية عام 2010.**

[12] انظر: الأونروا والجامعة الأمريكية في بيروت، المسح الأسري الاقتصادي الاجتماعي للاجئين الفلسطينيين في لبنان، 2010/12/15، في: http://www.unrwa.org/atemplate.php?id=675

[13] الجدول من تجميع الباحث، انظر: محسن صالح (محرر)، **التقرير الاستراتيجي الفلسطيني لسنة 2009** (بيروت: مركز الزيتونة للدراسات والاستشارات، 2010)، ص 367؛ والجهاز المركزي للإحصاء الفلسطيني، **الفلسطينيون في نهاية عام 2010.**

[14] انظر: http://www.unrwa.org/userfiles/file/Resources_arabic/Statistics_pdf/uif_j00.pdf؛ وhttp://www.unrwa.org/userfiles/file/statistics/UN_J10.pdf

[15] انظر: http://www.unrwa.org/userfiles/file/Resources_arabic/Statistics_pdf/TABLE1.pdf؛ وhttp://www.unrwa.org/userfiles/file/Resources_arabic/Statistics_pdf/TABLE2.pdf؛ وhttp://www.unrwa.org/userfiles/file/statistics/UN_J10.pdf

[16] انظر: الجهاز المركزي للإحصاء الفلسطيني، **الفلسطينيون في نهاية عام 2010**؛ وانظر أيضاً:
CBS, *Statistical Abstract of Israel 2010*, no. 61, table 2.4; and CBS, http://www1.cbs.gov.il/www/yarhon/b1_e.htm

[17] Maya Choshen and Michal Korach, Jerusalem: Facts and Trends 2009/2010, Jerusalem Institute for Israel Studies (JIIS), 2010, http://jiis.org/.upload/facts-2010-eng%20(1).pdf

[18] انظر: الجهاز المركزي للإحصاء الفلسطيني، **مسح الهجرة في الأراضي الفلسطينية 2010: بيان صحفي**؛ والشرق الأدنى: 23% يفكرون بالهجرة و70% يؤيدون السلام، شركة الشرق الأدنى للاستشارات، كانون الثاني/ يناير 2010، في: http://www.neareastconsulting.com/press/2010/pppJan-pressrelease-2010Arabic.pdf

[19] انظر: الجهاز المركزي للإحصاء الفلسطيني، **مسح الهجرة في الأراضي الفلسطينية 2010: بيان صحفي**.

[20] البيان الختامي الصادر عن اللقاء التنسيقي السنوي العاشر للائتلاف الفلسطيني العالمي لحق العودة، بيروت، 5-2010/12/11، انظر: http://www.rorcoalition.org/meetings/10th-01.htm

الفصل الثامن

الوضع الاقتصادي في الضفة الغربية
وقطاع غزة

الوضع الاقتصادي في الضفة الغربية
وقطاع غزة

مقدمة إذا كان جوهر الأزمات، التي يواجهها الاقتصاد في البلدان المختلفة، يتمثل في المشاكل الناتجة عن ارتفاع الأسعار، والتضخم، وتفاوت العرض والطلب، وشحّ الموارد، وتقلب أسواق الأسهم والسندات، والبطالة والفقر... وغيرها؛ فإن جوهر الأزمة التي يواجهها الاقتصاد الفلسطيني يتمثل في الاحتلال الإسرائيلي. وهو احتلال غاشم عدواني مستعد لتدمير البنى التحتية، والثروات الزراعية، والمصانع، وتعطيل حركة التجارة، ومصادرة الممتلكات، وحصار الناس، وإيجاد بيئات طاردة، مهما كان هناك من إمكانات واعدة للاقتصاد الفلسطيني.

يحاول هذا الفصل تقديم صورة عامة عن الاقتصاد الفلسطيني في الضفة الغربية وقطاع غزة خلال سنة 2010، مع محاولة استشراف للمستقبل القريب. وإذا كان الاقتصاد، كما سنرى، قد حقق بعض النتائج الإيجابية، إلا أن تطوره سيظل مرهوناً بعدد من العوامل أبرزها إنهاء الاحتلال، والاستقرار السياسي والأمني، والاستفادة الكاملة من الموارد المادية والبشرية، في بيئة حُرة شفافة، مكافحة للفساد.

أولاً: مؤشرات النمو الاقتصادي يعدّ الناتج المحلي الإجمالي أحد أبرز مؤشرات النمو الاقتصادي الوطني الذي يعكس حركة النشاط الإنتاجي في عام معين مقارنة بالأعوام السابقة، ومن ثم الحكم على الأداء الاقتصادي العام وعلى مدى تقدمه أو تراجعه.

وعلى الرغم من الانتقادات العديدة التي توجه لهذا المؤشر إلا أنه ما يزال يعدّ من أهم مقاييس النمو على مستوى العالم، وذلك جنباً إلى جنب مع متوسط نصيب الفرد من هذا الناتج.

1. نمو الناتج المحلي الإجمالي:

شهد الاقتصاد الفلسطيني بصورة عامة نمواً ملحوظاً خلال سنة 2010 بنسبة 9.3%، مقارنة بـ7.4% خلال سنة 2009؛ حيث ارتفع حجم الناتج المحلي الإجمالي من 5,241.3 مليون دولار سنة 2009 إلى 5,728 مليون دولار سنة 2010. أما النمو المتحقق في النصف الأول فقد كان عالياً، وبلغ في المتوسط 5.5% مقابل 3.8% في النصف الثاني من السنة نفسها (انظر جدول 8/1). وتتفق هذه النتائج مع التوقعات التي أشار إليها خبراء كل من البنك الدولي وصندوق النقد الدولي، من حيث استمرار النمو في النصف الثاني ولكن بوتيرة أقل[2].

331

جدول 8/1: تطور الناتج المحلي الإجمالي الربعي والسنوي في الضفة والقطاع 2009-2010 بالأسعار الثابتة: سنة الأساس 2004 (بالمليون دولار)[1]

الأرباع السنوية	2009	2010*	معدل النمو الربعي والسنوي %
الربع الأول	1,190.2	1,369.3	3.6
الربع الثاني	1,342.9	1,444.7	1.9
الربع الثالث	1,346.6	1,436.9	1.7
الربع الرابع	1,361.6	1,477.1	2.1
المجموع	**5,241.3**	**5,728**	**9.3**

ملاحظة: الأرقام الواردة بناءً على إحصاءات الجهاز المركزي للإحصاء الفلسطيني التي لا تشمل ذلك الجزء من محافظة القدس الذي ضمّته "إسرائيل" عنوة بعيد احتلالها للضفة الغربية سنة 1967. وسوف ينطبق هذا على كافة الجداول التالية.

* إحصائيات الأرباع الثلاثة الأولى هي تنقيح ثانٍ، وإحصائيات الربع الرابع هي إصدار أول.

الناتج المحلي الإجمالي الربعي في الضفة والقطاع 2009-2010 (بالمليون دولار)

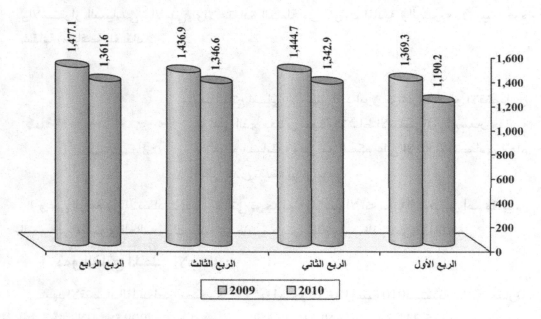

1,477.1

ويتضح من متابعة نمو الناتج المحلي الإجمالي كسلسلة زمنية ربعية لسنتي 2009 و2010 أنه قد تحقق نمو ربعي قدره 3.1%، أي أن المسار العام للنمو قد اتجه نحو الزيادة على الرغم من تقلبه من فترة ربعية لأخرى، وكانت تتحقق زيادة مقدارها 33.1 مليون دولار كل ربع سنة انطلاقاً من مستوى قدره 1,222.2 مليون دولار بدءاً من سنة الأساس. كما هو موضح في الشكل التالي:

الاتجاه العام لنمو الناتج المحلي الإجمالي ربع السنوي 2009-2010 (بالمليون دولار)

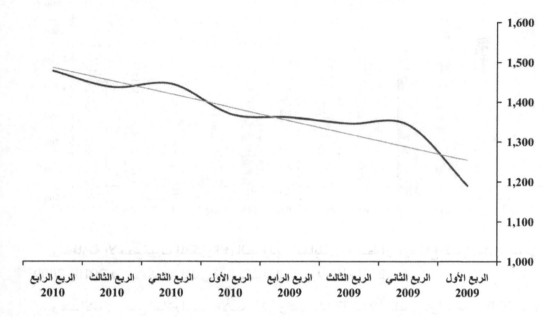

وأما عند متابعة نمو الناتج المحلي الإجمالي على مدى فترة زمنية طويلة، تمتد من سنة 1999 إلى سنة 2010، فيلاحظ أنه تحقق في المتوسط معدل نمو سنوي قدره 2.2%، أي أن الاتجاه العام للنمو يميل للتزايد ولكن بشكل ضئيل (انظر جدول 8/2).

جدول 8/2: الناتج المحلي الإجمالي في الضفة والقطاع 1999-2010 بالأسعار الثابتة* (بالمليون دولار)[3]

السنة	1999	2000	2001	2002	2003	2004
الناتج المحلي الإجمالي	4,511.7	4,118.5	3,765.2	3,264.1	3,749.6	4,198.4
معدل النمو أو التراجع السنوي %	+8.8	-8.7	-8.6	-13.3	+14.9	+12

السنة	2005	2006	2007	2008**	2009**	2010***
الناتج المحلي الإجمالي	4,559.5	4,322.3	4,554.1	4,878.3	5,241.3	5,728
معدل النمو أو التراجع السنوي %	+8.6	-5.2	+5.4	+7.1	+7.4	+9.3

*سنة الأساس للفترة 1999-2003 هي 1997، وللفترة 2004-2010 هي 2004. وسوف ينطبق هذا على كافة الجداول التالية.

** التنقيح الأول.

*** الإصدار الأول.

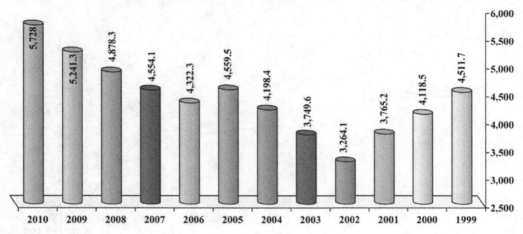

الناتج المحلي الإجمالي في الضفة والقطاع 1999-2010 (بالمليون دولار)

وبمقارنة الإحصائيات المذكورة في الجدولين السابقين يلاحظ أن أوضاع النمو خلال سنتي 2009 و2010 هي الأفضل بالمقارنة بالسلسلة الزمنية 1999-2010.

وعند الاطلاع على الناتج المحلي الإسرائيلي والذي بلغ 195,377 مليون دولار سنة 2009، كما بلغ 217,134 مليون دولار سنة 2010، فإننا نلاحظ أن هذا الناتج يزيد عن نظيره الفلسطيني بنحو 38 ضعفاً (3,791%). وهو مؤشر واضح على مدى الانعكاس البشع للاحتلال الإسرائيلي على الاقتصاد الفلسطيني، وعلى مدى استغلال الاحتلال للموارد الفلسطينية، ومنعه الفلسطينيين من استخدام طاقاتهم وإمكاناتهم بحرية وكفاءة.

جدول 8/3: مقارنة بين إجمالي الناتج المحلي الإسرائيلي والفلسطيني 2006-2010 (بالمليون دولار)[4]

السنة	إجمالي الناتج المحلي الإسرائيلي	إجمالي الناتج المحلي الفلسطيني (الضفة والقطاع)
2006	146,172	4,322.3
2007	167,996	4,554.1
2008	202,314	*4,878.3
2009	195,377	*5,241.3
2010	217,134	**5,728

* التنقيح الأول.

** الإصدار الأول.

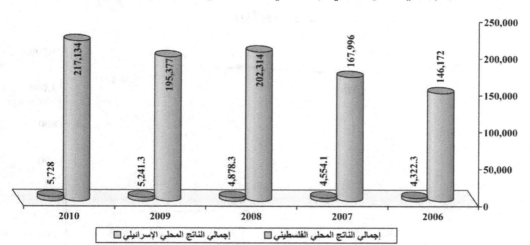

مقارنة بين إجمالي الناتج المحلي الإسرائيلي والفلسطيني 2006-2010 (بالمليون دولار)

مثَّل الناتج المحلي الإجمالي للضفة الغربية الشطر الأكبر من الناتج الإجمالي الفلسطيني في الضفة والقطاع، وبلغ 76.5% في سنة 2010 مقابل 23.5% في قطاع غزة. أي أن حصة قطاع غزة في الناتج المحلي الإجمالي منخفضة خاصة عند مقارنتها بمجموع السكان في الضفة والقطاع، حيث بلغ سكان قطاع غزة في نهاية 2010 نحو 1.56 مليون نسمة أي بنسبة 38% من مجموع سكان الضفة والقطاع[5]. وهي ظاهرة قديمة ترجع إلى ما قبل سنة 1967، وتعود لعدة عوامل أبرزها التفاوت الكبير في أعداد السكان، وحجم القوى العاملة، ومساحة الأرض والموارد الطبيعية وغيرها. ويوضح الجدول التالي تطور النمو الربعي للضفة والقطاع لسنة 2010:

جدول 8/4: تطور نمو الناتج المحلي الإجمالي في الضفة والقطاع خلال سنة 2010 حسب الأرباع بالأسعار الثابتة (بالمليون دولار)[6]

الأرباع السنوية	الضفة الغربية		قطاع غزة		الضفة والقطاع	
	الناتج المحلي	النسبة %	الناتج المحلي	النسبة %	الناتج المحلي	النسبة %
الربع الأول*	1,046.7	(...)	322.6	(...)	1,369.3	(...)
الربع الثاني*	1,118.9	+6.9	325.8	+1	1,444.7	+5.5
الربع الثالث*	1,078.4	-3.6	358.5	+10	1,436.9	-0.5
الربع الرابع**	1,137.4	+5.5	339.7	-5.2	1,477.1	+2.8
المجموع	**4,381.4**	(...)	**1,346.6**	(...)	**5,728**	(...)

ملاحظة: (...) تعني غير متوفر، وسوف ينطبق هذا على كافة الجداول التالية.

* التنقيح الثاني.

** الإصدار الأول.

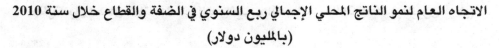

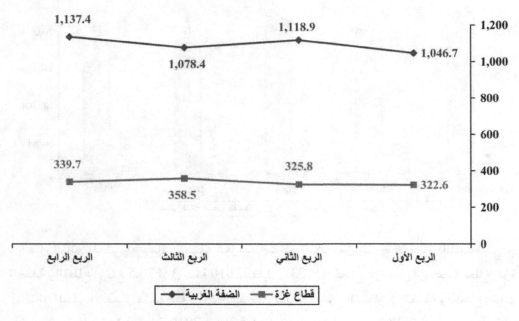

الاتجاه العام لنمو الناتج المحلي الإجمالي ربع السنوي في الضفة والقطاع خلال سنة 2010
(بالمليون دولار)

ويظهر جدول 8/4 التفاوت الملحوظ في النمو على مستوى الضفة والقطاع، وكذلك على مستوى الأرباع، من حيث تحقق نمو موجب أحياناً ونمو سالب أحياناً أخرى. ففي الضفة الغربية تحقق نمو موجب في الربع الرابع لسنة 2010 قدره 5.5% مقارنة بالربع الثالث من السنة نفسها، مع تحقق نمو سالب في قطاع غزة بلغ 5.2% عن الفترة نفسها.

ومما يلفت النظر أنه قد تحقق نمو سالب في الربع الثالث قدره 3.6% في الضفة الغربية، مقارنة بالربع الثاني لسنة 2010؛ بينما ارتفع النمو في قطاع غزة بنسبة 10% عن الفترة نفسها. ويعود هذا النمو المرتفع، على الرغم من الحصار، إلى اضطرار "إسرائيل" لاتخاذ خطوات إضافية نحو تسهيل حركة المبادلات عبر المعابر مع قطاع غزة، ولكن بصورة جزئية أو محدودة؛ وذلك في أعقاب الهجوم على قافلة الحرية أواخر أيار/ مايو 2010. وترتب على ذلك زيادة عدد الشاحنات المسموح بدخولها للقطاع من 2,425 شاحنة، كمتوسط شهري في النصف الأول من سنة 2010 إلى 4,167 شاحنة في النصف الثاني، أي بمعدل نمو قدره 71.8% بين نصفي السنة. ومن ثم انعكس ذلك على حركة النشاط الإنتاجي والنمو الاقتصادي المرتفع في الربعين الثالث والرابع. علماً بأن هذه الزيادة ظلت منخفضة بالمقارنة بالوضع السابق، أي في سنة 2005 وقبل بدء فرض الحصار في سنة 2007، إذ بلغ المتوسط الشهري لعدد الشاحنات في حينه 10,400 شاحنة[7]. وقد انعكس هذا الوضع على نمو الناتج المحلي على مستوى الضفة والقطاع الذي ارتفع أحياناً وهبط أحياناً أخرى.

وقد أسهم في هذا التباين الإجراءات المتبعة من حيث الحصار الإسرائيلي، إضافة إلى أوضاع الانقسام الراهنة. كما جذب هذا التباين في الشأن الاقتصادي اهتمام المراكز البحثية العلمية ضمن اهتماماتها في معالجة القضايا الاقتصادية في الضفة الغربية وقطاع غزة[8].

وقد تحقق النمو المشار إليه في جانب منه نتيجة الدعم الدولي الكبير المقدم للسلطة الوطنية الفلسطينية، الذي كان يعادل 1,763.1 مليار دولار سنة 2008 وقد استمر خلال سنة 2009 ولكن بتراجع قليل حيث بلغ 1,401.7 مليار دولار، أما في سنة 2010 فبلغ 1,277 مليار دولار تقريباً[9].

الدخل القومي المتاح الإجمالي:

ومن جهة أخرى، فإنه يمكن الاستفادة من مؤشرات الدخل القومي المتاح الإجمالي، الذي يقيس الدخل المتوفر للمقيمين والقابل للإنفاق، على السلع والخدمات الاستهلاكية (السلع والخدمات المنتجة محلياً أو المستوردة)، أو للادخار. ويمكن قياس الدخل القومي المتاح الإجمالي محلياً كمجموع للبنود التالية: الدخل القومي الإجمالي، والضرائب الجارية المتحققة على الدخل والثروة وغيرها المستحقة للمقيمين، ومساهمات وعوائد الضمانات الاجتماعية المستحقة للمقيمين، وصافي أقساط وتعويضات التأمين على غير الحياة للمقيمين، وتحويلات محلية متنوعة أخرى والتحويلات الجارية المقبوضة من غير المقيمين (والتي يمكن أن تأخذ أياً من الأشكال الواردة أعلاه)، مطروحاً من ذلك البنود السابقة نفسها على جانب المدفوعات.

ويمكن أيضاً قياس الدخل القومي المتاح الإجمالي بصورة مبسطة من خلال إضافة صافي التحويلات من غير المقيمين إلى الدخل القومي الإجمالي.

وقد كان الدخل القومي الإجمالي والدخل القومي المتاح الإجمالي للفترة 2008-2010، بالأسعار الثابتة لسنة 2004 كما يلي:

جدول 8/5: الدخل القومي الإجمالي والدخل القومي المتاح الإجمالي 2008-2010
(بالمليون دولار)[10]

السنة	البيان	الضفة الغربية		قطاع غزة		الضفة والقطاع	
		القيمة	النسبة %	القيمة	النسبة %	القيمة	النسبة %
2008	الدخل القومي الإجمالي	4,159.4	76.9	1,250.4	23.1	5,409.8	100
	الدخل القومي المتاح الإجمالي	5,897.3	71	2,411.2	29	8,308.5	100
2009	الدخل القومي الإجمالي	4,467.2	78.1	1,249.5	21.9	5,716.7	100
	الدخل القومي المتاح الإجمالي	5,643.7	73.5	2,038.9	26.5	7,682.6	100
2010*	الدخل القومي الإجمالي	4,797.7	79.4	1,243.3	20.6	6,041	100
	الدخل القومي المتاح الإجمالي	5,041	71	2,062	29	7,103.8	100

* بيانات سنة 2010 هي بيانات تقديرية استناداً إلى معدل النمو بين سنتي 2008 و2009.

2. نمو نصيب الفرد من الناتج المحلي الإجمالي:

يعدّ هذا المقياس من أبرز المؤشرات الواسعة الانتشار التي تعكس متوسط حصة الفرد من الناتج أو الدخل المحلي، وذلك نظراً لسهولة حسابه ويسر استخدامه وإمكانية مقارنته على المستوى المحلي والمستوى الدولي. إلا أنه لا يعكس حقيقة توزيع الدخول بين المواطنين، ومن ثم فهو مجرد مؤشر عام استرشادي تقريبي.

كما يأتي حساب نصيب الفرد من الناتج المحلي الإجمالي في إطار الاستجابة للزيادة في عدد السكان الفلسطينيين على الأقل سواء من ربع فترة زمنية لأخرى أو من سنة لأخرى، حيث يتجه هذا التغير باستمرار نحو التزايد على الرغم من حدوث تقلص في الزيادة الطبيعية للسكان.

وعلى مدى سنة 2010 فإن معدل الزيادة الطبيعية للسكان كان قد بلغ 2.9% على مستوى الضفة الغربية وقطاع غزة. وكانت الزيادة بمعدل أقل في الضفة حيث بلغت 2.7% مقابل 3.3% في قطاع غزة[11]. أي أن هناك حدّاً أدنى من النمو في الناتج المحلي الإجمالي المحسوب بالأسعار الثابتة يجب الحفاظ عليه وهو 2.9% على مدى سنة 2010 وذلك لكي يبقى نصيب الفرد من الناتج المحلي الإجمالي بدون نقص.

ولما كانت تطلعات المجتمع تقتضي تحقيق زيادة إضافية تقود إلى تحسين مستوى معيشة السكان، فإن الجهود يجب أن تتجه باستمرار نحو تحقيق معدل نمو عالٍ في الناتج المحلي الإجمالي الحقيقي، يفوق معدل الزيادة الطبيعية في السكان، وهو ما حدث سنة 2010 ويتوقع حدوثه أيضاً في السنوات القادمة.

وقد ارتفع نصيب الفرد من الناتج المحلي الإجمالي سنة 2010 إلى 1,502.4 دولار مقارنة بـ 1,415.7 دولار سنة 2009، محققاً نمواً مقداره 6.1%. ويوضح جدول 8/6 تطور نصيب الفرد الربعي من الناتج المحلي الإجمالي لسنتي 2009 و2010.

جدول 8/6: تطور نصيب الفرد من الناتج المحلي الإجمالي في الضفة والقطاع 2009-2010 حسب الأرباع بالأسعار الثابتة (بالدولار)[12]

الأرباع السنوية	2009		2010	
	القيمة	معدل النمو الربعي %	القيمة	معدل النمو الربعي %
الربع الأول	325.2	(...)	363.2	-0.2
الربع الثاني	364.2	+12	380.4	+4.7
الربع الثالث	362.5	-0.5	375.6	-1.3
الربع الرابع	363.8	+0.4	383.2	+2
القيمة السنوية	**1,415.7**	(...)	**1,502.4**	(...)

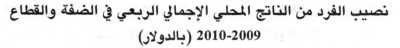

نصيب الفرد من الناتج المحلي الإجمالي الربعي في الضفة والقطاع
2009-2010 (بالدولار)

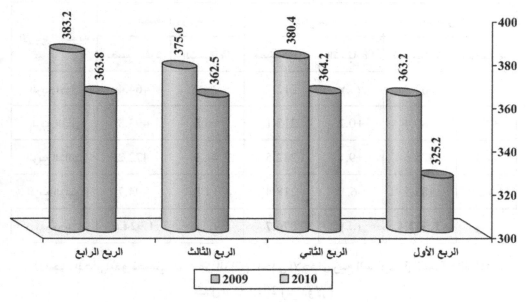

وبمقارنة حالة النمو للناتج المحلي الإجمالي على مستوى الضفة والقطاع من جهة وعلى مستوى نصيب الفرد من هذا الناتج فإن نمو نصيب الفرد يبقى دائماً أقل من حالة النمو على مستوى الناتج الإجمالي باعتبار أن هناك نمواً سكانياً يؤخذ في الاعتبار.

أما لو قارنا نصيب الفرد على مستوى الضفة الغربية مع مثيله في قطاع غزة، فإن نصيب الفرد من الناتج المحلي الإجمالي خلال سنة 2010 كان متفاوتاً، وكان في الضفة الغربية أعلى مما هو في قطاع غزة. ففي الضفة الغربية حقق نصيب الفرد نمواً موجباً في الربع الرابع لسنة 2010 قدره 4.8% مقارنة بالربع الثالث من السنة نفسها، مع تحقق نمو سالب في قطاع غزة بلغ 6.1% عن الفترة نفسها (انظر جدول 8/7).

ومما يلفت النظر أنه قد تحقق نمو سالب في الربع الثالث لسنة 2010 قدره 4.3% في الضفة الغربية مقارنة بالربع الثاني للسنة نفسها؛ بينما ارتفع النمو في قطاع غزة بنسبة 9.1%. ويأتي هذا الارتفاع كنتيجة للتسهيل الجزئي في حركة المعابر مما انعكس إيجاباً على الناتج المحلي الإجمالي، ومن ثم نصيب الفرد من هذا الناتج، خاصة في قطاع الإنشاءات، الذي تزايد إسهامه في هذا الناتج من 27 مليون دولار في الربع الثالث إلى 46.2 مليون دولار مقارنة بالربع الثاني من السنة نفسها؛ مع هبوط إسهام هذا النشاط في الضفة الغربية عن الفترة نفسها من 110.7 مليون دولار إلى 100.9 مليون دولار.

جدول 8/7: تطور نصيب الفرد من الناتج المحلي الإجمالي في الضفة والقطاع خلال سنة 2010 حسب الأرباع بالأسعار الثابتة (بالدولار)[13]

الأرباع السنوية	الضفة الغربية		قطاع غزة		الضفة والقطاع	
	نصيب الفرد	النسبة %	نصيب الفرد	النسبة %	نصيب الفرد	النسبة %
الربع الأول	464.4	(...)	212.7	(...)	363.2	(...)
الربع الثاني	493.3	+6.2	213.1	+0.2	380.4	+4.7
الربع الثالث	472.2	-4.3	232.5	+9.1	375.6	-1.3
الربع الرابع	494.7	+4.8	218.4	-6.1	383.2	+2
المجموع	**1,924.6**	(...)	**876.7**	(...)	**1,502.4**	(...)

الاتجاه العام لنمو نصيب الفرد من الناتج المحلي الإجمالي ربع السنوي في الضفة والقطاع خلال سنة 2010 (بالدولار)

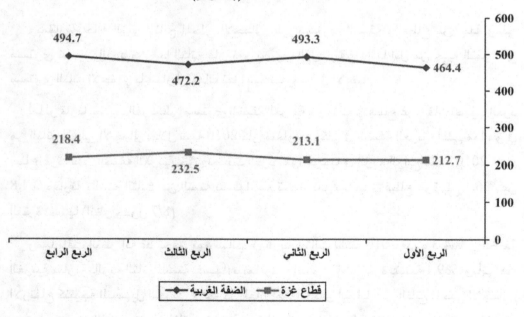

ويتضح من متابعة حجم الناتج المحلي في الضفة والقطاع خلال الفترة 1999-2010 أن متوسط دخل الفرد بلغ 1,612 دولاراً سنة 1999، واتخذ بعد ذلك مساراً متراجعاً ومتقلباً من عام لآخر دون أن يعود في السنوات اللاحقة إلى حجمه السابق (انظر جدول 8/8).

جدول 8/8: نصيب الفرد من الناتج المحلي الإجمالي في الضفة والقطاع 1999-2010 بالأسعار الثابتة (بالدولار)[14]

السنة	1999	2000	2001	2002	2003	2004
القيمة السنوية	1,612	1,428	1,270	1,070	1,195	1,317

السنة	2005	2006	2007	2008	2009	2010
القيمة السنوية	1,387	1,275	1,298	1,356	1,416	1,502

ملاحظة: الأرقام الواردة هي أرقام مدورة لأقرب عدد صحيح.

نصيب الفرد من الناتج المحلي الإجمالي في الضفة والقطاع 1999-2010 (بالدولار)

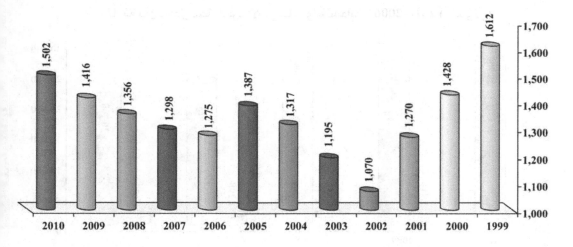

وعند الاطلاع على معدل دخل الفرد الإسرائيلي الذي بلغ 26,100 دولار سنة 2009، وبلغ 28,500 دولار سنة 2010، يظهر جليّاً إلى أي مدى يستمتع الفرد الإسرائيلي بمستواه المعيشي على حساب معاناة الفرد الفلسطيني وآلامه. إذ بلغ معدل دخل الفرد الإسرائيلي نحو 18 ضعف دخل الفرد الفلسطيني سنة 2009، ونحو 19 ضعف دخله سنة 2010. وإذا كان الفرد الفلسطيني لا تنقصه الإمكانات البشرية والقدرات الذاتية، فإن هذا يدلل إلى حدّ كبير على دور الاحتلال الإسرائيلي في إضعاف فرص التنمية الفلسطينية، وإضعاف فرص تحسين مستوى حياة الفرد الفلسطيني.

جدول 8/9: مقارنة بين معدل دخل الفرد الإسرائيلي والفلسطيني 2006-2010 (بالدولار)[15]

السنة	معدل دخل الفرد الإسرائيلي	معدل دخل الفرد الفلسطيني
2006	20,700	1,275
2007	23,300	1,298
2008	27,500	1,356
2009	26,100	1,416
2010	28,500	1,502

ملاحظة: الأرقام الواردة هي أرقام مدورة لأقرب عدد صحيح.

مقارنة بين معدل دخل الفرد الإسرائيلي والفلسطيني 2006-2010 (بالدولار)

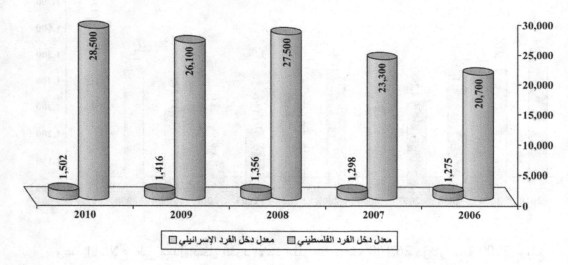

0
28,500
2010
معدل دخل الفرد الفلسطيني
معدل دخل الفرد الإسرائيلي

3. مؤشرات الاستهلاك والادخار والاستثمار:

بناء على نتائج الجهاز المركزي للإحصاء الفلسطيني حول الإنفاق الاستهلاكي النهائي في الضفة الغربية وقطاع غزة، خلال سنتي 2008 و2009؛ فإن توقعاتنا لسنة 2010 تشير إلى أنه سيبلغ نحو 7,303 ملايين دولار بنمو قدره 9.1% مقارنة مع سنة 2009. أما بالنسبة للتكوين الاستثماري فإن التقديرات تشير إلى أنه كان بحدود 1,297 مليون دولار سنة 2010، مسجلاً نمواً نسبته 14.1%، مقارنة مع سنة 2009.

جدول 8/10: الإنفاق الاستهلاكي والتكوين الاستثماري والادخار في الضفة والقطاع 2008-2010 بالأسعار الثابتة (بالمليون دولار)[16]

البيان	2008			2009			2010*		
	الضفة	القطاع	المجموع	الضفة	القطاع	المجموع	الضفة	القطاع	المجموع
الإنفاق الاستهلاكي النهائي	4,559	1,580	**6,139**	5,084	1,613	**6,696**	5,669	1,634	**7,303**
التكوين الاستثماري	958	103	**1,061**	1,088	49	**1,137**	1,202	95	**1,297**
الادخار	1,338	832	**2,170**	560	426	**986**	418	211	**629**

* أرقام سنة 2010 جميعها تقديرية استناداً إلى معدلات النمو فيما بين سنتي 2008 و2009، أما بيانات التكوين الاستثماري والادخار لقطاع غزة سنة 2010 فهي عبارة عن متمم حسابي.

الإنفاق الاستهلاكي والتكوين الاستثماري في الضفة والقطاع 2008-2010 (بالمليون دولار)

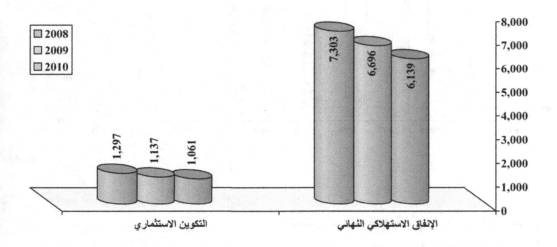

ويتضح مما سبق استمرار ارتفاع مستوى الاستهلاك النهائي سواء في الضفة الغربية أو في قطاع غزة بشكل يفوق مستوى الناتج المحلي الإجمالي، وكذلك الأمر فيما يتعلق بمستوى التكوين الاستثماري مع استمرار المستوى المنخفض للادخار. وقد يعود ذلك إلى أن نصيب الفرد من الدخل القومي المتاح لا يزال منخفضاً بالمقارنة بالاحتياجات الضرورية.

4. الدين العام:

تبين أرقام إجمالي الدين العام لسنتي 2009 و2010 إلى أنه ما زال في حالة تصاعد مستمر، إذ ارتفع من 1,732 مليون دولار سنة 2009 إلى 1,883 مليون دولار سنة 2010 بنسبة 8.7%. ويبين الجدول التالي تطور الدين خلال الفترة 2000-2010.

جدول 8/11: تطور إجمالي الدين العام 2000-2010 (بالمليون دولار)[17]

السنة	2000	2001	2002	2003	2004	2005	2006	2007	2008	2009	2010
الرصيد	795	1,190	1,090	1,236	1,422	1,602	1,493	1,431	1,544	1,732	1,883

إجمالي الدين العام 2000-2010 (بالمليون دولار)

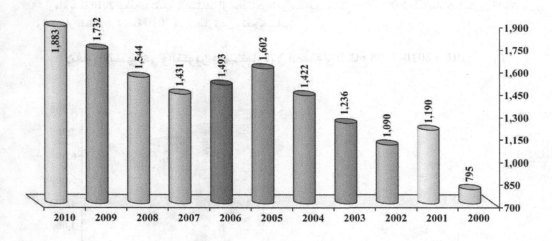

ثانياً: الموازنة العامة للسلطة الوطنية الفلسطينية (رام الله)

تعكس الموازنة العامة لأي بلد الدور الحكومي في النشاط الاقتصادي من خلال أداتين رئيستين هما: الإيرادات العامة والنفقات العامة، حيث تشكلان معاً الموازنة العامة للدولة. كما يمكن استخدامهما في تحقيق السياسة المالية العامة للدولة.

وعلى الحكومة في أي مجتمع القيام بأنشطتها المعتادة تجاه مواطنيها لتغطي خدمات يستفيد منها الشطر الأكبر من السكان، وهي خدمات عامة غير قابلة للتجزئة، بمعنى أنه لا بديل عن الحكومة للقيام بأداء هذا الدور في مجالات أنشطتها المعتادة[18].

ويتوقف نجاح الحكومة في تحقيق وظيفتها الاقتصادية على تحصيل إيرادات عامة بالقدر الكافي، دون إرهاق كاهل المواطنين، ودون تحميلهم أعباءً لا يقوون عليها، وقد تضطر الحكومة في حالات مُعيّنة إلى الاستدانة من المؤسسات المالية المحلية أو الدولية. كما قد تلجأ لمزيد من الإصدار النقدي للعملة الوطنية، بما يتجاوز المعايير الآمنة في بعض الأحيان، حيث يتولى البنك المركزي هذه المهمة، إلا أن لمثل هذه السياسة مخاطر حدوث تضخم تتفاوت حدته، تبعاً لدرجة تجاوز المعايير الواجبة.

وبالنسبة للوضع الفلسطيني فهناك خصوصية شديدة لأنه لم يتسنَّ للسلطة الفلسطينية بعد إصدار النقد الوطني أو التحرر من التبعية لـ"إسرائيل"، ومن ثم فهي محرومة من الاستفادة من العائدات التي تحصل عليها أي دولة عند قيام البنك المركزي بالإصدار النقدي للعملة الوطنية، آخذين في الحسبان أن هناك جهوداً حثيثة تبذل من خلال التحضير لتحويل سلطة النقد الفلسطينية إلى بنك مركزي وطني كامل الصلاحيات، بما في ذلك إصدار النقد الوطني كأحد الخيارات المطلوبة[19].

وفي ظلّ هذا الوضع، فإن الدول المانحة التزمت منذ توقيع اتفاق المبادئ في أوسلو سنة 1993 بتقديم الدعم المالي حتى قيام الدولة الفلسطينية وتحملها كافة مسؤولياتها المالية. هذا مع العلم بأن الدعم المشار إليه يجري تخصيصه منذ سنوات لسداد العجز في الموازنة العامة. ولذلك فإن دعم الدول المانحة أصبح سمة بارزة من سمات الوضع المالي الفلسطيني، إضافة إلى البدء بتوجيه الاهتمام لتمويل النفقات التطويرية.

وإذا كان من المعتاد أن الموازنة تنمو من عام لآخر، وخاصة في جانب النفقات، فإنه في حالة السلطة الوطنية الفلسطينية أصبحت الموازنة أكثر نمواً، وذلك في ظلّ تراجع استثمارات القطاع الخاص، وتقلص نشاطه الإنتاجي، ومن ثَمَّ ضآلة فرص العمل التي يتيحها النشاط الخاص في الأحوال الطبيعية، مع وجود فجوة كبيرة بين النفقات العامة والإيرادات العامة، حيث تقدر هذه الفجوة بنحو 83.9% سنة 2008، جرت تغطيتها من خلال التمويل الخارجي.

ولمتابعة تطور أوضاع الموازنة العامة للسلطة الفلسطينية، وتحليل الوضع المالي لسنة 2010 على وجه الخصوص، فإننا سنتناول الموازنة العامة كالآتي:

1. جانب النفقات العامة:

أخذت النفقات العامة للسلطة الفلسطينية في التزايد عاماً بعد آخر خلال الفترة 2008-2013، كما يوضح الجدول التالي:

جدول 8/12: تطور حجم النفقات العامة للسلطة الفلسطينية 2008-2013

(بالمليون دولار)[20]

البيان	_	فعلي					موازنة*		توقعات						
	2008		2009		2010		2010		2011		2012		2013	
	القيمة	%	القيمة	%	القيمة	%	القيمة	%	القيمة	%	القيمة	%	القيمة	%
نفقات الأجور والرواتب	1,771	54.1	1,423	48.7	1,564	52.4	1,550	48.9	1,710	53	1,796	53.3	1,885	53.8
نفقات غير الأجور	1,055	32.2	1,142	39.1	1,156	38.8	1,370	43.2	1,358	42	1,426	42.3	1,497	42.8
صافي الإقراض	447	13.7	355	12.2	263	8.8	250	7.9	160	5	147	4.4	120	3.4
المجموع	3,273	100	2,920	100	2,983	100	3,170	100	3,228	100	3,369	100	3,502	100

* هناك فروق نسبية بين موازنة 2010 وأرقامها الفعلية.

النفقات العامة للسلطة الفلسطينية 2008-2010 (بالمليون دولار)

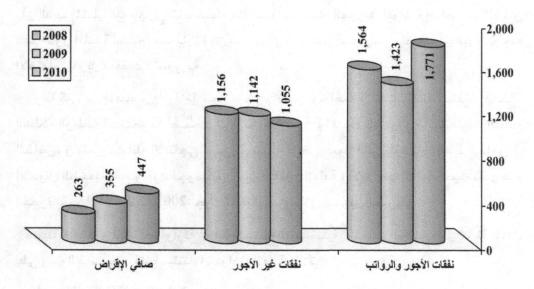

ومن الجدول السابق يتضح الآتي:

• أن نفقات أجور موظفي السلطة هي الأعلى بين أشكال النفقات المختلفة، بحيث مثلت في المتوسط نحو 52.6% من إجمالي النفقات، وذلك على مدى الفترة المحققة والمتوقعة (2008-2013) مع اتجاه عام نحو التزايد.

346

أما حصة الأجور فتقدر بنحو 36.3% من إجمالي الناتج المحلي سنة 2008، ونحو 27.1% سنة 2009، ونحو 27.3% سنة 2010، مع اتجاهها للتناقص بعد ذلك بحيث يتوقع أن تنخفض إلى 17.1% سنة 2013؛ وذلك بحسب توقعات تقرير خبراء صندوق النقد الدولي إلى اجتماع لجنة الارتباط الخاصة. ويعود خفض معدل الأجور قياساً إلى الناتج المحلي الإجمالي، إلى استمرار السلطة في تشديد الرقابة على مستويات الأجور خلال سنة 2011؛ وذلك في حدود الزيادة السنوية البالغة 1.25%، وعلى الوظائف الجديدة بزيادة صافية قدرها ثلاثة آلاف موظف. وهذا معناه تناقص حصة موظفي السلطة الفلسطينية إلى مجموع القوى العاملة، وذلك في إطار مراعاة الآفاق الاقتصادية الكلية والإصلاحات الهيكلية. ولإنجاح الخطوة السابقة فإنه ينبغي اتخاذ خطوات جريئة نحو تحقيق إصلاح شامل في نظام الخدمة العامة، لخفض فاتورة الأجور، مع تحسين كفاءة القطاع العام؛ وذلك بالرغم من الصعوبات التي قد تواجه هذا التخفيض، بالاعتماد على كل من الحدّ الأقصى الشامل في معدلات الزيادة السنوية للتوظيف وعدد الوظائف. وبالرغم من هذا الاتجاه الملحوظ في التقلص والأهمية المترتبة على ذلك، فإن هذه النسبة تظل مرتفعة عند مقارنتها بالدول الأخرى والتي تتراوح في المعتاد بين 10-15%[21].

- أن نفقات غير الأجور، والتي تتضمن النفقات التشغيلية والنفقات التحويلية، فقد استمرت في التصاعد خلال الفترة 2008-2010؛ ومن المتوقع أن يستمر هذا الاتجاه في التصاعد في السنوات الثلاث التالية.

- أن صافي الإقراض، والذي يمثل التزاماً على السلطة الوطنية الفلسطينية، قد شكل 13.7% سنة 2008 من إجمالي النفقات العامة مع اتجاهه للتراجع عاماً بعد آخر ليصل إلى 8.8% سنة 2010. والسبب في ذلك يعود إلى تحسن الرقابة والتحفيز على سداد الفواتير، وزيادة المبالغ التي تسددها شركة توزيع الكهرباء في غزة، مما يعكس اتجاهاً إيجابياً نحو تقليص هذا البند الذي يشكل عبئاً عاماً على الموازنة الحكومية.

2. جانب الإيرادات العامة[22]:

اتجه صافي الإيرادات العامة للتناقص سنة 2009 بمعدل 13% مقارنة مع سنة 2008، بينما عاد إلى الارتفاع بنسبة 22.8% سنة 2010. ومن المتوقع بحسب تقرير خبراء صندوق النقد الدولي ارتفاع صافي الإيرادات العامة من 1,780 مليون دولار إلى 3,051 مليون دولار وذلك في الفترة 2008-2013، أي بمعدل نمو سنوي قدره 11.4%. وتعود هذه الزيادة إلى مواصلة السلطة ضبط أوضاع المالية العامة في سنة 2008، بحيث تحقق نمو بنحو 6% في صافي الإيرادات العامة، وهو ما يتفق بوجه عام مع توجهات الموازنة[23]. كما أدت عملية تفعيل الإيرادات الضريبية منذ سنة 2007 إلى تحسين الإيرادات المحلية. مما أدى إلى انخفاض إسهام المانحين من 1,978 مليون دولار سنة 2008 إلى 1,277 مليون دولار سنة 2010؛ وذلك ضمن التوجه نحو الاستغناء الكلّي عن استخدام المنح الخارجية لسداد عجز الموازنة العامة (انظر جدول 8/13 وجدول 8/26).

جدول 8/13: تطور حجم الإيرادات العامة للسلطة الفلسطينية 2008-2013 (بالمليون دولار)[24]

البيان	فعلي			موازنة*	توقعات		
	2008	2009	2010	2010	2011	2012	2013
إجمالي الإيرادات المحلية	759	585	745	707	810	1,010	1,303
الإرجاعات الضريبية (–)	-116	-127	-87	-100	-107	-121	-137
صافي الإيرادات المحلية	643	458	658	607	703	889	1,166
إيرادات المقاصة	1,137	1,090	1,243	1,320	1,442	1,649	1,885
إجمالي صافي الإيرادات العامة	**1,780**	**1,548**	**1,901**	**1,927**	**2,145**	**2,538**	**3,051**
نسبة صافي الإيرادات المحلية إلى إجمالي صافي الإيرادات العامة %	36.1	29.6	34.6	31.5	32.8	35	38.2

* هناك فروق نسبية بين موازنة 2010 وأرقامها الفعلية.

الإيرادات العامة للسلطة الفلسطينية 2008-2010 (بالمليون دولار)

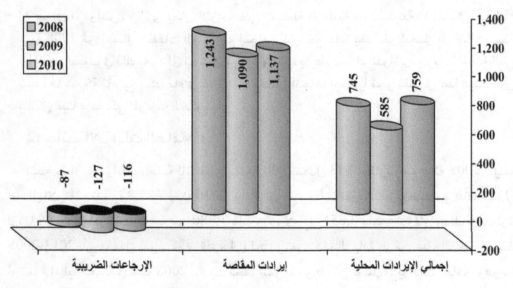

وبمقارنة إجمالي صافي الإيرادات العامة بالناتج المحلي الإجمالي، يتضح أن هذه النسبة المفترضة (في حالة بقاء التوقعات) ستتجه نحو التناقص من 36.5% إلى 27.7%، وذلك خلال الفترة 2008-2013؛ مما قد يشكل مؤشراً سلبياً على تحسن مستوى الجباية، وكذلك على زيادة كفاءة الأداء المالي في مجال تحسن أشكال وصور الإيرادات العامة.

وبتتبع أشكال الإيرادات العامة، من حيث هيكلها أو مكوناتها، نجد أنها تتكون من شقين رئيسيين هما: الإيرادات المحلية التي تشمل الضرائب والرسوم الخدمية، ثم إيرادات المقاصة التي تقوم بجبايتها "إسرائيل" ثمّ تقوم بتحويلها لاحقاً للسلطة الوطنية الفلسطينية، وهي تمثل الشطر الأكبر من الإيرادات العامة في السنوات 2008 و2009 و2010، وبنسبة 63.9% و70.4% و65.4% على التوالي.

وبالرغم من اتجاه كلا النوعين من الإيرادات نحو التزايد، إلا أن نمو الإيرادات المحلية سيتم بوتيرة مفترضة عالية وخاصة فيما بين سنتي 2010 و2012. وهي إيرادات تشارك في تحصيلها مختلف الهيئات الحكومية، مما قد يعكس تحسناً في أدائها المالي. وبناء على ما سبق، فإن النمو المأمول لصافي الإيرادات المحلية سيجعلها تمثل نحو 38.2% سنة 2013، مقابل 36.1% سنة 2008؛ ويعود هذا الارتفاع المتوقع إلى استمرار سعي السلطة للمضي قدماً في تعزيز نظام إدارة الإيرادات العامة، الذي يسهم في تنفيذ تدابير وأنظمة متعددة ترمي إلى زيادة الشفافية والمساءلة منذ سنة 2007. هذا مع استمرار تعزيز إدارة الضريبة بدعم فني من صندوق النقد الدولي والوكالة الأمريكية للتنمية الدولية United States Agency for International Development (USAID).

وفي ضوء احتمال تحسن جباية الضرائب، وبالتالي زيادة عائداتها، مع الحدّ في الوقت نفسه من النفقات العامة بشكل معقول وحسب أولوياتها، فإن هذه العوامل ستسهم في تقليل العجز في موازنة السلطة. ومن الجدير بالذكر أن البنك الدولي أشاد بالتزام السلطة الوطنية بالإطار المحدد للموازنة العامة بحيث أسهم ذلك في زيادة الضرائب بنسبة تزيد بمعدل 15% بالمقارنة بالتوقعات الأصلية[25].

وتجدر الإشارة إلى أن التوقعات المفترضة للسنوات القادمة مبنية على أساس بقاء الأوضاع السياسية والاقتصادية التي سادت في الفترة 2007-2010 كما هي. غير أن فشل مشروع التسوية، ووصول المفاوضات مع الجانب الإسرائيلي إلى طريق مسدود، واحتمالات وقوع انتفاضة جديدة، وتدهور العلاقات بين السلطة الفلسطينية والحكومة الإسرائيلية، قد يؤدي إلى نتائج مغايرة عن التوقعات. ثمّ إن اتفاق المصالحة الفلسطينية الذي تمّ توقيعه في 2011/5/3 سيفتح الباب على شتى التوقعات، بما في ذلك عودة الحصار على الضفة الغربية، وعدم تسليم الإسرائيليين عائدات الضرائب إلى الفلسطينيين، ومنع وصول المساعدات المالية والدعم الدولي إلى الحكومة الفلسطينية. ومن المستبعد في ضوء هذه المصالحة، ما لم تكن هناك ضغوط دولية حقيقة على "إسرائيل"، أن تتمكن السلطة الفلسطينية من تطوير إمكاناتها الاقتصادية بشكل فعّال.

3. الفائض أو العجز في الموازنة العامة:

في ضوء متابعة تطورات كل من الإيرادات العامة والنفقات العامة للسلطة الفلسطينية، يلاحظ أن الحسابات الختامية لسنة 2009 قد سجلت عجزاً مقداره 1,372 مليون دولار مقابل 1,493 مليون دولار لسنة 2008، أي أن هذا العجز قد تناقص بمقدار 121 مليون دولار وبمعدل سنوي مقداره 8.2%. أما في سنة 2010 فقد بلغ العجز 1,082 مليون دولار، أي أنه انخفض بمعدل 21.1% عن سنة 2009. ومن المتوقع بحسب تقرير خبراء صندوق النقد الدولي، وبشرط عدم تغيّر الأوضاع السياسية والاقتصادية، أن يتجه هذا العجز تدريجياً نحو التناقص حتى سنة 2013 ليصل إلى 451 مليون دولار. وذلك ناجم عن توقعات سرعة نمو الإيرادات العامة المستقبلية بوتيرة تفوق معدل نمو النفقات العامة، كما يتضح من الجدول التالي:

جدول 8/14: تطور حجم الفائض أو العجز في الموازنة العامة للسلطة الفلسطينية 2008-2013 (بالمليون دولار)

البيان	فعلي			موازنة*	توقعات		
	2008	2009	2010	2010	2011	2012	2013
الإيرادات العامة	1,780	1,548	1,901	1,927	2,145	2,538	3,051
النفقات العامة	3,273	2,920	2,983	3,170	3,228	3,369	3,502
الرصيد	-1,493	-1,372	-1,082	-1,243	-1,083	-831	-451

* هناك فروق نسبية بين موازنة 2010 وأرقامها الفعلية.

الإيرادات والنفقات العامة للسلطة الفلسطينية 2008-2010 (بالمليون دولار)

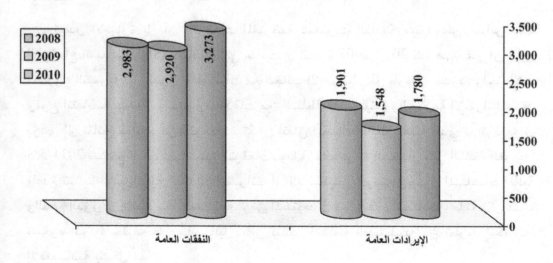

وبمتابعة رصيد الحساب الختامي للسنوات 2008 و2009 و2010، وتوقعاته عبر السنوات اللاحقة، يلاحظ أن هناك عجزاً مرتفعاً حيث شكّل 30.6% و26.2% و18.9% من إجمالي الناتج المحلي على التوالي، مما يعني أن هذا العجز يمثل عبئاً كبيراً على الاقتصاد الوطني، وقد جرى تغطيته من خلال دعم الدول المانحة، الذي وفر للسلطة الوطنية الفلسطينية موارد عززت صمودها في مواجهة أية انهيارات أو أزمات مالية حادة.

وكان هذا دافعاً نحو اتخاذ السياسات الملائمة لجسر هذا العجز من خلال تفعيل الإيرادات العامة، والحدّ من تسارع نمو النفقات العامة، على أمل أن يتقلص العجز إلى 451 مليون دولار بحلول سنة 2013، إذا صحّت التقديرات، مما يجعل نسبة هذا العجز إلى الناتج المحلي الإجمالي تتقلص إلى أدنى حدّ ممكن. ومن الأهمية القول أن على السلطة الوطنية الفلسطينية تكييف شؤونها المالية بحيث تستغني بشكل تام عن أموال الدول المانحة، باعتبارها عرضة للتوقف في أية لحظة.

ثالثاً: موازنة الحكومة المقالة في قطاع غزة

تمّ اعتماد الموازنة العامة للحكومة المقالة في قطاع غزة لسنة 2010 في 2009/12/31، أي قبيل بدء السنة الجديدة مباشرة، وقُدّرت النفقات العامة بحوالي 540 مليون دولار، أي بعجز يبلغ 89.1%. وجرى توزيع هذه النفقات على الرواتب والأجور بنسبة 37%، والنفقات التشغيلية بنسبة 11%، والنفقات التحويلية بنسبة 28%، والنفقات التطويرية بنسبة 18.5%، كما جرى اعتماد 5.5% لتطوير مدينة القدس[26]. غير أن ما تمّ إنفاقه فعلاً بلغ 297.31 مليون دولار، أي بنسبة 55.1% فقط مما تمّ تقديره.

وقد بلغ مجموع الإيرادات المحلية 83.01 مليون دولار سنة 2010، بينما حصلت الحكومة على تمويل خارجي فعلي مقداره 149.19 مليون دولار؛ وبذلك بلغ العجز الفعلي في موازنتها نحو 65.11 مليون دولار. وقد تمّ صرف معظم الموازنة على الرواتب والأجور، حيث بلغت 228.73 مليون دولار، أي نحو 76.9% من مجموع المصروفات.

ويوضح الجدول التالي موازنة الحكومة الفلسطينية المقالة في قطاع غزة لسنة 2010.

جدول 8/15: تقرير العمليات المالية للحكومة الفلسطينية المقالة في قطاع غزة
خلال سنة 2010 (بالمليون دولار)[27]

القيمة	البيان
232.2	**مجموع الإيرادات والتمويل الخارجي**
83.01	– الإيرادات المحلية الفعلية
149.19	– التمويل الخارجي الفعلي
297.31	**مجموع النفقات العامة**
228.73	– الرواتب والأجور
21.59	– النفقات التشغيلية
45.15	– النفقات التحويلية
1.84	– النفقات الرأسمالية والتطويرية
-65.11	**العجز الفعلي**

نفقات الحكومة الفلسطينية المقالة في قطاع غزة خلال سنة 2010 (بالمليون دولار)

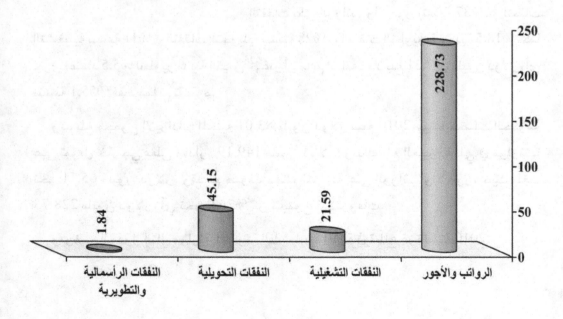

إيرادات الحكومة الفلسطينية المقالة في قطاع غزة خلال سنة 2010 (بالمليون دولار)

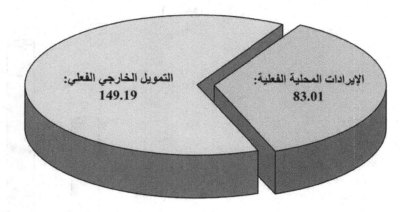

وقد حظي قطاع الأمن والنظام العام بالنصيب الأعلى من النفقات التي بلغت 152.7 مليون دولار؛ بينما حظي قطاع الخدمات الاجتماعية بنحو 90 مليون دولار؛ أما قطاع التنمية الاقتصادية فلم يحظَ إلا بسبعة ملايين دولار، كما أن نصيب الخدمات الثقافية كان في حدود 2.43 مليون دولار. ويظهر الجدول التالي النفقات الفعلية لعدد من القطاعات في الحكومة المقالة خلال سنة 2010.

جدول 8/16: النفقات الفعلية لعدد من قطاعات الحكومة الفلسطينية المقالة خلال سنة 2010 (بالمليون دولار)[28]

القيمة	القطاع
152.7	الأمن والنظام العام
90	الخدمات الاجتماعية
31.69	الإدارة المالية
7	التنمية الاقتصادية
3.97	الإدارة العامة
2.43	الخدمات الثقافية
0.245	الشؤون الخارجية

النفقات الفعلية لعدد من قطاعات الحكومة الفلسطينية المقالة خلال سنة 2010
(بالمليون دولار)

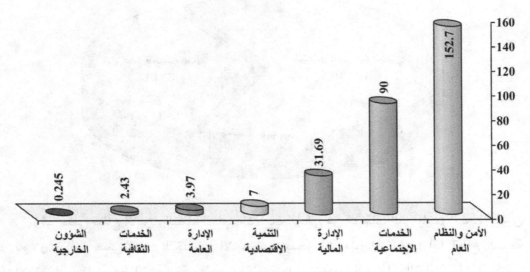

وتظهر الإحصائيات السابقة مدى معاناة الحكومة المقالة بسبب الحصار، واضطرارها لتسيير الأمور بالحدّ الأدنى في عدد من المجالات، وفق إمكاناتها المتاحة.

رابعاً: العمل والبطالة:

1. أهمية العنصر البشري:

يعدّ العنصر البشري من أهم العناصر الإنتاجية لأي مجتمع، باعتباره مصدر القوى العاملة التي تقوم بالنشاط الإنتاجي، من أجل توفير السلع والخدمات التي يحتاجها المجتمع في السوقين المحلي والدولي على السواء. كما أن العنصر البشري ممثلاً في السكان هو المستهدف في هذا النشاط، نظراً لأن السكان هم مصدر الطلب على السلع والمنتجات المتاحة في الأسواق، سواء مما يتم إنتاجه محلياً أو مما يجري استيراده من الخارج.

2. القوة البشرية والقوى العاملة والعاملون:

بينت نتائج الجهاز المركزي للإحصاء الفلسطيني أن نسبة القوى العاملة المشاركة في الضفة الغربية وقطاع غزة قد بلغت نحو 41% سنة 2010، مقارنة مع 42% لسنة 2009[29].

جدول 8/17: القوة البشرية والقوى العاملة الفلسطينية وعدد العاملين في الضفة والقطاع 2009-2010 حسب الأرباع (بالألف نسمة)[30]

البيان	2009				2010			
	الربع الأول	الربع الثاني	الربع الثالث	الربع الرابع	الربع الأول	الربع الثاني	الربع الثالث	الربع الرابع
القوة البشرية	2,255.1	2,276.8	2,298.6	2,320.7	2,342.4	2,365	2,387.2	2,490.7
القوى العاملة	934	949.8	955.4	963.5	953.9	980.4	966.9	1,001.2
عدد العاملين	697.1	738.7	709.2	724.2	743.7	755.9	709.5	767.2

ويظهر جدول 8/17 أن اتجاه المؤشرات السابقة يسير نحو التزايد، بحيث أن القوة البشرية قد ارتفعت من نحو 2.26 مليون فرد في الربع الأول لسنة 2009 إلى نحو 2.49 مليون فرد في الربع الرابع لسنة 2010، وبمعدل نمو ربعي قدره 1.4%.

وارتفعت قوة العمل خلال الفترة نفسها من 934 ألفاً إلى حوالي مليون فرد، وبمعدل نمو ربع سنوي قدره 1% فقط. ومعنى ذلك أن نمو السكان في سنّ العمل كان أسرع من نمو القوى العاملة، مما يعني أن المنضمين إلى القوى العاملة تزايدوا بمعدل أقل، حيث بلغت نسبتهم 40.2% من مجمل القوة البشرية في الربع الرابع لسنة 2010 ومن ثم فهي نسبة منخفضة إذا ما قورنت بالسنوات القليلة الماضية. وأما عدد العاملين فقد ارتفع خلال الفترة نفسها من 697.1 ألف عامل إلى 767.2 ألف عامل، أي بمعدل نمو ربع سنوي قدره 1.4%. ويعدّ هذا النمو أيضاً منخفضاً مقارنة بمعدل النمو السكاني. مما ينعكس على ازدياد معدلات البطالة.

هذا وقد تركز 64.1% من مجموع العاملين في الضفة الغربية في الربع الرابع لسنة 2010 مقابل 25.7% في قطاع غزة؛ أما القسم الثالث فقد عمل في "إسرائيل" والمستعمرات بأعداد تقدر بنحو 78,800 عاملاً وبنسبة 10.3% من عدد العاملين[31]. أي أن هناك أعداداً كبيرة من العمالة الفلسطينية ما تزال تعمل في "إسرائيل" والمستعمرات، ويقتصر ذلك فقط على عمالة الضفة الغربية، وما تزال "إسرائيل" تفرض حصاراً على قطاع غزة تمنع بموجبه، من جملة ما تمنع، العمل داخل "إسرائيل".

أما عن توزيع العاملين حسب الأنشطة الاقتصادية فقد لوحظ حدوث تراجع نسبي في القطاعات السلعية مقابل نمو أكبر في القطاعات الخدمية. إذ تشير البيانات المتاحة إلى أن العاملين في الزراعة والتعدين والصناعة والبناء والتشييد قد مثلوا نحو 35.9% في الربع الرابع من سنة 2010 مقابل 64.1% بالمقارنة ببقية القطاعات خلال الفترة نفسها[32].

3. البطالة:

تشكل البطالة العالية في الضفة والقطاع إحدى المعضلات الاقتصادية المستعصية عن الحل حتى الآن، حيث ما تزال مرتفعة بشكل غير عادي منذ انتفاضة الأقصى أواخر أيلول/ سبتمبر 2000 وحتى الوقت الحاضر. ففي سنة 2010 بلغت معدلات البطالة 17.2% في الضفة الغربية، مقابل 37.8% في قطاع غزة، أما على مستوى الضفة والقطاع فقد بلغت 23.7%، وهذه النسبة تعدّ من النسب الأعلى بين معدلات البطالة عربياً ودولياً[33].

ولاستمرارية هذه البطالة عبر السنوات الماضية فإنها تصنف في فلسطين كبطالة مزمنة أي أنها ليست طارئة أو مؤقتة مما يعني حاجتها لحلول جذرية تتناسب وطبيعتها وأشكالها وأحجامها مع حشد كافة الجهود الوطنية إزائها. ويوضح الجدول التالي تطور مستويات البطالة حسب الأرباع للسنوات 2008 و2009 و2010 في الضفة والقطاع.

جدول 8/18: تطور أعداد المتعطلين في الضفة والقطاع 2008-2010 حسب الأرباع[34]

السنة	الأرباع السنوية	الضفة والقطاع		نسبة الضفة الغربية %	نسبة قطاع غزة %
		العدد (بالألف نسمة)	النسبة %		
2008	الربع الأول	197.6	22.6	19	29.8
	الربع الثاني	231.8	25.8	16.3	45.5
	الربع الثالث	252.1	27.5	20.7	41.9
	الربع الرابع	250.4	27.9	19.8	44.8
2009	الربع الأول	236.9	25.4	19.5	37
	الربع الثاني	211.1	22.2	15.9	36
	الربع الثالث	246.2	25.8	17.8	42.3
	الربع الرابع	239.3	24.8	18.1	39.3
2010	الربع الأول	210.2	22	16.5	33.9
	الربع الثاني	224.5	22.9	15.2	39.3
	الربع الثالث	257.4	26.6	20.1	40.5
	الربع الرابع	234	23.4	16.9	37.4

وبناء على ما سبق فإن أعداد المتعطلين قد ظلت مرتفعة وتراوحت بين 197.6-257.4 ألف متعطل كحدين أدنى وأعلى خلال الفترات الربعية 2008-2010، وذلك مع الاختلاف الواضح لهذه المعدلات بين الضفة الغربية وقطاع غزة ومن محافظة لأخرى. حيث تصل معدلات البطالة في قطاع غزة نحو ضعف نظيرتها في الضفة الغربية الأمر الذي يجعل أعداد العاطلين عن العمل هي الأكثر في قطاع غزة.

ولا شكّ أن الحرب التي شنتها "إسرائيل" على قطاع غزة أواخر 2008 ومطلع 2009 قد ألقت بظلالها على أوضاعه، نظراً لتدمير العديد من المؤسسات الصناعية وتجريف الأراضي الزراعية وتخريب البنى التحتية. ومع ذلك فإن معدل البطالة في القطاع قد انخفض في الربع الأول لسنة 2009 إلى 37%، بعد أن سجل 44.8% في الربع الرابع لسنة 2008. ويأتي ذلك نتيجة حركة نشطة، تمثلت في مشاريع تشغيل مؤقتة، قامت بها المؤسسات الدولية، استجابة للأوضاع المأساوية التي كان يعاني منها السكان. وقد أسفرت هذه المشاريع عن إتاحة فرص عمل مؤقتة، أسهمت في خفض معدلات البطالة. هذا إلى جانب فرص التشغيل الطارئة التي فرضتها الأوضاع اللاحقة لانتهاء الحرب مباشرة؛ وذلك في حدود تعظيم الاستفادة من الموارد المتاحة والجهود الذاتية، والاعتماد على الذات، وذلك في ظلّ الحصار الخانق والمستمر.

ويترتب على هذه الأوضاع العديد من الآثار السلبية أهمها: زيادة فجوة الفقر، من حيث ارتفاع عدد الأسر الواقعة أسفل خط الفقر، مع تركز الثروة في أيدي شريحة محدودة من البشر، مما يعني سوء توزيع ثروات البلاد. وعلى الرغم من أن السلطة قد اتجهت لزيادة الاستقطاعات الضريبية بشكل ملحوظ، وخاصة على ذوي الدخول المرتفعة لزيادة مواردها، وتمكينها من التخفيف من معدلات البطالة إلا أن هذه السياسة لم تسهم في تحسين فرص التشغيل.

وتشير البيانات المتوفرة حول معدلات البطالة في الضفة والقطاع، حسب الفئات العمرية، إلى أنها الأعلى بين الفئة العمرية (15-24) عاماً بالمقارنة، حيث بلغت 38.8% سنة 2010؛ بواقع 36.8% للذكور و49.6% للإناث. وذلك ناجم عن أن هذه الفئة تضم الراغبين الجدد في العمل، سواء ممن تسربوا من الدراسة أو من الخريجين الذين أنهوا دراستهم الجامعية، مما يعني أن هؤلاء الشباب يجدون مشقة كبيرة في الحصول على الوظائف المناسبة، ومن ثم فإن جزءاً كبيراً منهم مضطر للانتظار لسنوات طويلة حتى يحصل على الوظائف المناسبة[35].

4. عمالة الأطفال كظاهرة اجتماعية سلبية في المجتمع الفلسطيني:

تمثل عمالة الأطفال في الضفة الغربية وقطاع غزة ظاهرة اجتماعية سلبية، آخذة في الاتساع في ظلّ الظروف المعيشية المتردية لكثير من طوائف المجتمع التي فقدت وظيفتها ومصدر رزقها، فأصبحت العديد من العائلات غير قادرة على تغطية احتياجات أبنائها، بما في ذلك اضطرار عشرات الآلاف من الأطفال لترك مقاعد الدراسة، ومن ثم البحث عن فرص عمل للإسهام في إعالة الأسرة، في ظلّ ظروف قاسية يعيشها هؤلاء الصغار.

وتتفاوت مجالات عمل هؤلاء الصبية ما بين التسول من المارة أو من أصحاب المحلات أو على أبواب المساجد، مع ما يتطلبه ذلك من إلحاح وإراقة ماء الوجه وإحراج السكان. كما تضطر

فئة منهم لحمل بعض أصناف الحلوى ومحاولة بيعها للمارة أو لأصحاب السيارات معرضين حياتهم للخطر.

وقد تضطر فئة أخرى للالتحاق بحرف شاقة قياساً بأعمارهم، يعملون خلالها ساعات طويلة في ظروف عمل غير إنسانية لا تتناسب مع أعمارهم أو أجسامهم مقابل أجور زهيدة، ومستقبل مظلم مع التضحية بفرص التعليم مع أقرانهم الصغار، وهذه الظاهرة تقتضي مزيداً من الاهتمام من السلطات المختصة لأهميتها من جهة وخطورتها من جهة أخرى[36].

5. الارتباط الوثيق بين نمو الاستثمارات وفرص التشغيل:

هناك ارتباط وثيق بين نمو الاستثمارات من جهة وبين زيادة فرص العمل من جهة أخرى، لذلك فهناك حرص شديد من الأجهزة الحكومية على تشجيع الاستثمار بكل الأساليب الممكنة، وعلى وجه الخصوص النشاط الاستثماري للقطاع الخاص، باعتباره النشاط المؤهل لارتياد غالبية الأنشطة الإنتاجية، مع قدرته على تحمل قدر كبير من مخاطر العمل.

ولا شكّ أن ذلك مرتبط بما تبذله السلطات الرسمية من جهد تجاه تذليل العقبات التي تواجه المستثمرين، غير أن ذلك يظل أيضاً مرهوناً بالتيسيرات التي قد تمنحها السلطات الإسرائيلية أو تحجبها. ولهذا فإننا نتوقع تحسناً في أوضاع التشغيل كلما اتجهت الاستثمارات نحو التزايد، وخصوصاً استثمارات القطاع الخاص في الأنشطة الإنتاجية السلعية والخدمية[37].

خامساً: النشاط الصناعي والزراعي:

1. النشاط الصناعي:

يعدّ النشاط الصناعي من أبرز القطاعات الرائدة التي تقود إلى التقدم الاقتصادي، حيث توصف البلدان الصناعية بأنها البلدان المتقدمة اقتصادياً، لأن الصناعة تتيح الفرص الكافية لإنتاج كمّ هائل من السلع والخدمات المتنوعة والمتطورة والقائمة على الاستخدام التقني المتقدم. لذلك فإن بلدان العالم تحرص على إيلاء النشاط الصناعي الأهمية التي يستحقها، خاصة في مجال قدرة هذا النشاط على ولوج الأسواق الدولية، وتصريف قدر كبير من المنتجات الفائضة والمعدة للتصدير، ومن ثَمَّ تحقيق موارد مالية كبيرة كحصيلة للسلع التصديرية.

وبشكل عام، فقد شهد النشاط الصناعي خلال سنة 2010 تراجعاً مقداره 5.5% مقارنة بسنة 2009. ولبيان أوضاع النشاط الصناعي خلال سنة 2010، يوضح جدول 8/19، حالة التقلب التي انتابت تطور النمو بالمقارنة بسنة 2009، حيث يشير الاتجاه العام إلى نمو ربعي سالب قدره 1% على مدى الأرباع الزمنية المشار إليها.

جدول 8/19: تطور نمو الناتج المحلي الإجمالي للنشاط الصناعي في الضفة والقطاع 2009-2010 حسب الأرباع بالأسعار الثابتة (بالمليون دولار)[38]

الأرباع السنوية	2009		2010	
	القيمة	معدل النمو الربعي %	القيمة	معدل النمو الربعي %
الربع الأول	184.4	(...)	196.3	+2.3
الربع الثاني	181.7	-1.5	174.9	-10.9
الربع الثالث	189.7	+4.4	163.5	-6.5
الربع الرابع	191.9	+1.2	171.9	+5.1
القيمة السنوية	**747.7**	(...)	**706.6**	(...)

الاتجاه العام لنمو النشاط الصناعي ربع السنوي في الضفة والقطاع 2009-2010 (بالمليون دولار)

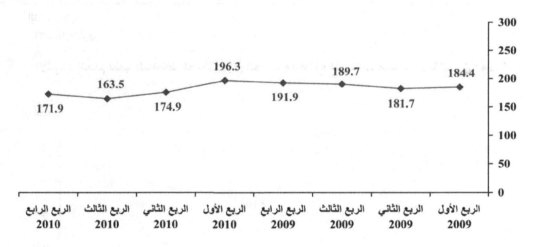

200
0

وعند دراسة مجموع النشاط الصناعي في الضفة الغربية وقطاع غزة في الفترة 1999-2010، نجد أن الناتج المحلي الإجمالي للصناعة قد ظلّ نموه عند وضع متقارب نسبياً، حيث ارتفع من 655.5 مليون دولار إلى 706.6 مليون دولار بنسبة 7.8%، وبمعدل سنوي مقداره 0.7%، مع تقلب هذا النشاط من سنة لأخرى. وكان قد بلغ ذروته في سنة 2005 محققاً 789.1 مليون دولار، كما بلغ أدناه سنة 2002 محققاً 534.7 مليون دولار، بفارق نسبته 47.6%. وقد يعود التحسن إلى أوضاع اقتصادية مواتية من حيث تحسن المناخ الاقتصادي الذي يساعد على تحقيق نمو صناعي، وبالعكس فإن دور هذا النشاط يتضاءل في الأحوال التي تصبح فيها الأوضاع الاقتصادية غير مواتية. وفي جميع الأحوال لا يمكن تجاهل السياسات الإسرائيلية المعرقلة للنشاط الاقتصادي

الصناعي. إذ إن أجواء القمع الإسرائيلي لانتفاضة الأقصى، ومحاولات إخضاع الشعب الفلسطيني أدت إلى تراجع النشاط الصناعي خصوصاً في الفترة 2000-2003، ثم عاد هذا النشاط ليستعيد بعض عافيته مع انتهاء انتفاضة الأقصى، غير أنه عاد ليتضرر، بسبب فوز حماس في الانتخابات وتشكيلها للحكومتين العاشرة والحادية عشر، ثم بسبب الحصار المفروض على قطاع غزة (انظر جدول 8/20).

جدول 8/20: تطور الناتج المحلي الإجمالي للنشاط الصناعي في الضفة والقطاع لسنوات مختارة بالأسعار الثابتة (بالمليون دولار)[39]

النشاط	1999	2000	2002	2005	*2009	**2010
التعدين واستغلال المحاجر	35.7	23.8	25.2	40.8	22.6	23.2
الصناعات التحويلية	566.4	472.4	385.9	591.8	539.8	507.8
إمدادات المياه والكهرباء	53.4	49.4	123.6	156.5	185.3	175.6
المجموع	655.5	545.6	534.7	789.1	747.7	706.6

* التنقيح الأول.
** الإصدار الأول.

الاتجاه العام لنمو النشاط الصناعي في الضفة والقطاع لسنوات مختارة (بالمليون دولار)

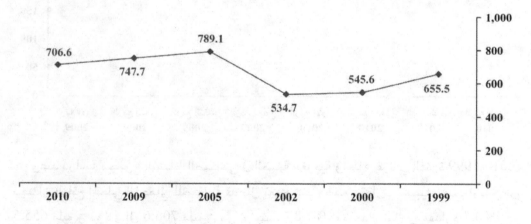

يشمل النشاط الصناعي ثلاثة قطاعات رئيسية هي: التعدين واستغلال المحاجر، والصناعات التحويلية، وإمدادات الكهرباء. ويلاحظ أن الصناعات التحويلية تستأثر بالجانب الأكبر من النشاط الصناعي بحيث مثلت 86.4% و71.9% لسنتي 1999 و2010 على التوالي، مع اتجاه إسهامها نحو التناقص، أي أن دور النشاط التحويلي قد تراجع لصالح إمدادات المياه والكهرباء والغاز التي ارتفعت نسبتها من 8.1% إلى 24.9% للسنتين المذكورتين على التوالي.

ويعود التراجع في النشاط التحويلي إلى العقبات التي يواجهها النشاط الصناعي، من حيث منافسة المنتجات الإسرائيلية ومنتجات المستعمرات في الضفة الغربية، والحصار الاقتصادي على قطاع غزة من جهة أخرى، مع الأخذ في الحسبان أن أنشطة الكهرباء والغاز تتجه نحو التزايد من عام لآخر لمواجهة احتياجات المستهلكين اليومية المتزايدة. ويتركز النشاط التعديني في المقام الأول في الضفة الغربية، ويتأثر بمدى حرية حركة المعابر من جهة، وبمدى ما تسمح به "إسرائيل" في هذا المجال.

2. النشاط الزراعي:

كان النشاط الزراعي وما يزال من الأنشطة الإنتاجية الحيوية، التي تقوم على إنتاج المحاصيل الغذائية الرئيسية التي لا غنى عنها لحياة الإنسان والحيوان على حدٍّ سواء.

ويعدُّ النشاط الزراعي في فلسطين نشاطاً تقليدياً موغلاً في القدم، ومرتبطاً بالأرض والحفاظ عليها. كما شكلت منتجاته دوماً مصدر رزق لجزء كبير من العاملين في هذا الحقل وفي الأنشطة الأخرى المرتبطة به. إضافة إلى تزويد الأسواق المحلية باحتياجاتها من معظم أصناف الحبوب والخضراوات والفواكه.

وقد نجح المزراع الفلسطيني في تصريف جزء كبير من فائض إنتاجه في الأسواق الخارجية، فشكلت حصيلة صادراته مورداً مهماً من موارد النقد الأجنبي اللازم لتغطية السلع المستوردة والحد من الفجوة المتزايدة في عجز الميزان التجاري واختلال ميزان المدفوعات[40]. وتبرز أهمية هذا النشاط أيضاً في الأوضاع الاستثنائية كالأزمات والإغلاقات والحروب، والارتفاعات المتزايدة في أسعار الحبوب والمحاصيل الزراعية الرئيسية. ويوضح جدول 8/21 تطور الناتج المحلي الإجمالي ربع السنوي للنشاط الزراعي لسنتي 2009 و2010.

جدول 8/21: تطور الناتج المحلي الإجمالي للنشاط الزراعي في الضفة والقطاع 2009-2010 حسب الأرباع بالأسعار الثابتة (بالمليون دولار)[41]

السنة	الربع الأول	الربع الثاني	الربع الثالث	الربع الرابع	المجموع
2009	69.5	75	61.8	86.9	**293.2**
2010*	89.8	97	73.3	99.9	**360**

* إحصائيات الأرباع الثلاثة الأولى هي تنقيح ثانٍ، وإحصائيات الربع الرابع هي إصدار أول.

الناتج المحلي الإجمالي للنشاط الزراعي الربعي في الضفة والقطاع 2009-2010 (بالمليون دولار)

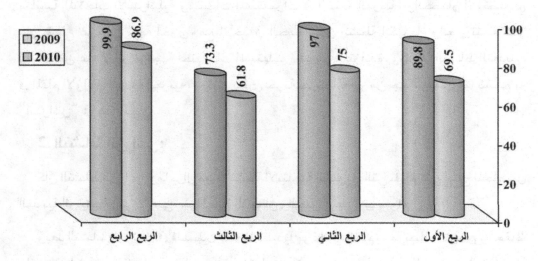

وعند مقارنة الأرباع في سنة 2010 مع الأرباع المماثلة في سنة 2009 نلاحظ نمواً إيجابياً ربعياً قدره 5.3%. أما الاتجاه العام للنمو في سنة 2010 مقارنة بسنة 2009 فقد حقق ارتفاعاً مقداره 22.8%.

وعند دراسة الاتجاه العام لنمو النشاط الزراعي خلال الفترة 1999-2010، فسنجد أنه يشير إلى انخفاض الناتج بصورة ملحوظة من 470.7 مليون دولار إلى 360 مليون دولار، أي بمعدل نمو سنوي سالب قدره 2.4%، مما جعل إسهام الزراعة في الناتج المحلي الإجمالي ينخفض من 10.4% سنة 1999 إلى 6.3% سنة 2010 (انظر جدول 8/22).

جدول 8/22: حجم الناتج الزراعي ونسبة إسهامه في الناتج المحلي الإجمالي في الضفة والقطاع 1999-2010 بالأسعار الثابتة (بالمليون دولار)[42]

2004	2003	2002	2001	2000	1999	السنة
296.7	297.6	251.3	340.8	403.6	470.7	الزراعة والصيد
7.1	7.9	7.7	9.1	9.8	10.4	نسبته من الناتج المحلي الإجمالي %

**2010	*2009	*2008	2007	2006	2005	السنة
360	293.2	286.1	252.2	240.3	236.2	الزراعة والصيد
6.3	5.6	5.9	5.5	5.6	5.2	نسبته من الناتج المحلي الإجمالي %

* التنقيح الأول.
** الإصدار الأول.

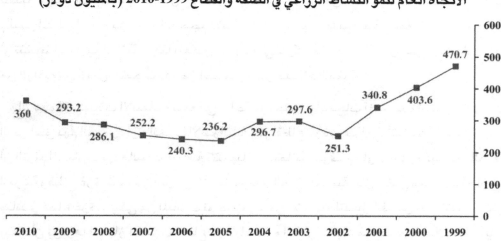

الاتجاه العام لنمو النشاط الزراعي في الضفة والقطاع 1999-2010 (بالمليون دولار)

ويتضح مما سبق أن التدهور في النشاط الزراعي ارتبط بالممارسات الإسرائيلية المتشددة في أثناء انتفاضة الأقصى، وكذلك بالنتائج المترتبة على جدار الفصل العنصري، والحواجز الإسرائيلية.

3. القطاع الخاص ودوره في تفعيل النشاطين الصناعي والزراعي:

يتحمل القطاع الخاص العبء الأساس في العمل الإنتاجي، كما يعول على الصناعة والزراعة الكثير نحو تحقيق الأهداف المرجوة، وذلك في مجالات توفير المحاصيل الزراعية المتنوعة والمنتجات الصناعية المتعددة التي تحتاجها الأسواق. وتسهم الخطوات المذكورة في زيادة مستويات الاكتفاء الذاتي من السلع الغذائية والرئيسية، وكذلك في المضي قدماً في تحقيق الأهداف التصديرية، هذا بجانب القدرة على استقطاب أعداد كبيرة من العاطلين عن العمل. غير أن القيود التي تعرقل النشاط الإنتاجي، والتي ما تزال قائمة حتى الآن، ستكون عقبة أمام إحداث انطلاقة في النمو الاقتصادي أو في مجال استمرارية هذه الانطلاقة.

كما يذكر البنك الدولي بأن النمو الاقتصادي الذي تحقق مؤخراً لن يكون مستداماً في غياب النمو الذي يقوده القطاع الخاص، الذي يعتمد بدوره على تخفيف القيود المفروضة على الحركة والعبور داخل الضفة الغربية وإلى الأسواق الدولية[43].

أهمية التسهيلات الائتمانية المصرفية لرجال الأعمال:

أخذت التسهيلات الائتمانية الممنوحة لرجال الأعمال نحو التزايد بشكل ملموس، خاصة بعد أن تدرجت سلطة النقد الفلسطينية في تفعيل الودائع المتاحة للجهاز المصرفي بحيث يرتفع الحدّ الأدنى لهذه التسهيلات ليصل إلى 45% من جملة الودائع، مما يعني التزام المصارف بالسعي

لتقديم تيسيرات إضافية لرجال الأعمال، بمنحهم مزيداً من التسهيلات الائتمانية مقارنة بالسنوات السابقة. ومن ثم زيادة حجم الاستثمارات المحلية مما يسهم في إقامة المشاريع الجديدة أو تنشيط المشاريع القائمة. وهذا ينعكس بدوره على حركة المشتغلين والقدرة على استيعاب مزيد من الراغبين في العمل، فتتحسن فرص التشغيل وتقل معدلات البطالة.

إن هذه التسهيلات الائتمانية ستغطي حاجة من حاجات أصحاب المصانع وأصحاب المزارع، الذين لحق بهم الضرر جرَّاء الحرب الإسرائيلية على قطاع غزة، وجرَّاء الانتهاكات المستمرة. غير أن التزام المصارف بهذه النسبة المتاحة كتسهيلات ائتمانية سوف يتفاوت بدوره فيما بين الضفة الغربية وقطاع غزة، نظراً لأن الفرص الاستثمارية في الضفة الغربية تظل أفضل مما هو متاح أو هو سائد في قطاع غزة. ويبقى من المناسب توجيه مزيد من الاهتمام لتفعيل الفرص الاستثمارية التي يمكن أن يوفرها الجهاز المصرفي لقطاع غزة باعتباره الأكثر حاجة، مع منحه معاملات تفضيلية للتغلب على كثير من العقبات التي يعاني منها هذا النشاط الاستثماري.

ومما يعزز أعمال المؤسسات الإقراضية الاهتمام الذي توليه سلطة النقد الفلسطينية في مجال إعداد نظام ترخيص ورقابة المؤسسات المتخصصة، والذي يهدف للمحافظة على سلامة وفعالية أعمال هذه الشركات، وضمان إسهامها في تحقيق التنمية الاقتصادية المستدامة[44]. ويوضح الجدول التالي حجم التسهيلات الائتمانية المصرفية التي يقدمها الجهاز المصرفي وتوزيعها حسب الجهة المستفيدة لسنة 2010.

جدول 8/23: حجم التسهيلات الائتمانية المصرفية 2010 (بالمليون دولار)[45]

الأرباع السنوية	قطاع عام	قطاع خاص مقيم	قطاع خاص غير مقيم	المجموع
الربع الأول	870	1,663	54	**2,587**
الربع الثاني	825	1,713	51	**2,589**
الربع الثالث	885	1,845	53	**2,783**
الربع الرابع*	893	1,943	50	**2,886**

*أرقام الربع الرابع هي أرقاماً تقديرية استناداً إلى معدلات النمو فيما بين الربعين الأول والثالث 2010، أما رقم القطاع الخاص غير المقيم فهو متمم حسابي.

الحاجة لتوسيع نطاق عمل المؤسسات الإقراضية صغيرة الحجم:

تشكل المؤسسات الإقراضية صغيرة الحجم أهمية كبيرة في المجتمعات المتقدمة والنامية على حدٍّ سواء. ولما كان القطاع الخاص يقوم بالشطر الأكبر من النشاط الإنتاجي القائم على مؤسسات صغيرة الحجم ذات رؤوس أموال منخفضة، ويعمل بها أعداد قليلة من العاملين فإن الحاجة إلى استثمارات تتناسب معها تشكل السمة السائدة والملائمة لهذه المنشآت، كذلك فهناك الكثير من

المشاريع الإنتاجية الفردية التي يعمل بها شخص واحد أو تلك المشاريع الأسرية التي تعمل بها المرأة بمفردها سواء داخل البيت أو خارجه.

ومن صور هذه المؤسسات الرائدة التي تقدم تمويلاً يتناسب مع المشاريع الفردية والمشاريع الصغيرة جداً "دائرة التمويل" التابعة لوكالة الغوث "الأونروا" في قطاع غزة، حيث نجحت سنة 2010 في توسيع خدماتها الإقراضية لتصل إلى 7.1 ملايين دولار، مقارنة مع 3.7 ملايين دولار خلال سنة 2009، أي بزيادة قدرها 92%؛ حيث استفاد منها 3,623 مقترضاً، أي بمعدل ألفي دولار في المتوسط لكل مقترض، مما يشكل زيادة في حجم القروض المقدمة بنحو 51% عند مقارنتها بسنة 2009، والتي بلغ عدد القروض الممنوحة خلالها 2,400 قرض[46].

ومن البوادر الإيجابية لهذا الإقراض التزام المقترضين بالسداد بحيث وصلت نسبة هذا الالتزام إلى 95%، مما يعني استفادة المقترضين من الأموال التي حصلوا عليها. ومن العوامل التي أسهمت في هذا الإنجاز قيام الدائرة بعقد دورات تدريبية للمقترضين بلغت نحو 79 دورة خلال سنة 2010، حيث استفاد منها 1,829 متدرباً. ولم تكن هذه الجهود التي تقوم بها دائرة التمويل جهوداً طارئة أو مستحدثة، بل إن نشاطها يعود إلى سنة 1995، حيث أمكن حتى نهاية سنة 2010 عقد 723 دورة، استفاد منها 15,872 متدرباً ومتدربة[47]. وبذلك تتضح أهمية التمويل صغير الحجم، إضافة إلى أهمية التدريب للعنصر البشري، كصورة مهمة من صور الاستثمار التي تساعد في صقل مهارة المتدربين، و تقديم المشورة المناسبة كلما لزم الأمر. مما يعني أهمية التوسع في أنشطة هذه المشاريع التي تتميز بقدرة مؤسسات الإقراض على التعامل معها بيسر وسهولة.

سادساً: الارتباط الاقتصادي بالدولة العبرية

تتعدد صور هذا الارتباط ولا تتوقف عند حدٍّ معين فهي تعكس العلاقة بين طرفين غير متكافئين يتحكم أحدهما في الآخر في مختلف مناحي الحياة الاقتصادية والاجتماعية والسياسية، وقد جاء هذا الشكل من الارتباط استناداً إلى عدد من المعايير أو المؤشرات على النحو التالي:

1. إعلان المبادئ الفلسطيني الإسرائيلي في 1993/9/13:

تمّ توقيع هذا الإعلان في العاصمة الأمريكية واشنطن وبموجبه جرى تحديد فترة انتقالية تمهد لاحقاً للحلّ النهائي لجميع القضايا العالقة. وبعد مرور أكثر من 16 عاماً، لم يتم التوصل إلى نتائج حاسمة بشأن الموضوعات المؤجلة. وظلت الضفة والقطاع خاضعة للاحتلال سواء

بشكل مباشر أو غير مباشر، ولم يتمكن الفلسطينيون حتى الآن من الحصول على حقهم في إقامة دولة مستقلة أو دولة قابلة للتعايش. ليس هذا فحسب بل إن الإسرائيليين ماضون في إقامة المستعمرات الجديدة والتوسع في المستعمرات القائمة مما جعل المفاوضات بين الجانبين تواجه طريقاً مسدوداً. وقد حرم ذلك الفلسطينيين من الكثير من حقوقهم الطبيعية في مجال استغلال مواردهم وحريتهم في إقامة علاقات اقتصادية دولية على أساس المصالح والمنافع المتبادلة. وعليه فإن من صور التبعية لـ"إسرائيل" الحرمان من حرية القرار الاقتصادي الفلسطيني المستقل.

ومن الشواهد الحية على التبعية توجه السلطة الفلسطينية لإقامة منتجع سياحي في الأغوار تبلغ قيمته 2.1 مليار دولار، يشمل فنادق وشاليهات ومراكز تجارية ومستشفى تعليمياً ومراكز علاجية وأخرى بحثية، وغيرها من المنشآت، مما يتيح إيجاد فرص عمل للفلسطينين تقدر بنحو 50 ألف فرصة، وهو ما يعني أنه مشروع حيوي، يسهم في الانطلاق بالنمو الاقتصادي؛ إلا أن تنفيذ هذا المشروع يظل رهناً بالموافقة الإسرائيلية، مما يؤكد حالة التبعية والارتباط العضوي بـ"إسرائيل"[48].

وينطبق الأمر نفسه على مشروع "مدينة روابي" بالقرب من رام الله، وفي إطار المنطقة "أ" الخاضعة للسلطة الوطنية الفلسطينية بالكامل. فقد تقدمت السلطة لـ"إسرائيل" بطلب الحصول على ترخيص لشق طريق يصل إلى هذه المنطقة، التي ستقام عليها المدينة الجديدة المتوقع أن تتجاوز استثماراتها 700 مليون دولار، إلا أن تنفيذ هذا المشروع يظل رهناً بالقرار النهائي الإسرائيلي في هذا الشأن[49].

2. اتفاق باريس الاقتصادي:

جرى توقيع هذا الاتفاق بين حكومة "إسرائيل" ومنظمة التحرير الفلسطينية في باريس في 1994/4/29. وبموجب هذا الاتفاق ينظر الطرفان إلى المجال الاقتصادي كأحد أركان العلاقات المتبادلة بينهما، ولتعزيز مصلحتهما في تحقيق "سلام عادل ودائم وشامل".

لقد عالج هذا الاتفاق العديد من المسائل الحيوية أبرزها ضرائب الاستيراد وسياسات الاستيراد، والقضايا النقدية والمالية والضرائب المباشرة، وغير المباشرة، والعمالة، والزراعة، والصناعة والسياحة ثم قضايا التأمين. أما من حيث التطبيق فإن هناك العديد من الجوانب السلبية التي تجعل الفلسطينيين لا يملكون حقّ اتخاذ القرار الاقتصادي المستقل، فهم مطالبون بالرجوع إلى السلطة الإسرائيلية في كل خطوة.

3. خضوع المعابر الحدودية للنفوذ الإسرائيلي:

ما زالت المعابر الحدودية التي تفصل بين الفلسطينيين والعالم الخارجي خاضعة للنفوذ الإسرائيلي، وهي قاصرة على المعابر الأرضية، مع حرمان الفلسطينيين من الموانئ البحرية والمطارات الجوية. وعليه فإن المنافذ أو الجسور التي تربط الضفة الغربية بالمملكة الأردنية الهاشمية، ومن ثم بالعالم الخارجي بعيدة عن السيطرة الكاملة للفلسطينيين، بالرغم من انسحاب "إسرائيل" من منطقة أريحا التي تقع الجسور على حدودها.

وكذلك الأمر فيما يتعلق بالمعابر الفلسطينية التي تربط قطاع غزة، سواء بـ"إسرائيل" أم عبرها إلى الضفة الغربية أو بالعالم الخارجي فإنها خاضعة تماماً للنفوذ الإسرائيلي، باستثناء معبر رفح البري الذي يربط قطاع غزة مع مصر، ويقتصر العمل به على انتقال الأفراد.

أما مطار ياسر عرفات الدولي في أقصى جنوب شرق قطاع غزة، فقد جرى تدمير ممراته ومرافقه بالكامل، ولم يعد صالحاً للاستخدام منذ سنة 2006. وأما مشروع الميناء البحري الوحيد في قطاع غزة فقد عطلت "إسرائيل" تنفيذه ولم يرَ النور، باستثناء محاولات محدودة جداً قام بها المتضامنون من الهيئات الشعبية الدولية. وفيما يتعلق بالممر الآمن بين الضفة الغربية وقطاع غزة فلم يجرِ العمل به سوى لفترة محدودة.

ويترتب على ما سبق أن انتظام حركة العمل في هذه المعابر والجسور يظل مرهوناً بما يتخذه الجانب الإسرائيلي من قرارات أو أوامر أو تعليمات، ويشمل ذلك حركة المبادلات وحركة الأفراد، مما يؤكد حالة الارتباط الكامل والعضوي بـ"إسرائيل".

4. تركز العلاقات التجارية الخارجية مع "إسرائيل":

ترتبط أراضي السلطة الفلسطينية بمبادلات تجارية متعددة ومتنوعة مع "إسرائيل"، نظراً لأن هذه المبادلات لا تخضع لقيود شديدة أسوة بالمبادلات مع بلدان العالم الخارجي. وأمام هذه الأوضاع فإن نسبة كبيرة من المبادلات الفلسطينية الخارجية تتمّ مع "إسرائيل" وتتركز في عمليات الاستيراد في المقام الأول، أما عمليات التصدير فما تزال محدودة للغاية. وبذلك يتضرر الاقتصاد الفلسطيني أشد الضرر من هذه السياسة التجارية، التي تجعل حركة المبادلات السلعية الدولية وكأنها في اتجاه واحد، أي في اتجاه الاستيراد الذي تكون غالبيته من "إسرائيل".

ويوضح الجدول التالي حجم التجارة الخارجية للسلطة الفلسطينية في سنوات مختارة في الفترة 2000-2009، وهو يظهر مدى تحكُّم "إسرائيل" بهذه التجارة استيراداً وتصديراً.

جدول 8/24: حجم التجارة الخارجية للسلطة الفلسطينية لسنوات مختارة (بالمليون دولار)[50]

2009	2008	2007	2006	2004	2002	2000	السنة
518.4	558.4	513	366.7	312.7	240.9	400.9	إجمالي الصادرات السلعية
(...)	558.4	490.7	332.8	272.8	208.1	323	– مجموع الصادرات السلعية من الضفة الغربية
(...)	(...)	22.3	33.9	35	32.7	78	– مجموع الصادرات السلعية من قطاع غزة
3,600.8	3,466.2	3,284	2,758.7	2,373.2	1,515.6	2,382.8	إجمالي الواردات السلعية
2,651.1	2,794.8	2,442.8	2,002.2	1,747.9	1,117	1,739	مجموع الواردات السلعية من "إسرائيل"
453.5	499.4	455.2	326.6	281.1	216	370	مجموع الصادرات السلعية إلى "إسرائيل"

ملاحظة: الأرقام الواردة هي أرقام مدورة لأقرب رقم عشري (مئة ألف دولار).

كما يظهر الجدول التالي حجم التبادل التجاري للضفة والقطاع مع دول مختارة خلال الفترة 2008-2009، ويكشف الجدول ضُعف التبادل التجاري مع الدول العربية مقارنة بعدد من الدول الإسلامية والأجنبية مثل الصين وتركيا وألمانيا وكوريا الجنوبية.

جدول 8/25: الصادرات والواردات وحجم التبادل التجاري للضفة والقطاع مع دول مختارة 2008-2009 (بالألف دولار) [51]

البلدان	حجم التبادل التجاري		الصادرات الفلسطينية إلى:		الواردات الفلسطينية من:	
	2009	2008	2009	2008	2009	2008
الأردن	76,977	81,248	28,855	34,122	48,122	47,126
مصر	38,214	23,245	2,891	984	35,323	22,261
الإمارات العربية المتحدة	7,629	6,481	3,099	3,710	4,530	2,771
المملكة العربية السعودية	7,155	5,799	4,168	3,568	2,987	2,231
باقي الدول العربية	12,331	4,151	11,318	3,449	1,013	702
"إسرائيل"	3,104,623	3,294,252	453,494	499,423	2,651,129	2,794,829
الصين	157,828	121,064	12	47	157,816	121,017
تركيا	113,862	66,417	53	567	113,809	65,850
ألمانيا	97,380	61,738	94	203	97,286	61,535
كوريا الجنوبية	50,563	26,333	51	(...)	50,512	26,333
الولايات المتحدة الأمريكية	46,473	36,702	6,132	3,559	40,341	33,143
إيطاليا	42,584	33,638	2,224	2,162	40,360	31,476
فرنسا	39,084	27,741	358	1,252	38,726	26,489
إسبانيا	33,488	22,486	0	24	33,488	22,462
سويسرا	23,227	13,697	173	117	23,054	13,580
بريطانيا	21,882	18,907	710	2,967	21,172	15,940
اليابان	19,172	16,330	460	193	18,712	16,137
البرازيل	15,741	18,036	(...)	(...)	15,741	18,036
باقي دول العالم	210,927	146,349	4,263	2,099	206,664	144,250
المجموع	4,119,140	4,024,614	518,355	558,446	3,600,785	3,466,168

ملاحظة: لم يوفر الجهاز المركزي للإحصاء الفلسطيني أرقاماً محددة حول الصادرات الفلسطينية إلى البرازيل خلال سنتي 2008 و2009، وإلى كوريا الجنوبية خلال سنة 2008، وقام باحتساب المجموع على أساس أن حجم الصادرات الفلسطينية إليها كان صفراً.

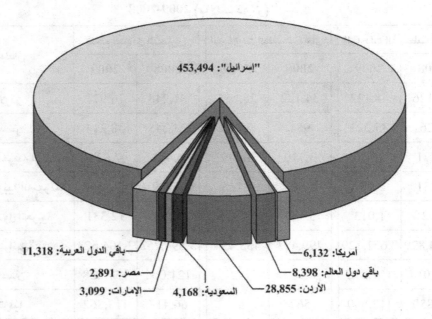

الصادرات الفلسطينية إلى دول مختارة 2009 (بالألف دولار)

"إسرائيل": 453,494

باقي الدول العربية: 11,318

مصر: 2,891

الإمارات: 3,099

السعودية: 4,168

أمريكا: 6,132

باقي دول العالم: 8,398

الأردن: 28,855

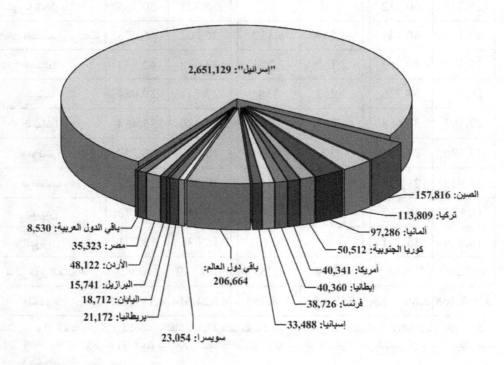

الواردات الفلسطينية من دول مختارة 2009 (بالألف دولار)

"إسرائيل": 2,651,129

الصين: 157,816

تركيا: 113,809

ألمانيا: 97,286

كوريا الجنوبية: 50,512

أمريكا: 40,341

إيطاليا: 40,360

فرنسا: 38,726

إسبانيا: 33,488

باقي دول العالم: 206,664

باقي الدول العربية: 8,530

مصر: 35,323

الأردن: 48,122

البرازيل: 15,741

اليابان: 18,712

بريطانيا: 21,172

سويسرا: 23,054

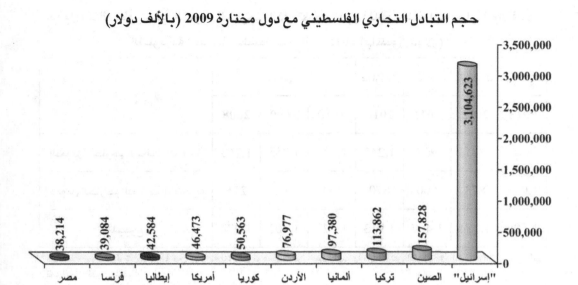

حجم التبادل التجاري الفلسطيني مع دول مختارة 2009 (بالألف دولار)

سابعاً: المساعدات الأجنبية وتوجهاتها

تتعدد أشكال المساعدات الأجنبية التي ترد إلى أراضي السلطة الفلسطينية لتخدم أغراضاً متنوعة، خدمة للاقتصاد الفلسطيني، ودعماً للحالات الإنسانية، وتعزيزاً لموقف السلطة الفلسطينية. ومن أبرز هذه الأشكال: أموال الدول المانحة، وأنشطة المنظمات الدولية، والمنح التي ترد عبر القوافل والمتضامنين، والمنح المقدمة لمؤسسات المجتمع المدني. وسوف نتناول هذه الأشكال كالآتي:

1. أموال الدول المانحة:

تأتي هذه الأموال كالتزام من الدول المانحة مقدمة للسلطة الفلسطينية تمكيناً لها من القيام بالأنشطة الرئيسية التي تضطلع بأدائها، وترتقي بمؤسساتها حتى قيام الدولة المستقلة. وتأتي هذه الأموال ضمن آلية منظمة تسمح بتجميع هذه الأموال ثم إعادة ضخها لمالية السلطة الفلسطينية.

ويلاحظ استمرار تدفق أموال المساعدات كاستجابة لاحتياجات السلطة الفلسطينية التي تتقدم بها من حين لآخر. كذلك فإن خبراء صندوق النقد الدولي يقومون بإعداد تقاريرهم حول أداء الاقتصاد الكلي والمالية العامة[52]. ويعكس الجدول التالي تطور هذه المساعدات عبر الفترة المحققة 2008-2010، والفترة المتوقعة 2011-2013.

جدول 8/26: تطور حجم التمويل الخارجي الذي تقدمه الدول المانحة للنفقات الجارية والنفقات التطويرية للسلطة الفلسطينية 2008-2013 (بالمليون دولار)[53]

البيان	فعلي			موازنة*	توقعات		
	2008	2009	2010	2010	2011	2012	2013
التمويل الخارجي للنفقات الجارية	1,763	1,355	1,146	1,243	967	881	501
التمويل الخارجي للنفقات التطويرية	215	47	131	670	500	873	1,095
المجموع	1,978	1,402	1,277	1,913	1,467	1,754	1,596

*يلاحظ وجود فوارق جوهرية بين موازنة 2010 وتوقعاتها عن السنة نفسها ناشئة عن الفروق في النفقات التطويرية التي تمول من الدول المانحة.

يتضح من الجدول السابق أن هذا التمويل قد بلغ 1,978 مليون دولار سنة 2008، ثم اتجهت هذه المنح نحو التناقص لتصل إلى 1,402 مليون دولار سنة 2009، أي بنقص قدره 576 مليون دولار وبمعدل نمو سالب 29.1%. ثمّ هبط من جديد سنة 2010 ليصل إلى 1,277 مليون دولار، وبمعدل نمو سالب مقداره 8.9%. مع توقع اتجاهه نحو العودة للارتفاع من جديد بدءاً من سنة 2011 ليصل إلى 1,596 مليون دولار سنة 2013، مع بقائه عند مستوى أقل مقارنة بما كان سائداً سنة 2008. وبناء عليه فهناك اتجاه عام نحو خفض أموال الدول المانحة، ومن المتوقع أن يشكل هذا الخفض معدل نمو سالب قدره 4.2% سنوياً عبر الفترة 2008-2013. ويلاحظ كذلك أن هذه النفقات تتجه لتمويل مسارين رئيسيين هما النفقات الجارية والنفقات التطويرية.

ففيما يتعلق بالمساعدات الموجهة إلى النفقات الجارية فإنها ستتجه نحو الانخفاض بشكل ملحوظ بحيث أنها ستنخفض من 1,763 مليون دولار إلى 501 مليون دولار في الفترة 2008-2013، أي بانخفاض قدره 1,262 مليون دولار وبنسبة إجمالية قدرها 71.6% وبمعدل نمو سنوي سالب يبلغ 22.2%.

كما يلاحظ أنه مقابل خفض حجم المساعدات الخارجية، فلن يشكل حجمها الإجمالي سنة 2013 إلا 80.7% مما كان عليه سنة 2008، ولن يشكل القسم المخصص لتمويل النفقات الجارية سنة 2013 إلا 28.4% مما كان عليه سنة 2008. وبالمقابل فإن التمويل الخارجي للنفقات التطويرية سنة 2013 سيشكل 509% مما كان عليه سنة 2008. وهذا يعني أنه ثمة تبدل هيكلي بالغ الأهمية، وهو إحداث خفض إجمالي، ولكن بالتزامن مع زيادة هائلة فيما يُخصص للنفقات التطويرية على حساب النفقات الجارية.

ويُفترض أن يأتي ذلك في إطار خطة الإصلاح التي تعتمدها السلطة الوطنية الفلسطينية، بشكل يتوافق مع اتجاه رفع كفاءة القطاع العام، إلا أن نجاح هذه الخطوة يتوقف على اتخاذ إجراءات جريئة، نحو القيام بإصلاح شامل في نظام الخدمة العامة لخفض مخصصات الأجور من جهة، وتحسين كفاءة القطاع العام من جهة أخرى[54].

إن واقعية هذه الخطة مرهونةٌ بالتشخيص الدقيق للمشاكل، والحصر الدقيق للموارد الاقتصادية المتاحة؛ ومن ثَمّ وضع البرامج الملائمة، والعمل بجدية كاملة لاستغلال هذه الموارد، لتحقيق ما تسعى إليه السلطة الوطنية من أهداف. ثمّ إن نجاح خطة الإصلاح يتوقف على تمكين القطاع الخاص من مزاولة أنشطته، في ظلّ ظروف مواتية؛ وهذا يسمح باستغلال الطاقات المتاحة، وتوظيف عدد كبير من المتعطلين في الأنشطة المختلفة للقطاع الخاص، مما يقلل من التكدس البشري في الوظائف الحكومية، كما يقلل من الأعباء المالية للنفقات العامة الموجهة للأجور. كما أن نجاح الخطة مرهونٌ أيضاً بعدم تغيّر الأوضاع الأمنية والسياسية والاقتصادية بشكل سلبي، وخصوصاً نتيجة تدخلات وإجراءات إسرائيلية محتملة، ضدّ المصالحة الفلسطينية، وضدّ حركات المقاومة، أو للضغط على الطرف الفلسطيني بأي شكل من الأشكال.

ومن جهة أخرى، فإن الخطة تحاول التكيّف مع سياسة تتخذها الدول المانحة وتتجه نحو تحسين الأداء الحكومي المالي في مجال زيادة الإيرادات الضريبية وغير الضريبية، ومن ثمّ تقليص عجز الموازنة العامة بشكل ملحوظ، مع إعطاء أهمية كبيرة نحو النفقات الحكومية التطويرية التي تمثل حاجة ملحة من حاجات المجتمع الرأسمالية.

ويستدل من التطورات السابقة على أن خطة الإصلاح التي تنتهجها السلطة الفلسطينية في مجال كل من النفقات العامة والإيرادات العامة ستأخذ سبيلها نحو زيادة الاعتماد على الإيرادات المحلية لتحل محل الدعم الخارجي، ومن ثم التوجه نحو تقليصه إلى أدنى مستوى ممكن. وتستجيب هذه السياسة لمشورة صندوق النقد الدولي المتمثلة في ضرورة استمرار السلطة الفلسطينية في تنفيذ تدابير موفرة للتكاليف وترتيب أولوياتها لمواجهة نقص المساعدات، بما في ذلك إرجاء المشاريع ذات الأولوية الأقل[55].

أما فيما يتعلق بتفصيلات الجهات والدول المانحة خلال سنة 2010، فقد تصدرتها الآلية الفلسطينية الأوروبية بمبلغ مقداره 374.6 مليون دولار، ثم البنك الدولي بمبلغ 285.3 مليون دولار، تليه الولايات المتحدة بمبلغ 222.9 مليون دولار، ثم المملكة العربية السعودية بمبلغ 143.7 مليون دولار. ويظهر الجدول التالي التمويل الخارجي للسلطة الفلسطينية خلال سنة 2010 مقارنة بسنة 2009.

جدول 8/27: مصادر تمويل الدعم الخارجي للسلطة الفلسطينية 2009-2010
(بالمليون دولار)[56]

2009	2010	الجهة المانحة
461.6	**230.8**	**تمويل الدول العربية**
241.1	143.7	المملكة العربية السعودية
173.9	42.9	الإمارات العربية المتحدة
26	26.3	الجزائر
(...)	9.8	قطر
17.8	8.1	مصر
2.9	(...)	عُمان
893.3	**908.6**	**تمويل المجتمع الدولي**
433.2	374.6	الآلية الفلسطينية الأوروبية (PEGASE)
135.1	285.3	البنك الدولي
273.2	222.9	الولايات المتحدة الأمريكية
27.7	15.9	فرنسا
10.1	9.9	الهند
10.3	(...)	تركيا
2.7	(...)	اليونان
1.1	(...)	منح لوزارة الشؤون الاجتماعية
(...)	8.1	منح قديمة لصالح الوزارات
46.8	**130.5**	**التمويل التطويري**
1,401.7	***1,278**	**المجموع**

* بحسب أرقام وزارة المالية في السلطة الفلسطينية فإن مجموع التمويل الخارجي بلغ 1,277 مليون دولار، غير أن الأرقام التي وفّرتها الوزارة تشير إلى أن المجموع هو 1,278 مليون دولار. ولعل سبب الاختلاف يعود إلى عملية تدوير للأرقام التفصيلية.

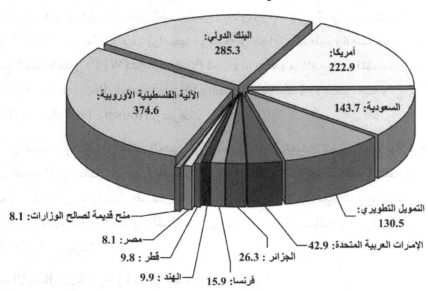

مصادر تمويل الدعم الخارجي للسلطة الفلسطينية 2010 (بالمليون دولار)

2. المساعدات المقدمة من المنظمات الدولية:

هناك العديد من المنظمات الدولية التي تزاول أنشطتها في قطاع غزة وفي الضفة الغربية، وتقوم بتقديم خدماتها ومساعداتها في إطار أنشطتها المعتادة كمنظمات دولية منبثقة عن الأمم المتحدة أو مستقلة عنها. وهي تسعى لتكثيف أنشطتها وخاصة في أعقاب الحرب الإسرائيلية على قطاع غزة شتاء 2008، وتضطر هذه المنظمات لاستنهاض همم المتبرعين والداعمين، وتوجيه مناشدات للمجتمع الدولي من حين لآخر لتوفير الأموال الضرورية.

وفي هذا الإطار فإن مكتب الأمم المتحدة لتنسيق الشؤون الإنسانية في الأراضي الفلسطينية المحتلة (أوتشا) كان قد وجه مناشدات دولية لجمع نحو 664.47 مليون دولار لتغطية الاحتياجات الملحة خلال سنة 2010[57]، ثم قام هذا المكتب بإطلاق عملية المناشدة المالية الموحدة لسنة 2011 لتصل قيمتها إلى نحو 575 مليون دولار، وذلك من منطلق الاحتياجات الإغاثية العاجلة[58].

أما الوكالة الأمريكية للتنمية الدولية فإنها قد أنفقت في سنة 2010 بمفردها 400 مليون دولار في الضفة والقطاع. وبلغ مجموع ما قدمته خلال الـ 17 عاماً الماضية 700 مليون دولار. وتأتي هذه النفقات لتمويل مشاريع البنية التحتية، سواء من خلال التعاون المباشر مع الوزارات الحكومية أم غيرها من الجهات[59]. ولا توجد إحصائيات دقيقة تبين حجم توزيع هذه الأموال، على كل من الضفة والقطاع؛ غير أنه على ما يظهر، فإن معظم هذه الأموال، إن لم يكن كلها، قد صرفت في الضفة الغربية؛ وذلك بسبب السياسات الأمريكية المعروفة في محاصرة القطاع.

ومن المؤسسات الدولية المهمة التي تعمل على رعاية أحوال اللاجئين الفلسطينيين وكالة الأمم المتحدة لإغاثة وتشغيل اللاجئين الفلسطينيين (الأونروا)، التي تقدم معونات غذائية لنحو 80% من هؤلاء اللاجئين؛ هذا بخلاف برامجها الواسعة في مجالات التعليم والصحة وغيرها. إضافة إلى برنامج الغذاء العالمي World Food Programme (WFP) وبرنامج الأمم المتحدة الإنمائي United Nations Development Programme (UNDP) ومؤسسة الإسكان التعاوني Cooperative Housing Foundation (CHF) وغيرهم.

ومن الجدير بالذكر أن هناك العديد من المنظمات والجمعيات العربية والإسلامية النشطة في مجال تقديم المساعدات للشعب الفلسطيني مثل ائتلاف الخير، والصندوق الفلسطيني للإغاثة والتنمية "انتربال"، ولجنة فلسطين في الهيئة الخيرية الإسلامية العالمية، ومؤسسة القدس الدولية، ومنتدى رجال الأعمال الفلسطيني، وهيئة الإغاثة الإنسانية وحقوق الإنسان والحريات IHH التركية، وغيرها.

3. الأعمال الإغاثية وقوافل الدعم الخارجي:

لقد أسهمت القوافل الإغاثية التي تأتي في إطار المؤازرة الشعبية والمساندة المادية والمعنوية في التخفيف من حالة الحصار والمعاناة التي يحياها الفلسطينيون، وخاصة في قطاع غزة، والتي تسعى لتوفير قدر من احتياجات السكان الصحية والمعدات الطبية والأدوية الحيوية وسيارات الإسعاف، إضافة إلى خدمات علاجية تقوم بها الوفود الطبية، كإجراء العمليات الجراحية النادرة والمعقدة، الأمر الذي ينم عن ضخامة الحالات الصحية الحرجة بين مختلف الأعمار وبشتى أنواع الأمراض، في ظلّ عجز الإمكانات المتاحة عن تقديم هذه الخدمات للمرضى، مع صعوبة إجراءات نقلهم للعلاج في الخارج بسبب التكلفة الباهظة وصعوبات السفر.

ففي 2010/10/21، وصلت قافلة "شريان الحياة 5"، التي يقودها النائب البريطاني السابق جورج جالاوي، إلى قطاع غزة المحاصر عبر معبر رفح الحدودي، وتضم القافلة نحو 342 من المتضامنين جاؤوا من ثلاثين دولة، و137 شاحنة محملة بأدوية وأجهزة ومستلزمات طبية ومدرسية ومواد إغاثية وغذائية بقيمة خمسة ملايين دولار[60].

وفي 2010/11/8، سيرت هيئة الهلال الأحمر الإماراتي، قافلة مساعدات إلى قطاع غزة تضم 35 شاحنة من المواد الطبية والغذائية. كما دخلت إلى قطاع غزة في 2010/11/25، قافلة "طريق الأمل" الأوروبية، التي تضم 45 متضامناً من بريطانيا وإيرلندا وفرنسا وإسبانيا ونيوزيلندا والأرجنتين، إلى جانب 30 سيارة إسعاف، إضافة إلى 95 طناً من المساعدات والأدوية والمواد التعليمية. وفي 2010/11/27، وصل وفد يضم عدداً من النواب في البرلمان الأوروبي إلى قطاع غزة[61].

وسيرت الهيئة الخيرية الأردنية الهاشمية في 2011/1/13، قافلة مساعدات إلى قطاع غزة مكونة من خمس شاحنات، تحمل 76 طناً من المواد التموينية والغذائية. وفي 2011/1/13، وصلت إلى قطاع غزة عبر معبر رفح الحدودي قافلة المساعدات الليبية "القدس 5"، محملة بـ 80 طناً من الأدوية والمستلزمات الطبية، و20 شاحنة تحمل ألفي طن من حليب الأطفال واحتياجات المعاقين والمواد التموينية والبطانيات والخيام. كما دخلت في اليوم نفسه القافلة الإنسانية "آسيا 1" التي تمثل 135 مؤسسة من مؤسسات المجتمع المدني، وتضم عشرات المتضامنين من 20 دولة آسيوية، وأربع سيارات إسعاف، وثماني شاحنات تحمل ألف طن من المساعدات الطبية والملابس وحليب الأطفال، ومعدات لذوي الاحتياجات الخاصة والجرحى المحاصرين في قطاع غزة[62].

ولما كانت مثل هذه الإعانات تلبي الاحتياجات الغذائية الطارئة فقط، فإنها في الوقت نفسه لا تستجيب للاحتياجات المستقبلية بأبعادها الزمنية متوسطة الأجل وطويلة الأجل.

4. مؤسسات المجتمع المدني:

هناك أعداد كبيرة من مؤسسات المجتمع المدني تعمل في أرجاء الضفة والقطاع، وتعمل في مجالات خدماتية شتى كالإغاثة الزراعية، والإغاثة الطبية، والنشاط الشبابي، وتمكين المرأة، ورعاية الأطفال والمعاقين، وغيرها. وهي مؤسسات غير ربحية تحصل على تمويلها غالباً من الدعم الخارجي، وتلبي جزءاً من احتياجات المجتمع المدني، ويأتي عملها مكملاً للنشاطين العام والخاص، ولا تتوفر بيانات حول حجم الدعم المالي السنوي الذي تحصل عليه.

ثامناً: إدارة السلطة والحكومة للوضع الاقتصادي:

1. الانقسام الفلسطيني:

أدى الانقسام الفلسطيني في حزيران/ يونيو 2007 إلى قيام حكومتين منفصلتين، إحداهما في الضفة الغربية والأخرى في قطاع غزة. واستناداً إلى القبول العربي والدولي الذي تتمتع به السلطة الفلسطينية في الضفة الغربية، فإنها تعمل على بسط صلاحياتها على الضفة الغربية وقطاع غزة، وخاصة في مجال التخصيصات المالية للموازنة العامة، باعتبارها تتلقى الدعم المالي من الدول المانحة.

وتسعى كل من الحكومتين للقيام بالمهام الموكلة إليها بموجب الأنظمة والتشريعات المعمول بها غير أن هذه الجهود تنجح في مجالات معينة وتتعثر في مجالات أخرى. ويعدّ الانقسام الفلسطيني أحد أبرز المظاهر السلبية التي تحرم الاقتصاد الفلسطيني من عناصر القوة التي يتمتع بها.

2. مزاولة المهام المالية والإدارية في إطار الموازنات العامة السنوية وخطط الإصلاح:

يجري كل عام إعداد وتحضير الموازنات السنوية العامة استناداً إلى الأنظمة المالية بحيث يتم هذا الإعداد مسبقاً قبل بداية تنفيذها من كل عام، من أجل تمكين الوزارات والهيئات الحكومية ممارسة صلاحياتها في تحصيل الأموال وإنفاقها بعد اعتماد الموازنات السنوية.

وقد لوحظ أن إعداد الموازنة يتم متأخراً عن موعده المعتاد ففي حكومة رام الله جرى إصدار المرسوم الرئاسي المتضمن إعداد موازنة 2010 يوم 2010/3/29[63]؛ أي أن إقرار هذه الموازنة جاء متأخراً لفترة زمنية قدرها ثلاثة أشهر، مما يعني أن الجهات الحكومية قد باشرت صلاحياتها المالية على مدى ثلاثة شهور كاملة دون اعتماد لمخصصاتها. بينما تمّ اعتماد موازنة الحكومة المقالة في قطاع غزة لسنة 2010 بتاريخ 2009/12/31[64].

3. الرقابة على جودة السلع وأسعارها في الأسواق:

تبدي السلطات الحكومية اهتماماً متزايداً تجاه رقابة أسعار السلع، ومدى توفرها في الأسواق ومدى مطابقتها للمواصفات القياسية. ويتم ذلك من خلال حملات منظمة ومفاجئة تقوم بها الهيئات الحكومية المعنية كوزارة الاقتصاد المهتمة بحماية المستهلك، ووزارة الصحة، والبلديات والسلطات المحلية والأجهزة الأمنية وغيرها، حيث تقوم بجهود مشتركة أحيانا وبجهود متفرقة أحياناً أخرى.

وتسعى هذه الجهات إلى تطبيق الأنظمة والتشريعات في مجال منع تهريب السلع والتحقق من صلاحيات السلع المعروضة في الأسواق لأغراض الاستهلاك الآدمي وكذلك السلع المخزنة. حيث نجحت السلطات المختصة في ضبط كميات كبيرة من السلع الفاسدة وغير المطابقة للمواصفات وبخاصة السلع الغذائية بأنواعها المختلفة والدخان والأدوية والمحروقات وغيرها، مع التخلص من السلع غير الصالحة للاستخدام وإحالة المخالفين للقضاء، حيث لوحظ أن عدداً من التجار يقوم بتخزين هذه السلع لأغراض إعادة بيعها بأسعار مرتفعة، ومع طول فترة التخزين فإن هذه السلع تصبح عرضة للتلف، ومع ذلك فإن بعض التجار يتحايلون في بيعها للمستهلكين.

4. عدم إيجاد بديل للفلسطينيين العاملين داخل "إسرائيل" والمستعمرات:

يعود اضطرار الفلسطينيين للعمل بالمستعمرات و"إسرائيل" إلى سنوات الاحتلال الأولى، إذ كانت "إسرائيل" قد عزلت الضفة والقطاع عن العالم الخارجي وجعلت علاقة الفلسطينيين بالخارج محدودة، مع تركيز معاملاتهم مع "إسرائيل" في صورة علاقة تبعية. وقد اتخذت "إسرائيل" كثيراً من القرارات والتشريعات التي تحقق هذه الغاية، مع شلّ حركة النشاط الزراعي والصناعي على

وجه التحديد، وإحلال المحاصيل الزراعية والمنتجات الإسرائيلية في الأسواق الفلسطينية بديلاً عن المنتجات الوطنية. مما جعل المؤسسات الصناعية والمشاريع الزراعية تستغني عن أعداد كبيرة من المشتغلين، مع تشجيع العمل الفلسطيني في "إسرائيل".

وهكذا تدفق عشرات الآلاف من المشتغلين الفلسطينيين نحو الأراضي الإسرائيلية، وكانت مستويات الأجور التي يحصلون عليها مرتفعة جداً بالمقارنة بمستويات الأجور المحلية، مما شجع أعداداً كبيرة من الفلسطينيين للعمل داخل "إسرائيل" ونبذ العمل داخل الضفة والقطاع. واستمر هذا الوضع حتى سنة 2000 أي مع قيام انتفاضة الأقصى التي قلصت "إسرائيل" بموجبها أعداد العمال الفلسطينيين المتجهين إليها أو العاملين في المستعمرات، مع التوقف التام عن دخول عمال قطاع غزة، واقتصاره على عمال الضفة الغربية. ويبلغ هؤلاء العاملين نحو 78,800 عاملٍ وذلك في الربع الرابع لسنة 2010.

أسهمت إجراءات الاحتلال في ازدياد البطالة، بل إن جزءاً لا يستهان به من العمال الفلسطينيين يعملون داخل المستعمرات الإسرائيلية، التي تعدّ من وجهة نظر القانون الدولي أعمالاً غير مشروعة، ولا يلتزم المجتمع الدولي بتداول منتجاتها أو إضفاء أية صفة شرعية لها. ومع ذلك فإن انحسار فرص العمل أمام الفلسطينيين جعلهم مضطرين لقبول العمل بهذه المستعمرات، مع غض الطرف من جانب السلطة الفلسطينية في رام الله على هذا المسلك، بالرغم من اتخاذ قرارات بمقاطعة منتجات الاستيطان الإسرائيلي.

وفي إطار تنفيذ القرار المتعلق بوقف إدخال منتجات الاستيطان إلى الضفة والقطاع[65]، فقد طلبت وزارة الاقتصاد الوطني في رام الله من عمال المستعمرات التوقف عن أعمالهم بنهاية سنة 2010، علماً بأن عددهم يبلغ نحو 25 ألف مشتغل. وفي الوقت نفسه يشير وزير العمل الفلسطيني إلى عدم وجود قانون أو تشريع يمنع هؤلاء المشتغلين من العمل في المستعمرات. ومع عجز السلطة الفلسطينية عن تقديم بديل لهؤلاء العمال، فإما إنهم سيستمرون في العمل في المستعمرات أو ينضمون إلى قوائم المتعطلين[66].

5. تشكيل هيئة مكافحة الفساد وبدء مزاولة أعمالها:

جرى مؤخراً تحريك ملفات الفساد التي مضى عليها قرابة أربع سنوات، مع إحالة قضاياها إلى هيئة مكافحة الفساد التي جرى تأسيسها في الضفة الغربية في 2010/6/20 بقرار من الرئيس محمود عباس. وقد حلّت هذه الهيئة مكان هيئة مكافحة الكسب غير المشروع[67]. وكان النائب العام أحمد المغني قد أعلن إحالة 80 ملفاً من ملفات الفساد بعضها لشخصيات مسؤولة في السلطة الفلسطينية، وأتت هذه الخطوة بالرغم من العقبات العديدة التي تواجه العمل في قضايا الفساد، وأبرزها إقامة عدد من المتهمين في الخارج[68].

تاسعاً: الحصار وانعكاسات الصراع الفلسطيني الإسرائيلي على الوضع الاقتصادي

يتخذ الحصار الإسرائيلي على الاقتصاد الفلسطيني صوراً شتى من خلال التحكم التام في حركة المعابر والمنافذ الحدودية. فحركة هذه المعابر تخضع لقيود وعقبات من الجانب الإسرائيلي، الأمر الذي يؤثر على انسياب السلع وحرية تداولها، كما يعوق حركة الأنشطة التي يقوم بها رجال الأعمال، مما يحد من العمل الاستثماري للقطاع الخاص ويجعله عند حده الأدنى، بالرغم مما يتم بذله من جهود من جانب السلطة الفلسطينية[69]. هذا بجانب العراقيل الداخلية بين المحافظات الشمالية ومدنها وقراها ممثلة في الحواجز الثابتة والمتنقلة، والتي تعرقل حركة الأفراد والمبادلات، مما يزيد من خسائر المنتجين وأعباء المستهلكين. ومن صور الحصار الراهنة:

1. القيود المشددة على الحركتين التجارية والاقتصادية في الخليل:

يعيش المواطنون في مدينة الخليل في الضفة الغربية ظروفاً معيشية صعبة تتضاعف أشكالها وتتنوع صورها، بحسب اختلاف المعوقات التي يضعها الاحتلال إذ وصلت إلى 122 معوِّقاً، وفقاً لاستطلاع بعثة التواجد الدولي المؤقت في الخليل Temporary International Presence in Hebron (TIPH) بالتعاون مع مكتب الأمم المتحدة لتنسيق الشؤون الإنسانية في الأراضي الفلسطينية المحتلة (أوتشا). فهناك سيطرة إسرائيلية على مساحة تقدر بنحو 4.2 كيلو متر مربع فيما يسمى بـ"اتش اثنان" H2. إضافة إلى حواجز تامة وأخرى جزئية، وحواجز طرق، وسدود ترابية، وجدران إسمنتية، وأسيجة وبوابات معدنية وحديدية، إضافة إلى إغلاق كافة الطرق التجارية المؤدية إلى المستعمرات الإسرائيلية في تلك المنطقة، علماً بأن غالبية هذه المعيقات أنشئت منذ سنة 2000. ولقد كان لهذه المعيقات تداعيات كثيرة، كإخلاء قرابة ألف منزل من منازل السكان العرب، وإغلاق أكثر من 1,800 مشروع تجاري؛ مع ملاحظة أنه تمّ إغلاق حوالي 650 محلاً تجارياً ودكاناً بأوامر عسكرية خلال سنة 2010، هذا بجانب تدني الحركة السياحية وحركة الزوار[70].

2. استمرار الحصار الاقتصادي على قطاع غزة على الرغم من تخفيفه جزئياً:

يستمر الحصار في قطاع غزة منذ سنة 2007، مع الإبقاء على تشغيل المعابر جزئياً، وفي حدود الأصناف المسموح بها فقط. حيث تحرص "إسرائيل" على حرمان الاقتصاد الفلسطيني من مقومات نموه، ومن فرص تشغيل موارده وطاقاته، مع الإبقاء على الحالة التي تسمح باستمرار الحياة في إطارها الإنساني عند حدها الأدنى، وهو ما أكدته الوثائق الرسمية التي تمّ نشرها، ومن شأن ذلك جعل النمو الاقتصادي محدوداً وغير متوازن، واعتماده بشكل كبير على النشاط الخدماتي غير المستقر.

3. الاتجاه نحو حصر معابر قطاع غزة في معبر وحيد:

قررت سلطات الاحتلال الإسرائيلي في 2011/3/2 إغلاق معبر المنطار التجاري "كارني" شرقي مدينة غزة بشكل نهائي؛ وهو معبرٌ مخصصٌ للقمح والحبوب والأعلاف والحصمة، على أن يتم تحويل نشاط هذا المعبر إلى الجنوب الشرقي من قطاع غزة أي إلى "كرم أبو سالم"، الذي ترد عبره في الوقت الحاضر مختلف أصناف السلع.

إن هذا الإجراء في تقليص عدد المعابر هو استمرار لسياسة إسرائيلية قديمة، ففي شهر حزيران/ يونيو 2007 جرى تقليص العمل بمعبر المنطار التجاري ليقتصر العمل به على مدى يومين أسبوعياً لإدخال القمح والأعلاف فقط. وأما في 2008/9/12 فقد جرى إغلاق معبر صوفا جنوب شرق القطاع بالكامل، والذي كان مخصصاً لنقل الحصمة. وأما في 2010/1/1 فقد جرى إغلاق معبر الشجاعية "ناحال عوز"، الذي كان مخصصاً لتزويد القطاع بمشتقات الوقود. أي أنه قد جرى إغلاق ثلاثة معابر من أصل أربعة منذ منتصف 2007 وحتى بداية 2011.

وتأتي هذه التطورات ضمن إطار ممنهج لحصر حركة تداول السلع في معبر وحيد، وهو معبر معرض للتكدس والاختناقات، وقد يتعرض للإغلاق الجزئي أو التام تحت أية ذرائع أمنية. وكانت قوات الاحتلال قد ألغت القسم الخاص بمرور البضائع من معبري بيت حانون "إيريز" ومعبر رفح البري، بعد أشهر معدودة من اندلاع الانتفاضة في أواخر سنة 2000[71].

4. الشريط الحدودي العازل على امتداد حدود قطاع غزة مع "إسرائيل":

إن من صور الحصار الإسرائيلي إقامة شريط حدودي عازل على امتداد حدود قطاع غزة مع "إسرائيل" من الشمال والشرق، يصل عرضه إلى 1,500 متر، بحيث تشكل هذه الأراضي نحو 35% من أراضي غزة الزراعية الخصبة. مما يجعل هذه المناطق محظورة على حركة الفلسطينيين في أراضيهم التي تعدّ من أهم الأراضي الزراعية، كما تشكل أهم مصدر دخل لقطاع كبير من المزارعين. وعليه فإن السماح ببدء تصدير الخضراوات إلى خارج قطاع غزة، على سبيل المثال، لن يحقق الفائدة المرجوة للمزارعين غير القادرين أصلاً على الوصول إلى أراضيهم الزراعية[72].

5. استمرار تدهور الأوضاع المعيشية كنتيجة للحصار الاقتصادي:

سادت أجواء التدهور المعيشي في قطاع غزة خلال سنة 2010 في نواحٍ عديدة، بالرغم من تحقق نمو اقتصادي محدود. وقد جاء هذا التدهور كمحصلة لضعف النمو المشار إليه، وتردي حالة البنية التحتية، والجمود النسبي في الترميم وإعادة الإعمار. بحيث انعكس ذلك على تدني مستوى الدخل لدى طوائف عريضة من المجتمع واستمرار انتشار حالة الفقر، مما استلزم استمرار الأعمال الإغاثية لنحو 80% من مجموع السكان الفلسطينيين في غزة، باعتبارهم يعيشون في حالة من العوز والفقر الشديد. ومن صور هذا التدهور:

أ. تدهور الموارد المائية:

تعدّ الاحتياجات المائية على المستوى الآدمي في الضفة والقطاع دون الحد الأدنى المطلوب كماً وكيفاً. فنحو 60% من السكان لا تتوفر لهم الإمدادات المائية إلا كل بضعة أيام، ولساعات محدودة في اليوم الواحد، مما يجعل ما يرد إليهم من المياه شحيحاً، وهذه المياه غير صالحة للشرب سواء من حيث التلوث أم من حيث ارتفاع نسبة الأملاح والنترات، كما يؤكد الخبراء والمختصون. وتقتصر المياه الصالحة للشرب في حدود 10% فقط من جملة الاحتياجات.

ويأتي ذلك في ظلّ انخفاض منسوب الخزان الجوفي على امتداد قطاع غزة، خاصة وأن "إسرائيل" كانت قد عمدت إلى حفر الآبار في أراضي المستعمرات التي أقامتها على مساحات كبيرة من الأراضي الحكومية في قطاع غزة، وكانت هذه الآبار تستنزف جزءاً كبيراً من المياه العذبة في القطاع.

وبالرغم من انسحاب "إسرائيل" من قطاع غزة من جانب واحد سنة 2005، وتوقف العمل بالآبار المشار إليها، إلا أنها لجأت مجدداً إلى حفر آبار ضخمة وعلى أعماق كبيرة في الجانب الإسرائيلي على الحدود المتاخمة لقطاع غزة، لأغراض سحب المياه الجوفية من المخزون الجوفي لغزة وذلك بذريعة أن جزءاً من مياه "إسرائيل" يتجه إلى الشرق، نتيجة انجراف المياه تجاه ساحل قطاع غزة.

وإذا أضفنا إلى ذلك حالة الآبار العشوائية التي يحفرها السكان في أراضيهم الزراعية أو السكنية دون الحصول على التراخيص الرسمية، فإن مشكلة مياه الشرب والري في القطاع قد تفاقمت إلى حدٍّ كبير. وقد لاقت هذه الظاهرة اهتمامات السلطة البلدية والمحلية وسلطة المياه ووزارة الزراعة، من أجل تنظيم إجراءات حفر هذه الآبار وترتيب أوضاعها[73].

ب. سوء حالة الصرف الصحي:

تتفاقم في قطاع غزة مشكلة الصرف الصحي الناشئة عن عجز الجهود الراهنة لتنقية المياه العادمة أو جعلها صالحة للري. فمحطات تنقية الصرف الصحي تعمل بطاقة محدودة، لا تتناسب مع كميات المياه العادمة الناشئة عن الاستخدامات الآدمية للتجمعات السكنية.

وعليه فإن مياه الصرف الصحي تزيد من تعقيدات الحياة المعيشية، خاصة عند تصريفها في البحر وعلى مسافات قريبة من الشاطئ، مما يجعل مياه الشاطئ ملوثة بشكل كبير. ومن ثم يحرم المواطنون من هذا المرفق الحيوي سواء لأغراض الاستحمام أم الاستجمام، كما يؤثر بدوره سلباً على الثروة السمكية. هذا إضافة إلى أن جزءاً من مياه الصرف الصحي يجد طريقه نحو الخزان الجوفي، ومن ثم الاختلاط بالمياه العذبة وتلويثها وزيادة ملوحتها.

6. انقطاع وعدم انتظام خدمات الكهرباء:

على الرغم من الأهمية العظمى لمرفق الكهرباء والحاجة الماسة إلى الطاقة الكهربائية للأغراض المنزلية والإنتاجية، إلا أن سكان قطاع غزة ما زالوا محرومين من انتظام الإمدادات الكهربائية، خاصة وأن الانقطاع في الكهرباء يستمر لعدة ساعات يومياً وبشكل غير منتظم، بحيث يتعذر الاستفادة بشكل كامل من الأوقات التي تتوفر فيها الخدمة الكهربائية، مما يلحق الضرر بالسكان على اختلاف طوائفهم وبالمنتجين في مجالات النشاط الإنتاجي، وبالطلاب في مدارسهم وجامعاتهم.

وتتمثل أزمة الكهرباء في قطاع غزة في نقص الكميات المعروضة عن حاجة السوق الاستهلاكية. فقطاع غزة يحتاج إلى ما يتراوح بين 270-300 ميجاوات من التيار يومياً يتوفر منها 190 ميجاوات فقط أي بنحو 65%[74]. بعجز يتجاوز ثلث الاحتياجات الفعلية، دون إغفال زيادة الطلب السنوية على هذه الخدمة التي باتت تشكل حاجة ملحة لا تقل عن الماء والهواء. لذلك فإن الانقطاع المتكرر للكهرباء له تداعيات ضارة وسلبيات لا محدودة على الحياة اليومية. ويعود السبب المباشر لهذه الأزمة إلى نقص الوقود المستخدم في تشغيل المولدات الستة الذي يتم جلبه من "إسرائيل".

خاتمة لقد تضافرت مجموعة من العوامل في دفع عجلة النمو الاقتصادي خلال سنة 2010 ليحقق نمواً قدره 9.3% على امتداد العام المذكور، مع مراعاة أن هذا النمو قد انطلق أصلاً من مستويات متدنية. ومن أبرز العوامل التي أسهمت في تحقيق هذا النمو: الدعم المالي الذي قدمته الدول المانحة، والمعونات المقدمة من عدد من الدول كالولايات المتحدة والاتحاد الأوروبي والحكومات العربية وغيرهم.

ومن الأسباب التي أسهمت أيضاً في هذا النمو حالة الاستقرار الأمني النسبي، والسعي نحو تطوير الأداء الحكومي في الضفة والقطاع، والتخفيف المحدود في القيود المفروضة على حرية انتقال الأفراد، هذا بجانب السماح التدريجي في قطاع غزة لتصدير قدر محدود من المنتجات.

إن الاقتصاد الفلسطيني بالرغم من الصعوبات التي يواجهها يتمتع بإمكانيات كبيرة للنمو، كما يمتلك مزايا ذاتية قادرة على تحقيق النهوض الاستثماري، حيث تمتلك فلسطين نظاماً مصرفياً متقدماً، وسوقاً مالية عصرية يحظيان بثقة المواطنين، مع غياب أية عقبات فلسطينية أمام حركة رأس المال.

وبناء على المعطيات السابقة التي صاحبها انفراج جزئي في حركة النشاط الاقتصادي فإنه يستدل على أن الاقتصاد الفلسطيني يتوفر له فرص واعدة لتحقيق انطلاقة مستقبلية في النمو بمعدلات أسرع مما تحقق حتى الآن، وذلك في الأحوال التي يتم فيها إزالة المعيقات الراهنة سواء

على مستوى الضفة الغربية أو على مستوى قطاع غزة، وبخاصة عند انتهاء حالة الانقسام الفلسطيني. وعليه فهناك تقديرات للنمو لسنة 2011 قد تصل لنحو 7%.

وبشكل عام، يظلّ الاحتلال الإسرائيلي هو العائق الأكبر أمام الاقتصاد الفلسطيني، حيث يعمل هذا الاقتصاد في بيئة معادية، تسعى لتركيع الإنسان الفلسطيني، وطرده من أرضه، وفرض شروطها السياسية عليه. ويظلّ هذا الاقتصاد معرضاً لاهتزازات عنيفة، بسبب الإجراءات الإسرائيلية، طالما ظلّ الفلسطينيون يسعون للتحرر ونيل الاستقلال.

هوامش الفصل الثامن

[1] الجهاز المركزي للإحصاء الفلسطيني، **الخبر الصحفي للتقديرات الأولية للحسابات القومية الربعية (الربع الرابع 2010)** (رام الله: الجهاز المركزي للإحصاء الفلسطيني، آذار/ مارس 2011)، في:
http://www.pcbs.gov.ps/Portals/_pcbs/PressRelease/NationalACc_Q410A.pdf

[2] The Underpinnings of the Future Palestinian State: Sustainable Growth and Institutions, Economic Monitoring Report to the Ad Hoc Liaison Committee, The World Bank, 21/9/2010, http://siteresources.worldbank.org/INTWESTBANKGAZA/Resources/WorldBankSep2010AHLCReport.pdf

[3] الجهاز المركزي للإحصاء الفلسطيني، **الخبر الصحفي للتقديرات الأولية للحسابات القومية الربعية (الربع الرابع 2010)**.

[4] الجهاز المركزي للإحصاء الفلسطيني، **الخبر الصحفي للتقديرات الأولية للحسابات القومية الربعية (الربع الرابع 2010)**؛ وبالنسبة لإجمالي الناتج المحلي الإسرائيلي للسنوات 2006-2010، انظر:
CBS, http://www1.cbs.gov.il/hodaot2010n/08_10_316t11.pdf

[5] الجهاز المركزي للإحصاء الفلسطيني، **الفلسطينيون في نهاية عام 2010**.

[6] الجهاز المركزي للإحصاء الفلسطيني، **الخبر الصحفي للتقديرات الأولية للحسابات القومية الربعية (الربع الرابع 2010)**.

[7] Palestine Trade center (Pal Trade), Gaza Crossing Performance, Gaza, 14/4/2011.

[8] انظر: "وحدة الاقتصاد الفلسطيني رافعة رئيسية للتحرر من الاحتلال ولتحقيق التنمية المستدامة"، معهد أبحاث السياسات الاقتصادية الفلسطيني (ماس)، المؤتمر السنوي 2011، رام الله، 23-2011/1/24.

[9] وزارة المالية، السلطة الوطنية الفلسطينية، انظر:
http://www.pmof.ps/news/plugins/spaw/uploads/files/table7_arb_5.pdf؛
و http://www.pmof.ps/news/plugins/spaw/uploads/files/accounts/2010/01/table7_arb.pdf؛
و http://www.pmof.ps/news/plugins/spaw/uploads/files/accounts/2011/01/table7_arb.pdf

[10] الجهاز المركزي للإحصاء الفلسطيني، **الحسابات القومية بالأسعار الجارية والثابتة 2008، 2009** (رام الله: الجهاز المركزي للإحصاء الفلسطيني، آذار/ مارس 2011)، انظر:
http://www.pcbs.gov.ps/Portals/_PCBS/Downloads/book1736.pdf

[11] الجهاز المركزي للإحصاء الفلسطيني، **الفلسطينيون في نهاية عام 2010**.

[12] الجهاز المركزي للإحصاء الفلسطيني، **الخبر الصحفي للتقديرات الأولية للحسابات القومية الربعية (الربع الرابع 2010)**.

[13] الجهاز المركزي للإحصاء الفلسطيني، **الخبر الصحفي للتقديرات الأولية للحسابات القومية الربعية (الربع الرابع 2010)**.

[14] سلطة النقد الفلسطينية ومعهد أبحاث السياسات الاقتصادية الفلسطيني (ماس) والجهاز المركزي للإحصاء الفلسطيني، **المراقب الاقتصادي والاجتماعي**، رام الله، العدد 18، كانون الأول/ ديسمبر 2009؛ والجهاز المركزي للإحصاء الفلسطيني، **الخبر الصحفي للتقديرات الأولية للحسابات القومية الربعية (الربع الرابع 2010)**.

[15] الجهاز المركزي للإحصاء الفلسطيني، **الخبر الصحفي للتقديرات الأولية للحسابات القومية الربعية (الربع الرابع 2010)**؛ وبالنسبة لمعدل دخل الفرد الإسرائيلي، انظر:
Bank of Israel, Bank of Israel Annual Report-2010, Chapter 1.

[16] الجهاز المركزي للإحصاء الفلسطيني، **الحسابات القومية بالأسعار الجارية والثابتة 2008، 2009**.

17 بالنسبة لأرقام سنوات 2000-2008، انظر: سلطة النقد الفلسطينية، التقرير السنوي الرابع عشر لعام 2008، رام الله، تموز/ يوليو 2009.

أما بالنسبة لسنتي 2009 و2010، انظر: وزراة المالية، السلطة الوطنية الفلسطينية، في:

http://www.pmof.ps/news/plugins/spaw/uploads/files/accounts/2011/01/table8_arb.pdf

18 David N. Hyman, *Public Finance: A Contemporary Application of Theory to Policy*, 6th edition (Fort Worth: Dryden Press, 1999).

19 دائرة الأبحاث والسياسات النقدية، **التقرير السنوي** 2009 (رام الله: سلطة النقد الفلسطينية، أيلول/ سبتمبر 2010).

20 بالنسبة لأرقام السنوات 2008-2010، انظر: وزراة المالية، السلطة الوطنية الفلسطينية، في:

http://www.pmof.ps/news/plugins/spaw/uploads/files/table3_arb_4.pdf؛

وhttp://www.pmof.ps/news/plugins/spaw/uploads/files/accounts/2010/01/table3_arb.pdf؛

وhttp://www.pmof.ps/news/plugins/spaw/uploads/files/accounts/2011/01/table3_arb.pdf

أما بالنسبة لتوقعات 2011-2013، انظر:

Staff Report for the Meeting of the Ad Hoc Liaison Committee, Macroeconomic and Fiscal Framework for the West Bank and Gaza: Seventh Review of Progress, Brussels, 13/4/2011, http://www.imf.org/external/country/WBG/RR/2011/041311.pdf

21 See Staff Report for the Meeting of the Ad Hoc Liaison Committee, Macroeconomic and Fiscal Framework for the West Bank and Gaza.

22 يمثل صافي الإيرادات العامة: إجمالي الإيرادات العامة بعد استيعاب الإرجاعات الضريبية التي تلتزم السلطة الوطنية الفلسطينية بإعادتها للممولين بعد انتهاء تسوياتهم الضريبية.

23 تقرير خبراء صندوق النقد الدولي، إطار الاقتصاد الكلي والمالية العامة في الضفة الغربية وغزة: الاستعراض الثالث للتقدم المحرز، نيويورك، 2009/2/25، http://www.imf.org/external/arabic/np/wbg/2009/022509a.pdf

24 بالنسبة لأرقام السنوات 2008-2010، انظر: وزراة المالية، السلطة الوطنية الفلسطينية، في:

http://www.pmof.ps/news/plugins/spaw/uploads/files/table3_arb_4.pdf؛

وhttp://www.pmof.ps/news/plugins/spaw/uploads/files/accounts/2010/01/table3_arb.pdf؛

وhttp://www.pmof.ps/news/plugins/spaw/uploads/files/accounts/2011/01/table3_arb.pdf

أما بالنسبة لتوقعات 2011-2013، انظر:

Staff Report for the Meeting of the Ad Hoc Liaison Committee, Macroeconomic and Fiscal Framework for the West Bank and Gaza.

25 The Underpinnings of the Future Palestinian State: Sustainable Growth and Institutions, Economic Monitoring Report to the Ad Hoc Liaison Committee, The World Bank, 21/9/2010.

26 **الحياة**، 2010/1/5.

27 "المجلس التشريعي يقر مشروع قانون الموازنة العامة للسنة المالية 2011." جريدة **البرلمان**، المجلس التشريعي الفلسطيني، غزة، 2011/3/31، انظر:

http://www.plc.gov.ps/img/Magazine/pdf_file/cf0331c4-0bf0-4c76-9ef6-f97f4b3cd63b.pdf

28 **المرجع نفسه**.

29 انظر: الجهاز المركزي للإحصاء الفلسطيني، السيدة علا عوض رئيس الإحصاء الفلسطيني تستعرض نتائج مسح القوى العاملة في الأراضي الفلسطينية للعام 2010، 2011/4/20، في:

http://www.pcbs.gov.ps/Portals/_pcbs/PressRelease/Labour_force_A2010.pdf

30 الجهاز المركزي للإحصاء الفلسطيني، تقارير مسح القوى العاملة لأرباع سنتي 2009 و2010، انظر:

http://www.pcbs.gov.ps/DesktopDefault.aspx?tabID=3355&lang=ar-JO

[31] انظر: الجهاز المركزي للإحصاء الفلسطيني، **مسح القوى العاملة: دورة (تشرين أول-كانون أول، 2010)، الربع الرابع 2010، تقرير صحفي لنتائج مسح القوى العاملة** (رام الله: الجهاز المركزي للإحصاء الفلسطيني، شباط/فبراير 2011)، في: http://www.pcbs.gov.ps/Portals/_pcbs/PressRelease/LF_Q042010_A.pdf

[32] انظر: **المرجع نفسه**.

[33] الجهاز المركزي للإحصاء الفلسطيني، السيدة علا عوض رئيس الإحصاء الفلسطيني تستعرض نتائج مسح القوى العاملة في الأراضي الفلسطينية للعام 2010.

[34] انظر: الجهاز المركزي للإحصاء الفلسطيني، تقارير مسح القوى العاملة لأرباع سنوات 2008 و2009 و2010، في: http://www.pcbs.gov.ps/DesktopDefault.aspx?tabID=3355&lang=ar-JO

[35] انظر: الجهاز المركزي للإحصاء الفلسطيني، السيدة علا عوض رئيس الإحصاء الفلسطيني تستعرض نتائج مسح القوى العاملة في الأراضي الفلسطينية للعام 2010.

[36] لمزيد من الاطلاع انظر: معين محمد رجب وأحمد فاروق الفرا، **مشروع النشر والتحليل لبيانات التعداد: سياسات القوى العاملة الفلسطينية بين النظرية والتطبيق** (رام الله: الجهاز المركزي للإحصاء الفلسطيني، كانون الأول/ديسمبر 2009)، في: http://www.pcbs.gov.ps/Portals/_PCBS/Downloads/book1633.pdf

[37] انظر: "الاستثمار في فلسطين: تمكين المشاريع الصغيرة والمتوسطة"، مؤتمر فلسطين للاستثمار 2010، إدارة مؤتمر فلسطين للاستثمار "محافظات غزة"، بيت لحم، 2-2010/6/3، في: http://www.pic-palestine.ps/atemplate.php?id=52

[38] الجهاز المركزي للإحصاء الفلسطيني، **الخبر الصحفي للتقديرات الأولية للحسابات القومية الربعية (الربع الرابع 2010)**.

[39] الجهاز المركزي للإحصاء الفلسطيني، **الخبر الصحفي للتقديرات الأولية للحسابات القومية الربعية (الربع الرابع 2010)**.

[40] معين محمد رجب، **الواقع الزراعي في قطاع غزة** (القدس: الملتقى الفكري العربي، د.ت).

[41] الجهاز المركزي للإحصاء الفلسطيني، **الخبر الصحفي للتقديرات الأولية للحسابات القومية الربعية (الربع الرابع 2010)**.

[42] **المرجع نفسه**.

[43] ومضات سريعة: النمو الاقتصادي في الضفة الغربية وقطاع غزة، مجموعة البنك الدولي، 2010/8/31.

[44] دائرة الأبحاث والسياسات النقدية، **تقرير الاستقرار المالي 2009** (رام الله: سلطة النقد الفلسطينية، أيلول/سبتمبر 2010).

[45] سلطة النقد الفلسطينية ومعهد أبحاث السياسات الاقتصادية الفلسطيني (ماس) والجهاز المركزي للإحصاء الفلسطيني، **المراقب الاقتصادي والاجتماعي**، رام الله، العدد 23، كانون الثاني/يناير 2011.

[46] انظر: **الأيام**، 2011/1/6، في: http://www.al-ayyam.com/znews/site/template/article.aspx?did=156935&date=1/6/2011

[47] **المرجع نفسه**.

[48] رويترز، 2010/3/24.

[49] مشروع قطري – فلسطيني تهدده رخصة طريق إسرائيلية، سي إن إن، 2010/4/9، في: http://arabic.cnn.com/2010/MME/4/9/rawabi.city/index.html

[50] الجهاز المركزي للإحصاء الفلسطيني، **إحصاءات التجارة الخارجية المرصودة – السلع والخدمات، 2009: نتائج أساسية** (رام الله: الجهاز المركزي للإحصاء الفلسطيني، آذار/مارس 2011)، في: http://www.pcbs.gov.ps/Portals/_PCBS/Downloads/book1733.pdf؛ وانظر: http://www.pcbs.gov.ps/Portals/_pcbs/ForeignTrade/indicators.htm

[51] الجهاز المركزي للإحصاء الفلسطيني، **إحصاءات التجارة الخارجية المرصودة – السلع والخدمات، 2009: نتائج أساسية**.

[52] See Staff Report for the Meeting of the Ad Hoc Liaison Committee, Macroeconomic and Fiscal Framework for the West Bank and Gaza.

53 بالنسبة لأرقام السنوات 2008-2010، انظر: وزراة المالية، السلطة الوطنية الفلسطينية، في:

http://www.pmof.ps/news/plugins/spaw/uploads/files/table3_arb_4.pdf؛

وhttp://www.pmof.ps/news/plugins/spaw/uploads/files/accounts/2010/01/table3_arb.pdf؛

وhttp://www.pmof.ps/news/plugins/spaw/uploads/files/accounts/2011/01/table3_arb.pdf

أما بالنسبة لتوقعات 2011-2013، انظر:

Staff Report for the Meeting of the Ad Hoc Liaison Committee, Macroeconomic and Fiscal Framework for the West Bank and Gaza.

54 See Staff Report for the Meeting of the Ad Hoc Liaison Committee, Macroeconomic and Fiscal Framework for the West Bank and Gaza.

55 See Ibid.

56 انظر: وزراة المالية، السلطة الوطنية الفلسطينية، في:

http://www.pmof.ps/news/plugins/spaw/uploads/files/accounts/2010/01/table7_arb.pdf؛

وhttp://www.pmof.ps/news/plugins/spaw/uploads/files/accounts/2011/01/table7_arb.pdf

57 مكتب الأمم المتحدة لتنسيق الشؤون الإنسانية (أوتشا) – الأراضي الفلسطينية المحتلة، أزمة الكرامة الإنسانية طويلة الأمد – لمحة عن المناشدة الموحدة لعام 2010 من أجل الأراضي الفلسطينية المحتلة، كانون الأول/ ديسمبر 2009، في:

http://www.ochaopt.org/documents/ocha_opt_cap_2010_overview_arabic.pdf

58 مكتب الأمم المتحدة لتنسيق الشؤون الإنسانية (أوتشا) – الأراضي الفلسطينية المحتلة، مراقب الشؤون الإنسانية، تشرين الثاني/ نوفمبر 2010، في:

http://www.ochaopt.org/documents/ocha_opt_the_humanitarian_monitor_2010_12_17_arabic.pdf

59 وكالة معاً، 2011/2/1.

60 الجزيرة.نت، 2010/10/21.

61 **الخليج**، 2010/11/9؛ و**القدس العربي**، 2010/11/26؛ و**الحياة**، 2010/11/28.

62 الجزيرة.نت، 2010/12/30؛ و**الرأي**، و**الخليج**، و**القدس العربي**، 2011/1/14.

63 **الخليج**، 2010/3/30.

64 **الحياة**، 2010/1/5.

65 هناك تقديرات بأن النجاح في منع منتجات الاستيطان إلى الضفة والقطاع يحقق وفراً للحكومة يقدر بنحو 500 مليون دولار سنوياً. انظر: **الأيام**، 2010/6/9.

66 وكالة معاً، 2010/5/5.

67 انظر موقع هيئة مكافحة الفساد الفلسطينية، في: http://www.pacc.pna.ps/ar/index.php?p=main&id=10

68 انظر: **الشرق الأوسط**، 2011/1/16.

69 انظر: "الاستثمار في فلسطين: تمكين المشاريع الصغيرة والمتوسطة"، مؤتمر فلسطين للاستثمار 2010، 2-2010/6/3.

70 مكتب الأمم المتحدة لتنسيق الشؤون الإنسانية (أوتشا) – الأراضي الفلسطينية المحتلة، مراقب الشؤون الإنسانية، تشرين الثاني/ نوفمبر 2010.

71 انظر: موقع مركز الميزان لحقوق الإنسان، 2011/3/8، في:

http://www.mezan.org/ar/details.php?id=11647&ddname=crossings&id_dept=9&id2=9&p=center

72 انظر: مكتب الأمم المتحدة لتنسيق الشؤون الإنسانية (أوتشا) – الأراضي الفلسطينية المحتلة، مراقب الشؤون الإنسانية، تشرين الثاني/ نوفمبر 2010.

73 انظر: سلطة المياه تعلن سيطرتها على ظاهرة الحفر العشوائي لآبار المياه، جريدة **فلسطين**، غزة، 2011/1/3، في:

http://www.felesteen.ps/newspaper/releases/2011-01-03/p2011010310.pdf

74 انظر: موقع فلسطين أون لاين، 2011/1/1، في:

http://www.felesteen.ps/backup%20web/sub.php?page=details&nid=15340

فهرست

<أ>

ائتلاف الخير، 376

الائتلاف الفلسطيني العالمي لحق العودة، 324

آري، ميخائيل بن، 281

آشتون، كاثرين، 33، 219، 220، 224

آل ثاني، حمد بن جاسم، 124، 125

آل سعود، عبد الله بن عبد العزيز، 129

الآلية الفلسطينية الأوروبية، 373، 374

ابحيص، زياد، 18

إبراهيم، أنور، 194

الإبراهيمي، الأخضر، 34

أبو حسنة، نافذ، 45

أبو حماد، محمود أحمد، 94

أبو خليل، ميرفيت، 45

أبو دياك، ماجد، 15

أبو ديس، 266

أبو ردينة، نبيل، 43، 191

أبو ستة، سلمان، 324

أبو ظبي، 157

أبو عرب، صبحي، 147

أبو العردات، فتحي، 150

أبو العينين، سلطان، 147

أبو الغيط، أحمد، 36، 125، 132، 133، 136

أبو فاعور، وليد، 149

أبو ميزر، محمد، 45

الاتحاد الأوروبي، 34، 74، 89، 128، 152، 185، 201، 207، 212، 218-222، 224، 229، 233-235، 240، 280، 283، 310، 383

الاتحاد البرلماني الدولي، 236

الاتحاد السوفييتي، 71، 73، 74

الاتحاد العالمي لعلماء المسلمين، 160

اتحاد عمال الموانئ السويدي، 220

اتحاد المنظمات الإسلامية في أوروبا، 323

أثينا، 86

الأحمد، عزام، 37، 42، 148

الأحمد، علام، 42

أحمد، يوسف، 144

أداتو، راحيل، 282

أدلشتاين، يولي، 281

أذربيجان، 199

الأرجنتين، 41، 75، 240، 376

الأردن، 18، 36، 42، 101، 103، 105، 107، 137-143، 155، 158، 177، 191، 198، 210، 215، 297-299، 308، 309، 312-317، 321، 322، 367، 369

أردوغان، رجب طيب، 172-177، 180-182، 184

أريحا، 31، 276، 300، 304، 306، 307، 367

ارينتش، بولنت، 174

أرينز، موشيه، 103

أرييل، أوري، 282

إسبانيا، 80، 146، 219، 223، 234، 369، 376

أستراليا، 73-75

إسحق، جاد، 18

الأسد، بشار، 144-146، 192

إسطنبول، 174، 181

الإسكندرون، 176

الإسكندرية، 20

إسلام أباد، 197، 198

أشكنازي، جابي، 83، 178

الإعلان العالمي لحقوق الإنسان، 239

الأغوار، 300، 304، 307، 366

أفريقيا، 74، 89

أفغانستان، 34، 213

الإكوادور، 41، 240

التقرير الاستراتيجي الفلسطيني 2010

إلداد، أرييه، 281
ألمانيا، 68، 73، 75، 79، 80، 130، 219، 224، 368، 369
إليعازر، بنيامين بن، 59، 173، 176، 177، 184
أماتو، وجوليانو، 219
الإمارات العربية المتحدة، 130، 154، 157، 369، 374
أمريكا الشمالية، 73
أمريكا اللاتينية (الجنوبية)، 73، 74، 89، 240
الأمم المتحدة، 27، 34، 40، 104، 108، 176، 181، 196، 197، 207، 210، 212، 219، 227-230، 233، 234، 239، 282، 375
- الجمعية العامة، 97، 104، 108، 109، 128، 129، 171، 231، 232
- مجلس الأمن، 41، 96، 109، 110، 128، 129، 133، 175، 176، 187، 190، 195، 208، 211، 214، 215، 226، 227، 231، 232
- مجلس حقوق الإنسان، 171، 212، 233
- مكتب الأمم المتحدة لتنسيق الشؤون الإنسانية في الأراضي الفلسطينية المحتلة (أوتشا)، 286، 375، 380
- منظمة الأمم المتحدة للتربية والعلم والثقافة (اليونسكو)، 128، 160
- وكالة الأمم المتحدة لإغاثة وتشغيل اللاجئين الفلسطينيين في الشرق الأدنى (الأونروا)، 217، 231، 232، 234، 309، 310، 314-317، 365، 376
إندونيسيا، 89، 169، 186، 195-197، 199، 201
إنديك، مارتن، 239
أنقرة، 172، 175، 177، 178، 180، 183-185
الأهرامات، 156
أهرونوفيتس، يتسحاق، 252
أوباما، باراك، 85، 96، 101، 103، 104، 108، 125، 132، 139، 153، 208، 210، 211، 214، 216، 217، 226، 239، 240، 275
أورباخ، أوري، 281
أوروبا، 33، 50، 71، 73، 89، 218، 223، 225، 240، 241، 261، 323
الأوروغواي، 41، 240
أوريبي، ألفارو، 176
أورين، مايكل، 213
أوزبكستان، 199
أوسلو، 34، 45، 46، 82، 97، 99، 124، 134، 239، 345
أوغلو، أحمد داود، 174، 176، 177، 180-182، 184
أوغلو، أكمل الدين إحسان، 170، 171
أوغلو، فريدون سينيرلي، 177
أوقيانوسيا، 74
أولمرت، إيهود، 47، 63
إي واحد، 232، 270
أيالون، داني، 152، 172
أيالون، عامي، 100
الأيباك، 217
إيران، 17، 18، 83، 86، 102، 146، 148، 169، 175، 176، 185-193، 201، 211، 214، 215
أيرلندا، 34، 219، 220، 239، 376
إيرينيوس الأول، 251، 258، 259
إيزنكوت، جادي، 85، 86
إيطاليا، 80، 219، 224، 369
إيلا بهات، 34
إيلكين، زئيف، 282

<ب>

باباديمس، نيكولاس، 258، 259
باب الخليل، 258، 273
باب العمود، 269، 273
باب المغاربة، 255
بئر السبع، 85
البار، سيد حامد، 194

بلغاريا، 185

البلقان، 74، 185

بلوتسكر، سيفر، 89

بلير، توني، 194، 209، 210

بن جوريون، 31

البنتاجون، 85

بنك إسرائيل المركزي، 75، 76

البنك الدولي، 209، 331، 349، 363، 373، 374

البنك الوطني الإسلامي، 215، 216

بوتيرا واحد ماليزيا، 195

بوتين، فلاديمير، 227

بورج، طونيو، 34

بورين، 260

بوش، جورج، 105، 217

بوليفيا، 41، 240

بونكير، دون، 194

البيت الأبيض، 104، 139

بيت أمر، 260

بيت إيل، 281

بيت بيرل، 15

بيت جالا، 285

بيت الجوهر، 255

بيت حانون (إيريز)، 381

بيت حنينا، 265، 266، 269، 272، 283

بيت ساحور، 272

بيت صفافا، 270، 272، 283

بيت فجار، 260

بيت لحم، 18، 68، 186، 213، 230، 259، 260، 272-274، 276، 304، 307

بيت يوناثان، 268

بيران، شراغا، 259

البيرة، 274، 304، 307

بيرلسكوني، سيلفيو، 218، 224

بيرمان، هاورد، 214

بيروت، 16، 17، 147، 148، 310، 311، 324

باراك، إيهود، 47، 48، 58-60، 63، 66، 88، 111، 145، 146، 161، 173

باردو، تامير، 83

باريس، 17، 192، 235، 366

باشبوغ، إيلكير، 178

باكستان، 169، 177، 197، 213

بالمر، جيفري، 176

بالي، 196

بان، كي مون، 176، 229-231

بايدن، جو، 175، 192، 212-214، 269، 275

بترايوس، ديفيد، 213، 214

البحر الأبيض المتوسط، 172، 177

بحر إيجة، 86

البحرين، 153

البحيرة، 156، 157

البرازيل، 41، 80، 175، 176، 228، 240، 323، 369

براسوف، 86

البرغوثي، فدوى، 323

البرغوثي، مروان، 323

بركة، علي، 37، 150

برنشتاين، إيلي، 177

برهوم، فوزي، 31

بروتو، جاتوت ديوا، 195، 196

بروجردي، علاء الدين، 187

برودي، رومانو، 219

بروكسل، 46، 176، 187، 218، 221

بروندتلاند، جرو، 239

بريطانيا (المملكة المتحدة)، 18، 73-75، 80، 138، 187، 194، 222، 369، 376

بشارة، عزمي، 45، 67

البطش، خالد، 28

بعثة التواجد الدولي المؤقت في الخليل، 380

البقاع، 148، 311

البلبيسي، حلمي، 45

بلجيكا، 73، 79، 80

بلعين، 27، 285

بيريز، شمعون، 61، 62، 146، 151
بيل، ريتشارد، 238
بيلار، بول، 238
بيلاروسيا، 63

<ت>

تبليسي، 177
تجمع العودة الفلسطيني (واجب)، 323، 324
تركمانستان، 199
تركيا، 17، 44، 66، 80، 89، 102، 129، 137، 169، 172-187، 190، 198، 199، 201، 228، 368، 369، 374
تشيلي، 177
تشيليك، عمر، 178
تشيليك كول، أوغوز، 172، 178
تل أبيب، 47، 70، 84، 89، 151، 152، 156، 159، 172، 173، 178، 183-185، 188، 194، 226، 236، 262
تميم، ضاحي خلفان، 154
التميمي، عبد الغني، 323
توتو، ديزموند، 239
تونر، مارك، 213
تونس، 74، 102، 103، 111
التيار السلفي الجهادي، 147
تيار المستقبل، 149
التيار الوطني الحر، 149
تيانجين، 228

<ث>

ثرال، ناثان، 46
الثوري، 265، 283
ثيوفيلوس الثالث، 259

<ج>

جاكرتا، 196، 197
جالاوي، جورج، 33، 376
جامعة الدول العربية، 33، 40، 124، 126-128، 130، 144، 152، 158، 160، 186، 230
جامعة اليرموك، 18
جانتس، بني، 83
جبع، 265
جبل جرزيم، 260، 273
جبل الزيتون، 270
جبل عيبال، 260، 273
جبل المعبد، 256، 257
جبل المكبر (القدس)، 265، 272، 283
جبل الهيكل، 270
الجبهة الديموقراطية لتحرير فلسطين، 26، 40، 151
الجبهة الشعبية لتحرير فلسطين، 26، 28، 34، 40، 148، 149، 151
– المكتب السياسي، 40
الجبيلي، 149
جدار الفصل العنصري، 103، 226، 232، 251، 266، 275، 279، 283، 285، 287، 302، 363
جدار مصر الفولاذي، 128، 185، 187، 189
جدة، 170
جرابو، جاري، 210
جرار، خالدة، 40
جراندي، فيليبو، 234
الجزائر، 374
الجش، 323
جعجع، سمير، 150
الجلزون، 260
الجليل، 15، 287
جليلي، سعيد، 187
جماعة الإخوان المسلمين، 160، 161
جمعة، محمد، 16
جنبلاط، وليد، 149، 150
جنوب أفريقيا، 222
جنيف، 28، 100، 171، 177، 232، 233، 239، 283

392

جنين، 276، 286، 304، 307

جهاز الأمن العام الإسرائيلي (الشاباك)، 46، 48، 90، 100، 103

الجهاز المركزي للإحصاء الفلسطيني، 19، 280، 285، 304، 307، 318، 332، 342، 354، 369

جهاز الموساد، 83، 130، 154، 194، 219

جواتيمالا، 238

الجولان، 71، 72، 144، 146، 228، 308

جولان، جاليا، 69

جولان، يائير، 86

جولدستون، 220، 221، 233

جونزاليز، فيليبي، 219

جي واحد، 308

جيلارد، ماكسويل، 235

جيلاني، سيد يوسف رضا، 197، 198

‹ح›

حائط البراق (حائط المبكى)، 255، 256

حاجز زعترة، 48

حارة حريك، 151

الحباشنة، سمير، 141

الحرس الثوري، 188

الحركة الإسلامية، 323

حركة أمل، 149

حركة الجهاد الإسلامي، 26، 28، 34، 40، 45، 50، 150، 189، 190

– المكتب السياسي، 189

حركـة حمـاس، 15، 17، 25، 26، 28، 30-40، 43-50، 57، 83، 93، 95، 96، 109، 126، 127، 135-138، 144-146، 150، 151، 153، 170، 181، 182، 185، 187-190، 208، 211-213، 215، 216، 219، 220، 225، 226، 360

– كتائب عز الدين القسام، 44، 48-50، 130

– المكتب السياسي، 28، 35، 36، 127، 135، 170، 182، 225

حركة السلام الآن، 65، 275، 280

حركة فتح، 17، 25، 28، 29، 31، 32، 35-39، 42-45، 47، 50، 57، 96، 100، 102، 127، 135، 144، 145، 147، 148، 150، 153، 170، 190، 212، 252

– اللجنة المركزية، 35-37، 42، 43، 147

– المجلس الثوري، 29، 44، 148

الحرم الإبراهيمي، 68، 160، 180، 186، 213، 218، 260، 273

الحريري، سعد، 151، 152

حزب إسرائيل بيتنا، 58، 61-63، 65-67، 110، 281

الحزب التقدمي الاشتراكي، 149، 150

حزب شاس، 58، 61، 62، 65، 70، 212، 275

حزب الشعب الفلسطيني، 26، 40

حزب العدالة والتنمية، 178، 183، 184

حزب العمال الكردستاني، 176، 185

حزب العمل، 57-61، 64، 65، 111

حزب القوات اللبنانية، 149، 150

حزب كاديما، 58، 60، 62، 63، 65، 103، 281، 282

حزب الكتائب اللبنانية، 149، 151

حزب الله، 83، 146، 149، 151، 152، 189، 211-213، 216

حزب الليكود، 57، 58، 60-62، 64، 110، 252، 281، 282

حزب المفدال، 281

حزب ميرتس، 58، 60، 61

حزب هئيحود هلئومي، 281، 282

حزما، 272

الحسن، بلال، 45، 323

حسن، حمدي، 161

الحسن، وسام، 148، 149

حسني، فاروق، 157

الحسيني، رفيق، 42

الحلاق، محسن، 147

حلب، 323

حماد، فتحي، 34

حماد، نمر، 252

حولون، 84

الحي الأرمني، 99

حي الأشقرية، 269

حي البستان، 268، 269

حي تلبيوت، 272

حي شمعون، 267

حي الشيخ جراح، 99، 230، 265، 267، 268، 283

حي العباسية، 269

الحي اليهودي، 99، 255، 258

الحية، خليل، 138

حيفا، 70، 177، 260، 262

<خ>

خامنئي، علي، 186-188

خان يونس، 304

خربة يرزا، 260

الخليل، 30، 44، 48-50، 68، 90، 92، 186، 209، 213، 218، 224، 230، 231، 260، 273، 276، 283، 285، 286، 299، 304، 306، 380

خليلية، سهيل، 19

الخولي، إسماعيل، 157

<د>

داجان، مائير، 83

دافوس، 154، 172

دايتون، كيث، 45، 47

الدباغ، صلاح، 45

دبي، 130، 154

دحلان، محمد، 43، 44، 50

الدلال، محمد، 154

دمشق، 37، 39، 40، 135، 143-146، 153، 156، 170، 178، 182، 192، 225، 323، 324

دمنهور، 156، 157

دميتوه، 156

الدهنية، 261

الدوحة، 153، 160

دوغوشت، كاريل، 240

دوناهو، ايلين تشامبرلين، 234

دير البلح، 304

دير الغصون، 27

دير مار الياس، 259

ديسكين، يوفال، 46، 103

ديفيز، جلين، 234

ديلابيرجولا، سرجيو، 74، 261

<ر>

رابطة الوكالات الإنمائية الدولية، 235

رابين، إسحق، 217

رابينوفيتش، إيتامار، 194

رابينوفيتش، شموئيل، 255

رأس العمود، 270

الرام، 266، 272

رام الله، 15، 19، 25-29، 31، 40، 44، 46، 49، 50، 95، 96، 111، 135، 170، 181، 213، 226، 240، 260، 274، 276، 279، 283، 304، 306، 307، 345، 366، 378، 379

رامات جان، 84

راهط، 260

رجا، أنور، 148، 149

رجب، معين محمد عطا، 20

الرفاعي، أبو عماد، 150

الرفاعي، محمد، 45

رفح، 129، 136-138، 157، 184، 188، 195، 222، 261، 304، 367، 376، 377، 381

روبنسون، ماري، 34، 219، 239

روتيم، دافيد، 281

روزنر، شموئيل، 239

روس، دنيس، 191

روسو، تال، 83

روسيا، 71، 74، 75، 80، 89، 145، 175، 207، 225-229، 240، 261

روما، 218

رومانيا، 86، 185

الرياض، 135، 145، 152، 153

ريجل، دونالد، 194

‹ز›

زاكن، شولا، 63

زاموش، يورام، 255

زرداري، آصف علي، 197

زعبي، حنين، 67

الزعيم (قرية)، 283

زكي، عباس، 148

الزهار، محمود، 37، 136، 138

الزير، ماجد، 45، 323

زين العابدين، ميزان، 194

‹س›

ساحة البراق، 255، 256، 258

ساحل العاج، 199

ساركوزي، نيكولا، 210، 224

ساعر، جدعون، 67

سالم، حسين، 157

ستاب، الكسندر، 222

ستولتنبيرج، ثورفالد، 219

سرت، 109، 125، 127، 128، 130، 144، 180، 186، 207، 230، 282

سري، روبرت، 27

سعد، وائل أحمد، 17

السلطة الفلسطينية، 16، 27، 29، 30، 35، 39-42، 45، 47-50، 64، 65، 68، 95، 96، 124، 126، 128، 132، 134، 135، 145، 181، 185،

190-192، 197، 207-209، 211، 217، 223، 225، 227، 229، 240، 252، 282، 314، 320، 322، 337، 344-351، 366-368، 371-375، 377، 379، 380

سلطة المياه الفلسطينية، 286، 382

سلطة النقد الفلسطينية، 216، 346، 363، 364

سلفيت، 260، 274، 276، 304، 306، 307

سلوان، 230، 260، 265، 268، 269، 273، 283

سليمان، جابر، 324

سليمان، عمر، 37، 132، 135

سنغافورة، 194

السنغال، 199

السودان، 215

سورية، 60، 74، 83، 124، 137، 143-146، 151، 152، 178، 181، 183، 188، 189، 215، 216، 228، 298، 299، 309، 312-317، 323، 324

سولانا، خافيير، 219

سويسرا، 80، 220، 369

سيبيريا، 228

سيشانوفر، يوسف، 177

سيمبيرينج، تيفاتول، 195

سيناء، 137، 159، 189، 217

‹ش›

شاتيلا، 323، 324

شارون، أريل، 98، 105

شاليط، جلعاد، 44، 93، 94، 208-210، 222، 226

شاي، نحمان، 281

شبانة، فهمي، 41، 42

شتاينتز، يوفال، 220، 281

الشرق الأوسط، 15، 102، 103، 153، 180، 191، 193، 197، 208، 210، 211، 214، 216، 224-228، 234، 235، 240

شركة أبكو العالمية، 194

شركة أزرو ورلدوايد، 194

شركة إنتل، 199

شركة أوبورونبروم، 226

شركة أوسياسوف المحدودة، 194

شركة بارا الاستيطانية، 259

شركة تلبيوت الجديدة، 259

شركة توزيع الكهرباء في غزة، 348

شركة الشرق الأدنى للاستشارات، 321

شركة الصناعات الفضائية الإسرائيلية، 226

شركة غاز شرق المتوسط، 157

شركة لذة المصرية، 157

شركة المياه الإسرائيلية ميكروت، 286

شركة نحلات شمعون، 267

شركة نيار حدارا، 157

شعبان، دريد، 149

شعث، نبيل، 35، 36

شعفاط، 266، 272

شعلان، أبو إياد، 147

شفيق، منير، 45، 323

شميت، هلموت، 219

شنيلر، عتنيئل، 281

شيرازي، علي، 188

<ص>

صالح، أحمد، 147

صبرا، 323، 324

صبيح، محمد، 128

صقر، عقاب، 151

صلاح، رائد، 323

صندوق الأسرى الفلسطينيين، 35

الصندوق الفلسطيني للإغاثة والتنمية "انتربال"، 376

صندوق النقد الدولي، 77، 331، 347، 349، 350، 371، 373

صنعاء، 135

صور، 147، 311

صور باهر، 265، 272، 283

صوفا، 381

صيدا، 147، 311

الصين، 79، 80، 175، 227-229، 240، 368، 369

<ط>

طابا، 99، 100

الطالبية، 259

الطاهر، ماهر، 40

الطاهر، معين، 45

الطبطبائي، وليد، 154

طفيل، محمد اختر، 198

طهران، 175، 176، 186-193

طوباس، 260، 276، 304، 306، 307

الطور، 265، 283

طولكرم، 27، 276، 283، 304، 306

الطيب، أحمد، 160

طيراوية، فخري، 147

<ظ>

الظاظا، زياد، 26

<ع>

عابدي، شيرين، 238

عابدين، محمد عبد السلام موسى، 94

العاص، يونس، 148

عباس، محمود، 29، 36، 38، 39، 40-47، 50، 96، 106، 125، 127، 132، 135، 139، 144، 145، 147، 148، 153، 181، 190، 191، 197، 211، 212، 225، 230، 379

عبد الحي، وليد، 18

عبد ربه، ياسر، 100

عبد الرزاق، محمد نجيب، 195

عبد الله، عادل، 323

عبد الله، عبد الله، 148، 150
عبيد، محمد علي، 147
عبيدات، كمال، 267
عتريسي، طلال، 17
عتسمؤوت (استقلال)، 59، 111
العراق، 34، 151، 210، 213، 323
عراق بورين، 27
العراقيب، 69
العربي، نبيل، 136، 138
عرفات، ياسر، 16، 97، 98، 367
عريقات، صائب، 99، 106
عزام، نافذ، 189
عصبة الأنصار، 147
عطا الله، أحمد، 35
العطية، عبد الرحمن بن حمد، 154
عكا، 260
علي، مرزوقي، 187، 197
عُمان، 210، 374
عمّان، 16، 19، 139، 141، 218
عناتا، 266
العوا، محمد سليم، 160
عورتا، 260
العيزرية، 94، 266
عيسى، محمود، 147
العيسوية، 265، 268، 269، 283
عين البيضا، 148

<غ>

الغابون، 199
غالنت، يوآف، 83
الغصين، إيهاب، 34
غنيم، أبو ماهر، 42
غوش عتصيون، 48، 285
غول، عبد الله، 173، 178، 180، 182
غونر، أصلان، 178
غونول، وجدي، 178
غيتس، روبرت، 192، 193

<ف>

فالكون، جينيفر، 87
فراتيني، فرانكو، 34
فرج، ماجد، 38
فرنسا، 73-75، 80، 222-224، 263، 369، 374، 376
فروانة، عبد الناصر، 92
فندق شبرد، 267، 268
فنزويلا، 215
فورد، جيرالد، 217
فورد، روبرت، 216
فون فايسكر، ريتشارد، 219
فياض، سلام، 25-32، 39، 43، 45، 46، 49، 102، 125، 126، 223، 240
فيدان، حاقان، 176
فيسترفيله، جيدو، 34
الفيصل، تركي، 152
الفيصل، سعود، 153
فيغلين، موشيه، 252

<ق>

القانون الدولي، 156، 170، 197، 218، 219، 230، 231، 233، 239، 274، 325، 379
القانون الدولي الإنساني، 138، 231، 233
القانون الدولي لحقوق الإنسان، 231
القاهرة، 16، 18، 39، 40، 50، 103، 131، 132، 134-137، 144، 145، 153، 182، 188، 209
قاووق، نبيل، 152
قبر راحيل (قبة)، 68، 186، 213

كاميرون، ديفيد، 222

كان، ناوتو، 229

كتساف، موشيه، 63

كتلة لبنان أولاً، 149، 151

كراولي، فيليب، 211

الكرد، أم كامل، 267

كرم المفتي، 267

الكرمل، 57، 69، 70، 177

كريس، عنبال، 85

كسبيت، بن، 105

كفر زبد، 148، 149

كفر سابا، 260

كفر عقب، 265

كلاين، باروخ، 258

كلينتون، هيلاري، 100، 105، 176، 211-213، 215، 274

كندا، 73-75

كنيس الخراب، 186، 251، 252، 254، 255

كنيس فخر إسرائيل، 255

الكنيست، 57-64، 66، 67، 69، 77، 87، 94، 111، 220، 228، 267، 280-282

الكنيسة المعمدانية، 258

كوالا لمبور، 195

كوبا، 215

كوتشيانتشيك، مايا، 224

كوخافي، أفيف، 83

كوردسمان، أنطوني، 238

كوريا الجنوبية، 80، 368، 369

كوريا الشمالية، 215

كوشنير، برنارد، 218، 223

كوفمان، جيرالد، 221

الكويت، 129، 140، 153، 154، 161

كويكات، 323

الكيالي، عبد الحميد، 15

كيرتزر، دان، 104

قبر شمعون، 267

قبر يوسف، 260

قبرص، 80، 185، 323

القدس، 18، 19، 26، 28، 30، 41، 47، 62-65، 67، 69، 71-73، 90، 92-95، 98، 99، 102، 104-106، 108، 110، 124، 125، 127، 128، 132-134، 138، 139، 142، 143، 146، 160، 171، 180، 181، 183، 186، 192، 208، 210، 212، 215، 216، 218-220، 225-233، 239، 251، 252، 254، 255، 258-271، 273-276، 279، 282-285، 287، 297، 300، 304، 306-308، 319، 320، 332، 351، 377

– البلدة القديمة، 231، 251، 254، 255، 258، 263-265، 267، 273، 283

القدوة، ناصر، 43

القدومي، فاروق، 44

قراوة بني حسان، 260

القرضاوي، يوسف، 160

قريع، أحمد، 99

قصر اليونسكو (بيروت)، 324

قطر، 15، 127، 153، 374

قلقيلية، 276، 283، 304، 306

القمة العربية، 124، 127، 144، 180، 230، 282

قناة السويس، 188

القواسمي، أسامة، 31

القواسمي، خالد، 26

قوسايا (بلدة)، 148

‹ك›

كاتس، يعقوب، 281

كارتر، جيمي، 239

كارتسا سميتا، آجوس، 197

كازاخستان، 199

كام، عنات، 71

كامب ديفيد، 82، 99، 100، 134، 210

الكاميرون، 199

‹ل›

لاريجاني، علي، 187

لافروف، سيرجي، 225، 226

لانداو، عوزي، 130، 157

اللبن الشرقية، 260

لبنان، 17، 19، 32، 37، 83، 84، 86، 102، 129، 145-152، 176، 177، 188-190، 222، 234، 298، 299، 310-317، 323، 324

اللجنة البرلمانية البريطانية للرقابة على الصادرات الاستراتيجية، 222

لجنة تيركل، 66

لجنة الحكماء الدولية، 34، 239

اللجنة الدولية للصليب الأحمر، 235، 259

اللجنة الدولية المستقلة لتقصي الحقائق، 233

اللجنة الرباعية الدولية، 101، 102، 133، 207-210، 220، 224، 227

لجنة الشؤون الخارجية في مجلس النواب الأمريكي، 214

لجنة فلسطين في الهيئة الخيرية الإسلامية العالمية، 376

لجنة القدس المحلية للتخطيط والبناء، 255، 269

لجنة متابعة المبادرة العربية للسلام، 40، 124، 182

لجنة ممارسة الشعب الفلسطيني لحقوقه الوطنية، 230

اللدّ، 69، 143

لندن، 33، 192، 221، 323

اللوبي الصهيوني، 217، 238-240

لي، هونج، 228

ليبرمان، أفيجدور، 58، 60-63، 66، 98، 102، 103، 110، 145، 146، 173، 218، 226، 236، 281

ليبيا، 36، 127، 207، 282

ليفني، تسيبي، 62

ليفي، ستيوارت، 216

ليفين، ياريف، 281

‹م›

ماجواير، مايريد، 238

مارتن، مايكل، 222

مؤسسة الإحصاء التركية، 179

مؤسسة الإسكان التعاوني، 376

مؤسسة القدس الدولية، 18، 376

مالطا، 34

ماليزيا، 89، 169، 186، 194، 195، 199، 201

مأمن الله، 258، 266

ماناجوا، 225

مانشو توم، ريجبورتا، 238

مانهاتن، 30

مبارك، حسني، 83، 132-134، 136، 144، 159، 191، 218

المبحوح، محمود، 130، 154، 219

متحف ضحايا العمليات الإرهابية، 267

متري، طارق، 324

متسناع، عمرام، 58

متكي، منوشهر، 186، 187

مجلس الأمة الكويتي، 154، 161

المجلس التشريعي الفلسطيني، 25، 29، 47، 148، 221

مجلس التعاون الخليجي، 153، 154، 160

مجلس السلاطين الماليزي، 194

مجلس الشيوخ الأمريكي (الكونجرس)، 47، 81، 85، 108، 183، 194، 213، 215، 216، 239

– لجنة القوات المسلحة، 213

مجلس العموم البريطاني، 221، 323

مجلس المستعمرات الإسرائيلي، 282

المجلس الوزاري العربي، 144

مجلس وزراء خارجية الدول الإسلامية، 171

مجموعة التنمية الاقتصادية المشتركة الأمريكية – الإسرائيلية، 215

المحكمة الجنائية الدولية، 187

محكمة العدل الدولية، 195، 232

محمود، غريب، 156

مخلوف، شكيب بن، 323

مخيم برج البراجنة، 323

مخيم بلاطة، 43

مخيم حندرات، 323

مخيم عين الحلوة، 147، 148

مخيم نهر البارد، 323

مخيم النيرب، 323

مدريد، 107

المدهون، حسن، 100

مركز أوساك للبحوث الاستراتيجية، 180

مركز حقوق اللاجئين (عائدون)، 324

مريدور، دان، 31

المزنعي، فؤاد، 171

مزهر، جميل، 40

مستعمرة آرمون هانتسيف، 272

مستعمرة أرئيل، 70، 100، 275، 281

مستعمرة إفرات، 281

مستعمرة ألون شبوت، 281، 282

مستعمرة بسجات زئيف، 262، 271

مستعمرة بيت إيل، 281

مستعمرة تلبيوت الشرقية، 262

مستعمرة التلة الفرنسية، 268

مستعمرة جبل أبو غنيم (هار حوما)، 262، 270-272، 280

مستوطنة جفعات زئيف، 285

مستعمرة جفعات هماتوس، 270، 272

مستعمرة جفعات ياعيل، 270

مستعمرة جيلو، 262، 270-272، 275

مستعمرة رامات راحيل، 272

مستعمرة رامات شلومو، 269، 271، 272، 275

مستعمرة عميكام، 83

مستعمرة عوتنيئيل، 48

مستعمرة عيلي، 84

مستعمرة كارني شومرون، 281

مستعمرة كانتري راموت، 272

مستعمرة كريات أربع، 48، 90، 260

مستعمرة كفار أدوميم، 281، 282

مستعمرة كوخاف هاشاهار، 48

مستعمرة ماميلا، 282

مستعمرة معاليه أدوميم، 100، 280، 285

مستعمرة معاليه مخماش، 281

مستعمرة معاليه هزيتيم، 270

مستعمرة مفاسيرت تسيون، 281، 282

مستعمرة موديعين عيليت، 278، 281

مستعمرة نوكديم، 281

مستعمرة نيفيه يعكوف (غابة مير)، 262، 271، 272

مستوطنة إشكول، 86

مسجد أبطن، 260

المسجد الأقصى، 127، 128، 160، 169، 176، 180، 196، 230، 231، 251-258، 287، 356، 360، 363، 379

مسجد الأنبياء، 260

مسجد بلال بن رباح، 68، 160، 180، 186، 213، 260، 273

مسجد حسن بيك، 260

مسجد سلمان الفارسي، 260

مسجد صرفند، 260

مشعل، خالد، 35-37، 127، 135، 145، 153، 170، 182، 225، 226

مصر، 20، 33، 35-37، 47، 68، 74، 82، 95، 101، 103، 107، 109، 111، 126، 131، 133، 134، 136-138، 144، 153، 156، 158-161، 184، 187، 188، 190، 195، 196، 215، 217، 221-223، 235، 236، 298، 367، 369، 374

المصري، سعيد، 155

منظمة التعاون والتنمية الاقتصادية، 77، 235

منظمة ثابت، 323، 324

منظمة الشرطة الجنائية الدولية (الإنتربول)، 130، 154

منظمة الصحة العالمية، 234، 286

المنظمة العربية لحقوق الإنسان، 138

منظمة العفو الدولية (أمنستي)، 220، 235

منظمة المؤتمر الإسلامي، 17، 160، 169-172، 186، 201

منظمة هيومن رايتس ووتش، 95، 140، 235

مهمان برست، رامين، 186، 187

موراتينوس، ميجيل أنخيل، 146، 218، 220

مورجان، باري، 222

موسى، عمرو، 33، 124، 125، 127، 128، 130

موسكو، 172، 208، 225، 226

موسكوفيتش، ايرفينغ، 270

موفاز، شاؤول، 62، 100، 103

مولخو، اسحق، 106

مولر، مايكل، 46

ميتز، ستيفين، 238

ميتشل، جورج، 104، 109، 125، 193، 212، 214-216، 224

ميدفيديف، ديمتري، 182، 225، 226

ميرشايمر، جون، 238

ميرفي، دارين، 194

ميركل، أنجيلا، 224

ميشيغان، 194

ميلر، ألكس، 67، 281

ميلمان، يوسي، 89

ميمون، موشيه بن، 257

ميناء أشدود، 174

ميناء العريش، 33، 129، 136، 137، 175

ميناء غزة، 129، 221

ميناء نويبع، 137

المصري، هاني، 16

مصطفى، أبو رامز، 149

مصطفى، فضل، 147

المصلى المرواني، 254

معبر الشجاعية (ناحال عوز)، 381

معبر العوجة، 157

معبر كرم أبو سالم، 381

معبر المنطار (كارني)، 381

المعلم، وليد، 146

مغارة التوأمين، 260، 273

المغرب، 74، 158

المغني، أحمد، 379

مفرق ريمونيم، 49

مقام السبعين، 260

مقام المفضل، 260

المقدح، منير، 147، 148

مكة، 37، 135، 170

المملكة العربية السعودية، 36، 127، 152، 210، 369، 373، 374

منتدى إسطنبول الاقتصادي، 180

منتدى التعاون العربي الصيني، 228

منتدى رجال الأعمال الفلسطيني، 181، 376

المنتدى الوزاري البيئي العالمي، 196

منصور، جوني، 15

منصور، منى، 47

منظمة التجارة العالمية، 155

منظمة التحرير الفلسطينية (م.ت.ف.)، 25، 26، 29، 30، 36، 37، 39، 40، 42، 44، 45، 50، 99، 100، 109، 110، 132، 143، 148، 150، 152، 192، 207، 208، 212، 240، 366

– الدائرة السياسية، 44

– اللجنة التنفيذية، 38-40، 99-102، 109، 170

– المجلس المركزي الفلسطيني، 39

– المجلس الوطني الفلسطيني، 39، 50

‹ن›

نابلس، 27، 48، 84، 260، 273، 276، 283، 284، 286، 304، 307

نافيه، يائير، 83

النتشة، رفيق، 42

نتنياهو، بنيامين، 28، 33، 57-67، 69، 70، 77، 85، 86، 96، 101-106، 124، 125، 130-132، 135، 139، 144، 146، 161، 184، 185، 190، 192، 193، 207، 213-215، 218، 224، 239، 274، 275، 282

نجاد، محمود أحمدي، 146، 185، 187، 191، 192

نجّار، عبد الله عبد العزيز، 19

النرويج، 219، 223، 239

نصر الله، حسن، 152

النعمان، 265

النقب، 58، 69، 260

نهاريا، 189

نور الدين، محمد، 17

نور واحد، محمد هدايت، 196

نيجيريا، 199

نيستيرينكو، أندريه، 226

نيسيركي، مارتن، 234

نيكاراغوا، 129

نيوزلندا، 73، 376

نيويورك، 30، 87، 128، 129، 208، 209، 216، 231

‹ه›

هاتوياما، يوكيو، 229

هارفرد، 238

هايتي، 177

هايل، سعد، 143

هرتسليا، 69

هرتسوغ، اسحق، 59

هرتسوغ، مايك، 47

الهلال الأحمر الإماراتي، 376

الهلال الأحمر الإيراني، 188

الهلال الأحمر الفلسطيني، 136

الهلال الأحمر المصري، 136

هنجبي، تساحي، 63، 64

الهند، 73، 80، 228، 323، 374

هنية، إسماعيل، 32-36، 38، 50

هولندا، 80، 218، 222

هونج كونج، 79، 80

هيئة الإغاثة الإنسانية وحقوق الإنسان والحريات IHH، 174، 376

هيئة تنسيق الجمعيات الأهلية العاملة في المخيمات الفلسطينية في لبنان، 324

الهيئة الخيرية الأردنية الهاشمية، 377

هيئة علماء فلسطين، 323

هيئة مكافحة الفساد، 379

الهيئة الوطنية الفلسطينية للدفاع عن الثوابت، 323

الهيئة الوطنية لحماية الحقوق الثابتة للشعب الفلسطيني، 45

‹و›

وادي الجوز، 266، 273

وادي حلوة، 254، 269، 273

وادي عربة، 141

الوادية، ياسر، 36

واشنطن، 36، 47، 101، 105، 106، 124-126، 132، 133، 139، 175-177، 188، 190-192، 194، 209، 213-216، 221، 224، 226، 234، 239، 365

والت، ستيفن، 238

الوكالة الأمريكية للتنمية الدولية، 349، 375

الوكالة الدولية للطاقة الذرية، 227، 228، 234

الوكالة الدولية للطاقة المتجددة (إيرينا)، 130،
157

الوكالة اليهودية، 72-74

الولايات المتحدة الأمريكية، 30، 36، 41، 44،
47، 50، 73-75، 79، 80، 82، 87، 89، 96، 98،
103، 104، 125، 131، 133، 134، 152، 175،
183، 185-187، 191-194، 201، 207، 210،
213-217، 219، 228، 229، 232-236، 239،
240، 263، 274، 282، 321، 369، 373، 374،
383

الولجة، 270، 272

ويليامز، جودي، 238

‹ي›

اليابان، 80، 229، 236، 369

يادلين، عاموس، 83

يافا، 260

يالين، حاييم، 86

يروحام (بلدة)، 58

يسرى، يويو، 196

يسوي، تشانج، 227

يشاي، ايلي، 70، 212

يعلون، موشيه، 173

يلدرم، بولنت، 174

اليمن، 74، 153

يودويونو، سوسيلو بامبانج، 197

يوسف، عوفاديا، 275

يوسف، نصر، 100

يوسف، هشام، 128

اليونان، 185، 222، 374

إصدارات مركز الزيتونة للدراسات والاستشارات

أولاً: الإصدارات باللغة العربية:

1. بشير نافع ومحسن صالح، محرران، **التقرير الاستراتيجي الفلسطيني لسنة 2005**، 2006.
2. محسن صالح، محرر، **التقرير الاستراتيجي الفلسطيني لسنة 2006**، 2007.
3. محسن صالح، محرر، **التقرير الاستراتيجي الفلسطيني لسنة 2007**، 2008.
4. محسن صالح، محرر، **التقرير الاستراتيجي الفلسطيني لسنة 2008**، 2009.
5. محسن صالح، محرر، **التقرير الاستراتيجي الفلسطيني لسنة 2009**، 2010.
6. محسن صالح، محرر، **التقرير الاستراتيجي الفلسطيني لسنة 2010**، 2011.
7. محسن صالح ووائل سعد، محرران، **مختارات من الوثائق الفلسطينية لسنة 2005**، 2006.
8. محسن صالح ووائل سعد، محرران، **الوثائق الفلسطينية لسنة 2006**، 2008.
9. محسن صالح ووائل سعد، محرران، **الوثائق الفلسطينية لسنة 2007**، 2009.
10. محسن صالح ووائل سعد وعبد الحميد فخري الكيالي، محررون، **الوثائق الفلسطينية لسنة 2008**، 2011.
11. وائل سعد، **الحصار: دراسة حول حصار الشعب الفلسطيني ومحاولات إسقاط حكومة حماس**، 2006.
12. محمد عارف زكاء الله، **الدين والسياسة في أميركا: صعود المسيحيين الإنجيليين وأثرهم**، ترجمة أمل عيتاني، 2007.
13. أحمد سعيد نوفل، **دور إسرائيل في تفتيت الوطن العربي**، 2007.
14. محسن صالح، محرر، **منظمة التحرير الفلسطينية: تقييم التجربة وإعادة البناء**، 2007.
15. محسن صالح، محرر، **قراءات نقدية في تجربة حماس وحكومتها 2006-2007**، 2007.
16. خالد وليد محمود، **آفاق الأمن الإسرائيلي: الواقع والمستقبل**، 2007.
17. حسن ابحيص ووائل سعد، **التطورات الأمنية في السلطة الفلسطينية 2006-2007**، ملف الأمن في السلطة الفلسطينية (1)، 2008.
18. محسن صالح، محرر، **صراع الإرادات: السلوك الأمني لفتح وحماس والأطراف المعنية 2006-2007**، ملف الأمن في السلطة الفلسطينية (2)، 2008.
19. مريم عيتاني، **صراع الصلاحيات بين فتح وحماس في إدارة السلطة الفلسطينية 2006-2007**، 2008.
20. نجوى حساوي، **حقوق اللاجئين الفلسطينيين بين الشرعية الدولية والمفاوضات الفلسطينية - الإسرائيلية**، 2008.
21. محسن صالح، محرر، **أوضاع اللاجئين الفلسطينيين في لبنان**، 2008.
22. إبراهيم غوشة، **المئذنة الحمراء**، 2008.

23. عدنان أبو عامر، مترجم، دروس مستخلصة من حرب لبنان الثانية (تموز 2006): تقرير لجنة الخارجية والأمن في الكنيست الإسرائيلي، 2008.

24. عدنان أبو عامر، ثغرات في جدار الجيش الإسرائيلي، 2009.

25. قصي أحمد حامد، الولايات المتحدة والتحول الديموقراطي في فلسطين، 2009.

26. أمل عيتاني وعبد القادر علي ومعين منّاع، الجماعة الإسلامية في لبنان منذ النشأة حتى 1975، 2009.

27. سمر جودت البرغوثي، سمات النخبة السياسية الفلسطينية قبل وبعد قيام السلطة الوطنية الفلسطينية، 2009.

28. عبد الحميد الكيالي، محرر، دراسات في العدوان الإسرائيلي على قطاع غزة: عملية الرصاص المصبوب / معركة الفرقان، 2009.

29. عدنان أبو عامر، مترجم، قراءات إسرائيلية استراتيجية: التقدير الاستراتيجي الصادر عن معهد أبحاث الأمن القومي الإسرائيلي، 2009.

30. سامح خليل الوادية، المسؤولية الدولية عن جرائم الحرب الإسرائيلية، 2009.

31. محمد عيسى صالحية، مدينة القدس: السكان والأرض (العرب واليهود) 1275-1368 هـ/ 1858-1948 م، 2009.

32. رأفت فهد مرة، الحركات والقوى الإسلامية في المجتمع الفلسطيني في لبنان: النشأة – الأهداف – الإنجازات، 2010.

33. سامي الصلاحات، فلسطين: دراسات من منظور مقاصد الشريعة الإسلامية، ط 2 (بالتعاون مع مؤسسة فلسطين للثقافة)، 2010.

34. محسن صالح، محرر، دراسات في التراث الثقافي لمدينة القدس، 2010.

35. مأمون كيوان، فلسطينيون في وطنهم لا دولتهم، 2010.

36. عبد الرحمن محمد علي، محرر، إسرائيل والقانون الدولي، 2011.

37. كريم الجندي، صناعة القرار الإسرائيلي: الآليات والعناصر المؤثرة، ترجمة أمل عيتاني، 2011.

38. وسام أبي عيسى، الموقف الروسي تجاه حركة حماس: 2006-2010، 2011.

39. عباس إسماعيل، عنصرية إسرائيل: فلسطينيو 48 نموذجاً، سلسلة أولست إنساناً؟ (1)، 2008.

40. حسن ابحيص وسامي الصلاحات ومريم عيتاني، معاناة المرأة الفلسطينية تحت الاحتلال الإسرائيلي، سلسلة أولست إنساناً؟ (2)، 2008.

41. أحمد الحيلة ومريم عيتاني، معاناة الطفل الفلسطيني تحت الاحتلال الإسرائيلي، سلسلة أولست إنساناً؟ (3)، 2008.

42. فراس أبو هلال، معاناة الأسير الفلسطيني في سجون الاحتلال الإسرائيلي، سلسلة أولست إنساناً؟ (4)، 2009.

43. ياسر علي، المجازر الإسرائيلية بحق الشعب الفلسطيني، سلسلة أولست إنساناً؟ (5)، 2009.

44. مريم عيتاني ومعين مناع، معاناة اللاجئ الفلسطيني، سلسلة أولست إنساناً؟ (6)، 2009.

45. محسن صالح، **معاناة القدس والمقدسات تحت الاحتلال الإسرائيلي**، سلسلة أولست إنساناً؟ (7)، 2011.

46. حسن ابحيص وخالد عايد، **الجدار العازل في الضفة الغربية**، سلسلة أولست إنساناً؟ (8)، 2010.

47. فاطمة عيتاني وعاطف دغلس، **معاناة المريض الفلسطيني تحت الاحتلال الإسرائيلي**، سلسلة أولست إنساناً؟ (11)، 2011.

48. قسم الأرشيف والمعلومات، مركز الزيتونة، **معاناة قطاع غزة تحت الحصار الإسرائيلي**، سلسلة تقرير معلومات (1)، 2008.

49. قسم الأرشيف والمعلومات، مركز الزيتونة، **معابر قطاع غزة: شريان حياة أم أداة حصار**، سلسلة تقرير معلومات (2)، 2008.

50. قسم الأرشيف والمعلومات، مركز الزيتونة، **أثر الصواريخ الفلسطينية في الصراع مع الاحتلال الإسرائيلي**، سلسلة تقرير معلومات (3)، 2008.

51. قسم الأرشيف والمعلومات، مركز الزيتونة، **مسار المفاوضات الفلسطينية الإسرائيلية ما بين "أنابوليس" والقمة العربية في دمشق (خريف 2007 – ربيع 2008)**، سلسلة تقرير معلومات (4)، 2008.

52. قسم الأرشيف والمعلومات، مركز الزيتونة، **الفساد في الطبقة السياسية الإسرائيلية**، سلسلة تقرير معلومات (5)، 2008.

53. قسم الأرشيف والمعلومات، مركز الزيتونة، **الثروة المائية في الضفة الغربية وقطاع غزة بين الحاجة الفلسطينية والانتهاكات الإسرائيلية**، سلسلة تقرير معلومات (6)، 2008.

54. قسم الأرشيف والمعلومات، مركز الزيتونة، **مصر وحماس**، سلسلة تقرير معلومات (7)، 2009.

55. قسم الأرشيف والمعلومات، مركز الزيتونة، **العدوان الإسرائيلي على قطاع غزة (2008/12/27- 2009/1/18)**، سلسلة تقرير معلومات (8)، 2009.

56. قسم الأرشيف والمعلومات، مركز الزيتونة، **حزب كاديما**، سلسلة تقرير معلومات (9)، 2009.

57. قسم الأرشيف والمعلومات، مركز الزيتونة، **الترانسفير (طرد الفلسطينيين) في الفكر والممارسات الإسرائيلية**، سلسلة تقرير معلومات (10)، 2009.

58. قسم الأرشيف والمعلومات، مركز الزيتونة، **الملف الأمني بين السلطة الفلسطينية وإسرائيل**، سلسلة تقرير معلومات (11)، 2009.

59. قسم الأرشيف والمعلومات، مركز الزيتونة، **اللاجئون الفلسطينيون في العراق**، سلسلة تقرير معلومات (12)، 2009.

60. قسم الأرشيف والمعلومات، مركز الزيتونة، **أزمة مخيم نهر البارد**، سلسلة تقرير معلومات (13)، 2010.

61. قسم الأرشيف والمعلومات، مركز الزيتونة، **المجلس التشريعي الفلسطيني في الضفة الغربية وقطاع غزة 1996-2010**، سلسلة تقرير معلومات (14)، 2010.

62. قسم الأرشيف والمعلومات، مركز الزيتونة، **الأونروا: برامج العمل وتقييم الأداء**، سلسلة تقرير معلومات (15)، 2010.

63. قسم الأرشيف والمعلومات، مركز الزيتونة، **دور الاتحاد الأوروبي في مسار التسوية السلمية للقضية الفلسطينية**، سلسلة تقرير معلومات (16)، 2010.

64. قسم الأرشيف والمعلومات، مركز الزيتونة، **تركيا والقضية الفلسطينية**، سلسلة تقرير معلومات (17)، 2010.

65. قسم الأرشيف والمعلومات، مركز الزيتونة، **إشكالية إعطاء اللاجئين الفلسطينيين في لبنان حقوقهم المدنية**، سلسلة تقرير معلومات (18)، 2011.

66. قسم الأرشيف والمعلومات، مركز الزيتونة، **حزب العمل الإسرائيلي**، سلسلة تقرير معلومات (19)، 2011.

ثانياً: الإصدارات باللغة الإنجليزية:

67. Mohsen M. Saleh and Basheer M. Nafi, editors, *The Palestinian Strategic Report 2005*, 2007.

68. Mohsen M. Saleh, editor, *The Palestinian Strategic Report 2006*, 2010.

69. Mohsen M. Saleh, editor, *The Palestinian Strategic Report 2007*, 2010.

70. Mohsen M. Saleh, editor, *The Palestinian Strategic Report 2008*, 2010.

71. Mohsen M. Saleh, editor, *The Palestinian Strategic Report 2009/10*, 2011.

72. Muhammad Arif Zakaullah, *Religion and Politics in America: The Rise of Christian Evangelists and Their Impact*, 2007.

73. Mohsen M. Saleh and Ziad al-Hasan, *The Political Views of the Palestinian Refugees in Lebanon as Reflected in May 2006*, 2009.

74. Ishtiaq Hossain and Mohsen M. Saleh, *American Foreign Policy & the Muslim World*, 2009.

75. Abbas Ismail, *The Israeli Racism: Palestinians in Israel: A Case Study*, Book Series: Am I Not a Human? (1), translated by Aladdin Assaiqeli, 2009.

76. Hasan Ibhais, Mariam Itani and Sami al-Salahat, *The Suffering of the Palestinian Woman Under the Israeli Occupation*, Book Series: Am I Not a Human? (2), translated by Iman Itani, 2010.

77. Ahmad el-Helah and Mariam Itani, *The Suffering of the Palestinian Child Under the Israeli Occupation*, Book Series: Am I Not a Human? (3), translated by Iman Itani, 2010.

78. Firas Abu Hilal, *The Suffering of the Palestinian Prisoners & Detainees under the Israeli Occupation*, Book Series: Am I Not a Human? (4), translated by Baraah Darazi, 2011.

79. Mariam Itani and Mo'in Manna', *The Suffering of the Palestinian Refugee*, Book Series: Am I Not a Human? (6), translated by Salma al-Houry, 2010.

Printed in the United States
By Bookmasters